Crónica de la lengua española 2023-2024

REAL ACADEMIA ESPAÑOLA

ASOCIACIÓN DE ACADEMIAS
DE LA LENGUA ESPAÑOLA

CRÓNICA DE LA LENGUA ESPAÑOLA 2023-2024

Espasa es un sello de Editorial Planeta, S. A.
Av. Diagonal, 662-664
08034 Barcelona (España)
www.planetadelibros.com
www.espasa.es

Diseño de cubierta: Planeta Arte & Diseño
Ilustración de cubierta: «Buen gobierno. Don Andrés Marqués de Cañete, virrey, y Sairi Topa Inga, rey del Perú, lo recibió y lo honró y platicó asentado el dicho marqués y Sairi Topa en los Reinos de Lima», uno de los grabados que ilustran *El primer Nueva Corónica i buen gobierno* (1615-1616), de Felipe Guamán Poma de Ayala. Biblioteca Real de Dinamarca, Copenhague (ms. GKS 2232 4°)
Diseño de interior: Lacasta Design

Preimpresión: Safekat, S. L.
Impresión: Huertas, S. A.

ISBN: 978-84-670-7303-4
Depósito legal: B. 9.361-2024
Impreso en España / *Printed in Spain*

DIRECTOR DE LA OBRA

Santiago Muñoz Machado

Director de la Real Academia Española

Presidente de la Asociación de Academias de la Lengua Española

---

ASOCIACIÓN DE ACADEMIAS DE LA LENGUA ESPAÑOLA (ASALE)
1951

Real Academia Española
1713
Santiago Muñoz Machado, *director*

Academia Colombiana de la Lengua
1871
Eduardo Durán Gómez, *director*

Academia Ecuatoriana de la Lengua
1874
Susana Cordero de Espinosa, *directora*

Academia Mexicana de la Lengua
1875
Gonzalo Celorio Blasco, *director*

Academia Salvadoreña de la Lengua
1875
Mario Alberto García Aldana, *director*

Academia Venezolana de la Lengua
1883
Horacio Biord Castillo, *presidente*

Academia Chilena de la Lengua
1885
Guillermo Soto Vergara, *director*

Academia Peruana de la Lengua
1887
Eduardo Francisco Hopkins Rodríguez, *presidente*

Academia Guatemalteca de la Lengua
1887
María Raquel Montenegro Muñoz, *directora*

Academia Costarricense de la Lengua (ACL)
1923
Víctor Manuel Sánchez Corrales, *presidente*

Academia Filipina de la Lengua Española
1924
Daisy López, *directora*

Academia Panameña de la Lengua (APL)
1926
Aristides Royo Sánchez, *director*

Academia Cubana de la Lengua (ACuL)
1926
Jorge Fornet Gil, *director*

Academia Paraguaya de la Lengua Española (APARLE)
1927
Bernardo Neri Farina, *presidente*

Academia Boliviana de la Lengua (ABL)
1927
España Rosario Villegas Pinto, *directora*

Academia Dominicana de la Lengua (ADL)
1927
Bruno Rosario Candelier, *director*

Academia Nicaragüense de la Lengua (ANL)
1928
Pedro Xavier Solís Cuadra, *director*

Academia Argentina de Letras (AAL)
1931
Alicia María Zorrilla, *presidenta*

Academia Nacional de Letras de Uruguay (ANL)
1943
Gerardo Caetano, *presidente*

Academia Hondureña de la Lengua (AHL)
1949
Víctor Manuel Ramos Rivera, *director*

Academia Puertorriqueña de la Lengua Española (ACAPLE)
1955
José Luis Vega, *director*

Academia Norteamericana de la Lengua Española (ANLE)
1973
Nuria Morgado, *directora*

Academia Ecuatoguineana de la Lengua Española (AEGLE)
2013
Agustín Nze Nfumu, *presidente*

Comisión permanente

Presidente

Santiago Muñoz Machado, director de la Real Academia Española

Secretario general

Francisco Javier Pérez, de la Academia Venezolana de la Lengua

Tesorero

Manuel Gutiérrez Aragón, de la Real Academia Española

AGRADECIMIENTOS

Las veintitrés Academias agradecen la valiosa participación en esta *Crónica* de todos sus colaboradores. Asimismo manifiestan su gratitud a los becarios MAEC-AECID.

RECONOCIMIENTO ESPECIAL

Las obras y proyectos académicos cuentan con la permanente colaboración de la Fundación pro Real Academia Española, que, bajo la presidencia de honor de Su Majestad el Rey don Felipe VI, está formada por instituciones y empresas, públicas y privadas, junto con numerosos ciudadanos particulares procedentes de todos los ámbitos de la sociedad civil.

La Real Academia Española quiere hacer constar su reconocimiento y gratitud por el apoyo recibido del **Gobierno de España**, a través de su Presidente, el Ministerio de Ciencia, Innovación y Universidades, el Ministerio de Asuntos Exteriores, Unión Europea y Cooperación, el Ministerio de la Presidencia, Justicia y Relaciones con las Cortes, el Ministerio de Hacienda y el Ministerio de Transformación Digital y de la Función Pública.

ÍNDICE

II. Estado del español en el espacio de la ASALE

IV. Noticia del desarrollo de los proyectos panhispánicos

V. Crónicas

Presentación

SANTIAGO MUÑOZ MACHADO

Director de la Real Academia Española
Presidente de la ASALE

Los discursos, ensayos y artículos que recoge esta edición de nuestra *Crónica de la lengua española 2023-2024* proceden, en su mayoría, de las exposiciones que tuvieron lugar durante el IX Congreso Internacional de la Lengua Española (CILE), celebrado en la ciudad de Cádiz entre los días 27 y 30 de marzo de 2023.

Los trabajos del Congreso se ordenaron bajo el lema «Mestizaje e interculturalidad», que evocaba un amplísimo ámbito de relaciones entre los pueblos y las culturas del Viejo y del Nuevo Mundo y un no menos extenso universo de influencias interregionales en el marco de la propia geografía americana. El Congreso pretendió analizar, sobre todo, las relaciones lingüísticas del castellano o español con las lenguas originarias, el grado de fortaleza, vigencia y sostenibilidad de estas, las variaciones lingüísticas, especialmente léxicas y fonéticas, que distinguen los diversos espacios lingüísticos en que es posible clasificar América; las relaciones entre la lengua española y otras lenguas de origen europeo, especialmente el inglés, en los países en que su contacto es más habitual; y las variaciones lingüísticas resultantes de este contacto.

La lengua es el valor cultural que más estrechamente une a las comunidades de habla hispana. Es también el más importante de los signos distintivos de nuestras naciones, que las Academias son responsables de tutelar y ordenar fijando normas panhispánicas comunes, pero cuidando también de la riqueza de las variedades lingüísticas que tanto enriquecen nuestro idioma.

Un grupo importante de los trabajos que incluye este volumen analizan el «estado del español en el espacio ASALE», es decir en el ámbito geográfico al que se extiende la acción de las veintitrés academias de la lengua existentes en el mundo. Algunos de ellos se refieren a problemas comunes, como los concernientes a la variación gramatical en el mundo hispánico. Otros, los más abundantes, consideran las aventuras de la lengua en relación con comunidades o espacios geográficos más concretos, por ejemplo, el desarrollo del español en Estados Unidos, la historia de nuestra lengua en Marruecos o la larga marcha del judeoespañol. Y bastantes participantes han elegido análisis, muy cargados de interés, sobre las consecuencias de los contactos lingüísticos con el portugués, el inglés o algunas de las lenguas indígenas, especialmente en los estados en los que mantienen una fuerte vigencia de los idiomas originarios: el guaraní, los indoantillanismos, los idiomas mayas, las lenguas caribeñas, las lenguas del espacio andino, el multilingüismo en el territorio mexicano, etc.

Es claro que los conceptos de mestizaje e interculturalidad evocan relaciones que van mucho más allá de los fenómenos lingüísticos, y nada de lo que tiene interés estudiar al respecto fue olvidado en el CILE. Las cuestiones abordadas en estos otros dominios empiezan en los más inmediatos a la lengua, como son todas las manifestaciones de la literatura en español. En este punto, el lector curioso podrá encontrar en este volumen artículos muy enriquecedores sobre el romancero americano, la influencia del mestizaje en la traducción, libros de viajes, los primeros clásicos mestizos, tradiciones literarias, etc. Pero también podrá aprender mucho del inabarcable mundo de los mestizajes raciales, urbanísticos, arquitectónicos y musicales, o concernientes a los alimentos y la gastronomía.

Se publica en esta edición impresa una parte de las aportaciones con que los congresistas enriquecieron el Congreso. Hemos renunciado a publicarlas todas en este formato por estrictos problemas de espacio que siempre afectan a los libros impresos, pero se puede consultar en la página web de la RAE la totalidad de las colaboraciones recibidas.

Esta *Crónica* de 2023-2024 también recoge algunos estudios monográficos sobre lenguaje claro que abren camino a una de las actividades más importantes que van requerir la atención de las academias durante 2024 y que nos ha de llevar a la I Convención de la Red Panhispánica de Lenguaje Claro. Por iniciativa de la RAE y la ASALE se ha convocado a decenas de instituciones, públicas y privadas, para estudiar la cuestión de la claridad en las comunicaciones con los ciudadanos, considerada como un requerimiento de la transparencia y también una exigencia derivada del derecho de los ciudadanos a comprender las comunicaciones dirigidas a ellos.

Este volumen, como los publicados en años anteriores, incluye, como ha sido muestro propósito desde la primera publicación de la *Crónica*, una amplia información sobre el estado de los proyectos que la RAE y la ASALE tienen en curso de ejecución, explicando los avances logrados en cada uno de ellos y las previsiones sobre su conclusión.

I.
Estudios generales

La lengua de la libertad[1]

SANTIAGO MUÑOZ MACHADO

Director de la Real Academia Española
Presidente de la ASALE

1. Intervención en la inauguración del IX Congreso Internacional de la Lengua Española (Cádiz).

La diosa Fortuna ha jugado con el destino del Congreso que hoy inauguramos hasta entregarlo a la ciudad de Cádiz y situarlo en las puertas del Atlántico, trayéndolo desde las altas montañas andinas en las que se asienta la bella Arequipa. Preparamos con todas las Academias un programa acogido al lema «Mestizaje e interculturalidad». Arequipa hubiera sido una magnífica localización para desarrollarlo por su situación geográfica e histórica en el corazón del mestizaje. Un lugar emblemático por la sucesión de culturas que tuvo lugar en Perú hasta llegar a la incaica y el encuentro con la cultura y la lengua españolas. Planteamos estudiar, en el extenso programa, los supuestos de fusión, absorción e incluso desaparición de elementos de la cultura arcaica como consecuencia de la colonización, pero también los inacabables enriquecimientos causados por el contacto, que dejaron sus reflejos en las instituciones educativas y de gobierno, las construcciones religiosas, las infraestructuras civiles, la planta de las ciudades, la arquitectura y las artes plásticas y, por lo que más nos importa, en las relaciones lingüísticas de todo tipo, algunas que implicaron diglosia, otras convivencia igualitaria y, en todo caso, una intensa relación de préstamos e influencias recíprocas.

Pusimos en el centro de la celebración arequipeña a un escritor y antropólogo peruano, José María Arguedas, que representa como pocos la convivencia de culturas y el mestizaje, la interculturalidad respetuosa con todas las tradiciones concurrentes en el formidable crisol americano. La literatura de Arguedas, y su propia biografía, expresan la defensa de la cultura arcaica al mismo tiempo que la aceptación de todo lo que tuvo de ventajoso el contacto con la europea. También su muerte trágica fue un símbolo de la complejidad de hallar el equilibrio que siempre buscó entre lo americano originario y la nueva cosmogonía.

En estos días de Congreso presentaremos la edición especial, incluida en la colección de «Aniversarios» de la ASALE, de su novela más significativa: *Los ríos profundos*.

Lamentamos que el diseño original no haya podido mantenerse. Dedicamos un afectuoso recuerdo a la nación y a la academia hermana de Perú, que tanto trabajo había desarrollado en su organización, y mantenemos la esperanza de que Arequipa reciba esta gran celebración de la lengua española tan pronto como sea posible.

Nos acoge Cádiz, que es sede no menos significativa para el IX Congreso Internacional de la Lengua Española. Hay una razón a la vista para celebrar la elección: Cádiz fue el final de la tierra conocida, el lugar que advierte del *non plus ultra*, y, desobedeciendo el apotegma de Hércules, el que abrió la puerta de la ruta marítima que conectó a Europa con América. España llevó a América, durante tres siglos, nuestra lengua y cultura, según se habían formado durante el Renacimiento, el Barroco y la Ilustración, y generó relaciones interculturales que implicaban a concepciones del mundo surgidas en las Indias Occidentales, a gran distancia y sin conexión alguna con el pensamiento y las formas de vida europeas. El mestizaje fue la consecuencia de la convivencia, el desplazamiento o la absorción. Puede que en casos concretos implicara un etnocidio, como han defendido algunos antropólogos, que hubieran deseado la petrificación histórica de las creencias y formas de vida de las comunidades originarias. Pero la valoración dominante del fenómeno es la que estima que las relaciones interculturales y el mestizaje hicieron surgir comunidades más capacitadas para organizarse y ser felices.

Cádiz, como otros muchos territorios españoles, fue durante tres siglos suministradora de hombres y mujeres a la América colonial, que portaron sus formas de vida y su lengua, la forma de hablar de la Baja Andalucía, que tanto ha influido en las variedades dialectales vivas en el otro lado del Atlántico.

Pero Cádiz fue también, cuando las naciones americanas empezaban a separarse de España y a tomar definitivamente las riendas de su destino político, el punto de partida de la lengua y la cultura de la libertad, que inundó al mismo tiempo las dos orillas del Atlántico

Este nuevo acontecimiento empezó a forjarse en el siglo XVIII en Europa, con la Ilustración, pero se difundió simultáneamente entre los intelectuales criollos americanos. Era una nueva cultura portadora de valores y concepciones de la política, el Estado y los derechos de los individuos por completo nuevos. Se estaba inventando el concepto de ciudadano, para sustituir al de súbdito, y se preparaban las primeras declaraciones de sus derechos. Eran los sonidos de una revolución que se hizo nominalmente efectiva con la Declaración de Independencia de 4 de julio de 1776 de las colonias inglesas de América del Norte, la Declaración francesa de Derechos del Hombre y del Ciudadano, de 26 de agosto de 1789, y las constituciones que se promulgan inmediatamente para regir la convivencia de las naciones.

El idioma de ambos lados del Atlántico recibirá, esta vez al mismo tiempo, simultáneamente, el impacto de las palabras que expresan las nuevas ideas. Se genera en el tránsito del siglo XVIII al XIX una renovación intensa del lenguaje, un nuevo mestizaje de ideas y vocablos que constituye una verdadera revolución de las palabras, de un alcance nunca antes conocido.

Fue Cádiz el lugar donde se produjo esta efervescencia casi súbita del lenguaje nuevo. La compilación del léxico español era esencialmente el *Diccionario* de la Academia. Estaba en plena vigencia el *Diccionario de autoridades* de 1726-1739, del que ya se había hecho una edición de uso en 1780. Las palabras recogidas en estas obras habían sido seleccionadas por los académicos teniendo en cuenta el contenido de los mejores textos de la literatura española escritos por los autores más respetados, según había recomendado la «planta» de aquel *Diccionario*. Los autores de libros prestigiosos e influyentes eran las autoridades, las fuentes de las que debía partir la recolección del vocabulario del español que formaría parte del *Diccionario*.

Sin embargo, pronto se extendió por España un fenómeno nuevo que había sobrecogido a la Francia del Antiguo Régimen y que, en España, tuvo lugar preferentemente en Cádiz.

Aparecieron nuevos instrumentos de comunicación: panfletos, pasquines, manifiestos, folletos y hojas sueltas, y los periódicos entraron en la escena de la difusión de las ideas. Luis Blanc escribió en su *Histoire de la Révolution* que «cuando, sobre todas las cuestiones, las pasiones agitadas tienen que traducirse en palabras ardorosas, cuando en el mundo presionado por vivir, el hoy devora al ayer, y debe ser devorado por el mañana, la era de los libros se acabó, es la era de los periódicos la que se abre». También J. Michelet, en su monumental *Histoire de la Révolution Française*, señaló que «en cada gran momento de 1789 hubo una verdadera erupción de periódicos». Tal y como se lee en la traducción que hizo V. Blasco Ibáñez de esta importante obra:

> En mayo y junio, con motivo de la apertura de los Estados Generales, vio la luz una gran cantidad. Mirabeau publica *El Correo de Provenza*... Brissot *El Patriota Francés*, Barrère *El Punto del día*, etc., etc. La víspera del 14 de julio aparece el más popular de todos los periódicos: *Las Revoluciones de París*, redactado por Loustalot. Los días 5 y 6 de octubre aparecen *El Amigo del Pueblo* de Marat y *Los Anales Patrióticos* de Cerrá y Mercier. Poco después Desmoulins publica *El Correo de Brabante*, el más espiritual de todos seguramente, y luego aparece uno de los más violentos, *El Orador del Pueblo* de Frenot.

Al principio, muchos de estos periódicos fueron perseguidos hasta que los protegió la Declaración de Derechos del Hombre y del Ciudadano, cuyo artículo 11 proclamó la libertad de expresión y de prensa: «La libre comunicación de los pensamientos y de las opiniones —decía— es uno de los derechos más preciosos del hombre; todo ciudadano puede, pues, hablar, escribir e imprimir libremente, sin perjuicio de responder por el abuso de esa libertad en los casos determinados por la ley».

En medio del debate entre la libertad de prensa se abrió camino la revolución de las palabras que acompañó a la gran revolución de las ideas políticas. Palabras nuevas de enorme significación para poner nombre a instituciones y derechos antes inexistentes: *asamblea legislativa, elecciones, soberanía nacional, separación de poderes, liberal, guillotina, sansculotte, derechos del hombre, igualdad, fraternidad, bienestar, felicidad, libertad, libertad de industria y comercio, libertad de imprenta,* y tantas otras de gran significación política y social. Algunas se habían hecho presentes en el pensamiento de la Ilustración, pero la Revolución fue el movimiento que las constitucionalizó y fijó en las declaraciones de derechos. Aportaban novedades para la lengua muy relevantes. Por lo pronto, suponían una súbita y rapidísima renovación del vocabulario. Por primera vez, se pudo fijar, sin condicionamientos políticos, la lengua viva y completa, tal y como se usaba para las comunicaciones entre los individuos y las instituciones, sin las cortapisas que imponía por su propia naturaleza y, al servicio de su supervivencia, el absolutismo.

La muestra final de la acogida por los ciudadanos de ese nuevo repertorio léxico fueron las reformas subsiguientes de los diccionarios o la preparación de suplementos de los más importantes. El propio diccionario de la Académie Française incorporó las novedades esenciales a su quinta edición. El *Nouveau dictionnaire portatif de la langue française* de Marie Gallel, que había editado un apéndice en 1797 con las novedades revolucionarias, también preparó para su edición bilingüe un *Vocabulario francés-español de las voces introducidas en el idioma francés desde la Revolución francesa* (1803). Lo mismo ocurrió con el diccionario de J. L. Barthélemy Cormon y otros.

También se hizo notar en España el torrente de palabras que venía de Francia y el temor a que esa revolución del vocabulario pudiera afectar al sistema social y político establecido y a la monarquía. En el país vecino el monarca terminaría siendo decapitado y se establecería la república y una cultura laica e igualitaria; en definitiva, todos los estamentos dominantes se sentían amenazados por las nuevas ideas. En consecuencia, Carlos IV prohibió todos los periódicos que estaban fundándose en España febrilmente desde el reinado de su antecesor, con la única excepción del *Diario de Madrid* (Resolución de 24 de febrero de 1791 y Auto del Consejo de 12 de abril del mismo año). Mandó recoger algunos especialmente peligrosos, como *El Censor*. Y, en fin, excitó el celo del Tribunal del Santo Oficio, que se especializó en perseguir escritos que trasladaban desde Francia la nueva doctrina.

Pero levantar barreras a la circulación de las palabras fue empresa harto difícil. Floridablanca quiso implantar un bloqueo de gran magnitud tratando de conseguir un rechazo total del fenómeno revolucionario francés.

La primera y muy expresiva comunicación acerca de cómo dicho movimiento estaba afectando al vocabulario es la que se contiene en la correspondencia cruzada entre el embajador de España en París, conde de Fernán Núñez, y Floridablanca, entre 1789 y 1791. Relata el embajador a Moñino los sucesos y aparece en sus cartas una muestra impresionante de ese vocabulario nuevo. La misma ilustración ofrecen las cartas que el encargado de negocios de la embajada, Domingo de Iriarte, dirige a su hermano Bernardo. Allí se ve la traza que está dejando el arsenal de las palabras emergentes. En ambos casos, con la particularidad de que los corresponsales se esfuerzan por verter al español, adoptándolas, expresiones hasta entonces desconocidas en nuestra lengua. Y las acomodan con dificultad. Hay casos en que no se les ocurre ninguna solución y emplean el galicismo en crudo, sin adaptación alguna.

Iriarte, que desde 1791 se había quedado al frente de la embajada parisina, siguió contando sus impresiones en la correspondencia que mantuvo con el conde de Aranda. Le hacía notar, en una carta de 4 de julio de 1792, que la Revolución había cambiado muchas cosas y había tenido la necesidad de inventar palabras para expresarlas. Insinuaba que podría hacerse con ellas un diccionario para traerlas y fijarlas en nuestra lengua. Aranda ordenó enseguida que se preparara e Iriarte propuso una relación provisional que incluía 271 vocablos.

En la España absolutista se luchaba todavía por las mismas fechas en que se producen las mencionadas ediciones, con todas las armas disponibles, contra esa invasión léxica, tan inconveniente para los intereses de la monarquía, la nobleza y el clero.

Pero el muro estaba desmoronándose de hecho por la presión de ediciones de folletos, hojas sueltas y periódicos que, desde posiciones de riesgo, se arrimaban a las ideas revolucionarias. Y el bloqueo, en fin, quedó roto formalmente el 10 de noviembre de 1810 cuando las Cortes Generales y Extraordinarias, reunidas en Cádiz, aprobaron el Decreto de Libertad Política de la Imprenta. Su artículo 1 decía: «Todos los cuerpos y personas particulares, de cualquier condición y estado que sean, tienen libertad de escribir, imprimir y publicar sus ideas políticas sin necesidad de licencia, revisión o aprobación alguna anteriores a la publicación, bajo las restricciones y responsabilidades que se expresarán en el presente decreto».

Se habían empezado a editar algunos periódicos en la década de los sesenta del siglo XVIII: *El Duende Especulativo* (1761), *El Escritor Sin Título* (1763), *El Pensador* (1762-1767); pero las iniciativas en este sentido se cortaron bruscamente con ocasión del motín de Esquilache (1766) y se puso freno a las críticas a la monarquía que empezaron a manifestarse en hojas sueltas y folletos. Años después se restableció la publicación de periódicos, incluso con el apoyo del Gobierno.

El periódico más importante que se editó en España las últimas décadas del siglo XVIII fue *El Censor.* Se publicó ciento sesenta y siete semanas, entre febrero de 1781 y agosto de 1787. Era un periódico muy diversificado en cuanto a sus contenidos. Recogía crónicas, sátiras sociales, teatro y espectáculos, y también ensayos críticos de carácter literario o político, bastante prudentes por lo general. Existían algunos diarios satíricos ingleses en la época, *The Spectator* y *The Tattler,* cuya orientación tuvieron en cuenta los editores de *El Censor*. Había sido fundado por dos abogados, Luis María del Cañuelo y Heredia, y Luis Marcelino Pereira y Castrigo. Pero no fueron ellos los únicos redactores, sino que, como han probado indagaciones modernas sobre la vida del periódico, algunos «discursos» publicados en él fueron de personajes relevantes de la vida pública y literaria española como Jovellanos, Meléndez Valdés o el fabulista Samaniego.

Aunque su imagen general quedó enmarcada por los propósitos amables, satíricos y mundanos que enunció el editor en el primer número, muchos de los ensayos que incluyó tenían un contenido político y crítico nada disimulado. Especialmente contra la nobleza, su indolencia y falta de contribución al progreso; la justicia, lenta y torpe; la universidad, diletante y endogámica; el clero, sus comportamientos y dominación social. Incluso enderezó críticas contra algunas actuaciones apologéticas organizadas desde el poder para mantener alta la imagen de España, operaciones que, a juicio de los editores, confundían a los lectores y los desincentivaban por el conformismo y autosatisfacción que rezumaban aquellos presuntuosos elogios a las excelencias de nuestros empeños y su trascendencia europea. Estas posiciones críticas motivaron dos recogidas de *El Censor* o supresiones de números, y la última, que afectaba a políticas impulsadas por Floridablanca, determinó que el periódico fuera definitivamente suprimido[2].

Entre los periódicos de esta época el más importante fue *El Semanario Patriótico*, que empezó a editarse el 1 de septiembre de 1808 bajo la dirección de Manuel José Quintana. Cuando los franceses llegaron a Madrid, se trasladó la sede a Sevilla en 1809 y después a Cádiz en 1810. Fue muy combativo en favor de la libertad de imprenta, pero desapareció con la Constitución de 1812. También tuvo una orientación marcadamente liberal *El Conciso*. Casi todos los periódicos que se editaron aquellos años tuvieron una vida muy efímera: entre la prensa liberal, además de los citados, *La Triple Alianza, El Robespierre Español, El Redactor General, El Tribuno del Pueblo Español, Abeja Española*... Frente a ellos, otros oficialistas o marcadamente partidarios del absolutismo, como *El Diario de la Tarde* o *El Procurador General de la Nación y el Rey*.

Algunas controversias se pusieron de manifiesto en relación con la edición de periódicos como *El Duende Político, El Robespierre Español, El Amigo de las*

---

2. El primer autor que destacó la importancia que tuvo *El Censor* en la época fue Juan Sempere y Guarinos en su *Ensayo de una biblioteca española de los mejores escritores del reinado de Carlos III (1785-1789)*, facsímil, Gredos, Madrid, 1969. Marcelino Menéndez Pelayo incluyó en su *Historia de los heterodoxos españoles*, libro VI, capítulo III (en la edición del CSIC, 1992, vol. 2), una fuerte crítica por hereje, antipatriota y enciclopedista. Hasta pasada la mitad del siglo XX no volvió a llamarse la atención sobre *El Censor*. Lo hizo primero Richard Herr en su libro *España y la revolución del siglo* XVIII, Aguilar, Madrid, 1964. Luego se han ocupado de él muchos autores. Entre los trabajos definitivos y más modernos, Francisco Sánchez-Blanco, *El absolutismo y las luces en el reinado de Carlos III*, Marcial Pons, Madrid, 2002, págs. 303 y sigs. y 371 y sigs.; Francisco Uzcanga Meinecke, *Sátira en la Ilustración española. Análisis de la publicación periódica «El Censor» (1781-1787)*, Vervuert, Frankfurt, 2004. Y del mismo autor, el prólogo a la edición de *El Censor*, Crítica, Barcelona, 2005.

Leyes y *El Español.* El primero publicó en su número once una crítica dura contra los españoles que ocupaban cargos públicos y que habían jurado sometimiento, o servido, a José Bonaparte. Lo que decía era desagradable para los aludidos, pero era verdad. Las Cortes Generales dedicaron las sesiones de los días 11 a 25 de junio de 1811 a discutir la legitimidad de esas críticas y a resolver sobre lo que pudiera hacerse con el periódico. No estuvo claro quién podría intervenir en el asunto, si las Cortes, el Gobierno, la Junta de Censura o los tribunales. Ello sin perjuicio de que algunos diputados, como Muñoz Torrero, sostuvieran la conformidad de lo publicado con la libertad de palabra.

El conflicto originado por *El Robespierre Español* fue más difícil. El periódico lo había fundado y lo redactaba principalmente el médico Pascasio Fernández Sardino, de espíritu y convicciones políticas exaltadas, en las que le acompañaba lealmente su mujer, la portuguesa María del Carmen Silva. El periódico empezó a publicarse en Cádiz en marzo de 1811. En uno de sus números de aquel año atacó el comportamiento de algunos generales y criticó también duramente al ministro de la Guerra. En poco tiempo se había convertido en el medio más incómodo para la aristocracia. Pero no fueron sus miembros, sino el ministro de la Guerra, quien reaccionó a las críticas: mandó detener a Sardino y confiscarle todos sus papeles. El periódico fue prohibido y su fundador encarcelado. Las Cortes Generales debatieron el asunto entre los días 6 al 30 de junio de 1811. La cuestión que debía resolverse era si podía intervenir directamente el Gobierno contra un periódico que se extralimitaba, si la calificación de las infracciones debía pasar por las juntas de censura o qué ocurría cuando en las juntas hubiera individuos contrarios al editor o autor que debían abstenerse, así como otros problemas de procedimiento de semejante jaez. Es decir, muchos problemas de aplicación del decreto de 1810, que no se sabía cómo resolver.

El conflicto de *El Español* fue, quizá, el más ruidoso porque el editor del periódico era Blanco White. Había continuado este la publicación de *El Semanario Patriótico* de Quintana, pero a partir de 1810 puso en marcha la edición de aquel periódico, que estuvo apareciendo mensualmente hasta 1814. José María Blanco White era persona bien conocida en los medios políticos y literarios españoles e ingleses. En Inglaterra profesó la amistad de Lord Holland, que fue aquellos años un símbolo para los liberales españoles. Con la publicación de *El Español,* que se editaba en Londres, Blanco consiguió, con rara habilidad, poner en contra suya a casi todos los miembros de las Cortes Generales, que llegaron a odiarlo francamente. Deploraban su posición en relación con los conflictos independentistas americanos, sus críticas al trabajo parlamentario, su disconformidad con muchas de las previsiones de la Constitución de 1812, entre otros agravios. Pero el estallido contra Blanco lo suscitó la publicación, en el número 13 de *El Español,* de una carta que se suponía enviada y firmada por un diputado de apellido Pérez, quien, al iniciarse la sesión de 24 de mayo de 1811, tomó la palabra para manifestar, en los términos más graves, que su honor había sido mancillado al atribuírsele la autoría de dicha carta. Ofreció y dio pruebas de que no era su autor. El debate subsiguiente en las Cortes fue, otra vez, acerca de cómo se debía actuar contra un periódico que incurría en prácticas inaceptables, quién era competente para denunciar, qué procedimiento seguir y cómo se ponían en funcionamiento las previsiones sancionadoras. Lo anterior era imposible de resolver en este caso porque, como el periódico se editaba en Londres, no había ningún mecanismo legal que permitiera evitarlo.

Las insuficiencias y defectos del decreto sobre libertad política de imprenta de 1810 quedaron al descubierto en estos primeros escarceos entre la prensa y el poder, lo que determinó que las Cortes Generales, tras aprobarse la Constitución de 1812 y reiterar en ella la libertad de imprenta y la prohibición de la censura (artículo 371: «Todos los españoles tienen libertad de escribir, imprimir y publicar sus ideas políticas sin necesidad de licencia, revisión o aprobación alguna anterior a la publicación, bajo las restricciones y responsabilidades que establezcan las leyes»), aprobaran el decreto de 10 de julio de 1813 que, manteniendo los principios, aclaró los procedimientos de actuación contra los infractores.

En el período constitucional, que abre el Decreto de Libertad de Imprenta y continúa con las Cortes Generales y Extraordinarias en Cádiz, fluye el torrente de la innovación léxica que trae el constitucionalismo.

Diversos estudios han documentado los nuevos vocablos que se afincan entonces. Algunos proceden de la Ilustración, como *felicidad* y *bienestar,* pero la Constitución de 1812 los eleva de dignidad al incorporarlos a su artículo 13.

Revolución, reforma, soberanía nacional, nación, unidad nacional, patria, división de poderes, poder legislativo, arbitrariedad, constitución, poder judicial o judiciario, responsabilidad, funcionario público, derechos del hombre (naturales, sagrados, inherentes, inalienables, imprescriptibles), igualdad, libertad, seguridad, propiedad... Muchos periódicos de la época se dedican a dar cuenta de la significación de las palabras revolucionarias e incluso llegan a dar por entregas relaciones de definiciones de los vocablos de moda. Así lo hace *El Semanario Patriótico* en relación con la palabra *pueblo.* O *El Censor* en relación con las palabras *gobierno, leyes fundamentales, constitución* y *patriotismo.*

Las palabras en esta época han dejado de tener la misma significación neutral e indiferente que tuvieron durante todo el Antiguo Régimen. Ahora la aceptación o no de lo nuevo tiene también significación política y puede determinar que quien las acepta sea calificado de *afrancesado* o *patriota,* de *conservador, absolutista* o *constitucionalista, de servil o liberal.* Incluso para la lucha de palabras contra palabras, los diccionarios, que hasta ahora habían sido herramientas absolutamente neutrales e indiferentes a la política, se empiezan a emplear también con sesgo ideológico no disimulado.

La muestra más expresiva de esta instrumentalización fueron los diccionarios burlescos, que aparecen en los primeros años del siglo XIX para zaherir a los adversarios políticos mofándose de su inclinación a usar palabras nuevas o acepciones nuevas de palabras antiguas cuyas definiciones ridiculizan. Se publican por entusiastas de las diferentes ideas políticas y filosóficas en liza. Para parodiar a políticos, afrancesados o progresistas a cualquier título, el *Diccionario razonado manual para inteligencia de ciertos escritores que por equivocación han nacido en España. Obra útil y necesaria en nuestros días,* se editó un par de veces en Cádiz en 1811 de manera anónima. Su modelo pudo haber sido el *Diccionario antifilosófico* del abate Claudio Adriano Nonote, que se había publicado como refutación del *Dictionnaire philosophique* de Voltaire. Este no había sido traducido en España, por razones de censura, pero generó ese tipo de literatura burlesca que se prorrogaba con réplicas y contrarréplicas jocosas. Detrás de la autoría del *Diccionario razonado manual* estaban los diputados absolutistas, como Pastor Pérez o Freire Castrillón, o algún clérigo de apellido Ayala, como quedó de manifiesto en un proceso incoado con motivo de la réplica de Bartolomé José Gallardo, a que me refiero seguidamente.

Los grupos liberales reaccionaron apoyando otra obra paródica, que provocó gran escándalo, hasta el punto de que su autor dio con sus huesos en la cárcel. Se tituló *Diccionario crítico-burlesco del que se titula «Diccionario razonado manual para inteligencia de ciertos escritores que por equivocación han nacido en España»*. Aunque se publicó también como panfleto anónimo, se sabía que su autor había sido Bartolomé José Gallardo, bibliotecario de las Cortes de Cádiz. El *Diccionario crítico-burlesco* de Bartolomé José Gallardo se publicó en una primera versión, de apenas veintidós páginas, que luego se fueron ampliando, hacia 1811. Era de orientación liberal y anticlerical, y mantenía evidentes conexiones con críticas contrarias a la Inquisición que aparecen también en algunos grabados de Goya[3].

Al género pertenece también el *Nuevo vocabulario filosófico democrático, indispensable para todos los que deseen conocer la nueva lengua revolucionaria*. Escrito en italiano y traducido al español, del que es autor el jesuita Lorenzo Ignacio Thiulen, en Venecia, que se edita en Madrid en 1813.

La conveniencia de difundir los planeamientos políticos y de enseñar al pueblo a manejarlos determinó una gran difusión de folletos, catecismos políticos, hojas volantes, discursos, sermones, arengas, proclamas, coplas, anagramas, proyectos, artículos de prensa, que servían para la educación política de los ciudadanos. Ocurrió en España y América un fenómeno parecido al

---

3. Vid. el texto con un estudio introductorio en la edición de Alberto Romero Ferres y Daniel Muñoz Sempere, *Diccionario crítico-burlesco del que se titula «Diccionario razonado manual para inteligencia de ciertos escritores que por equivocación han nacido en España»*, Estudios Históricos La Olmeda, Gijón, 2021.

acontecido en Francia cuando el rey Luis XVI levantó la censura a los solos efectos de oír a los ciudadanos manifestarse sobre las necesidades del país. La medida produjo allí el efecto de que no menos de 3000 escritos fueran enviados a la corte y que el siempre agudo Alexis de Tocqueville valorara años más tarde el fenómeno asegurando que los hombres de letras se convirtieron en los principales políticos del país. Todos escribían para resaltar los fenómenos políticos que estaban viviendo y explicarlos a los ciudadanos con menos capacidad de comprensión o análisis.

Tenían, los mencionados diccionarios, el cometido de ajustar y dar a conocer el lenguaje nuevo y la significación más correcta de las palabras, para procurar que pasaran a formar parte del lenguaje común de los ciudadanos. Pero esta función educativa específica la asumieron en América otras publicaciones como los catecismos políticos. Se trataba de piezas editadas como folletos o pequeños libros muy accesibles, que explicaban con sencillez las palabras nuevas que consagraba el constitucionalismo y las declaraciones de derechos. Eran textos que recogían ese vocabulario esencial para su conocimiento y manejo por personas de escasa formación, sin particular vinculación con la política, las ideas en boga sobre el origen y significación de la independencia, los derechos de los ciudadanos, las formas de gobierno, la defensa de la religión, la filosofía elemental de la Ilustración, la educación o la cultura política nuevas, aunque también hubo catecismos en América para recoger las ideas de fidelidad a la Corona. Fue el caso del *Catecismo regio,* o cartilla real, en el que se recogían los deberes de los súbditos con el rey y las nociones esenciales sobre el origen divino de la monarquía. Incluso estos catecismos políticos fueron los primeros en aparecer en América porque son anteriores al comienzo de la crisis de la institución monárquica en aquel espacio. Fue muy influyente el *Catecismo del Estado,* de Joaquín Lorenzo Villanueva, publicado inicialmente en Madrid en 1793. Pero ya aparecían en esta clase de catecismos los nuevos vocablos que estaban revolucionando la política, como muestra el Catecismo real patriótico de Cañete, que circuló en el Alto Perú como rección a uno de carácter independentista que se había publicado en Buenos Aires en 1811.

En España, los catecismos publicados para explicar los conceptos de la Constitución de Cádiz fueron prohibidos y mandados recoger cuando volvió Fernando VII en 1814. Este mismo mandato se envió a América en 1816, sin ningún éxito como puede suponerse[4].

---

4. Rafael Sagredo Baeza, *De la colonia a la República. Los catecismos políticos americanos, 1811-1827,* Prisma histórico, 2009. Paula Alonso, *Construcciones impresas. Panfletos, diarios y revistas en la formación de los Estados nacionales en América Latina 1920-1920,* Argentina, Fondo de Cultura Económica, 2004. Antonio Annino, François-Xavier Guerra, *Inventando la nación. Iberoamérica, Siglo XIX,* México, Fondo de Cultura Económica, 1998. Nydia M., Ruiz C., «Los catecismos políticos en España y América (1793-1814)», en Pilar García Jordán, Miguel Izard, Javier Laviña, *Memoria, creación e historia: luchar contra el olvido,* Barcelona, Universidad de Barcelona, 1994, págs. 211-227.

En Buenos Aires se imprimió en 1811 el *Catecismo público para la instrucción de los neófitos* o *recién convertidos al gremio de la sociedad patriótica*. En Chile, José Amor de la Patria, que era un seudónimo, redactó en 1811 un *Catecismo político cristiano*. O en 1814 *Catecismo* o *dispertador patriótico, cristiano y político,* que iba dedicado según se lee en el mismo a «los paisanos y militares voluntarios de la provincia de Salta». En Nueva Granada, el sacerdote Juan Fernández de Sotomayor publicó el *Catecismo o instrucción popular,* editado en 1814, que niega los títulos de conquista de España sobre América y además critica la obra de la Corona en el Nuevo Mundo. En 1821 apareció en México el primer catecismo patriota originario de la región. Consumada la independencia se editó el *Catecismo de la independencia* de Ludovico de La-to-Monte, que era el seudónimo del escritor Luis de Mendizábal. De 1821 datan dos catecismos que aparecieron en Salvador de Bahía, en Brasil. Se publicaron en ediciones del *Semanario Cívico* de marzo y de mayo. Difundían los principios de la monarquía constitucional. La publicación y difusión del catecismo se justificaba señalando que la «instrucción pública era la base de la felicidad de las naciones» y que no bastaba con poseer una constitución sabia, sino que había que tener educación adaptada para recibirla. Avanzada la independencia se publicaron muchos catecismos para explicar sus principios. El primer catecismo propiamente republicano editado en México fue el *Catecismo de República* o *elementos del gobierno republicano popular federal de la nación mexicana,* que publicó M. N. Vargas en 1827. Aquí aparecían conceptos que entraron entonces en la circulación de aquellas latitudes como *patria, pueblo, soberanía, república, hombre libre* y *ciudadanía*, todos básicos en la definición de los entes políticos surgidos con la independencia. También *patriota, sociedad patriótica, gobierno republicano, independencia, pueblos libres*… Otros vocablos nuevos del periodo eran *República, nación, pueblo soberano, diputados, representantes, ciudadanos, conciudadanos, soldados defensores de la patria, hombres libres, patriotas americanos* y *sociedad civil*, todos ellos signos inequívocos del surgimiento de actores políticos diferentes de los existentes hasta entonces y que la palabra escrita difundía y explicaba a la sociedad. Los catecismos difundían y precisaban los conceptos, tratando de generalizar su uso en el español común.

El mestizaje lingüístico se consiguió con relativa facilidad porque los medios de comunicación tanto panfletarios como serios, inventados en los días de la transición hacia las independencias y la creación del constitucionalismo americano, estuvieron en boca de los líderes y del pueblo que participó en las contiendas. Más complicado fue el mestizaje de las ideas: las palabras portaban ideas que afectaban a la organización del Estado y la garantía de los derechos. Es importante saber cómo se adaptaron esas ideas a América y que variables surgieron del contacto. Quiero decir: ¿cuáles fueron las adaptaciones que necesitaron las instituciones para acoger en América la plena aplicación de los principios que enunciaba la revolución de las palabras? Sabemos del recorrido que tuvieron las batallas por la independencia en las diversas naciones y que sirvieron para constituir nuevos Estados soberanos. Pero es bastante habitual que las investigaciones sobre la historia política de América no continúen el análisis investigando las peculiaridades con que se ajustaron para América esa misma idea de soberanía y los demás principios esenciales del orden constitucional que acababa de inaugurarse.

La suerte de la América hispana, que empezaba a caminar sola por su cuenta con estructuras políticas hasta entonces desconocidas, ¿cómo las configuró?, ¿adoptaron formas mestizas que respetaban las peculiaridades políticas o las culturas territoriales, dando lugar a instituciones con rasgos diferenciados en relación con los modelos europeos?[5].

Estas preguntas conciernen a la asignación de la titularidad de la soberanía a un centro de poder único o fragmentado; afectan a la población, al estatus de ciudadano; al territorio de las nuevas naciones; a la organización del Estado en régimen centralista o federal y apoyado o no en la separación de poderes; y a cómo se han hecho efectivos los derechos y libertades esenciales de los ciudadanos, empezando por los que figuraron al frente de todas las proclamas: libertad, igualdad y propiedad.

En el programa del IX CILE, al que estamos dando comienzo, se analizan del modo más amplio las relaciones culturales y el mestizaje: el inicial de la etapa de la colonización que puso en contacto las comunidades y civilizaciones de América con la Europa del Renacimiento, el Barroco y la Ilustración; y la relación posterior a las independencias, cuando las civilizaciones de ambos lados del Atlántico reciben ideas filosóficas y propuestas políticas revolucionarias, que las obligan a enfrentarse a un cambio radical en las formas de organizar el gobierno y garantizar los derechos humanos. La convulsión alteró las formas de vida y las tradiciones anteriores e invalidó los principios de gobierno y las instituciones que América heredó de la etapa colonial.

Cuando se habla de mestizaje suele tomarse como referencia exclusivamente los tres siglos de dependencia colonial, pero en este Congreso la cuestión va a ser tratada de forma más completa porque se analizarán las relaciones de todo tipo surgidas en los dos siglos transcurridos desde que se produjeron las independencias.

5. Son de obligada referencia los muchos libros y artículos dedicados a los conceptos políticos esenciales en los dos lados del Atlántico, de Javier Fernández Sebastián, Juan Francisco Fuentes y Gonzalo Capellán. Pero cito, por todos, el último libro de J. Fernández Sebastián, *Historia conceptual del Atlántico Ibérico. Lenguajes, tiempos revoluciones*, México, FCE, 2021, *in totum*, pero con particular referencia a las páginas 217 y siguientes en las que se refiere a la «lengua trastornada».

Del barroco español al neobarroco hispanoamericano

GONZALO CELORIO

Director de la Academia Mexicana de la Lengua

El barroco se impone en la América española en el siglo XVII como arte de Contrarreforma, con el doble propósito de vigilar la ortodoxia católica de criollos y mestizos, y de reeducar a los nativos en los valores propios de cristianismo y de la cultura hispánica. En América, el barroco se prolonga durante todo el siglo XVIII, adquiere características propias y se transforma en arte de contraconquista, disparadero de las revoluciones de Independencia. El barroco como arte identitario hispanoamericano se manifiesta en la literatura neobarroca de la segunda mitad del siglo XX, particularmente en la novelística cubana.

PREÁMBULO

«El retorno de las carabelas». Con esta feliz frase del narrador venezolano Manuel Díaz Rodríguez, José Enrique Rodó se refirió a la influencia decisiva que el movimiento modernista, encabezado por Rubén Darío, ejerció en la literatura española de la Generación del 98. A partir de la década de los sesenta del siglo XX, otro movimiento literario, también surgido en Hispanoamérica, tendría repercusión en las letras peninsulares. Es el caso del llamado *Boom* de la literatura latinoamericana, que incidió en la novelística española de la transición democrática, si bien, en términos editoriales, había sido impulsado desde Barcelona, curiosamente todavía en tiempos de la dictadura franquista.

Para abordar el tema «Viaje, tornaviaje y cultura escrita transatlántica», en el que tendrían cabida estos fenómenos históricos de nuestras letras, me referiré a un viaje anterior a los que he mencionado; un viaje singular, que no tuvo un regreso estrictamente literario, pero que anunció un cisma político y cultural que habría de modificar sustancialmente las relaciones de España con sus posesiones de ultramar: el viaje del «Señor Barroco», como llamó José Lezama Lima, en feliz prosopopeya, al estilo del siglo XVII que se aposentó, señorial y dominante, en la América española. Llegó no solo con su vistosa vestimenta artística y literaria, sino con una clara intención ideológica, la de imponer en el Nuevo Mundo la ortodoxia contrarreformista. Insospechadamente, en tierras americanas, donde hubo de prolongar su estadía durante todo el siglo XVIII y establecer una relación de concubinato con la Señora Ilustración, adquirió características propias hasta adoptar un espíritu de *contraconquista* opuesto al de la Contrarreforma con el que había desembarcado en estas tierras. Es decir que el barroco, en América, asumió una precoz condición nacional y en buena medida fue antecedente y disparadero de sus revoluciones de Independencia.

He elegido para esta exposición dos momentos altamente significativos de ese proceso: 1) el de la paradójica transformación de un arte de imposición colonialista en un arte subversivo y libertario, y 2) el de la literatura neobarroca hispanoamericana contemporánea, que implica, a partir de uno de sus recursos prioritarios, la parodia, un regreso, un tornaviaje, esto es la asimilación crítica y liberadora, con frecuencia humorística, de todo aquello que, en el camino de ida, se impuso como dogma solemne y opresivo.

Ejemplificaré el primer momento con el arte virreinal mexicano —de la escultura y la pintura *tequitqui* (como José Moreno Villa denominó al arte español realizado por manos indígenas en los primeros tiempos de la conquista espiritual) a la arquitectura mestiza del siglo XVIII—; el segundo, con cierta narrativa cubana de la segunda mitad del siglo XX —representada por Alejo Carpentier, José Lezama Lima, Guillermo Cabrera Infante— que Severo Sarduy tipificó como neobarroca, y cuyas características podrían estar presentes en las obras de otros escritores hispanoamericanos coetáneos suyos e incluso en numerosas obras narrativas de nuestro siglo XXI.

UNO

«La tierra es clásica y el mar es barroco». Con esta referencia a la imagen de algún crítico que ciertamente se excedió en la generalización, José Lezama Lima abre el capítulo dedicado a «La curiosidad barroca» de su libro *La expresión americana* para dejar asentado que el término *barroco* ha ampliado enormemente su espectro semántico: abarca por igual, dice, «los ejercicios loyolistas, la pintura de Rembrandt y el Greco, las fiestas de Rubens y el ascetismo de Felipe de Champagne, la fuga bachtiana [...], la matemática de Leibniz, la ética de Spinoza»[1]. No es de extrañar, entonces, que bajo su signo se acojan las más insólitas metáforas: alguna vez le oí decir al escritor mexicano Fernando Benítez que el volcán Popocatépetl era clásico mientras que el Iztaccíhuatl era barroco. Y Alejo Carpentier, por su parte, tras sostener que «nuestro arte siempre fue barroco: desde la espléndida escultura precolombina y el de los códices, hasta la mejor novelística actual de América»[2], llega a hablar de «mulatas barrocas en genio y figura» y de «barroquismos telúricos» en la indómita geografía de nuestro continente.

Esta amplitud referencial del término *barroco* exige hacer una revisión del concepto, para precisar su significación y determinar su pertinencia al aplicarlo a ciertas manifestaciones de la cultura y las letras hispanoamericanas que han sido consideradas barrocas o neobarrocas.

Los diversos estudios que desde el siglo XIX se han dedicado a la estética barroca no presentan entre sí discrepancias considerables en lo que a las características formales de tal estilo se refiere. Por lo general, coinciden en atribuirle, como propios, algunos rasgos tales como la exuberancia, el artificio, el contraste, la tensión dramática, el dinamismo, la exageración, la sensualidad, la distorsión, etcétera. Precisamente porque hay una aceptación gene-

---

1. Lezama Lima, J. *La expresión americana*, México, Fondo de Cultura Económica, 1993 (Tierra Firme), p. 79.

2. Carpentier, A. «Problemática actual de la novela hispanoamericana», en Norma Klhan y Wilfredo H. Corral, *Los novelistas como críticos*, México, Fondo de Cultura Económica, 1991 (Tierra Firme), vol. I, p. 413.

ralizada de la pertinencia de estas cualidades pueden producirse metáforas tan claras y convincentes como las referidas. Sin embargo, estas características formales no constituyen por sí mismas una estética específica, pues ni son privativas del estilo barroco ni dan cuenta, aun suponiendo que el inventario fuera exhaustivo, de su esencia. Habría que determinar entonces el sistema o código en el que estos elementos adquieren su valor, esto es su condición barroca. Y es en este punto relativo a la estructura del arte barroco donde se registran posturas ideológicas diferentes y aun opuestas.

La divergencia más notable tiene que ver con el carácter estructural o no del barroco con relación al arte clásico, pues tal estilo no ha escapado a la tradición secular de subordinar los movimientos estéticos al clasicismo, que se ha impuesto como paradigma del arte occidental. Una importante corriente de opinión, que va de los preceptistas neoclásicos hasta Benedetto Croce, pasando por todo el siglo XIX, vio en el barroco un sinónimo de mal gusto en tanto que se alejaba de los arquetipos clásicos que signaron el Renacimiento. De esta actitud participaron, aunque con matices singulares, diversos pensadores del siglo XX, como Marcel Bataillon, Ludwig Pfandl, Guillermo Díaz-Plaja, Américo Castro. Este último, por ejemplo, define el barroco como un paréntesis malogrado e inmaduro entre el Renacimiento y la Ilustración, esto es como una desviación en el recto camino del clasicismo. Algunos historiadores del arte señalaron que el tránsito de formas más o menos lineales a otras más recargadas y libres tenía su punto de partida en el propio clasicismo, de donde se sigue que el barroco no sería más que la evolución natural del arte renacentista. Tal solución de continuidad propició que al barroco se le negara una configuración estructural propia, pues se le consideraba una variante, deformada o hiperbólica, de la estructura clásica. En el terreno de las artes plásticas, con frecuencia se habla de pinturas, esculturas, retablos, fachadas, herrerías, fuentes o muebles barrocos, que cumplen una función decorativa, pero difícilmente se hace referencia a construcciones barrocas. Salvo casos excepcionales, como el del plano de San Carlino, de Borromini, obtenido por anamorfosis del círculo, que consigna con carácter ejemplar Severo Sarduy en su libro *Barroco*, la estructura arquitectónica sigue regida por los paradigmas clásicos. Lo mismo puede decirse del lenguaje literario: la profusión ornamental, manifiesta por ejemplo en las constantes digresiones que les dan preeminencia a las ramas sobre el tronco, no oculta la procedencia clásica de un texto de Gracián o de Góngora. Sin embargo, es menester preguntarse si la presencia de estos elementos en principio meramente decorativos afecta o no la estructura clásica. Una pilastra estípite, por ejemplo, ¿es realmente una columna clásica ornamentada o más bien su ornamentación constituye un rasgo esencial de su estructura? ¿Por qué no pensar que el barroco asume como esenciales los rasgos que, desde la óptica clásica, serían meros accidentes —superficiales, exteriores, decorativos—? De esta manera quedaría explicado el juego de contradicciones que todo el mundo acepta como inherente a la estética barroca. La apariencia exterior sería su contenido más profundo: la máscara, su rostro; el engaño, su verdad; la exuberancia, su vacío; el artificio, su naturaleza.

A la tesis que sustenta una solución de continuidad entre lo clásico y lo barroco habría que oponer aquella que sostiene que este último, lejos de ser corolario exaltado, hiperbólico o decadente del Renacimiento, es una ruptura determinante de los modelos impuestos. Iconoclasta, el artista barroco *parece* abandonarse a sus caprichos personales sin que ningún código preestablecido mesure o contenga su expresión. Entre ambas posturas cabe una solución dialéctica. El barroco, presente de manera embrionaria en el arte renacentista, asume los modelos clásicos como estructura básica —plataforma o disparadero de su voluntad iconoclasta—. En una primera etapa, la llamada *manierista*, las modificaciones con respecto al arte clásico parecen ser meramente accidentales, pero al paso del tiempo estas alteraciones llegan a constituir una estructura diferente en la que el propio anhelo de ruptura queda inscrito en una codificación determinada.

Severo Sarduy, quien le confiere al barroco carácter estructural, explica este proceso a la luz de las distintas concepciones cosmológicas que se tenían en el Renacimiento y en el barroco.

A mediados del siglo XVI, la teoría heliocéntrica de Copérnico echa abajo la concepción geocéntrica del universo que Aristóteles había postulado en la Antigüedad y que Tolomeo había adoptado por su compatibilidad con los textos bíblicos, asumidos como dogmas. Esta concepción de la Tierra como centro inmóvil del universo se mantuvo vigente a lo largo de toda la Edad Media. Pero ni Copérnico ni Galileo, su seguidor, supieron que tampoco el Sol era el centro del cosmos, y, si bien sostuvieron que era la Tierra la que giraba alrededor del Sol y no al revés, consideraron que las órbitas que describían los cuerpos celestes en sus desplazamientos eran circulares. No será hasta ya bien entrado el siglo XVII cuando Kepler concluye, tras laboriosas observaciones suyas y de Tycho Brahe, que las órbitas de los planetas —incluida la Tierra— alrededor del Sol no son circulares, sino elípticas. Este portentoso descubrimiento desmorona, por así decirlo, la imagen de la perfección (orden, unidad, simetría, indivisibilidad), atribuida simbólicamente al círculo, para dar paso a la imagen de la deformidad (distorsión, bifocalidad, pugna, tensión dialéctica), atribuida simbólicamente a la elipse, y repercute, piensa Sarduy, en la transformación de las manifestaciones artísticas de la cultura occidental: «El paso de Galileo a Kepler es el del círculo a la elipse, el de lo que está trazado alrededor del Uno a lo que está trazado alrededor de lo plural, es, también, el paso de lo clásico a lo barroco»[3]. Pero la idea de que las

3. Sarduy, S. *Barroco*, Buenos Aires, Sudamericana, 1974, p. 19, nota 5.

órbitas planetarias son elípticas no se agota en sí misma: podría implicar la infinitud del espacio sideral, y esta idea, dice el astrónomo alemán, «conlleva no sé qué horror secreto... Uno se encuentra errante en medio de esa inmensidad a la cual se ha negado todo límite, todo centro y, por ello mismo, todo lugar determinado»[4]. ¿Habrá, acaso, una definición más certera del *horror vacui*, que suele presentarse como argumento causal del arte barroco?

En el caso de la hispanidad, que en términos generales permaneció al margen del desarrollo científico europeo desde la segunda mitad del siglo XVI, el horror al vacío está íntimamente relacionado con la Contrarreforma, que España tomó como lid propia. Frente a la Reforma religiosa europea, que abría las puertas a la modernidad y ponía en entredicho la ortodoxia católica en la que se sustentaba el absolutismo de los Austrias, España se empeña en la defensa a ultranza del dogma religioso. Para numerosos historiadores el barroco es el resultado, más o menos dogmático, del Concilio tridentino, y se manifiesta, prototípicamente, en el tremendismo de los ejercicios espirituales de Ignacio de Loyola. En efecto, la Contrarreforma determina el carácter de las expresiones barrocas en la península ibérica: son éstas profusamente didácticas: conmovedoras y ejemplares. Sin embargo, la religiosidad general de sus temas y de sus intenciones no corresponde al hondo escepticismo que las origina. Por paradójico que se antoje, el anhelo de infinito, la sobreposición de lo terreno, el abandono de los valores mundanos en beneficio de los ultramundanos de las obras barrocas españolas, lejos de testimoniar el triunfo del catolicismo y de la fe, son el resultado del vacío religioso que el Renacimiento y las crisis eclesiásticas dejaron en España.

Pero el vacío no solo es religioso. También es político, y en este sentido, el barroco tiene que ver con la llamada decadencia española: el desengaño que sigue a un periodo de apogeo, la nostalgia de la edad heroica. La falta de ascendencia moral sobre el pueblo de los últimos Austrias y sus favoritos, las guerras permanentes, que acarrean la hambruna, la prostitución y la mendicidad que registra la novela picaresca; la pérdida política y religiosa de los Países Bajos, la ausencia de ideales nacionales son algunas de las causas más notables de la decadencia política española, que siguió a la hegemonía parentética del siglo XVI. Este vacío social y político, que lleva a Quevedo a hablar de «los muros de la patria mía, / si un tiempo fuertes ya desmoronados», conduce inevitablemente a la evasión, que se aduce como santo y seña del barroco; ya la negación ascética de la vida, ya la ironía. Así, se exagera la ingénita dualidad española de naturalismo e ilusionismo: o la burla grotesca y amarga de Quevedo o la embriaguez voluptuosa de Góngora, efectos de la misma causa. Las diferencias entre conceptistas y culteranos, en última instancia, son, como dijo Croce, meros pleitos de familia.

---

4. Citado por Sarduy, *ibidem*, pp. 56-57, nota 42.

En la constitución del barroco español intervienen determinados condicionantes religiosos, políticos, culturales, que no solo se reflejan objetivamente en cada uno de los elementos que conforman la estructura del barroco, sino que le son inherentes ideológicamente, y a tal grado que, para algunos historiadores del arte, hay una relación de identidad entre España y el barroco. Con la Contrarreforma y el jesuitismo concomitante, España se erige, por predeterminación, en el país del barroco y se encarga de propagarlo, con toda su fuerza ideológica, al Nuevo Mundo.

Es en esta su condición ideológica donde se generan diferencias antitéticas con respecto al papel que el barroco desempeña en América: para algunos es imposición colonialista; para otros, punto de partida de la emancipación. Creo, con Lezama Lima, que fue las dos cosas, sucesivamente.

DOS

Si en la península ibérica, como se ha dicho, el barroco es el arte de la Contrarreforma, ha de entenderse que su objeto es la defensa del dogma católico. Su finalidad primera, entonces, es fortalecer los valores religiosos que la Reforma había puesto en entredicho. Pero a su vez, la consolidación de la fe religiosa a través del arte barroco tiene como finalidad última la justificación del absolutismo, que en España ha de perseverar merced a una concepción aún teocéntrica, que impide las movilizaciones sociales hacia la modernidad burguesa. Tal ideología, evidentemente, se refleja en la conquista política y espiritual de América: el dominio imperial sustentado en la fe religiosa. En este marco ideológico, el arte barroco funge como medio de propaganda contrarreformista para la consecución de dos objetivos prioritarios: evitar cualquier desviación de la ortodoxia católica por parte sobre todo de los criollos, pero también de los mestizos, e incorporar a los nativos al sistema cultural hispánico. Al respecto, Leonardo Acosta dice:

> El barroco se introdujo en América una vez terminada la etapa aventurera de la conquista, el «periodo heroico». Su finalidad será precisamente mitificar y eternizar esa conquista, darle validez, no ya legal, lo cual había sido labor de los teólogos y juristas, sino artística y cultural[5].

El barroco es trasplantado al Nuevo Mundo con absoluta fidelidad a los patrones estéticos peninsulares. Sin embargo, en lo que se refiere a la arquitectura y a las artes plásticas en general, hay que decir que desde los primeros tiempos de la conquista espiritual habían asomado, sobre todo en los lugares donde se gozaba de una importante tradición plástica prehispánica,

5. Acosta, L. «El barroco de indias y la ideología colonialista», *Comunicación y cultura*, núm 2 (1978), p. 135.

rasgos de carácter indígena en las decoraciones de los edificios cristianos, ya que la mano de obra era india, aunque los proyectos fueran españoles. A tal presencia, José Moreno Villa —historiador, pintor y poeta español exiliado en México— le dio el feliz nombre de arte *tequitqui*, que en náhuatl significa 'tributario', a semejanza de la palabra *mudéjar*, que quiere decir 'vasallo' en lengua árabe y que se empleó precisamente para designar el arte musulmán desarrollado en los territorios cristianos reconquistados.

Estas manifestaciones del arte *tequitqui*, en principio tímidas y apenas perceptibles, se fueron acentuando, hasta que se llegó a un verdadero sincretismo en el barroco del Nuevo Mundo, como el que puede observarse en las capillas poblanas del siglo XVIII —San Francisco Acatepec y Santa María Tonantzintla—. En ellas, el barroco criollo, presente en los retablos de madera sobredorada con sus columnas salomónicas y sus santos estofados, queda subvertido por la fuerza indígena que lo dota de originalidad insospechada: una multitud de ángeles indios, tocados de plumas, armados de arcos y flechas, policromados con intensos y chillantes colores, puebla las bóvedas de doble cañón, apenas visibles bajo la profusión decorativa. Entre las uvas —frutas sagradas—, las más exultantes frutas tropicales se desprenden de arcos y lunetos. La hibridez, la mixtura, la simbiosis hacen del barroco americano —«derrota de lo pitagórico», diría Carpentier— un arte fantasioso, colorido, popular, que, lejos de reflejar la sumisión, es signo vigoroso de la originalidad mestiza americana. De tal manera es genuino e intenso en su desarrollo que es claro testimonio de que América está preparada para asumir su independencia. Dice Lezama:

> El barroco [...] del siglo XVIII [...] es la prueba de que se está maduro ya para una ruptura. He ahí la prueba más decisiva, cuando un esforzado de la forma recibe un estilo de una gran tradición, y lejos de amenguarlo, lo devuelve acrecido, es un símbolo de que ese país ha alcanzado su forma en el arte de la ciudad[6].

Si bien es cierto que los condicionantes históricos, inherentes a la ideología del barroco, persisten en la América colonial —que justamente por su carácter colonial es reflejo de la política peninsular—, también lo es que las circunstancias históricas afectan de manera distinta a la metrópoli que a los territorios de ultramar. Por más que una situación colonial sea determinada por la historia y la cultura del Imperio, el espíritu rebelde de los vasallos no ceja en expresarse de acuerdo a sus propias condiciones de dominio. Este espíritu es el que, a fin de cuentas, habrá de conquistar la libertad. Así, el barroco pasa de ser un instrumento de conquista para ser, reversiblemente, un instrumento de contraconquisita, esto es de liberación.

6. Lezama Lima, J., *op. cit.*, pp. 104-105.

TRES

En su ensayo inaugural titulado «El barroco y el neobarroco»[7], Severo Sarduy registra la señalada presencia de la estética barroca en algunas manifestaciones artísticas de la cultura hispanoamericana, particularmente literarias y de origen cubano.

Para ejemplificar la utilización de los diversos recursos del barroco que consigna en su estudio, Sarduy hace referencia a las obras de Alejo Carpentier, José Lezama Lima, Guillermo Cabrera Infante. Estos mismos escritores cubanos han aludido en sus trabajos ensayísticos y en sus propias novelas a su filiación barroca.

Los postulados presentados por Sarduy en aquel artículo y enriquecidos después en su libro *Barroco*, que originalmente fueron aplicados de manera prioritaria a escritores cubanos, constituyen una tipificación, basada en la parodia y en el artificio, a la que virtualmente pueden responder muy diversas obras de la narrativa hispanoamericana de la segunda mitad del siglo XX. Pienso, por ejemplo, en novelas que se sustentan en un lenguaje paródico como *Los relámpagos de agosto* de Jorge Ibargüengoitia —recreación humorística de la novela de la Revolución mexicana—; pienso en textos cuya referencialidad estriba preponderantemente en la cultura libresca (arte del arte = artificio), como ciertas ficciones de Jorge Luis Borges o de Juan José Arreola o numerosos capítulos de *Rayuela* de Julio Cortázar; pienso en las grandes construcciones verbales a la manera de *Paradiso*, como *Terra nostra* de Carlos Fuentes, *El otoño del patriarca* de García Márquez, el discurso de Carlota en *Noticias del Imperio* de Fernando del Paso o *La reivindicación del conde don Julián* de Juan Goytisolo, a quien Fuentes incluye en su temprano libro *La nueva novela hispanoamericana*; pienso en la superposición de discursos en *Cien años de soledad*, donde Artemio Cruz o el bebé Rocamadour se suman a la prolífica lista de Aurelianos y José Arcadios... En fin, el propio modelo teórico de Sarduy propicia la extensión del término *neobarroco* a obras muy diversas, al grado de que no sería una exageración tomar esta su condición barroca como una de las señas de identidad de la narrativa hispanoamericana de la segunda mitad del siglo XX, que se prolonga en muchas novelas de nuestra centuria actual; novelas —o cuentos— que, a la manera barroquísima de *Las meninas*, tienen como argumento narrativo el proceso mismo de la escritura de la novela, al igual que la pintura de Velázquez, que no solo retrata a los reyes, que se ven reflejados en el espejo del fondo del estudio del pintor, sino también al pintor en el proceso de pintar el cuadro que nosotros vemos. Es el caso de *El libro vacío* de Josefina Vicens, *El grafógrafo* de Salva-

7. Sarduy, S. «El barroco y el neobarroco», en *América Latina en su literatura*, México, Siglo XXI, 1977, pp. 167-184.

dor Elizondo, *Santa Evita* de Tomás Eloy Martínez, *La novela de mi vida* o *El hombre que amaba a los perros* de Leonardo Padura, *Radicales libres* de Rosa Beltrán o, para poner un ejemplo español, las novelas *Soldados de Salamina*, *Anatomía de un instante* o *El impostor* de Javier Cercas, que no solo relatan velazquianamente el proceso de la escritura que leemos, sino la transformación ideológica que sufre el escritor en el proceso mismo de su escritura.

Quizá una diferencia entre los barrocos del siglo XVII y los neobarrocos contemporáneos consista en que aquellos no sabían que eran barrocos y estos vaya que lo saben. Gracián escribió su *Agudeza y arte de ingenio* pensando, acaso, que formulaba un tratado de preceptiva clásica (es decir ortodoxa). Los escritores neobarrocos, en cambio, se saben afines a la estética del barroco y utilizan propositivamente sus ingenios y sus agudezas. Tal intencionalidad puede antojarse artificial, pero digamos, en descarga de sus autores, que el barroco tiene como signo distintivo precisamente el artificio, y que por encima de la aventura, del abandono placentero a la proliferación, de la libertad y del capricho personal, el barroco es un arte prefabricado, como lo vio en su momento José Antonio Maravall: es un arte dirigido —esto es preconcebido y generalizado a través del *kitsch*— y es un arte conservador en tanto que la movilidad y la ruptura que parecen determinarlo son eso: vanas apariencias; en tanto que su objeto primordial es la preservación de un sistema de valores culturales. Así pues, la intención barroca, previa a la escritura, es parte de su propia condición barroca. Pero ¿cuál es la finalidad de tal intención en el caso de los escritores neobarrocos? Próximo a las tesis de Michail Backtine acerca de la carnavalización, Sarduy destaca la parodia como recurso pertinente del barroco.

La parodia implica un doble discurso, una doble textualidad: un discurso referencial, previo, conocido y reconocible, que es deformado, alterado, escarnecido, llevado a sus extremos por el discurso del barroco. Tal operación supone un retorno; es en sí misma un retorno. La parodia no es otra cosa que llegar, *de regreso*, al punto de partida, y recuperarlo —esto es preservarlo, enriquecerlo— con los beneficios adquiridos en semejante periplo: la crítica (el sentido del humor, el homenaje) que la distancia y la perspectiva otorgan. La parodia, pues, no se limita a la burla del discurso de referencia: la parodia implica una actitud crítica que pondera, selecciona, asume, fija, recupera y preserva los valores culturales.

Las novelas que pudieran considerarse neobarrocas son testimonio de que nuestro discurso novelístico goza ya de los saludables tributos de la crítica: el humor, el juego, la ponderación. Acaso por primera vez en la historia de la literatura hispanoamericana, toda una narrativa se significa por expresar abundantemente, generosamente que viene de regreso de las cosas; de regreso de su propia historia.

Mestizaje y diversidad

SOLEDAD PUÉRTOLAS
Real Academia Española

En el primer diccionario de la lengua española, el llamado *Diccionario de autoridades* —porque las definiciones venían avaladas por citas provenientes de textos literarios, jurídicos o religiosos de indiscutible relevancia y autoridad—, ya se recoge el adjetivo *mestizo, za*.

La definición que ofrece, que pasa por alto la aplicación del término en el ámbito humano, se apoya, sin embargo, en dos citas en las que el ser humano es el protagonista. Muchas veces, son las citas, los ejemplos, lo que da a la palabra su dimensión más acertada, más acorde con la época.

Una de las citas corresponde al libro I de la *Recopilación de Indias* y dice así:

> Encargamos a los Arzobispos y Obispos de nuestras Indias que ordenen de Sacerdotes a los *Mestizos* de su distrito, si concurrieren en ella la suficiencia y calidades necesarias.

La segunda cita es del Inca Garcilaso. Leemos:

> Despúes acá he sabido que se coge mucho lino; mas no sé qué grandes hilanderas hayan sido las Españolas, ni las *Mestizas* mis parientas, porque nunca las vi hilar, sino labrar y coser.

Ambos testimonios nos muestran que el adjetivo era utilizado en el habla de una forma muy amplia. Sin duda, porque era una necesidad. La realidad fue que el número de mestizos, durante los siglos XIX y XX, se incrementó de forma espectacular, según nos dice, en 1953, Amado Alonso en sus *Estudios lingüísticos. Temas hispanoamericanos*. El censo de 1940 —según los datos que recoge Rosenblat—, en las ciudades chilenas de Santiago y Valparaíso, revela que los mestizos constituyen ya el 60 % de la población.

La idea de que el mestizaje es un factor fundamental en la creación de una nueva sociedad, e incluso un factor de unificación, va cobrando fuerza. Félix Zubillaga y León Lopetegui, en la *Historia de la Iglesia en la América española desde el descubrimiento hasta el XIX* (1965), señalan que:

> [...] solo con el transcurso del tiempo, el mestizaje, la creación de las ciudades, la extensión de la cultura y todos los demás elementos unificadores de la convivencia social se irán amalgamando en una única sociedad.

En referencia al Perú, la *Crónica del monasterio de Santa Catalina* (1974), de T. L. T. Benjumea, consigna:

> Sus habitantes se multiplicaban con rapidez al atraer a sus contornos gran cantidad de indios peruanos que se hermanaron con los españoles en el más perfecto de los mestizajes.

En los últimos años del siglo XX se consolida la valoración positiva de la idea de mestizaje. De ser una fatalidad, se ha convertido, con el tiempo, en una opción libre, tal como declara, en 1982, Daniel Piquet, en relación con la cultura afrovenezonala. A propósito de la obra de Gastón Baquero, en un artículo publicado en España (*El Mundo*), en 1995, se dice que «Es la mirada amorosa que agradece las distancias, al verlas no como motivo de confrontación sino de acumulación de riqueza», lo que nos lleva a «la valoración del mestizaje (sea racial o cultural) como el mayor progreso y esplendor cumplido del tránsito del hombre en la tierra».

Aquí y allá, en diferentes medios de comunicación y en relación con diversos fenómenos, encontramos frases como estas : «La riqueza es la diversidad, es decir, la aceptación del mestizaje cultural como la riqueza de cada pueblo» (Bolivia); «Lo importante, en todo caso, es asumir nuestro mestizaje» (Perú); «El mestizaje es nuestra vida, el camino para reafirmar la libertad de los pueblos y culturas que deben acrisolarse en México» (México); «Para Uslar Pietri, el gran hecho cultural en América Latina fue el mestizaje, la mezcla entre españoles, indígenas y africanos» (España, *El País*). El escritor manifiesta que uno de sus combates personales es la lucha por la tolerancia y el mestizaje. «Ese debe ser el sello del mundo hispano», insiste.

Este es el trayecto —podríamos decir: triunfal— que ha recorrido la palabra *mestizaje*, que el diccionario académico recoge en 1970, siendo el primer diccionario en registrar el término y sirviendo de modelo a diccionarios de otras lenguas. El Oxford, por ejemplo, destaca el origen español de la palabra.

El adjetivo *mestizo, za* fue, como ya señalé, la primera de esta familia de palabras que entró en el diccionario, en 1734. Más de un siglo después, en 1884, se recoge el verbo *mestizar,* que se define de forma negativa, acudiendo a los verbos *corromper* y *adulterar*. Hasta la edición de 1988 no desaparece el sentido negativo. Es entonces cuando el verbo *corromper* da paso al verbo *mezclar*. En esta misma edición, la palabra *mestizaje*, por su parte, introduce una tercera acepción, que hace referencia a la mezcla de culturas distintas.

Y este es el sentido que hoy predomina en nuestra lengua. Cuando se hace referencia al mestizaje, se suele resaltar el enriquecimiento que supone para la sociedad. Es en la mezcla donde nos reconocemos, donde está nuestra identidad.

El complemento idóneo para el mestizaje es la idea de diversidad. Porque el mestizaje nunca es único, no responde a un solo modelo. Somos nosotros, los seres humanos de hoy, quienes, conscientes de que el mestizaje es parte de lo que somos, hemos de darle el valor social que se corresponde con nuestra ética, con nuestras aspiraciones de un bienestar generalizado y equitativamente compartido.

Las definiciones de los diccionarios se hacen eco de nuestras aspiraciones y metas. La lengua, que vamos construyendo día a día entre todos, es un instrumento primordial para la consolidación de nuestros valores. En ella quedan reflejados. Es espejo de lo que somos y de lo que queremos ser.

La forja de las literaturas nacionales en Hispanoamérica

MARCO MARTOS

Academia Peruana de la Lengua

Estas líneas se proponen un acercamiento a un desafío cultural que tarde o temprano se hacen los lectores y autores de todo el orbe hispano. ¿Quiénes somos los americanos que usamos el español como lengua franca? ¿Qué características tienen las literaturas que escribimos y leemos?

Aparte de la experiencia personal, en este apretado escrito se recurrirá principalmente a ciertas nociones conocidas elaboradas por Eugenio Coseriu en el campo de la lingüística (Coseriu: 1973) y por Roberto Fernández Retamar (Fernández Retamar: 1995).

Ferdinand de Saussure, como es bien sabido, propuso que en cada lenguaje existen un conjunto de reglas, la morfología, la sintaxis, la semántica, la fonética, la fonología, a las que llamó «lengua». A la realización en cada individuo de la lengua, la denominó «habla». Gustaba comparar al lenguaje con las reglas del ajedrez, fijas, aprendidas, y la realización individual de esas exigencias por cada jugador, con su estilo personal.

Eugenio Coseriu advirtió que en cada lenguaje ese bagaje común a todos los hablantes tenía realizaciones sociales compartidas por segmentos de esos hablantes, de cada país, de cada región, dentro de las cuales los individuos manejaban sus hablas particulares. Así fue como aparecieron las nociones de «sistema», «norma» y «habla». De un modo general podemos decir que en nuestro caso el sistema es el español o castellano, la norma es la manera como usamos ese sistema en cada uno de nuestros países, y el habla es el manejo del lenguaje de cada individuo atendiendo a la norma en la que vive. Precisando más sus conceptos, Coseriu se refiere a una norma diatópica, un criterio de carácter espacial, los usos normales y habituales en un conjunto geográfico determinado. Hay una bebida en el Perú que se llama *gaseosa* y en México se denomina *soda*. La gaseosa se toma con una *cañita* en el Perú y con *popote* en México. Ángel Rosenblat, en una de sus páginas memorables, recuerda a un turista español que va por una carretera de México y ve un letrero que dice «Se prohíbe a los materialistas estacionarse en lo absoluto». *Materialistas* son lo que transportan materiales.

Según Coseriu, hay otra norma a la que llama diastrática que atiende a usos lingüísticos de rasgos sociales en común, como pueden ser la edad, el nivel económico, el sexo, y guarda relación con la sociolingüística. En mi país, el Perú, en los años cincuenta del siglo XX a la cerveza se le llamaba *cebada*. Inclusive en los escritos literarios. Ahora se le llama *chela, chelita*. Los lenguajes particulares entran en esta denominación: el lenguaje de los juristas o los soldados, por ejemplo. Hay otra norma para Coseriu, llamada diafásica, que tiene que ver con la pragmática: por ejemplo, la lengua culta frente a la coloquial.

Cuando los españoles llegaron al continente americano, de forma inmediata, si bien fueron imponiendo su lengua, la fueron modificando, incorporando voces desconocidas por ellos, para denominar nuevas realidades. Han corrido ríos de tinta sobre la palabra *canoa,* que usó por primera vez Cristóbal Colón.

Ocurre entonces un fenómeno que ha estudiado Roberto Fernández Retamar (Fernández Retamar: 1995). Los habitantes de los pueblos originarios se ven al principio obligados a usar una lengua ajena, y naturalmente, al principio, el manejo que tienen no es depurado; pasará algún tiempo antes de que este conocimiento sea aceptable, y nuestros pobladores poco a poco van sintiendo como propia la lengua que en un comienzo fue impuesta. Ahí es cuando aparece la originalidad, en todo su esplendor.

Es proverbial el ejemplo que se pone de dos escritores coetáneos: Guamán Poma de Ayala y el Inca Garcilaso de la Vega. Ambos son expresión de lo que ocurría en América con el castellano en el siglo XVI. Mientras Guamán Poma usa el español de los runas, el pueblo llano, Garcilaso utiliza un español depurado propio de los autores que conocían bien a los escritores de la época del Renacimiento. Pero uno y otro son modelos de lo que ocurría con el español americano.

En toda la época del virreinato, aquí y allá fueron apareciendo autores con un manejo exquisito de ese castellano; basta aquí señalar a la monja mexicana Juana Inés de la Cruz como un ejemplo de gran calidad artística, que va más allá de toda ponderación.

La literatura en Hispanoamérica, como antes había ocurrido con la literatura ibera, se fue haciendo más original con el paso del tiempo. Y así España dio en los siglos XVI y XVII a grandes autores que gozan de vitalidad hoy mismo, como Cervantes, Lope de Vega, Garcilaso, fray Luis de León, san Juan de la Cruz, Quevedo, Góngora, Tirso de Molina, Calderón. Habían pasado cinco siglos desde la aparición del español. En el caso americano, los autores de mayor originalidad surgen en el siglo XX. Empiezan a escribir una pléyade de poetas y novelistas cuya valía es universal: Vallejo, Neruda, Huidobro, Paz, Rulfo, Onetti, García Márquez, Vargas Llosa, Sergio Ramírez, José Donoso, Gabriela Mistral, Juana de Ibarborou, Ida Vitale, Rosario Castellanos, Blanca Varela, Gioconda Belli. Difícil señalar una característica común a todos escritores, pero si es que la hay, es la utilización original del español americano. Y ese castellano nuestro tiene en su entraña las características de las lenguas occidentales, un vínculo clarísimo con el mundo grecorromano, con los idiomas utilizados en la península ibérica, como el árabe o el vasco, pero tiene, sobre todo, la marca americana, encuentro con lenguas originarias que conviviendo con el español lo fecundan y modifican. Somos, pues, culturas de extremo occidente, tenemos mayoritariamente algo que viene de Europa, conocemos la historia, nos vestimos y actuamos como occidentales, pero somos algo diferente, pertenecemos al extremo occidente. Sírvanos de modelo dos escritores ejemplares, reconocidos ya en el canon universal, uno, Juan Rulfo, y otro, José María Arguedas. Ambos tuvieron que abrirse paso en condiciones editoriales adversas y, aunque aceptados en un comienzo, tuvieron que pasar por rechazos e incomprensiones antes de tener la popularidad de la que ahora disfrutan, como se evidencia con la publicación de la novela *Los ríos profundos*, de José María Arguedas, por la Asociación de Academias de la Lengua Española.

Tanto Rulfo como Arguedas no podrían explicarse fuera del continente americano. Su magnífica prosa muestra una relación lírica con la naturaleza que no viene de la tradición occidental, sino de aquella otra que en América del Sur llamamos andina y que se resume en la gran importancia de las colinas, los cerros y las montañas que atraviesan el continente y condicionan en cierto modo la relación de los individuos con el medio natural. Y, al decir esto, incluimos también a las lenguas originarias que comparten con el español su difusión en partes importantes de nuestros territorios. Estas moles de piedras y de bosques condicionan las vidas de hombres y mujeres, acercan y al mismo tiempo alejan a los pobladores. Solo en América del Sur tenemos más de sesenta idiomas diferentes. Rulfo y Arguedas son la quintaesencia en la ficción del encuentro de visiones europeas y americanas, que naturalmente surge también en la depurada prosa de Mario Vargas Llosa y Gabriel García Márquez.

Este español americano aparece de manera muy nítida en la poesía de Vallejo, quien, en sus años de madurez, está constantemente confrontando su dicción peruana con la española. Una cosa parecida ocurre con la lírica de Octavio Paz o de Pablo Neruda. Se trata de poetas que honran a su dicción, a la norma americana que usan y a la lengua española. Podemos decir que en el siglo XX la literatura hispanoamericana ha alcanzado una alta cota de esplendor.

Desde Amarilis, aquella poeta anónima que dirigía sus versos a Belardo, Lope de Vega, las mujeres americanas que han tomado siempre la pluma han sido generalmente monjas o hijas de familias ilustradas, porque aquellas del pueblo llano tuvieron siempre dificultades para cultivarse. Con el tiempo esa situación ha cambiado radicalmente y en el siglo XX aparece un conjunto de mujeres poetas de notable calidad y que son herederas, de alguna manera, de aquellas que escuchaban en los salones los versos de Rubén Darío, Amado Nervo o Guillermo Valencia. Solo que sus versos no tienen la suavidad de las tardes de amor. Exponen, con naturalidad, una nueva situación, un reclamo que nace de las entrañas. En las primeras líneas de «Vals del Ángelus», escribe Blanca Varela (en Martos: *La generación del cincuenta*: 2022):

> Ve lo que has hecho de mí, la santa más pobre del museo, la de la última sala, junto a las letrinas, la de la herida negra como un ojo bajo el seno izquierdo.
>
> Ve lo que has hecho de mí, la madre que devora a sus crías, la que se traga sus lágrimas y engorda, la que debe abortar en cada luna, la que sangra todos los días del año.

BIBLIOGRAFÍA

Eugenio Coseriu (1973). *Teoría del lenguaje y lingüística general.* Madrid. Gredos.

Roberto Fernández Retamar (1995). *Todo Calibán.* Buenos Aires.

Marco Martos (2022). *La generación del cincuenta. Antología poética de la promoción peruana 1945-1950.* Academia Peruana de la Lengua. Lima.

Ferdinand de Saussure (1961). *Curso de lingüística general.* Madrid. Alianza Editorial.

La interculturalidad, un bien del exilio

GIOCONDA BELLI PEREIRA
Academia Nicaragüense de la Lengua

De cómo el oficio de escribir es tabla de salvación para el escritor exiliado y puede convertir la tragedia humana del destierro y la nostalgia en un tiempo provechoso para aumentar el caudal de los múltiples vasos comunicantes de la literatura.

* * *

En 1980, el escritor guatemalteco Augusto Monterroso dio una entrevista a Juan Cruz en el periódico *El País*. Traigo su nombre y la entrevista a colación porque en ella Monterroso dice esto del exilio:

> [...] el exilio es uno de los grandes bienes que puede recibir un escritor. A veces el exilio es voluntario y a veces no, pero siempre es provechoso. Todo escritor debería irse de donde esté. Eso lo entendió pronto Cervantes y ya ve usted.

Y en otra parte dice:

> Cuando se trata de escritores, no hay ningún lado dramático. Los exilios duros son los de los obreros o campesinos. Los escritores siempre encuentran la manera de arreglárselas. Lo mejor que han hecho nuestras dictaduras en favor de la literatura ha sido exiliar gente. Muchas veces exilian a gentes que no lo merecen.

Con su agudo sentido de humor, Monterroso apunta a un aspecto del exilio que vale la pena considerar: se trata de los beneficios del exilio. Es inevitable pensar en ese refrán que reza: «No hay mal que por bien no venga».

Es obvio el mal que supone el exilio. Quien marcha al exilio lo hace porque el apego a su país lo ha llevado a tomar posiciones políticas que lo enfrentan al poder. Su compromiso ético y político le ha supuesto riesgos de persecución, cárcel e incluso muerte. El exilio es el resultado de un comportamiento coherente con el empeño de cambiar la suerte de su país. No es honroso salir al exilio, pero es honorable. Paradójicamente, un sacrificio semejante engendra la fuerza y tenacidad que se requiere para resistirlo. Como ha dicho del exilio en estos años de muchos nicaragüenses, mi compatriota Sergio Ramírez ha acuñado una frase que me representa: «Mientras más Nicaragua me quitan, más Nicaragua tengo».

Según Monterroso, son los obreros y campesinos quienes sufren el más duro exilio, Los escritores, afirma con ironía, siempre encontramos la manera de arreglárnoslas. No le falta razón. Tenemos un oficio que nos ha equipado con un arma poderosa: la palabra. No está al alcance de los tiranos despojarnos de ella, ni confiscárnosla. Es por eso que Daniel Ortega y Rosario Murillo, actuales dictadores de Nicaragua, al no poder expropiarnos la palabra, confiscan nuestros bienes materiales y niegan los documentos que nos acreditan como tales.

Tanto temen la palabra que, dentro del país, tras acallar los medios de comunicación independientes, encarcelaron a sacerdotes para silenciar los púlpitos. Así es como nuestros más elocuentes sacerdotes están uno en el exilio obligado, monseñor Silvio Báez, y el otro, monseñor Álvarez, sentenciado a veintiséis años de cárcel.

Aunque en el país los tiranos crean que han impuesto el silencio, en el exilio se ha fundado la república libre de las palabras. Estas se filtran a diario a través de las avenidas abiertas por la tecnología.

El arma de la palabra ha sido para los escritores exiliados tabla de salvación.

Cristina Peri-Rossi, premio Cervantes 2021, salió de su natal Uruguay al exilio en 1972, luego que sus libros fueron prohibidos y ella perseguida. Vivió desde los 31 años en Barcelona. De su poemario *Estado de exilio*, publicado en 2003, treinta años después de haber sido concebido, dijo:

> Ese libro, escrito como purga, llegó a mí como un asidero al que agarrarme cuando yo también vagaba por las noches frías y húmedas de Barcelona, enferma de nostalgia por echar de menos un país de origen que no me echaba de menos a mí. Fue en las páginas de *Estado de exilio* donde por primera vez encontré una patria literaria. Los poemas funcionaron de espejo y de diván de psicoanalista.

En el prólogo de ese libro ella escribe: «Si el exilio no fuera una terrible experiencia humana, sería un género literario».

Cuando Monterroso habla de que el exilio es siempre provechoso, toca hacer el balance entre la «terrible experiencia humana» y la particular manera en que el idioma se convierte en patria del exiliado; una patria compartida del que llega y del que encuentra al recién llegado, ese territorio que llamamos de la literatura intercultural.

En este nuevo exilio que vivo en España, desde febrero de 2022, sigo teniendo la suerte de compartir la creación y la lectura con escritores y académicos españoles. Como académica de número de la Academia Nicaragüense de la Lengua, soy, gracias a ASALE, académica correspondiente de la RAE. En esta institución, que me dio cobijo en mis primeros meses en España, recibí una fraternal acogida y he podido participar en plenarios y eventos que han enriquecido mi visión y conocimiento de los mecanismos de preservación y expansión de nuestra lengua.

Pienso en la paradoja de otros exilios fructíferos. Ovidio, García Márquez, Víctor Hugo, Joseph Conrad, Nabokov, Joyce, Galeano, Benedetti, Claribel Alegría. Muchos de ellos escribieron sus mejores obras fuera de sus patrias. Pienso en Rubén Darío y sus largos períodos fuera de Nicaragua. Esa modalidad de la «transterra» de los autoexilios dio, en la literatura nicaragüense, riqueza a múltiples voces destacadas. Fue el caso de José Coronel Urtecho (1906-1994), que en 1924 viajó a Estados Unidos y descubrió la literatura estadounidense. Sus lecturas fueron influencias determinantes, no solo para su poesía y su prosa, sino para toda la generación de vanguardia del país de la que él fue iniciador y motor junto con Pablo Antonio Cuadra (1912-2002).

Coronel tradujo con Ernesto Cardenal una antología de poesía norteamericana que fue piedra angular para que la tradición poética nicaragüense rompiera con una retórica y mala imitación de Darío y desarrollara, con voz propia, una poesía de voces únicas, innovadoras de la lengua, nutridas por el legado de Darío, pero inaugurando un espacio nuevo.

El poeta Pablo Antonio Cuadra, que se opuso a Somoza y vivió autoexiliado en México, Costa Rica y España, dirigió el suplemento cultural del diario *La Prensa*. Desde su despacho pastoreó y fue muy influyente en la formación de la cultura nicaragüense en su período de oro —años cincuenta, sesenta y setenta del siglo XX—.

Ese constante intercambio cultural, fuera por el exilio o por la necesidad de relacionarse con otras experiencias, fue una característica dariana que marcó la universalidad y modernidad de la literatura nicaragüense.

Para los desterrados de América Latina, el idioma es, sin duda, el colchón de plumas que amortigua la pérdida del terruño. El español es una patria sólida e inmensa.

No quiero pasar por alto la pena del exilio interior de los escritores y académicos que permanecen en el país. En mayo de 2022, la Asamblea Legislativa de Nicaragua, alfanje en mano, canceló la personería jurídica de la Academia Nicaragüense de la Lengua, fundada y en funciones desde 1928. La cancelación de la ANL fue denunciada por la RAE en un comunicado. En la sesión de su plenario, el 2 de junio de 2022, esta acordó reiterar su protesta y agregó que

> [...] no reconocerá ningún efecto a la medida de supresión de la personalidad jurídica de la Academia Nicaragüense de la Lengua adoptada por la Asamblea Nacional de Nicaragua; apoyará la permanencia de la Academia Nicaragüense de la Lengua en la Asociación de Academias de la Lengua Española, y prestará a los miembros de la Academia Nicaragüense de la Lengua la asistencia necesaria para que puedan seguir ejerciendo su función al servicio de la lengua española.

Aunque la Academia Nicaragüense, en la ilegal farsa de la actual dictadura, no pueda seguir existiendo como tal, los académicos nicaragüenses seguimos, como dice nuestro lema dariano, «En espíritu unidos, en espíritu y ansias y lengua» perteneciendo a esta comunidad que hoy se reúne en Cádiz.

No conozco una muestra más rotunda de interculturalidad.

La presencia del español en el inglés y en la historia estadounidense

LUIS ALBERTO AMBROGGIO

Academia Norteamericana de la Lengua Española

Contexto histórico y global. ▪ Lista de palabras españolas en diferentes categorías del inglés estadounidense. Un recorrido interesante sin ser exhaustivo. ▪ La presencia de los así llamados cognados perfectos. ▪ Presencia lexicográfica de cognados imperfectos. ▪ Conclusiones.

En la convivencia lingüística nos preocupamos por la invasión del inglés en el español en la práctica conversacional en los Estados Unidos, y el avance dialéctico del *spanglish*. Sin embargo, como lo destacan los colaboradores del volumen colectivo editado por Rodríguez González en 1996, *Spanish Loanwords in the English Language: A Tendency towards Hegemony Reversal*, es interesante ahondar en la presencia en aumento del vocabulario español en el inglés estadounidense, su preponderancia en referentes históricos y geográficos de estados y ciudades, y miles de palabras más allá de *bravo*, «por favor», «de nada», *gracias*, *adiós* o el «Hasta la vista, *baby*» del político y actor austríaco-americano Arnold Schwarzenegger. Perfectos cognados (palabras que son idénticas en español e inglés, en su ortografía, significado y connotaciones, a pesar de la diferencia en su pronunciación), como *general*, *similar*, *piano*, *hotel*, *hospital*, *regular*, *canal* y muchísimas otras, y casi perfectos cognados como, por ejemplo, *acción/action*, etc. Presencia de palabras en todos los referentes que abarca el idioma y que en esta ponencia documentaré detalladamente.

CONTEXTO HISTÓRICO Y GLOBAL

No es de extrañar la presencia del español en el inglés y en la historia estadounidense basada en la convivencia histórica de estas culturas en los Estados Unidos. Desde ya Estados Unidos es el segundo país hispanoparlante del mundo, con más de cincuenta millones de habitantes hispanoparlantes y con una proyección de 138 millones para el año 2050. Por otra parte, el español es el segundo idioma que más se estudia y aprende en los Estados Unidos. Esto además del impacto de la colonización hispana de los Estados Unidos a partir de 1513 y la presencia de Ponce de León desde la Florida hasta el norte en lo que se llama Nueva Inglaterra. Y luego la incorporación de territorios que pertenecieron a México y España, a partir de la guerra de 1848 y a lo largo del siglo XIX, como los estados de Texas, Nuevo México, Arizona, California, Nevada, Utah y Colorado, que desde entonces configuran lo que hoy se llama el Suroeste de los Estados Unidos. Esto provocó que se integrasen palabras del español mexicano al inglés estadounidense, como también sucedió con la incorporación posterior de Puerto Rico en 1898 y las grandes inmigraciones de cubanos y otros países en el siglo XX.

Pero como lo detallan Muñoz-Basols y D. Salazar[1], esta influencia lexicográfica sociolingüística entre el español y el inglés proviene, para empezar, de la raíz latina que el español comparte con otras lenguas romances.

---

1. Muñoz-Basols, J. y D. Salazar. 2016. «Cross-Linguistic Lexical Influence between English and Spanish». *Spanish in Context* 13 (1): 80-102.

Sumando a estas peculiaridades está el hecho de la importantísima presencia global de español, tal cual lo documenta el investigador David Fernández Vítores, profesor de la Universidad de Alcalá, en la primera sección del libro *El español en el mundo 2022. Anuario del Instituto Cervantes* titulada «El español: una lengua viva. Informe 2019», con datos como, entre otros:

1) El número de usuarios potenciales de español supera los 580 millones.
2) El español es la tercera lengua en el cómputo global y la tercera lengua más utilizada en la red después del inglés y del chino.
3) Un total de 21 882 448 alumnos estudian español como lengua extranjera.
4) El 8,1 % de la comunicación en internet se produce en español, siendo la segunda lengua más utilizada en Wikipedia, Facebook, Twitter y LinkedIn.
5) Después del inglés, el español es la lengua en la que más documentos de carácter científico se publican.

Estas estadísticas explican desde varias perspectivas la relevancia del español en el inglés estadounidense.

LISTA DE PALABRAS ESPAÑOLAS EN DIFERENTES CATEGORÍAS[2] DEL INGLÉS ESTADOUNIDENSE. UN RECORRIDO INTERESANTE SIN SER EXHAUSTIVO

- Nombre de estados: California (una isla mítica de la novela española de 1510 *Las sergas de Esplandián*, de Garci Rodríguez de Montalvo); Colorado (color rojo del río que simboliza el estado); Florida; Montana (de *montaña*), Nevada; New Mexico (anglicismo por Nuevo México), Texas (*tejas*, adoptado del lenguaje indígena de la población caddo que significa 'amigos' o 'aliados'; *tejas* también tiene la connotación de 'tilo, terracota'); Arizona (del español Arizonac, en sí una adopción de la palabra *alĭ ṣonak*, del idioma local O'odham, que significa 'pequeña primavera'; una etimología alternativa podría ser del vasco *haritz ona*, 'buen roble').
- Ciudades: Buena Vista, El Paso, Alamo, Fresno, Las Vegas, Los Angeles (versión acortada del nombre original, El Pueblo de Nuestra Señora la Reina de los Ángeles del Río de Porciúncula), Monterey. Y con el nombre de muchos

2. Adopto y modifico aquí, entre muchos listados, el que publicó John-Erik Jordan en *Babbel Magazine*: «111 English Words That Are Actually Spanish» (babbel.com).

santos: San Agustín (1565, la ciudad más antigua de los Estados Unidos), San Antonio, San Francisco, San Diego, San José, Santa Cruz, Santa Fe. En Colorado, como en otros estados, hay muchas referencias geográficas y de lugares en español, como por ejemplo: Aurora, La Junta, Pueblo, Limón, Trinidad, entre muchos otros vocablos.

- Vocabulario de los *cowboys*. Aunque no hay nada más estadounidense que un *cowboy* ('vaquero'), los primeros en manejar el ganado a caballo fueron los vaqueros que introdujeron esa antigua tradición ecuestre hispana en el suroeste. La palabra *vaquero* proviene de *vaca* y estas son algunas de las palabras hispanas que se utilizan en inglés en este contexto: *buckaroo* (anglicización de *vaquero*), *jinete, corral, desperado, lasso* (de *lazo*), *ranch* (de *rancho*), *rodeo, stampede* (de *estampida*), *chaparreras* (también acortado *chaps*), *olé, torero.*

- Palabras geográficas y meteorológicas: *arroyo; breeze* (de *brisa*), caldera, canyon (de *cañón*), mesa (Mesa Verde en Colorado), *playa, sierra, tornado* (de *tronada,* 'tempestad de truenos', *thunderstorm*), *hurricane* (de *huracán*), El Niño, La Niña.

- Animales: *armadillo, barracuda, bronco, burro, mosquito, llama, alpaca, chinchilla, iguana.*

- Arte, cultura y referentes sociales: *señorita, caballero, hombre, amigo, maestro, aficionado, bodega, fiesta, festival, macho, matador, patio, plaza, piñata, pueblo, quinceañera, quixotic* (del don Quijote de Cervantes que Thomas Jefferson leía y hacía leer), *rumba, tango, telenovela, politico, negro, peon, amigo, Lolita* (por el título de la novela en inglés de Vladimir Nabokov), *hola*[3].

- Guerras y conflictos: *armada, conquistador, flotilla, guerrilla, renegade/renegado, vigilante.*

- En el área del transporte: *cargo, embarcardero, embargo, galeón.*

- Comidas y bebidas: *quesadilla, burrito, tacos, chorizo, cilantro, daiquiri, habanero, jalapeño, mojito, nacho, oregano, piña colada, tequila, vanilla, banana, marijuana, cocaina, fajitas, papaya, gusto.*

- Otras palabras y frases adoptadas: *bonanza, cafetería, nada, adiós, loco, bravo, barrio, incommunicado, jade, platinum, pronto, savvy* ('sabio'), *siesta, suave, adobe, cabaña,* «mi casa es su casa», «por favor», «de nada», «chili con carne».

---

3. Podríamos citar artículos en inglés de reconocidos periódicos que utilizan en sus textos palabras españolas. Ver, por ejemplo, el artículo: «¿Hablas español? 14 palabras y expresiones del español que se usan en el inglés de Estados Unidos». BBC News Mundo.

- Palabras españolas en inglés de origen náhualt: *avocado* (anglicización del español *aguacate*, de *ahuacatl*), *chili, chipotle, chocolate* (de *xocolatl*, 'agua caliente'), *cocoa* (del español *cacao*, a su vez del náhuatl *cacáhuatl*), coyote (de *coyotl*), *guacamole* (adaptación española del náhualt *ahuacamolli*, formado por *ahuacatl*, 'aguacate' y *molli*, 'salsa'), *mesquite* (del español *mezquite*, a su vez del náhuatl *mizquitl*), *tamale* (de *tamalli*), tomato (de *tomate*), *peyote* (de *peyotl*, 'oruga'), *mezcal* (adaptación española de *mexcalli*).

LA PRESENCIA DE LOS ASÍ LLAMADOS COGNADOS PERFECTOS

Se trata de palabras que son idénticas en español e inglés (se escriben lo mismo, significan lo mismo, aunque en cada idioma tengan una pronunciación diferente). Por ejemplo, entre miles de vocablos que califican en esta categoría, mencionamos: *general, club, similar, piano, hotel, hospital, regular, actor, radio, sociable, probable, original, tropical, chocolate, metro, idea, escape, lava, visa, inevitable, funeral, cereal, horrible, motor, doctor, melón, banana.*

PRESENCIA LEXICOGRÁFICA DE COGNADOS IMPERFECTOS

En este caso nos referimos a palabras similares excepto por sus sílabas finales. Podemos separar estos cognados imperfectos por las letras de su finalización. Ejemplificamos esto con el análisis de solo cuatro posibilidades:

- En primer lugar, vocablos que en español acaban en *-ción*, que en inglés se convierten con la terminación *-tion*. Ejemplos: *acción / action; adaptación / adaptation; atención / attention; ficción / fiction, nación / nation.*
- En segundo lugar, vocablos que en español acaban en *-ario* y que en inglés lo hacen en *-ary*. Ejemplos: *adversario / adversary; diario / diary.*
- En tercer lugar, los adjetivos que acaban en *-ico* se convierten al inglés con terminación *-ic*. Ejemplos: *icónico / iconic; atlantico / ic; auténtico / authentic; básico / basic*. También ciertos adjetivos que en español acaban en *-oso* se convierten al inglés con la terminación *-ous*. Ejemplos: *delicioso / delicious; religioso / religious; curioso / curious; numeroso / numerous.*
- Y finalmente, vocablos que en español acaban en *-cto* y que en inglés se convierten con la terminacion *-ct*. Ejemplos: *acto / act; conflicto / conflict; perfecto / perfect.*

Aunque el reconocimiento de estos dos tipos de cognados es importante en el contexto de la convivencia de los dos idiomas y de los préstamos lexicográficos que se efectúan en el hablar cotidiano, es preciso destacar que ciertas palabras con deletreo y sonidos similares no necesariamente comparten el mismo significado en inglés y en español. Valgan como ejemplo las siguientes expresiones: *lectura*, que en español significa 'acción de leer/cosa leída', no 'conferencia' (*lecture*); *embarazada*, que en español significa 'encinta' y no 'avergonzada' (*embarrassed*); *librería*, que en español significa 'tienda de libros' (*bookstore*) y no 'biblioteca' (*library*); *vigilante*, que no es un guardia, sino que se refiere a alguien que se toma la justicia por su mano, etc.

CONCLUSIONES

La generosidad de los lenguajes, y, sobre todo, en una convivencia tan compartida como la del español y el inglés de los Estados Unidos, hace que se presten y adopten lexicográficamente palabras y expresiones, no solo del inglés al español, sino también viceversa, del español al inglés, como hemos intentado documentar y que aparecen con entradas en el diccionario *Merriam-Webster* y en el *Oxford English Dictionary*.

Además, en la historia de Estados Unidos existen hechos que hablan muy elocuentemente de esta relación, como es la presencia hispana que precede a la anglosajona en el territorio estadounidense, los numerosos estados que fueron hispanos o mexicanos antes de ser parte de los Estados Unidos a raíz de la guerra de 1848 y de la guerra de finales de siglo contra España y sus colonias caribeñas. Además de otros muy significativos sucesos, como es el caso de que uno de los fundadores de los Estados Unidos, Thomás Jefferson —tal cual documento en mi libro *Estados Unidos hispano* y específicamente en el ensayo «Thomas Jefferson y el español: praxis, visión y filosofía política»[4]— sostenía literalmente en su carta de 1787 a su sobrino Peter Carr:

> Préstale mucha atención [al español] y procura adquirir un conocimiento exacto del mismo. Nuestras relaciones venideras con España y la América hispánica harán que la adquisición de este idioma sea muy valiosa. La historia antigua de esa parte de América también se ha escrito en ese idioma.

Y obligaba a sus hijas a aprender el español leyendo diariamente diez páginas del *Don Quijote de la Mancha*. Y también curiosamente, que el icónico vate estadounidense Walt Whitman prefiriera utilizar en sus poemas ciertas palabras en español en vez de su versión inglesa, como *libertad* en lugar de *freedom*.

---

4. «Thomas Jefferson y el español: praxis, visión y filosofía política». Luis Alberto Ambroggio. En https://www.academia.edu/7398781/THOMAS_JEFFERSON_Y_EL_ESPA%C3%91OL_PRAXIS_VISI%C3%93N_Y_FILOSOF%C3%8DA_POL%C3%8DTICA?uc-g-sw=9318975

Entre muchos otros expertos, Julia Schultz ha documentado en su libro *The Influence of Spanish on the English Language since 1801: A Lexical Investigation*[5], la influencia del español en el idioma inglés en general, a través del tiempo desde el siglo XVI o, incluso según otros historiógrafos, como John Algeo, la remotan al siglo XIV[6]. Esta larga influencia ha aumentado a causa del crecimiento de la comunidad hispana en los Estados Unidos, debido al auge de la inmigración y la presencia de hispanoparlantes estadounidenses durante los últimos dos siglos.

Independientemente de los aspectos controversiales de las colonizaciones, cierro esta aproximación al español de los Estados Unidos con el sorprendente —y poco conocido— hecho de que la capital de los Estados Unidos se llama Washington, D. C. (Distrito de Columbia) porque fue creada por un inmigrante hispano originario de Navarra, Pedro Pablo Casanave —uno de los líderes de la junta masónica, que llegó a ser el quinto alcalde de Georgetown (la parte más antigua de la capital)—, quien eligió el 12 de octubre de 1792 para colocar la primera piedra de la Casa Blanca y así fundar la capital de los Estados Unidos con el nombre de Washington, en el día de Colón, distrito de Columbia.

---

5. Cambridge Scholars Publishing, 2018.
6. *The Origins and Development of the English Language* (6.ª ed.). Boston: Wadsworth. 2005.

La peste del español

HÉCTOR ABAD FACIOLINCE
Escritor

Lo de «mestizo» no es una idea sino un hecho. Somos el fruto de muchos viajes y migraciones, y de una larga historia. Mi lengua materna es esta, y siento que, por múltiples circunstancias históricas y personales, la hablo con tanto derecho y tanta intensidad como cualquier español sin sentir que me expreso en una lengua «colonizada». Al contrario, sostengo que si hay «colonialismo» este se manifiesta tanto en el viaje como en el tornaviaje. ¿Quién está más colonizado en una «tortilla de patatas»?

Cuando uno es el derrotado, cuando cae del lado de los vencidos en una guerra y es apenas un despojo de la vida, lo único que puede salvarlo es hablar de cierta manera. Hablar en la lengua del vencedor y hacerlo incluso mejor que él.

La clave de cómo hacerlo me la dio un loco en Turín que vivía en el mismo edificio que nosotros y que tenía una obsesión verbal bien extraña: ladraba. Más que hablar, le gustaba ladrar y lo único que articulaba en su armoniosa lengua romance era una muletilla que sonaba así: «Io abbaio meglio dei cani», es decir, 'yo ladro mejor que los perros'. Y luego ladraba y ladraba y ladraba. Y ladraba tan bien que todos los perros del barrio le contestaban ladrando.

Yo estaba en Turín con mi esposa y con mi hija, después de huir de Colombia. Estaba derrotado, pero al fin, después de meses de inútiles esfuerzos, había conseguido un trabajo. Era un trabajo, y eso era importante, pero el trabajo no me llenaba de entusiasmo: zapatero. Con esto no aludo al humilde y digno oficio de hacer o reparar zapatos (ahora los zapatos los fabrican las máquinas y nadie los repara); mi obligación en esa fábrica consistía en ayudar a vender zapatos. En realidad, ni siquiera eran zapatos italianos de gran diseño y calidad, como esos que en la suela dicen en un sello *Vero cuoio*, verdadero cuero, sino zapatos de tela y de caucho. Lo que nosotros decimos *tenis* y los peninsulares, *zapatillas*. Mi trabajo consistía en inventarme frases para ayudar a vender tenis de la marca Superga.

Este trabajo lo había conseguido haciéndome pasar por lo que no era: marrano. La palabra también se usa en italiano, pero en la lengua de Leopardi no quiere decir 'cerdo', sino 'judío'. Bueno, en español también, pero de un modo más despectivo y específico: judío converso.

Había varios candidatos al puesto y para escoger al más idóneo se nos hacía un test complicadísimo que incluía lógica, razonamiento espacial y matemático, además de preguntas relativas al léxico y a la gramática italiana. Como para mí conseguir un trabajo en ese momento era cuestión de vida o muerte, hice ese test con toda mi concentración y todas mis neuronas. Y lo pasé. No solo lo pasé, sino que el examinador me hizo pasar a su oficina en un piso más alto, solo a mí entre todos los candidatos, y cuando entré me dijo que el test estaba diseñado de manera que nadie fuera capaz de responder correctamente a todas las preguntas en tan solo media hora. Y yo, un extracomunitario, un colombiano, las había respondido todas correctamente, y eso era muy muy raro, casi sospechoso. Me miró inquisitivamente de arriba abajo, no vio en mí nada que pudiera revelar el menor indicio de ser superdotado. Luego bajó los ojos y miró el test impecable, meneó la cabeza como diciendo «esto fue de chiripa, fue una casualidad», hasta que se topó con mi nombre. «Ábad», dijo, y luego se le iluminó el rostro como si hubiera al fin encontrado la clave del resultado: «¡Marrano?», exclamó, más que preguntar, mirándome a los ojos. Menos mal que yo sabía el significado de esa palabra en italiano, y mentí de inmediato: «Sí, marrano».

Se levantó de su silla por primera vez, me dio la mano, me dijo al fin que podía tomar asiento, volvió a sentarse detrás del escritorio y me dijo solemnemente: «Noi l'assumiamo», lo contratamos. Tenía al fin trabajo, después de varios meses de angustia y desempleo. Lo había conseguido solo gracias a haber sido capaz de negar mi condición de colombiano y afirmar con convicción la falsedad de ser «marrano». Los dueños de Superga eran, por supuesto, marranos italianos que habían conseguido sobrevivir al holocausto.

Con el loco de los perros y el evaluador de los marranos tuve una doble iluminación. Esa misma semana yo tenía otra entrevista para un trabajo que, aunque con menos sueldo, me interesaba y gustaba mucho más que el de zapatero. Ese trabajo tenía el nombre más hermoso que puede tener trabajo alguno, un nombre que coincidía con mi pasión más grande de toda la vida, un nombre que se refería a la mayor delicia que se puede tener: *lettore*, lector. Si yo quería, entonces, acceder a ese soñado trabajo de lector, tenía que hacer dos cosas: negar mi nacionalidad, renunciar a mi identidad verbal de colombiano, y ladrar mejor que los perros.

Para el trabajo de *lettore* no había un test, sino una entrevista con la catedrática de Lengua y Literatura Española de la Universidad de Verona, Maria Grazia Profeti. Llegué yo a Verona con mis mejores galas, en traje dominguero y recién motilado, que es como en Colombia decimos peluqueado. A mí se me había anunciado que yo tenía una seria desventaja para este puesto. La catedrática Profeti solamente quería lectores peninsulares que hablaran con la forma y la cadencia de España. Por el acento, por la zeta, por el vosotros, por los coches, los chavales, las zapatillas, las pollas, los coños y las blasfemias. Sí, también por las blasfemias (que, de paso, les informo que en Colombia no existen) como aquella de «me cago en... la mar salada».

Tras una breve introducción en la que ella me hizo sentar, pero a duras penas me dirigió la mirada, yo me atreví a decirle: «Professoressa, senta, io abbaio meglio dei cani». Bueno, no exactamente eso, lo que le dije fue esto: «Professoressa, senta, io ho fatto la scuola con dei preti spagnoli, e se lei preferisce, io potrei parlare esattamente come loro, esattamente con il loro accento» ('Profesora, mire, yo estudié en un colegio de curas españoles y, si usted lo prefiere, yo puedo hablar exactamente como ellos y con su mismo acento').

Ella me miró tan escéptica como el hombre de los zapatos después del test; me inspeccionó, no vio en mí indicio alguno de hombre de la península ibérica y se limitó a decirme: «Demuéstremelo». Entonces yo empecé a modular lentamente, con todas las eses y con todas las zetas, con la misma tonalidad de los curas de mi colegio, un breve monólogo teatral que me sé de memoria:

Hombres hay que un día escuro
para salir apetecen
y el sol hermoso aborrecen
cuando sale claro y puro.
Hombres que no pueden ver
cosa dulce, y comerán
una cebolla sin pan,
que no hay más que encarecer.
Hombres en Indias casados
con blanquísimas mujeres
de extremados pareceres,
y a sus negras inclinados.
Unos que mueren por dar
cuanto en su vida tuvieron
y otros que en la vida dieron
sino es enojo y pesar.
Unos duermen todo el día
y toda la noche velan,
otros hay que se desvelan
en una eterna porfía
de amar sola a una mujer.
Y otros que como haya tocas
dos mil les parecen pocas
para empezar a querer.

Como dije, la profesora Profeti, muy cortés, sí me había saludado de pie y me había hecho sentar. Cuando terminé mi pequeño monólogo en verso, la profesora Profeti se levantó con los ojos brillantes de emoción, me dio la mano cálidamente y dijo: «Lope, mi amado Lope de Vega, eso debe de estar en *La dama boba*, o quizá en *El perro del hortelano*, qué belleza, noi l'assumiamo». Lo contratamos.

Me perdonarán esta larga historia personal, pero quise contarla para explicarles que, desde que el mundo es mundo, los vencidos, para poder sobrevivir, tenemos que hablar la lengua de los vencedores, el ladino de los marranos, los ladridos de los canes.

Con esto, sin embargo, no estoy diciendo que los españoles impusieran el español en América después de las sucesivas derrotas de los indígenas. En honor a la verdad, los españoles no impusieron su lengua (que todavía no era una lengua colonial, ya que ni siquiera era la de Carlos V, emperador en países de muchas lenguas distintas). El español no se impuso a sangre y fuego, con el poder de la cruz y de la espada. Por lo menos no en los primeros decenios de la conquista. Los españoles de la Nueva España, por ejemplo, tras el triunfo de Cortés y de los tlaxcaltecas contra los aztecas, un triunfo en el que mucho ayudaron los perros que sabían hablar, es decir, ladrar, esos enormes mastines que aterrorizaban a los indios, con los mordiscos y ladridos que llevaban en sus fauces (los perros americanos, recuerden, tienen dos características típicas y muy curiosas: carecen de pelo y son mudos, no ladran. Son como suelen ser muchas veces los indígenas de rasgos más acendrados: lampiños y de pocas palabras, casi tan lacónicos como las jirafas), tras el triunfo, digo, esos españoles tenían como lengua oficial el náhuatl.

Lo que pasa es que luego ocurrió algo muy bien definido por Tzvetan Todorov: «Los españoles inauguraron, sin saberlo, la guerra bacteriológica, al llevar por delante la viruela, que hizo estragos en las filas enemigas»[1]. El poderío imperial de Europa no puede explicarse solamente por su mayor desarrollo técnico; un factor fundamental de su éxito fue su fortaleza inmunológica, el hecho de haber sido Europa un territorio de muchas invasiones y encrucijada de muchos intercambios comerciales.

Sin querer olvidar el efecto dramático de la conquista violenta (un genocidio en el sentido auténtico de la palabra), ni de la degradación de los indios vencidos a la condición de esclavos, al principio, y luego de siervos, ni de su desplazamiento forzado de sus territorios originales, lo cierto es que, para España, culminada la conquista, no era conveniente aniquilar a sus nuevos súbditos, los nativos americanos. Para el poder colonial y para el Imperio español habría sido mucho más provechoso y rentable contar con una numerosa población servil, o cuanto menos subordinada, que con unos territorios ricos e inconmensurables, pero despoblados, sin mano de obra para labrar el campo, hacer las innumerables obras civiles necesarias para instaurar el nuevo orden o simplemente para explotar las minas de oro y plata recién abiertas[2].

Se calcula que entre 1519 y 1521 la viruela, el tifus, la gripe, las paperas, el sarampión (unidas a la guerra, la desnutrición, el hambre, la desaparición de

---

1. Tzvetan Todorov, *La conquista dell'America. Il problema dell'«altro»*, Torino, Einaudi, 1984, p. 75. Traducción del autor.

2. Uso a partir de aquí un ensayo mío más extenso sobre el tema de las epidemias en el Nuevo Mundo después de la conquista: «El cocoliste de 1576 en la Nueva España. La importancia de la peste en la consolidación de la cultura hispanoamericana», publicado en *Cuadernos Hispanoamericanos*, núm. 75, julio de 2021.

todo un sistema de producción de bienes y alimentos) mataron a unos nueve millones de indígenas, en una población total difícil de calcular exactamente, pero que estaba entre los quince y los veintiocho millones en el actual territorio mexicano. La enfermedad característica de esa primera plaga llevada por los europeos fue seguramente la viruela.

Cuando Cortés, después de la muerte del preso Moctezuma, debe abandonar precipitadamente Tenochtitlan, perdiendo a más de las dos terceras partes de su ejército, la viruela no había llegado todavía a México. Su llegada ocurre cuando Cortés está en guerra con Narváez, que había venido de Cuba a intentar apresarlo. Entre la salida del ejército español y su regreso es cuando ocurre la epidemia.

Entre 1545 y 1548 hubo otra gran oleada epidémica, quizá la peor, en la que se estima que murieron el ochenta por ciento de los indígenas, ya diezmados por la conquista y las primeras plagas. A partir de las escasas descripciones y documentos existentes sobre este *cocoliztli* —como llamaban en náhuatl (españolizado en *cocoliste*) a las enfermedades que mataban a mucha gente—, se tiende a pensar que pudo tratarse de sarampión, de tifo o de algún virus hemorrágico no claramente identificado.

Obviamente, en el «choque biológico» también los europeos recibieron su ración de parásitos, virus y bacterias americanas. Quizá la enfermedad más destacada, fuera de la famosa «venganza de Moctezuma» —infecciones por parásitos intestinales desconocidos para la flora intestinal del Viejo Mundo—, y la más discutida, es la sífilis, considerada por algunos (especialmente por el cronista Francisco López de Gómara) como un mal originario del Nuevo Mundo, y mejor aún, como una especie de maldición, desquite o castigo por la seducción y violación de las indias.

El cronista más autorizado y confiable de la época, el misionero franciscano Bernardino de Sahagún, que llegó a México en 1529, que aprendió perfectamente el náhuatl y se dedicó con verdadera admiración e interés a recoger la sabiduría, los usos y las costumbres de los aztecas, se refirió, de primera mano, a las que él llamó «pestilencias universales», posteriores a la viruela, que ubicó en el tiempo así: la primera en 1520, la segunda en 1545 y la tercera en 1576[3].

Aunque seguía siendo la más numerosa, la población indígena que quedaba al llegar la tercera oleada de peste, la de 1576, sumaba apenas unos cuatro millones de naturales que dos años después se redujo a la mitad, unos dos millones. Para medir el tamaño de la catástrofe demográfica ocurrida en el

3. Bernardino de Sahagún, *Historia general de las cosas de Nueva España*, apéndice del libro XI, adición sobre supersticiones y calamidades.

primer medio siglo de la conquista, con su consecuente depresión económica, hay que saber que México no volvería a tener la población con la que contaba en 1545 sino a mediados del siglo XX, es decir, cuatrocientos años después de la segunda epidemia grave, y casi siglo y medio después de la Independencia.

Algo interesante de las epidemias es que cuando se las estudia con criterios demográficos es posible saber si afectan más a los hombres que a las mujeres, a una etnia o a otra, o más a los jóvenes que a los viejos. La mal llamada gripe española de hace un siglo se ensañaba más con los jóvenes que con los viejos; la que vivimos hace poco (2020-21) afectó más a los varones y a los ancianos. El *cocoliztli* de 1576 tuvo la característica de que afectaba sobre todo a los nativos americanos y el agravante adicional, a mi manera de ver, de que a aquella plaga sobrevivían más los ancianos y los niños que los jóvenes en edad reproductiva. Esto tuvo como resultado que al cabo de un año de estragos hubiera cientos de miles de niños huérfanos, y de viejos que no podían ocuparse de los niños ni valerse del todo por sí mismos.

De los huérfanos, según los informes de la época, se encargaron los monasterios (las distintas órdenes se repartían el territorio urbano y rural), que abrieron orfanatos, y las familias pudientes que levantaron a muchos de estos niños como «criados». La evidencia etimológica de la palabra *criado* ilumina con nitidez su origen y triste consecuencia: «Si crío un niño o una niña huérfanos, estos quedan vinculados a la familia para siempre, pero en condición de servidumbre perpetua: me pagarás tu crianza ayudándome para siempre en los quehaceres domésticos». De los ancianos, como sus noticias se pierden en la desmemoria, solo podemos estar seguros de que acabaron por morir. Los indígenas huérfanos, imbuidos de cultura hispánica y católica en los conventos, orfanatos y casas de blancos que los criaron, perdieron la lengua y las costumbres de sus mayores, por lo que acabaron por engrosar el número de cristianos, hablantes de castellano, y fueron depositarios y portadores de la mentalidad colonial. Los españoles, que al principio de la colonia habían adoptado el náhuatl, el idioma de los aztecas vencidos, como *lingua franca* de todo el territorio mexicano, lo fueron reemplazando por el castellano a medida que la peste y las hambrunas diezmaron a la población que usaba el náhuatl como lengua materna.

También es cierto, y esto es una constante de todas las épocas, tanto de las remotas como de la actual, que las personas con un trabajo físico más extenuante y con problemas previos de alimentación y nutrición no entran con igualdad de fuerzas a la lucha por la supervivencia cuando una pestilencia se ensaña contra una población. Esto hizo que no solo los indígenas —por motivos de menor exposición inmunológica a determinados vectores infecciosos—, sino también muchos esclavos negros y blancos pobres padecieran con más fuerza el flagelo mortal de la peste. Sobrevivieron los más preparados por la historia de contagios de su pueblo, o quienes estaban mejor nutridos —durante las plagas no se siembra ni se recoge la cosecha, lo que trae escasez de alimentos, hambruna— y menos expuestos al trabajo extenuante de las minas o el campo.

Las pestes, que afectaron sobre todo a los más débiles (desde un punto de vista inmunológico o socioeconómico) y a los más numerosos, mucho más que el exterminio guerrero y las matanzas, consolidaron el poder colonial en América. Y el hecho de que la mayoría de los sobrevivientes fueran niños provocó que la mentalidad colonial adquiriera la más melancólica de las características: la sumisión del huérfano recogido, supuestamente salvado, casi con la obligación de sentirse «agradecido» por el sometimiento, y, en últimas, sumiso a sus tutores. De este modo ni siquiera deliberado, sino fruto del injusto efecto de las epidemias, el náhuatl deja de ser la lengua mayoritaria y en la que se ejerce el dominio y el adoctrinamiento religioso. Y con la caída de la lengua nativa surge el castellano imperial, o mejor, el español más bien tímido y obsequioso que hemos hablado en las colonias americanas, el cual tiene mucho de servil en sus diminutivos, en sus «mande», sus «a la orden», sus «señor» y sus «señora», sus «doctor», «jefe», «patrón», además de muchas otras muestras de apocamiento, humildad y extrema cortesía.

Vuelvo al principio. Los vencidos, para no morir, no tenemos más remedio que adoptar, o mejor, de adaptarnos a los usos y costumbres de los vencedores, incluida su lengua. Los héroes ya han muerto y apenas quedamos los muy poco heroicos supervivientes, mujeres que prefieren entregarse a morir y niños que no tienen muchas más opciones que aprender a sobrevivir en la lengua y la cultura de los vencedores. Es muy triste esta sumisión perruna en la que casi, casi, como el loco de Turín, tenemos que aprender a ladrar como los perros. No es heroico y es triste, pero es así.

Gloriosamente mestizos

CARMEN POSADAS
Escritora

En 1514 se produjo un hecho poco conocido que, sin embargo, estaba destinado a cambiar la historia de buena parte de la humanidad. Ese año, Fernando de Aragón, viudo de Isabel de Castilla, rey de España y de las Indias, promulgó una ley que legalizaba los matrimonios interraciales. Con anterioridad, en 1503, Isabel la Católica ya había reconocido como súbditos suyos de pleno derecho a los nativos del recientemente descubierto continente americano, entonces denominado las Indias. Pero el rey Fernando decidió ir un paso más allá en su concesión de derechos y lo hizo por las siguientes razones. En aquellos tiempos muy pocas mujeres emprendían la aventura americana, de modo que los hombres que viajaban al nuevo continente acababan emparejándose con nativas. Además, no se trataba solo de relaciones esporádicas. Cada vez con más frecuencia formaban con ellas parejas estables, lo que, según la moral de la época, «ponía sus almas en pecado mortal». Precisamente por eso, para salvarlos de las llamas del infierno, el rey autorizó los matrimonios mixtos. A partir de ese momento empezó a tener lugar, en todos los territorios de la más tarde llamada América Hispana, una mezcla étnica absolutamente desconocida en otras culturas. Eran tantos los matrimonios interraciales que se celebraban que el historiador británico Hugh Thomas calcula que a mediados del siglo XVI la mitad de los colonos de la isla La Española (actuales repúblicas de Santo Domingo y Haití) estaban formalmente casados con mujeres nativas. En lugares como Cuba, por ejemplo, y tal como atestiguan cuadros y documentos de la época, eran tantas las familias mestizas, algunas de ellas bastante acomodadas, que llenaban de estupor a visitantes franceses, holandeses y por supuesto ingleses. Qué asombrosa situación, decían, pues en sus respectivas colonias no solo estaban penados los matrimonios mixtos sino que incluso se castigaban las relaciones sexuales con personas de otras etnias, en especial la negra.

Han pasado más de cinco siglos desde que entró en vigor aquella pionera ley del Rey Católico de la que tan poco se habla, pero no parece descabellado afirmar que gracias a ella la palabra *mestizaje* es en la actualidad una de las más bellas, avanzadas y tolerantes de nuestro diccionario. Curiosamente no ocurre lo mismo en otros idiomas, en los que la misma palabra, tomada del español y transformada en *metiso*, *mesti*, *mestee* o *meteque* tiene, en todos los casos, connotaciones peyorativas. Algo muy similar ocurre también con vocablos afines como *halfcast* en inglés o *quarteron* en francés.

Las palabras no son inocentes y es interesante señalar cómo un mismo término o concepto dicho en inglés o en español puede tener significado muy distinto. Así, por ejemplo, *crisol* en nuestro idioma sirve para designar 'lugar en el que se produce la integración de diversas etnias y culturas'. En inglés, en cambio, y como bien dejó patente Arthur Miller al titular *The Crucible* una de sus obras de teatro más famosas (en español conocida como *Las brujas de Salem*), el mismo término significa 'prueba difícil' o 'contenedor pequeño en el que se producen violentas reacciones'.

Pero volvamos a la ley promulgada por el rey Fernando a principios del siglo XVI para resaltar que su política de matrimonios interraciales ha permitido que en los países de lengua hispana se produzca una constante mezcla de etnias, un entrevero, único antídoto que se conoce contra el racismo y la xenofobia. Para que se pueda comparar este fenómeno con lo acontecido en las zonas de influencia de otras potencias, como la anglosajona, por ejemplo, baste señalar que la misma ley que el Rey Católico promulgó cinco siglos atrás, en los Estados Unidos tiene fecha de... 1967 y en Sudáfrica de 1985. Para glosar el dato pondré dos ejemplos. En 1967 se estrenó la película de Stanley Kramer *Adivina quién viene esta noche*, que causó gran controversia porque trataba de una chica que presenta su novio a sus padres, quienes se quedan atónitos al ver que es de raza negra. Los padres (Katharine Hepburn y Spencer Tracy) son una pareja que presume de ser liberal y progresista, pero aun así se niegan en redondo a aceptar la relación. No porque su hija (Katharine Houghton) se haya enamorado de alguien de color (Sidney Poitier), sino porque, hasta ese mismo año de 1967 (obviamente la película se rodó antes de esa fecha), una unión de esta índole estaba penada con cárcel.

La otra anécdota de la que quiero hablarles tiene como protagonista al jurista, político e historiador francés Alexis de Tocqueville. En su visita a los Estados Unidos hacia 1831 le llamó mucho la atención una situación y así lo registró en su celebérrima obra *La democracia en América*. El hecho de que, a pesar de que en la *Declaración de Independencia* de 1776 se especifica claramente que «los hombres son creados iguales y dotados por su Creador de ciertos derechos inalienables», lo que él veía a su alrededor no encajaba precisamente con tan bellas palabras. Relata Tocqueville cómo un día pudo observar que, en la ciudad donde se encontraba y en la que se celebraban elecciones, había un porcentaje elevado de personas de color y sin embargo ni una sola de ellas se acercaba a depositar su voto. «¿Por qué no ejercen su derecho?», preguntó Tocqueville a un caballero que salía de ejercer el suyo, a lo que este le contestó, sorprendidísimo, que a ningún *nigger* se le ocurriría semejante cosa, so pena de que los pacíficos ciudadanos lo molieran a palos.

Segregación racial en escuelas, autobuses, lavabos, e incluso en los bancos de un parque; quebranto de los derechos civiles, Ku Klux Klan... de esto y mucho más todos hemos sido testigos sin que nos llamara demasiado la atención porque, en el imaginario colectivo, los Estados Unidos han sido siempre la cuna de la igualdad y la libertad. Pero una cosa son las percepciones y otra los hechos, y estos —diga lo que diga la Leyenda Negra— constatan que en los países de cultura hispana jamás se han producido atropellos semejantes. Más bien lo contrario. Los tan denostados Hernán Cortes y Francisco Pizarro, por ejemplo, tienen en sus biografías datos que sorprenderán a muchos. Como el hecho de que Pizarro contrajera matrimonio con una princesa inca y que la hija de ambos, desposada a su vez con dos españoles de alto linaje, viviera en la corte de Felipe II, donde sus gustos refinados y su prodigalidad dieron mucho que hablar. Por su lado, Hernán Cortés unos años antes logró que Carlos V nombrara caballero de Santiago a su hijo Martín Cortés Malintzin, hijo a su vez de la celebérrima doña Marina, más conocida como Malinche. ¿Un mestizo, un medio indio caballero de tan selecta y excluyente orden? En efecto lo fue, y además hay que añadir que, una vez en España, Martín Cortés no tardó en convertirse en compañero de juegos del entonces adolescente Felipe II. Como dato adicional se puede señalar también que a día de hoy existe el ducado de Moctezuma de Tultengo, con grandeza de España, que ostentan los descendientes del último emperador de los mexicas. ¿Conocen ustedes a algún rey khoikhoi o kĩkũyũ, algún sioux o apache al que hayan hecho duque o conde?

Muchas veces me he preguntado a qué se debe esa diferencia tan notable en lo que a convivencia racial se refiere entre España y otros países que también han tenido colonias. Doctores tiene la Iglesia, pero se me ocurre una explicación de puro sentido común: a diferencia del resto de sus vecinos europeos, España siempre ha sido un cruce de caminos. Mientras los ingleses, por ejemplo, son una isla en el más geográfico y también metafórico de los sentidos, nosotros estamos abiertos al mundo. Por la Península han pasado íberos, celtas, fenicios, cartagineses, griegos, romanos, visigodos y, por supuesto, árabes y judíos, que convivieron durante siglos con el resto de la población. Si bien ahora la mayoría de los historiadores refuta la teoría de una idílica convivencia de las tres culturas, existió una coexistencia si no pacífica, sí tolerante.

De un tiempo a esta parte son muchas las voces que se alzan para recordar estos y otros pormenores de una historia que hasta ahora se ha mostrado muy cicatera con el papel de España en el descubrimiento de América (ahora hay quien prefiere llamarlo «encuentro con América»). Se llame de un modo u otro, con datos objetivos en la mano, es más que evidente que en lo que a derechos humanos, compasión y solidaridad se refiere, unos tienen la fama y otros cardan la lana. Por eso no está mal recordarlo de vez en cuando. No por patrioterismo ni por pintar de rosa una realidad que, como todas, tuvo también sus puntos oscuros, sino por conocer cómo fueron los hechos realmente.

Por eso yo, como española de las dos orillas que soy, puedo decir que España es el país menos racista que conozco. Y, como parte de la inmensa comunidad mestiza a la que también me siento muy orgullosa de pertenecer, me gustaría poner de relieve que esa pionera y única mixtura y entrevero de etnias que se produjo en la América hispana ha colaborado a la concordia, a la convivencia y, por supuesto, a la justicia. Y es, por tanto, junto a la lengua que nos une y que hoy en día hablan seiscientos millones de personas, otro bien cultural que España ha legado al mundo.

II.
Estado del español en el espacio de la ASALE

Algunas cuestiones sobre la variación gramatical en el mundo hispánico

IGNACIO BOSQUE
Real Academia Española

Para encauzar el debate ante una materia tan vasta, decidí confeccionar una lista de preguntas con las cuestiones que me parecían más controvertidas, y enviarla a todos los miembros del panel con unas semanas de antelación. Todos los invitados eran especialistas muy destacados en la materia, lo que garantizaba de antemano el buen conocimiento de los asuntos abordados, así como el interés mismo de sus respuestas. Les pedí asimismo a todos ellos contestaciones breves y centradas en las cuestiones que esas preguntas suscitaban. Cada uno de ellos intervino, en efecto, varias veces durante la sesión y pudo confrontar sus respuestas con las de los demás invitados. Todos enviaron asimismo sus contestaciones a las preguntas del cuestionario, y sus textos aparecen publicados en este mismo volumen.

La lista de preguntas fue repartida a los asistentes al comienzo de la reunión. Es la siguiente.

1) ¿Cuáles son, en su opinión, los aspectos de la variación gramatical en el mundo hispanohablante que han sido mejor estudiados y cuáles necesitan más investigación?

2) Sabemos que los términos «español rioplatense», «español centroamericano», «español caribeño», «español peninsular», etc., resultan ser a veces demasiado simplificadores, ya que existe variación, tanto geográfica como social, en el interior de las áreas geográficas a las que corresponden. Ello hace pensar que la antigua cuestión —suscitada desde hace tiempo por no pocos investigadores— sobre dónde hemos de detener la introducción de variables sociolingüísticas sigue siendo actual. ¿Cuál sería su respuesta particular a esta pregunta?

3) El estudio de la variación gramatical exige acceder a variables históricas (procesos de gramaticalización, diferencias en la evolución del español clásico en América, etc.) y también a diferencias tipológicas (fundamentalmente, préstamos y calcos de otras lenguas como efectos del contacto lingüístico). Estos factores amplían considerablemente el horizonte de cualquier investigador que aborde los fenómenos de variación, a la vez que complican inevitablemente su tarea. Sin embargo, otros lingüistas entienden que es posible estudiar la variación gramatical concentrándose en las estructuras gramaticales que se ven afectadas, sin atender necesariamente a su posible origen y sin intentar explicar su distribución geográfica. ¿Cuál es su punto de vista?

4) Se dice a veces que las opciones lingüísticas que se consideran desprestigiadas, desacreditadas o simplemente incorrectas lo son porque las academias de la lengua lo estipulan así. Lo cierto es que las diferencias relativas al descrédito de ciertas expresiones lingüísticas se dan igualmente en los países en los que no existen academias de la

lengua. Por otra parte, existen opciones gramaticales y léxicas que están desacreditadas en unas áreas hispanohablantes, pero no en otras, lo que no parece deberse al influjo de las academias en esos territorios. ¿Cómo cree usted que deben enseñarse en la escuela las diferencias de (des)prestigio a las que se acaba de aludir?

5) Una pregunta frecuente en los estudios sobre la variación lingüística es la relativa a los límites que debemos suponer en tales procesos. Los llamados *microparámetros* suelen atender a diferencias de escala reducida en las lenguas de una determinada familia, o entre las variedades de una misma lengua. En lo que respecta al español, es esperable la variación en el uso de los tiempos, los modos, los determinantes, los pronombres átonos o la concordancia, pero lo cierto es que también se registra variación en las estructuras argumentales y en diversos aspectos de la subordinación. ¿Entiende usted que la variación gramatical en el mundo hispánico es esperable en determinados dominios de la gramática o piensa, por el contrario, que no hay por qué suponer que se circunscribe necesariamente a ellos?

Quisiera justificar muy brevemente mi elección de estas preguntas en particular, en lugar de otras posibles. Como es sabido, la variación gramatical es menos extensa que la léxica, lo que no obsta para que resulte indudablemente compleja. Es posible, sin embargo, llegar a un acuerdo relativo sobre cuáles son los aspectos de la variación mejor estudiados y cuáles requieren mayor indagación. Curiosamente, algunos de los que cuentan con mayor bibliografía (el voseo, el uso de los tiempos verbales o el de los pronombres átonos) todavía no se conocen con suficiente profundidad.

Los factores geográficos que caracterizan habitualmente la variación gramatical deben desdoblarse desde varios puntos de vista. El primero es el propiamente geográfico, ya que se reconocen diferencias notables entre áreas lingüísticas delimitadas dentro de una misma región (andina, caribeña, peninsular, etc.). El segundo es el social, ya que las variables que caracterizan estas subáreas están sujetas a factores de registro, además de sociolectales. Ello multiplica considerablemente las distinciones relevantes y hace surgir la cuestión de si puede o debe detenerse en algún punto la multiplicación y el desdoblamiento de variables. Esta es la cuestión que aborda la segunda pregunta.

La tercera pregunta de la lista es poco frecuente en los estudios variacionistas. Algunos autores actuales renuncian a explicar los fenómenos de variación que analizan porque ello supondría abordar en profundidad factores históricos y sociales (el contacto de lenguas y la evolución del castellano en América, entre otros). Estos autores optan, en consecuencia, por centrarse en las estructuras sintácticas mismas sin intentar justificar las razones que explicarían su origen y su particular distribución. Surge, pues, de forma inevitable la cuestión metodológica de si el análisis autónomo de esas estructuras es o no suficiente en sí mismo.

Por oposición a la tercera pregunta, la cuarta es una de las más frecuentes en los estudios variacionistas, ya que afecta a la repercusión que los fenómenos de variación tiene en la enseñanza, así como a las diversas formas de valorar estos socialmente. Me pareció importante suscitar además la cuestión relativa al posible peso de las academias de la lengua en la forma en que se evalúa la percepción social de los fenómenos de variación.

La quinta y última pregunta es más general. Afecta a la forma en que deben interpretarse los llamados *microparámetros*, y especialmente a la cuestión de si existen o no áreas de la gramática en las que la variación es esperable por razones tipológicas o simplemente históricas. Por una parte, el estudio de la variación en el mundo hispánico no deja de constituir una parcela de la lingüística románica, lo que circunscribe o acota en alguna medida los fenómenos en los que cabe esperar dicha variación. Pero, por otro lado, la relación entre el léxico y la sintaxis afecta a ámbitos gramaticales mucho más generales (las estructuras argumentales, el llamado aspecto léxico o *Aktionsart* o la interpretación de los cuantificadores, entre otros muchos), lo que desborda en gran medida el conjunto de opciones que caracterizaría, en principio, la variación gramatical esperable en las lenguas románicas.

Como he adelantado, son diversas las posturas que es posible mantener ante cada una de las cuestiones que suscito esquemáticamente en mis preguntas. El lector podrá examinarlas y confrontarlas con detalle a través de los textos de los panelistas invitados.

Respuestas a «Algunas cuestiones sobre la variación gramatical en el mundo hispánico» (1)

ÁNGELA LUCÍA DI TULLIO
Academia Argentina de Letras

Los aspectos de la variación gramatical mejor estudiados y los que necesitan más investigación. ■ Los límites en la introducción de las variables sociolingüísticas. ■ La incidencia de las variables históricas en el estudio de la variación gramatical. ■ El (des)prestigio y su lugar en la enseñanza escolar. ■ La variación gramatical y su alcance.

LOS ASPECTOS DE LA VARIACIÓN GRAMATICAL MEJOR ESTUDIADOS Y LOS QUE NECESITAN MÁS INVESTIGACIÓN

En primer lugar, los aspectos tradicionalmente más destacados de la variación gramatical han sido los que suponen algún tipo de diferencia en su valoración social respecto de la variante estándar; en segundo lugar, los vinculados con la pragmática y la sociolingüística. Los primeros han sido ubicados en la zona de la incorrección o en la de la agramaticalidad, aun cuando estuvieran registrados en prácticamente toda el área hispanohablante. En esta categoría se incluyen las tres variantes no canónicas de las subordinadas sustantivas declarativas[1]: las más visibles, las dequeístas, y sus opuestas, las queístas, ambas flexionadas; en cambio, en las deístas[2], la partícula *de* se inserta delante de una oración de infinitivo: *Me propuso de ir al cine*. Si bien ninguna de ellas goza de prestigio, las más estigmatizadas son las deístas de algunas regiones del español europeo, como *La vi de venir* o *Me hizo de reír*. También presentan opciones diferentes a las variantes canónicas algunas clases de copulativas enfáticas, como las llamadas perífrasis de relativo, o seudohendidas, que se caracterizan por la simetría entre sus dos miembros, y el consiguiente grado de redundancia en los tres órdenes que admiten. Sin embargo, esta simetría se pierde cuando, al suprimir la preposición, el constituyente inicial se reanaliza como sujeto: *~~De~~ lo que habló fue de la situación política* o *~~A~~ Guardiola es a quien admiro*. También reduce el grado de redundancia la sustitución del pronombre o adverbio relativo por la conjunción *que* en la subordinada que sigue al foco, que corresponde al denominado *«que» galicado*, como el de *Fue en Cartagena donde / que lo conocí*[3].

En cuanto al segundo grupo, la variación que vincula la gramática y la pragmática se concentra en fenómenos gramaticales opcionales, como las variantes gramaticales que expresan la (des)cortesía u otros tipos de información contextual que interviene en la interpretación. A su vez, son de interés sociolingüístico las formas de tratamiento, tuteo, ustedeo y voseo, sobre

---

1. Gutiérrez Rodríguez, Edita. *Variation in the complementizer system: deísmo, dequeísmo and queísmo*. Oxford University Press (en prensa).
2. Di Tullio, Ángela (2013). «Infinitivos introducidos por *de*», en *Cuadernos de la Alfal*, 3, págs. 176-187. Camus Bergareche, Bruno (2013) «On *Deísmo*. Another Case of Variation Spanish Complementation», en *Catalan Journal of Linguistics*, 12, págs. 13-39. Di Tullio, Ángela (2022). «El deísmo: diferencias dialectales en el léxico y la gramática», en Ángela Di Tullio y Enrique Pato (eds.) (2022), *Universales vernáculos en la gramática del español*. Madrid/Frankfurt, Iberoamericana/Vervuert, págs. 281-305.
3. Di Tullio, Ángela, Kailuweit, Rolf (2012). «Las oraciones copulativas enfáticas y sus varias realizaciones», en Franz Lebsanft *et al.* (eds.) (2022), *El español, ¿desde las variedades a la lengua pluricéntrica?* Madrid/Frankfurt, Iberoamericana/Vervuert, págs. 141-160. Di Tullio, Ángela, «Las "seudohendidas asimétricas" del español» (2017), en Ángel Gallego *et al.*, *Relaciones sintácticas. Homenaje a José M. Brucart y M. Luisa Hernanz*, págs. 225-240.

todo el verbal debido a su diversidad dialectal y a los cambios que se han producido en su extensión social y generacional, y en su valoración.

Hoy la gramática del español se ha enriquecido notablemente, tanto por la información reunida como por la solidez teórica alcanzada en las últimas décadas, pero aún quedan zonas que requieren mayor investigación e intervención. Entre estas, merecen destacarse las correspondientes a las zonas marginales a la norma estándar de cada región, como las de la oralidad informal, de escasa presencia en los corpus, los vernáculos, rurales y urbanos, los cronolectos juveniles, incluidos los de los estudiantes de los diferentes niveles educativos, o las variedades de contacto, tanto del español peninsular como del americano. Un mejor conocimiento de esta amplia zona resultará importante en la formación de los docentes y la elaboración de material pedagógico.

LOS LÍMITES EN LA INTRODUCCIÓN DE LAS VARIABLES SOCIOLINGÜÍSTICAS

Las variables que se consideran más relevantes en los estudios gramaticales son la geografía, la clase social y la edad; más discutida es la pertinencia del sexo. La geografía da cuenta de la diversidad dialectal del español, tanto europeo como americano, incluidas las zonas multidialectales o multilingües. La clase social se relaciona con el nivel de estudios alcanzado por los hablantes, que, a su vez, se vincula, por lo general, con el estatus socioeconómico, que condiciona en gran medida el capital cultural adquirido y el acceso a los bienes culturales. La edad es un factor importante para entender la dinámica de los cambios lingüísticos: en este aspecto interesan las variaciones entre generaciones, además de las que se dan en un mismo individuo, y las innovaciones, sobre todo del cronolecto juvenil. En cuanto a la pertinencia de la variable sexo en la sociolingüística, se suele atribuir a las mujeres, sobre todo de la clase media, la consciencia del prestigio que se asigna a ciertas formas lingüísticas en la comunidad, por lo que intentan incorporarlas como recurso para el ascenso social. Si bien se les solía achacar ciertas preferencias, más bien anecdóticas, como la del empleo del diminutivo o la alternancia entre el trato de *vos* o *tú* según el sexo del alocutario en algunas regiones de América Central, más recientemente se les reconoce la voluntad de visibilizar su presencia en la vida laboral y política mediante la explicitación del género femenino.

LA INCIDENCIA DE LAS VARIABLES HISTÓRICAS EN EL ESTUDIO DE LA VARIACIÓN GRAMATICAL

La inclusión de las variables históricas, como los procesos analógicos, de gramaticalización o de reanálisis, así como las diferencias tipológicas derivadas del contacto lingüístico, el bilingüismo, los préstamos, enriquece el análisis de la variación gramatical en su perspectiva diacrónica. Este aporte se hace evidente, por ejemplo, en la explicación de un cambio no previsible, que supone algún tipo de anomalía, como es el caso de la marca *-s* que recae en el pronombre acusativo en *Ya se los dije, Ayer se las di, Yo no se los presté,* aunque la pluralidad corresponde al dativo *se*, subespecificado en cuanto al número. Esta construcción permite establecer así la distinción entre uno o más alocutarios, muy importante en el diálogo, que «remedia» la pérdida de *vosotros*, el rasgo más notable que diferencia al español americano del peninsular. Si bien esta construcción, que se documenta en México en la primera mitad del siglo XIX, puede haber surgido como un error, su extensión a la mayor parte del español hablado de América, prácticamente sin competencia con la forma canónica, lo ha consolidado como de empleo general, por lo que puede ser considerado un americanismo sintáctico.

El lugar de la variación son las categorías funcionales, como los clíticos en el ejemplo anterior, los determinantes y cuantificadores, las preposiciones y conjunciones, los auxiliares, por lo general gramaticalizados a partir de elementos léxicos. Este proceso se reconoce también en el adjetivo *igual,* gramaticalizado como adverbio en su acepción no comparativa, que adquiere dos significados alternativos cuando incide en la oración en su conjunto: como operador concesivo ('aun así', 'a pesar de todo') en el español americano, *Está lloviendo, pero igual voy a la fiesta*, o como adverbio de modalidad epistémico en el europeo ('a lo mejor', 'posiblemente'): *Está lloviendo, pero igual mañana escampará*[4].

La variación se origina también por el contacto con otras lenguas, incluidas las inmigratorias y las de los pueblos originarios. A la condena del galicismo y de las construcciones galicadas, que alarmaba en el siglo XIX y primera mitad del XX, se sumó la alarma por la influencia del inglés, o la del uso del español en Cataluña. Mientras que, en estos casos o en el de las lenguas inmigratorias, predominó el interés por los préstamos léxicos, en el contacto con las lenguas indígenas, más alejadas de las variedades dialectales del español, la variación relevante se explica por su influencia en las categorías y rasgos funcionales del español. Por ejemplo, en la variedad de contacto con el quechua del noroeste argentino se observa la tendencia a usar las formas invariables en género y número del adjetivo para la modificación del sustantivo: *Había poco muchachos*; tampoco se expresa el número en la concordancia entre el sujeto y el verbo: *Mis amigos no ha hecho eso.*

---

4. Di Tullio, Ángela, Pujalte, Mercedes y Zdrojewski, Pablo. «The grammaticalization on *Igual* in Argentinean Spanish», en Cilene Rodrigues, Andrés Saab (eds.) (2023), *Formal Approaches to Languages of South-America*. Springer Link.

EL (DES)PRESTIGIO Y SU LUGAR EN LA ENSEÑANZA ESCOLAR

El (des)prestigio es un rasgo valorativo de naturaleza sociocultural, que se asocia con los (pre)juicios, los gustos, las expectativas de los hablantes hacia su propia variedad (o a la que cree pertenecer) y hacia la de los otros. Así entendido, no es un rasgo pertinente para la mayor parte de las expresiones lingüísticas. No son prestigiosas ni dejan de serlo, por ejemplo, palabras como *frío* o *calor, pie* o *pata, arriba* o *abajo, comer* o *devorar,* aunque en ciertos contextos puedan estar marcadas valorativamente. Así, la variante estigmatizada en la mayoría de las regiones *la calor* se distingue de la general *el calor* por el género femenino del artículo. También se considera vulgar el sufijo plural *-ses* que se adjunta al monosílabo *pie, pieses,* y a sustantivos de acentuación aguda como *cafeses* o *gurises*; la misma valoración recae en la duplicación del sufijo *-n* de persona y número en *sientensén,* con el acento más fuerte en la sílaba final. A nivel léxico, resulta poco recomendable la sustitución de *pie* por *pata,* aunque se admita en algunas locuciones de la lengua coloquial como *meter la pata* o *dormir a pata suelta*. Los sintagmas adverbiales *arriba de la mesa* o *abajo de la cama* se emplean habitualmente en la mayor parte del español americano, pero en el español europeo son considerados poco prestigiosos, e incorrectos en el *Diccionario panhispánico de dudas*. En el español europeo se prefieren *encima de la mesa* o *debajo de la cama,* que se distinguen de *arriba* o *abajo,* especializados en la dirección del movimiento.

Tampoco corresponde atribuir el rasgo (des)prestigio a las reglas combinatorias básicas de la gramática, pero sí suelen recibirlo muchas de las periféricas: por ejemplo, las propias de la lengua escrita, literaria o académica, como las relativas introducidas por *cuyo* o las oraciones absolutas de participio, se estiman como altamente prestigiosas.

Estas valoraciones no se reducen a meras interpretaciones o juicios personales, sino que se integran en las ideologías lingüísticas, más o menos conservadoras o innovadoras, de los diferentes grupos sociales. En la medida en que suscitan actitudes, como el prejuicio, a veces asociadas con comportamientos, como la discriminación o el acoso (o *bullying*), deben ocupar un espacio en la educación lingüística.

LA VARIACIÓN GRAMATICAL Y SU ALCANCE

La variación gramatical ha sido definida como una diferencia específica y analizable entre dos estructuras que tienen el mismo significado y aparecen en el mismo contexto, como el empleo de los pronombres *tú* y *vos* en diferentes variedades dialectales, las subordinadas sustantivas declarativas canónicas y sus variantes, los sintagmas adverbiales *arriba de la mesa* o *abajo de la cama* del español americano, y *encima de la mesa* o *debajo de la cama* del europeo, la construcción impersonal del verbo *haber* y la concordada, pero que no incluye la variante personalizada *Habemos pocas mujeres aquí*. Aunque no se ajusten a la anterior definición de variación gramatical, también cabe incluir entre los hechos de variación las interpretaciones concesiva y epistémica que admite el adverbio *igual* en el español americano y en el europeo, respectivamente.

Estos ejemplos, y los que figuran en las gramáticas y en los manuales de dialectología, representan algunas de las construcciones más estudiadas, pero son solo una parte mínima de la variación posible de la lengua en un cierto momento de su historia, que se concentra en las categorías funcionales, pero que también afecta a las léxicas, como se manifiesta con los verbos *informar, avisar, advertir*, que forman construcciones ditransitivas en el español americano, pero que en el español europeo combinan el objeto directo de persona y un complemento de régimen. En conclusión, gran parte de la variación consiste en propiedades morfosintácticas poco visibles, que la fuerza de la norma ha contribuido a borrar de la lengua estándar.

Respuestas a «Algunas cuestiones sobre la variación gramatical en el mundo hispánico» (2)

GUILLERMO SOTO VERGARA
Academia Chilena de la Lengua

Algunos fenómenos de variación gramatical. ■ El problema de la zonificación. ■ Distintas perspectivas de análisis. ■ Norma, prestigio y variación. ■ ¿Puede predecirse la variación?

ALGUNOS FENÓMENOS DE VARIACIÓN GRAMATICAL[1]

Ejemplificaré someramente algunos fenómenos de variación gramatical en el mundo hispanófono, centrados, en su mayoría, en el sistema verbal[2]. En primer lugar, se suele reconocer un avance del indicativo en desmedro del subjuntivo en América respecto de España, particularmente en contextos de subordinación. Se trata, por cierto, de una aseveración gruesa que requiere de estudios que consideren los contextos lingüísticos, así como diferencias regionales menores y distinciones sociales y de estilo[3]. Takagaki, Ueda y Tinoco, por ejemplo, considerando el contraste en unas pocas cláusulas sustantivas dominadas por verbos de emoción y evaluación, muestran mayor aceptabilidad de construcciones de indicativo en el continente americano. Con todo, distinguen entre Santiago de Chile, menos proclive a usos de indicativo por subjuntivo, y Buenos Aires, que lo es más[4]. Un segundo fenómeno es el contraste entre pretérito perfecto compuesto (PPC) y pretérito perfecto simple del indicativo (PPS). Mientras el uso del segundo es ampliamente mayoritario en el noroeste de España, México o el Río de la Plata, el PPC ha avanzado en desmedro del PPS en gran parte de la península ibérica y la zona andina[5]. Tanto el avance del PPS como el del PPC no se dan del mismo modo en las distintas áreas: si el significado hodiernal y de proximidad temporal es relevante para dar cuenta del avance del PPC en España, en el español boliviano el hecho de que el evento pasado haya ocurrido el mismo día de la enunciación o en un tiempo próximo a ella no es el factor desencadenante del uso. También es distinta la situación de Ciudad de México respecto de la de Buenos Aires en lo relativo a la disminución del PPC. Mientras en la primera es común el PPC en continuativos (*siempre he trabajado con honestidad*), en el español bonaerense escuchamos oraciones como *siempre*

---

1. Este trabajo fue apoyado por el proyecto Fondecyt regular 1220031.

2 Para visiones sintéticas, v. Kany, Ch., *Sintaxis hispanoamericana*, Madrid, Gredos, 1970 [1945]; Real Academia Española y Asociación de Academias de la Lengua Española, *Nueva Gramática de la Lengua Española. Morfología y sintaxis*, Madrid, Espasa, 2009.

3. Delbecque, N., «El subjuntivo en cláusulas complementarias», en C. Hernández (ed.), *Estudios lingüísticos del español hablado en América. Volumen II. El sintagma verbal*, Madrid, Visor Libros, págs. 401-564, 2009.

4. Takagaki, T., Ueda, H. y Ruiz Tinoco, A. (2020), «Variación gramatical del español en el mundo (VARIGRAMA): una visión panorámica de los rasgos sintácticos del español», en A. Gallego y F. Roca (coords.), *Dialectología digital del español*, Santiago de Compostela, Universidad de Santiago de Compostela, págs. 159-188, 2020.

5. Entre otros, Egido Fernández, C. y Morala Rodríguez, J. R., «El verbo. Morfología», en C. Hernández (ed.), *op. cit.*, págs. 13-181; Quesada Pacheco, M. Á., «La oposición *canté - he cantado* en español: aproximación dialectal», *Tribune*, 14, págs. 73-88, 2003; Soto, G., «El pretérito perfecto compuesto en el español estándar de nueve capitales americanas: frecuencia, subjetivización y deriva aorística», en A. Azpiazu (ed.), *Formas simples y compuestas de pasado en el verbo español*, Lugo, Axac, págs. 131-146, 2014; Veiga, A., *El «pretérito perfecto» español. Variación gramatical y estructuras del sistema*, Lugo, Axac, 2019.

viví acá por *siempre he vivido acá*. La investigación detallada de la distribución de ambos tiempos muestra que la hipótesis de la deriva aorística, propuesta por Harris para las lenguas románicas, no es evidente en el espacio hispanófono[6].

Otras indagaciones en el sistema verbal se han centrado en el imperfecto del subjuntivo y la variación entre *cantara* y *cantase*. También se ha estudiado el uso evidencial del pluscuamperfecto y del PPC en el español andino[7] y la construcción *había sido* en el español del Paraguay[8], casos en que se han propuesto explicaciones derivadas del contacto con lenguas indígenas. Además, se han estudiado el condicional y el subjuntivo en construcciones condicionales, el contraste entre futuro sintético y analítico, la pluralización de *haber* existencial, los verbos pronominales y las perífrasis verbales, entre otros fenómenos.

Otra área de investigación es la de los clíticos. Aquí destacan el estudio del leísmo, el loísmo y el laísmo, tema profusamente indagado desde el siglo XIX; la duplicación de clíticos (*me voy a irme*); el *le* invariable (*le dio el regalo a las niñas*); la discordancia de número en el pronombre acusativo (*el regalo se los di ayer a ellos*), y el uso de dativos éticos y de interés, entre otros. También se han estudiado los usos preposicionales, en particular, el queísmo y el dequeísmo (*me alegro que* vs. *me alegro de que*; *pienso que* vs. *pienso de que*)[9]; los pronombres y formas de tratamiento de la segunda persona (*tú*, *usted*, *vos*) y su relación con la conjugación verbal; la posición del sujeto en cláusulas interrogativas, y la presencia y ausencia de sujetos pronominales, entre otros. Por otro lado, la estructura argumental de los verbos parece menos estudiada (*cayó* vs. *lo cayó*).

Creo que, al menos, dos aspectos merecerían mayor atención. Por un lado, la ampliación a nuevas zonas de los estudios de contacto entre el español y las lenguas indígenas, que, en Sudamérica, se han centrado prioritaria-

---

6. Harris, M. B., «The "past simple" and the "present perfect" in Romance», en N. Vincent y M. B. Harris (eds.), *Studies in the Romance verb*, Londres, Croom Helm, págs. 42-70, 1982. Para una crítica, Squartini, M. y Bertinetto, P. M., «The Simple and Compound Past in Romance Languages», en Ö. Dahl (ed.), *Tense and aspect in the languages of Europe*, Berlín, Mouton de Gruyter, págs. 403-439, 2000.

7. Caravedo, R., «Perú», en M. Alvar (dir.), *Manual de dialectología hispanoamericana. El español de América*, Barcelona, Ariel, págs. 152-168, 1996; Mendoza, J. G., «Aspectos del castellano hablado en Bolivia», en C. Hernández Alonso (coord.), *Historia y presente del español de América*, Valladolid, Junta de Castilla y León, Pabecal, págs. 437-500, 1992.

8. Blestel, É., «Contacto lingüístico y transcategorización: el uso adverbial de *había sido* en castellano paraguayo», *Revista Internacional de Lingüística Iberoamericana*, 2 (26), págs. 171-186, 2015.

9. Corchado Robles, B., «Fenómenos del dequeísmo y queísmo en el español de España y de América», *Prisma*, XXV, págs. 1-11, 2021.

mente en el área andina y Paraguay. Algo se ha hecho en el último tiempo con el contacto español mapudungun[10]. Además, pienso que podría ser muy provechosa una mayor relación con métodos y teorías tanto de la tipología como de la lingüística de corpus.

EL PROBLEMA DE LA ZONIFICACIÓN

Desde la de Henríquez Ureña en 1921, ha habido un gran número de propuestas de zonificación del español de América[11]. Estas, sin embargo, han descansado en materiales «parciales, escasos, de procedencia metodológica diversa y de rigor inconstante»[12], deficiencia, según Hernández Alonso, especialmente notoria en el plano gramatical[13]. La misma distribución de las isoglosas no resulta definitiva y las áreas presentan internamente una gran variación, incluso sin considerar la variable social. Valga recordar la afirmación pesimista de Pottier: «Cuanto más sabio o serio el investigador, menos posibilidades tendrá de presentar una división utilizable del continente americano»[14] (pág. 289). Creo, sin embargo, que las nuevas herramientas metodológicas ya nos han ido ayudando a caracterizaciones más finas, a partir del análisis de grandes corpus etiquetados que cuentan con metadatos que recogen variables sociales y geográficas[15]. La dialectología tradicionalmente ha operado con cuestionarios que han servido de base para la elaboración de mapas, metodología que sigue siendo útil y que puede complementarse con los estudios de corpus.

Desde otro punto de vista, la cuestión de las zonas dialectales puede tener sentido desde una perspectiva émica, como muestra la dialectología perceptual, que la estudia a partir de la percepción de los propios hablantes[16].

---

10. Hasler, F., Olate, A. y Soto, G., «Persistencia de las ideas de Lenz en el estudio del contacto mapudungun-español. Algunos ejemplos de la investigación actual», *Boletín de Filología*, 55(2), págs. 115-135, 2020.
11. Henríquez Ureña, P., «Observaciones sobre el español de América», en F. Moreno Fernández (ed.), *La división dialectal del español de América*, Alcalá de Henares, Universidad de Alcalá de Henares, págs. 39-62, 1993. El libro de Moreno Fernández presenta las propuestas de zonificación más relevantes.
12. Moreno Fernández, *op. cit.*, pág. 13.
13. Hernández Alonso, C., «Dialectología y gramática», *La Torre*, III, 7-8, págs. 49-60, 1998.
14. Pottier, B., «La variación lingüística y el español de América», *Revista de Filología Española*, LXXII, 3-4, págs. 283-295, 1992.
15. Véase, por ejemplo, Buenafuentes, C. y Sánchez, C., «La variación sintáctica del español a la luz del Corpus del español del siglo XXI (CORPES XXI)», en A. Gallego y F. Roca, *op. cit.*, págs. 29-45.
16. Quesada Pacheco, M. Á., «División dialectal del español de América según sus hablantes. Análisis dialectológico perceptual», *Boletín de Filología*, 49(2), págs. 257-309, 2014.

Recordando a Guitarte, «español de América debe existir, porque americanos y españoles tienen conciencia de que hablan distinto»[17].

DISTINTAS PERSPECTIVAS DE ANÁLISIS

Creo que la existencia de distintas perspectivas de análisis enriquece el estudio del lenguaje. Los estudios sincrónicos de estructuras gramaticales pueden coexistir con otros que indaguen en su historia o que relacionen la variación dialectal con la tipología y el contacto. Con todo, pienso que para explicar los procesos que entran en juego en la variación dialectal es conveniente adoptar, por lo general, una perspectiva que trascienda el análisis formal.

NORMA, PRESTIGIO Y VARIACIÓN

Pienso que la idea de norma es consustancial a las lenguas y anterior a las academias y a las distintas instituciones que en una sociedad determinada puedan tener poder prescriptivo[18]. Los signos lingüísticos son convencionales y las personas tienden, desde la niñez, a adecuar su conducta lingüística a los hábitos de su comunidad, es decir, a hablar como los otros hablan, y a criticar a quien se aparta de esos hábitos[19]. La cuestión se complica cuando en una lengua reconocemos distintas formas de hablar, lo que responde, en principio, a la existencia de distintas comunidades, clases sociales, etc. En este caso, el grupo dominante en la sociedad puede considerar que su manera de hablar es mejor que la de otros, como la de las clases bajas o los campesinos.

Como lo veo, el papel de las academias de la lengua se asocia a los procesos de estandarización, esto es, a la adopción y desarrollo, a través de políticas lingüísticas, de una variedad codificada de la lengua que sirve de modelo y permite la comunicación más allá de las diferencias regionales y sociales[20]. La variedad estándar tiende a ser la de los medios de comunicación de ma-

---

17. Guitarte, G., 1988, «Dialecto, español de América e historia en Coseriu», en J. Albrecht, H. Thun y J. Lüdtke (ed.), *Energeia und Ergon. Studia in honorem Eugenio Coseriu*, tomo II, Tubinga, Gunter Narr Verlag, págs. 487-500, 1988, pág. 495.
18. Una profunda discusión del tema en Coseriu, E., *Competencia lingüística y criterios de corrección* (A. Matus y J. L. Samaniego, eds.), Sevilla, Editorial Universidad de Sevilla, 2019.
19. Tomasello, M., *¿Por qué cooperamos?*, Buenos Aires, Katz Editores, 2010.
20. Garvin, P. y Mathiot, M., «La urbanización del idioma guaraní. Problema de lengua y cultura», en P. L. Garvin y Y. Lastra de Suárez (eds.), *Antología de estudios de etnolingüística y sociolingüística*, México, UNAM, págs. 303-313, 1984. El artículo es originalmente de 1956.

sas, los órganos del Estado, la ciencia y la educación. El papel normativo de las academias de la lengua tiene que ver con la variedad estándar, que es fruto de una planificación lingüística dirigida a tener una variedad de lengua común. Ciertamente, es esperable que, en su origen, esta variedad se vincule con el habla de los grupos más educados o ilustrados de una sociedad, que típicamente son los superiores, pero no tiene por qué identificarse con ella. Creo que es importante distinguir entre lo que tiene que ver con los fines de la lengua estándar y lo que es marca de la variedad de lengua de un grupo social. Además, la variedad estándar se emplea preferentemente en ciertos usos lingüísticos, por lo que la cuestión de la adecuación de una expresión lingüística al estándar no siempre es pertinente.

No me he referido hasta aquí al problema de variantes que puedan ser prestigiosas en una variedad y no en otra. Esto no tiene nada de extraño: lo que es prestigioso en unas comunidades puede no serlo en otras. Como el español es una lengua pluricéntrica, creo que es esperable que no todo lo que se considera estándar en Buenos Aires lo sea en Madrid. Pienso que la escuela debería procurar que los alumnos tuvieran conciencia del carácter pluricéntrico del español y, por tanto, de la legitimidad de estas variantes en el estándar, tal y como este se da en tal o cual área. En todo caso, pienso que estas diferencias no son demasiadas y que el trabajo conjunto de las academias de la lengua contribuye a una mayor unificación del estándar.

¿PUEDE PREDECIRSE LA VARIACIÓN?

No creo que pueda predecirse la variación en el español americano. Por supuesto, hay cambios que no parecen razonables. Por ejemplo, no sería esperable encontrar una variedad del español con orden de palabras libres, una variedad no configuracional, como dicen los generativistas; o una variedad donde no existiese género gramatical, aunque los detalles de cómo este se manifiesta puedan, en efecto, variar, tal y como ocurre con el tiempo y los modos gramaticales.

Respuestas a «Algunas cuestiones sobre la variación gramatical en el mundo hispánico» (3)

ENRIQUE PATO
Universidad de Montreal

Los aspectos de la variación gramatical mejor estudiados y los que necesitan más investigación. ■ Dónde hemos de detener la introducción de variables sociolingüísticas. ■ El estudio de la variación gramatical exige acceder a variables históricas. ■ Cómo deben enseñarse las diferencias de (des)prestigio. ■ La variación gramatical es esperable en todos los dominios de la gramática.

LOS ASPECTOS DE LA VARIACIÓN GRAMATICAL MEJOR ESTUDIADOS Y LOS QUE NECESITAN MÁS INVESTIGACIÓN

Es una realidad que los usos que penetran en la lengua estándar y en la norma culta han sido los más estudiados. Por ello, se sabe mucho de fenómenos como el leísmo (*Le conozco desde hace tiempo*), la alternancia de modo verbal (*Si {tendría ~ tuviera/ tuviese} dinero viajaría a Italia*), la pluralización del verbo *haber* (*Habían muchos estudiantes en la manifestación*) o el deísmo (*Me costó de adaptarme*), por nombrar solo algunos de ellos, ya que la nómina es extensa (véase, por ejemplo, Fernández-Ordóñez y Pato, 2020[1]; Pato y Felíu Arquiola, 2021[2]; Pato y Mare, en prensa[3]). En cambio, todavía hay una lista grande de fenómenos, más restringidos social y geográficamente, que se consideran incorrectos o propios de hablantes no cultos, que no se han investigado adecuadamente. Me refiero a aspectos de la concordancia (Felíu Arquiola y Pato, 2020)[4], el uso de cuantificadores (de nuevo, Felíu Arquiola y Pato, 2020) y algunas «nuevas» construcciones que previamente se consideraban «imposibles» (Pato, 2023)[5], entre otros.

Lo que parece evidente es que solo se podrá seguir ampliando nuestro conocimiento dialectal y de la variación gramatical del español con trabajo de campo y con la ayuda de datos de corpus lingüísticos adecuados, para evitar descripciones parciales e impresionistas, y considerar como general algo que es solo particular, o viceversa, así como juzgar erróneos usos que no forman parte de nuestra norma o variedad.

DÓNDE HEMOS DE DETENER LA INTRODUCCIÓN DE VARIABLES SOCIOLINGÜÍSTICAS

Es cierto que las etiquetas simplifican, pero no por ello dejan de ser útiles; sobre todo para efectos didácticos y divulgativos. Nuestros lectores pueden

---

1. Fernández-Ordóñez, I. y Pato, E. (2020), «El *Corpus oral y sonoro del español rural* (COSER) y su contribución al estudio de la variación gramatical del español», en Ángel J. Gallego y Francesc Roca Urgell (eds.), *Dialectología digital del español*, Santiago de Compostela, Verba Anexo 80, 2020, págs. 71-100.
2. Pato, E. y Felíu Arquiola, E., «Morphological variation in the Spanish-speaking world», en Antonio Fábregas, Víctor Acedo-Matellán, Grant Armstrong, M. Cristina Cuervo e Isabel Pujol Payet (eds.), *The Routledge Handbook of Spanish Morphology*, Londres/Nueva York, Routledge, 2021, pp. 68-80.
3. Pato, E. y Mare, M., «The verbal inflexion I: tense, aspect and mood», en Cristina Sánchez López (ed.), *A Guide to Spanish Dialects: Descriptive and Theoretical Aspects of Linguistic Variation in the Hispanic World*, Oxford, Oxford University Press, en prensa.
4. Felíu Arquiola, E. y Pato, E., *En torno a la denominada «concordancia adverbial» en español: tres casos de variación*, Madrid, Consejo Superior de Investigaciones Científicas, 2020.
5. Pato, E., «Nuevas formaciones con el marcador adverbial *-mente*: el caso de *enrealidadmente*», *Verbum et Lingua: Didáctica, lengua y cultura*, 21 (2023), pp. 7-19.

ser estudiantes especialistas e investigadores, pero no debemos olvidar por ello al público general. Creo que la idea básica es que la sociedad entienda que no existe una única variedad de español. La etiqueta que se emplee para ello (de momento *rioplatense, chileno, andino, caribeño, mexicano, centroamericano, peninsular*, etc.) no sería lo más importante. Cambiar etiquetas resulta sencillo, lo complicado es que después se empleen correctamente y de manera general. Hoy en día esto solo se puede lograr con la ayuda de la tecnología y, en particular, mediante las redes sociales, para que este tipo de cambios sea efectivo y no se quede solo en el ámbito académico y escolar.

En cuanto a las variables sociolingüísticas, se ha mostrado en varios trabajos que pueden ayudar a describir un poco mejor algunos fenómenos gramaticales; pero todo depende del rasgo en cuestión y del marco teórico que sigamos. Tampoco se debería convertir la variación en pura estadística (como está ocurriendo en la actualidad), ya que las variables sociolingüísticas implican el empleo adecuado de la estadística, y esta nos ayuda a confirmar o no ciertas hipótesis. Es un hecho que los jóvenes y los adultos mayores emplean algunas construcciones de modo diferente, lo mismo se aplica a las personas con o sin educación formal. Lo interesante de todo ello es poder saber cuándo y dónde cambia la lengua, qué elementos lingüísticos se seleccionan en cada caso y cómo se organizan en la gramática. Es decir, obtener —de alguna manera— una visión un poco más holística de la lengua. En el caso de otros fenómenos todo esto no sería necesario.

EL ESTUDIO DE LA VARIACIÓN GRAMATICAL EXIGE ACCEDER A VARIABLES HISTÓRICAS

Todo depende del marco teórico y de la explicación que queramos ofrecer de cada fenómeno. Personalmente creo que el «problema» viene directamente de la formación universitaria de los alumnos, los futuros investigadores y profesores. En muchos países no se realizan trabajos históricos porque —en general— no hay una tradición de formación histórica ni filológica.

Dado que los hechos del pasado nos pueden ayudar a interpretar un poco mejor el presente, y viceversa, la descripción completa de un fenómeno lingüístico nos obliga a revisar, aunque sea parcialmente, lo que sucede en épocas pasadas. Y esto se puede hacer incluyendo una breve nota a pie de página en las publicaciones. Por ejemplo, cuando un fenómeno no se documenta en los siglos XIII-XV podemos pensar que ha sido potenciado en época posterior. Un rasgo concreto es la desinencia *-n* en los pretéritos perfectos fuertes, del tipo *Ellos dijon* (por *dijeron*), formas que se localizan una sola vez en el corpus alfonsí (en el *Libro de las cruzes*, 1259) y que empiezan a registrarse con cierta frecuencia en el siglo XV (en la obra de Juan del Encina) en una zona particular de la península (la leonesa-extremeña); área en la que hoy día todavía se mantienen estas formas en hablantes mayores, y así aparecen registradas en los corpus lingüísticos de la lengua oral como el COSER[6] (Pato, 2010[7]).

A este respecto, el concepto de *universal vernáculo* puede ayudarnos a entender mejor cómo se puede superar la aparente dicotomía entre «conservación» e «innovación», ya que las formas vernáculas, al ser fruto de procesos cognitivos universales que se activan según el *input* de cada dialecto o variedad, son a la vez antiguas y modernas. Algo que, por supuesto, hay que seguir repensando y elaborando (Di Tullio y Pato, 2022)[8].

CÓMO DEBEN ENSEÑARSE LAS DIFERENCIAS DE (DES)PRESTIGIO

El desprestigio de algunos usos gramaticales (y léxicos) es un asunto compartido por los hablantes y sus comunidades lingüísticas, por un lado, y las academias, por otro. No hay que olvidar que algunos usos lingüísticos se ven condicionados y están sometidos a un filtro de selección social, del tipo que sea ese filtro. Los fenómenos del dequeísmo (*Pienso de que es muy interesante*) o del laísmo (*La dije a María que me llamara*) lo ejemplifican claramente. En el léxico, tenemos el consabido ejemplo del verbo *coger* ('agarrar, tomar' en español europeo y en algunas variedades americanas como Cuba y Colombia, y 'realizar el acto sexual' en las demás variedades), que se mezcla con el tabú, entre muchos otros casos.

En cuanto a su enseñanza, el asunto gira en torno a la simple aclaración que se debe hacer a los estudiantes entre «conocimiento pasivo» que se puede tener y «uso activo» de la lengua española. Los alumnos deben conocer cómo hablan las demás personas (mediante la descripción de las variedades), no hablar como ellas. La idea no es que sean hablantes multidialectales, la idea es que respeten a los demás, y todo esto solo se puede lograr si se ha tenido acceso a determinado conocimiento gramatical compartido en el aula.

Por todo lo anterior, la enseñanza de los usos lingüísticos debería ser global: forma y significado (como bien recuerda Bosque, 2023)[9], distribución

---

6. *COSER. Corpus oral y sonoro del español rural*, I. Fernández-Ordóñez (dir.), Madrid, Universidad Autónoma de Madrid. [Consulta: 1 de julio de 2023]. Disponible en http://www.corpusrural.es.

7. Pato, E., «Linguistic Levelling in Spanish: The Analogical Strong Preterits», *Canadian Journal of Linguistics*, 55, núm. 2 (2010), pp. 209-225.

8. Di Tullio, Á. y Pato, E. (eds.) *Universales vernáculos en la gramática del español*, Madrid/Frankfurt, Iberoamericana/Vervuert, 2022.

9. Bosque, I., «Aspectos didácticos de la variación gramatical», *Asterisco*, 1 (2023), pp. 7-29.

geográfica, origen y estimación social (incluidos los registros y niveles: coloquial vs. formal, rural vs. urbano, etc.). Lo bueno es que a los estudiantes les interesa, y mucho, conocer cómo hablan otras personas, qué rasgos son generales y cuáles no. Y esto es algo que el *Plan curricular del Instituto Cervantes*[10] señala desde hace décadas, y la Academia ha incluido en la *Nueva gramática de la lengua española*[11], y se tendrá en cuenta también en su segunda edición. En cualquier caso, no hay que alarmarse porque, al final, la «unidad» (lo común) prevalece siempre sobre la «diversidad» (lo diferencial).

Ahondando un poco más en los aspectos de la enseñanza, la cuestión del (des)prestigio también se podría salvar abordando la lengua estándar como una asignatura transversal del currículo —idea que concuerda con la de mi colega como María Mare—, es decir, fuera de la materia tradicional de «Lengua Castellana», «Lengua Española», «Lengua Castellana y Literatura», «Lengua y Literatura Castellanas», etc. (en cada país tiene un nombre diferente). El conocimiento y dominio de la norma culta son necesarios en todas las disciplinas; tanto los alumnos del área de Letras como los de Ciencias deben alcanzar un dominio de la comprensión y expresión orales y escritas en sus respectivos campos de estudio e interés. Por tanto, tendría que ser una labor compartida entre los profesores de los centros educativos y sus respectivas asignaturas. Bajo este modelo ideal, en los cursos de Lengua se estudiaría entonces la Gramática en sentido amplio, tanto la teoría como el uso, de modo inductivo unas veces y deductivo otras, y siempre sobre la base de ejemplos reales y contextualizados.

LA VARIACIÓN GRAMATICAL ES ESPERABLE EN TODOS LOS DOMINIOS DE LA GRAMÁTICA

Me sumo a la idea de que no hay límites en los procesos de variación, precisamente porque los datos reales (fruto del trabajo de campo y de la revisión de los corpus lingüísticos orales) nos indican que hay variación en todos los niveles (cf., de nuevo, Fernández-Ordóñez y Pato, 2020; Pato y Felíu Arquiola, 2021).

Afortunadamente, ya no se estudia solo la lengua culta escrita, sino también la coloquial oral. Y ya no hay ninguna duda de que la gramática dialectal, es decir, la variación, es fundamental para la descripción y caracterización de las áreas lingüísticas, pero también para el estudio formal más

10. Instituto Cervantes, *Plan curricular del Instituto Cervantes. Niveles de referencia para el español*, Madrid, Instituto Cervantes/Biblioteca Nueva, 2006.

11. Real Academia Española y Asociación de Academias de la Lengua Española, *Nueva gramática de la lengua española*, Madrid, Espasa, 2009.

teórico y el tipológico de las lenguas. Mientras no se demuestre lo contrario nada impide pensar que la variación gramatical es general; de hecho, hay variación en todas las categorías gramaticales y en muchas construcciones sintácticas. El problema (o el interés) depende de lo extendido que esté ese uso o rasgo en la lengua, y de su repercusión en el estándar.

En cualquier caso, desde un punto de vista más teórico, las estructuras sintácticas serían las mismas, lo que cambia son los rasgos sintáctico-semánticos que provocan una distinción superficial en ellas. En realidad, solo tendríamos una sintaxis, y esa sintaxis se puede materializar de diferentes maneras u opciones. Como indica Ignacio Bosque (2023), la variación no es otra cosa que la extensión de usos a otras categorías y estructuras. Si un hablante emplea un rasgo es porque el sistema lingüístico se lo permite. Como lingüistas y gramáticos debemos comprobar cómo esos usos encajan dentro del sistema de la lengua española. Si no se han descrito previamente (porque no han sido de interés), hay que pensar ahora cómo se debe ampliar la Gramática para incluirlos, sin ahondar en consideraciones del tipo «correcto/incorrecto», «aceptado/no aceptado». Lo interesante de todo ello es que en las últimas décadas se ha (de)mostrado que lo que en principio parecía irregular en el fondo es muy regular, ya que la variación en la lengua también está regulada.

En un futuro próximo habrá que continuar con toda esta labor y considerar, quizá, que ya es hora de crear una sintaxis dialectal de la lengua española, como obra de autoría múltiple o colectiva, multidisciplinar (descriptiva, teórica y didáctica a la vez), disponible en línea, de acceso abierto y con actualizaciones frecuentes.

Orígenes del español en los EE. UU. La Florida (siglo XVI)

CARMEN BENITO VESSELS

Academia Norteamericana de la Lengua Española

Este ensayo propone la existencia de una diglosia funcional entre los hablantes de español y timucua en la Florida del siglo XVI. Dicho argumento se sustenta en el léxico español incluido en la cartografía, la toponimia, la antroponimia y en textos híbridos referidos a la doctrina catequista. El objetivo es trazar las primeras manifestaciones del español en Norteamérica; es decir, sus orígenes.

La andadura del español en los EE. UU. comienza en la Florida del siglo XVI y en contacto con las lenguas amerindias. Mi hipótesis es que la estrecha y dilatada convivencia de sus hablantes generó una diglosia funcional trazable a través del léxico. Los mapas y literatura de la época, así como los fondos documentales del Camino Real floridano, atesoran abundante documentación lingüística al respecto.

Las dimensiones de la Florida colonial eran muy imprecisas; y hasta hace relativamente poco (1996) también lo han sido el Camino Real, sus misiones y doctrinas, cuyos 128 nombres conocemos gracias a John H. Hann[1]. Entre los siglos XVI y XVII, los misioneros franciscanos recopilaron algunas de las lenguas indígenas de la Florida que modernamente han sido clasificadas por Lyle Campbell y Franz Boas[2]. En este ensayo solo me referiré al léxico común de españoles e indígenas en el territorio timucua. Allí se habló el español de la época cervantina (1547-1616), sus huellas quedaron en multitud de topónimos, hidrónimos, antropónimos y algunas expresiones lingüísticas que podrían incorporarse tanto en los atlas lingüísticos de la Norteamérica colonial como en los estudios panhispánicos y las historias del español peninsular.

Comencemos con la geografía. Muchos topónimos de la Norteamérica atlántica hispánica han desaparecido; en ellos se aludía a algo que ocurrió el día en el que los lugares fueron avistados por primera vez —como «río Príncipe», que se llamó así para conmemorar el nacimiento del príncipe Carlos, hijo de Felipe II— o se referían a hechos notables que ocurrieron en los mismos: como el topónimo «Matanzas», que recuerda la masacre de hugonotes orquestada por Pedro Menéndez de Avilés en aquella ensenada. Desde 1513, el santoral cristiano se refleja en los mapas españoles del sureste de los EE. UU., donde colonias, ríos, bahías y otros accidentes geográficos recibieron el nombre que correspondía a la fecha en la que dichos lugares fueron registrados, como San Miguel de Gualdape (29 de septiembre), San Agustín

---

1. Hann, John H., «Summary Guide to Spanish Florida Missions and Visitas. With Churches in the Sixteenth and Seventeenth Centuries», *The Americas*, Apr., 1990, vol. 46, núm. 4 (1990), pp. 417-513.

2. Campbell, Lyle., *American Indian languages. The Historical Linguistics of Native America*, New York, Oxford University Press, 1997; Boas, Franz., «The Classification of American Indian Languages», *The American Anthropologist*, núm. 22 (1920), pp. 367-376.

(28 de agosto) y Santa Elena (18 de agosto). El mejor testimonio documental lo encontramos en el planisferio de Diego Ribero de 1529 y en el de Diego Gutiérrez de 1562[3]. Hasta el día de hoy, no he podido fechar cuándo se produjo oficialmente el cambio de los topónimos/hidrónimos del español al inglés en la Florida ni tampoco he podido identificar todas las correspondencias de los mismos. Esta tarea es particularmente difícil porque los textos de la época, como el *Arte de navegar*, de 1545, de Pedro de Medina, solo proporcionan la latitud.

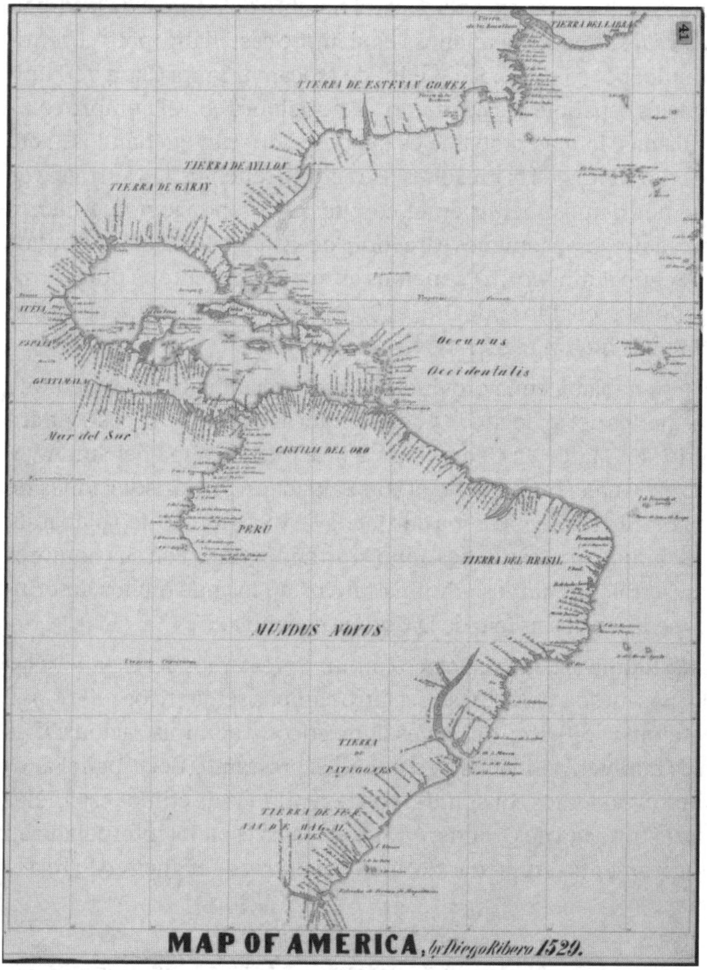

Diego Ribero, «Planisferio de 1529» (Library of Congress, https://www.loc.gov/resource/g3201c.ct001316/ [Consultado el 5 de julio de 2023]

3. Ribero, Diego, «Planisferio 1529». [Consultado el 5 de julio de 2023]. Disponible en: https://www.loc.gov/resource/g3201c.ct001316/, y Gutiérrez, Diego, «Planisferio 1562», https://www.loc.gov/rr/hispanic/frontiers/gutierrz.html. [Consultado el 5 de julio de 2023].

El español coexistió largamente con una de las lenguas amerindias de la Florida: el timucua del XVI; prueba evidente del impacto lingüístico del español en esta región amerindia es que, según John Granberry (1993: 7)[4], el timucua tuvo once dialectos y dos de ellos se conocen como el «agua salada» y el «agua fresca». Igualmente, el sintagma español «agua dulce» corresponde a una de las quince unidades tribales en las que trabajaron conjuntamente hispanohablantes y amerindios y a las que Granberry se refiere como «Tribal/Political Units».

Asimismo, los nombres de las 128 misiones, visitas y doctrinas de la Florida son híbridos. Salvo raras excepciones, el nombre del santo o de la virgen a quien se dedica la edificación religiosa es siempre castellano, pero el gentilicio es amerindio; por ejemplo: San Pedro de Mocama, Santa Clara de Tupiquei. Dudo que los españoles se refirieran a las misiones con el nombre completo de las mismas, lo más probable es que los acortaran quedándose solo con el nombre del santo de las misiones. De ser así, tenemos 128 sustantivos españoles que podríamos incluir en el corpus que propongo y que fueron conocidos por aquellos a quienes Gregorio de Escobedo llamara «indios ponentinos». Según John Worth[5], tenemos aproximadamente 12 000 antropónimos españoles recogidos por Oré en la provincia de Santa Elena (2020: 59-69) y 13 000 más fueron registrados por fray Ocaña.

El timucua se hablaba en la provincia Guale —reclamada para la corona española a mediados del siglo XVI— y se extendía a lo largo de la costa atlántica desde el río San Mateo en Georgia hasta la actual Carolina del Sur. A veces, el distrito de Guale era llamado el Río Salado. En las jurisdicciones de San Pedro de Potohiriba, Santa Elena de Machava; y San Mateo de Tolapatafi, vivieron los 18 timucuanos a quienes John Worth identificó con sus nombres españoles y describió los cargos administrativos en los que dichos amerindios se desempeñaron al servicio de la Corona española.

Lawrence B. Kiddle clasificó el léxico común y préstamos del español a las lenguas indígenas mesoamericanas en cuatro campos semánticos referidos a la cultura material, la religión, animales domésticos y administración[6]. Esta clasificación es también válida para estudiar los préstamos del español al timucua floridano y podemos constatarla con las entradas de étimos españoles en el diccionario timucua de Granberry y en el léxico español interpolado en los capítulos y segmentos timucuas del *Confessionario* de Francisco Pareja[7].

4. Granberry, Julian., *A Grammar and Dictionary of the Timucua Language*. 2.ª ed., Tuscaloosa, The University of Alabama Press, 1993. [Consultado el 15 de enero de 2022]. Disponible en http://www. muse.jhu.edu/book/6774.

5. Worth, John E., *The Timucuan Chiefdoms of Florida*, Gainesville, UP of Florida, 2020.

6. Kiddle, Lawrence B., «Spanish Loan Words in American Indian Languages», *Hispania*, 1952, vol. 35, núm. 2, pp. 179-184.

7. *Confessionario en lengua castellana, y timuquana* de Francisco Pareja (1613). Impreso en México, Viuda de Diego López Davalo, 1613. [Consultado el 5 de julio de 2023]. Disponible en

Como es natural, el léxico español procedente de este último texto pertenece casi exclusivamente a la categoría religiosa; estos préstamos son lexemas simples o sintagmas nominales de dos, tres o cuatro palabras; pero también hay palabras híbridas que demuestran el conocimiento que hablantes y oyentes tenían de las funciones de los prefijos y sufijos añadidos a los sustantivos españoles, como, por ejemplo, las palabras: «(na)comulga(leno), Lucifer(mano), Confesa(leno), Clerigo(leta), Espiritusanto(ma), San Miguel Archangel(ique) y S. I Baptista(leque). Asimismo, en el texto de Pareja, hay veinte antropónimos castellanos que podemos añadir al corpus de Granberry.

Esta obra trilingüe de Francisco Pareja es una verdadera mina para un estudio lingüístico y cultural y, es también un reto. Destaquemos lo fuerte que debió de ser el impacto del español sobre esta lengua amerindia en la cual no existe la consonante *d* y, según el diccionario referido, las dos únicas palabras que comienzan con esta grafía en dicha lengua son *Dios* y *discípulo* (Granberry, 1993: 127). Lo mismo ocurre para la consonante *g*, que está registrada en timucua solo en el sustantivo *gato*, el cual, junto al nombre *caballo*, son los únicos zoónimos que pasaron del español al timucua (Granberry, 1993: 131).

En las historias de la lengua, el capítulo sobre el español y las lenguas amerindias topa siempre con un techo de cristal ubicado al norte de Nueva España, pues, con raras excepciones, ahí se detienen los estudios sobre las isoglosas que demarcan el paso de los indigenismos al léxico castellano del siglo XVI y son pocos los especialistas que se han adentrado en el estudio del paso de castellanismos a las lenguas indígenas, su tornaviaje. El número de hablantes amerindios se ha calculado basándose en los archivos misioneros, los registros esclavistas y las causas que empujaron el éxodo de indios floridanos hacia las zonas colonizadas por españoles. El resultado es un elevadísimo número de hablantes amerindios que debían de estar familiarizados —al menos en parte— con el léxico aquí recogido.

Estas escuetas pinceladas nos demuestran que la toponimia documentada en Ribero, Gutiérrez, Granberry y Worth, la antroponimia de las actas bautismales y actas notariales, el santoral que sirvió para nombrar nuevas tierras, los nombres mixtos de las misiones, y el léxico común y religioso del *Confessionario* de Pareja son fundamentales para trazar los orígenes y diglosia del léxico panhispánico en la Norteamérica del siglo XVI.

Confessionario de Francisco Pareja, http://dcmny.org/islandora/object/nyhs%3A3281. Una versión mucho más amplia sobre este tema se publicará en mi siguiente monografía titulada «Otro cincel para Rosetta. España y el español en la temprana modernidad de los EE. UU.».

La larga historia de la lengua española en Marruecos

HOSSAIN BOUZINEB

Correspondiente de la Real Academia Española por Marruecos

Los topónimos antiguos y sus traducciones. ■ Topónimos coincidentes en los dos territorios vecinos de España y Marruecos. ■ Restos léxicos antiguos de procedencia española. ■ El desplazamiento de comunidades españolas a Marruecos. ■ Rabat y Salé perpetúan la lengua española traída por los moriscos. ■ Testimonios de la lengua española en tiempos de Muley Ismael (siglo XVII) y Sidi Mohammed ben Abdallah (siglo XVIII).

La vecindad de Marruecos y España creó una realidad lingüística que se manifiesta a través de improntas dejadas en las lenguas de sendos territorios en las diferentes categorías léxicas y, a veces, incluso en la importación de algún sonido. La traducción pudo, a veces, solapar algunos préstamos, y la toponimia y antroponimia hermanaron a los dos territorios en determinados nombres de sus habitantes y localidades.

En esta exposición vamos a intentar esbozar resumidamente los contornos de la larga historia de la lengua española en Marruecos, a través de elementos toponímicos, antroponímicos y léxicos de las lenguas de España en Marruecos, unas lenguas que, sin lugar a dudas, corren en la sangre de las de mi país, lo mismo que las de este corren en las de esta tierra española, y muchas veces, las improntas dejadas no se prestan a revelarse sino con serias indagaciones analíticas. Por eso les voy a preguntar: ¿acaso se imaginaban que una locución como *alalimón* podía proceder del bereber marroquí *an mun* 'ir juntos', lo mismo que el significado de *ahorrar* (y también *forrarse*), que a pesar de construirse sobre el étimo árabe *ḥarrara* 'liberar' perpetuó el significado de 'ganar dinero, un sueldo…' que tiene en bereber? Muchas veces, el paso del tiempo solapa las facciones de las expresiones haciendo difícil su reconocimiento.

Por todo lo dicho, voy a procurar trazar unas pinceladas del tema propuesto.

LOS TOPÓNIMOS ANTIGUOS Y SUS TRADUCCIONES

Desde tiempos remotos, como la época romana, se consignaron variados topónimos de nuestras tierras en el Itinerario de Antonino. Por lo común, el topónimo suele evolucionar desde su forma primaria hasta llegar a la actual, manteniendo su raíz léxica más o menos alterada, como ocurre por ejemplo con *Sabta / Ceuta* < *Septa* < *Septem* (fratres); o *Salé / Salā* < *Šella*; etc. Sin embargo, puede ocurrir que un topónimo, en lugar de mantenerse en sus elementos léxicos, se conserve a través de su traducción a las lenguas locales. Este hecho a menudo pasa desapercibido ante los ojos de los estudiosos que tratan las cuestiones toponímicas. En efecto, puede ocurrir que no nos demos cuenta de que el topónimo que tenemos delante haya sido el resultado de una traducción de un nombre antiguo formulado en otra lengua (grecolatina, por ejemplo), y ahora desaparecido. En este sentido, la fuente de la traducción del topónimo grecolatino a la lengua árabe local, al bereber o incluso a la lengua española, puede permanecer oculta. Los siguientes ejemplos me permiten hacer esta aseveración:

- رأس الطرف *Ras Aṭṭarf*, literalmente 'cabo del extremo', que corresponde al actual *Cabo Negro*, situado entre Ceuta y Tetuán, traduce el *Phoebi Extrema* del Itinerario de Antonino, donde *Extrema* corresponde a *Aṭṭarf*. Nadie hasta el día de hoy se ha dado cuenta de esta correspondencia. La traducción árabe aparece consignada en caracteres latinos en algunos mapas antiguos como el mapa de Iohannis van Keulen de 1693[1] [*vid*. mapa 1], o en el de 1765 denominado *Carte topographique des pays et côtes maritimes qui forment le Détroit de Gibraltar*[2] [*vid*. mapa 2].

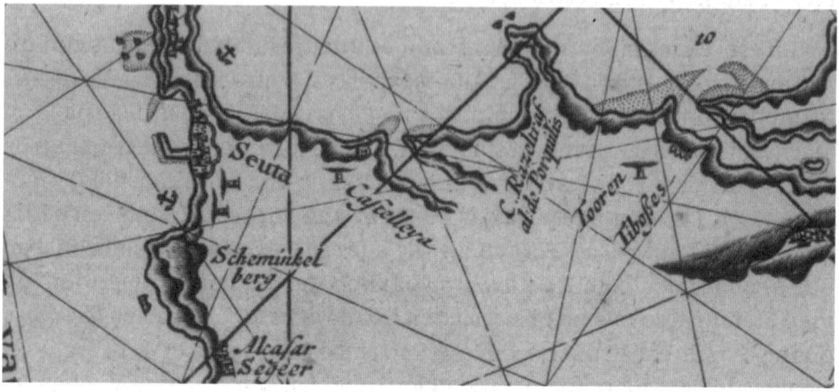

Mapa 1. Detalle del mapa de Iohannis van Keulen, de 1693, sobre el estrecho de Gibraltar.

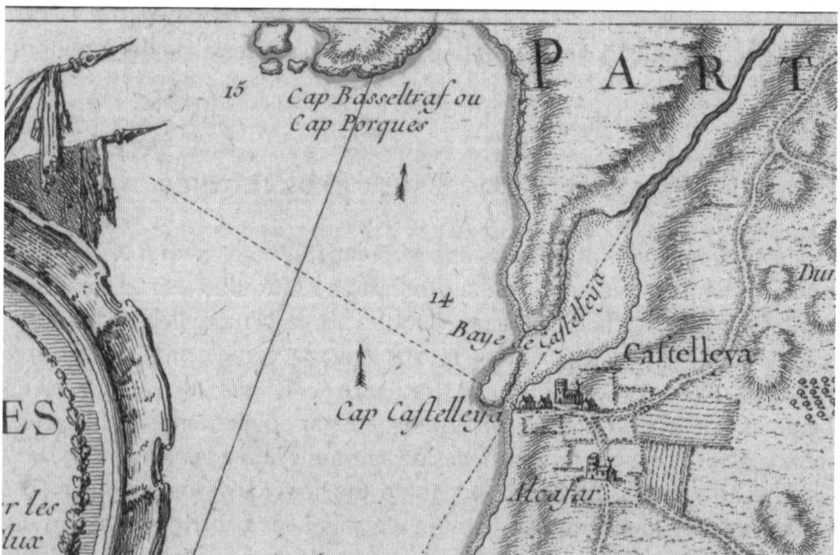

Mapa 2. *Carte topographique des pays et côtes maritimes qui forment le détroit de Gibraltar.*

1. https://gallica.bnf.fr/ark:/12148/btv1b53056619j/f1.item.r=Detroit%20de%20Gibraltar%20Iohannis%20Van.zoom
2. https://gallica.bnf.fr/ark:/12148/btv1b530569526/f1.item.

- حجر النسر *Ḥaǧar Annasr* 'Roca del Águila' corresponde a *ad Aquilam Minorem* del Itinerario de Antonino, y que encontramos en el mapa llamado *Ancient Africa or Libya* (1840)[3]; este lugar podría ser aquel mencionado dos veces por Ibn Ḫaldūn en su *Historia*[4]: قلعة حجر النسر الدانية من سبتة, y también القريبة من سبتة ... 'Fortaleza de la Roca del Águila cercana a Ceuta'.
- *Castelleya*; *Castelleyo*, que encontramos en el mencionado mapa de 1765 denominado *Carte topographique* (...), corresponde al esp. *Castillejo*, *Castillejos*, ár. marr. الفنيدق al-Fnidaq, dim. del ár. *funduq*, 'venta, posada, actualmente hotel'. En el mapa anteriormente mencionado aparece la imagen de un alcázar en el mismo espacio [*vid.* mapa 2].
- سبعة رجال *Sabᶜatu Riǧāl* 'Siete Hombres' < *Septem Fratres*. Esta denominación latina aparece en el mapa denominado *Africae Tabula Geographica* de Guillaume de l'Isle del año 1700[5], seguramente designando el santón del pueblo del Rincón del Medik, conocido por los lugareños con el nombre de *Sabᶜatu Riǧāl* 'Siete Hombres'. Sabemos que *Septem Fratres* es el nombre antiguo de Ceuta, pero en este caso Ceuta aparece designada en el mismo mapa con *Septa* [*vid.* mapa 3].

Mapa 3. *Africae Tabula Geographica*, de Guillaume de l'Isle del año 1700.

La traducción puede surgir, a veces, como el resultado de una interpretación errónea del significado de un topónimo, como ocurre con el nombre de la ciudad de Rabat cuando es interpretado como *Arrabal de Salé*, que encontramos en el *Memorial* del franciscano Julián Pastor[6] o en un documento del

3. https://www.geographicus.com/P/AntiqueMap/ancientafricalibya1-sduk-1844
4. تاريخ ابن خلدون. الجزء السادس: http://islamport.com/w/tkh/Web/912/2919.htm
5. https://www.davidrumsey.com/luna/servlet/detail/RUMSEY~8~1~2919~300055:In-Notitiam-Eclesiasticam-Africae-
6. Archivo General de Simancas. Legajo E2677. Cfr. Bouzineb. H. *Alcazaba del Buregreg*, Rabat. 2006. Doc. n.º 50.

Archivo General de Simancas, legajo E 2684, fechado en mayo de 1666. También lo hallamos en el texto francés de *Relation de la captivité du Sr Moüette...*[7], de la misma época, bajo la forma de *Raval de Salé*. Aquí vemos que el parecido fonético entre los dos vocablos lleva a algunos españoles a asimilar *Rabat* < *arribāṭ* 'lugar de acantonamiento de fuerzas militares' y *arrabal* < ár. rabaḍ 'alrededores de un pueblo'.

En este contexto de los topónimos y la traducción, podemos mencionar el nombre español de la ciudad de *Casablanca* que durante mucho tiempo se dijo, sin razón documentada, que este nombre había sido traducido del portugués *Casa Branca*, hasta que el historiador Ramón Lourido Díaz zanjó definitivamente la cuestión con su estudio «Documentos inéditos sobre el nacimiento de *Dâr Al Baidá* (Casablanca) en el siglo XVIII», en el que demostró que el nombre español fue tomado directamente del nombre árabe antiguo *Dar Baida*[8].

Por otra parte, tenemos también topónimos que no parecen haber transitado por una operación traslativa, sino concebidos directamente en lengua española como *Wād Negro* (así mencionado en alguna versión del geógrafo andalusí Abū ʿUbayd al Bekri[9]); *Río Martín*, que dará la nueva forma de *Martil*; *Monte Negrón*; *Cabo Negro*; etc. Este último se mantiene hasta el día de hoy e incluso se ha traducido al árabe: الرأس الأسود. *Cabo Porquillo*, antiguo *Foebi Extrema* y actual *Cabo Negro*, procede de una antigua denominación latina de *Caput Porcus* (*C. Porcus*) que encontramos en mapas antiguos como el del holandés Hendrik Lynslager[10] de finales del siglo XVII (1697), por la abundancia de jabalíes que lo habitan [*vid.* mapa 4].

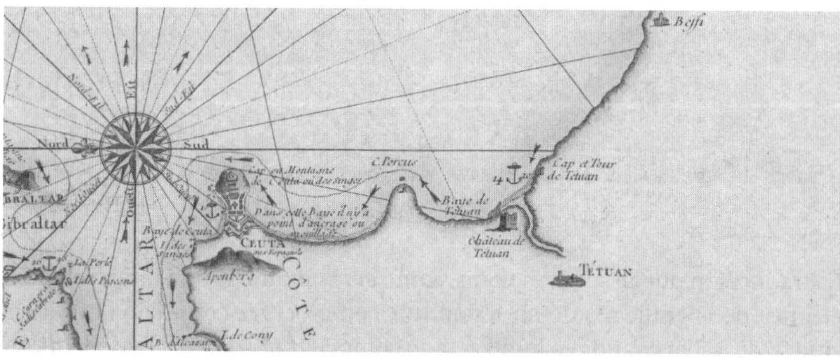

Mapa 4. *Carte de la mer du Détroit de Gibraltar*, de Hendrik Lynslager

7. *Relation de la captivité du Sr Moüette*. Paris, Chez Jean Cochart. 1683. Pp. 12, 19.

8. Lourido Díaz, Ramón. «Documentos inéditos sobre el nacimiento de *Dâr Al-Baydá* (Casablanca) en el siglo XVIII», *Hespéris-Tamuda*, Rabat. 1974. T. XV. Pp. 119-146.

9. *Description de l'Afrique septentrionale. Texte arabe revu par le bon. de Slane*. P. 106.

10. https://www.alamyimages.fr/carte-de-la-mer-du-detroit-de-gibraltar-hendrik-lynslager-gravure-ancienne-image417567423.html

TOPÓNIMOS COINCIDENTES EN LOS DOS TERRITORIOS VECINOS DE ESPAÑA Y MARRUECOS

Puede que nos sorprenda, a veces, la existencia de algún topónimo que se mantiene vivo en España, pero ya desaparecido en Marruecos. *Almuñécar,* que antiguamente designó el actual pueblo de M´Diq o Rincón del Medik, tuvo un uso verificado en Marruecos durante más de tres siglos y medio, aunque con el paso del tiempo quedó disimulado, pero, afortunadamente, revelado por las imborrables fuentes históricas como la *Cronica do Senhor Rey Don Duarte*[11] o por algún mapa español como el de *la Rada de Tetuán* del año 1790[12], conservado en la colección Gallica de la Bibliothèque Nationale de France.

Entre los topónimos existentes en los dos países, que se pueden distinguir por el mantenimiento de rasgos comunes, tenemos por ejemplo *Cádiz / Gadir, Agadir; Teruel / Tarwal; Zamora / Azammur; Titagüis / Tetuán,* rifeño *Thiṭawen, Tiṭṭawen,* actualmente; *Azaila / Azaila, Aṣīla* como forma actual, *Arcila* forma española; *Alarba / Larba*^{c} 'miércoles', día del mercado semanal en numerosos puntos del país; *Zuera / Aṣṣwira, Ṣwira; Mequinenza / Maknāsa, Maknās, Mequínez* en español; *Fabara / Hawwāra; Lebrija / Labriǰa...*

No solo tenemos topónimos coincidentes entre España y Marruecos, sino también apellidos como *Fanǰero < alfanjero, Tuirto < tuerto, Ṣorḍo < sordo, Zawǰal < sauzal, Karrakcho* < Carrasco, *Tamorro < Chamorro, Loqaš < Lucas, Sabbaṭa < Zapata, Faršado < Fajardo, Šcalant < Escalante,* y otros tantos como *Abril, Becerra, Carmona, Denia, Federico, Galán, Hornachos, Jerezano, Luque, Maldonado, Orgaz, Padilla, Ríos, Segura, Valenzuela, Torres, Medina, Lebbadi, Salas, Aragón, Delero, Cegrí, Ercaina, Baeza, Requena,* etc.

RESTOS LÉXICOS ANTIGUOS DE PROCEDENCIA ESPAÑOLA

En la misma línea de lo que estamos exponiendo, la actual vida social marroquí rebosa de elementos lingüísticos de procedencia española, sin que se tenga siempre conciencia del origen de tales elementos que, en diferentes circunstancias, le llegaron de los vecinos inmediatos del norte. En este sentido, las monedas de *real, sueldo, duro* siguen vivas en Marruecos a través de *ryal, soldi* y *doro*; esta última que deriva de *duro* 'moneda de 5 pesetas' sigue

11. *De Livros Ineditos de Historia Portugueza, dos reinados de D. Joaó I, D. Duarte, D. Affonso V, e D. Joaô II... publicados de orden da Academia Real das Sciencias de Lisboa.* Por José Corrêa da Serra. Lisboa. 1790. Tomo I. Cap. XX. P. 142.

12. BNF, Gallica, Portefeuille 108, div. 3, felle. 28.

utilizándose hasta el día de hoy en el Rif y zona oriental de Uxda, además de pervivir en el apellido marroquí de *Bendoro*, o en el dicho popular que dice «doro ^{c}lih kandoro» 'duro, al que andamos buscando'; *sueldo*, sobre todo en el Rif, dejó el plural *^{a}ṣṣwal^{a}d* con el significado de 'dinero', donde coexiste con *tm^{a}niath* y *thin^{c}ašin*, la primera con origen en el árabe *ẕamāniya* y la segunda en el también árabe *iẕnā ^{c}ašar*, por supuesto, con adaptación morfológica al bereber, con el mismo significado de 'dinero', que, a su vez, con probable procedencia de las expresiones españolas «de a ocho» y «de a doce», respectivamente (real de a ocho, moneda de a doce; de doce, etc.).

Actualmente, no se extrañen si oyen a un marroquí de Rabat o Casablanca llamando a un muchacho *¡aji al mucho!* '¡ven muchacho!', cruzando o confundiendo los vocablos *mucho* y *muchacho*. Tampoco les tiene que extrañar si en una panadería oyen a alguien decir *bġit komira* 'quiero una barra de pan', donde el verbo *comer* se sustantiva en *komira* 'barra de pan francesa (baguette)'.

Por otra parte, determinadas pronunciaciones como la *f* < *p* en vocablos árabes y bereberes de origen español, como el berb. rifeño *fomada* < *pomada, rfiras* o el berb. *faris, tafirest*, pl. *tifiras, tifirasin* en otros bereberes que significan 'peras'; *flayu* < *poleo*, nos pueden interpelar acerca de su antigüedad, sobre todo cuando constatamos casos de conservación de la *p* en vocablos como *spitar* 'hospital'; *spania* 'España', *polisía, pareja*, etc., en el norte de Marruecos, frente a *sbitar, sbania, bulis*, etc., en otras regiones del país, con *p* sonorizada en *b*. Señalemos también que la conservación de la pronunciación de la *p* en apellidos moriscos de Rabat, como *Palamino* < *Palomino, Piro* < *Peiró, Palafrej* < *palafrén*, etc., es una herencia de la pronunciación traída de España y conservada hasta el día de hoy.

EL DESPLAZAMIENTO DE COMUNIDADES ESPAÑOLAS A MARRUECOS

Ya desde la Edad Media se trasladaron a Marruecos grupos humanos de musulmanes y judíos, con sus distintas hablas. Sin mencionar los territorios marroquíes contiguos a la península ibérica, como Tetuán, por ejemplo, que siempre mantuvieron una relación fluida de vecindad con España, vemos que incluso otros puntos como Rabat o Marraquech, algo más distantes de la península ibérica, acogieron a comunidades españolas que marcaron su habla con elementos lingüísticos españoles. En este contexto, queremos recordar el reclamo lanzado por el sultán meriní Al Rashid en 1240 a favor de los habitantes de Sharq Al Andalus ofreciendo el traslado a Rabat, deseando

> [su] avecindamiento y procurarles lugar de establecimiento y morada que acabara con su errancia. Entonces [el Soberano] les permitió trasladarse a Ribat Al-

> fath [actual Rabat], [...] acompañados de todos sus allegados, para habitar sus viviendas y tierras en lugar de las suyas [...][13].

Por otra parte, nuestras investigaciones solo nos han permitido dar con escasa documentación de la época del establecimiento de los moriscos en el estuario del Buregreg como el *Dictionaire*[14] (sic) de Moüette publicado en 1683 que recoge unos cuantos hispanismos traídos por las personas en cuestión. Al no disponer de suficientes registros documentados en la época que aquí nos interesa, nos hemos acercado al caso del habla de Rabat y Salé, resultante del establecimiento de los moriscos que llegaron a estos lugares en 1610, a través de estudios llevados a cabo a partir de las primeras décadas del siglo XX, como puede ser la obra de Louis Brunot, publicada en 1921, o la de Christiane Brunot-David en 1943. Pero, aun así, tenemos referencias acerca del establecimiento de moriscos en el lugar como el *Memorial* del franciscano Julián Pastor, que data de 1661, y que evoca la historia de los últimos moriscos instalados en la desembocadura del río Buregreg, cuando dice:

> En tiempo del [...] Morabito Layax, muchos Moriscos de los que salieron de España, Andaluzes y Hornacheros [...] labraron muchas casas en el Arrabal que hoy llaman de Zalé, y los Hornacheros labraron la Alcazava, o Castillo, con que parece quedavan dueños del Puerto y del Arrabal. Los Andaluzes que eran más en número y no ynferiores en brío, con engaño y a trayçión les tomaron a los Hornacheros la Alcazaba o Castillo, con que los Andaluzes quedaron dueños de todo el Puerto. Estos dieron en tratar de corso por el mar, corriendo nuestras costas hasta el canal de Inglaterra, y otras partes con que vino aquel lugar en mucho aumento[15].

RABAT Y SALÉ PERPETÚAN LA LENGUA ESPAÑOLA TRAÍDA POR LOS MORISCOS

Así pues, en medio de la agitada historia vivida por este lugar, se ha perpetuado todo un legado lingüístico español que marcó el habla de las ciudades de Rabat y Salé.

En el *Dictionaire* de Moüette tenemos palabras como: *ambachador* 'embajador', *agosto, abril, brocato, camiza* 'camisa', *felouca, ronda, conson* 'cónsul', *december* 'diciembre', *hebrero* 'febrero', *bestión* 'bastión', *berima* 'barrena', *junio, julio, marso* 'marzo', *mayo*, etc.

---

13. Bouzineb. H. *Alcazaba del Buregreg*, Rabat. 2006. Doc. n.º 1.

14. *Relation de la captivité du Sr Moüette dans les Royaumes de Fez et de Maroc*. Paris. Chez Jean Cochard. MDCLXXXIII.

15. Bouzineb. H. *Alcazaba del Buregreg*. Rabat. 2006. Doc. n.º 50.

Louis Brunot[16] recogió variadas palabras y expresiones de la vida marinera, que, en muchos casos, se conservan hasta el día de hoy como:

- **Nombres de embarcaciones y partes de las mismas:** *f*^{a}*rgata* 'fragata'; *b*^{a}*rcasa* y también *čata* 'barcaza'; *batel*; *proa*; *popa*; *galiota* 'galeota'; *budiga* 'bodega'; *cabilia* 'cabilla'; *coberta* 'cubierta'; *bataria* 'batería'; *lqamra* 'cámara'; ^{a}*ḍḍman* 'timón'; *šcarmo* 'escalmo', pl. ^{a}*ššcarmoiat*; *sk*^{e}*llera* 'escalera'...
- **Estado del mar:** *benṭbol* 'vendaval'; *bolanṣa* 'bonanza', término utilizado también en el norte de Marruecos; *calma* 'mar en calma'; *b*^{a}*rraška* 'borrasca'; *mareṭa* 'ola corta'; ^{a}*nnorṭeia* 'viento del norte'.
- **Nombres de peces:** *boqa, bulqa* 'pez boga'; *b*^{e}*llina* 'ballena'; *danfil* 'delfín'; *qamrun, qarmud* 'camarón'. En *qarmud* tenemos una confusión con la misma palabra que significa 'teja'; *šibia* 'sepia'; *cabala, cabaila* 'caballa'; *baqlao* 'bacalao'; *bonito*; *bonit* 'bonito'; *šappo* o *sappo* 'sapo'; *luizi* 'pez, de Luís'; *šabal* 'sábalo'; *šqarqor* 'escorpena'.
- **Artes e instrumentos de pesca:** *ġanǰo* 'gancho'; verbo: *ġanǰar* 'enganchar'; *tris, treš* 'abreviación de *trasmallo*', también utilizado en el norte del país; *attanbil* 'chambel'; *bešquira* 'pesquera, modalidad de pesca consistente en aprovechar la retirada del agua del mar con la marea baja para recoger los peces que quedan atrapados dentro de una valla previamente establecida cuando la marea era alta'...
- **Comidas asociadas con el mar:** *čarmila, šarmola* < 'salmuera'; *bof*^{a}*rtuna* < 'buena fortuna' (una especie de sopa típica de Rabat)...
- **Expresiones de la actividad marinera:** *larga* ^{c}*al-b*^{a}*rr* 'largar hacia la costa'; *carga* ^{c}*al l*^{a}*giul* 'carga sobre... elevar los remos'; *abanṭe* '¡avante; adelante!'; *hiṣa lqla*^{c} 'izar la vela'...

Otro repertorio que ha conservado interesantes vocablos españoles en Rabat es el del arte del bordado, estudiado por Christiane Brunot-David[17] en 1943. Entre los vocablos que recoge, tenemos: *bərḍāḍa, rqēm bərḍāḍa,* dim. *breḍēḍa* < 'bordado'; *bərnāṭa* < 'bruneta'; *faiza*, pl. *faizat*, probablemente relacionado con el esp. *faja* 'cinta de tela que forma un cinturón y se usa para envolver a los bebés'; *grāna* 'rana'; *kərṣāḍo* 'especie de calicó, cruzado'; *lirōn*; *qaššaba* 'casaca'; *qeqlani, qeqlan* 'color amarillo mimosa < acacia farnesiana, probablemente relacionado con *ciclamen*; *qərbāṭa* 'corbata'; *qšiniya, qšini* (color) 'cochinilla'; *lenqaš* 'encaje'; *šerbil* 'servilla'; *ranḍa* 'randa'...

---

16. Brunot, Louis. *La Mer dans les traditions et les industries indigènes à Rabat et Salé*. Paris. E. Leroux. 1921.

17. Brunot-David, Christiane. *Les broderies de Rabat*. Rabat, Ecole du Livre. 1943. 2 volumes.

TESTIMONIOS DE LA LENGUA ESPAÑOLA EN TIEMPOS DE MULEY ISMAEL (SIGLO XVII) Y SIDI MOHAMMED BEN ABDALLAH (SIGLO XVIII)

En los siglos XVII y XVIII, en tiempos de los sultanes Muley Ismael y Sidi Mohammed ben Abdallah, se realizaron tres viajes de ministros marroquíes[18] a España con la finalidad de negociar el rescate de cautivos musulmanes y cristianos, así como tratar otras cuestiones como la devolución de la biblioteca de Muley Zidán capturada en el mar por los españoles a los marroquíes en 1612 y luego depositada en el monasterio de San Lorenzo de El Escorial. De tales viajes resultaron interesantes memorias de los enviados marroquíes que consignaron una serie de vocablos españoles que se podrían clasificar en dos categorías: una de uso corriente en la sociedad marroquí, y otra de probable captación con ocasión de dichos viajes. Los vocablos de la primera categoría se hallan completamente integrados en el uso social del pueblo y sometidos a las leyes del habla marroquí de la zona donde se utilizan como Rabat o Tetuán. Estos registros nos pueden sorprender, a veces, con la antigüedad de determinados usos que fácilmente se podrían creer como pertenecientes a épocas tardías como la del protectorado, por ejemplo, tal es el caso de *magana* 'reloj' < máquina, que encontramos en [Al Gassānī] (1690-91) bajo la forma del plural sano تاناكملا *al-maganat* (p. 124), que también tenemos en [Natijat] (1766-67), (p. 46), registrada en su actual forma de plural fracto نكاوم *mwagan*; نايسفلا *fisiān*: 'oficial militar' [Natijat]. Determinados vocablos de uso muy común como *fsian, blasa, qonso* (pl. *qonsowat* [Natijat]), etc., que actualmente se dan también en la antigua zona del protectorado francés en Marruecos, se pueden fácilmente atribuir a una influencia de la lengua francesa; sin embargo, testimonios como los que aquí estamos manejando, pertenecientes a una época en la que esta lengua no tenía todavía la actual influencia, pueden con toda razón zanjar esta eventual confusión.

La segunda categoría se compone de vocablos recogidos en las mencionadas memorias de viajes, y que, por lo común, no siempre tienen vigencia en la sociedad, pero no dejan de someterse a la fonética, conjugación y demás leyes propias de la lengua árabe marroquí, como por ejemplo el hecho de someter la palabra *fraile* al plural marroquí *frailiya*, o *sombrero* a la pronunciación marroquí *šamrir* con plural de la lengua culta *šamārīr*, pero tam-

18. Se trata de las siguientes tres obras:

رحلة الوزير في افتكاك الأسير1690-1691. أبو ضبي. دار السويدي [Al Gassānī] .محمد الغساني الأندلسي للنشر والتوزيع. 2002.

نتيجة الاجتهاد في المهادنة والجهاد. تحقيق الفريد البستاني. العرائش. [Natijat] .أحمد بن المهدي الغزال مؤسسة الجنرال فرانكو. 1941.

الإكسير في فكاك الأسير. تحقيق محمد الفاسي. الرباط. المركز الجامعي [Al Iksir] .محمد بن عثمان المكناسي للبحث العلمي. 1965.

bién *šamriro* [Natijat], o *coche*, pronunciado *kuči*, con pl. ár. cult. en *akdāš*; *šalyāt* 'sillas' [Natijat]; *al kondi*, pl. ár. culto *al kundiyūn* 'condes' [Al Iksir]; *ḍāma* pl. *ḍāmāt* 'dama, damas' [Al Iksir]; *al markīz*, pl. ár. cult. *al markīziyūn* 'marqueses'.

Quisiera señalar que algunos vocablos como *aššalya* 'silla', *al wardia* 'guardia', *ġallira* 'galera', *al qamra* 'cámara', *berkado* 'brocado', etc., recogidos también por los Brunot, perviven en Rabat hasta el día de hoy.

El judeoespañol en general y en Israel en particular y la Academia del Judeoespañol

ORA RODRIGUE SCHWARZWALD
Academia Nacional del Judeoespañol en Israel

INTRODUCCIÓN

Dividiré mi presentación en dos partes. En la primera hablaré del judeoespañol en general y de su situación actual en Israel y en el mundo[1], y en la segunda hablaré de la Academia del Judeoespañol o, como decimos en judeoespañol, *la Akademia Nasionala del Ladino*.

EL JUDEOESPAÑOL

Los judíos han vivido en la península ibérica desde la Edad Media, adoptando las lenguas y dialectos locales según su lugar de residencia en Aragón, Castilla, Andalucía, Cataluña, etc. Se llamaban sefardíes porque en hebreo *Sefarad* es el nombre que designa a la península ibérica. Ellos llevaban una vida independiente en comunidades cerradas en las que desarrollaron una amplia vida comunitaria de conformidad con las leyes judías, junto a la sinagoga a la que llamaban *kal*, e instituciones educativas comunitarias.

Residiendo aún en la península ibérica, publicaron textos españoles con caracteres hebreos, instrucciones para la celebración de *Pésaj*, la Pascua judía, contratos y reglamentos, según se describe en Minervini (1992). Incorporaron a su lengua numerosas palabras procedentes del hebreo y del árabe, igual que se incorporaron palabras de origen árabe en la lengua española. Así, por ejemplo, la palabra *malsín* ('chivato') del hebreo *malšin* está documentada en la Edad Media en el contexto de la Inquisición, *aljad* ('domingo') del árabe (**'al ḥad* 'el uno, primero'), y la palabra *desmazalado* ('pobre, miserable') de la palabra hebrea *mazal* ('suerte') se encuentra hasta la actualidad en los diccionarios como palabra de origen hebreo, que incluso Cervantes utilizó en el *Quijote*.

Cuando los judíos fueron expulsados por los Reyes Católicos en 1492, se llevaron consigo su lengua hablada y continuaron hablándola en aquellos lugares a los que llegaron. Fueron recibidos con los brazos abiertos en el Imperio otomano, estableciéndose principalmente en Turquía y en los Balcanes, pero muchos de ellos llegaron también a Italia, a la región de los Países Bajos, especialmente Holanda, y a otros lugares de Europa y de Oriente Próximo, entre los que se encuentran Israel y Egipto. Una parte de ellos llegó también al norte de África. Después de la expulsión, hubo también oleadas de emigración desde Portugal de aquellos judíos que se vieron obligados a convertirse al cristianismo, que volvieron al judaísmo, y que se asentaron principalmente en Holanda, Italia y el Nuevo Mundo, aunque muchos de ellos llegaron también al Mediterráneo oriental.

1. Véase descripción panorámica en Bunis (2018) y Schwarzwald (2018).

Testimonios del siglo XVI, el siglo posterior a la expulsión de la península ibérica, demuestran la publicación de numerosos textos escritos con caracteres hebreos que incluyen traducciones de la Biblia, por ejemplo el *Jumash* ('Pentateuco') de Constantinopla de 1547[2]; textos rabínicos variados como *Meza de el alma*, traducción del libro halájico *Shulján Aruj* del rabino Yosef Caro; *Los deberes de los corazones*, traducción del libro *Jovat Halevavot* de Bahya Ibn Paquda escrito en judeoárabe; un *sidur* ('libro de oraciones') para mujeres; *Pirke Avot* ('Ética de los padres'); los libros de Moshe Almosnino; traducciones de otros textos, etc. La lengua de aquellos años reflejaba los dialectos de la península ibérica, estableciéndose unas normas de escritura que seguían los hábitos lingüísticos de esta. Mas tarde la lengua se unió en unos dialectos distintos (Quintana Rodríguez, 2006). Los centros más importantes se encontraban en Salónica y Estambul (Constantinopla), pero había también otros centros como Belgrado, Venecia, etc.

La escritura con caracteres latinos, tanto en la península ibérica como en los siglos posteriores a la expulsión, fue característica de las obras de los *anusim* ('conversos por la fuerza'), por ejemplo, la colección de textos que publicó Lazar en *Sefer Teshuvá* ('Libro del arrepentimiento'), anterior a 1492, o el *Majzor tefilot* ('libro de oraciones para todo el año') de Ferrara de 1552, o la Biblia de Ferrara de 1553, además de otros textos publicados en Italia y Ámsterdam más tarde[3]. Las publicaciones se realizaban principalmente en portugués o español, porque no utilizaban mucho el hebreo o la escritura hebrea.

La lengua continuó desarrollándose en la diáspora sefardí de forma autónoma. Desde el punto de vista fonológico, conservó la pronunciación del español/castellano medieval, por eso se dice hasta hoy en judeoespañol [ížo] y no *hijo*, [díšo] y no *dijo*, [džústo] y no *justo*, [mužér] y no *mujer*. Algunas de las formas vulgares del español de entonces se conservaron, pero siguió evolucionando, por ejemplo, [múncho] y no *mucho*, [*agóra*] y no *ahora*, [ogáɲo] 'en este año', [alkúnya] y no *alcurnia*, [izítes] y no *hiciste* (en la segunda persona del pretérito perfecto), [avlímos, kantímos] en pasado y no *hablamos, cantamos,* en todos los tipos de verbos, como *conocimos* o *partimos*. La segunda persona plural de los verbos termina en *š*, por ejemplo, [komeráš] por *comeréis*, [víteš] por *visteis*, [azéš] por *hacéis*. Las palabras *agua* y *mar* son femeninas, entre otras. El hebreo siguió influyendo en el judeoespañol, dado que era la lengua de estudio y oración de los judíos, y por lo tanto se crearon palabras como *ganavear* ('robar') de la palabra [ganáv] ('ladrón'), o *garonudo* refiriéndose a aquel al que le gusta mucho comer, de la palabra [garón] ('gar-

2. Véase Bunis (2018), Lazar (2000), Schwarzwald (2012, 2017, 2018), Zemke (2004), y las referencias bibliográficas en Cohen (2021).

3. Por ejemplo, Lazar (1992, 1993a, 2003b).

ganta, cuello'); *sejurear* ('estar triste'), de [bemará šeḥorá] ('verlo todo negro'), de [šeḥorá] ('negro') en hebreo; *balabay* que es el [bá'al habáyit] ('amo de la casa, el hombre dominante en el hogar'); *sedakero* ('donante' o 'mendigo') en diversas comunidades, de la palabra hebrea [ṣedaqá] ('caridad'), entre otros.

Con el paso del tiempo se sumaron influencias de las lenguas circundantes: el turco, el griego, el italiano, etc. Por ejemplo, *buklúk* ('basura'), *zarzavá* ('verduras') del turco; *pirón* ('tenedor'), *nekotšerá* ('ama de casa con talento') del griego: *adío*, del italiano; *elévo* ('estudiante') del francés, y así sucesivamente. Y se dieron influencias recíprocas de las lenguas, por ejemplo, *jaraganút* ('perezosamente'), de la palabra española *haragán* ('perezoso') con el sufijo hebreo *-ut*; *guzmadží* ('exagerador') del hebreo *guzmá* ('exageración') con el sufijo *-dži* del turco; *enjaminarse* ('quemarse') de la palabra hebrea *ḥamín* ('caliente, adafina') con prefijos y sufijos españoles, etc.

Hasta mediados del siglo XX, toda la literatura judeoespañola en tierras de Turquía, los Balcanes e Israel se escribió con caracteres hebreos. La literatura judeoespañola incluía todos los géneros habidos y por haber: narrativa (novelas), lírica (cantigas y romances), periodismo, libros de estudio, libros de historia, de ciencias, etc., traducciones de novelas de literatura mundial, traducciones litúrgicas, etc.

Debido a la evolución política, demográfica y social, entre otras, a finales del siglo XIX, la sociedad sefardí tradicional empezó a cambiar. En los Balcanes, surgieron nuevas naciones independientes: los griegos, los búlgaros, los yugoslavos, etc. Estas nuevas naciones independientes eligieron las lenguas locales como lenguas oficiales, y en parte de ellas se obligó a los judíos a utilizar la lengua local. El movimiento de la Ilustración que inundó Europa hizo que los sefardíes se abrieran a la Ilustración y a nuevas lenguas como el francés, el alemán y el italiano. También dio lugar a un cierto laicismo. Los jóvenes judíos empezaron a estudiar en universidades fuera de los Balcanes dejando atrás a sus familias. Los jóvenes que emigraron a otros países adquirieron la lengua local, se casaron en muchos casos con jóvenes de otros orígenes, y la lengua utilizada en el hogar ya no era su lengua materna. El movimiento sionista que se desarrolló alentaba a los judíos a emigrar a Israel, y en Israel la tendencia era imponer el hebreo en todos los ámbitos. Las tendencias nacionalistas de cada uno de los países a adoptar la lengua local conllevaron la adopción de estas lenguas, incluido el hebreo. La *Shoá* ('holocausto'), que causó la desaparición de comunidades enteras de Grecia y Macedonia, hizo que no quedaran muchos hablantes de la lengua. Así, se redujo el número de hablantes de ladino[4].

4. Harris (1994) habló sobre la muerte del idioma; Rephael (2020) describió el ladino hoy en día. A pesar de las afirmaciones de Harris, la lengua sigue viva.

La Ilustración en general y la influencia de Kemal Atatürk, responsable de la adopción del alfabeto latino en turco, hizo que a mediados del siglo XX se empezara a abandonar la grafía tradicional en caracteres hebreos a favor de la escritura en caracteres latinos. El editor del periódico *Akí Yerushalayim*, Moshé Shaúl, que comenzó a publicar el periódico en 1979, creó un sistema en caracteres latinos con el fin de transcribir la grafía tradicional en caracteres hebreos. El método es fundamentalmente fonético y ofrece soluciones para palabras hebreas y turcas que pertenecen al judeoespañol. Cierto es que también se propusieron otros métodos de transliteración; uno de los más complejos y complicados, que no se adecua mucho a las palabras adoptadas de otras lenguas, fue propuesto por el español Jacob Hassán (1978), y es el que se utiliza en las publicaciones de la revista *Sefarad*. Pero hoy en día, la mayor parte de las publicaciones utiliza el método de *Akí Yerushalayim*[5].

Hoy por hoy hay numerosos hablantes de judeoespañol en todo el mundo. Se comunican a través de la red *ladinokomunita* creada por Rachel Bortnik[6]. Desde hace tres años se reúnen en internet (por Zoom) todos los domingos en los llamados *Enkontros de alhad* ('encuentros dominicales'), siendo *aljad* ('domingo') en judeoespañol[7]. Siempre hay un *balabay* ('entrevistador'), y hay un *musafir* ('invitado'), palabra de origen turco. Estos encuentros fueron iniciados por Liliana Benveniste de Argentina y, además de *ladinokomunita,* se han asociado a la misma la *Autoridad Nasionala del Ladino*[8], el Instituto Salti de Estudio del Ladino[9] y *Voces de Sefarad*[10], entre otros. Todas las conversaciones se llevan a cabo en ladino y cuentan con cientos de participantes. Las conversaciones son grabadas y están disponibles en internet.

El judeoespañol se enseña en las universidades tanto en Israel como en el extranjero, hay encuentros en casas particulares de sefardíes una vez al mes en las que se habla en judeoespañol o sobre el judeoespañol. Hay numerosos espectáculos con canciones, historias y obras de teatro que atraen a una gran audiencia tanto en Israel como en el extranjero, principalmente en Turquía. Por ejemplo, Kobi Zarko, cantante, guía de turismo y narrador de historias, en *moabet* 'conversación informal o tertulia', palabra turca, combina canciones e historias en sus actuaciones y en las excursiones que organiza. Asimismo, se publican constantemente anuncios de actuaciones, veladas de poesía, cuentos populares, que atraen a un numeroso público. Existe una activa

---

5. https://dialnet.unirioja.es/servlet/revista?codigo=13197
6. https://ladinokomunita.groups.io/g/main
7. Centro Cultural Sefarad via mail91.outbound.eversrv-ar.com, sefarad.com/ enkontros
8. https://autoridadnasionala.wixsite.com/autoridadnasionala
9. http://www.ladinobiu.co.il/English.html
10. https://www.youtube.com/watch?v=FyGqr7WupKI

creación literaria en judeoespañol. Recientemente se han publicado dos CD de canciones infantiles en ladino. La *Autoridad Nasionala del Ladino* y el *Instituto Salti del Estudio del Ladino* organizan actividades y son responsables de numerosas publicaciones y acciones. Yo misma he publicado en el marco de la *Autoridad* una nueva edición de *Pirkei Avot* y próximamente se publicará una *Hagadá de Pésaj* con una nueva traducción al ladino[11]. En la radio pública israelí, se transmite un programa de media hora todos los viernes, dedicado al judeoespañol.

El judeoespañol se investiga intensamente y se escriben doctorados sobre variadas cuestiones relativas al mismo. En Israel hay dos revistas dedicadas a esta lengua: *Ladinar*, en la Universidad de Bar-Ilán, cuya editora es una servidora, y *El presente*, en la Universidad de Ben Gurión[12]. Hay otras revistas en el extranjero como *Meldar, Sefarad, Estudios Sefardíes, Cadernos de Estudos Sefarditas*, dedicadas a la investigación del judeoespañol.

Todas estas variadas actividades, de las que solo he mencionado algunas aquí, son testimonio de la vitalidad de la lengua. Esta es la razón por la que se ha creado la Academia del Judeoespañol de Israel.

LA ACADEMIA NACIONAL DEL JUDEOESPAÑOL DE ISRAEL

האקדמיה הלאומית הישראלית ללאדינו
La Akademia Nasionala del Ladino de Israel

El 18 y 19 de febrero de 2018 se celebró en la Real Academia de la Lengua Española en Madrid un congreso sobre el judeoespañol. En esta convención académica del judeoespañol participaron ocho académicos correspondientes extranjeros de Israel (el noveno invitado no acudió) y tres representantes de Europa que son también académicos correspondientes extranjeros, además de tres representantes de la *Autoridad Nasionala del Ladino*. El profesor Darío Villanueva, entonces director de la Real Academia de la Lengua Española, fue el coordinador de esta sesión. En esta convención se decidió la creación de una *Akademia Nasionala del Ladino (Judeoespañol)* en Is-

11. https://autoridadnasionala.wixsite.com/autoridadnasionala
12. http://www.ladinobiu.co.il/%D7%9C%D7%90%D7%93%D7%99%D7%A0%D7%90%D7%A8.html; https://www.facebook.com/groups/ElPrezente

rael[13]. Unos meses más tarde, recibimos la aprobación de la entonces ministra de Cultura, doña Miri Reguev. En su decisión, la ministra de Cultura estipuló que la academia sería una entidad independiente que funcionaría en el marco de la *Autoridad Nasionala del Ladino*. Este es un gran logro, porque en Israel solo había hasta entonces dos academias: la Academia de la Lengua Hebrea, de la que soy miembro, y la Academia de la Lengua Árabe, la segunda lengua más hablada en Israel.

Tras la aprobación, se creó un equipo que redactó los estatutos y seleccionó a los 22 miembros, el mismo número de letras del alfabeto hebreo. La primera sesión de los miembros de la *Akademia* se celebró el 9 de enero de 2020, justo antes de que se declarara la pandemia del coronavirus. En esa primera sesión se aprobaron los estatutos, se eligió a la presidenta, una servidora, y al secretario académico, el Prof. Shmuel Refael, así como a los miembros de la Junta Directiva. Los estatutos fueron enviados al presidente de la RAE para su aprobación.

A pesar de la pandemia que paralizó al país durante largos meses, conseguimos elegir un logotipo para la *Akademia*, creamos un sitio web de la *Akademia* con los datos de los miembros, los estatutos y diversas actividades. Hemos creado también una página en Facebook de la *Akademia* en la que publicamos regularmente contenidos variados[14]. También fueron elegidas las distintas comisiones. La primera fue la Comisión de Ortografía. Teniendo en cuenta que la grafía en letras latinas ampliamente aceptada era la de *Akí Yerushalayim*, la Comisión de Ortografía redactó las normas para una ortografía uniforme en caracteres hebreos, dado que existía una falta de coherencia y se sigue escribiendo el judeoespañol en caracteres hebreos (por ejemplo, en la correspondencia entre algunos miembros de la *Akademia*), en citas bibliográficas, etc. Tras redactar las normas, publicamos un Cuaderno de Ortografía, *Las Ortografias del Ladino*, en el que aparecen diversos artículos sobre la evolución de la grafía en caracteres latinos de David Bunis, sobre la grafía en *haquetía* de Yaakov Bentolila y sobre la grafía en caracteres hebreos de la que soy autora (Schwarzwald, 2021). Este cuaderno también se encuentra en el sitio web.

El 9 de diciembre de 2020 se celebró por Zoom *La inogurasion de la Akademia Nasionala del Ladino en Israel*, en la que intervinieron: la presidenta de la *Autoridad Nasionala para la Cultura del Ladino*, doña Tamar Alexander; el embajador de España en Israel, don Manuel Gómez-Acebo; el

---

13. https://autoridadnasionala.wixsite.com/autoridadnasionala/copia-de-%D7%94%D7%90%D7%A7%D7%93%D7%9E%D7%99%D7%94-%D7%94%D7%99%D7%A9%D7%A8%D7%90%D7%9C%D7%99%D7%AA-%D7%9C%D7%9C%D7%90%D7%93%D7%99%D7%A0%D7%95

14. https://www.facebook.com/profile.php?id=100079224049720

presidente del Estado de Israel, don Reuvén Rubi Rivlin; la ministra de Asuntos Exteriores de España, doña Arancha González Laya; el director del Instituto Cervantes, don Luis García Montero; el director de la Real Academia Española, don Santiago Muñoz Machado; el ministro de Cultura y Deportes, don Hili Tropper; y servidora. Los discursos se han incluido en una publicación sobre el evento que también se encuentra en el sitio web.

Los miembros de la *Akademia del Ladino* recibieron certificados de la *Akademia* que los acreditan como tales y, tras ser aceptados como miembros de esta, recibieron también certificados honoríficos como correspondientes académicos extranjeros de la Real Academia Española en una ceremonia que se celebró en el Instituto Cervantes en presencia de la embajadora de España, doña Ana Sálomon, el 28 de octubre de 2021.

Se ha creado una Comisión de Publicaciones compuesta por cinco miembros. Hasta el momento, la comisión solo ha expresado su apoyo a libros que tratan sobre el judeoespañol y su cultura, pero próximamente verá la luz una *Hagadá de Pésaj* con el apoyo de la *Akademia*. La Comisión de Terminología avanza en estos momentos con la terminología culinaria bajo la dirección del Prof. David Bunis, y el diccionario se publicará en formato impreso y en formato digital. También se están preparando unos diccionarios de otros términos.

Las sesiones de la *Akademia* se celebran cada seis meses. El 19 de septiembre de 2022 la *Akademia* celebró un evento festivo con ocasión del lanzamiento del libro de Ricardo Muñoz Solla: *Menéndez Pidal, Abraham Yahuda y la política de la Real Academia Española hacia el hispanismo judío y la lengua sefardí* (Salamanca, 2021), y el 13 de febrero de 2023 se celebró la ceremonia de entrega de una distinción especial por parte de la *Akademia* a la investigadora Dra. Pilar Romeu Ferré.

CONCLUSIÓN

La *Akademia Nasionala del Ladino (Judeoespañol)* en Israel continúa desarrollando actividades fundamentales para la continuidad de la lengua y su conservación, de conformidad con los objetivos de sus estatutos. Todas las actividades de la *Akademia* son comunicadas a la presidencia de la RAE y esperamos que en esta ocasión podamos celebrar nuestra inclusión como vigesimocuarta academia de la ASALE.

REFERENCIAS BIBLIOGRÁFICAS

Bunis, D. M., «Judezmo (Ladino/Judeo-Spanish): A Historical and sociological Portrait», in Benjamin Hary and Sarah Bunin Benor (eds.), *Languages in Jewish communities, Past and Present*, Boston & Berlin, De Gruyter, 2018, pp. 185-238.

Cohen, D., *Thesaurus of the Ladino Book 1490-1960: An Annotated Bibliography*, Jerusalem, Ben-Zvi Institute and Misgav Yerushalayim, 2021 [en hebreo].

Harris, T. K., *Death of a Language: The History of Judeo-Spanish*, Newark, University of Delaware Press, 1994.

Hassán, I. M., «Transcripción normalizada de textos judeo-españoles». *Estudios Sefardíes* 1 (1978), pp. 147-150.

Lazar, M., *The Ladino Bible of Ferrara [1553]*, Culver City, Labyrinthos, 1992.

Lazar, M., *Sefer Tešubah: A Ladino Compendium of Jewish Law and Ethics*, Culver City, Labyrinthos, 1993a.

Lazar, M., *The Ladino Maḥzōr of Ferrara [1553]*, Culver City, Labyrinthos, 1993b.

Lazar, M., *The Ladino Scriptures: Constantinople-Salonica [1540-1572]*, I-II, Lancaster, CA., Labyrinthos, 2000.

Minervini, L., *Testi giudeospagnoli medievali (Castiglia e Aragona)*, I-II, Napoli, Liguori Editore, 1992.

Quintana Rodríguez, A., *Geografía lingüística del judeoespañol*, Bern, Peter Lang, 2006.

Refael, Sh., *Ladino aquí y ahora*, Tel Aviv, Tel Aviv University Press, 2020 [en hebreo].

Schwarzwald (Rodrigue), O., *Sidur para mujeres en ladino, Salónica, siglo XVI*, Jerusalem, Ben-Zvi Institute, 2012.

Schwarzwald (Rodrigue), O., «Thessaloniki 1568 and Venice 1713: Language Differences in Two Ladino Books», en Elena Romero, Hilary Pomeroy & Shmuel Refael (eds.), *Actas del XVIII Congreso de Estudios Sefardies*, Madrid, CSIC, 2017, pp. 289-306.

Schwarzwald (Rodrigue), O., «Judeo-Spanish throughout the Sephardic Diaspora», in Benjamin Hary and Sarah Bunin Benor (eds.), *Languages in Jewish communities, Past and Present*, Boston & Berlin, De Gruyter, 2018, pp. 145-184.

Schwarzwald (Rodrigue), O. (red.), *Las Ortografías del Ladino*, Tel Aviv, La Akademia Nasionala del Ladino en Israel i La Autoridad Nasionala de Ladino, 2021.

Zemke, J., *Moshe ben Baruḳ Almosnino's Regimiento de la vida* and *Tratado de los sueños*, Tempe, Arizona, Arizona Center for Medieval and Renaissance Studies, 2004.

Estado actual de la lengua en Puerto Rico

MARÍA INÉS CASTRO FERRER
Academia Puertorriqueña de la Lengua Española

Convivencia del español y el inglés en Puerto Rico. ■ Encuesta sobre el estado de la lengua en Puerto Rico. ■ Conclusiones.

En este trabajo se presentan los resultados de una encuesta que inicia la discusión sobre el estado actual de la lengua en Puerto Rico. Los datos obtenidos de 992 informantes puertorriqueños residentes en la isla servirán para llevar a cabo investigaciones más profundas y rigurosas que atiendan los temas aquí auscultados: la relación entre lengua e identidad; la percepción y las actitudes de los puertorriqueños hacia su vernáculo, así como hacia el inglés y el bilingüismo; la valoración del dominio del español y del inglés en sus diversos componentes, y los patrones de uso de ambas lenguas en el entorno familiar entre los menores de doce años.

CONVIVENCIA DEL ESPAÑOL Y EL INGLÉS EN PUERTO RICO

En Puerto Rico el tema de la convivencia del inglés y del español es objeto de discusión en los más diversos foros. Para algunos de los puertorriqueños criados y formados en la isla, ha formado parte de su cotidianidad, especialmente a partir del siglo XX; para otros, es objeto de debate lejano a su realidad inmediata. En este trabajo se presentan los resultados de una encuesta sobre el estado actual de la lengua en el país, a partir de las respuestas y observaciones de informantes puertorriqueños residentes en la isla.

En nuestro territorio insular, el español nace como lengua imperial, lengua de prestigio y de poder que se acriolla y la hacemos nuestra. Su defensa hizo al pueblo de Puerto Rico merecedor del Premio Príncipe de Asturias de las Letras de 1991, por haber declarado el español único idioma oficial del país. Esta decisión se derogó apenas dos años después cuando se revierte a la cooficialidad del español y el inglés vigente desde 1902 y que prevalece hasta el día de hoy. No por ello se dejó de atesorar y defender nuestra lengua. Por lo pronto, no pretendo caracterizar la convivencia de ambas lenguas más allá de afirmar que la situación del estado de la lengua ha estado fuertemente vinculada a visiones politizadas que han «condicionado las actitudes y las opiniones de los puertorriqueños sobre el idioma»[1].

A partir de la invasión estadounidense en 1898, se intensifica el contacto con el inglés, pero no con ello Puerto Rico deja de ser un país hispanohablante. El bilingüismo no es ni ha sido la norma en Puerto Rico. Tampoco lo fue en época de dominio español, a diferencia de los demás países hispanohablantes de América donde el español siempre ha convivido, con diferentes grados de intensidad, con hablantes nativos de otras lenguas[2]. Histórica-

---

1. Academia Puertorriqueña de la Lengua Española, «Estado actual de la lengua española en Puerto Rico», en Real Academia Española y Asociación de Academias de la Lengua Española. *Crónica de la lengua española 2021*. Madrid, Espasa, S. A., 2021, p. 435.
2. La ubicación de Puerto Rico, la menor de las Antillas Mayores, no ha propiciado la convivencia con otras lenguas por no compartir fronteras geográficas con ninguna otra región. Sin

mente en el territorio insular se ha vinculado el español, la lengua patria, con la puertorriqueñidad.

El español es la lengua materna de la inmensa mayoría de la población de Puerto Rico. Según los estimados del Censo que recoge el del Instituto Cervantes de 2022[3], el español es la lengua nativa del 99 % de la población de Puerto Rico, mientras que el restante se divide entre hablantes de dominio nativo y, en menor proporción, de competencia limitada.

En cuanto al uso de la lengua en la casa, según los datos del Censo de 2020 proyectados al 2021[4], se estima que el 95,5 % de los habitantes de Puerto Rico mayores de cinco años habla español en la casa (3 017 650 de 3 159 743), mientras que el 4,3 % habla solo inglés en la casa y el 0,1 % habla otra lengua en el hogar. El grado de dominio del inglés como lengua segunda o extranjera es muy variable, a pesar de que la enseñanza de ambas lenguas sea obligatoria durante los doce años de escolaridad preuniversitaria.

El español, además de ser la lengua que emplea la inmensa mayoría de los puertorriqueños en la vida diaria, es la lengua principal en el periodismo. Sin embargo, en lo que respecta a las publicaciones en revistas científicas, en Puerto Rico se acepta una mayor convivencia de ambas lenguas. Según el *Anuario de 2022*, Puerto Rico figura en el tercer lugar, junto a España (34 %), entre los países hispanohablantes que aceptan artículos en inglés, después de Colombia (53 %) y México (41 %). Reporta el mismo *Anuario de 2022* que Puerto Rico es el territorio hispanohablante más conectado, con una tasa media de acceso a internet del 95,4 %. El Censo actualizado a 2022 reporta que el 68 % de los hogares tiene acceso a internet y el 75,9 % tiene computadoras en los hogares.

Desde la Academia Puertorriqueña de la Lengua Española (ACAPLE) se ha reiterado la necesidad de actualizar los estudios, particularmente en

---

embargo, la actividad mercantil y comercial y los movimientos migratorios del siglo XIX, atrajeron a nuestro territorio insular la presencia de colonos españoles de origen gallego, cantábrico, vasco-navarro, catalán, valenciano, mallorquín, francés y corso, que se suman a la fuerte inmigración canaria del siglo XVIII, además de hablantes de inglés de origen británico, irlandés, jamaiquino y, por supuesto, norteamericano (M. Álvarez Nazario, *Historia de la lengua española en Puerto Rico,* San Juan, Academia Puertorriqueña de la Lengua Española, 1991, pp. 512-530). El contacto también se vio tímidamente favorecido por el intercambio académico de unos pocos puertorriqueños privilegiados que viajaron a formarse en instituciones académicas europeas y norteamericanas.

3. Instituto Cervantes. *El español en el mundo 2022. Anuario del Instituto Cervantes,* 2022, p. 61.

4. «Resultados del Censo 2020 para Puerto Rico y sus municipios» [en línea], *State Data Center de Puerto Rico,* 2020. [Consulta: 24 de febrero de 2023]. Disponible en https://censo.estadisticas.pr/node/499. También en *Census Reporter.* [en línea] «Place of Birth by Language Spoken at Home and Ability to Speak English in Puerto Rico» reporta los datos tomando en consideración el lugar de nacimiento del habitante de Puerto Rico. [Consulta: 31 de julio de 2023]. Disponible en https://censusreporter.org/tables/B06007PR/

lo que respecta a los usos y actitudes en la convivencia del inglés y el español. Consciente de esta necesidad y motivada por la invitación a participar como ponente en el IX Congreso Internacional de la Lengua Española, decidí formalizar la discusión en colaboración con las doctoras Brenda Corchado Robles y Anna Kaganiec-Kamieńska y la académica Rebecca Arana Cacho.

ENCUESTA SOBRE EL ESTADO ACTUAL DE LA LENGUA EN PUERTO RICO

Datos demográficos

La primera fase de la investigación inició con la elaboración de un cuestionario de 29 preguntas cerradas y una abierta. La encuesta estuvo abierta durante una semana en la página web de la ACAPLE. En esta etapa de la investigación, el objetivo era recoger el sentir y opinión de puertorriqueños residentes en Puerto Rico.

De las 1002 personas que respondieron la encuesta, se eliminaron 10 informantes que reportaron ser puertorriqueños residentes de EE. UU. (Nueva York, Texas, California, Massachusetts, Florida, Alabama y Arizona).

El análisis se realizó sobre las respuestas de los 992 informantes residentes en Puerto Rico en las que estuvieron representados 68 de los 78 municipios de la isla. Hubo 219 respuestas en la opción abierta destinada a comentarios, que arrojaron mucha luz sobre los datos. Se estructuró la investigación en siete grupos etarios a partir de los 18 años (18-25, 26-35, 36-45, 46-56, 56-65, 66-75 y mayor de 75).

El 73,4 % de los que respondieron la encuesta eran mujeres[5]. Todos los que respondieron la encuesta habían completado el grado de escuela superior; mientras que el 77,4 % completaron alguna carrera universitaria, ya bien sea el bachillerato (23,7 %), como se denomina en Puerto Rico a lo que España y en otros países es la licenciatura, o estudios graduados, es decir, maestría o doctorado (53,7 %). Tenemos que reconocer que nuestra muestra tiene un sesgo hacia informantes de mayor nivel de educación, aun cuando los datos del Censo reportan un alto grado de escolaridad para Puerto Rico, ya que el 78,4 % de los mayores de 25 años tiene, al menos, escuela superior y el 28,5 % ha completado un grado universitario.

5. Cabe destacar que el Censo de EE. UU. (actualizado a 2022) reporta que el 52,7 % de la población de Puerto Rico son mujeres.

Identidad cultural puertorriqueña y el español

Las primeras dos preguntas de la encuesta van dirigidas al vínculo entre la cultura puertorriqueña, «ser puertorriqueño», y el español. Fue la única pregunta no obligatoria respondida por la totalidad de los informantes. Una mayoría contundente, 96%, reconoce un vínculo muy fuerte entre la cultura puertorriqueña y el español.

Esta división bipartita se matiza cuando se pregunta directamente sobre si ser puertorriqueño implica hablar español (figura 1). El 17% están en desacuerdo, por lo que interpretamos que, aunque se reconoce mayoritariamente la existencia del vínculo entre la lengua y la cultura, y entre ser puertorriqueño y hablar español, con un 46,7% de acuerdo y un 36,3% algo de acuerdo, es significativo que un 17% no reconoce el vínculo. Apunta a lo anticipado en cuanto a que las fronteras identitarias entre puertorriqueñidad o identidad puertorriqueña y hablar español se están difuminando.

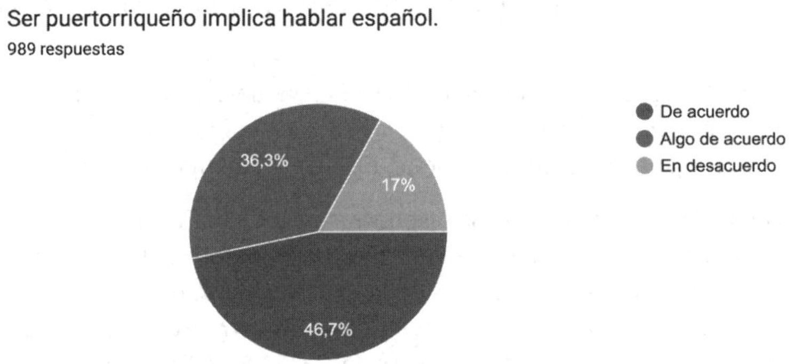

Figura 1

Los grupos etarios que mayor acuerdo reportaron fueron los mayores de 65 años, mientras que el grupo que mayor desacuerdo reportó fue el de 26 a 35 años, seguido de los de 46 a 55 y 56 a 65. El hecho de que el grupo más joven (18 a 25 años) reportara solamente un 11,67% de desacuerdo amerita investigarse. Sobre este tema se investigará con mayor profundidad en la próxima fase de la investigación.

Vínculo entre estatus político y el español

En cuanto a la vinculación entre estatus político y hablar español, la encuesta arrojó que el 78,6% piensa que en Puerto Rico se seguirá hablando español, aunque nuestro estatus político cambie, lo que apunta a que se desvincula el estatus político de la lengua a favor de que el español prevalecerá independientemente de la situación o discurso político. Solo el 5% estuvo en desacuerdo.

La gran mayoría de los informantes reconocen el valor de saber español como instrumento de comunicación internacional. Un contundente 79,7 % está de acuerdo con que saber español es tan importante internacionalmente como saber inglés.

Según reporta el *Anuario del Instituto Cervantes 2022*, el español es la lengua más utilizada en los organismos de integración americana e iberoamericana, siendo «después del inglés y del chino, el idioma que proporciona una mayor comunicatividad en la constelación lingüística mundial, por delante del francés. [...] Ocupa un lugar privilegiado en los principales foros diplomáticos»[6].

La investigación de Anna Kaganiec[7] cuestiona si cada vez más el puertorriqueño ve el español como un idioma de comunicación global y de beneficio para el ascenso social y profesional. Queda para la próxima fase auscultar con profundidad las razones que los puertorriqueños vinculan, en diversos ámbitos de comunicación internacional, personal e institucional, a este valor.

Percepción sobre dominio del español y el inglés en Puerto Rico

El próximo bloque de preguntas ausculta la opinión sobre si se habla «buen» español y «buen» inglés en Puerto Rico. Se formuló la pregunta, conscientes de que hay que identificar los rasgos y criterios que inciden en lo que se considera «buen o mal» español o inglés. Sin embargo, *prima facie*, los resultados fueron muy interesantes y, definitivamente, merecen una investigación por sí sola.

Sobre la apreciación del dominio de lengua hablada en Puerto Rico, solo el 23 % estuvo de acuerdo en que los puertorriqueños que residen en la isla hablan «buen» español. Una posible interpretación es que pone en evidencia que pervive el complejo de inferioridad o inseguridad lingüística respecto al español al que se ha hecho referencia en el pasado. Dicha actitud o valoración negativa de la variedad propia se ha documentado en otras zonas del ámbito hispanohablante, tanto en comparación con otras variedades del mismo país o países extranjeros que el hablante valora como de mayor prestigio.

A la respuesta a la misma pregunta, pero en esta ocasión con relación a si se habla «buen» inglés, apenas un 2 % está de acuerdo con que la mayoría de

---

6. «El español como instrumento de comunicación internacional», *El español en el mundo 2022. Anuario del Instituto Cervantes*, Alcalá de Henares (Madrid), p. 61.

7. Kaganiec-Kamieńska, A., «El español y el inglés en Puerto Rico. El impacto de la globalización», *Estudios Hispánicos*, XXVIII, núm. 4010, (2020). Disponible en https://doi.org/10.19195/2084-2546.28.2.

los puertorriqueños residentes en la isla hablan «buen» inglés y un contundente 69,6 % está en desacuerdo.

Habrá que determinar cuál es la métrica de lo que es «buen» inglés y los datos sobre el nivel de dominio del inglés en las cuatro destrezas lingüísticas, lectura y escritura, comprensión y expresión.

En cuanto a la autoevaluación sobre su propia competencia, la mayoría reporta tener un buen o muy buen dominio del inglés en todas las destrezas, según es de esperarse a juzgar por el nivel educativo alcanzado por la mayoría de los informantes: comprensión oral, 76,5 % (figura 2); expresión oral, 65,4 % (figura 3); comprensión lectora, 85,5 % (figura 4); expresión escrita, 67,9 % (figura 5). El nivel de competencia en el componente escrito aventaja al componente oral.

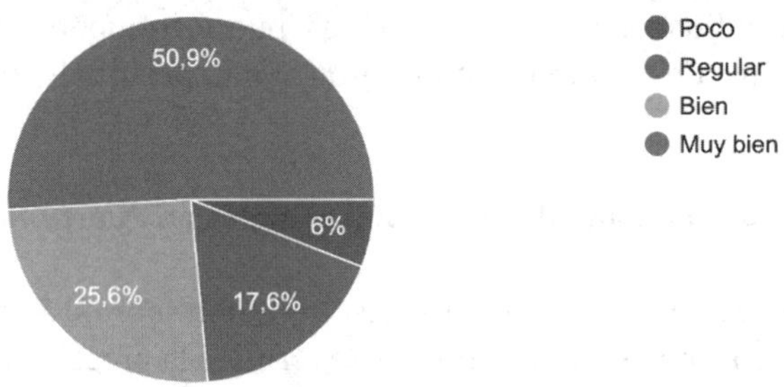

Figura 2. Comprensión oral.

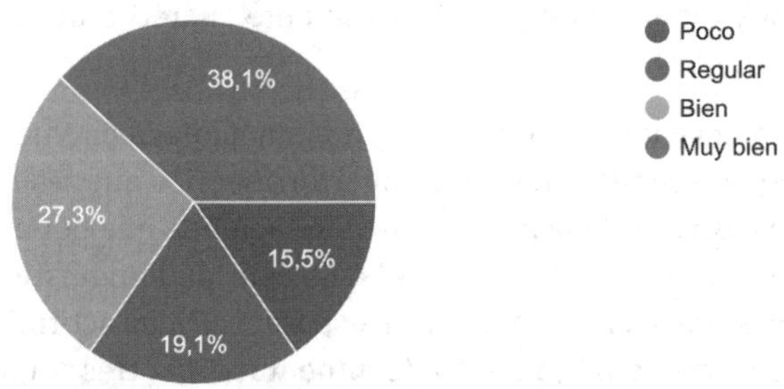

Figura 3. Expresión oral.

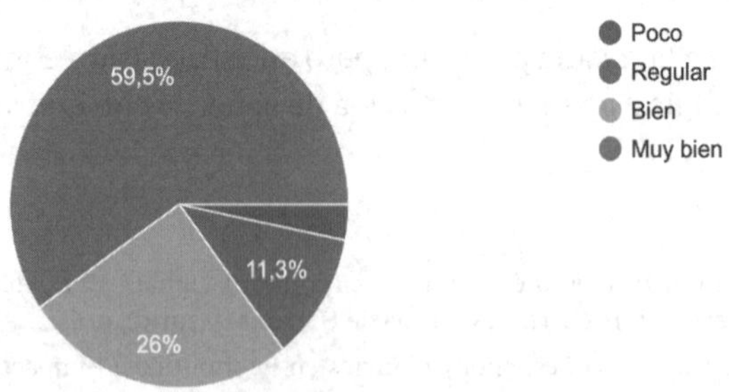

Figura 4. Comprensión escrita.

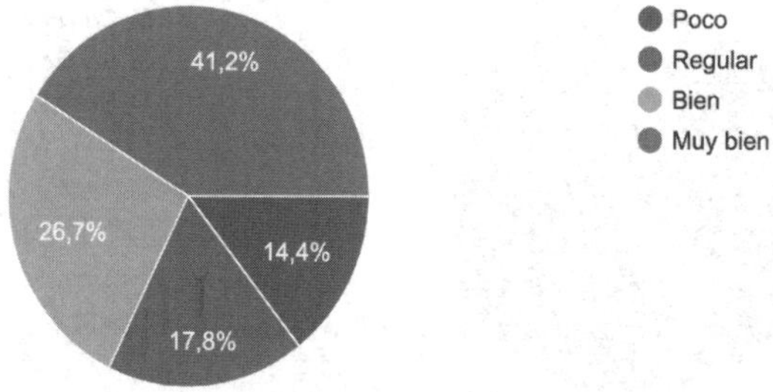

Figura 5. Expresión escrita.

Más de la mitad de los encuestados, 64,3 %, se consideran bilingües español-inglés; sin embargo, parecen percibir que el dominio de la mayoría de los puertorriqueños no es cónsono con el de ellos.

De los que no se consideran bilingües, solamente al 9,1 % no le gustaría serlo. Aunque la mayoría se siente cómodo cuando son considerados bilingües español/inglés, el 22 % reportó no sentirse cómodo. Entre las razones más frecuentes aducidas está que la persona no se considera a sí misma bilingüe. De igual modo, muchos de los comentarios hacen referencia a la deseabilidad de que Puerto Rico sea un pueblo bilingüe; por ejemplo, uno de los informantes comentó que «lo crucial es, sin fanatismos, fomentar el bilingüismo educado».

En cuanto al uso del español, la mayoría (96,3 %) procura hablar español con corrección. Asimismo, se confirma nuestra impresión sobre el aumento reciente en el uso del inglés, puesto que más de la mitad de los informantes reportan que actualmente utilizan más el inglés que hace diez años. Quedan por investigar los ámbitos en que se usa más el inglés y las razones para ello.

Uso de español e inglés entre menores de doce años en el entorno familiar

En cuanto al uso del inglés entre los niños (figura 6), es significativo que un 68 % reportó que los niños menores de doce años, en su entorno familiar, hablan inglés entre ellos a veces (40,7 %) o con frecuencia (27,3 %). Esto sustenta nuestras observaciones en cuanto al aumento del uso del inglés entre los niños, ya que entendemos que ha incrementado especialmente a partir de la pandemia. Lo observamos también en el entorno universitario, donde hace décadas era impensable escuchar a los alumnos hablar en inglés entre ellos en los pasillos, y aún en el último lustro ha sido notable la diferencia.

Destaco uno de los comentarios de los informantes que refuerza nuestra observación sobre cambios en el uso del inglés y nos anima a continuar la investigación:

Figura 6. Uso del inglés entre los niños.

> Relacionado con el uso del inglés entre los jóvenes, como maestra de estudiantes de un centro escolar de secundaria no bilingüe, pero donde la mayoría de los estudiantes se gradúan hablando muy buen inglés, he observado que estos se expresan oralmente muy bien en inglés, con una pronunciación y una sintaxis excelente. No tanto así en la expresión escrita en inglés. También estoy observando que cuando regresamos a clases presenciales [pospandemia], la conversación en inglés entre los estudiantes de los grados 5 al 12 era dominante. En estos días, son los estudiantes de intermedia quienes se comunican más frecuentemente en inglés, los del nivel superior están expresándose más en español.

La parte final de la encuesta ausculta la lengua de preferencia en el uso de los subtítulos al ver películas, series o programas de televisión. Este análisis arrojó datos interesantes y suscitó gran cantidad de comentarios que reportaremos en otra ocasión.

CONCLUSIONES

Se desprende de esta encuesta que los informantes reconocen un fuerte vínculo entre el español y la puertorriqueñidad, aunque para el 17% hablar español no es una condición *sine qua non* de identidad puertorriqueña. Se corrobora una marcada tendencia a favor del bilingüismo y la percepción de que no es la norma en Puerto Rico. Queda de manifiesto la necesidad de desarrollar las destrezas lingüísticas en ambas lenguas, español e inglés.

La presentación de los hallazgos de esta encuesta con la que iniciamos la discusión sobre el estado actual de la lengua en Puerto Rico en el panel «Convivencia e hibridaciones del español con el inglés», en el marco del IX Congreso Internacional de la Lengua Española, avivó el interés de varios miembros de la audiencia, quienes manifestaron su interés en replicar el estudio en sus comunidades en las que entienden existe una situación similar de convivencia de lenguas que en Puerto Rico. Dicho interés nos anima aún más a continuar nuestra investigación. En primer lugar, esperamos reproducir la encuesta con miras a enriquecerla con la participación de informantes puertorriqueños residentes en la isla con menor nivel de escolaridad. Asimismo, interesamos reproducir el estudio con los puertorriqueños en la diáspora en EE. UU. para comparar sus percepciones y actitudes. Pero sobre todo esperamos estudiar con mayor profundidad cada uno de los subtemas aquí auscultados, ya que la encuesta fue pensada como un primer paso para iniciar la discusión sobre el estado actual y aportar al desarrollo del potencial comunicativo del puertorriqueño. Son muchísimas las preguntas que nos formulamos y que esperamos contestar en fases sucesivas de la investigación: ¿qué razones subyacen entre los que entienden que hablar español no es un elemento indispensable de la identidad puertorriqueña? ¿El vivir en la diáspora o en el territorio insular es una variable que afecta esta perspectiva?

El tema del vernáculo ha sido por décadas punta de lanza en los discursos políticos. ¿Está suficientemente arraigada la lengua en la identidad colectiva de la comunidad como para que se haya desafiliado del partidismo o de las ideologías políticas, como parecen indicar los resultados de esta encuesta? ¿Ha tomado mayor peso el hecho de que el dominio de ambas lenguas, inglés y español, proporciona un mayor poder de comunicación en los foros internacionales?

¿Qué criterios entran en juego en lo que se considera «buen o mal español» o «buen o mal inglés»? ¿Cuál es la métrica para considerar que un hablante o una comunidad sea bilingüe, en el caso de Puerto Rico?

¿Existe una tendencia entre los puertorriqueños en la isla a un cambio en el dominio del inglés de un mayor dominio de la lengua escrita hacia un mayor dominio de la lengua oral, como se desprende de los comentarios de la informante? ¿Cuáles son las tendencias en el uso de ambas lenguas entre los niños menores de doce años y las posibles repercusiones? ¿Qué repercusiones tiene en la enseñanza? ¿Qué relevancia tiene para la inserción de Puerto Rico en el mundo globalizado y para el ideario del puertorriqueño en la isla?

Para concluir, me apropio y hago eco de los comentarios de dos de los informantes:

> Entiendo que el cuidado y enriquecimiento del uso del español será uno de los factores determinantes de nuestro futuro como pueblo. El problema no es que aprendamos inglés, el problema está en que perdamos el vínculo espiritual que transita por nuestra lengua de uso común, el español. Siento que nos transformaríamos en otra cosa. Dejaríamos de ser lo que somos. Sería trágico e irreversible.
>
> ¡Qué viva nuestro dialecto!

Contactos fronterizos entre el español y el portugués

ADOLFO ELIZAINCÍN

Academia Nacional de Letras de Uruguay

Introducción. ■ Precisiones necesarias para estudiar el contacto: tipo I y tipo II. ■ Otras distinciones necesarias. ■ Las situaciones de contacto tipo I: en la península ibérica. ■ En América. ■ Situaciones de contacto tipo II. ■ El contacto y las políticas de integración.

Se establecen sucintamente las condiciones necesarias para estudiar el caso de los contactos lingüísticos, apelando a los aportes de la historia, la antropología cultural y las teorías psicolingüísticas sobre el bilingüismo. Luego se distingue entre los contactos tipo I (*in praesentia*, lengua hablada) y los de tipo II (*in absentia*, lengua escrita).

Con estas distinciones se repasan brevemente ambos tipos de contacto en la península ibérica y en América para dar cuenta de un posible «mestizaje» lingüístico.

INTRODUCCIÓN

El título del panel que hoy nos reúne sugiere que la temática por tratar se limite a los contactos «fronterizos» entre el español y el portugués, o sea, contactos *in situ* o *in praesentia*. Por cierto, el contacto entre ambas lenguas (o cualesquiera otras en el mundo) no se limita al contacto geográfico, espacial, casi físico, surgido por la proximidad comunicativa entre hablantes de ambas lenguas; hay otros tipos de contacto que no incluyen esa característica; se trata de situaciones en que los hablantes no están físicamente cercanos, sino que su interacción es mediada por algún instrumento; aun así en este tipo de acercamiento (*in absentia* de los hablantes reales) ambas lenguas interactúan de una manera determinada, y siguen ciertas pautas que los lingüistas han tratado de descubrir desde que este tipo de estudios aparecieron en el escenario de la lingüística.

A grandes rasgos, ambas circunstancias anteriormente explicitadas son el denominador común de todas las situaciones de contacto entre cualquier lengua humana con cualquier otra.

PRECISIONES NECESARIAS PARA ESTUDIAR EL CONTACTO: TIPO I Y TIPO II

Por otra parte, si quisiéramos hacer otra distinción previa, podríamos decir que, de ambas situaciones reconocidas anteriormente, la primera de ellas (tipo I), la que supone un contacto presencial entre hablantes de lenguas diferentes, *in praesentia*, es la primera que podemos reconocer en la historia de estos instrumentos de comunicación sobre la Tierra. La segunda de ellas (tipo II), que podríamos denominar *in absentia*, supone la mediación de algún instrumento que pueda reproducir por otro medio el contacto de las oralidades que se dan en el tipo I, siendo una de esas tecnologías, la más privilegiada y vigente aun hoy, la escritura.

No solo los estudios de contacto deben distinguir situaciones de comunicación que se dan a través de la oralidad (la lengua oral, la verdadera y primigenia naturaleza del lenguaje como facultad humana) de aquellas que se dan a través de la escritura (la lengua escrita, artificio inventado por el hombre para reproducir con diferentes fines esa oralidad huidiza), sino también todo tipo de estudio lingüístico se trate del tema que se trate.

Hay muchas diferencias entre una forma y otra de comunicación, derivadas de sus propias y diferentes naturalezas; en general los estudios de contacto más cercanos a la lingüística suelen hablar del contacto tipo I, mientras que otros enfoques, de cuño más filológico, suelen ocuparse de situaciones del tipo II y hay otros estudios que usan indistintamente (en el peor de los casos, sin tomar en cuenta ni advertir que no es lo mismo un fenómeno recogido y estudiado en la oralidad que el «mismo» fenómeno emergente en la escritura).

En síntesis

Resumiendo, entonces, en el tema propuesto para el panel pueden distinguirse situaciones del primer tipo (I) que involucran fundamentalmente a la lengua oral a través del uso que de ella hagan hablantes reales, y la necesidad comunicativa que manifiesten, de las situaciones de segundo tipo (II) donde entra en juego la lengua escrita y, principalmente, la lengua de la creación poética.

Tanto en una como en otra situación han surgido estudios interesantes, que se ocupan de las variadísimas situaciones de contacto en el mundo, sea entre lenguas de la misma familia, lenguas de familias diferentes y aun de variedades de una misma lengua.

OTRAS DISTINCIONES NECESARIAS

Quisiera, todavía, hacer otras aclaraciones previas:

1) El contacto de lenguas diferentes, en cualquiera de los dos tipos antes esbozados, es en realidad un asunto que no solo concierne a los lingüistas, sino también a los antropólogos de la cultura y a muchos otros científicos sociales. Y ello porque el fenómeno en cuestión es, en su perspectiva más amplia, un fenómeno cultural; dentro de ese gran campo, se puede distinguir qué sucede en un objeto eminentemente cultural como lo es el lenguaje humano. De manera que, generalizando al máximo, podemos afirmar que el contacto de lenguas es una cuestión que debe ser mirada desde el ángulo del contacto de culturas.
2) Ya en el campo más limitado del contacto de lenguas, es inevitable poder contar con una teoría del bilingüismo tanto desde el punto de

vista individual como del social, el primero objeto típico de la psicolingüística, el segundo de la sociolingüística/sociología del lenguaje. Apenas entonces estaremos preparados para enfrentar con cierta expectativa de éxito un fenómeno de contactos de esta naturaleza.

LAS SITUACIONES DE CONTACTO TIPO I: EN LA PENÍNSULA IBÉRICA

Sea como sea es necesario ingresar a la historia de los territorios y poblaciones que utilizan las lenguas de que se trate, en este caso concreto, el español y el portugués.

Ambas forman parte de las derivaciones históricas del latín vulgar que pervivió en el norte de la península ibérica, y ambas, a su vez, evidencian diferencias ligeramente diferentes: el portugués formó parte del conglomerado galaico-portugués, y el español del conglomerado castellano-leonés.

Una vez que el portugués se reconoció como la lengua del reino de Portugal, históricamente —no lingüísticamente— separado del gallego, y el castellano/español comenzara a diferenciarse del leonés, ambos en similares circunstancias, comenzaron su aventura ultramarina transformándose en lenguas imperiales, conquistadoras. Llegaron a América casi simultáneamente, el español en 1492 a la zona del Caribe, más tarde al Río de la Plata; el portugués en 1500 a la zona de Bahía, actual Brasil. Comienza entonces una nueva etapa de contactos que tiene su propia, compleja historia.

Con la llegada a América de ambas lenguas/culturas, comienza una nueva etapa en la relación entre ambas. La historia de los contactos en la península ibérica entre ambas continuó su marcha inexorable, las vicisitudes de la población en las zonas fronterizas entre ambos reinos continuó funcionando, la convivencia entre luso e hispanohablantes prosiguió su marcha y en varios puntos de la frontera se crearon zonas de contacto que dieron lugar a mezclas e intercambios muy peculiares; no fue ajena, tampoco, la presencia de otras variedades neolatinas en el proceso de amalgamiento, como, por ejemplo, para hablar de la zona norte, el gallego y el leonés.

En realidad, en algún momento inicial de esta historia de fronteras europeas no eran distinguibles, para los hablantes involucrados, formas de unas u otras de las variedades que estaban en su repertorio; seguramente el proceso de mezcla fue (pues así no los enseñan el conocimiento de otras situaciones parecidas) una forma natural de usar el lenguaje para la comunicación cotidiana, independientemente de la casi segura inexistente preocupación o curiosidad por saber si la forma utilizada «pertenecía» al portugués, al castellano, al leonés o al gallego. No, se trataba de un magma inicial de donde surgirían luego, como consecuencia de causas políticas, históricas y sociales, levemente diferenciables que comenzaban a ser formas de hablar «con nombre». Quizás el proceso pueda imaginarse mejor recordando la forma como los latinos solían llamar a su forma de comunicación: «latine loqui», aproximadamente «hablar latinamente». En el temprano siglo XX ya hubo prestigiosos filólogos portugueses, españoles y alemanes, sobre todo, que se ocuparon extensamente de estas formas de habla, tradición filológica que continúa hasta hoy.

EN AMÉRICA

Por su parte, en América, el contacto cultural entre los conquistadores, colonizadores y evangelizadores, españoles y portugueses, con las poblaciones indígenas hizo emerger un complejísimo mosaico de interacciones de la más diversa índole, los extremos de cuyo espectro de posibilidades pueden ocuparse con situaciones bélicas y de abuso muy violentas contra la población nativa hasta con acercamientos pacíficos y amistosos entre ambas culturas. No tenemos aún el gran cuadro final que muestre un balance de estas situaciones, ni mucho menos una comparación entre semejanzas y diferencias de los procesos que se cumplieron en el ámbito de las situaciones monopolizadas por España de aquellas monopolizadas por Portugal. Lo cierto es que, avanzada la colonización, los contactos no se redujeron al español o portugués con algunas lenguas nativas americanas, sino que hubo que contar (sobre todo en lo que luego sería Brasil y en la zona del Caribe) con el contacto con diferentes lenguas africanas traídas a América en la época de la esclavitud. Y aun tampoco debe desecharse el contacto con otra lengua europea presente con fuerza en la costa del Golfo de México de Estados Unidos, en algunas zonas insulares del Caribe y tímidamente en el norte de América del Sur: el francés. Tampoco debe olvidarse el más tardío contacto entre español e inglés sobre todo en la actual América del Norte.

Como puede verse, el contacto tipo I del español con el portugués en América no es más que un pequeño fragmento de todos los episodios de contactos de culturas y lenguas que se dieron durante tres siglos, más o menos, para poner un límite a este período en épocas de la independencia de las colonias americanas con respecto a las metrópolis europeas. Pero ello no significó que el contacto culminara con esas circunstancias de comienzos y mediados del siglo XIX, sino que continuó y se afianzó en la época independiente.

Por cierto, el escenario americano fue muy diferente al europeo. Se trataba del «nuevo mundo», un lugar lleno de extraños objetos y personajes, a quienes había que nombrar y «hablar», un universo de lenguas ignotas dentro de las cuales sobresalían las grandes lenguas, también imperiales, el nahua, el maya y el quechua, a las que cabría sumar, con características muy distintas, el guaraní. Más adelante, como fue anotado arriba, se sumarían a esta torre de Babel las lenguas africanas llegadas al continente como consecuencia del proceso de esclavización.

En este magma lingüístico, español y portugués empiezan a expandirse por América. El español, como he dicho, desde el Caribe comienza su viaje hacia el sur, por la vertiente del Pacífico, hasta llegar a Chile; una segunda vía de penetración es la explorada a través del Río de la Plata, llamado así por ser esta la vía que conduciría a los conquistadores a la codiciada plata que por fin encontrarían en las alturas de Bolivia, en Potosí.

En cuanto al portugués, su expansión inicial aconteció en las costas del Atlántico, desde aproximadamente la actual Salvador de Bahía hacia el sur. La expansión del portugués hacia el oeste (es decir, su ingreso propiamente dicho al continente) es más tardía y es en ese proceso que se cumplen varios fenómenos interesantes para la historia lingüística americana. Por un lado, el surgimiento de la así llamada *língua geral*; por otro, y ahí llegamos a nuestro tema, aparte del contacto con las ya nombradas lenguas nativas, nuevamente con el español, el que, a su vez, ya había tenido sus propios contactos con las lenguas indígenas, y no solo eso, ya había comenzado a experimentar cierta nivelación lingüística como consecuencia del contacto de hablantes de diferentes variedades del propio español que componían la población conquistadora y colonizadora.

Bien. Ya en el siglo XIX, y concluidos los procesos de liberación americana de las dos metrópolis ibéricas, establecidas siquiera precariamente las fronteras de los incipientes estados americanos, podemos comenzar a identificar el contacto, fundamentalmente cultural y subsidiaria y obligatoriamente lingüístico, como fue anotado antes, entre portugués y español.

No será el mismo que sucedía entre España y Portugal, por circunstancias históricas específicas, pero sí será lo mismo en cuanto al fenómeno general del contacto entre las lenguas (es decir, más ampliamente, entre culturas diferentes) donde los procesos que se verifican siguen patrones generales del comportamiento puntual de los sistemas de este tipo que se ponen en contacto y, también, de las formas de cambio lingüístico que pueden verificarse.

He estudiado extensamente este tema en mi libro sobre esta temática (Elizaincín, 1992) a donde remito al lector interesado. Ver además, entre tantos otros, Carvalho (2003), Elizaincín (2018), Hensey (1972), Rona (1965) y Thun (2009).

Sobre los contactos entre ambas lenguas en las extensas fronteras de Brasil con casi todos (excepto Ecuador y Chile) los países sudamericanos existe una extensísima bibliografía internacional que enfoca el fenómeno desde variados puntos de vista.

SITUACIONES DE CONTACTO TIPO II

Sobre el otro tipo de contacto a que me refería al principio (tipo II), el que involucra a la literalidad y sobre todo a las lenguas de la creación literaria, existen también muchos estudios tanto para la península ibérica como para América Latina. Obligatoriamente se trata de un universo más acotado que el anterior porque habla de la creación poética e involucra a la teoría literaria y estudios conexos sobre la cuestión. Pero en forma muy general, y mirado desde el lado español (europeo o americano, ya que pertenezco al mundo hispánico), ¿qué duda cabe de las relaciones e influencias de, por ejemplo, para solo nombrar algunos, Fernando Pessoa y Saramago, por un lado, y Guimarães Rosa u Oswald de Andrade, por otro, en las escrituras poéticas en español, tanto en Europa como en América?

Aunque desde este punto de vista las relaciones hispano/portuguesas (en Europa o en América) pueden haberse sentido perjudicadas en algún momento de la historia por los vaivenes de la política de los gobiernos vigentes en cada momento, no hay duda de que, por debajo de ese nivel, las relaciones existen y gozan y siempre han gozado de buena salud.

EL CONTACTO Y LAS POLÍTICAS DE INTEGRACIÓN

Hoy, siglo XXI, la política integracionista de muchos gobiernos de España, Portugal, y varios de América Latina, que han dado lugar a la formación de bloques regionales económicos y culturales (sea la Comunidad Europea, sea el MERCOSUR), es un aliciente para la cada vez mayor atención que unas culturas se prestan a otras, que, a su vez, alientan la necesidad de la enseñanza de una lengua en zonas o países donde se habla la otra; también alienta una corriente de traducciones de una hacia otra, y no solo de textos literarios, como así también la industria de la enseñanza de segundas lenguas.

Todo esto sucede tanto en Europa como en América, con las normales diferencias derivadas de los procesos históricos que les han dado origen.

Con mucha cautela, todo ello se parece mucho, o por lo menos se aproxima, al huidizo y discutido problema del «mestizaje» cultural.

REFERENCIAS BIBLIOGRÁFICAS

Carvalho, A. M., «Rumo a uma definição do português uruguaio», *Revista Internacional de Lingüística Iberoamericana*, 1-2, 2003, pp. 125-149.

Elizaincín, A., *Dialectos en contacto. Español y portugués en España y en América*, Montevideo, Arca, 1992.

Elizaincín, A., «La frontière linguistique hispano-portugaise entre l'Uruguay et le Bresil», en Ch. Ossenkop y O. Winkelmann (eds.), *Manuel des frontières linguistiques dans la Romania*, Boston, De Gruyter, 2018, pp. 538-556.

Hensey, F., *The Sociolinguistics of the Brazilian-Uruguayan Border*, The Hague, Mouton, 1972.

Rona, J. P., *El dialecto «fronterizo» del norte del Uruguay*, Montevideo, Linardi, 1965.

Thun, H., «Variety complexes in Contact: A Study on Uruguayan and Brazilian Fronterizo», en P. Auer y J. Erich Schmidt (eds.), *Language and Space. An International Handbook of Linguistic Variation, vol. 1: Theories and Methods*, Berlin/New York, De Gruyter, 2009, pp. 706-723.

La lengua castellana y el guaraní en Paraguay. Una integración de cinco siglos de vida

DOMINGO ADOLFO AGUILERA JIMÉNEZ
Academia de la Lengua Guaraní

En la presente reseña presentamos un contexto histórico general del bilingüismo guaraní-castellano en Paraguay, seguido de un análisis de la influencia mutua entre las dos lenguas a nivel léxico, resaltando algunos mecanismos de incorporación que cada una aplica según su naturaleza.

PRESENTACIÓN

El proceso del mestizaje hispano-guaraní se inició en la antigua provincia del Paraguay más o menos al mismo tiempo que en las demás regiones del Nuevo Mundo, con la conquista y colonización de los pueblos indígenas guaraníes por la Corona española. En este contexto, el colectivo paraguayo no se diferenciaría del resto de los pueblos colonizados si no fuera por algunos rasgos culturales que con el tiempo terminaron dando una impronta propia a la experiencia colonial vivida en estas tierras, donde se forjó la identidad de un pueblo a partir de la convergencia de dos universos culturales, completamente distintos, pero que, sin embargo, han convivido todo este tiempo, no solo sin excluirse, sino enriqueciéndose mutuamente. El bilingüismo nacional es uno de los sellos que han caracterizado al Paraguay, un fenómeno presente en la comunicación diaria de la mayor parte de la población, y registrado desde las primeras crónicas referidas a la formación del país[1].

El acceso de la lengua guaraní a la escritura, un sistema de representación gráfica capaz de reproducir con precisión su sistema fonético tradicional, fue una conquista —quizá la más trascendental para la cultura indígena en todo el proceso colonial—, que cambió irrevocablemente su historia. El desarrollo escrito del guaraní fue una tarea llevada a cabo por los padres misioneros, quienes, al igual como ocurría en los distintos enclaves de la colonización española, comenzaron a estudiar la lengua aborigen desde los primeros contactos con estas culturas, como estrategia para la tarea de evangelización que traían como misión, y posteriormente crear las reducciones, poblados destinados exclusivamente para los neófitos indígenas. En estos recintos, los religiosos trabajaron en profundidad la lengua guaraní, siempre con participación de los nativos, y crearon una variedad altamente normatizada, que se estableció como lengua única en las misiones.

Otros hechos considerables en torno al bilingüismo paraguayo

Un factor importante para la conservación del guaraní como lengua general, sobre todo en el ámbito familiar, fueron las políticas de inclusión impulsadas por el gobernador vasco-español Domingo Martínez de Irala (1506-1556) a favor de la lengua local. Irala fue gobernador del Paraguay durante dieciséis años, en dis-

1. Núñez Cabeza de Vaca, Á., *Naufragios y comentarios,* Madrid, Espasa-Calpe, 1922.

tintos periodos, desde la fundación de Asunción hasta su fallecimiento, y considerado «padre del Paraguay»[2]. En un estudio de investigación académico reciente se ha podido comprobar que, efectivamente, Irala, quien era bilingüe vasco-castellano y, por tanto, con una sensibilidad hacia la lengua local, al casar a sus capitanes con las mujeres indígenas guaraníes, favoreció el uso del guaraní como lengua materna entre sus gobernados, una tradición que ha perdurado[3].

En el trasvase cultural y lingüístico que se ha dado continuamente entre las dos lenguas, en una especie de simbiosis, el guaraní ha llegado a incorporar elementos de la narrativa popular oral del español, en boga casi en la misma época en la península y en las otras provincias americanas. En efecto, la lengua indígena ha versionado cuentos como los famosos de *Pedro de Urdemalas*, personaje que, según algún analista, fue gravitante en el surgimiento del género picaresco de la literatura española[4]. Esta figura, que, en el imaginario colectivo paraguayo, no obstante, es percibida como un arquetipo de la picardía local, posee gran cantidad de cuentos populares en guaraní, que en la mayoría de los casos coinciden básicamente con las versiones conocidas en español en países vecinos como Chile, donde se publicó una recopilación temprana de las andanzas del personaje en tierras americanas[5]. Por otra parte, en la literatura paraguaya en español el personaje pasará a conocerse bajo su nombre adaptado en guaraní, *Perurimá*, y muy posteriormente será redescubierto por su nombre original en español; las recopilaciones existentes en castellano son traducciones del guaraní.

Del mismo modo, existen otras transferencias culturales complejas hacia la lengua guaraní, como en el campo de las creencias populares, la paremiología, la poesía o el canto popular, los chistes, el folclore material, entre otros ámbitos, que pueden ofrecer elementos esclarecedores en la medida en que sean sometidos a estudios de mayor rigurosidad.

LAS INFLUENCIAS RECÍPROCAS A NIVEL LÉXICO

Del castellano al guaraní

Como ya hemos indicado, en las misiones religiosas los sacerdotes trabajaron la creación de propuestas neológicas desde dentro de la lengua guaraní,

---

2. Real Academia de la Historia, *Diccionario biográfico* [en línea], 2018. [Consulta: 10 de enero de 2023]. Disponible en https://dbe.rah.es/biografias/11895/domingo-martinez-de-irala
3. Elkoroberezibar, M. Á., *Domingo de Irala y su entorno en la Villa de Bergara*, Asunción, Academia Paraguaya de la Historia, 2006.
4. Redondo, A., «Folklore, referencias histórico-sociales y trayectoria narrativa en la prosa castellana del Renacimiento de Pedro de Urdemalas al *Viaje de Turquía* y al *Lazarillo de Tormes*», *Actas del IX Congreso de la Asociación Internacional de Hispanistas 18-23 agosto 1986*, Berlín, Frankfurt, Main, Vervuert, 1989, pp. 18–23.
5. Laval, R., *Cuentos de Pedro Urdemales*, Santiago de Chile, Imprenta Cervantes, 1925.

siempre bajo la influencia del castellano, es decir, teniendo como modelo los términos originales existentes en español, principalmente en el campo de la fe. Este proceso se caracterizó por la conjunción de elementos culturales provenientes tanto de la cultura hispánica como de la indígena, y se llegó a considerar la experiencia como un ámbito de creación de un nuevo lenguaje[6]. Quizá lo más simbólico de este sincretismo fue la acuñación de las palabras para designar el dios cristiano y su madre, la Virgen María, como *Tupã* y *Tupãsy* ('madre de *Tupã*'), respectivamente. Como se ha podido comprobar en los estudios antropológicos contemporáneos, *Tupã* designa a uno de los dioses menores de la cosmogonía guaraní indígena, muy cercano con su madre *Ñandesy* ('nuestra madre')[7].

Esta variedad normatizada del guaraní, sin embargo, no sobrevivió mucho tiempo a la expulsión de los jesuitas en 1767, y fue absorbida poco a poco por la otra variedad hablada por los colonos y sus descendientes, caracterizada por ser eminentemente oral y con fuerte influencia del castellano, que viene a ser la antecesora del guaraní paraguayo actual. Este dialecto, por efecto del contacto con el español, ha llegado a modificar paulatinamente su sistema fonético tradicional, incorporando varios fonemas nuevos, desconocidos en la variedad precolonial. En el guaraní antiguo no existían, por ejemplo, los fonemas de la *b, d, f, l, ll, rr, z*, del español, que en los primeros préstamos fueron reemplazados por los equivalentes en la lengua indígena, o suprimidos, junto a otros mecanismos de adaptación que el guaraní aplicaba, como la adición o nasalización de vocales. La tendencia oxítona de las palabras en guaraní puede verse en préstamos como *señora* > *señorá*, *títere* > *titeré*, *mesa* > *mesá*; la supresión postónica, un acortamiento de las palabras por la sílaba tónica no final (aunque hay algunos que lo hacen en otras sílabas), en *invernizo* > *inverní*, *Antonia* > *Antó*, *mensual* o *mensualero* > *mensú*; la supresión de consonantes finales, con nasalización de la vocal en palabras terminadas en *-n*, en *azúcar* > *asuka*, *camión* > *kamiõ*, *almidón* > *aramirõ*. Estos recursos patrimoniales de la lengua, empero, no han sido constantes en la adopción de los préstamos. Gradualmente, con el avance del bilingüismo —acelerado en las últimas décadas— se han ido abandonando, y con su debilitamiento ganarán terreno los préstamos directos, es decir, sin adaptación de las formas en castellano, que son la mayoría de los que hoy día sigue incorporando el guaraní.

---

6. Melià, B., *La création d'un langage chrétien dans les réductions des Guarani au Paraguay*, tesis de doctorado (dos tomos), Strasbourg, Université de Strasbourg, 1969.

7. Nimuendaju-Únkel, C., *Los mitos de creación y de destrucción del mundo como fundamentos de la religión de los Apapokúva-Guaraní*, Lima, Centro Amazónico de Antropología y Aplicación Práctica, 1978.

Del guaraní al castellano

La lengua castellana del Paraguay, por su parte, ha sido influenciada por la lengua guaraní en todos los aspectos lingüísticos. El campo léxico es donde ha sido más visible dicho influjo, registrándose numerosos guaranismos a lo largo del tiempo, que han sido reconocidos en el *Diccionario* oficial de la lengua española. Al hablar de guaranismos, por otro lado, hemos de reconocer que dichos préstamos no provienen solo del guaraní hablado en Paraguay, sino también de otras variedades de la familia tupí-guaraní, extendida en gran parte de América del Sur. En la lexicografía de la lengua española se cita el vocablo *canoa* como el primer préstamo de una lengua indígena en ser recogido en un diccionario español, que tendría origen arahuaco, grupo lingüístico con el que la familia tupí-guaraní presenta analogías en distintos aspectos, lo que cada vez más se señala como indicio de un contacto original común.

A continuación, señalamos cómo el castellano ha adecuado, bajo los paradigmas de la flexión, algunas propiedades del guaraní, lengua de aglutinación.

- La pausa glotal o *pusó*: la lengua guaraní posee un sonido oclusivo intervocálico —considerado una consonante en la gramática moderna—, que consiste en una pausa del sonido, que define su articulación, y se marca con el apóstrofo (') (registrado en el Alfabeto Fonético Internacional como /ʔ/). En los préstamos en castellano se suprime el signo o se reemplaza por otro fonema, a veces se reduce la sílaba formada con él, cambiando de acento la palabra. Algunas incorporaciones bajo estas características son *cario*, *ria* < *kari'o* (guaraní), *cay* < *ka'i* (mono capuchino), *mandí* < *mandi'i* (especie de bagre), *yataí* < *jata'i* (planta de la familia de las palmas).
- Las vocales: el guaraní posee seis vocales orales y seis nasales. Las cinco primeras orales coinciden con las del español; la sexta vocal oral es la gutural *y* (/ɨ/), y entre las nasales, la misma se nasaliza como *ỹ* (/ɨ̃/). Estas vocales propias del guaraní son reemplazadas en castellano por las correspondientes de la lengua. He aquí algunos ejemplos: *capicatí* < *kapi'i katĩ* (una planta ciperácea americana), *chajá* < *chahã* (un ave zancuda), *curupay* < *kurupa'y* (un árbol de la familia de las leguminosas), *irupé* < *yrupẽ* (victoria regia), *micuré* < *mykurẽ* (un marsupial americano), *ñacurutú* < *ñakurutũ* (un ave nocturna), *ñandutí* < *ñandutĩ* (un encaje blanco), *samuhú* < *samu'ũ* (palo borracho rosado), *sariá* < *sarĩa* (un ave zancuda), *tataré* < *tatarẽ* (un árbol de la familia de las leguminosas), *tipoi* < *typói* (una túnica larga), *tucán* < *tukã* (un ave americana trepadora), *ubajay* < *yvahái* (un árbol frutal), *urubú* < *yryvu* (zopilote), *vacaraí* < *vakara'y* (ternero nonato)[8].

---

8. Real Academia Española y Asociación de Academias de la Lengua Española, *Diccionario de la lengua española*, Madrid, Espasa, 2014.

CONSIDERACIONES FINALES

La lengua guaraní del Paraguay es parte de la familia tupí-guaraní, donde en la actualidad se distinguen más de treinta variedades, habladas en distintas regiones del territorio sudamericano, en las respectivas comunidades indígenas. La variedad paraguaya, sin embargo, pasó a ser lengua colonial, primero, y lengua oficial en la actualidad, junto al castellano, con lo que se dio el único caso conocido en la historia colonial de las lenguas americanas donde un idioma indígena pasó a ser la lengua general de una sociedad no indígena.

El castellano y el guaraní han entrado en contacto desde el inicio mismo de la colonización española, compartiendo el mismo territorio y la misma sociedad, con una acentuada diglosia en su uso. En este contexto, en la interacción diaria de los paraguayos, se ha llegado a crear un sistema híbrido de comunicación, donde nada de un idioma es completamente ajeno al otro, y que, en su manifestación más marcada, puede llegar a fusionar aleatoriamente elementos de ambas lenguas en cada acto de habla.

La lengua guaraní, un idioma completamente desemejante del castellano, empleó sus propiedades patrimoniales en los primeros préstamos de esta lengua. Sin embargo, por efecto del contacto, con el tiempo llegó a cambiar su sistema de sonidos y estructura, incorporando varias formas del español. Tras la adaptación de aquellos primeros préstamos, el guaraní se ha ido acercando gradualmente al español.

Por su parte, el castellano hablado en Paraguay, igualmente, se ha visto modificado por el guaraní en todos los campos gramaticales. La lexicografía del español ha incorporado constantemente voces de las lenguas guaraníes, desde los primeros tiempos del contacto, con algunas adaptaciones como lengua de flexión. Las alteraciones a nivel estructural, atribuibles al contacto, han sido profundas en el castellano paraguayo, y han merecido amplios estudios académicos en las últimas décadas.

Finalmente, podemos concluir que, si bien el castellano, por su carácter de lengua hegemónica y universal, siempre mantendrá una forma estándar como norma para todos los usuarios, la contraparte guaraní queda en manos de las instituciones rectoras de la lengua, para favorecer el desarrollo de una comunicación moderna y eficaz en el idioma indígena, lo cual sin duda será un paso importante para que los hablantes puedan elegir en libertad cualquiera de las dos lenguas, que constituyen, de sí, un patrimonio invaluable para la cultura paraguaya, y un testimonio vivo de integración.

Problemas en el estudio del contacto lingüístico en México[1]

PEDRO MARTÍN BUTRAGUEÑO
Academia Mexicana de la Lengua

Breve panorama sociolingüístico. ■ Contacto lingüístico: el caso del léxico. ■ Discusión. ■ Breves conclusiones.

1. Agradezco los comentarios realizados por Nadiezdha Torres Sánchez a una versión previa del manuscrito, así como las observaciones de Rocío Mandujano y de Sonia Morett.

El contacto es omnipresente en la realidad sociolingüística de México, con múltiples situaciones propiciadas por la existencia de varios cientos de lenguas originarias y de miles de enclaves poblacionales. En esta presentación se ofrece un muy breve panorama del contacto lingüístico, se menciona —entre los procesos lingüísticos— el caso del léxico y el papel que pudiera tener una Academia de la lengua como la mexicana. Se subraya la necesidad de trabajar con comunidades y se recuerda la pugna entre los diversos estatus sociohistóricos de las lenguas, para terminar con unas conclusiones esenciales.

BREVE PANORAMA SOCIOLINGÜÍSTICO

Según *Ethnologue* [Eberhard, Simons y Fennig, 2022], hay en México hoy día 284 lenguas indígenas[2]. Multiplicada esta cifra por los enclaves poblacionales específicos, que pueden ser muy numerosos en el caso de algunas lenguas [*cf.* INALI, 2009], cabe pensar que el estudio del contacto tiene potencial para abordarse, literalmente, en miles de situaciones distintas y para millones de personas. Por supuesto, solo se ha estudiado un pequeño conjunto de casos, por lo que las consecuencias que pueden extraerse son limitadas. Hay, sin embargo, un número suficiente de connivencias para establecer ciertas semejanzas y regularidades, por provisionales que sean, en lo que toca a los datos del presente... Más arriesgado todavía es establecer ciertas inferencias sobre lo que pudo ocurrir en el pasado [*cf.* Martín Butragueño, en prensa].

La información censal solo permite hacerse una idea general del bilingüismo en México. Es verdad que ha servido para realizar observaciones a lo largo del tiempo [Cifuentes y Moctezuma, 2005; Solís y Alcántara, 2022], pero de ninguna manera ofrece datos finos sobre los grados de dominio de las lenguas. Haría falta un diagnóstico amplio del bilingüismo, por ejemplo, por medio del instrumento diseñado por Guerrero Galván [2016], tomando una muestra sistemática a lo largo del país, para hacerse una idea más clara de la situación, lo que abonaría al estudio de estos casos y también al diseño de políticas públicas. Lo que sí es un hecho es que la población hablante de lenguas originarias es, en su gran mayoría, hablante también de español: según INEGI [2021: 8], en un conjunto de 126 014 024 de habitantes del país en 2020, el 6,14 % de la población mexicana de tres años en adelante es hablante de una lengua originaria y, dentro de este grupo, solo el 11,76 % de personas no se caracterizan también como hispanohablantes. La proporción de bilingües es incluso mayor en zonas urbanas,

2. Según Eberhard, Simons y Fennig [2022], en <https://www.ethnologue.com/country/MX>, sitio consultado el 8 de enero de 2023. Con respecto a la compleja distribución de las lenguas originarias en México, es fundamental la consulta de Valiñas Coalla [2020].

casi universal [Martín Butragueño, 2010: 1031; Martínez Casas, 2014]. Más allá de las cifras generales, existen situaciones muy diversas, como muestran Guerrero Galván y Torres Sánchez [2021], que han avanzado en la dirección de crear una taxonomía de las situaciones de contacto, al comparar la estructuración del *habitus* en tres comunidades distintas, con presencia, respectivamente, del otomí, el chichimeca jonaz y el tepehuano del sureste.

Por supuesto, el contacto lingüístico experimentado por el español no abarca solo el referido a las lenguas originarias, por amplio que sea, sino que tiene también un campo muy fértil en las lenguas inmigrantes, que cuentan también historias sumamente interesantes. Reig Alamillo [2022] repasa varias de estas situaciones, con especial atención a las comunidades judías, italiana, japonesa y estadounidense. No menos llamativo es el estudio del contacto dialectal, que comparte muchas propiedades lingüísticas y sociales con el contacto entre lenguas [Trudgill, 1986; Martín Butragueño, 2022a, 2022b]; para México, Soler Arechalde [2022] resume los casos más llamativos, sea por movimientos dentro del país, sea por las llegadas desde otros países hispánicos.

Pellicer [2021b] recuerda con claridad la diferencia entre el bilingüismo estable y el bilingüismo efímero, que lleva al desplazamiento de la lengua: «El bilingüismo que resulta del contacto prolongado de dos lenguas no es por sí mismo desfavorable al desarrollo de una comunicación multilingüe fructífera y estable. No obstante, cuando este contacto se acompaña de desigualdad social y discriminación lingüística da lugar a un *bilingüismo efímero* que termina por inclinar la balanza hacia la lengua de Estado» [s. p.].

El bilingüismo está, muchas veces, estructurado en relaciones diglósicas [Zimmermann, 2010], si bien existen algunos casos de bilingüismo incipiente, como ha mostrado Torres Sánchez [2018] para los tepehuanos del sureste. Hay también comunidades que entraban en la categoría de bilingüismo incipiente hace algunas décadas, como los huaves de Oaxaca [Diebold, 1961], y que muestran hoy un bilingüismo bastante más avanzado [Aguilar Ruiz, 2019: especialmente 20-22]. También es cierto que existe en muchos lados una notoria estratificación por edad en cuanto al mantenimiento o no de la lengua originaria, como ocurre entre los otomíes de San Andrés Cuexcontitlán, siguiendo a Avelino [2022].

El contacto necesita de estudio sistemático, como ya se está llevando a cabo en bastantes casos [*cf.* Soler Arechalde y Serrano, 2020; Palacios y Sánchez Paraíso, 2021; Sánchez Moreano y Blestel, 2021, etc.]. Precisamente uno de los problemas del pasado era el carácter coyuntural de algunas investigaciones. Aunque varias de ellas no carecían de interés, si los datos de contacto son circunstanciales, subproductos de otra investigación, parecía ello un reflejo de su falta de lugar en el reparto de los estudios entre indoamericanismo e hispanismo. Esta sistematicidad es necesaria porque es la realidad cotidiana de millones de personas: no basta con centrarse en la vitalidad o en el desplazamiento de las lenguas originarias, como si fueran entes autónomos, sino que para entender la naturaleza de los hechos deben tomarse como unidad de trabajo las comunidades lingüísticas específicas y comprender la dinámica social de los individuos y los subgrupos sociales que las conforman [*cf.* Torres Sánchez, 2023b].

CONTACTO LINGÜÍSTICO: EL CASO DEL LÉXICO

Como lingüistas, nos interesa determinar los rasgos exactos del contacto, no solo establecer sus vías generales y sus causas sociales. Por razones operativas entendibles, sin embargo, buena parte de los estudios tienden a mostrarnos una realidad parcial, volcada hacia una de las lenguas y no hacia la situación completa.

No es posible realizar ahora un recuento de los fenómenos relacionados con el contacto entre el español y las lenguas originarias, si bien puede remitirse, por ejemplo, a la síntesis de Torres Sánchez [2023a]. Cabe solo recordar que el contacto puede afectar a cualquier aspecto lingüístico, sean los segmentos fónicos [*cf.* Rosado Robledo, 2011; Michnowicz y Kagan, 2016, etc.], la prosodia (por ejemplo, Olivar Espinosa [2020], Uth [2019], Michnowicz y Hyler [2020]), la morfosintaxis (véase por ejemplo Torres Sánchez [2023a: especialmente tabla 36.2, 451-452]) o diversas cuestiones discursivas y políticas (considérese Pellicer [2021a]).

La dimensión léxica del contacto es conocida desde antiguo, y es una de las más evidentes para los hablantes, pero no por ello deja de haber numerosas cuestiones pendientes[3]. El problema es muchas veces afrontado desde una perspectiva filológica, de filiación de formas, mientras que las aproximaciones basadas en el contacto mismo suelen ser menos frecuentes [Martín Butragueño y Torres Sánchez, 2021: 547, 555-556]. Uno de los alegatos más célebres es el planteado por Lope Blanch en su estudio sobre la vitalidad del léxico indígena [1979 (1969); véanse especialmente las pp. 87-90 de la edición de 2021], al recordar la idea de Morínigo [1964] acerca de la supuesta sobrerrepresentación de los indoamericanismos en ciertos diccionarios, y al poner como ejemplo de partida, en el caso mexicano, el diccionario de Robelo [1904]. Tal planteamiento ha tenido secuelas posteriores. Quizá una de las críticas más notorias sea la presente en algunos pasajes del *Diccionario del náhuatl en el español de México*, coordinado por Carlos Montemayor [2017

3. Como señala Nadiezdha Torres Sánchez [comunicación personal] sería importante analizar el trasfondo ideológico que ha hecho resaltar desde hace mucho el contacto léxico, mucho más que otras dimensiones del contacto lingüístico.

(2007): 422-437]. Todas estas discusiones merecen, sin duda, mayor análisis, tanto en los datos disponibles como en las interpretaciones realizadas a partir de ellos [*cf.* Martín Butragueño 2021: especialmente 30-35 y 53-54].

Dos trabajos recientes, con metodologías bastante comparables, son el de Palacios Cuahtecontzi y Franco Trujillo [en prensa] sobre la ciudad de Puebla, y el de Lastra y Martín Butragueño [en prensa] sobre la Ciudad de México, en ambos casos examinando los indoamericanismos a partir de 108 entrevistas urbanas. A riesgo de simplificar, puede decirse que los dos trabajos mostraron bastantes coincidencias entre sí. Por otra parte, la pesquisa de la Ciudad de México esboza una comparación preliminar con los datos de Lope Blanch [1979 (1969)], de la que resulta un parecido general entre los resultados de ambas investigaciones, al tiempo que un conjunto de divergencias, que sugieren que las limitaciones en la documentación de casos no son un problema menor para evaluar la vigencia de los indoamericanismos. Véase el ejemplo (1).

(1) a. Coincidencias: *chapulín, ahuehuete, oyamel, acocil, papazul, guare,* etc.

b. Solo en Lope Blanch: *chicloso, achichincle, cacle, chilmole, cuescomate, atemole,* etc.

c. Solo en Lastra y Martín Butragueño: *acamaya, apapachador, apaxtle, ayatero, desquelitar, metlapil,* etc.

Fuente: Lastra y Martín Butragueño [en prensa: cuadros 3, 4 y 5].

Otro aspecto de interés es la evaluación de los préstamos del español en ciertas variedades de lenguas originarias. Es conocido el caso de Hill y Hill [1977], que llegaron a hablar de relexificación en el náhuatl de Tlaxcala [*cf.* Muntzel, 2010: especialmente 975]. Otro ejemplo, más reciente, lo proporciona Avelino [2022: 286], que encuentra, para el otomí de San Andrés Cuexcontitlán y Jiquipilco el Viejo, tasas de 22,83 % de préstamos del español. Llama también la atención la investigación que está llevando a cabo Morett Álvarez [en preparación], sobre la presencia de préstamos recientes del náhuatl al español, en convivencia con las formas originales en náhuatl, en una comunidad de bilingüismo incipiente, Achupil, en La Huasteca veracruzana, lo que permite atisbar en vivo los procesos de transferencia que llevan a cabo los hablantes y la relevancia de la dimensión local en contraste con los procesos de difusión comarcal, regional y nacional.

Es claro que, si queremos entender las razones del préstamo léxico y los caminos seguidos por este, necesitaremos fijarnos en situaciones diferenciadas, rurales y urbanas, desde el español y desde diversas lenguas originarias, antes de poder aventurar opiniones sobre la vitalidad o la vigencia del préstamo léxico en situaciones de contacto actuales o pretéritas.

Desde una perspectiva más documental y filológica, algunos momentos han sido más estudiados [*cf.* Martínez Baracs, 2022]. Por ejemplo, en 1980 apareció el libro de Mejías sobre los indigenismos presentes en el español americano del siglo XVII. Un estudio relevante y reciente es el de Ramírez Luengo [en prensa; véase especialmente §3.1 y §3.5] para el siglo XVIII. Sin duda, estas investigaciones, junto a otras sobre el español contemporáneo, permitirán, por ejemplo, una mejor inscripción del contacto léxico en las construcciones lexicográficas. Así, la Academia Mexicana de la Lengua (AML) incluye en los objetivos presentes en sus estatutos el estudio del español y las lenguas indígenas: «*Artículo 2.* La Academia tiene por objeto el análisis, el estudio y la difusión de la lengua española en todos sus ámbitos, con particular atención a los modos y características de su expresión oral y escrita en México, así como a sus relaciones e intercambios lingüísticos con las lenguas originarias de México» [AML, 2018: https://www.academia.org.mx/la-academia/normatividad].

Es decir, el estudio del contacto lingüístico, de las variedades de contacto, de los préstamos indígenas y de los hispanismos en las lenguas originarias, la difusión del español y la comprensión de los conflictos lingüísticos, entre otros temas, no serían ajenos a las labores trazadas por la propia Academia Mexicana. Esto es muy relevante, pero no creo que se pueda decir que, al menos hasta ahora, se haya hecho mucho al respecto, en especial si hablamos, específicamente, del *contacto lingüístico* como tal, en sentido descriptivo o aplicado. Sí ha habido, ciertamente, publicaciones de carácter histórico, e incluso publicaciones de orden lingüístico sobre las lenguas indígenas, pero seguramente quepa decir que lo elaborado hasta ahora sobre el contacto en la Academia ha sido en general disperso. Es verdad, desde luego, que la manera más específica en que se ha llevado a cabo el propósito de considerar el contacto lingüístico ha sido la presencia de indomexicanismos en distintos diccionarios. Las listas iniciales de comentarios a la obra que conocemos como el *Diccionario de la lengua española* (o *DLE*, RAE-ASALE [2022]), enviadas a Madrid a partir de 1877 [AML, 1877-c. 1883], apenas pasados dos años desde la fundación de la AML en 1875, ya ofrecían este tipo de materiales, como se puede observar en los ejemplos de (2), entre muchos otros.

(2) a. **acal**

1. m. Es el mexicano *acalli*, compuesto de *atl* «agua» y *calli*, «casa»; casa del agua ó sobre el agua. - Nombre que los mexicanos daban á la embarcacion que en lengua de las islas se llama *canoa*. V. CANOA. Es voz ya desusada. - MOTOLINÍA, *Historia de los Indios de Nueva España*, trat. III, cap. 10. Lo más del trato y camino de los Indios en aquella tierra, es por *acallis* ó barcas por el agua. *Acalli* en esta lengua quiere decir, «casa hecha sobre agua».

b. **ajolote**

1. m. (*Proteus mexicanus*, Llave - *Siredon Humboldti*, Duméril). Del mexicano *atl*, agua, y *xolotl* nombre de un dios que se transformó varias veces. Véase

SAHAGUN, *Historia general de las cosas de la Nueva España*, lib. 7, cap. 2 - Animal acuático, que pertenece al órden de los batracianos. Vive en el valle de México y en otros lugares de la República. En circunstancias especiales pierde sus agallas, y se transforma en animal terrestre. Su carne se usa como alimento y como medicina.

c. **azteca**

1. adj. (De *Aztlan*, lugar de donde comenzó la peregrinacion de estas gentes). Nombre con que se designa una tribu de la familia nahoa, que vino á establecerse en el actual sitio de la ciudad de México, y conquistó despues muchas tierras, en especial á oriente y sur, hasta formar el poderoso imperio mexicano.

2. m. El idioma de los aztecas, llamado tambien *nahuatl* ó *mexicano*.

Fuente: «1877 AM-lista-1 MX» para (2a); «1877 AM-lista-2 MX» para (2b); y «1877 AM-lista-3 MX» para (2c) (son diversos archivos de AML [1877-c. 1883], parte, a su vez, de *TLEAM-México* [2021-]).

Debe aclararse, sin embargo, que las listas de AML [1877-c. 1883] no incluyen nada más indigenismos, ni tampoco mexicanismos; a reserva de un estudio detallado, las observaciones exponen, ya desde esa época, todo tipo de comentarios sobre voces de uso antiguo o moderno, mexicanas y generales, préstamos y neologismos.

Por otro lado, una parte relevante de lo que se va incorporando al proyecto en curso del *Tesoro lexicográfico del español en América - México* [*TLEAM-México* 2021-], realizado entre El Colegio de México y la AML, consiste en indomexicanismos. En (2) se anotaron algunos casos procedentes de las listas enviadas por la AML [1877-c. 1883] para la revisión del *Diccionario* académico. A su vez, en (3) se mencionan casos procedentes de otros autores decimonónicos[4].

(3) a. **tencuas**

1. Labios desbordados o bordes lastimados. Metafóricamente se dice en mexicano *Tencuauitl*, hombre de mala boca.

2. Se llaman *Tencuas* comúnmente los que nacen con un labio roto o los que han quedado así por alguna herida o golpe.

b. **suchil**

Xochitl flor. Usase por ramillete, y como terminacion de los nombres de flores exquisitas, á las que en mexicano se les afiade *xochitl*.

4. Muy probablemente, las aportaciones al *Diccionario histórico de la lengua española* [RAE 2013-] que surjan desde la AML seguirán contribuyendo a conocer mejor el cuerpo léxico formado por los indomexicanismos.

c. **cenzontle**

Cenzontli: cuatrocientos. Es la magnífica ave canora de América, que imita, embelleciendo, cuanto ruido llega á sus oídos, *Mimus polyglottus*, Scl. El nombre mexicano es abreviatura de *centzontlatole*, que significa cuatrocientas voces.

Fuente: «1842 Fernández de Lizardi-2 MX» para (3a); «1872 Mendoza MX» para (3b); «1886 Sánchez MX» para (3c), todo ello parte, a su vez, de *TLEAM-México* [2021-].

Fernández de Lizardi [1842] y, en especial, Mendoza [1872] y Sánchez [1886] son buenos ejemplos —entre otros— de colecciones en las que los préstamos indígenas al español adquieren un papel protagónico, lo cual, finalmente, se refleja en la construcción de un tesoro. En todo caso, *TLEAM-México* no tiene tampoco, como tal, el propósito de documentar el contacto, aun cuando los lexicones que suma lo reflejen en diversos grados.

Bastantes indomexicanismos hay también, desde luego, en obras colaborativas como el *Diccionario de americanismos* de la ASALE [2010] y en los diccionarios de mexicanismos publicados por la AML. Así, hojeando el *Diccionario de mexicanismos. Propios y compartidos* de esta Academia, publicado en 2022, saltan en seguida a la vista registros como los de (4).

(4) a. *Chapulín, chapulinear, chapulineo, chapulinero, chapulinismo.*

b. *Chaquistal, chaquiste, chaquistero.*

c. *Chayo, chayotada, chayote, chayotear, chayotero.*

d. *Chinampa, chinampear, chinampero.*

Fuente: AML [2022: s. v.].

Es claro, viendo los ejemplos de (4), que muchos de los casos forman estelas derivativas bastante amplias, lo que desde luego avala la integración de estos préstamos en el español, más allá de su adaptación fonológica. Sin duda, un análisis detallado de este nuevo *Diccionario de mexicanismos* arrojaría bastantes luces sobre el empleo de este cuerpo léxico en las hablas actuales, especialmente en las del centro del país. Sin embargo, ni en este ni en otros diccionarios hay, como tal, un propósito explícito de representar el contacto lingüístico, sino un objetivo filológico y documental, aunque indudablemente válido en sí mismo[5].

También es notoria la presencia de indomexicanismos, especialmente nahuatlismos, en las ediciones del *Diccionario escolar* de la Academia Mexi-

5. Un importante volumen publicado por la Academia Mexicana, en coedición con la Academiei Române, es el afamado libro de Sala, Munteanu, Neagu y Şandru-Olteanu salido en 1977.

cana. Existe el testimonio[6] de que la propia Secretaría de Educación Pública solicitó en el pasado la ampliación y marcación del registro de mexicanismos y americanismos. Como sea, un rápido repaso a la letra A de la tercera edición, en preparación en este momento, muestra una amplia presencia de indomexicanismos, como se ve en (5).

(5) *Acamaya, achichincle, acocil, ahuehuete, ahular, ajolote, amate, anacahuite, apapachar, apapacho, atole, ayate, azteca*, etc.

Fuente: AML [en preparación, s. v. (consultado el 8 de febrero de 2023)].

Más allá de que esté sobradamente justificado incluir estas voces en un diccionario escolar, es claro también que otorgan identidad y un sentido de apropiación hacia el español hablado en México.

A la fecha (29 de enero de 2023), *Enclave* [RAE 2023] anota para el *DLE* [RAE-ASALE 2022], por ejemplo, 799 acepciones asociadas a un lema procedente del náhuatl, de las cuales 307 llevan, además, una marca geográfica correspondiente a México. Entre los nahuatlismos de uso marcado para México —sea exclusivo o compartido con otros países— se encuentran algunos hoy quizá bastante conocidos, como en (6a), mientras que otros (6b), probablemente, no lo son tanto.

(6) a. *Achichincle, achiote, amate, apantle, atole, ayate, cacahuacintle, calpulli, camote, cempasúchil, guacal*, etc.

b. *Acholole, amanal, amoyote, cacalote, calpixque, cayahual, cuajicote, hoatzin*, etc.

Fuente: RAE [2023].

Es probable que la AML haya tenido un papel relevante para afianzar esta presencia, pues, como se ha dicho, ya desde fines del XIX se enviaban fichas sobre muy diversos aspectos, incluidos los indomexicanimos. Dividir el listado de nahuatlismos mexicanos en dos listas esconde, en realidad, buena parte del problema, pues la escisión propuesta es subjetiva, si bien refrendada por algunas personas. El método ideado por Lope Blanch en 1979 [1969], establecer un cuestionario después de la pesquisa en textos, método seguido en mayor o menor grado por muy diferentes investigaciones posteriores [*cf.* Martín Butragueño y Torres Sánchez ,2021: 552-554], encierra muy diversos problemas, pues los resultados dependen en gran medida del perfil de la persona a quien se le pregunte, sobre lo que también reflexionan Lastra y Martín Butragueño

6. Agradezco la información a Rocío Mandujano [comunicación personal], en referencia a la edición de 2012 del *Diccionario escolar* [AML 2012], con un millar de mexicanismos marcados explícitamente, aspecto resaltado por José G. Moreno de Alba.

[en prensa] al sugerir que, en vez de hablar de *vitalidad*, debería hablarse de *actualidad* y *actualización* de los préstamos indoamericanos —si bien el razonamiento es extrapolable a otros tipos de préstamo y a otros cuerpos léxicos—, en la medida en que su aparición y su densidad de aparición pueden ser muy variables según las personas, los contextos de producción socioeconómica y los temas de los que se esté hablando. Los indomexicanismos no tendrían que comportarse como un grupo léxico en un sentido sociolingüístico, pues solo algunos de ellos son fácilmente reconocidos como tales. Al estratificar socialmente los resultados de Lastra y Martín Butragueño [en prensa], resulta [Martín Butragueño en preparación], sin embargo, que, en lo que toca a la producción en entrevistas urbanas de Ciudad de México, sí parece existir cierto ordenamiento en el uso, pues las personas de estudios bajos los documentaron en mayor medida (48,1 %) que las de estudios medios (29,3 %) y las de estudios altos (22,6 %); hay también diferencias por edad y por sexo, pero todo apunta a que estas no son estadísticamente significativas[7].

Al menos una parte del léxico indomexicano suele tener valor emblemático. No es raro que los libros de texto escolares incluyan colecciones de préstamos, que apuntalan los rasgos propios del español mexicano. Un aspecto interesante es que este valor identitario no se limita al léxico común, sino que se extiende a la toponimia y la antroponimia. Como ha señalado Yolanda Lastra [comunicación personal; véase también Lastra y Martín Butragueño, en prensa], se convive con el *Popocatépetl* y el *Iztaccíhuatl*, y todos tenemos conocidos que se llaman *Citlalli* o *Cuauhtémoc*, y estas realidades no son ajenas a la construcción sociolingüística de la identidad, por lo que deberíamos estudiar su papel simbólico más detenidamente.

DISCUSIÓN

Es necesario tener una visión teórica que dé sentido a los fenómenos específicos de contacto. Tal perspectiva debe incluir dimensiones sociales, sociolingüísticas y lingüísticas. En el caso de México parece relevante partir de

---

7. Algunos estudios han sugerido la reducción de los indomexicanismos urbanos debido al alejamiento de las formas de vida tradicionales [véase Bogomilova Lozanova, 2000; Torres Sánchez, 2014; Martín Butragueño y Torres Sánchez, 2021: especialmente 554]. Por otra parte, las conclusiones de Lastra y Martín Butragueño [en prensa], al comparar sus datos con Lope Blanch [1979 (1969)] observan, como se ha dicho, que los corpus sociolingüísticos pueden ser demasiado limitados para estar muy seguros de un verdadero cambio con el transcurso del tiempo. Martín Butragueño [en preparación], como se dice *supra*, no encuentra correlación estadísticamente significativa entre el uso de indomexicanismos comunes y la edad, pero sí diferencias individuales y estratificación estadísticamente significativa por nivel de estudios. Véase Ávila Sánchez [1999] para una perspectiva socioléxica basada en la semántica social.

una amplia perspectiva de la historia sociolingüística del territorio [*cf.* Barriga Villanueva y Martín Butragueño, 2010-2022], pues sin ella no es posible entender las disímiles situaciones en zonas urbanas y rurales, en el norte y en el sur del país, o el papel de la escuela y de la educación bilingüe, entre un largo etcétera.

Otra cuestión no menos crucial son los aspectos identitarios, cuestión que debe verse tanto en el nivel local de las comunidades actuales —una buena lectura es Aguilar Gil [2020]— como en el nivel nacional, en la medida en que se considera el contacto una fuente muy relevante para caracterizar las variedades nacionales, especialmente en el nivel léxico [*cf.* AML, 2022].

Se ha escrito bastante sobre las políticas lingüísticas en México, relacionadas siempre con el contacto de una u otra manera [Flores Farfán, 2009; Muñoz Cruz, 2010; Pellicer, 2010, 2021a; Hamel, 2013; Barriga Villanueva, 2022; Morett Álvarez, 2022]. Parece imposible resumir ahora tales políticas, más allá de la reflexión acerca de la distancia que suele mediar entre los procesos de planeación —sean estos convincentes o no— y su ejecución específica. Para evaluar someramente estas acciones, podría apelarse al análisis de la normalización social y la estandarización lingüística [*cf.* Uribe-Villegas, 1976; Amorós Negre, 2008; Giral Latorre y Nagore Laín, 2019, etc.] en diversos casos. Parecería conveniente cruzar estas dos grandes dimensiones con comunidades ordenadas por taxonomías de situación de contacto, en un sentido análogo al del mencionado trabajo de Guerrero Galván y Torres Sánchez [2021]. Otro referente relevante es Pérez Báez [2022], a propósito de una encuesta sobre revitalización lingüística de carácter internacional. No menos trascendental es el hecho de que las condiciones socioeconómicas generales terminan teniendo, a fin de cuentas, un peso decisivo [*cf.* Avelino Sierra, 2022].

Como sea, es claro que deben redoblarse esfuerzos para concretar el objetivo de conocer y valorar el contacto entre el español y las lenguas indígenas, ponderando las raíces históricas del contacto, dignificándolo en su sincronía y dándole una mejor representación en corpus documentales, gramáticas y diccionarios, al tiempo que se evitan los procesos de folclorización, aun cuando en ocasiones pueda tratarse de acciones bienintencionadas.

¿Qué nos dice todo esto sobre el español? En otros lugares [Martín Butragueño, 2018, 2023, en prensa], he sugerido que una multitud de hechos sociolingüísticos dependen del estatus general de las lenguas. Así, el español ha tenido un estatus colonial en el pasado en México y en otros lugares, y es ahora, simultáneamente, poscolonial, nacional y patrimonial, entre otras dimensiones en pugna. En lo que toca al contacto lingüístico de esta lengua con las lenguas originarias indomexicanas, este no puede entenderse sin considerar la dimensión poscolonial que el español tiene en algunos casos:

las estructuras dominadoras y desplazadoras de los siglos pretéritos siguen presentes en bastantes casos e impiden una convivencia plenamente satisfactoria para todas las partes sociales y lingüísticas implicadas [Barriga Villanueva y Martín Butragueño, 2022: especialmente 3344-3345]. Deben evitarse así las nociones monolíticas sobre la lengua europea, pues cuando hablamos de español de México o en México, al igual que ocurre en otros lugares, debe tenerse en cuenta que conviven varias condiciones de apropiación y de imposición que son vividas de maneras muy diferentes por distintos grupos de hablantes en varias situaciones lingüísticas.

BREVES CONCLUSIONES

Cabe subrayar al menos cuatro observaciones principales, aun admitiendo la complejidad de las situaciones de contacto en México. Son las siguientes:

a) El estudio del contacto lingüístico debería ser una de las grandes vetas de investigación en países como México; si bien se está avanzando bastante, en especial en los últimos años, existe un largo camino por recorrer.

b) No solo las universidades, los centros de investigación y las organizaciones de hablantes deben participar en tal tarea. También las Academias deben hacer más de lo que han hecho hasta ahora para documentar y analizar el contacto, en particular en lo que toca a sus ecos en las comunidades hispanohablantes, tengan estas el español como primera o como segunda lengua.

c) Hay multitud de aspectos lingüísticos que merece la pena considerar. Prácticamente no hay dimensiones que no sean susceptibles de ser estudiadas, desde el léxico a la sintaxis y desde la pronunciación y la prosodia a la pragmática y el discurso.

d) Una política lingüística adecuada debe tener en cuenta las comunidades como tales y su compleja realidad multilingüística, no solo acciones aisladas sobre las lenguas.

REFERENCIAS BIBLIOGRÁFICAS

Aguilar Gil, Yásnaya E., 2020. *Ää: manifiestos sobre la diversidad lingüística*. Ciudad de México: Almadía.

Aguilar Ruiz, Mary Carmen, 2019. *Problemas en la prosodia enunciativa en el huave de San Mateo del Mar, Oaxaca*. Tesis doctoral. Ciudad de México: El Colegio de México.

AML, 1877-c. 1883 = [Listas de enmiendas y adiciones enviadas por la Academia Mexicana de la Lengua a la Real Academia Española]. Duplicados del original, depositados en la Real Academia Española.

AML, 2012 = Academia Mexicana de la Lengua. *Diccionario escolar*. 2.ª ed. Coords. José G. Moreno de Alba, Felipe Garrido y Rocío Mandujano Servín. Ciudad de México: Academia Mexicana de la Lengua.

AML, 2018 = Academia Mexicana de la Lengua. *Normatividad. Estatutos. Aprobados en la sesión plenaria del 14 de junio de 2018; https://www.academia.org.mx/la-academia/normatividad* [consultado el 17 de febrero de 2023].

AML, 2022 = Academia Mexicana de la Lengua. *Diccionario de mexicanismos. Propios y compartidos*. Ciudad de México: Santillana.

AML, en preparación = Academia Mexicana de la Lengua. *Diccionario escolar*. 3.ª ed.

Amorós Negre, Carla, 2008. *Norma y estandarización*. Salamanca: Luso-Española de Ediciones.

ASALE, 2010 = Asociación de Academias de la Lengua Española. *Diccionario de americanismos*. Madrid: Santillana.

Avelino Sierra, Rosnátaly, 2022. *La gestión del número en dos comunidades bilingües otomí-español*. Tesis doctoral. Ciudad de México: El Colegio de México.

Ávila Sánchez, Raúl, 1999. *Estudios de semántica social*. Ciudad de México: El Colegio de México.

Barriga Villanueva, Rebeca, 2022. «Tres hitos en el laberinto de la política lingüística mexicana», en *Historia sociolingüística de México*. Vol. 5: *Nuevas visitas al pasado y al presente*. Dirs. Rebeca Barriga Villanueva y Pedro Martín Butragueño. Ciudad de México: El Colegio de México, pp. 3293-3340.

Barriga Villanueva, Rebeca, y Pedro Martín Butragueño (dirs.), 2010-2022. *Historia sociolingüística de México*. Ciudad de México: El Colegio de México, 5 vols.

Bogomilova Lozanova, Elena, 2000. «Notas sobre la vitalidad del léxico indígena en el español contemporáneo de la Ciudad de México», en *Estructuras en contexto: estudios de variación lingüística*. Ed. Pedro Martín Butragueño. Ciudad de México: El Colegio de México, pp. 61-79.

Cifuentes, Bárbara, y José Luis Moctezuma, 2005. «The Mexican indigenous languages and the national censuses: 1970-2000», en *Mexican indigenous languages at the dawn of the twenty-first century*. Ed. M. Hidalgo. Berlin: Mouton de Gruyter, pp. 191-245.

Diebold, Jr., A. Richard, 1961. «Incipient bilingualism», *Language*, 37, 1, pp. 97-112.

Eberhard, David M., Gary F. Simons, y Charles D. Fennig (eds.), 2022. *Ethnologue: Languages of the World*. Twenty-fifth edition. Dallas, Texas: SIL International; online version: http://www.ethnologue.com [consultado el 8 de enero de 2023].

Fernández de Lizardi, José Joaquín, 1842. «Pequeño vocabulario de las voces provinciales de origen mexicano usadas en esta obra, a más de las anotadas en sus respectivos lugares», en *El Periquillo Sarniento*. 4.ª ed. México: Librería Calván, tomo IV, pp. 226-230.

Flores Farfán, José Antonio, 2009. *Variación, ideologías y purismo lingüístico. El caso del mexicano o náhuatl*. Ciudad de México: Centro de Investigaciones y Estudios Superiores en Antropología Social.

Giralt Latorre, Javier, y Francho Nagore Laín (eds.), 2019. *La normalización social de las lenguas minoritarias: experiencias y procedimientos para la salvaguarda de un patrimonio inmaterial*. Zaragoza: Prensas de la Universidad de Zaragoza.

Guerrero Galván, Alonso, 2016. «La determinación de derechos lingüísticos: diseño de peritaje por encuesta sociolingüística», en *100 años de la Constitución mexicana: de las garantías individuales a los derechos humanos*. Coords. Luis René Guerrero Galván y Carlos María Pelayo Moller. Ciudad de México: Universidad Nacional Autónoma de México, vol. 1, pp. 295-311.

Guerrero Galván, Alonso, y Nadiezdha Torres Sánchez, 2021. «El *habitus* lingüístico de tres redes indígenas: Otomí, chichimeca y tepehuano del sureste», en *Prácticas lingüísticas heterogéneas. Nuevas perspectivas para el estudio del español en contacto con lenguas amerindias*. Eds. Élodie Blestel y Santiago Sánchez Moreano. Berlin: Language Science Press, pp. 87-112.

Hamel, Rainer Enrique, 2013. «Language policy and ideology in Latin America», en *The Oxford Handbook of Sociolinguistics*. Eds. Robert Baley, Richard Cameron y Ceil Lucas. Oxford: Oxford University Press, pp. 609-628.

Hill, Jane H., y Kenneth C. Hill, 1977. «Language death and relexification in Tlaxcalan Nahuatl», *International Journal of the Sociology of Language*, 12, pp. 55-69.

INALI = Instituto Nacional de Lenguas Indígenas, 2009. *Catálogo de las lenguas indígenas nacionales. Variantes lingüísticas de México con sus autodenominaciones y referencias geoestadísticas*. Ciudad de México: INALI; https://site.inali.gob.mx/pdf/catalogo_lenguas_indigenas.pdf [consultado el 10 de enero de 2023].

INEGI = Instituto Nacional de Estadística y Geografía, 2021. *Panorama sociodemográfico de México: Censo de población y vivienda 2020*. México: INEGI; https://www.inegi.org.mx/contenidos/productos/prod_serv/contenidos/espanol/bvinegi/productos/nueva_estruc/702825197711.pdf [consultado el 15 de enero de 2023].

Lastra, Yolanda, y Pedro Martín Butragueño, en prensa. «Aproximación al estudio de los indoamericanismos léxicos presentes en el *Corpus sociolingüístico de la Ciudad de México*», en *Homenaje a Everardo Mendoza* [título provisional].

Lope Blanch, Juan M., 1979. *Léxico indígena en el español de México*. 2.ª ed. Ciudad de México: El Colegio de México. [1.ª ed., 1969].

Lope Blanch, Juan M., 2021. *Léxico indígena en el español de México*. Edición de P. Martín Butragueño. Madrid: Asociación de Academias de la Lengua Española.

Martín Butragueño, Pedro, 2010. «El proceso de urbanización: consecuencias lingüísticas», en *Historia sociolingüística de México*. Vol. 2: *México contemporáneo*. Dirs. Rebeca Barriga Villanueva y Pedro Martín Butragueño. Ciudad de México: El Colegio de México, pp. 997-1093.

Martín Butragueño, Pedro, 2018. «Lengua nacional y lengua patrimonial», *Memorias de la Academia Mexicana de la Lengua*, 44, pp. 397-424.

Martín Butragueño, Pedro, 2022a. «Contacto de dialectos I: dimensiones», en *Blog del grupo Español en Contacto*; https://espanolcontacto.fe.uam.es/wordpress/index.php/2022/04/25/contacto-de-dialectos-i-dimensiones-nueva-entrada-de-blog-escrita-por-pedro-martin-butragueno/.

Martín Butragueño, Pedro, 2022b. «Contacto de dialectos II: inmigración y desdialectalización», en *Blog del grupo Español en Contacto*; https://espanolcontacto.fe.uam.es/wordpress/index.php/2022/05/30/contacto-de-dialectos-ii-inmigracion-y-desdialectalizacion-nueva-entrada-de-blog-escrita-por-pedro-martin-butragueno/.

Martín Butragueño, Pedro, 2023. «El español en México», en *Dialectología hispánica / The Routledge Handbook of Spanish Dialectology*. Eds. R. Caravedo y F. Moreno Fernández. London - New York: Routledge, pp. 304-318.

Martín Butragueño, Pedro, en prensa. «Contacto, difusión y desplazamiento: el pasado en el presente y el español poscolonial en México», en *Contacto, literatura y memoria lingüística en México*. Ed. Concepción Company. Ciudad de México: El Colegio Nacional.

Martín Butragueño, Pedro, en preparación. «La vieja ciudad lingüística de México: rasgos lingüísticos de las personas de más edad a inicios del siglo XXI».

Martínez Baracs, Rodrigo, 2022. «Nuestro patrimonio lingüístico», *Lectura Estatutaria en la sesión ordinaria de la Academia Mexicana de la Lengua*, jueves 22 de septiembre; https://www.youtube.com/watch?v=6Io0lxL47MM.

Martínez Casas, Regina, 2014. «De la resistencia al desplazamiento de las lenguas indígenas en situaciones de migración», en *Historia sociolingüística de México*. Vol. 3: *Espacio, contacto y discurso político*. Dirs. Rebeca Barriga Villanueva y Pedro Martín Butragueño. Ciudad de México: El Colegio de México, pp. 1409-1455.

Mejías, Hugo A., 1980. *Préstamos de lenguas indígenas en el español americano del siglo XVII*. Ciudad de México: Universidad Nacional Autónoma de México.

Mendoza, Eufemio, 1872. *Apuntes para un catálogo razonado de las palabras mexicanas introducidas al castellano*. México: Imprenta del Gobierno, en Palacio.

Michnowicz, Jim, y Alex Hyler 2020. «The acento pujado in Yucatan Spanish: Prosodic Rhythm and the Search for the Yucateco Accent», en *Hispanic Contact Linguistics. Theoretical, Methodological and Empirical Perspectives*. Eds. Luis A. Ortiz López, Rosa E. Guzzardo Tamargo y Melvin González Rivera. Amsterdam: John Benjamins, pp. 116-136.

Michnowicz, Jim, y Laura Kagan, 2016. «On Glottal Stops in Yucatan Spanish: Language Contact and Dialect Standardization», en *Spanish Language and*

Sociolinguistic Analysis. Eds. Sandro Sessarego y Fernando Tejedo Herrero. Amsterdam: John Benjamins, pp. 217-240.

Montemayor, Carlos (coord.), Enrique García Escamilla, Enrique Rivas Paniagua, y Librado Silva Galeana, 2017. *Diccionario del náhuatl en el español de México. Nueva edición corregida y aumentada*. 3.ª ed. Ciudad de México: Universidad Nacional Autónoma de México - Secretaría de Educación del Distrito Federal. [1.ª ed., 2007].

Morett Álvarez, Sonia, 2022. «Las políticas lingüísticas en la vida cotidiana de México», ms.

Morett Álvarez, Sonia, en preparación. «Interferencias léxicas entre el náhuatl y el español en Achupil, Veracruz, México. Aspectos lingüísticos y sociolingüísticos».

Morínigo, Marcos A., 1964. «La penetración de los indigenismos americanos en el español», en *Presente y futuro de la lengua española. Actas de la Asamblea de Filología del I Congreso de Instituciones Hispánicas*. Madrid: Ediciones Cultura Hispánica, t. 2, pp. 217-226.

Muntzel, Martha, 2010. «Lenguas originarias en riesgo: entre el desplazamiento y la vitalidad», en *Historia sociolingüística de México*. Vol. 2: *México contemporáneo*. Dirs. Rebeca Barriga Villanueva y Pedro Martín Butragueño. Ciudad de México: El Colegio de México, pp. 957-996.

Muñoz Cruz, Héctor, 2010. «Significado y filiación de las políticas de lenguas indoamericanas. ¿Diferente interpretación y regulación de las hegemonías sociolingüísticas?», en *Historia Sociolingüística de México*. Vol. 2: *México contemporáneo*. Dirs. Rebeca Barriga Villanueva y Pedro Martín Butragueño. Ciudad de México: El Colegio de México, pp. 1241-1270.

Olivar Espinosa, Stefany, 2020. «La entonación de los enunciados aseverativos del español de contacto de hablantes bilingües de San Miguel Canoa, Puebla: una variedad del español mexicano», *Anuario de Letras. Lingüística y Filología*, 8, 2, pp. 65-116.

Palacios, Azucena, y María Sánchez Paraíso (eds.), 2021. *Dinámica lingüística de las situaciones de contacto*. Berlin: De Gruyter.

Palacios Cuahtecontzi, Niktelol, y Erik Franco Trujillo, en prensa. «Presencia y uso de indigenismos en PRESEEA-Puebla», en *Homenaje a Everardo Mendoza* [título provisional].

Pellicer, Dora, 2010. «Lenguas, relaciones de poder y derechos lingüísticos», en *Historia sociolingüística de México*. Vol. 1: *México prehispánico y colonial*. Dirs. Rebeca Barriga Villanueva y Pedro Martín Butragueño. Ciudad de México: El Colegio de México, pp. 605-658.

Pellicer, Dora, 2021a. *México diverso. Sus lenguas y sus hablantes*. Ciudad de México: Secretaría de Cultura - Instituto Nacional de Antropología e Historia - Escuela Nacional de Antropología e Historia.

Pellicer, Dora, 2021b. «Bilingüismo interno en México: asignatura pendiente», *Ichan Tecolotl*, 345; https://ichan.ciesas.edu.mx/bilinguismo-interno-en-mexico-asignatura-pendiente/ [consultado el 15 de enero de 2023].

Pérez Báez, Gabriela, 2022. «Encuesta internacional de esfuerzos de revitalización: enfoque regional para Latinoamérica», *Cuadernos de Lingüística de El Colegio de México*, 9; e231. doi: 10.24201/clecm.v9i0.231.

RAE, 2013- = Real Academia Española. *Diccionario histórico de la lengua española (DHLE)*; https://www.rae.es/dhle/ [consultado el 27 de febrero de 2023].

RAE, 2023 = Real Academia Española. *Enclave RAE*; https://enclave.rae.es.

RAE-ASALE, 2022 = Real Academia Española - Asociación de Academias de la Lengua Española. *Diccionario de la lengua española*. 23.ª. edición Actualización 2022 (23.6); https://dle.rae.es.

Ramírez Luengo, José Luis, en prensa. *La identidad léxica del español mexicano en el siglo XVIII*. Ciudad de México: Academia Mexicana de la Lengua - Universidad Nacional Autónoma de México.

Reig Alamillo, Asela, 2022. «Minorías lingüísticas foráneas en México», en *Historia sociolingüística de México*. Vol. 5: *Nuevas visitas al pasado y al presente*. Dirs. Rebeca Barriga Villanueva y Pedro Martín Butragueño. Ciudad de México: El Colegio de México, pp. 3065-3101.

Robelo, Cecilio Agustín 1904. *Diccionario de aztequismos ó sea Cat[á]logo de las palabras del idioma nahuatl, azteca ó mexicano, introducidas al idioma castellano bajo diversas formas. (Contribución al Diccionario Nacional)*. Cuernavaca: Imprenta del Autor; https://books.scholarsportal.info/en/read?id=/ebooks/ebooks5/ia5/ebooks/oca5/28/diccionariodeazt00robeuoft#page=2 [consultado el 31 de julio de 2020].

Rosado Robledo, Leonor, 2011. «Variación fónica: el caso de (*b, d, g*), (*p, t, k*) y (*n*) en el español yucateco», en *Realismo en el análisis de corpus orales: Primer Coloquio de Cambio y Variación Lingüística*. Ed. Pedro Martín Butragueño. Ciudad de México: El Colegio de México, pp. 147-167.

Sala, Marius, Dan Munteanu, Valeria Neagu, y Tudora Șandru-Olteanu, 1977. *El léxico indígena del español americano. Apreciaciones sobre su vitalidad*. Ciudad de México: Academia Mexicana – București: Academiei Române.

Sánchez, Jesús, 1886. «Glosario de voces castellanas derivadas del idioma nahüatl ó mexicano, por Jesús Sánchez», *Anales del Museo Nacional de México. Primera Época (1877-1903)*, tomo 3, pp. 57–67; https://revistas.inah.gob.mx/index.php/anales/article/view/6451.

Sánchez Moreano, Santiago, y Élodie Blestel (eds.), 2021. *Prácticas lingüísticas heterogéneas: Nuevas perspectivas para el estudio del español en contacto con lenguas amerindias*. Berlin: Language Science Press.

Soler Arechalde, María Ángeles, 2022. «Contacto de dialectos del español en México», en *Historia sociolingüística de México*. Vol. 5: *Nuevas visitas al pasado y al presente*. Dirs. Rebeca Barriga Villanueva y Pedro Martín Butragueño. Ciudad de México: El Colegio de México, pp. 3017-3064.

Soler Arechalde, María Ángeles, y Julio Serrano (eds.), 2020. *Contacto lingüístico y contexto social. Estudios de variación y cambio*. Ciudad de México: UNAM.

Solís, Patricio, e Iván Alcántara, 2022. «Las oportunidades son en español: pérdida intergeneracional de las lenguas indígenas y bienestar social en México», *Otros Diálogos*, 22 [En diálogo, Otros textos]; https://otrosdialogos.colmex.mx/las-oportunidades-son-en-espanol-perdida-intergeneracional-de-las-lenguas-indigenas-y-bienestar-social-en-mexico.

TLEAM-México, 2021- = *Tesoro lexicográfico del español en América - México*. Coords. Luz Fernández Gordillo, Pedro Martín Butragueño y Niktelol Palacios; https://www.ull.es/tleam/mx/index.php?action=home.

Torres Sánchez, Nadiezdha, 2014. «Léxico indígena en la ciudad de Guadalajara», en *Argumentos cuantitativos y cualitativos en sociolingüística*. Eds. Pedro Martín Butragueño y Leonor Orozco. Ciudad de México: El Colegio de México, pp. 371-396.

Torres Sánchez, Nadiezdha, 2018. *«Aquí hablamos tepehuano y allá español». Un estudio de la situación de bilingüismo incipiente entre español y tepehuano del sureste (o´dam) en Santa María de Ocotán y Durango*. Tesis doctoral. Ciudad de México: El Colegio de México.

Torres Sánchez, Nadiezdha, 2023a. «El español en contacto con las lenguas originarias de México y Centroamérica», en *Dialectología hispánica / The Routledge Handbook of Spanish Dialectology*. Eds. R. Caravedo y F. Moreno Fernández. London - New York: Routledge, pp. 444-455.

Torres Sánchez, Nadiezdha, 2023b. «La historia de vida como factor explicativo en las variedades de español en contacto», ms.

Trudgill, Peter, 1986. *Dialects in Contact*. Oxford – New York: Basil Blackwell.

Uribe-Villegas, Óscar, 1976. *Las disciplinas sociolingüísticas y el énfasis sociológico en sociolingüística (un ensayo)*. Ciudad de México: Universidad Nacional Autónoma de México.

Uth, Melanie, 2019. «Traces of Language Contact in Intonation: The Case of Yucatecan Spanish», en *Prosodic Issues in Language Contact Situations*. Eds. Congosto Martín, Yolanda y Laura Morgenthaler García. = *Spanish in Context*, 16, 3, pp. 353-389.

Valiñas Coalla, Leopoldo, 2020. *Lenguas originarias y pueblos indígenas de México. Familias y lenguas aisladas*. Ciudad de México: Academia Mexicana de la Lengua.

Zimmermann, Klaus, 2010. «Diglosia y otros usos diferenciados de lenguas y variedades en el México del siglo XX: entre el desplazamiento y la revitalización de las lenguas indomexicanas», en *Historia sociolingüística de México*. Vol. 2: *México contemporáneo*. Dirs. Rebeca Barriga Villanueva y Pedro Martín Butragueño. Ciudad de México: El Colegio de México, pp. 881-955.

El español dominicano y los indoantillanismos: integración y pervivencia

MARÍA JOSÉ RINCÓN GONZÁLEZ
Academia Dominicana de la Lengua

La investigación de los indigenismos en el español dominicano nace a finales del XIX de su consideración como rasgo identitario esencial de la dominicanidad y se convierte en el origen de la lexicografía dominicana. Conocer su proceso de implantación y, en su caso, de generalización, así como su pervivencia es esencial para caracterizar las variedades antillanas del español.

INTRODUCCIÓN: PRIMER CONTACTO

La complejidad de la realidad lingüística americana y de su proceso de contacto con la lengua española constituyen un invaluable patrimonio histórico y cultural para la historia de las lenguas originarias americanas, para la historia de la lengua española y para el presente y el futuro del español en América.

Las Antillas son el escenario del primer encuentro; las palabras de las lenguas de las familias arahuaca y caribe son las primeras en tomarse prestadas y las que antes se consolidan en el español que empieza a hablarse en América. Desde el español del Caribe se extienden en algunos casos al español americano; son las primeras en realizar un viaje de vuelta con destino al español de España y en dejar una huella americana en otras lenguas europeas.

La vida de las lenguas indígenas de las Antillas Mayores se extingue junto a la de sus hablantes a mediados del XVI. Esta realidad histórica obliga a estudiarlas a partir de los testimonios parciales y teñidos por el español de la documentación colonial, que apenas dejan margen a su interpretación lingüística[1]; textos que, al hilo de la descripción del Nuevo Mundo, se refieren también a su realidad lingüística, a veces de forma incidental y rudimentaria, a veces con verdadera perspicacia filológica, para convertirse en una valiosa aproximación al panorama lingüístico del Caribe insular, aunque no llegue a corresponder con su complejidad plurilingüe prehispánica[2].

El dominio del nuevo medio se logra y se representa también a través de las palabras, que desarrollan desde la etapa fundacional la personalidad léxica del español americano. Nuevas palabras y nuevas acepciones son la respuesta del español a la necesidad de nombrar; los mecanismos léxicos se activan, desde la adaptación de lo propio a la adopción de lo ajeno; incluso la combinación de ambas soluciones en dobletes de términos patrimoniales e indoantillanismos que acaban convertidos en sinónimos con distinta distribución social y geográfica: *palo santo* y *guayacán* taíno, *picaflor* o *zumbador* y *colibrí* caribe.

---

1. Frago Gracia, J. A. y Franco Figueroa M., *El español de América*, Cádiz, Servicio de Publicaciones de la Universidad de Cádiz, 2003, p. 145.

2. Jansen, S., «Encuentros lingüísticos en La Española, antes de Colón», en J. Barzen, H. Geiger y S. Jansen (eds.), *La Española. Isla de encuentros*, Tübingen, Verlag, 2015, pp. 3-20. p. 18.

LENGUAS ANTILLANAS Y VARIEDAD DOMINICANA DEL ESPAÑOL

El conocimiento de las lenguas antillanas prehispánicas y de su historia es esencial para trazar la historia léxica de las variedades del español en el Caribe y para su adecuada descripción sincrónica.

El reconocimiento de la variedad dominicana del español da sus primeros pasos a finales del siglo XIX precisamente gracias al estudio de los indigenismos antillanos y, en menor medida, de los afronegrismos. La diferencialidad léxica se aprecia en los indoantillanismos, para los que se deja de lado la tradicional voluntad correctora y el purismo que, sin embargo, es patente respecto a la diferenciación semántica o a la creación léxica dominicana a partir del componente patrimonial.

La formación de un Estado y de una identidad nacional representa para la recién nacida República Dominicana un esfuerzo por definir y delimitar unas características que la diferenciaran tanto de Haití como de España. La asunción de la lengua como rasgo identitario esencial de la dominicanidad, aún presente en la cultura dominicana, se intensifica en el proceso de la Independencia precisamente por convertirse en un valor cultural diferenciador del francés y del criollo haitiano. Con este impulso, el pasado prehispánico indígena, ligado inexorablemente en el español dominicano a la lengua española, se redescubre y se revaloriza.

LA LEXICOGRAFÍA INDIGENISTA

La historia del léxico prehispánico se vincula de manera extraordinaria con la historia de la lexicografía dominicana, cuyo nacimiento está estrechamente ligado a los esfuerzos por registrar los indoantillanismos, al hilo de la revalorización del pasado prehispánico que toma fuerza en el XIX. A pesar de sus carencias técnicas y metodológicas, la existencia y número de estas producciones ilustra el valor otorgado al componente indígena. Esta lexicografía indigenista nace en 1876 con el «Catálogo de los nombres propios del idioma haitiano que quedan en uso [...]», del historiador José Gabriel García[3], y se asienta en 1900 con el glosario *Quisqueyanismo*, del historiador Rodolfo D. Cambiaso, quien continúa

3. García, J. G., «Catálogo de los nombres propios del idioma haitiano que quedan en uso, enriquecido con la nomenclatura de las voces cuyo significado se recuerda por tradición», en *Memorias para la historia de Quisqueya, o sea, de la antigua parte española de Santo Domingo desde el descubrimiento de la isla hasta la constitución de la República Dominicana*, Santo Domingo, Imprenta García Hermanos, 1876.

en esta línea con su *Pequeño diccionario de palabras indo-antillanas* de 1916[4] [5].

Para la historia de los indigenismos[6], de Henríquez Ureña, y *Palabras indíjenas de la isla de Santo Domingo*[7], de Tejera, asientan el protagonismo indigenista en el primer tercio del XX. El análisis metalexicográfico de este lemario, a pesar de sus evidentes deficiencias de método, aporta información relevante para los indigenismos documentados en fuentes escritas y para los registrados en el uso dominicano en ese momento.

Las variantes gráficas se suceden, producto de la caracterización lingüística e histórica propia de este léxico: voces adaptadas desde una lengua que no estaba dotada de escritura que experimentaron los fenómenos fonéticos y gráficos que estaban teniendo lugar en la lengua española en la etapa inicial del español americano. Esta complejidad gráfica y fonética del indoantillanismo se manifiesta en los primeros diccionarios en la ausencia de homogeneidad macro y microestructural en el tratamiento de las variantes, que muestra en muchos casos la incomprensión de determinados fenómenos gráficos y fonéticos, y que ocasiona con frecuencia la consideración como palabras independientes de variantes gráficas o fonéticas de la misma palabra.

La lexicografía dominicana, tardía en relación con el entorno antillano, debe analizarse sin renunciar a la comprensión del diccionario en su condición de producto lexicográfico histórico, anclado en unas circunstancias históricas, sociales y bibliográficas concretas. Solo un estudio metalexicográfico riguroso puede evaluar y catalogar sus datos sobre uso, alcance geográfico o valoración social, más aún en el caso de los indigenismos, que suman a su dificultad de fijación etimológica y documental la ausencia de una historia de su difusión geográfica y social. El análisis del registro lexicográfico de los indigenismos puede aportar datos relevantes para valorarlos diacrónica y sincrónicamente y para calibrar el alcance de su pervivencia.

---

4. Cambiaso, R. D., *Quisqueyanismo*, vol. 1, Santo Domingo, El Eco de la Opinión, 1900.

   Cambiaso, R. D., *Pequeño diccionario de palabras indoantillanas*, Santo Domingo, El Progreso, 1916.

5. Alba postula que muchos de estos términos registrados a partir de fuentes documentales podrían corresponder a indigenismos olvidados en el uso y revividos por la literatura indigenista dominicana de F. M. del Monte, J. J. Pérez y G. F. Deligne. En Alba, O., *Cómo hablamos los dominicanos. Un enfoque sociolingüístico*, Santo Domingo, Fundación León Jimenes, 2004, p. 169.

6. Henríquez Ureña, P., *Para la historia de los indigenismos*, Buenos Aires, Universidad de Buenos Aires, 1938.

7. Tejera Penson, E. (1935), *Palabras indíjenas de la isla de Santo Domingo. Con adiciones hechas por Emilio Tejera*, Ciudad Trujillo, Editora del Caribe, 1951, p. V.

La lexicografía del indigenismo contribuyó al reconocimiento y la valoración de la diferenciación léxica dominicana y de los vínculos de esta variedad dialectal con otras variedades antillanas y caribeñas, y supuso un impulso para su investigación y registro, aunque de forma y con resultados rudimentarios[8]. Por el contrario, el interés por la expresión criolla de raíces hispánicas es más tardío y aparece siempre imbricado con el criterio purista de censura de todo lo que se aleje de una idea de lo español peninsular, establecido siempre como punto de referencia normativo[9].

LA HISTORIA DE LOS INDIGENISMOS

Para llevar a cabo el registro y seguimiento histórico del léxico indoamericano en el español dominicano resulta imprescindible aunar conocimientos filológicos de las lenguas indoantillanas y de historia y dialectología de la lengua española. El estudio de las fuentes documentales no puede circunscribirse a las obras cronísticas y literarias; a estas deben añadirse las fuentes lexicográficas, vocabularios y diccionarios, que «sirven, junto con las citas de obras literarias, como índices de acceso y difusión de estas voces»[10]; con especial atención a fuentes documentales americanas más humildes como las cartas y los repertorios notariales, sin perder de vista que cada tipología textual aporta datos diferentes que deben ser evaluados y valorados con la metodología adecuada.

Desde una perspectiva diacrónica, estas fuentes darán cuenta del proceso de implantación del préstamo indoantillano y de la progresiva desaparición del recurso a la explicación parafrástica y al doblete sinonímico. En las cartas de las gentes de a pie unas pocas palabras antillanas, perfectamente adaptadas, son la prueba de que el español ya nunca volvería a ser el que era antes de su llegada a América. Casi la mitad de los indigenismos en el corpus de *Cartas de particulares en Indias del siglo XVI*[11] son palabras taínas o caribes (*cacique, caimán, canoa, hamaca, maíz*) muy bien asenta-

---

8. El interés por el registro de las voces prehispánicas se mantiene a lo largo del siglo XX: Tejera Bonetti, E., *Indigenismos*, Santo Domingo: Sociedad Dominicana de Bibliófilos, 1977.

   El ejemplo más reciente de lexicografía indigenista es García Bidó, R., *Voces de Bohío. Vocabulario de la cultura taína*, Santo Domingo, Archivo General de la Nación, 2010.

9. Muestra germinal de este interés y de esta actitud es la obra de Brito, publicada con la intención de registrar usos y peculiaridades del español hablado en la región del Cibao. Brito, R., *Diccionario de criollismos*, San Francisco de Macorís, Imprenta ABC, 1930.

10. Ariza, M., «A vueltas con los indigenismos americanos del español peninsular», *Itinerarios*, volumen 14, 2011, pp. 11-23, p. 11.

11. Fernández Alcaide, M., *Cartas de particulares en Indias del siglo XVI: edición y estudio discursivo*, Madrid/Frankfurt am Main, Iberoamericana/Vervuert, 2009.

das[12], de cuya implantación da indicios la progresiva desaparición de explicaciones y sinónimos hispánicos. Los que escriben las cartas no se entretienen en aclarar el significado de los indigenismos; bien porque ya eran conocidos por sus destinatarios, bien porque los utilizan sin darse apenas cuenta. Fray Pedro Simón explica cómo estos nuevos vocablos se usan «tan de ordinario que ya los han hecho tan Españolizados, que no nos podemos entender acá sin ellos, ni declararnos en las historias sin introducirlos»[13].

Dominar, y aprovechar, el nuevo medio antillano pasaba por buscar la forma de contarlo. El léxico patrimonial y su adaptación se quedan cortos para referir una nueva realidad difícil de nombrar. Para describir las llanuras extensas y poco arboladas el español acude a la *sabana* caribe; el tainismo *manigua* se adopta para designar el terreno poblado de una vegetación espesa, mientras que el taíno *conuco* describe una nueva forma de plantación agrícola. El *cayo* arahuaco nombra las islas arenosas del mar Caribe, poblado por el *manatí*, caribe o arahuaco, y el taíno *carey*; el *dajao*, también taíno, nada los cursos de agua dulce. En el monte la *hicotea* y el *guabá* taínos o la *hutía* arahuaca; la pequeña luz del *cocuyo* caribe, el azote del *jején* y el *comején* arahuacos o la comezón de la *nigua* taína, mientras desde el cielo otean el *totí* y el *guaraguao* caribes. Si de alimentación se trata, los caribes *auyama* y *jobo*, los taínos *ají*, *maní*, *guanábana*, *hicaco* o *mamey* y la *guayaba* arahuaca, aunque no hayan traspasado la frontera léxica del español general, siguen vivos en variedades dialectales insulares caribeñas. El proceso enriquecedor del caudal léxico del idioma es imparable.

Las nuevas palabras, estrechamente ligadas al español, entran en los diccionarios. A Elio Antonio de Lebrija le debemos, entre tantas otras cosas, el registro del primer indigenismo americano, *canoa*, en un diccionario de la lengua española[14]. Siguiendo el camino abierto por Lebrija, los indigenismos empezaron pronto a incluirse en los diccionarios como entradas castellanas: Pedro de Alcalá en 1505 en su *Vocabulista arávigo en letra castellana*[15], Cristóbal de las Casas en 1570 en su *Vocabulario de las dos lenguas toscana y cas-*

---

12. Grützmacher, L., «Indigenismos americanos en cartas de particulares del siglo XVI», *Itinerarios*, 24, 2016, pp. 241-261, p. 258.

13. Simón, P. (1627), «Tabla para la inteligencia de algunos vocablos desta Historia», en *Fray Pedro Simón y su vocabulario de americanismos*, ed. facsimilar de la «Tabla para la inteligencia de algunos vocablos» de las *Noticias historiales de la conquista de Tierra Firme en las Indias Occidentales*, Santafé de Bogotá, Instituto Caro y Cuervo, 1986, p. 51.

14. Nebrija, A. de (¿1495?), *Vocabulario español-latino*, Alicante, Biblioteca Virtual Miguel de Cervantes, 2005. Disponible en https://www.cervantesvirtual.com/nd/ark:/59851/bmcvm466.

15. Alcalá, P. de, *Vocabulista arávigo en letra castellana. En Arte para ligeramente saber la lengua arábiga*, Granada, Juan Varela, 1505. [Consulta 11/3/2023]. Disponible en Real Academia Española: *Nuevo tesoro lexicográfico de la lengua española* (NTLLE) http://www.rae.es/ntlle.

tellana[16], Percival en 1591 en su *Dictionarie in Spanish, English and Latine*[17], que registra como plenamente incorporadas al español las voces taínas *ají* y *hamaca* y las caribes *bejuco* y *cacique*. En 1611 Covarrubias incluye en el *Tesoro de la lengua castellana o española*[18] trece indigenismos americanos, entre los que se encuentran los antillanismos taínos *caimán*, *canoa*, *hamaca*, *huracán*, *maíz* y *tuna* y el caribe *cacique*. Muy valiosas para la historia del español dominicano son las voces indígenas con amplias descripciones que recopila fray Pedro Simón en 1627 en su «Tabla para la inteligencia de algunos vocablos desta *Historia*»[19].

El expurgo con criterios filológicos de los textos es el punto de partida para la necesaria profundización en el estudio diacrónico de esta parcela léxica y para la determinación cierta de su origen indoantillano, a la que podrá ayudar la aplicación combinada de los tres criterios que Jansen propone para los tainismos[20]: *a)* un criterio distribucional; *b)* un criterio fonético; y *c)* un criterio comparativo. Determinada su etimología con cierto rigor metodológico, queda estudiar la biografía de cada palabra desde su adopción hasta su adaptación parcial o plena, su difusión geográfica y social y, por descontado, su evolución semántica.

Una prueba innegable del grado de integración de los indoantillanismos es su mimetismo con la lengua española. Sobre ellos actúan los mismos procedimientos de creación léxica que sobre las palabras patrimoniales, adquieren nuevas acepciones o entran a formar parte de locuciones y frases hechas. El sustantivo caribe *cacique* pasó de designar al 'gobernante o jefe de una comunidad o pueblo de indios', que era su sentido en lengua caribe, y el primero que tuvo en la lengua española, a referirse a la 'persona que en una colectividad o grupo ejerce un poder abusivo'; de un origen local a un uso general. Ha generado el femenino *cacica*, morfológicamente español, y los derivados *cacicazgo* 'condición de cacique', 'territorio en el que manda un cacique'; *ca-*

---

16. Casas, C. de las, *Vocabulario de las dos lenguas toscana y castellana*, Sevilla, Francisco de Aguilar y Alonso Escribano, 1570. [Consulta 11/3/2023]. Disponible en Real Academia Española: *Nuevo tesoro lexicográfico de la lengua española* (NTLLE) http://www.rae.es/ntlle.

17. Percival, R. (1591): *Bibliothecae hispanicae pars altera. Containing a Dictionarie in Spanish, English and Latine*, Londres, John Jackson y Richard Watkins, 1591. [Consulta 11/3/2023]. Disponible en Real Academia Española: *Nuevo tesoro lexicográfico de la lengua española* (NTLLE) [en línea]. http://www.rae.es/ntlle.

18. Covarrubias, S. de, *Tesoro de la lengua castellana o española*, Madrid, Luis Sánchez, 1611. Disponible en Real Academia Española: *Nuevo tesoro lexicográfico de la lengua española* (NTLLE) [en línea]. ‹http://www.rae.es/ntlle› [Consulta 9/3/2023].

19. Simón, 1627.

20. Jansen, S., «Algunos indigenismos del español antillano, revisitados desde la perspectiva de la lingüística americanista», en J. M. Santos Rovira (ed.), *Armonía y contrastes. Estudios sobre variación dialectal histórica y sociolingüística del español*, Lugo, Axac, 2015, pp. 75-97, pp. 79-83.

cicatura 'autoridad o poder del cacique de un pueblo o comarca', *cacicada* 'acción arbitraria propia de un cacique o de quien se comporta de igual modo', *caciquear* 'intervenir en asuntos usando indebidamente autoridad, valimiento o influencia' o *caciquil* 'perteneciente o relativo al cacique de un pueblo o comarca' *DLE*[21]. Sobre la base léxica *hamaca* el español ha creado los derivados *hamaqueada* 'zarandeo que se da a una persona', *hamacar* o *hamaquear* 'mecer, dar impulso *a alguien* que se encuentra en una hamaca o columpio', 'mover *algo o a alguien* de un lado a otro, balancearlo'. La voz caribe *macana* 'garrote grueso y corto de madera' ha sumado a esta acepción etimológica los sentidos coloquiales de 'fuerza física' o 'pene', además de los derivados *macanear* 'golpear *a alguien, especialmente con una macana*', 'controlar, dirigir *a alguien*', *macanazo* 'golpe fuerte' y *macaneo* 'acción y efecto de macanear' *DED*[22].

Los ejemplos de productividad y vigencia no pueden ocultar su tendencia a la mortandad léxica. La frecuencia de uso y la pervivencia del léxico indoantillano en el español dominicano está condicionada por la urbanización progresiva de la sociedad dominicana, que repercute en el abandono de un componente léxico vinculado estrechamente al entorno natural y rural.

CONCLUSIÓN

Trazar la biografía de estas palabras es de una relevancia insoslayable para la historia léxica del español del Caribe insular —Cuba, Puerto Rico y la República Dominicana—, y para su adecuada descripción sincrónica. Profundizar en su investigación y en la de sus redes léxicas con otras palabras vinculará su historia con su presente.

Las palabras de las lenguas prehispánicas de las Antillas que se injertaron en el español simbolizan la transformación de la lengua española en América. Pertenecen a todos los hispanohablantes, que hace siglos que dejaron de sentirlas como préstamos. Su recorrido vital las ha ido impregnando de matices que evocan tiempos, tierras y gentes que ya no están, y, también, las ha preparado para el futuro. Son parte del legado histórico de nuestra lengua y del legado que su presente dejará como patrimonio a los que vengan.

21. Las definiciones van acompañadas del título abreviado del diccionario del que se toman. En nota al pie se cita la referencia bibliográfica completa en la primera aparición de la obra. En este caso, Real Academia Española: *Diccionario de la lengua española*, 23.ª ed. [versión 23.6 en línea]. https://dle.rae.es.

22. Academia Dominicana de la Lengua, *Diccionario del español dominicano*, Santo Domingo, Academia Dominicana de la Lengua/Fundación Guzmán Ariza, 2013.

Contacto entre las lenguas indígenas y el castellano en Bolivia

ESPAÑA ROSARIO VILLEGAS PINTO
Academia Boliviana de la Lengua

El contacto entre lenguas originó una nueva variedad del castellano en Bolivia. La división dialectal caracterizada y reflejada por fenómenos fonológicos, morfosintácticos y léxicos fue un aporte importante para encarar las investigaciones; sin embargo, los trabajos referentes a este tema, publicados hasta la fecha, son insuficientes. Actualmente, las investigaciones que se encaran se encuentran enfocadas principalmente en el estudio de la influencia que han ejercido las lenguas indígenas en el castellano desde la colonia o viceversa en textos escritos que hasta la fecha no fueron objeto de análisis.

INTRODUCCIÓN

Bolivia, al igual que otros países de Latinoamérica, es rica en su diversidad cultural, lo que se refleja por la presencia de una gran variedad lingüística, que es representada por treinta y cuatro lenguas indígenas, habladas aproximadamente por cuatro millones de habitantes; entre ellas se destacan el quechua y el aimara, que reúnen al mayor número de hablantes en las regiones del Altiplano, Valles y Llanos. El quechua cuenta con un 31 % de hablantes y el aimara con un 25 %; además se tiene al guaraní como una lengua representativa de las tierras bajas, hablada por el 2 % de la población.

El contacto del castellano con las lenguas indígenas de América se produjo hace muchos siglos y se encuentra documentado en varios manuscritos coloniales; Bolivia no es un caso diferente y la actividad económica desde los primeros años de la colonia en el Alto Perú, hoy Bolivia, caracterizada principalmente por la minería, especialmente en las ciudades de Potosí, La Plata (Sucre) y La Paz, regiones en las cuales se hablaba quechua y aimara, ha contribuido a que el mismo sea casi inmediato. Aunque se presentó la resistencia de muchos pueblos indígenas que poseían una lengua, cultura y costumbres difíciles de fragmentar, como fue el caso de la lengua aimara; pese a ello, finalmente cedieron a las disposiciones administrativas y políticas, las mismas que dejaron muy pocos rastros de las lenguas más débiles. Es así que las lenguas indígenas fueron el sustrato sobre el que se extendió el castellano durante casi cinco siglos, dejando huella en su convivencia con el castellano que actualmente se habla en Bolivia.

El bilingüismo caracterizó la primera etapa de castellanización de los habitantes en el territorio nacional. Al principio, los castellanohablantes tuvieron que aprender las lenguas indígenas y los nativos, el castellano, para finalmente imponerse como lengua oficial. En palabras de Coello[1], «el castellano es la máscara del rostro, si explicitamos la metáfora, el castellano es la máscara que

1. Coello Vila, C., «Bolivia», en M. Alvar (ed.), *Manual de dialectología hispánica. El español de América*, Barcelona, editorial Ariel, 1996, pp. 169-183.

esconde el rostro, o que el rostro asoma aquí y allá en los puntos más sensibles y expresivos de la máscara o que rostro y máscara, máscara y rostro, son uno, porque el contacto entre ambos es extenso e intenso, profundo y sustancial».

La situación diglósica del castellano con el quechua y aimara es aún más compleja, según Mendoza[2], en Bolivia, por la convivencia de lenguas que poseen mucha representatividad: se presenta una *diglosia alternativa*, es decir que puede cambiar la función de una u otra lengua de *lengua alta* a *lengua baja* y viceversa; o se produce una *multiglosia,* por la coexistencia de tres lenguas en un mismo territorio. La relación *multiglósica* se presentará cuando una de las tres lenguas asuma el rol de *lengua baja* frente a las otras dos. Coello[3], citando a Zimmerman, propone considerar las características lingüísticas de las variedades diatópicas, además recomienda estudiar la duración y extensión de este contacto sin que se excluyan las investigaciones en el nivel diastrático y el nivel diafásico.

DIVISIÓN DIALECTAL

El primer planteamiento que se hizo sobre la división dialectal de Bolivia fue de Coello[4]. Su propuesta reconoce tres regiones o zonas, tomando en cuenta la influencia del sustrato, el bilingüismo y las consecuencias emergentes del contacto; así se tiene: zona A, región andina que comprende cinco departamentos (La Paz, Oruro, Cochabamba, Chuquisaca y Potosí); la zona B, región del Oriente, con tres departamentos (Santa Cruz, Beni y Pando); y la zona C, región de los valles centrales y del sur, que toma en cuenta solo al departamento de Tarija. La descripción de las características fonológicas y morfosintácticas de cada región precisan más los rasgos propios de estas, en la mayoría de los casos influenciados por una lengua indígena. Mendoza[5] propone una clasificación de tres zonas de acuerdo a estas características:

Tipo 1: zona andina

a. Empleo predominante de la variante fricativa [s], aun en posición final de la sílaba.

2. Mendoza, José, «El castellano de Bolivia», en E. Clevels y P. Muysken (eds.), *Lenguas de Bolivia, Tomo IV, Temas Nacionales*, La Paz, Plural Editores, 2015.

3. Coello Vila, C., *Origen, motivación y creación léxica de los bolivianismos.* Conferencia en el II Congreso Internacional de la Lengua Española, Valladolid, celebrado entre el 16 y 19 de octubre de 2001 [en línea], Biblioteca Virtual Miguel de Cervantes. [Consultado el 13 de enero de 2023]. Disponible en: http://congresosdelalengua.es/valladolid/ponencias/unidad_diversidad_del_espanol/2_el_espanol_de_america/coello_c.htm

4. Coello Vila, C., *op. cit.*, pp. 172-174.

5. Mendoza (2015), *op. cit.*, p. 32.

b. Voseo pronominal en alternativa con el uso de *tú*. Voseo verbal solo en la forma imperativa.

Tipo 2: zona oriental

a. Elisión [ɵ] y/o aspiración [h] como variantes prevalecientes del segmento fonológico /s/ en posición postsilábica, especialmente en colocación final de la palabra.
b. Voseo pronominal y verbal en todas las formas verbales incluso en la forma imperativa. El uso de la forma pronominal *vos* es predominante.

Tipo 3: zona sur

a. Empleo predominante de la variante fricativa [s]. La variante aspirada [h] ocurre con poca frecuencia, especialmente en la subregión chaqueña.
b. Voseo pronominal en alternancia con el uso de *tú*. Voseo verbal predominante en la forma imperativa y en las formas de indicativo, especialmente en la variedad popular.

FONOLOGÍA

En el nivel fonético se denota, con frecuencia, la caída, la reducción y la sustitución vocálica; en el sistema consonántico, la simplificación, sustitución y asibilación.

no pues /nóps/	(caída vocálica)[6]
aprieto /apréto/	(reducción vocálica)
/e/ > /i/: /isu, pína, tárdi, mísa/	(sustitución vocálica)
parinu, cuaradu ('padrino', 'cuadrado')	(simplificación consonántica)
g > *w*: wardia, guagua ('guardia', 'wawa')	(sustitución consonántica)
/zátu, kázu, sizu/ ('rato', 'carro', 'cerro')	(asibilación de vibrante múltiple)

MORFOSINTAXIS

En el nivel morfosintáctico, los rasgos que se presentan con mayor frecuencia se deben a la sintaxis de las lenguas indígenas, los mismos que fueron clasificados por Mendoza[7], según su alta repetición principalmente en la

6. Para más información véase Mendoza, José, «Bolivia», en A. Palacios (ed.), *El español en América, contactos lingüísticos en Hispanoamérica*, Madrid, Editorial Ariel, 2008.

7. Mendoza, José, «Bolivia», en A. Palacios (ed.), *El español en América, contactos lingüísticos en Hispanoamérica*, Madrid, Editorial Ariel, 2008.

lengua oral: el doble posesivo (*De mi mamá su casa*); el pluscuamperfecto espurio (*Llegué a La Paz, toda la familia se había prestado movilidad, todo, para subirme a recoger, a esperar en grupo*); en + locativo (*En allá estaba hablando con tu hermano*); *dice* con función de validador referencial (*No molestes, diciendo había dicho)*; duplicación del acusativo pospuesto (*Lo quiere ganar el partido*); discordancia de género, número y caso (*Nunca no se arregla esa problema*); uso divergente de preposiciones (*a ver pues, veremos de poco a poco*), las partículas o posposiciones (*qué diciendo / qué haciendo*); doble negación (*Nunca no me ha pasado así*); omisión del clítico (*Molestando a las cholitas, arrojando, llevando al río*); omisión de artículo (*Mayoría de la gente que se va de La Paz*), y sufijo diminutivo (*Le he explicado biencito*). Todos estos casos se registran en la variedad culta y popular, con predominio en la última, según los estudios del autor.

Las investigaciones sobre las partículas modales explican los nuevos valores que se presentan por influencia del contacto: la partícula *siempre* es empleada para indicar énfasis o una equivalencia a *realmente* (*nada siempre*); por otro lado, la partícula *nomás* se usa con distintos significados como ruego, aceptación o delimitación (*vamos nomás, haz nomás*); la conjunción *pues* asume diferentes significados que pueden ser de énfasis o insistencia (*Soy pues paisano tuyo*) y, finalmente, la conjunción adversativa *pero* asume el valor de énfasis (*Vení solito, pero*).

LÉXICO

En cuanto al léxico, los vocablos empleados se encuentran restringidos a la lengua oral tanto en la variedad culta como en la popular. Mendoza[8] los clasifica en cuatro grupos: vocablos solo de origen quechua, vocablos solo de origen aimara, vocablos de léxico compartido y los vocablos compuestos. No obstante, después de haberse realizado un análisis exhaustivo del *Diccionario de préstamos del quechua al castellano boliviano*[9], se tiene como resultado el incremento de cuatro a diez grupos: lemas con étimo quechua; lemas con étimo compartido aimara y quechua; lemas que mantienen la etimología quechua; lemas con raíz quechua y sufijo castellano; lemas con prefijo castellano, raíz quechua y sufijo castellano; lemas con raíz quechua y sufijo aimara; lemas compuestos quechua-castellano y castellano-quechua; lemas compuestos quechua-quechua y sufijo castellano; lemas compuestos aimara-quechua, y lemas compuestos castellano y sufijo quechua.

8. Mendoza (2008), *op. cit.*, p. 232.

9. Coello Vila, C., *Léxico mestizo. Diccionario de préstamos del quechua al castellano boliviano.* Volumen I, Alemania: Universidad de Friburgo, 2008.

Por otra parte, entre los estudios sobre el léxico, que hasta la fecha fueron generalmente lexicográficos, Columba[10] abre la posibilidad de examinar un corpus que no fue analizado anteriormente, ya que considera la literatura boliviana del siglo XX, mediante la indagación de los siguientes relatos sobre la minería: *Metal del diablo* de Augusto Céspedes (1946), *Socavones de angustia* de Fernando Ramírez Velarde (1947) e *Interior mina* de René Poppe (1986). En cada uno de los textos, el investigador recopiló varios términos clasificados en campos semánticos: de las acciones, los lugares y los instrumentos propios del trabajo minero, los oficios y las ocupaciones de la mina; sobrenombres o apodos empleados por los mineros; y lenguaje obsceno y peyorativo. La investigación es un aporte y, podría decirse, un complemento al trabajo de Peter Muysken[11], quien tomó el corpus minero para desarrollar su análisis, determinando que entre yanaconas y mingas se presenta una mayor influencia de la lengua quechua a diferencia del grupo de los mitayos, quienes mezclan dos lenguas: el aimara y el quechua.

A MODO DE CIERRE

Varios estudios corroboran el influjo de las lenguas indígenas en el castellano, especialmente en los niveles morfosintáctico y léxico, pero se evidencia la necesidad de realizar investigaciones en los planos semántico y pragmático para comprender aún más el pensamiento y cultura de varias regiones de Bolivia donde predominan las lenguas nativas.

Finalmente, no debe excluirse la creación de una base de datos representativa del castellano de Bolivia, un corpus oral y escrito sistematizado, que ayudará como punto de partida para futuras investigaciones.

---

10. Columba, M., «Apuntes para el estudio del léxico mestizo en la narrativa minera boliviana», en *Crónica de la lengua española 2022-2023*, Barcelona, Espasa, pp. 319-336.

11. Muysken P., «Multilingüismo y lenguaje mezclado en las minas de Potosí (Bolivia)», *Lingüística*, vol. 33-2, pp. 97-124.

Sobre el español en el espacio andino peruano

CARLOS ARRIZABALAGA
Universidad de Piura

La realidad del español en contacto con las lenguas andinas comprende un espacio inmenso y complejo. Los términos también son restrictivos y en el espacio andino deberían caber las lenguas amazónicas y las antiguas lenguas costeñas. Evidentemente, Perú es un país andino, pero no todo Perú es andino, y lo mismo puede decirse de Bolivia y Ecuador. La denominación «espacio andino» no termina de ser un concepto algo difuso, de límites no tan claros, porque incluye también cosas tan dispares como los estudios del mochica, las lenguas amazónicas y el castellano en contacto con mundos diversos. Al respecto, la costa norte del Perú ofrece un panorama interesante, en que hubo también un largo contacto de lenguas, por más que el mochica, el tallán y el sechura desaparecieron a lo largo de los siglos XVII y XIX. Debemos aclarar primero la extensión del estudio, porque el contacto del español con lenguas originarias o nativas en los países andinos comprende espacios muy diversos y se sigue ampliando debido a la migración, por cuanto el español andino se ha trasplantado a Lima y otros lugares. Ahora están ampliándose al español amazónico, que presenta rasgos andinos con otros fenómenos desarrollados por otros factores. Por ejemplo, Rodríguez Mondoñedo y Stephen Fafulas (2016) y ahora Andrés Napurí (2018) analizan el doble posesivo andino que se manifiesta en el espacio amazónico. Igualmente hay que señalar los importantes aportes del profesor Pedro Falcón (2018)[1].

Por otro lado, pese a las indudables semejanzas de los españoles andinos de Perú, Ecuador y Bolivia, hay que tomar en cuenta que en cada país se han establecido «culturas lingüísticas propias» (Zimmermann, 2022, p. 11), porque el pluricentrismo en el idioma es muy marcado y los fenómenos son aceptados o rechazados en cada país de acuerdo a sus propias normas nacionales y regionales.

1. Los trabajos de Falcón (2008 y 2011) se habían centrado en la descripción de fenómenos del castellano bilingüe en la selva central del Perú, especialmente en contacto con los asháninkas. Fenómenos como el uso peculiar de los diminutivos o las perífrasis. De la descripción ha pasado luego a la indagación y la reflexión sobre las actitudes lingüísticas (Falcón, 2018) desde un enfoque mentalista, apoyado, entre otros muchos, en la sociolingüística española de corte norteamericano. Falcón parte del convencimiento de que «es imperativo evaluar y proponer programas orientados a prevenir actitudes prejuiciosas que menoscaban la convivencia entre diferentes grupos, que alimentan los conflictos sociales, que en muchos casos contribuyen a la generación de actitudes racistas (Falcón, 2018, p. 17). Asumiendo postulados de las propuestas psicosociológicas norteamericanas, plantea que la actitud es un sistema de creencias que se superponen a los afectos y al comportamiento idiomático en la medida en que los hablantes son conscientes de su propio desempeño lingüístico y de lo que ello implica. Entre sus resultados se comprueba una actitud más abierta al empleo del castellano entre los jóvenes, al aplicar cuestionarios sobre diversas cuestiones referidas al uso de su lengua originaria, preferida en la organización de las fiestas o costumbres propias, mientras el castellano sirve para el contacto con las autoridades regionales, y la enseñanza en lengua originaria recibe un respaldo similar a la enseñanza bilingüe matsiguenga y castellano (Falcón, 2018, p. 188).

Por lo general, el español andino se refiere a las modalidades habladas en la sierra y su extensión hacia la selva y la costa debido a la migración. Es evidente la real importancia de este espacio y su interés en la historiografía lingüística es innegable, por la relevancia de sus características, fruto del prolongado e intenso contacto con el quechua y con el aimara. Los estudios se han dado «con enfoques más gramaticales o bien sociales» (Napuri, 2018, p. 193). También hay que mencionar el enfoque sociohistórico con el que Andrade (2020) analiza el castellano norandino peruano, en contacto con la ya desaparecida lengua culle. En realidad, pienso que el estudio del español andino ha sido en su conjunto un gran aporte de la lingüística sudamericana a la hispanística y al conocimiento de las lenguas del mundo en general.

En efecto, aunque decimos el español en el espacio andino, en términos genéricos, sería más adecuado hablar de los castellanos (en plural) en contacto con las lenguas andinas. Esto ha dado lugar a muchos fenómenos interesantes, como el pluscuamperfecto evidencial, el *decir* reportativo, la reinterpretación de los clíticos, nuevos significados de adverbios como *ya* o *en aquí*, algunos usos preposicionales singulares, entre otros.

Los estudios del español andino se vincularon en un inicio con las políticas educativas y la sociolingüística, se desarrollaron como un interesante campo de ensayo de los estudios de contacto y finalmente han devenido en estudios de onomástica y sociolingüística histórica, por un lado, y en reflexiones desde el estudio de las ideologías lingüísticas. Comienzan en la Universidad de San Marcos en los años 70 a raíz de una relación estrecha que se establece con la Universidad de Cornell, en Estados Unidos, y a resultas de unos trabajos pioneros que realizaron los norteamericanos Anthony Lozano (1975) y de Louisa R. Stark (1970) sobre el español en contacto con el quechua. Un plan nacional de fomento lingüístico convoca a un equipo para elaborar diccionarios y gramáticas de las variedades peruanas de la lengua quechua y un proyecto que desarrolla el Ministerio de Educación a través del Inide para investigar las características del habla del niño peruano castellanohablante, que permitieron descubrir numerosos fenómenos de interferencia por contacto con las lenguas andinas (aunque solo se llegó a publicar una pequeña parte de los trabajos proyectados). Algunos de esos aportes se reúnen en un pequeño volumen (López, 1988).

La participación de Perú en proyectos continentales como el Atlas Lingüístico de Hispanoamérica o el Proyecto coordinado de estudio de la norma culta de Lope Blanch no tuvieron aquí mayor trascendencia. Ahora bien, que los estudios del español andino no hayan caminado de mano de los grandes proyectos lingüísticos hispanoamericanos no quiere decir que hayan surgido de manera autónoma. Nacieron y crecieron vinculados a la sociolingüística norteamericana, esto quiere decir que sus bases estaban vinculadas con estudios indigenistas de todo el continente, y mostraban a veces cierta hispanofobia. Fueron muy importantes las investigaciones y trabajos recopilatorios de Germán de Granda (1999, 2001 y 2002) y Julio Calvo (2000) para que los estudios del español andino se integraran en la hispanística.

La publicación en 1978 de «Variaciones sociolingüísticas del castellano en el Perú» de Alberto Escobar, con todas sus limitaciones y deficiencias, marcó definitivamente la marcha de los estudios del español andino. Escobar, a través del Instituto de Filología de San Marcos, trató de formar un equipo de investigadores, aunque su traslado a Estados Unidos y su posterior enfermedad dejó interrumpidos algunos proyectos. En Cornell se especializó el profesor Rodolfo Cerrón-Palomino (2003), quien se ha destacado por sus estudios del español andino relacionándolos con la educación, por un lado, y con la historia lingüística de los Andes. Por su parte, Juan Carlos Godenzzi (1986) analizó el castellano de Puno en un contexto multilingüe.

José Luis Rivarola (1990) descubrió la presencia de las mismas interferencias con testimonios de la época virreinal y republicana. También en parodias que revelaban la estigmatización que sufrían los hablantes por emplear rasgos considerados «motosos». Las expresiones «habla con mote», «hablar motoso» o «mote con cancha» hacen referencia a estos fenómenos (Arrizabalaga, 2006).

Es imposible mencionar a todos, pero son numerosos los trabajos que se han desarrollado sobre el español andino[2]. Muchos se ocupan de aspectos parciales: Gustavo Solís (1988) estudia la diátesis; Karol Klee (1989), los clíticos; Juan Carlos Godenzzi (1995), el uso del artículo, y Margarita Jara (2013), los tiempos de pretérito. Algunos fenómenos se vuelven temas recurrentes: la evidencialidad en español andino y el reportativo mediante usos propios del verbo *decir* —lo que Germán de Granda (2002) explicaba como «proceso de transferencia puntual recíproca» (p. 129)— han llamado la atención a Luis Andrade (2000), Virginia Zavala (2006) y Gladys Merma (2008), entre otros. Interesa ahora también evaluar la extensión de algunos rasgos andinos en Lima y ciudades de la costa como efecto de la migración (hay un interesante trabajo de Carola Mick y Azucena Palacios de 2013) y la reflexión sobre las actitudes lingüísticas (Falcón, 2018), las ideologías en la educación (De los Heros, 2007-2008) y los prejuicios contra la motosidad (Andrade y Pérez, 2008).

Los estudios sociolingüísticos siguen vigentes. Eunice Cortez (2020) analiza el comportamiento de la asibilación de /r/ en el castellano de la sierra central del Perú enmarcando su investigación en categorías sociohistóricas: la identidad, su devenir histórico, los efectos de la migración a la capital, el

2. Pueden consultarse, por ejemplo, Inés Pozzi-Escot (1990), Anna María Escobar (1990, 2000, 2003), Carol A. Klee (1989 y 1990) y Margarita Jara (2013).

urbanismo, etc. La conservación del quechua ayuda a fortalecer la identidad, pero ya no es una necesidad (p. 140). La asibilación es mayor en hablantes bilingües, y en personas de mayor edad, mientras que los jóvenes urbanos muestran un índice menor. Los procesos de nivelación no impiden que se mantengan variantes debido a las valoraciones sociales que reciben; unas son imitadas y otras minusvaloradas, de manera que «la variedad andina no carece de las variantes que se adjudican propias al español de la costa, ni se diferencia en gran medida con este en las dinámicas de valoración que implican la subordinación de "lo andino" y la dominación de la norma "estándar"». Se caracteriza más bien porque «sus variantes ingresan a un entramado de asociaciones que, si bien reconocen lo andino como propio, también lo excluyen y subordinan bajo determinados ejes sociales».

Sin duda, los estudios del español andino han conocido un desarrollo importante, pero hay que considerar que la mayoría de los trabajos se ocupan de aspectos muy concretos o de espacios reducidos, a veces con solo diez o quince informantes. Ocampo y Klee (1995) estuvieron en Calca, una de las trece provincias que forman el departamento del Cuzco. Sonia Benavente (2013) estudia Arequipa; Félix Julca (2013) analiza la situación de Huaraz; Eunice Cortez (2020), Huancayo.

Una comprensión cabal del español andino no alcanza con la suma de pequeñas monografías locales, sino que ameritaría un trabajo coordinado que abarcara una descripción global de las variedades con el método de la geografía lingüística y de la sociolingüística, y con un número significativo de informantes. Es necesario tener una visión más amplia, porque un idioma es un sistema funcional. Una aproximación que solo contemple los fenómenos resaltantes resulta atrayente para deslumbrar a la comunidad académica, pero sería también interesante comprobar si estos se integran o no en la norma regional. En ocasiones se ha reportado el español andino como una larga lista de fenómenos discordantes (Calvo, 2000). Necesitamos más trabajos de conjunto porque no basta con tener una acumulación de estudios puntuales y diversos de fenómenos que no sabemos si se dan todos juntos en el mismo espacio, ni con qué intensidad se producen y de qué manera interaccionan entre sí. Falta hacer trabajos de geografía lingüística. Sería bueno contar con un buen atlas lingüístico del Perú o con estudios globales que permitieran hacer comparaciones. Para ello se necesitaría contar con un buen corpus de habla peruana.

Kerstin Störl (2020) plantea ahora que la descripción del castellano andino ha de tomar en cuenta, igualmente, los aspectos cognitivos, especialmente en los casos en los que la influencia del léxico o la gramática revela «rasgos conceptuales distintos» (p. 75). Ahora bien, lo aplica a unos pocos aspectos. Plantea que los diminutivos en español andino son una expresión de cortesía o afecto emocional y no de disminución, como si esto no fuera posible en el español general también (Störl, 2020, p. 76). Ciertamente hay que ver los contextos sociales y conocer «los amplios espacios de los conceptos vinculados con los medios lingüísticos» (Störl, 2020, p. 77), para lo cual se hace necesario el análisis cognitivo. En la misma línea, Juan Carlos Godenzzi (2005) había abordado el análisis del español andino partiendo de que el lenguaje no es solo código de comunicación sino también «generador de las redes simbólicas de la concepción del mundo» (p. 193).

El español andino se ha interpretado de modo diverso. Benvenutto consideraba en 1936 que era una necesidad irrefutable que el castellano fuese la lengua nacional y rechazaba cualquier posible influencia quechua, mientras que Escobar (1978, p. 32) considerará que esa influencia marca la «capa horizontal» de la dialectología peruana. Para Rivarola (1986) no podía calificarse de modalidad estable, dado su carácter precario, de «estadio transitorio hacia las variedades regionales de los hablantes maternos o hacia el posible surgimiento de lenguas criollas» (p. 28). Para Rivarola resulta, si no impensable, por lo menos «discutible identificar formalmente el punto final de un proceso de adquisición lingüística con una variedad históricamente constituida y diatópicamente especificada» (Rivarola, 1986, p. 28). Una posición mucho más radical defendía Cerrón Palomino (1990) al afirmar que ese sería el único castellano «legítimamente peruano» (p. 180), lo que constituía de alguna manera la «venganza del quechua» (p. 180), al indicar que algunos de los rasgos del español andino podrían conferir con carácter definitivo una identidad anhelada por los peruanos. Más recientemente (Cerrón-Palomino, 2003), ha modulado su posición señalando que solamente los rasgos menos llamativos podrían tal vez filtrarse en el castellano estándar, porque el español andino es en realidad diverso y fluctuante.

También Anna María Escobar (1990) consideraba que el contacto entre el quechua y el español estaba, según ella, «en proceso de dejar huella que perfilará el español peruano del siglo XXI de una manera más distintiva» (44-45). Virginia Zavala (1999) toma con más énfasis el planteamiento vindicativo y defiende como necesario que el sistema educativo promueva el español andino y abandone la idea de cualquier norma idiomática.

Todas estas interpretaciones respecto del español andino (modalidad estable o estado transitorio, variedad heredada históricamente o fenómeno con recurrencias puntuales, resultado de un conjunto de interferencias o desarrollo autónomo a partir de las condiciones del contacto; además de la legitimidad y la norma respecto de que la educación debe aceptar o rechazar sus características) son objeto de un debate soterrado.

Carlos Garatea (2013) reflexiona sobre la idea que se tiene del concepto «español andino» y advierte del peligro de que bajo esa etiqueta pueda formarse un concepto distorsionador que convierta en una realidad aislada y homogénea lo que de suyo es «una realidad contradictoria, heterogénea y en ebullición permanente, en lo social y en lo lingüístico» (p. 128)[3]. En efecto, la posición del andinismo extremo olvida «la diversidad inherente al español hablado en los Andes» y puede caer en una instrumentalización ideológica del término al servicio de «prédicas» que tienen poco que ver con la lingüística andina propiamente dicha (Garatea, 2013, p. 128).

Por último, la historia lingüística andina ha aportado trabajos especialmente en el área de la onomástica gracias a los aportes de Cerrón-Palomino (2008), pero todavía hay muchos conceptos que se dan por supuestos, como la idea de continuidad temporal (Napuri, 2018, p. 193). Aunque hay testimonios de rasgos de español andino en bilingües en distintas épocas, podríamos pensar que se trata más bien de un fenómeno que ha caracterizado el siglo XX, como resultado de un proceso general de urbanización y de migración masiva del campo a la ciudad e incrementado por factores coyunturales, como la extrema violencia del terrorismo senderista o la hiperinflación, factores que no habían ocurrido antes y que esperamos no se repitan jamás.

Los textos escolares de los años 20 y 30 del siglo XX, como los de Alberto Ureta, Arturo Montoya o José Gabriel Cosío (Arrizabalaga, en prensa), no dan ninguna indicación sobre rasgos andinos: es verdad que la educación estaba orientada a hispanohablantes monolingües, pero igual este dato llama la atención. Una tesis de Rafael P. Samaniego, presentada en el pedagógico de Huancayo en 1932, tal vez sea el primer síntoma del fenómeno, y se titulaba: *Influencia negativa de los dialectos regionales del Perú en el castellano*. A esta ideología criolla, que prevaleció hasta los años 70, se opone desde los años 90 una ideología contraria, que más bien rechaza la norma hispánica como negativa y discriminadora, y supone que el español andino es más legítimo (más peruano) que los demás. Pero como lingüistas no deberíamos caer en la tentación de pensar que esos fenómenos son por sí mismos buenos ni malos. La cuestión que debería plantearse es de qué manera resultan funcionales, prosperan y se difunden.

Varios estudios indican presencia de rasgos del español andino en modalidades no andinas. Cerrón-Palomino señala solamente que son «muchos» (2003, p. 161). Hay que ver bien si los rasgos se pierden o perduran con la exposición a las normas idiomáticas, que se difunden a través de la televisión, la radio y la educación. Hay muchos maestros y profesores que lo que difunden es un español con rasgos andinos. Se presume que los fenómenos más sutiles y resistentes van a instalarse definitivamente en la variedad peruana del español, pero en las lenguas nada es definitivo. Es una tensión entre la fuerza de la nivelación y la presión de la identidad, y esa tensión está fuertemente influenciada por ideologías lingüísticas contradictorias.

3. Una reflexión que se encaminaba también en ese sentido en Rivarola (2005).

Lidia Chang (2018, p. 156) ha recordado un apunte de Charles Kany (1969, p. 290) sobre la expresión reportativa *dizque*, que es muy usual en español andino: Covarrubias registraba y describía la forma *dizque* como una palabra aldeana. La cultura letrada lo desplazó. Cabe preguntarse entonces si los fenómenos descritos como propios del español andino se dan verdaderamente porque «resisten» la hispanización o más bien se normalizan sin importar si son o no «propiamente andinos». Tal vez prosperaron simplemente porque resultan funcionales a una realidad marcada por un menor influjo de la lengua escrita.

En fin, el interés del español andino y el gran desarrollo de la lingüística andina han dado primacía a los estudios de esta variedad, en detrimento de otras. Pero es solo una de las variedades del español peruano y supone un porcentaje significativo, pero no tan importante en el conjunto de la población nacional. No es la famosa «capa horizontal» que decía Escobar (1978, p. 32). La verdad es que más de una tercera parte de la población nacional vive en la costa norte del Perú donde hay ciudades grandes como Chiclayo, Chimbote, Trujillo, Piura, con migración andina de regiones que presentan otras situaciones de contacto en el pasado interesantes con la lengua culle o con variedades de quechua hoy desaparecidas. De hecho, se desarrollan fenómenos muy interesantes como la perífrasis concomitante *está que dice tonterías* (Arrizabalaga, 2010). Debemos rechazar los prejuicios de uno y otro lado. El español en el espacio andino peruano (norandino, centroandino y surandino) mantiene relaciones muy diversas con las modalidades limeñas, costeñas, migrantes, amazónicas, afroperuanas... No podemos admitir que por prejuicios indigenistas se quiera rechazar el español costeño simplemente porque presenta menos rasgos andinos, como si por eso fuera menos peruano que las demás. Todas las variedades de castellano son legítimas, varias parecen haber desarrollado modalidades estandarizadas a nivel regional y colaboran en la construcción de la norma y de la identidad nacional.

REFERENCIAS BIBLIOGRÁFICAS

Andrade, L. 1997. *Usos de «dice» en castellano andino: estrategias evidenciales y narrativas en contacto con el quechua*. (Tesis para optar el grado de Magister). Lima: Pontificia Universidad Católica del Perú.

Andrade, L. 2016. «El castellano andino norperuano como una variedad tradicional». *Estudios de Lingüística del Español (ELiEs)*, 37, 71-86. https://raco.cat/index.php/Elies/article/view/327449.

Andrade, L. 2019. *El castellano* andino norperuano*: una historia lingüística y social*. Lima: Pontificia Universidad Católica del Perú.

Andrade, L. y Pérez, J. 2008. *Contra el prejuicio lingüístico de la motosidad. Un estudio de las vocales del castellano andino desde la fonética acústica*. Lima: Instituto Riva-Agüero, 2008.

Arrizabalaga, C. 2006. «"Mote, motoso, motosidad, motoseo, motear", términos metalingüísticos en el español andino». En M. Casado Velarde, R. González Ruiz,

M. V. Romero Gualda, *Análisis del discurso. Lengua, cultura, valores: actas del I Congreso Internacional* (vol. 2, pp. 1585-1606). Madrid: Arco-Libros.

Arrizabalaga, C. 2010. *Gramaticalización en español americano. La perífrasis concomitante norperuana*. Pamplona: Eunsa.

Calvo Pérez, J. 2000a. *Teoría y práctica del contacto: el español de América en el candelero*. Frankfurt-Madrid: Iberoamericana-Vervuert.

Calvo Pérez, J. 2000b. «Perú». En A. Palacios (coord.), *El español en América: contactos lingüísticos en Hispanoamérica* (pp. 189-212). Barcelona: Ariel.

Caravedo, R. 2022. «La concordancia gramatical: ¿un caso de variación en el español del Perú?». *Lexis*, 46(1), 5-57. https://doi.org/10.18800/lexis.202201.001

Cerrón-Palomino, R. 2003. *Castellano andino. Aspectos sociolingüísticos, pedagógicos y gramaticales*. Lima: Pontificia Universidad Católica del Perú.

Chang, L. 2018. «"Dizque eran compadres el zorro y el quirquincho": el verbo *decir* como marcador reportativo y metadiscursivo en el español del noroeste argentino». *Lexis. Revista de lingüística y literatura*. 42(1), 155-176.

Cortez, E. 2020. *Identidades del español andino. Estudio sociolingüístico en Huancayo*. Lima: Pakarina Ediciones y Universidad Nacional Mayor de San Marcos.

De Granda, G. 1999. *Español y lenguas indoamericanas en Hispanoamérica. Estructuras, situaciones y transferencias*. Valladolid: Universidad de Valladolid.

De Granda, G. 2001. *Lingüística andina*. Lima: Pontificia Universidad Católica del Perú.

De Granda, G. 2002. *Lingüística de contacto: español y quechua en el área andina suramericana*. Valladolid: Universidad de Valladolid.

De los Heros, S. 2007-2008. «Ideologías lingüísticas sobre el estándar y las variantes regionales del español en dos textos escolares secundarios peruanos». *LFE: Revista de lenguas para fines específicos*, 13-14, 93-126.

Escobar, A. 1978. *Variaciones sociolingüísticas del castellano en el Perú*. Lima: IEP.

Escobar, A. M. 1990. *Los bilingües y el castellano en el Perú*. Lima: IEP.

Escobar, A. M. 2000. *Contacto social y lingüístico. El español en contacto con el quechua en el Perú*, Lima: PUCP.

Falcón, P. 2008. «Diminutivos y reduplicación en el castellano de bilingües amazónicos». En M. Martos y G Flores (eds.), *Lexicología y lexicografía en Hispanoamérica. Homenaje a Martha Hildebrandt* (pp. 353-373). Lima: Academia Peruana de la Lengua.

Falcón, P. 2011. «Construcciones perifrásticas en el castellano de los indígenas bilingües asháninca-castellano de la Selva Central del Perú». *Letras*, 116, 73-92.

Falcón Ccenta, P. M. 2018. *Identidades y actitudes lingüísticas en comunidades bilingües de la selva central*. Lima: Universidad Nacional Mayor de San Marcos.

Garatea, C. 2013. «Tras los orígenes del español andino. Problemas y realidades». *Tinkuy*, 20, 126-137.

Godenzzi, J. C. 1986. *Lengua y variación sociolectal: el castellano en Puno*. Puno: Universidad Nacional del Altiplano.

Godenzzi, J. C. 1995. «The Spanish Language in Contact with Quechua and Aimara: the Use of the Article». En C. Silva Corvalán (ed.*), Spanish in four Continents: Studies in Language Contact and Bilingualism* (pp. 101-116). Georgetown University Press.

Godenzzi, J. C. 2005. *En las redes del lenguaje: cognición, discurso y sociedad en los Andes*. Lima: Universidad del Pacífico.

Jara Yupanqui, M. 2013. *El perfecto en el español de Lima. Variación y cambio en situación de contacto lingüístico.* Lima: Pontificia Universidad Católica del Perú.

Klee, C. 1990. «Spanish-Quechua language contact: The clitic pronoun system in Andean Spanish». *Word*, 41, 1990, pp. 35-46.

Klee, C. y Ocampo, A. 1995. «The expression of past reference in Spanish narratives of Spanish/Quechua bilingual speakers». En C. Silva-Corvalán (ed.), *Spanish in four continents: Studies in language contact and bilingualism* (pp. 52-70). Georgetown University Press.

López, L. E. (ed.) 1988. *Pesquisas en lingüística andina*. Lima: Concytec.

Lozano, A. 1975. «Syntactic Borrowing in Spanish from Quechua: the Noun Phrase». En *Lingüística e indigenismo moderno de América* (pp. 297-305). Lima: Instituto de Estudios Peruanos.

Merma Molina, G. 2008. *El contacto lingüístico en el español andino peruano: estudios pragmático-cognitivos*. Alicante: Universidad de Alicante.

Mick, C. y Palacios Alcaine, Z. 2013. «Mantenimiento o sustitución de rasgos lingüísticos indexados socialmente: migrantes de zonas andinas en Lima». *Lexis. Revista de lingüística y literatura*, 37, 341-380.

Napurí, A. 2018. «"Eso era mi meta de mí": el doble posesivo en dos variedades de español amazónico». *Lexis. Revista de lingüística y literatura*. 42(1), 191-205.

Rivarola, J. L. 1990. *La formación lingüística de Hispanoamérica*. Lima: Pontificia Universidad Católica del Perú.

Rivarola, J. L. 2005. «Realidad y ficción del español andino». En M. Lozano Ramírez (coord.), *Homenaje a José Joaquín Montes Giraldo: estudios de dialectología, lexicografía, lingüística general, etnolingüística e historia cultural*. Bogotá: Instituto Caro y Cuervo, 2005, pp. 170-196.

Solís, G. 1988. «La categoría de voz media en quechua y su reflejo en el español andino», en L. E. López, *Pesquisas en lingüística andina* (pp. 191-200). Lima: Concytec, GTZ y Universidad Nacional del Altiplano.

Storl-Stroyny, K. 2022. «La descripción del castellano andino con base en el análisis de los contactos conceptuales y lingüísticos quechua-castellano». En C. Patzelt, Á. Ezcurra y C. Garatea (eds.), *Las variedades del español de América. Aspectos teóricos y empíricos* (pp. 67-81). Berlín: Peter Lang.

Zavala, V. 1999. «Reconsideraciones en torno al español andino». *Lexis*, 23(1), 25-86.

Zavala, V. 2006. «Transferencia de funciones evidenciales del quechua: el rol de "pues" como marcador discursivo en el español andino». *Lexis*, 30, 2006, 55-82.

Zimmermann, K. 2022. «Las variedades nacionales del español americano: descripción integral, diferencial, panhispánica». En C. Patzelt, Á. Ezcurra y C. Garatea (eds.). *Las variedades del español de América. Aspectos teóricos y empíricos* (pp. 11-37). Berlín: Peter Lang.

Los idiomas mayas y su relación de diglosia con el idioma español

AJPUB' PABLO GARCÍA IXMATÁ Y MAYA TZ'UTUJIL
Universidad Rafael Landívar

Los idiomas mayas en Guatemala. ■ Los préstamos en los idiomas actuales. ■ Los textos del *Popol Wuj* y los manuscritos de la *Teología Indorum*.

LOS IDIOMAS MAYAS EN GUATEMALA

En Guatemala, actualmente se hablan 22 idiomas mayas, más el xinka, el garífuna y el español. La cantidad de hablantes de cada uno de los idiomas mayas es variable; por ejemplo, k'iche', kaqchikel, q'eqchi' y mam tienen más de un millón de hablantes, mientras que el resto tiene de 100 000 a 80 000 hablantes; los menos, tienen 2000 o menos, como en el caso del itzaj, el mopan y el teko. En estos últimos, de 5 a 8 ancianos, que hablan y conservan dichos idiomas en cada comunidad lingüística.

Existen varios factores para que los idiomas mayas se estén perdiendo paulatinamente. Uno de estos es que muchos mayahablantes se han desplazado a otros territorios de la región guatemalteca o fuera de ella por situaciones políticas, sociales o desastres naturales. Como consecuencia, muchas personas y familias completas se han establecido en México, Estados Unidos y Canadá, principalmente.

A pesar de lo ya dicho, las personas y familias tratan de utilizar y conservar su cultura y sus idiomas mayas, como medio para defenderse y conservar su identidad. Aunque muchos padres ya no enseñan el idioma maya a sus hijos nacidos en dichos países donde residen.

Así, los idiomas indígenas empiezan a dormir o descansar, hasta llegar a morir.

LOS PRÉSTAMOS EN LOS IDIOMAS ACTUALES

Los préstamos se dan y se siguen dando en todos los idiomas indígenas, tanto en el territorio nacional como en toda el área conocida como Mesoamérica, México y otros países sudamericanos, especialmente en los ámbitos educativos y religiosos. Para ilustrar un poco el fenómeno de los préstamos lingüísticos, recientemente se realizó una investigación sobre el tema del agua en una comunidad en cuanto al cuidado y comprensión del agua desde el pensamiento maya. En el diálogo realizado en idioma maya kaqchikel participaron abuelas y abuelos mayas de 46 a 88 años. El diálogo duró, aproximadamente, tres horas; en este llamó la atención el uso de los préstamos lingüísticos.

El siguiente texto está en el idioma kaqchikel, y los préstamos del español están en negrillas:

> **Abuelo:** Oxi' yab'e naj el. Oxi' **lewa** ri' jampe **más o menos doce kilometros. Entonc[e]** [...] xb'an pe utzil. **Komo** chupan ri **tiempa** ri' k'a **interana** ri **fayna** ['fauna']. [...]. **Peer[o]** yechäp ma yeb'e ta pa kisamäj. **Mejor** yeb'e chi'anik ya' nikireja' q'ayis niki'ana' rub'ey ya'. Iiii **kwanta** samaj xrukwaj **kwanto tiempa** xki'an pe ri

> **pwora** chuk'amik ri ya'. **Per[o]** ri xke'en pe jun, ri xpe ri xk'amon pe ri ya' jun laj **ingeniero** ta k'a riri' ooo manäq. Xkikanöj ri **niweel** choq ok **niweel** ri juyu' kitaq re' ru'analon kan choq **niweeeel** kan nusilila' ri' **niweeel** xpe ri ya' kere' xu'an kere' nu'an chuwa taq juyu' xpe., xuqa qa ri ya'.

Este pequeño texto del idioma kaqchikel tiene 126 palabras e incluye 23 palabras prestadas del español. Este texto viene del diálogo de un abuelo de 86 años. Pongo los textos del diálogo, para mostrar que los idiomas cambian paulatinamente hasta llegar a su extinción por los mismos hablantes.

Para mostrar este problema, se presenta ahora un pequeño diálogo con dos abuelos, uno de 52 años y el otro de 48 años:

> **Abuela:** Ya xqa'ij yan qa, k'o **ruvalor.** [...] Keri' chqawäch ri röj. **Talas de árboles.** Uuuuy, ronojel. Nkik'ayij. **Principalmente** ri **Muni.** Keri' nu'an. **El alcalde medio esa misión, pero no lo voy a hacer.**
>
> **Abuelo:** Cómo poder recuperar. Bueno toda mi vida, mi papá, siempre me ha enseñado, mijo, aquí tenemos bosque, pero no, nunca hagas lo que hace la gente, le vende a un aserradero, sus 5 o 10 cuerdas.

Esta pequeña muestra de diálogo entre dos abuelos deja mucho que decir del cambio radical del abuelo, explicando su sentir sobre el tema del agua desde el idioma español. Algunos asistentes comprendieron, pero esta es la realidad de lo que está pasando en muchas comunidades sobre la pérdida del uso del idioma maya.

LOS TEXTOS DEL *POPOL WUJ* Y LOS MANUSCRITOS DE LA *TEOLOGÍA INDORUM*

Como muy bien se conoce, el pueblo maya tiene su propio sistema de escritura en el sistema tz'iib'. Dicho sistema se perdió por varias razones históricas, políticas, climáticas y migratorias. Luego, este sistema fue sustituido por el sistema de la escritura latina; muestra de ello los dos manuscritos el *Popol Wuj*, escrito por los escritores mayas *Nim Chokoy*, y la *Teología Indorum*, escrita por fray Domingo de Vico, seguramente con apoyo de hablantes de los diferentes idiomas mayas.

La escritura antigua aún se ve desde los entramados del petate y tejidos de cada comunidad, aunque no se reconoce como tal; pero la historia viva de los pueblos mayas, principalmente del pueblo k'iche', está en el *Popol Wuj*, abordado por estudiosos nacionales o extranjeros según sus intereses. El manuscrito de este libro contiene el *Ojer tzij (la palabra, historia antigua y la vida)*; este fue escrito en el idioma k'iche' con el alfabeto latino del siglo XVI.

Y los manuscritos de la *Teología Indorun* fueron escritos en varios idiomas mayas por fray Domingo de Vico y fueron utilizados para la cristianización y castellanización. Las y los ajtzíb'ab', escritores mayas, sustituyeron el sistema tz'iib' por el alfabeto latino del siglo XVI. En estos manuscritos se ve claro y marcado lo que los abuelos ajtz'ib'ab' dejaron escrito. Con este manuscrito empezó el rompimiento y el uso de los préstamos en los idiomas mayas.

En *Popol Wuj* se escribe:

> *Wa'e xchiqatz'ib'aj chi upam chik uch'ab'al* ***Dios****, pa* ***christianoil*** *chik. Xchiqelesaj rumal maja b'i chik ilb'al re Popol Wuj* (Sam, 1999, p. 22). [Esto lo escribiremos en las prédicas de Dios, en el cristianismo. Vamos a sacarlo a la luz porque ya no hay dónde ver el *Popol Wuj*] (Sam, 2008, pp. 23-23).

En la *Teología Indorum* se afirma:

> *Ronojel nima b'iaj k'o, chi upam uch'ab'al* ***Dios****, uk'ununisaxik k'ut kajawaxik ketamaxik, rumal utzilaj taq winaq* ***krisyanos*** *uk'oje'ik chi upam K'iche' ch'ab'al tz'ib'am wi'. Wa' we k'astajib'al wach, k'astajib'al pa k'u'x, chi rech utzilaj winaq ilol wuj, ta'ol pa re loq'olaj b'i'aj k'o chi upam ri nima wuj*[1]. [Todo del gran nombre que hay, entre el hablado de Dios, la muestra entonces, que está gobernado, que esta entendido, por buena gente cristiana de existencia (de Dios) dentro del idioma *K'iche'* escrito aquí. Esto es la resurrección de la imagen, la resurrección en el corazón, lectora del libro, pedidora del nombre querido que hay en el gran libro][2].

En este párrafo se introducen las primeras dos palabras prestadas: Dios y cristiano, claves para la evangelización, castellanización, y la introducción de los préstamos del idioma español en los textos y diálogos en los idiomas de los pueblos originarios.

De igual manera, los documentos de *Teología Indorum* fueron escritos en varios idiomas mayas como k'iche', q'eqchi' y tz'utujil, entre otros. En estos, se usan los términos Dios y cristiano y, por supuesto, incluye textos completos de la Biblia cristiana.

Un ejemplo de una intervención de un abuelo de 86 años, en el que usan préstamos léxicos y lingüísticos provenientes de los textos bíblicos en español, pero aplicado a la fonología y morfología del idioma maya kaqchikel.

> **Abuelo:** Qetaman, **todos.** ¿E wetaman etz'aton ri **biblia**? Jari' nub'ij in ronojel nkich'ojij ri **pueblo de Israel** che ri **Moises.** Ri **Moises** nu'ij chre ri qatata k'o chla

1. *Teología Indorum* (1553), tomo I, folio I, recto-k'iche'.
2. *Teología Indorum* (1553), tomo I, folio I, recto-castellano.

chikaj [...] Xaqkorowäch, Saqkorowäch. Majun q'utu'n ta tz'aran chwach'ulew e k'o **per[o]** to xeqa ri chokopi' ri **es obra de Dios.** Toq xetoqa kik'in kami tichepa' tich'olo' titija'. [...] **Ahí está la carne.** Qak'ama' k'a **ejemplo** ri' chrij qach'alal wakami chi nuqa chiwichin yïn, qak'utuj chre ri **Dyos** kojtzijon che ri **Dyos, pero así sinceramente con una fe verdadera.**

En esta muestra se ve el uso de los préstamos de léxicos y lingüísticos del idioma español, producto de la castellanización y evangelización de los pueblos originarios.

Es claro que se usan préstamos de léxico y lingüístico dentro de la estructura de los idiomas mayas; esto es así desde hace muchos siglos. Los primeros préstamos de léxico están registrados en los manuscritos del *Popol Wuj* y en la *Teología Indorun*, documentos que muestran el rompimiento de uso del *ojer tz'ib'*, escritura antigua. Dichos documentos, que fueron escritos con el alfabeto latino del siglo XVI, fueron usados con la doble intención de castellanizar y cristianizar. Dicho sistema se mantiene, pues en los diálogos y escritos se evidencia el aumento de préstamos de léxico y lingüísticos en el uso de los idiomas indígenas; esto es la realidad actual de los idiomas indígenas en Mesoamérica.

REFERENCIAS BIBLIOGRÁFICAS

Sam, C. (2008). *Popol Wuj.* Traducción al español y notas de Sam Colop. PACE-GTZ. Editorial Cholsamaj. Guatemala, Guatemala.

Sam, C. (1999). *Popol Wuj.* Versión poética k'iche'. PEMBI-GTZ. Editorial Cholsamaj. Guatemala, Guatemala.

La educación intercultural bilingüe en Chile. Experiencias, perspectivas y posibilidades

VICTORIA ESPINOSA SANTOS
Academia Chilena de la Lengua

El objetivo de este estudio es dar a conocer los avances que se han realizado con respecto a la aplicación de la Educación Intercultural Bilingüe en Chile. Los antecedentes que se mencionan se han obtenido principalmente de informes del Ministerio de Educación y participantes relevantes del proceso educativo.

La información obtenida hasta ahora nos permite señalar que se han logrado interesantes avances en educación intercultural, tales como lograr que las comunidades se hayan integrado a los procesos de revitalización cultural y lingüística y contribuyan así a la tarea de recuperación; sin embargo, aún son pocos los avances en estos procesos de recuperación de las lenguas originarias.

INTRODUCCIÓN

La implementación de la Educación Intercultural Bilingüe ha pasado por varias etapas en Chile. Por razones de variada naturaleza, las comunidades indígenas estuvieron invisibilizadas por muchos años, siglos en realidad.

Esta situación ha ido cambiando en el tiempo, con muchas dificultades y no como se esperaba. El propósito de este artículo es presentar el estado actual de la Educación Intercultural Bilingüe, destacando algunos avances que ha tenido en Chile.

Actualmente, la educación en Chile se ejerce con base en la Ley General de Educación n.º 20.370, promulgada en el año 2009, y en decretos posteriores del Ministerio de Educación, como el Decreto 97 de febrero de 2021, art. 3.º letra *m*, que destaca: «El sistema debe reconocer y valorar al individuo en su especificidad cultural y de origen, considerando su lengua, cosmovisión e historia». Este es un principio que considera la educación intercultural en todo lo que ello implica. De acuerdo a lo señalado, estaría mandatando un marco para una nueva institucionalidad de la educación en Chile, lo que constituye una gran tarea para los gestores del sistema educativo.

La ley, en lo que se refiere a interculturalidad, conlleva un compromiso cuyo alcance involucra a toda la educación chilena, significa que la educación intercultural bilingüe deja de ser un modelo educativo orientado exclusivamente a las comunidades indígenas, o un modelo, que bien intencionadamente pretende eliminar las barreras, principalmente idiomáticas. Cabe preguntarse si esta ley obliga a que todos los estudiantes sean considerados en su «especificidad cultural y de origen, considerando su lengua, cosmovisión e historia», y también cabe preguntarse qué significado se le otorga a la palabra *consideración*, especialmente referida a 'lengua, cosmovisión e historia'.

Se espera que, tanto en la ley como en la práctica, la educación sea adecuada a las diferentes realidades y pertenencia lingüístico-cultural de los estudiantes, tanto originarios del país como migrantes, y también es válido y necesario preguntarse cómo se está modelando la educación en estos aspectos, particularmente interculturalidad y lengua.

ASPECTOS DE LA IMPLEMENTACIÓN DE LA EIB EN CHILE

El cambio de mirada a las comunidades originarias de Chile se abordó hace ya bastante tiempo, esto es, posteriormente a 1990. El Ministerio de Educación llamó a concurso para la elaboración de programas de educación intercultural bilingüe en las regiones que en ese entonces se reconocían como lugares con un número importante de población originaria, especialmente el norte de Chile y la región de la Araucanía.

Es así como la Universidad de Tarapacá, en Arica, y la Universidad Católica de Temuco diseñaron e implementaron un Programa de Educación Intercultural Bilingüe el año 1996; ambas instituciones apoyadas por el Ministerio de Educación.

Este primer proyecto de Educación Intercultural tenía la intención de rescatar y revitalizar el uso del aimara y mapudungún como lenguas originarias de Chile.

Este primer acercamiento a la EIB permitió conocer y entender el significado real de *bilingüismo* y las implicancias de poner en marcha un plan de educación intercultural bilingüe. Principalmente se logró entender qué lugar ocupaban las lenguas originarias donde convivían ambas lenguas, el español y una lengua originaria, cómo era su interacción con el español y cómo enfrentaban los profesores la enseñanza básica.

También es importante mencionar lo ocurrido en el año 2001, cuando se establece un convenio con el Banco Interamericano de Desarrollo (BID) para fomentar el desarrollo de las comunidades indígenas en Chile. Surgió así el *Programa Orígenes* (2004), cuyo propósito fue: «Mejorar de manera sostenible las condiciones de vida de las comunidades originarias Aymara, Atacameña y Mapuche en el área rural y promover su desarrollo con identidad, particularmente en los ámbitos económico, social, cultural, ambiental y jurídico».

La población potencial del Programa correspondió a 47179 familias pertenecientes a estas comunidades localizadas en el área rural. En el caso del componente Educación, se eligieron un total de 162 escuelas localizadas en 44 comunas.

En el año 2006 se aprobaron los Contenidos Mínimos Obligatorios del sector de Lengua Indígena (oficio n.° 114, MINEDUC) por el Consejo Nacional de Educación de Chile.

En 2009 el Ministerio de Educación establece los Objetivos Fundamentales y Contenidos Mínimos Obligatorios para la creación del Sector Lengua Indígena en la Enseñanza Básica; esto permitió iniciar el diseño de Programas de Estudio para las lenguas aymara, mapudungún, quechua y rapanuí.

A partir de 2010, el Programa de Educación Intercultural Bilingüe (PEIB) pasa a formar parte de la División de Educación General del Ministerio de Educación, incluyendo dos componentes: fortalecimiento del sector lengua indígena e interculturalidad en el espacio escolar. Se crea la asignatura Lengua Indígena por el Ministerio de Educación, además se compromete a respetar un conjunto de acuerdos internacionales con Unesco y la Organización Internacional del Trabajo, OIT.

En el año 2012, con la puesta en marcha de las nuevas bases curriculares, surge la posibilidad de abordar el currículum de forma inclusiva, lo que implica que el docente deberá considerar la diversidad presente en su sala de clases al momento de llevar a cabo su trabajo pedagógico.

En los pueblos con habitantes mayoritariamente de ascendencia indígena, desde que se inició la implementación de la educación intercultural bilingüe, se les consideró como receptores de un modelo educativo especial, que, entre otras características, considera la lengua propia de la comunidad a la que pertenece. Esta situación ha ido modificándose de manera favorable con el tiempo, especialmente desde las comunidades indígenas que empezaron a interesarse e involucrarse, como hemos comprobado, en proyectos de rescate de sus culturas y lengua.

Paralelamente a la ley de educación es importante considerar la Ley Indígena 19.253 de 1993 que reconoce la existencia de nueve pueblos originarios en Chile: aimaras, quechuas, lickanantay, collas y diaguitas en el norte del país; mapuches, kawésqar o alacalufe, y yámana o yagán en el sur del país, y rapanuí en Isla de Pascua.

PROCESO DE INSTITUCIONALIZACIÓN DE LA EDUCACIÓN INTERCULTURAL BILINGÜE EN CHILE

Las lenguas originarias que son habladas, exceptuando el mapudungún, no tienen hablantes nativos preparados para enseñar. Esta situación quedó en evidencia durante la aplicación del primer programa de educación intercultural bilingüe (1996), por ello se optó por solicitar a las mismas comunidades que participaran en la escuela, usando espacios para comunicarse con los estudiantes en su lengua.

Posteriormente esta idea fue oficializada por el Ministerio de Educación, creando la figura del educador tradicional, cuya tarea es colaborar con el profesor en la tarea de educar. En este punto es importante destacar que actualmente el Ministerio de Educación cuenta con el Programa de Educación Intercultural Bilingüe (PEIB), cuyo enfoque educativo tiene como finalidad rescatar y valorar las diferencias existentes entre los grupos culturalmente diversos, su negociación y el diálogo permanente entre cada uno de ellos, donde las lenguas y culturas específicas adquieren gran relevancia, ya que se fundan en el reconocimiento y respeto mutuo.

En aquellos lugares donde no se habla la lengua, la comunidad aporta con sus conocimientos ancestrales, haciendo de esta forma revivir antiguas prácticas culturales. Cabe destacar el caso de la comunidad lickanantay (kunsa), que ha participado en actividades culturales propias, logrando el rescate de costumbres y palabras de una lengua, nombres de cultivos, procesos y otras actividades de la vida diaria, aunque esta lengua está considerada sin hablantes.

El rol de los educadores o facilitadores culturales es importantísimo, considerando el proceso avanzado de pérdida de la cultura y lengua de la mayoría de las lenguas originarias del país. Esto se ha demostrado en sus salidas a terreno, participando con la gente, visitando lugares, realizando actividades, recordando y reconociendo el patrimonio cultural material e inmaterial de su comunidad.

SITUACIÓN ACTUAL

El trabajo entre el profesor y el educador tradicional ha permitido que las comunidades tradicionales reconozcan sus manifestaciones étnicas y culturales propias. La Ley Indígena n.º 19253 establece que es un deber de la sociedad y el Estado respetar, proteger y promover el desarrollo de las comunidades originarias, sus culturas, adoptando las medidas adecuadas para tales fines.

Las acciones realizadas han permitido el acercamiento de la escuela al territorio y a sus habitantes, ha contribuido a recuperar aspectos, tanto culturales como lingüísticos, y ha ayudado a la elaboración de objetivos y contenidos educativos propios de cada cultura.

En definitiva, esta orientación de la EIB, que resultó del contacto de los miembros de la comunidad con educadores tradicionales y «formales», es la que está contribuyendo a una educación con sentido para los estudiantes.

Desde esta perspectiva, la educación escolar intercultural y la educación familiar no deben ser vistas como dimensiones aisladas, sino como un diálogo de saberes sociales y culturales para la creación de conocimientos y pensamientos propios de la comunidad estudiantil.

Esto conlleva un desafío importante para los establecimientos educacionales, ya que deben ofrecer espacios que aseguren el respeto a la diversidad cultural y lingüística, desarrollando procesos educativos pertinentes a la realidad de sus estudiantes, asegurando un enfoque intercultural que considere la realidad de los pueblos originarios existentes en el país.

RESULTADOS

Como resultados del fortalecimiento de la EIB, aunque con sus propias características, se han reconocido y diferenciado varias comunidades indígenas en el país, las cuales no habían logrado visibilizarse anteriormente.

No corresponde en estos casos hablar de bilingüismo o enseñanza bilingüe, porque no hay docentes preparados para enseñar la lengua originaria, cualquiera que sea esta; los educadores tradicionales pueden enseñar cultura y lengua en la medida en que participen en las actividades de la escuela y de la comunidad.

La formación de profesores de enseñanza en lenguas originarias también requiere de estudio de las posibilidades, conocimiento de experiencias previas, modalidad de ingreso y currículo de la carrera. Muchos de estos profesores que estudiaron para enseñar la lengua indígena de la región no siempre son contratados para ese propósito y se ven obligados a trabajar en todo tipo de escuelas.

Finalmente se debe destacar que las nuevas metodologías de trabajo intercultural surgieron desde el trabajo conjunto de una comunidad con el profesor y el educador tradicional, pero no se ha oficializado como metodología y no hay antecedentes de que se haya replicado en otras comunidades.

BIBLIOGRAFÍA

Ministerio de Educación, División de Educación General, Programa de Educación Intercultural Bilingüe, *Programa de educación intercultural bilingüe (PEIB)*, Santiago, 2017.

Ministerio de Educación, *Programa Orígenes*, Santiago, 2004.

Unicef y Ministerio de Educación, *Educación para preservar nuestra diversidad cultural. Desafíos de Implementación del Sector de Lengua Indígena en Chile*, Santiago de Chile, 2012.

Realidad de dos lenguas nativas insulares de Chile, desde la perspectiva de sus relatos en español

PATRICIA STAMBUK MAYORGA
Academia Chilena de la Lengua

Presentación. ■ La declinación paulatina del uso de sus lenguas en los relatos en español. ■ La ilusión del bilingüismo.

La lengua rapanuí es la más aislada del mundo en términos geográficos y hoy es hablada por solo mil personas, en medio de un creciente mestizaje. La lengua yagán es la más austral del planeta y es considerada extinta con el reciente fallecimiento de la última hablante nativa. El futuro de ambas depende de un plan preescolar de incierto éxito en la isla polinésica del océano Pacífico y de algunas acciones espontáneas de difusión en la isla Navarino, en Tierra del Fuego. Este artículo es un análisis de la interrelación de ambas con el idioma español desde la perspectiva de relatos orales recientes de fuentes primarias que cuentan sus propias historias.

PRESENTACIÓN

Todas las lenguas nativas del mundo representan a culturas únicas, con identidades irrepetibles. Algunas se han salvado —no hay otra forma de decirlo— y siguen conviviendo con idiomas dominantes, como el español, en cada área geográfica. Otras rememoran mundos extraviados o definitivamente perdidos.

Dos lenguas autóctonas de Chile, de muy singulares características, no solo por las culturas de sus hablantes, sino por la marginalidad de sus territorios de origen, son vanaŋa rapanuí, o rapanuí, de Isla de Pascua, la más aislada del planeta en términos geográficos, y yagankuta o yagán, la más austral del mundo. Ambas pertenecen a culturas insulares. La primera se salvó de desaparecer casi milagrosamente cuando la población se redujo a mediados del siglo XIX de unas quince mil personas a solo un centenar, sobre todo después del asedio de buques esclavistas peruanos y de otras nacionalidades a esa isla de 180 km^2, conocida también como Isla de Pascua o Easter Island. Sin embargo, sobrevivió su lengua polinésica áspera y esencial, aunque su escritura jeroglífica, en las famosas y enrevesadas tablillas de glifos *kohau rongo rongo*, quedó indescifrada hasta hoy, excepto si se acepta que se trata de dibujos como recursos mnemotécnicos. El yagán no tuvo el privilegio del milagro y acaba de extinguirse, junto con la partida de Cristina Calderón Harban, su última hablante nativa, el 16 de febrero de 2022. Era una de las cuatro lenguas vernáculas de la región de Magallanes. Es una historia dramática y repetida en nuestra América del Sur y en esta tierra que compartimos, aunque nuestras palabras, aquí y allá, vayan teniendo tan distinto destino.

¿Ha sido la lengua española un vehículo para conocer las lenguas indígenas? Sin duda, en muchos casos ha habido un gran aporte de lexicógrafos y lingüistas para llevarlas a la escritura y estudiar la gramática de las palabras de los pueblos originarios o antiguos. Sin embargo, respecto de yaganes y rapanuís, los principales méritos de su recopilación y estudio han provenido desde otras lenguas, como el *Yamana-English Diccionary* de Thomas Bridges, obra clave que alcanzó a reunir 32 000 vocablos en 1865, cuando nuestro diccionario de la RAE contaba, en 1869, con 60 000 voces, y las obras del sacerdote, lingüista y etnólogo alemán Sebastián Englert, avecindado hasta su muerte en ese remoto enclave polinésico de Chile en el océano Pacífico.

Desde la perspectiva del periodismo literario, mis investigaciones se focalizan en el rescate de memorias con fuentes primarias y mi vínculo con rapanuís y yaganes y sus lenguas ha sido inevitablemente a través del español, dando yo por descontado que los informantes o relatores lo hablarían para contarme sus historias, en sus interesantes variedades dialectales y en evidente superioridad conmigo, que no hablaba las suyas. Se trata de comunidades biculturales, la española americana continental por un lado y las propias por el otro; es mucho más marcada la raíz polinésica en el caso de los rapanuís que la yagán en la etnia austral, debido a las diferencias en la evolución y características de cada fenómeno de mestizaje y transculturación.

Ambos pueblos se han sentido amenazados por décadas con la pérdida de sus lenguas, teniendo conciencia de lo grave que es para la sobrevivencia de sus culturas. Estudiarlas no era mi objetivo. Escribo memorias sobre hechos ocurridos en determinados periodos en sus comunidades durante el siglo XX, que, por lo general, se relacionan con situaciones muy sensibles y dramáticas. Reconstruyo sus historias con fuentes primarias, apelando a la tradición oral que todavía conservan y a través de las propias voces de sus protagonistas y testigos. Como definían los notables cronistas españoles de la colonización en Chile a sus testimonios, para darles mayor credibilidad, también mis informantes pueden decir: «Lo que por mis ojos vi y por mis pies anduve».

LA DECLINACIÓN PAULATINA DEL USO DE SUS LENGUAS EN LOS RELATOS EN ESPAÑOL

Mi primera investigación con yaganes fue en los años setenta. Su territorio es el final de América del Sur, entre el canal Beagle y el cabo de Hornos, donde se detuvo una aventura migratoria de miles de años. Más al sur, la Antártica aguardaba otras presencias en tiempos muy distantes. La única entrevistada fue Rosa Yagán, nombrada en su idioma Lakutaia le kipa y nacida a fines del siglo XIX en la isla Hoste, una de tantas en ese fragmentado espacio austral de Chile. En medio de un esforzado relato en español, que por su especial sintaxis adquiría un ritmo casi poético, en especial cuando nombraba los topónimos de esa zona, ella decía palabras como a*kainij*, *wátuwa*, *wolapatuj*, *kaiowala*, *kashpij*, *akar*, *arwa*, y algunas tan curiosas como *ajká*, equivalente a nuestra expresión de dolor *¡ay!*; a veces conocía la equivalencia y podía traducir, pero, aun así, al contar un mito o una historia de la vida diaria recurría inevitablemente al yagán. Estaba hablando de acontecimientos, objetos o creencias de su pueblo y de ningún otro. Era una visión de mundo muy ligada a su lengua. Rosa también podía entender y hablar un inglés básico, con muy buena pronunciación, porque había estado en la misión anglicana de Douglas.

Diez años después realicé un segundo trabajo testimonial con las dos últimas hablantes en propiedad de ese idioma austral, las hermanas Úrsula y Cristina, últimas personas no mestizas de su pueblo. No había frases en yagankuta en sus relatos y surgían pocas palabras en su lengua en el curso de cada conversación. Tenían plena capacidad de expresarse en español y traducían solo cuando yo les solicitaba que lo hicieran. Se comunicaban de modo fluido en su lengua solo entre ambas, sabiendo que nadie después de ellas lo hablaría. Su contacto con hispanohablantes había sido constante y parecían haberse acostumbrado a relatar lo propio sin pensar en yagán. Un bilingüismo cabal. Al morir Úrsula, Cristina redobló sus esfuerzos por enseñar a otros, pero nadie pudo tomar la posta. La carrera de seis mil años había terminado.

Respecto a estas observaciones pragmáticas del habla, con la cultura rapanuí fue similar la experiencia al comparar dos investigaciones cuya distancia de realización fue incluso menor. La primera investigación en Isla de Pascua fue a partir de 2007. Recurrí a treinta informantes ancianos, en su mayoría con escasa o nula instrucción, que practicaban una variante dialectal del español muy particular. A menudo utilizaban en las conversaciones palabras del vanaŋa rapanuí, sin que dejara de ser un relato en español.

En un segundo trabajo, con solo cinco años de diferencia, las fuentes primarias consultadas aumentaron en número —casi medio centenar— y en escolaridad, pero disminuyeron en edad debido al tema. Una base norteamericana se había instalado en la isla a mediados de los años 60, entregando muchos beneficios a los habitantes y formando parejas informales con las jóvenes isleñas, en una nueva etapa de mestizaje. Comunicarse en inglés fue prioritario, a la vez que se repetía el fenómeno de la lengua yagán, es decir, no eran frecuentes las palabras en rapanuí dentro del relato en español. Ya no eran imprescindibles ciertos vocablos relacionados con sus tradiciones y tampoco eran las tradiciones las que primaban en sus discursos, sino los hechos nuevos ante su cultura. La visión de mundo y la lengua con que la explicaban se acercaba mucho más hacia lo chileno continental. En ese periodo, el gobierno de Eduardo Frei Montalva resolvió extender servicios propios de la Administración estatal a Isla de Pascua para contener movimientos de rebeldía locales y modernizar la vida del pueblo, lo que ocasiona una migración de funcionarios que acentúa el mestizaje y el uso del español.

El estado actual del conocimiento del yagán, misteriosa lengua sin vinculación con ninguna otra, se reduce a dos especialistas extranjeros que la han investigado en profundidad y a una nieta de Cristina Calderón que vive en Alemania y estudia con uno de los expertos; en la comunidad, incluso en establecimientos de educación parvularia, circulan algunos pequeños librillos con palabras o frases de uso cotidiano que fortalecen la identidad comunitaria.

Hay distintas cifras sobre el estado actual de la lengua rapanuí, que según refiere Paul Kievet en *A Grammar of Rapa Nui* se limita a mil hablantes, de una población que se redujo a unas siete u ocho mil personas, después de una retirada de chilenos continentales debido a la pandemia de covid y a la ausencia total de turismo. De esa cifra, un 40 % no son isleños. Otros investigadores estiman que los hablantes son entre dos y tres mil.

La variedad dialectal del castellano estaría casi a la par de la variedad estándar de la lengua castellana. Podría decirse, a nivel general, que entre los rapanuís ambas son deficitarias, pero cada vez lo es menos el castellano. Muchos de los rapanuís son plurilingües (hablan francés, español, rapanuí e inglés) y su lengua vernácula se caracteriza por un gran sincretismo: tiene préstamos del tahitiano (*mahatu* 'corazón', 'querida'); francés (*bonui*), inglés (*puka*, 'libro', por *book*) y español (*tatane* por *Satán*). Además, presenta latinismos, grecismos, polinesismos, tonganismos y maorismos. Los rapanuís estuvieron confinados en su isla durante gran parte del siglo XX, sin carné de identidad ni derechos ciudadanos hasta 1966, y hoy son grandes viajeros y a la vez que interactúan con turistas de todo el mundo.

La interculturalidad bilingüe guiada por el Estado no ha dado resultados y la comunidad reconoce que la familia es el motor de la revitalización. En los colegios definidos como bilingües no hay profesores bilingües y solo se registra una experiencia de nidos lingüísticos que emula desde el 2016 a Nueva Zelandia. Los estudiantes que se incorporan al jardín preescolar de inmersión Hōŋa'a Re'o deben tener al menos un familiar que hable la lengua en casa, pero el español gravitó durante décadas en la sociedad local, tanto porque los colegios lo exigían como por la convicción de los propios lugareños sobre las oportunidades laborales que les daba aprenderlo y preferirlo, tras un mejor futuro en la isla o en el continente. El mestizaje ha sido otro factor muy gravitante para dejar de hablarlo en familia.

En Chile, el mapudungun dejó las mayores huellas en nuestro español cotidiano con palabras de uso tan común como *cahuín*, *charquicán*, *chaucha*, *choclo*, *copucha*, *curanto*, *guata*, *huincha*, *pololo*, *poncho*, *pucho*, *guarén*, *quiltro*, *ruca* o *ulpo*. También el quechua y el aymara se filtran de modo natural en el español de Chile, aunque no es frecuente el reconocimiento de estos préstamos lingüísticos provenientes de voces vernáculas entre los usuarios no especialistas. En el otro extremo, el yagán ni siquiera ha logrado incorporar un saludo a modo de anécdota, como es el caso de la lengua rapanuí, del que solo se reconoce entre hispanohablantes el *iorana*, que en realidad fue importado desde otras islas de Polinesia.

Hay una fuerte autoestima en ambos pueblos, pero para el rapanuí se teme su desaparición, opinión que comparten incluso sus hablantes, y en los yaganes hay cierto desconcierto y la intención de recuperarlo. En ambos casos, el bilingüismo ha sido una ilusión. Como esperanza americana, en Perú, en la zona de Chiclayo, Lambeyeque, se ha presentado el caso de la recuperación de la lengua muchik, que después de 92 años de haber fallecido el último hablante ha logrado que 80 profesores primarios y secundarios aprendan las palabras del señor de Sipán. La tarea es difícil, pero al parecer no imposible. El renovado compromiso del gobierno de Chile para la revitalización de las lenguas originarias que existen en el país debe tener como eje central el espíritu, perseverancia y amor de los pueblos antiguos por uno de sus mayores legados.

El aporte de las lenguas caribeñas y mesoamericanas a la modalidad cubana de la lengua española

SERGIO OSMUNDO VALDÉS BERNAL
Academia Cubana de la Lengua

Cuando comenzó la conquista y colonización de Cuba a principios del siglo XVI, los peninsulares entraron en contacto con comunidades que ya tenían pleno conocimiento del entorno en que vivían. Estas fueron diferenciadas por los cronistas con las denominaciones de taína, siboney y guanahatabey.

Los taínos representaban la última oleada de pobladores precolombinos procedentes de la vecina isla de Haití, cuya fecha de arribo comenzó entre los años 1100 y 1200[1]. Ocuparon gran parte del oriente cubano, y por ser agricultores y ceramistas, tuvieron una organización social superior a la de las otras comunidades cazadoras y recolectoras. Los siboneyes, con asentamientos de dos mil años de antigüedad, dominaron el centro de Cuba y las cayerías septentrional y meridional de nuestro archipiélago[2]. Las Casas y Oviedo los consideraron «habitantes naturales de Cuba» y destacaron su gran similitud con los lucayos de las Bahamas, incluida su lengua. Los guanahatabeyes, con una antigüedad de cuatro mil años y asentados en el extremo occidental del país[3], según el primer gobernador Diego Velázquez[4], habitaban en cuevas y desconocían la agricultura, y según Las Casas, no tenían contacto con el resto de los pobladores del archipiélago[5].

Indudablemente, la colonización de Cuba y del resto de las Antillas Mayores representó la primera fase de adaptación de la lengua española a las necesidades de la comunicación en el Nuevo Mundo.

Colón, Las Casas y Oviedo documentaron que en el no siempre pacífico encontronazo entre colonizadores y colonizados, en un principio la comunicación se realizó mediante el lenguaje gestual. Pero al convertirse en cotidianos los contactos entre peninsulares e indoantillanos, los españoles trataron de explicar con su propia lengua la realidad objetiva del para ellos desconocido mundo circundante, asociándola con objetos o conceptos que les eran afines. Por eso llamaron *lagarto* al caimán, *piña* a la yayama o *ruiseñor* a un ave que no lo era. Incluso apelaron al árabe y al bereber y nombraron *almadía* a la canoa, o *alfaneque* al bohío. Otro recurso fue la descripción, por lo que identificaron como *red de dormir* a la hamaca, *vaca marina* al manatí y

---

1. Guarch Delmonte, J. M., *El taíno de Cuba*, La Habana, Editorial Academia de Ciencias, 1978.
2. Tabío, E., *Introducción a la arqueología de las Antillas*, La Habana, Editorial de Ciencias Sociales, 1988.
3. Alonso, E. M., *Fundamentos para la historia del guanahatabey*, La Habana, Editorial Academia, 1995, y *Reflexiones sobre la historia temprana de Cuba*, Pinar del Río, ECOVIDA CITMA, 2003.
4. Velázquez, D., *Carta de relación de la conquista de Cuba*, La Habana, Publicaciones del Instituto de La Habana, 1951.
5. De las Casas, Bartolomé, *Historia de las Indias*, Madrid, Imprenta de M. Ginestra, 1875-1876, tomo III, p. 70.

conejillo de Indias al curí. Pero esto fue insuficiente ante la avalancha de los nuevos objetos y conceptos, por lo que tuvieron que hacer suyas muchas palabras de las lenguas de los subyugados.

La rápida apropiación de estos vocablos se debió a varios motivos. El sencillo consonantismo y vocalismo de estas lenguas, así como la estructura silábica generalmente terminada en vocal, facilitaron la memorización y uso de estos préstamos, a la vez que los cronistas y escribanos les dieron forma y contenido en los documentos que escribían en español, como destacó Pedro Mártir de Anglería: «Se podía escribir sin dificultad la lengua de todas aquellas islas con nuestras letras latinas»[6].

Además, la relativa homogeneidad lingüístico-cultural de las Antillas Mayores propició a los peninsulares tomar información sobre la naturaleza y cultura insulares de una misma lengua o lenguas afines. A esto se sumó la demora de casi un cuarto de siglo en el inicio de la conquista y colonización de las tierras continentales, lo que favoreció el enraizamiento de los préstamos indoantillanos en el habla de los colonos, al mismo tiempo que el mestizaje facilitó el intercambio idiomático. En fin, los peninsulares se apropiaron del valioso conocimiento acumulado por estos primigenios pobladores relacionados con el medioambiente, así como de gran parte de sus denominaciones. Esto les permitió adaptarse rápidamente a la nueva realidad insular. De haber estado deshabitadas las Antillas, la colonización española hubiese sido mucho más prolongada y compleja para los españoles, quienes se hubieran visto obligados a experimentar por su cuenta y riesgo.

El primero en sustentar que las comunidades indígenas de las Antillas Mayores y las Lucayas o Bahamas hablaban lenguas amazónicas pertenecientes a la inmensa familia lingüística aruaca fue Brinton[7]. Para ello se basó en una exhaustiva comparación de palabras indoantillanas preservadas en documentos coloniales con vocabularios y diccionarios del lokono hablado en las Guayanas, una de las lenguas mejor estudiadas de esta familia. Esta hipótesis fue corroborada posteriormente por diversos investigadores, al tomar en cuenta otras lenguas aruacas[8]. Y en cuanto a los arcaicos y aislados guanahatabeyes del extremo occidental cubano, el autor de este trabajo igualmente definió su origen aruaco mediante la vinculación de las eviden-

6. De Anglería, P. Mártir, *Fuentes históricas sobre Colón y América*, Imprenta de la S. E. de San Francisco de Sales, Madrid, [1516] 1892, tomo II, década X, libro I, 3.

7. Brinton, D. G., «The Arawak language of Guiana and its linguistic and ethnographical relations», *Transactions of the American Philosophical Society*, vol. 14 (1871), pp. 427-444.

8. Granberry, J., y Vescelius, G., *Languages of the pre-Columbian Antilles*, Tuscaloosa, The University of Alabama Press, 2004; Keegan, W. F. y Hofman, C. L., *The Caribbean before Columbus*, Oxford, Oxford University Press, 2016.

cias arqueológicas de su región de asentamiento con la toponimia local preservada y comparada con la del resto del archipiélago cubano[9].

Con el término *aruaco* identificamos un conjunto de lenguas amazónicas que poseen afinidad morfofonológica y un léxico básico[10]. Forma parte de esa inmensa familia lingüística el grupo caribeño septentrional, constituido por lo que Aikhenvald[11] llamó «taíno de las Antillas Mayores», que sobrevivió parcialmente hasta el siglo XVII, y el eyeri, kalífona o caribe insular de las Antillas Menores, realmente una lengua aruaca extinguida en Martinica a principios del siglo XX[12]. Además, pertenece a este grupo el garífuna derivado del kalífona, actualmente hablado en el litoral de Honduras, Belice y Nicaragua, pero originario de San Vicente y las Granadinas, desde donde fueron deportados los llamados «caribes negros» en 1796 por los británicos[13]. A este conjunto aruaco se suman el lokono de las Guayanas, el caquetio y el shebayo de Venezuela, hoy extinguidos, el vital goajiro o wayuunauki de la provincia de la Goajira, y su cercano pariente, el añu o paraujano, actualmente revitalizado en el estado de Zulia y el lago de Maracaibo[14].

La rápida disminución de la población primigenia de Cuba debido a diversos motivos llegó a tal extremo que los colonos se dedicaron a realizar «saltamientos» o avituallar una nave para asaltar las tierras más cercanas y apoderarse de los nativos e introducirlos en Cuba. Los «saltamientos», apoyados por las autoridades coloniales, se llevaron a cabo en las Lucayas, Antillas Menores, la Florida meridional, las Islas de la Bahía y las costas de Venezuela.

Por otra parte, desde mediados del siglo XVI gradualmente fueron introducidos esclavos de lo que sería el Virreinato de Nueva España y la Capitanía General de Yucatán. Varios años después, el tráfico de esclavos desde Pánuco decayó, pero continuó desde Yucatán como centro receptor y exportador no solo de yucatecos. En 1680 muchos de estos esclavos fueron utilizados en los trabajos de fortificación de La Habana y, por motivos que desconocemos,

---

9. Valdés Bernal, S. O., «Clasificación etnolingüística del guanahatabey», *Anuario L/L, Estudios Lingüísticos*, núms. 36-39, (2006-2008), pp. 7-34.

10. Greenberg, J. H., *Languages in the Americas*, Stanford, Stanford University Press, 1987.

11. Aikhenvald, A. Y., «The Arawak language family», en R. M. Dixon y A. Y. Aikhenvald (eds.), *Amazonian languages*, Cambridge, Cambridge University Press, 1999, pp. 65-106.

12. Taylor, D., «El taíno en relación con el caribe insular y el lokono», *Revista del Instituto de Cultura Puertorriqueña*, núm. 11 (1961), pp. 22-25

13. Suazo, S., «De caribe a garífuna. Un estudio comparativo de la lengua caribe del siglo XVII y del garífuna actual», *Amerindia,* suplemento 1, núm. 25, 2001.

14. Mattei, M.-C., «Lenguas indígenas en Venezuela en peligro de extinción», en Frédéric Vacheron y Gilda Betancourt (eds.), *Lenguas y tradiciones orales en la Amazonía ¿Diversidad en peligro?*, Oficina Regional de Cultura para América Latina y el Caribe de la UNESCO y Casa de las Américas, La Habana, 2006, pp. 281-312.

fueron llamados *guachinangos*[15], al parecer derivado de *Guachinango*, nombre náhuatl de un pueblo fundado en 1533 en el actual municipio homónimo del estado de Jalisco.

El intercambio comercial, que incluía el tráfico de esclavos procedentes de México, se acrecentó en el siglo XIX al imponerse *La ley de represión de la trata negrera* en 1845 y la puesta en práctica de los planes de fomento de la población blanca. Esto propició la reintroducción de aborígenes yucatecos considerados como «blancos», al igual que los asiáticos a partir de 1847 como «contratados». Pero en 1861, por orden de Benito Juárez, se dio término a este éxodo mediante la anulación del contrato entre el gobierno mexicano y la «empresa» que representaba los intereses de las autoridades coloniales en Cuba. Algunos autores, como Suárez Navarro[16], opinan que entre 1849 y 1861 entraron en Cuba miles de yucatecos, la mayoría de los cuales se unieron a las luchas independentistas del pueblo cubano, al igual que los asiáticos introducidos en nuestro país.

Uno de los rasgos identificadores de la variante cubana de la lengua española es el aporte de las lenguas caribeñas y mesoamericanas a su dominio léxico-semántico, con aplastante predominio de aruaquismos insulares como resultado del mestizaje biológico y cultural, cuya huella se ha preservado hasta nuestros días incluso en el fenotipo de muchos de los pobladores de los más remotos parajes del oriente cubano[17].

La consulta de las principales obras lexicográficas sobre el español de Cuba nos permitió compilar 403 indoamericanismos vigentes en el habla de los cubanos, con mayor frecuencia de uso en el habla rural por tratarse mayoritariamente de nombres alusivos a la flora y la fauna[18]. De estos, 327 son de definible origen aruaco insular. Los restantes 76 vocablos, de diverso origen lingüístico caribeño y mesoamericano, están constituidos por 43 nahuatlismos, 14 caribismos y 4 mayismos. Además, contamos con 9 quechuismos, 4 tupi-guaranismos, 1 algonquinismo (mocasín) y dos palabras inuit (*kayak* y *tobogán*). La

---

15. De Pezuela y Lobo, J., *Historia de la Isla de Cuba*, Madrid, C. Bailly-Ballière, 1868, tomo II, p. 6.

16. Suárez Navarro, J., *Informe sobre las causas y carácter de los frecuentes cambios políticos ocurridos en el Estado de Yucatán*, Ciudad de México, Imprenta de Ignacio Cumplido, 1864.

17. Aruca, L., «Las expediciones de Manuel Rivero de la Calle a Yateras, 1964-1986», en F. de J. Pérez Cruz (comp.), *Los indoamericanos en Cuba. Estudios abiertos al presente*, La Habana, Editorial de Ciencias Sociales, 2014, pp. 402-417; Valdés Bernal, S., Miranda Cancela, E., Fonte, I., y Choy, L. R., «En torno al habla de campesinos de ascendencia indocubana del municipio Manuel Tames, provincia de Guantánamo», *Anuario L/L*, núms. 27-29 (1996-1997), pp. 158-162.

18. Valdés Bernal, S. O., y Balga Rodríguez, Y., «El legado indoamericano en el español del Caribe insular hispánico», *Convergencia*, año 10, núm. 32 (2003), pp. 57-84, y «El léxico indoamericano del español caribeño insular»», *Anuario L/L*, núm. 35 (2007), pp. 56-105.

mayoría de estos vocablos enraizados en el español cubano han pasado por un proceso derivativo mediante la afijación, como *aguacatal* y *guayabera*, y en menor grado mediante la composición de un componente hispánico y otro indoamericano, como *aguaitacaimán*, nombre de un ave zancuda (*Butorides viriscens*) que emite un estridente sonido para alertar a otras aves sobre la presencia de un caimán, y *matajíbaro*, nombre de un tipo de comida hecha a base de plátano y chicharrones. Y no pocos ampliaron su significado con nuevas acepciones, como *jutía*, nombre de varias especies de roedores comestibles de la familia Capromydae, utilizado popularmente para referirse a la persona cobarde, o *majá*, nombre de una boa endémica (*Chilabothrus angulifer*), utilizado para tildar a una persona de holgazana.

En fin, estimados colegas, este panel dedicado al español y las lenguas originarias de Mesoamérica y el Caribe, las lenguas amerindias que más aportaron al enriquecimiento del español panhispánico, constituye una excelente oportunidad para intercambiar y actualizar nuestros conocimientos sobre el origen, significado y enriquecimiento semántico de estas voces recogidas en el *Diccionario de la lengua española* y en el *Diccionario de americanismos*, los dos pilares lexicográficos más importantes de nuestra lengua común.

Convivencia e hibridaciones del español con el inglés

JORGE IGNACIO COVARRUBIAS
Academia Norteamericana de la Lengua Española

En Estados Unidos tenemos unos 62 millones de hispanos. Somos el segundo país con mayor número de hispanos; el primero es México. Ahora bien, no todos los que se definen como hispanos en el censo tienen el español como su primer idioma. Porque hay veces que la segunda generación, como pasa con mis hijos, lo hablan, pero el inglés es su idioma predominante. Y muchas veces, lamentablemente, la tercera generación lo pierde, como pasa con mis nietos.

Si bien en número de hispanos estamos en segundo lugar en el mundo, los que se definen en el censo como hispanos y dicen hablar el español como primer idioma en su casa son unos 45 millones. En este sentido primero está México, segundo estaría Colombia, y nosotros estaríamos en tercer lugar, empatados con España y con Argentina. Pero dentro de muy poco Estados Unidos va a tener el segundo número, y con holgura, por el hecho de que la media de los hispanos en Estados Unidos es diez años menor a la de la población en general, lo que significa que en muy pocos años esa cifra, que es estadísticamente muy significativa, va a pesar.

Estados Unidos para el 2050 va a tener por lo menos 100 millones de hispanos, lo que quiere decir que uno de cada cuatro habitantes de Estados Unidos va a ser hispano. Para el 2060 se calcula que ese 25 % va a subir al 27,5 %, o sea, una cantidad significativa. Y nosotros siempre vamos a seguir en segundo lugar, pero por mucha diferencia.

Estados Unidos es un excelente laboratorio para determinar hacia dónde se va a dirigir el español, porque en el país no solamente confluyen el español de México, el español de Colombia, el español de Venezuela, de Argentina, del Caribe, sino de cada una de las regiones; por ejemplo, en Colombia hay muchas regiones que tienen hablas distintas y todas ellas confluyen en Estados Unidos. Por eso es un laboratorio excelente para ver adónde se va a dirigir el idioma.

Entre los hispanos en Estados Unidos predominan los mexicanos con un 73 %; en segundo lugar, puertorriqueños, con 9 %; El Salvador ha superado a Cuba y ambos tienen un 3,5 %; República Dominicana, 2,8 %. Pero por supuesto hay hispanos de hasta el último lugar de América Latina, e incluso de Guinea Ecuatorial. En ese país africano, que tiene el español como idioma oficial, hay una academia, que es la más joven de todas.

Aunque el inglés es el idioma predominante, Estados Unidos no tiene un idioma oficial. Pero el español ha entablado una lucha siempre, muchas veces heroica, contra esa mayoría que quiere hablar inglés y solamente inglés. En 1907, Theodore Roosevelt proclamó: «En este país hay una sola bandera y un solo idioma, y ese idioma es el inglés». En 1983, un senador por California, Samuel Hayakawa, propuso el *English Only*, un movimiento que pretende que el inglés sea el idioma oficial y que no se hable más que el inglés. En 2018, durante el gobierno nefasto de Donald Trump, este dijo: «Acá hablamos inglés, no español». Y durante el mandato de Trump, la página en español de la Casa Blanca misteriosamente estuvo cerrada, supuestamente por motivos técnicos, hasta que cambió el presidente y Biden la reabrió.

Ahora bien, si Estados Unidos no tiene un idioma oficial, el 80 % de los habitantes dicen que hablan solamente inglés, y fíjense qué curioso, porque se calcula que en el mundo el 60 % de la población es bilingüe. En los países más grandes, más poblados, como China e India, que tienen una gran diversidad de minorías e idiomas, hay muchísima gente bilingüe. Generalmente tienen un idioma nativo y una *lingua franca* con la que se comunican con los demás.

Si bien Estados Unidos no tiene una lengua oficial, 32 estados proclamaron en su Constitución el inglés como lengua oficial. Pero Nuevo México decretó como idiomas oficiales el inglés y el español; Luisiana el inglés y el francés; Hawai el hawaiano y el inglés, y Alaska los idiomas nativos y el inglés.

Ha habido iniciativas a partir de 1975 para ayudar a la gente que no habla inglés en Estados Unidos, sobre todo los hispanos, que son la gran mayoría de ese sector de la población. Se han implementado algunos programas que no les voy a detallar porque va a haber otros dos paneles dedicados a ello. Uno es el *English as a Second Language*, que se da exclusivamente en inglés, y programas bilingües desde jardín de infantes hasta tercer grado con un 25 % en español, y la inmersión dual, de *kindergarten* hasta cuarto grado, con 90 % en español, y de quinto a octavo grado el 50 %.

Todo esto quiere decir que, en Estados Unidos, el español goza de buena salud.

Para terminar, quisiera decirles algo que me llamó la atención. Yo estuve viviendo tres meses en Madrid como miembro de la Comisión Permanente de la Asociación de Academias de la Lengua (ASALE) y vi, para mi sorpresa, que celebraban el *Halloween*, y después, todavía peor, el *Black Friday*, para ir a comprar de todo. Y ayer, Darío Villanueva, que fue director de la Real Academia Española, me dijo que pasó por La Mancha y en ese paraje lleno de molinos vio un burdel que ofrecía su mercadería en inglés...

Yaniclecas

JOSÉ LUIS VEGA
Director de la Academia Puertorriqueña de la Lengua Española

Madamas llamábamos en el Puerto Rico de mi niñez a las mujeres negras que venían de las islas de Santo Tomás y Santa Cruz a comprar mercancía que luego revendían en sus tierras[1]. Se distinguían de las mujeres negras puertorriqueñas por algunos detalles de su indumentaria y por el inglés acriollado que hablaban. Tardé muchos años en descubrir que las tortas de harina de trigo, leche, mantequilla y sal a gusto con las que en mi casa acompañábamos el desayuno y el pescado descendían de los *johnny cakes* antillanos y que la palabra y las tortas nos habían llegado, como aquellas mujeres, con los vientos de las islas de sotavento. *Yaniqueques* llaman en República Dominicana a estas frituras que, con algunas variantes léxicas y de confección, son comunes a toda la geografía de la afrodescendencia, desde el sur de los Estados Unidos hasta las costas antillanas de América del Sur. Panes de las emigraciones y de los viajes, la palabra y la receta probablemente proceden de los *journey cakes* que alimentaban a los marineros en sus rutas de pesca, tráfico y saqueo. Parientes son de las *arepas* amerindias que se confeccionan con harina de maíz y se cuecen sobre una plancha, mientras que los *yaniqueques* o las *yaniclecas* se amasan con harina de trigo, y siempre se fríen. Hoy día estos humildes panes suelen servirse rellenos de langosta, pulpo, carrucho, camarones, entre otras delicias, y a punto están de adquirir galones de *haute cuisine*.

Este relato lingüístico y gastronómico es la más antigua experiencia transcultural de mi niñez, al menos la única que, por su condición de vivencia inmediata, se destaca del amplio fondo de transculturalidad histórica que es la vida en las Antillas, tierras insulares hechas en el ir y venir del contrabando, la esclavitud y las migraciones, y en los contactos asimétricos con las culturas metropolitanas. No es casual que haya sido un cubano, Fernando Ortiz, en su libro *Contrapunteo cubano del tabaco y del azúcar,* de 1940, el creador del concepto y del neologismo *transculturación* con el que alude al tránsito vital entre culturas:

> Hemos escogido el vocablo transculturación —señala Ortiz— para expresar los variadísimos fenómenos que se originan en Cuba por las complejísimas transmutaciones de culturas que aquí se verifican, sin conocer las cuales es imposible comprender la evolución del pueblo cubano, así en lo económico como en lo institucional, jurídico, ético, religioso, artístico, lingüístico, psicológico, sexual y en los demás aspectos de la vida[2].

---

1. El *DLE* no recoge esta acepción caribeña de *madama*. El *Tesoro lexicográfico del español de Puerto Rico* (*TLEP*) define *madamo, ma* como «1. El término para referirse a los negros de las islas inglesas. 2. Negro de las Antillas que habla papiamento o *creole*».

2. Ortiz, Fernando: *Contrapunteo cubano del tabaco y el azúcar*. La Habana: Editorial de Ciencias Sociales, 1983.

El proceso siempre es uno de perder y ganar, un toma y daca que implica la pérdida o desarraigo de una cultura precedente y la consiguiente creación de nuevas realidades. El antropólogo cubano acuñó, aunque con menor fortuna, otros neologismos —*desculturación* y *neoculturación*— para aludir a las mutaciones, venturas y desventuras culturales del proceso y sus protagonistas, en el caso antillano, los arahuacos —cuya cultura «pereció casi totalmente como fulminada»—, los africanos desarraigados y esclavizados, pero también los indianos —guerreros, frailes, mercaderes y villanos— a quienes «el mero paso del mar ya les cambiaba el espíritu»[3].

Ocasionalmente llegan a Puerto Rico grupos de hawaianos que vienen en busca de las raíces de sus ancestros. Son descendientes de campesinos puertorriqueños que en los primeros años de la invasión norteamericana de 1898 se alistaron, por necesidad, como cortadores de caña destinados a las haciendas azucareras dispersas en el archipiélago polinésico. En los primeros años del siglo veinte más de cinco mil puertorriqueños abandonaron una isla arrasada por el despojo y los huracanes. Partían en vapores desde el puerto de Ponce, al sur de Puerto Rico, con sus mujeres e hijos, hasta Nueva Orleans; desde allí cruzaban todo el sur de los Estados Unidos en trenes custodiados por guardias armados hasta llegar a San Francisco, donde inmediatamente abordaban el barco que los llevaría hasta las islas de Hawái. Habían firmado, con una cruz o con lenta y trabajosa caligrafía, contratos de trabajo de tres años, pero la mayoría de ellos nunca volvió. En aquellas islas lejanas conservaron su lengua, sus costumbres, su música, su gastronomía por algún tiempo, pero pronto sus hijos, hijas y nietos comenzaron a hablar en inglés y a casarse con filipinos y japoneses. Algunos aún cantan décimas que evocan el paisaje y las costumbres de su país, pero las cantan en inglés.

Seguramente la lengua que hablamos es el espejo que mejor refleja estos procesos de transculturación. El español de Puerto Rico, de base andaluza, se asienta sobre el diluido sustrato de las culturas arahuacas, la convivencia con las lenguas africanas y las que hablaban los emigrantes catalanes, mallorquines, gallegos, franceses y corsos, y los angloparlantes de origen británico, norteamericano, irlandés y antillano que por razones comerciales llegaban a la isla. Es un español mestizo y transculturado, como el español que se habla en todas partes. No hay que sorprenderse entonces de que una discreta masa de harina de trigo a veces adopte el nombre de *arepa*, otras de *yaniclecla*, otras de *yaniqueque* o que se confunda con los *journey cakes*, los *johnney cakes* y los *dumplines*.

México y las Antillas llamadas Mayores —Cuba, República Dominicana y Puerto Rico—, por su proximidad geográfica e histórica a Estados Unidos de

3. *Ibid.*, p. 88.

América y por el trasiego migratorio circular de sus habitantes, constituyen el núcleo de la porosa frontera entre el español y el inglés en el mundo. Cada uno de estos países, sin embargo, tiene su propia historia de amor y odio con el vecino del norte. Los puertorriqueños somos ciudadanos estadounidenses desde 1917; entramos y salimos sin restricciones migratorias al territorio norteamericano impulsados por motivos de trabajo, estudio, familia o turismo. Después de los mexicanos, constituimos el grupo hispano más grande en Estados Unidos. La población puertorriqueña en territorio estadounidense supera los cinco millones y medio de personas, cifra que contrasta con los escasos tres millones que viven en la isla. En términos proporcionales, ningún país ha experimentado tal nivel de absorción demográfica en Estados Unidos. Constituimos, pues, una intensa experiencia de transculturación, acelerada por los vientos alisios de la globalización.

Para conservar los rasgos de su identidad mestiza, los puertorriqueños han aprendido a «bregar», como se dicen en la isla, y como recalca Arcadio Díaz Quiñones. Articulan su sobrevivencia aferrados al imaginario de un nacionalismo cultural atravesado por nuevos discursos, transacciones, cancelaciones, fracturas y decepciones. De tal modo vivimos aún la idea de un país posible, contundente como experiencia cotidiana, pero cada vez más difuso en el horizonte de la posibilidad.

Ciento catorce hombres, mujeres y niños constituyeron el primer contingente de puertorriqueños que partió de Ponce con rumbo a Hawái en el vapor S. S. Arkadia. Cincuenta de ellos, los más avispados y jaibas, decidieron «bregar» de otra manera. Se amotinaron en San Francisco, escaparon y echaron las bases de la comunidad boricua que hoy existe en aquella ciudad. Los que tuvieron que continuar viaje quedaron plasmados en el titular y la dramática foto de portada del periódico *Examiner* del 15 de diciembre de 1900: «Threats and force put 66 Porto Ricans on rio, but fifty others escape». La foto muestra la angustia de una madre campesina que se debate entre proteger a su hijo de meses, que pone en brazos de un hombre, quizás su marido, y cumplir con la demanda del guardia que la ase por el brazo derecho para subirla al puente de abordaje del vapor que la conducirá a un incierto destino en medio del Pacífico. No sé si en los restaurantes boricuas de San Francisco y Honolulú aún se ofertan las yaniclecas en los menús o si ya fueron avasalladas por el olvido y el ímpetu migratorio de las arepas venezolanas. Pero sí sé que las palabras nunca pierden del todo su sabor.

III.
Lenguaje claro

Interculturalidad, lenguaje claro y derechos humanos[1]

DIEGO VALADÉS

Academia Mexicana de la Lengua

1. Síntesis de la ponencia presentada en la mesa «Lenguas, nacionalismo e interculturalidad política», en el IX Congreso Internacional de la Lengua Española celebrado en Cádiz, en marzo de 2023.

La lengua es un elemento crucial para los estados constitucionales democráticos y para las sociedades de derechos que se desarrollan en ellos. La calidad del lenguaje de las reglas y de las sentencias está relacionada con su inteligibilidad, y esta con su aplicabilidad. El conocimiento suficiente y la comprensión adecuada de los derechos por parte de la ciudadanía son su principal instrumento para ejercerlos.

La necesidad de afinar lo más posible las palabras del derecho, haciéndolas uniformes para todos, es asimismo una manera de objetivar el principio de igualdad ante la ley. En la comunidad de naciones hispanohablantes se registra una contribución notable a la interculturalidad, apoyada en las instituciones jurídicas. En el orden institucional son muchos los pasos que fortalecen los vínculos culturales en torno a los derechos humanos. Si bien la construcción de instrumentos interamericanos para la defensa de los derechos humanos ha sido un anhelo que se remonta al siglo XIX, su concreción se produjo con el Pacto de San José (1969), base del pujante sistema interamericano de derechos humanos. La incorporación progresiva de la normativa interamericana en los ámbitos constitucionales nacionales ha acentuado el proceso de edificar sociedades de derechos.

En cuanto a la formación de una cultura de los derechos, resultan relevantes los intercambios académicos y los contactos potenciados por las redes sociales, y por supuesto es crucial el papel de artistas e intelectuales. En este contexto apareció una obra que contribuye a la comprensión de los ordenamientos jurídicos: el *Diccionario del español jurídico* (*DEJ*, 2016), dirigido por Santiago Muñoz Machado. La propuesta de esta obra fue presentada por Muñoz Machado en su ingreso como numerario de la Real Academia Española, en 2013. Tres años más tarde el volumen ya circulaba, y otro año después salió de las prensas el *Diccionario panhispánico del español jurídico*.

También en 2017 fue publicada otra obra dirigida por Muñoz Machado: el *Libro de estilo de la Justicia*, complemento del *DEJ*. Es un trabajo destinado en primer término a los juzgadores españoles y a sus auxiliares, a quienes provee los elementos técnicos lingüísticos para elaborar sus resoluciones de manera clara. Está anunciado el libro panhispánico en esta materia[2].

A la par de esas contribuciones, la Asociación de Academias de la Lengua Española (ASALE) promovió la Red Panhispánica del Lenguaje Claro. El acto constitutivo de la Red, celebrado en la Corte Suprema de Justicia de Chile (junio de 2022), y la buena acogida que tuvo, denotan la necesidad de reforzar las diversas iniciativas nacionales en esa misma dirección. Además de la incorporación progresiva de los tribunales nacionales iberoamericanos, será

2. Muñoz Machado, Santiago (director), *Libro de estilo de la Justicia*, Madrid, RAE, Consejo General del Poder Judicial, Espasa, 2017, p. XXVI.

conveniente incorporar a los órganos nacionales de protección de los derechos humanos y a los correspondientes organismos regionales: Comisión y Corte Interamericanas de Derechos Humanos.

En casi todos nuestros países son localizables libros de estilo dirigidos a administradores, juzgadores y legisladores. Su éxito ha sido modesto, como se puede apreciar por la calidad desigual de los textos legales, de las sentencias y de las disposiciones y comunicaciones administrativas. Es una labor germinal que conviene tener presente para ampliar el universo de actores, como los mencionados órganos tutelares de los derechos humanos y los entes jurisdiccionales regionales.

Los problemas concernidos con la claridad y precisión del estilo se multiplican con motivo del empleo del lenguaje inclusivo. Practicar la «corrección política» en el lenguaje causa estragos, examinados con detalle por el académico español. Las reivindicaciones exigidas por las mujeres en materia de igualdad son justificadas y su atención es inaplazable. Satisfacer sus exigencias es esencial para la completitud de los derechos fundamentales. No hay posibilidad de hablar de democracia constitucional ahí donde subsisten elementos, así sean vestigiales, de marginación, discriminación, exclusión o cualquiera otra expresión que entrañe desigualdad entre mujeres y hombres. En este punto no hay discrepancia posible. La dificultad surge cuando, a cuenta de la igualdad, se incide en la estructura del lenguaje.

Si bien hay una evolución favorable a la igualdad ante la ley, las concesiones por mor de la corrección política están llevándonos, de una manera casi inadvertida, a nuevas modalidades de discriminación. Los ordenamientos constitucionales avanzados, y algunos internacionales, interdicen todas las formas de discriminación, incluidas las lingüísticas. Un valioso elemento integrador de los derechos fundamentales fue proteger a las minorías lingüísticas en países donde se aislaba a quienes hablaban una lengua no compartida por la mayoría. Pero en nuestro tiempo tiende a multiplicarse una variante discriminadora relacionada con el lenguaje que se origina en no distinguir entre habla individual y lengua social, como apunta Darío Villanueva[3]. Quienes emplean de manera libre las modalidades sexistas del idioma están en su derecho de hablar como consideren adecuado, pero adoptar una determinada forma de hablar como obligatoria para todos, u oficializarla por parte del Estado, implica una situación lesiva para un número indeterminado de personas. Mediante prácticas propias de la corrección política se puede procurar eludir calificativos tales como «sexista», «transfóbico» y otros más que conllevan imputaciones denigrativas en contra de quienes no utili-

---

3. Villanueva, Darío, *Morderse la lengua. Corrección política y posverdad*, Madrid, Espasa, 2021, p. 112.

zan un habla de apariencia igualitaria, pero esa concesión se hace a expensas de derechos fundamentales.

Las normas deben ser redactadas con la mayor claridad posible, en un lenguaje estandarizado, pues están dirigidas a la totalidad de los integrantes del Estado constitucional y no solo a un segmento, mayor o menor, de los componentes de su población. El hablante elige y usa sus formas de comunicación con libertad, por lo que no está sujeto a estilos impuestos como resultado de las convicciones de otras personas o de grupos; estas convicciones son legítimas para quienes las sustentan, pero no son vinculantes para terceros. Quien emplee ciertas modalidades de expresión está en su derecho, sin que esto le permita exigir que otros sigan su conducta a trueque de ser escarnecidos por no hacerlo.

La claridad del lenguaje es un objetivo ancestral del derecho. En tanto que el derecho es palabra, la norma tiene que ser comprensible. El proyecto emprendido por la RAE con la participación de los órganos jurisdiccionales hispanoamericanos apunta en el sentido de avanzar hacia sentencias claras, lo que lleva aparejada una mejor justicia. La complejidad del lenguaje jurisdiccional puede ser intencionada o accidental; en ambos casos se vuelve un obstáculo más para el acceso a la justicia. Otro tanto sucede con las leyes, reglamentos y disposiciones administrativas. Entre los remedios se apela a los textos estilísticos, que los hay sobre muchas áreas y de muy variada calidad. En este vasto panorama sobresale el mencionado *Libro de estilo de la justicia*, de Muñoz Machado.

La arcanidad de los enunciados normativos, lo mismo públicos que privados, supone un riesgo para los derechos fundamentales. Esto sugiere que en el orden internacional se lleve a cabo una promoción para que los organismos regionales y planetarios cuenten con libros de estilo. Esta es una tarea que trasciende a las partes integrantes de la ASALE, pero acerca de la cual sería posible tomar un acuerdo en el sentido de que cada academia planteara el problema ante sus respectivas autoridades nacionales, conforme a un proyecto común, o de que lo hiciera la propia ASALE como una organización cultural internacional.

En cuanto al espacio geográfico de la lengua española, hay otra empresa ambiciosa pero viable a la vista de lo ya conseguido: elaborar un libro panhispánico de estilo para los operadores jurídicos en general, pues los textos ambiguos, confusos o crípticos implican una restricción al ejercicio de los derechos fundamentales y de sus garantías. Una acción de esta magnitud podría ser alcanzada mediante aproximaciones sucesivas: primero, elaborando libros panhispánicos de estilo para los juzgadores, para los legisladores y para los administradores; a continuación, un solo libro panhispánico de estilo para el conjunto de operadores jurídicos públicos; y en una tercera etapa, con el concurso adicional de universidades y organizaciones ciudadanas, profesionales y comerciales, el libro panhispánico de estilo para los operadores jurídicos en general. Los libros de estilo existentes y por elaborar deben ser utilizados como manuales en las instituciones de educación profesional jurídica o de áreas afines, y en las instituciones donde se prepara, capacita y actualiza al personal de carrera de las administraciones.

La complejidad del lenguaje jurídico aumenta como consecuencia de la vertiginosa creación normativa de origen público. Un ejemplo muy llamativo es el ofrecido por la intensidad legiferante de España donde, en 42 años de actividad, entre 1979 y 2021, las diferentes administraciones públicas produjeron casi cuatrocientas doce mil normas. Solo en 2021 fueron aprobadas 12704 por lo que, de mantenerse este volumen, en los siguientes 40 años se rebasaría el medio millón de normas. La descentralización, a la que propenden los sistemas políticos contemporáneos, tuvo un impacto significativo en el aumento normativo. En 1979 la generación de normas por parte de la administración central del Estado español correspondía al 88,6% del total, mientras que en 2018 bajó al 14,7; a su vez las administraciones autónomas pasaron del 11,3 al 71,8% en ese mismo periodo. Las leyes y decretos de las comunidades autónomas, que sumaron 8171 entre 1979-2019, contienen 61 millones de palabras[4]. En su mayor parte esas reglas han sido derogadas o remplazadas; los números solo indican lo cuantioso de la actividad legiferante de los entes públicos cuyos titulares, como es obvio, tienen estilos muy diferentes de redactar, y el consiguiente problema en cuanto a la claridad del lenguaje utilizado.

En el ámbito latinoamericano no se dispone de información relacionada con la dinámica legiferante de los entes públicos y son mínimos los esfuerzos para llevar a cabo estudios de impacto normativo, pero hay buenas razones para inferir que el universo regulatorio es muy abundante y, con toda probabilidad, abstruso. La legibilidad de las normas tiende a empeorar, obstaculizando su comprensión. Las dificultades para administrados y justiciables, acentuadas por la propensión, creciente, a emplear un lenguaje farragoso y al uso de remisiones y enlaces con otros ordenamientos, representa un valladar para el ejercicio de los derechos fundamentales y para la exigencia de las obligaciones que incumben a los gobernantes.

Las lenguas se han abierto un espacio en el catálogo de los derechos humanos, en especial mediante la protección de las lenguas nacionales y la no discriminación lingüística. En los Estados constitucionales se procura la distribución y el control del poder, y se proscribe la arbitrariedad. En contraste,

---

4. Mora-Sanguinetti, Juan S., «Las cuatrocientas mil normas de la democracia española. Cuantificación e impacto de la complejidad normativa de España», en *Revista de las Cortes Generales*, Madrid, Congreso de los Diputados, segundo semestre de 2022, núm. 114, pp. 231 y ss.

el lenguaje críptico favorece la arbitrariedad y la discrecionalidad en el ejercicio del poder, por lo que es previsible que la evolución institucional lleve a incluir al lenguaje jurídico claro como uno más de los derechos fundamentales.

Los Estados constitucionales y las sociedades de derechos de nuestro tiempo siguen presentando problemas comunes y, con las particularidades de cada sistema constitucional, hay aspectos compartidos, en especial por cuanto atañe a los derechos fundamentales. Por esta razón resulta aconsejable que, desde la actividad académica, se apoyen estos esfuerzos impulsando un libro de estilo para los operadores jurídicos en el ámbito hispanohablante.

La norma, además de una función reguladora, tiene una función integradora. La lengua compartida por una pluralidad de comunidades nacionales constituye la base de todo entendimiento. Si además de posibilitar las relaciones personales y culturales se promueven instituciones jurídicas comunes, se alcanzará una fase más elevada de la interculturalidad. Por todo lo anterior se propone, como un nexo adicional a los existentes, elaborar el libro de estilo de los operadores jurídicos, con un sentido panhispánico.

Derecho a comprender y lenguaje claro

CLAUDIA POBLETE OLMEDO
Pontificia Universidad Católica de Valparaíso

Definición de lenguaje claro. ■ Lenguaje claro: áreas de estudio hoy. ■ Modelos: alfabetización académica y profesional. ■ Modelos explicativos: niveles. ■ Derecho a comprender. ■ Reflexiones finales.

En el VIII Congreso Internacional de la Lengua (Córdoba, 2019) señalábamos que la revisión de la literatura acerca de lenguaje jurídico en general evidenciaba que teníamos varias tareas por delante en esta área de estudio, entre ellas, «deslindarnos y definirnos» como campo de estudio, es decir, trabajar en la precisión conceptual. En el presente trabajo queremos dar un paso más en esta línea y exponer algunos modelos explicativos de lenguaje y comunicación clara y sus niveles.

DEFINICIÓN DE LENGUAJE CLARO

A lo que propusimos en ese entonces (Poblete, 2019) como una definición inicial de lenguaje jurídico claro (campo de estudio interdisciplinario que tiene por objeto los textos, orales y escritos, del ámbito jurídico en sentido general y particular), hoy sumamos una nueva propuesta de lo que entendemos como lenguaje claro:

> Lengua que se utiliza en el contexto de la Administración (poderes públicos) para dirigirse a los ciudadanos. Se caracteriza por ser directa, sin tecnicismos (si los debe usar, los explica), que sigue una estructura de redacción lógica y con usos modernos (formas). Su finalidad es transmitir (comunicar) un mensaje de manera entendible y **comprensible** para los usuarios. Utiliza criterios de claridad en la redacción con el fin de facilitar la comprensión del texto (oral o escrito) y sus vinculaciones con la sociedad. En especial, este debe ser el lenguaje que utilizan los órganos del Estado para emitir los documentos de toda naturaleza[1].

LENGUAJE CLARO: ÁREAS DE ESTUDIO HOY

El estudio del lenguaje claro hoy en día implica referirnos a varios aspectos y áreas relacionadas que podemos representar como se muestra en la figura 1.

Comunicación clara

Cuando nos referimos a lenguaje claro debemos reconocer que este se inserta en una gran área de trabajo a la que denominamos *comunicación clara*. Dentro de esta última podemos visualizar trabajos y áreas de desarrollo tan específicos como la experiencia de usuario o *UX Writing*, la alfabetización académica y la alfabetización profesional.

1. Propuesta en colaboración con el ministro Sergio Muñoz, de la Corte Suprema de Chile.

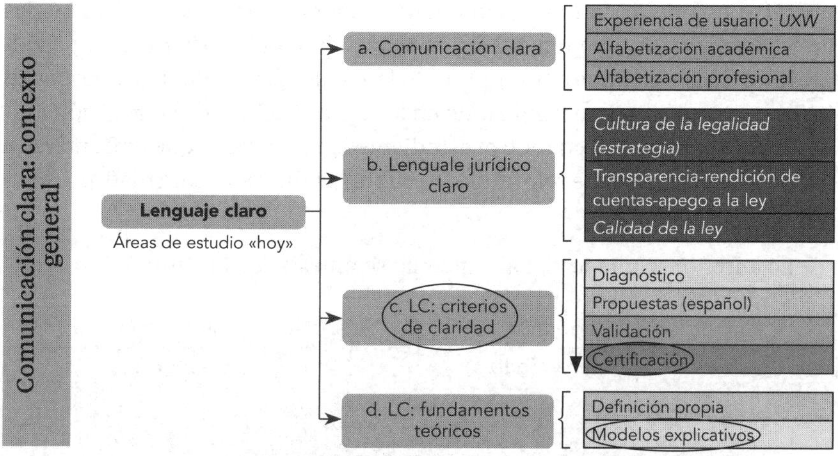

Figura 1. Comunicación clara: contexto general. Fuente: elaboración propia.

Lenguaje jurídico claro

Aquí se consideran algunas áreas de trabajo y de desarrollo específicos. En primer término, la cultura de la legalidad, área de trabajo muy abordada en la actualidad. Por otra parte, se han potenciado áreas como la transparencia, la rendición de cuentas o el apego a la ley. Y muy relacionado con eso está la evaluación de la calidad de la ley, que hoy en día también se mira desde la perspectiva del lenguaje claro.

Criterios de claridad

El lenguaje claro ha trabajado mucho desde hace algún tiempo los criterios de claridad. Estos se abordan partiendo por el diagnóstico, es decir, cómo es este lenguaje claro. Esto lo podemos remontar al estudio de la Comisión de Modernización del Lenguaje Jurídico[2]. En este punto también se plantean algunas propuestas de criterios de claridad desde el español. Por otro lado, se ha abordado la validación, desde lo teórico, de algunos de esos criterios. Pero hoy ya se está pasando al plano de la certificación, o sea, cómo podemos evaluar, medir y declarar si un contenido —por ejemplo, un sitio web— es claro.

MODELOS: ALFABETIZACIÓN ACADÉMICA Y PROFESIONAL

Otro paso que visualizo en los temas de la comunicación clara y del lenguaje claro y accesible dice relación con los modelos explicativos. En este sentido,

2. Comisión creada por acuerdo del Consejo de Ministros de España en diciembre de 2009.

postulamos que la comunicación clara debiera estar inserta en todas las áreas disciplinares que tengan una vinculación con los usuarios, por ejemplo, medicina o el ámbito tributario[3]. El lenguaje claro se debiera abordar en la formación disciplinar, sobre todo en los últimos años de la formación académica, precisamente cuando el estudiante egresa y tiene que enfrentarse a la sociedad, donde debe reformular lo que aprendió, pero para distintos contextos.

Lo anterior se puede visualizar como se muestra en la figura 2.

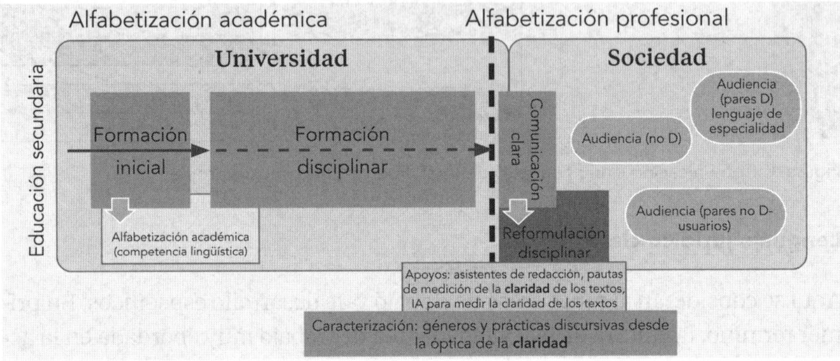

Figura 2. Alfabetización académica y profesional. Fuente: elaboración propia.

MODELOS EXPLICATIVOS: NIVELES

Todos quienes trabajamos en el área de comunicación clara, de lenguaje claro o de lenguaje accesible debemos manejar tres niveles, que a veces se confunden o no se visualizan.

Primer nivel: inicial

Un primer nivel es el que he denominado *inicial*. Aquí se apunta a la generación de ayudas para los textos que ya existen y que no son claros. Así, incorporamos sentencias que incluyan un apartado con lectura fácil o con lenguaje claro: en Chile, por ejemplo, tenemos el programa Ley Fácil[4], que difunde la ley. Me refiero a todo aquello que ayude a reformular a lenguaje claro o a comunicación clara (si incorporamos aspectos visuales). Para mí este es un nivel inicial. Debo precisar que no se trata de niveles que se excluyan.

3. En España se está llevando adelante un importante proyecto relacionado con cómo trabajar el lenguaje claro, la comunicación clara en el ámbito tributario.

4. Se trata de un programa a cargo de la Biblioteca del Congreso Nacional de Chile que explica de manera fácil los contenidos de una ley específica.

Segundo nivel: integración

El segundo nivel lo he denominado de *integración*. En la integración nosotros adquirimos la competencia y somos capaces de visualizar, de diferenciar al destinatario. Por ejemplo, en este nivel ya redactamos la ley con lenguaje claro, es decir, no generamos ayudas para que la gente entienda, pues la normativa ya está redactada con lenguaje claro. ¿Y por qué me detengo en el caso de la ley? Porque ya sabemos que la ley contamina todos los escritos de la administración de justicia. Si no tenemos una ley clara esto se traspasa a todos los demás textos de la administración de justicia. Por ello partimos con la ley.

Tercer nivel: consolidación

Un tercer nivel es el que denomino de *consolidación*. Aquí ya no nos estamos refiriendo solo al texto en detalle, al texto que está o no está escrito con lenguaje claro, sino que estamos abogando por un **derecho a comprender**. Es decir, no buscamos solo reformular textos, sino que la comprensión sea un derecho. ¿Por qué un derecho? Porque es un derecho que nos permite acceder a otros derechos fundamentales.

Los niveles mencionados se pueden visualizar como se muestra en la figura 3.

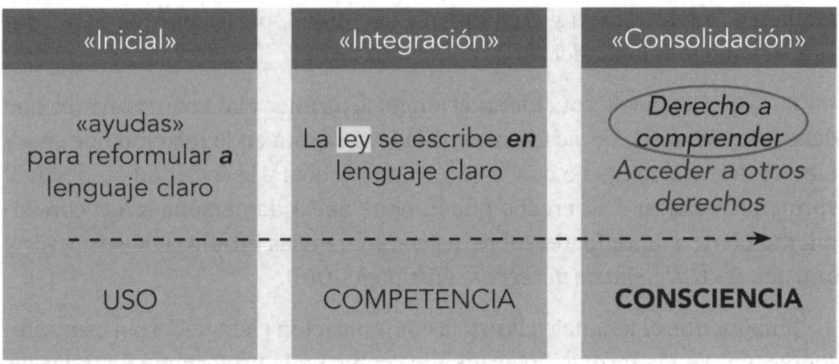

Figura 3. Modelos explicativos: niveles. Fuente: elaboración propia.

DERECHO A COMPRENDER

Siguiendo a Alliende (2022):

> La transparencia no se satisface solo con la publicación de las leyes (primer paso), esto debe ser seguido por otras obligaciones que deben cumplir los órganos del Estado:
>
> - Material: difundir su contenido y elaborar textos actualizados que recojan las modificaciones que experimente y,

- Sustantiva: ejecución de medidas que permitan la real comprensión de dichas disposiciones.

No solo es necesario que la persona disponga de suficiente información acerca de las normas jurídicas aplicables a un caso, que conozca la ley, sino que para que efectivamente pueda brindarle protección es necesario que la comprenda: única forma de poder formarse un juicio sobre ella y anticiparse a los efectos que se pueden producir a su respecto (Alliende, 2022: 216-2018).

En cuanto a la difusión del contenido, creo que muchas de nuestras legislaciones han dado ya ese paso: están en la página web o se supone conocida. La implementación de medidas que permitan la real comprensión de las disposiciones es fundamental. Este salto, este cambio de paradigma es lo que demanda el derecho a comprender.

REFLEXIONES FINALES

Es necesario establecer criterios, guías, pautas, sugerencias para que el texto jurídico sea claro, y para ello hay que definir qué entendemos por claridad y qué elementos de nuestra lengua facilitan la comprensión de un texto jurídico (Poblete, 2018b). Debemos ampliar las investigaciones en el área con metodologías cuantitativas y cualitativas. Los datos son necesarios para convencer y mostrar evidencias.

La importancia de considerar el lenguaje jurídico claro como un área que debe mirarse desde las academias de la lengua está en la relación que se establece desde el lenguaje con la seguridad jurídica y la sociedad, es decir, el «principio general del derecho que impone que toda persona tenga conocimiento cierto y anticipado sobre las consecuencias jurídicas de sus actos y omisiones» (*Diccionario del español jurídico*, 2016).

Finalmente, el lenguaje claro y la comunicación clara deberían estar presentes tanto en la formación académica como en la profesional de todas las disciplinas, sobre todo de aquellas que tienen mayor vinculación con la sociedad.

REFERENCIAS

Poblete, Claudia. «Estándares de claridad y precisión jurídica: avances y desafíos en la comunicación y formación jurídica actual». Ponencia presentada en el *VIII Congreso Internacional de la Lengua Española*, Córdoba, 2019. Disponible en: https://congresosdelalengua.es/cordoba/paneles-ponencias/competitividad/poblete-claudia.htm

Real Academia Española y Consejo General del Poder Judicial. *Diccionario del español jurídico* (dirigido por Santiago Muñoz Machado), Madrid, Espasa, 2016.

Lenguaje claro en el proceso de familias

SILVANA BALLARIN
Universidad Nacional de Mar del Plata

La introducción del lenguaje jurídico claro como garantía de tutela judicial efectiva. ■ El lenguaje del proceso de familias: escuchar y ser escuchado. Especial consideración de las personas en situación de vulnerabilidad. ■ El lenguaje de la sentencia: la sentencia como texto dialógico. ■ Incorporación de textos de lectura fácil. ■ Inclusión de modalidades para asegurar el acceso de las personas al texto en lenguaje accesible. Lectura fácil y comprensión oral.

La introducción del lenguaje jurídico claro como garantía de tutela judicial efectiva constituye un desafío para el poder judicial. Los procesos de familias suelen presentar características particulares debido a la situación de vulnerabilidad en la que frecuentemente se encuentran las partes en razón de la edad, género o enfermedad mental. En estos casos, la comunicación de las resoluciones debe ofrecerse en forma accesible e incorporar, además, acápites de lectura fácil para los destinatarios. El juez construye la sentencia para los miembros de la familia en conflicto como un texto dialógico, reconociendo el rol de los ciudadanos como implicados, antes que sometidos al proceso.

LA INTRODUCCIÓN DEL LENGUAJE JURÍDICO CLARO COMO GARANTÍA DE TUTELA JUDICIAL EFECTIVA

La Argentina ha sido y es un país en el que el multiculturalismo se manifiesta no solamente como diversidad lingüística, sino en otros aspectos tales como la coexistencia de diversas formas familiares[1]. En cada una de estas familias, y aun hablando la misma lengua —el español— los significados de las palabras pueden resultar diferentes según el contexto social y cultural en el que se desarrollen sus destinatarios. El Código Civil y Comercial de la Nación, en vigencia desde 2015, ha sido concebido para una sociedad multicultural, tal como los propios legisladores destacan: «De lo que se trata es de regular una serie de opciones de vida propias de una sociedad pluralista, en la que conviven diferentes visiones que el legislador no puede desatender»[2].

Refieren, además, que se han inspirado en un paradigma no discriminatorio, inclusivo de las personas en situación de vulnerabilidad y respetuoso de la igualdad real de oportunidades, desarrollando una serie de normas orientadas a plasmar una verdadera «ética de los vulnerables»[3].

Y es, precisamente, en el proceso de familias, cuyos principios son regulados en el Libro Segundo, donde se alude a la tutela judicial efectiva como garantía para todos los sujetos de derecho. Ello en tanto las personas implicadas en estos procesos suelen encontrarse en situación de vulnerabilidad: mujeres, niñas, niños y adolescentes, personas con discapacidad y adultos mayo-

---

1. Melo, M. B., «Configuraciones vinculares de las parejas en el siglo XXI. Entre el autoritarismo y el apego», en *Familias iberoamericanas ayer y hoy. Una mirada interdisciplinaria*, Ghirardi, M. (compiladora), ALAP Editor, Córdoba, Argentina, 2008, p. 357; Torrado, S., *Historia de la familia en la Argentina moderna*, Ediciones de La Flor, Buenos Aires, 2003, p. 555; Wainerman, C., *La vida cotidiana en las nuevas familias*, Lumière, Buenos Aires, 2005, p. 51; Geldstein, R. y Wainerman, C., «Viviendo en familia ayer y hoy latinas», en *Vivir en familia*, Losada-UNICEF, Buenos Aires, 1994, pp. 232-233.
2. *Fundamentos del Anteproyecto del Código Civil y Comercial de la Nación Argentina*, p. I.
3. *Fundamentos* cit., p. I.

res, entre muchos otros. No basta, entonces, con aludir a diferentes culturas en orden a orígenes territoriales o étnicos. Se trata, fundamentalmente, de reconocer la situación de los excluidos, de sumergirnos en el territorio del no derecho para proponer vías posibles de eficacia de los derechos humanos[4].

EL LENGUAJE DEL PROCESO DE FAMILIAS: ESCUCHAR Y SER ESCUCHADO. ESPECIAL CONSIDERACIÓN DE LAS PERSONAS EN SITUACIÓN DE VULNERABILIDAD

Partir del acontecimiento antes que del razonamiento, de la experiencia antes que de la idea, nos lleva a otra reflexión acerca del lenguaje: el proceso de familias como instancia de visibilización de la persona en situación de vulnerabilidad.

En muchos de estos procesos intervienen personas menores de edad, mujeres sometidas a situaciones de violencia física, psicológica o económica, o bien personas con limitación de capacidad. Todas estas situaciones requieren reforzar su acceso a la justicia mediante la escucha atenta y el uso de un lenguaje claro. Solo de esta manera podrá consagrarse el principio de tutela judicial efectiva.

El derecho a comprender las resoluciones judiciales por parte de los ciudadanos es necesario, pero no suficiente. ¿Comprenden los jueces y demás efectores del sistema el discurso de las personas en situación de vulnerabilidad a las que citan a audiencia?, ¿están capacitados para la percepción y escucha, sin el auxilio de profesionales de otras ciencias? Si no se problematiza también esta necesaria operación de escucha, la construcción posterior de la sentencia podría resultar fallida. Y de poco serviría explicar con claridad y en lenguaje sencillo una decisión que no ha tenido en cuenta la expresión de voluntad de sus destinatarios.

Así, en el caso del discurso infantil, la interpretación de los dichos resulta una circunstancia particularmente compleja. Es necesario diferenciar el lenguaje infantil del lenguaje adulto: como señalan las psicólogas Minnicelli y Lampugnani, la operación de escucha requiere distinguir el punto de vista del niño respecto de los otros discursos: «La complejidad que presenta la operación de escuchar al niño, niña o adolescente, implica que no es la literalidad la que puede orientar en todos los casos en la misma dirección»[5].

---

4. De Sousa Santos, B, *Una epistemología del sur*, CLACSO-Siglo XXI Editores, Buenos Aires, 2009.

5. Minnicelli, M., Ballarin, S., y Lampugnani, S., *Fraternidades y parentalidades malheridas*, Homo Sapiens, Rosario, Argentina, 2017, pp. 140-141.

Volver comprensible el sentir del otro, al tiempo de volverse comprensible para el otro, requiere, entonces, de una habilidad de traducción para garantizar la tutela judicial efectiva.

EL LENGUAJE DE LA SENTENCIA. LA SENTENCIA COMO TEXTO DIALÓGICO

¿Es la sentencia un monólogo que pronuncia el juez, desde el poder que su cargo le otorga, o un diálogo que establece con los integrantes de la familia o con otras voces autorizadas a las que pretende convencer de sus argumentos?

Para lograr una sentencia eficaz que cumpla un rol motivador del comportamiento de sus destinatarios, debe alejarse del modelo de monólogo incomprensible a los legos y utilizar un lenguaje accesible. Ese es el requisito de toda norma jurídica que aspire a vencer un contexto anómico: su posibilidad de comprensión por parte de la sociedad.

El proceso de familias deja hablar al otro en diferentes momentos: al darle voz en la escucha e inmediación y en el diseño mismo de la construcción de las sentencias. Dejar hablar al otro desde la construcción de las sentencias —prestarle voz a su sufrimiento— significa abrirse a su palabra, no llenarla de consideraciones sobre conceptos jurídicos genéricos. Si se identifica a los miembros de la familia en conflicto como destinatarios de la sentencia y se considera a esta como texto dialógico entre aquellos y quien juzga, cabe concluir que el lenguaje debe emplearse para comunicar su contenido en forma clara y sencilla.

Como lo advierte Zygmund Bauman, tanto en la filosofía como en las ciencias sociales abundan actualmente «los llamamientos a un vocabulario compartido, un mundo común, una comunidad de significados»[6]. De tal manera, se reconoce el rol de los ciudadanos como *implicados*, antes que sometidos al proceso.

El lenguaje judicial será accesible y no discriminatorio, ya que su claridad resulta esencial para la vitalidad y prestigio del Estado de derecho[7]. En efecto, una sentencia que no es comprendida carece de función motivadora pero, además, inhabilita al destinatario para su debido control. Si el lenguaje obstaculiza la comprensión de los miembros de la familia cuya conducta

6. Bauman, Z., *Legisladores e intérpretes*, Universidad Nacional de Quilmes, Buenos Aires, 1997, p. 205.

7. Muñoz Machado, S., *Diccionario del español jurídico* (presentación), RAE y Consejo General del Poder Judicial, Madrid, España, 2016, p. XXIX.

está dirigida a regular, no solamente exigirá una tarea de *traducción* propia de especialistas, sino que dificultará su examen ya que el uso de un cierto lenguaje caracterizado por la acumulación de términos técnicos o por la frecuencia de cláusulas estereotipadas puede revelar una función de selección sociocultural de los posibles usuarios del discurso[8]. En tal sentido, cuando se trata de litigantes que forman parte de minorías étnicas que no comparten el lenguaje español con el que se ha redactado la sentencia, resulta un deber del propio Estado facilitar su comprensión a través de su traducción a lenguas originarias. Tal lo resuelto por jueces de las provincias de Chaco[9] y de Córdoba[10].

También en la construcción de la sentencia se debe dejar hablar al otro[11], y correrse del lugar central de la escena. El juez no tiene que volcar todo el conocimiento jurídico que sobre el tema haya acumulado, sino, en primer lugar, analizar y fundar su decisión del caso concreto. En este segmento de motivación de la sentencia, suele observarse cierta desproporción entre el espacio que el juez dedica a una y otra cuestión. Así lo advierte Taruffo:

> La prevalencia que se le da a la mera cuestión de derecho evoca la imagen de un juez que se concibe a sí mismo como el instrumento para la restauración del orden jurídico violado, para la defensa de la certeza abstracta que conlleva a la relación jurídica y, en esencia, para la tutela de una justicia formal. Por el contrario, la prevalencia que se le da a las cuestiones de hecho evoca la imagen de un juez que se concibe a sí mismo como un mediador de los conflictos socioeconómicos concretos, como un instrumento para la tutela de los intereses reales y, en esencia, como creador de una justicia sustancial[12].

Incluso es importante la forma en que se alude al relato del otro: tomar sus palabras, comenzar los fundamentos de la sentencia con la consideración de la palabra del otro vulnerable. ¿Tiene el NNA, la persona con discapacidad, la mujer víctima de violencia un lugar en la sentencia en el que se la escuche con su propia voz, con sus palabras? Finalmente, dejar hablar al otro en la sentencia es construirla desde un lenguaje que no lo excluya.

---

8. Taruffo, M., *La motivación de la sentencia civil*, Trotta, Madrid, 2011.
9. Juzgado de Niñez, Adolescencia y Familia de Juan José Castelli (Pcia. de Chaco), «C.C.S. S/ Juicio, Expte. n.º 23/20 disponible en https://www.diariojudicial.com/news-88915-migrated
10. Juzgado de Niñez, Juventud y Violencia Familiar y Penal Juvenil, Bell Ville, Córdoba, 10/05/22, resolución: 71, año: 2022, tomo: 1, folio: 89-89.
11. Ballarin, S., «La eficacia de la sentencia de régimen de comunicación entre padres e hijos», Librería Editora Platense, La Plata, pp. 437-438.
12. Taruffo, M., *La motivación de la sentencia civil*, Trotta, Madrid, 2011, p. 102.

INCORPORACIÓN DE TEXTOS DE LECTURA FÁCIL

En la última década, se han dictado en la Argentina numerosas sentencias de familia que incluyen un texto de lectura fácil[13]. Los procesos de adopción y de limitación de capacidad son los que, con mayor frecuencia, incorporan este recurso. En los procesos de adopción, las sentencias, si bien constitutivas de un nuevo estado de familia, se dictan como reconocimiento al vínculo afectivo que las ha precedido. En los procesos relativos a la limitación de capacidad de las personas, los jueces explican los efectos de la sentencia en la vida diaria de la persona con padecimiento mental, tanto a ellos como a quienes oficiarán de sistema de apoyo.

Aunque en la mayoría de los casos, las sentencias de familia incluyen textos accesibles a las personas en situación de vulnerabilidad, también resultan destinatarios de estos textos los demás miembros de la familia involucrados, ya que la redacción en lenguaje accesible es una herramienta para la comprensión de todos los ciudadanos implicados a fin de facilitar su cumplimiento voluntario[14]. En efecto, estos textos constituyen un instrumento de persuasión frente a los victimarios en causas de violencia familiar y de género. Cuando la notificación está dirigida al agresor, su comprensión de las medidas dispuestas en el proceso resulta el paso inicial para que tenga la oportunidad de cumplirlas voluntariamente, evaluando asimismo las consecuencias de su conducta transgresora, las que también son explicadas con claridad.

---

13. Entre otras: «G. G. N. s/ adopción», Juzgado Civil en Familia y Sucesiones Única Nominación, Monteros, 18/03/2019, *Revista del Código Civil y Comercial La Ley*, junio 2019, p. 120.; «M. M. E. S. V. B. s/ Adopción plena», Juzgado de Control, Niñez, Juventud, Penal Juvenil, Faltas y Violencia Familiar, de Huinca Renancó, 17/11/2021, p. 4. JA 2022-II, Cita: TR LA LEY AR/JUR/217611/2021 Rubinzal Online; Juzgado en lo Civil y Comercial, Laboral y de Personas y Familia del Distrito Judicial del Sur Circunscripción Anta, 18/11/2020, «B. T. D. M. M. Y. S s/ Guarda Judicial con fines de Adopción»; RC J 44/22.; «G. G. N. s/ adopción», Juzgado Civil en Familia y Sucesiones Única Nominación, Monteros, 18/03/2019, *Revista de Derecho de Familia y de las Personas*, julio 2019; «P., I. vs. S., s/Impugnación de filiación», Juzgado de Personas y Familia de 2da. Nominación de Orán, Salta, 10/8/2021, Rubinzal Online; RC J4766/21.; «B. N. L. L. c. D. C. A. s/ Cuidado Personal», Juzgado de Familia n.° 3 de Posadas, 12/05/2020, *Revista de Derecho de Familia*, Abeledo Perrot, n.° 2020-VI, p. 171; «B., A. F.- M. M., P. M. s/ Adopción» Juzgado de Niñez, Adolescencia, Violencia Familiar y de Género de 4.° Nom. de Córdoba, 20/08/2021, LA LEY 06/01/2022, Buenos Aires, Argentina, p. 2, TR LA LEY AR/JUR/139921/2021; «C., R. del V. y otros s. Guarda con fines de adopción», Trib. Fam. Sala II, San Salvador de Jujuy, Jujuy, 10/02/2021, Rubinzal Online; RC J 598/21.

14. También en el fuero laboral los jueces han comenzado a incluir textos de lectura fácil, Juzgado de Conciliación de 4° Nominación, Córdoba, Z., M. E. c/ C. SA – Medida autosatisfactiva, 26/6/2020, disponible en https://pupilacdn.nyc3.cdn.digitaloceanspaces.com/diariojudicial.public/ documentos/000/091/283/000091283.pdf

INCLUSIÓN DE MODALIDADES PARA ASEGURAR EL ACCESO DE LAS PERSONAS AL TEXTO EN LENGUAJE ACCESIBLE. LECTURA FÁCIL Y COMPRENSIÓN ORAL

El lenguaje claro y accesible está presente tanto para facilitar la lectura de la sentencia como para su comprensión oral. Es por ello que algunos jueces optan por citaciones a audiencias en el juzgado, o bien por constituirse en el domicilio de las personas implicadas. También se advierten modalidades tales como redacción de una carta, o bien de un cuento (en este caso, el juez suele ser auxiliado por una persona con competencia en ello —escritora, docente, etc.—). Dentro de las formas de explicación oral, cabe señalar el caso de una reciente sentencia de adopción, en la que el juez recurre a la representación artística del cuento infantil para dar a conocer lo resuelto con el auxilio de artistas de la municipalidad, así como al uso de la aplicación TikTok para su reproducción audiovisual.

Como se advierte, existe una creciente creatividad de los jueces, cuya eficacia comunicativa solo puede ser juzgada, en cada caso, por los destinatarios de sus normas.

El comprensor en el lenguaje claro[1]

PAULINA YEPES-VILLEGAS
Universidad EAFIT (Medellín, Colombia)

Conceptos de partida. ▪ Estándares de claridad. ▪ Implicaciones sociales. ▪ Reflexión.

1. Esta ponencia es producto de la investigación doctoral que desarrollo actualmente. Además, fue presentada en el IX Congreso Internacional de la Lengua Española en Cádiz, España, en marzo de 2023.

En el contexto del lenguaje claro, el emisor debe buscar la mejor estrategia comunicativa para transmitir la información, de modo que sea comprensible. No obstante, difícilmente se piensa en el receptor, quien tiene la tarea de la comprensión. En este texto la atención está centrada sobre el sujeto de la comprensión en el lenguaje claro. Para comenzar, se presentan las definiciones de comprensor y lenguaje claro; posteriormente se revisan algunas ideas generales sobre estándares de claridad; acto seguido se analiza cuál es la implicación social del lenguaje claro; y, finalmente, se concluye con una reflexión sobre cómo cambian los textos cuando se delimita el público y la contribución de la inteligencia artificial en esta tarea.

CONCEPTOS DE PARTIDA

Comprensor y *comprendedor* son términos válidos, pero *comprensor* es sustantivo y adjetivo, mientras que *comprendedor* solo adjetivo. El sustantivo *comprensor* designa a un tipo de persona, mientras que cualquiera de los dos adjetivos (*comprensor* o *comprendedor*) la califican. En el lenguaje claro nuestro interés debe estar puesto en el sujeto de la comprensión, de ahí que me quedo con *comprensor* y *comprensora*.

Comprehensor[2] es definido por primera vez en el diccionario de la lengua castellana de 1729 como «s. m. y f. El bienaventurado. Llámese así porque ha llegado a conseguir y comprehender todo cuanto puede desear. Es voz Teológica. Lat. *Beatus*» (Real Academia Española [RAE], 1729, p. 459). Después, a partir de 1780, se incorpora la acepción: «el que comprende, alcanza, ó abraza alguna cosa» (RAE, 1780, p. 250). Las definiciones cambiaron con los años y actualmente la entrada en el diccionario contiene dos acepciones:

> 1. adj. Que comprende (‖ abraza, ciñe). U. t. c. s. || 2. adj. *Rel.* Dicho de una persona: Que goza la eterna bienaventuranza. U. t. c. s. (RAE, 2014).

Por su parte, el lenguaje claro ha sido definido por muchas entidades y agrupaciones. Entre ellas, la definición más reconocida y citada es la de Plain Language Association International (PLAIN). La asociación plantea que un texto es claro si el público al que está dirigido puede encontrar lo que requiere, entender esa información y hacer uso de ella (2022). Mientras tanto, Bejarano Bejarano y Bernal Chávez (2021), desde una aproximación lingüística, proponen la siguiente definición para el lenguaje claro:

---

2. Inicialmente el término solamente se escribe con *h* intermedia; a partir de 1817 aparece en los diccionarios sin la *h*. En la versión en línea se encuentran ambos, pero *comprehensor* remite a *comprensor* y aclara que es preferible emplear la expresión sin *h*.

> Estilo de escritura y presentación textual con el que se elaboran los documentos producidos por hablantes de distintas entidades públicas y privadas del país, orientado a la transmisión transparente y efectiva de la información. Se caracteriza por organizar los contenidos y las estructuras de manera concreta y precisa, y por orientar el diseño para la fácil lectura y comprensión, además de un uso correcto, eficaz y eficiente por parte de los ciudadanos (2021, p. 42).

En principio ambas acepciones parecen similares, pero destaco la definición de los investigadores del Instituto Caro y Cuervo de Colombia, porque hacen énfasis en la evaluación como una etapa importante para reconocer si la práctica del lenguaje claro es efectiva.

ESTÁNDARES DE CLARIDAD

Vemos, entonces, que hay dos asuntos primordiales que se encadenan, pero que deben ser estudiados de manera independiente: la producción clara y la recepción comprensiva. Para efectuar la primera, la propuesta principal es acudir a los estándares de claridad[3] que guían la redacción bajo criterios léxicos, morfosintácticos, discursivos y pragmáticos.

Sin embargo, es necesario tener en cuenta varios aspectos. En primer lugar, los estándares no son lineamientos obligatorios que exijan que siempre se debe escribir como se propone, ni constituyen una prohibición frente al uso de ciertas estrategias en la escritura. Por el contrario, son recomendaciones que ayudan a alcanzar el propósito comunicativo.

Segundo, es muy poco probable que todos los estándares que se proponen en las diversas guías y manuales se apliquen siempre a un documento. Su incorporación en los textos tiene que partir del reconocimiento de una situación comunicativa. Es decir, se debe reconocer quién escribe, para quién escribe, qué tipo de texto redacta y para quién va ese mensaje[4].

Finalmente, no considero posible hablar de estándares mundiales, en principio, porque es necesario considerar los contextos multiculturales, de los que me ocuparé a continuación; pero también porque, dependiendo del propósito comunicativo, pueden requerirse algunos criterios más que otros. En este último caso me refiero, por ejemplo, a criterios de estructura y diseño.

Por otro lado, en el caso del estudio de la recepción, debemos entender que la comprensión es un proceso complejo que, para que sea exitoso, debe

---

3. Recomiendo leer la propuesta de Claudia Poblete en la *Crónica de la lengua española 2021* y de Claudia Poblete y Paulina Yepes en la *Crónica* de 2022-2023.
4. Ver más información en López Franco y Yepes Villegas (2021).

estudiarse desde la perspectiva sociocognitiva. En este sentido, se entiende al sujeto destinatario como un sujeto que comprende gracias a procesos mentales, pero que se realiza en sociedad. Hablamos de destinatario y no de receptor, porque, como explica Escandell (2013): «El destinatario es siempre el receptor elegido por el emisor» (p. 29).

IMPLICACIONES SOCIALES

En consonancia con lo expuesto hasta ahora, debemos reflexionar sobre la diversidad de personas que pueden conformar el público al que se dirige un autor en determinada situación. Esto nos exige, como autores, en especial a aquellos que escriben en entornos jurídicos, administrativos, médicos y tributarios, por mencionar solo algunos casos, pensar en la ciudadanía y determinar el contexto comunicativo para adaptar el mensaje.

En suma, como explica Germán Arenas Arias: «La información que no está en lenguaje claro tiene un impacto negativo en la participación social y en la confianza ciudadana frente a los poderes públicos» (2021, p. 80). Por tal motivo, desplazar la atención a la recepción de textos claros tiene una implicación social. En la medida en que quien lee sienta más cercanos los contenidos y la forma en que estos se transmiten, va a ser más receptivo y proactivo con la información brindada. Con un texto adecuado a sus condiciones lectoras y que sea comprensible, un ciudadano puede hacer valer sus derechos y cumplir con sus deberes.

La pregunta que muchos se hacen es: ¿hay que hacer un texto para cada destinatario? Mi respuesta es: no necesariamente. Es importante considerar que, aunque ejecutar las comprobaciones demanda más tiempo para el Estado, se puede garantizar, a largo plazo, no hacer validaciones, sobre todo de las comunicaciones genéricas que se envían una y otra vez y que tienen el mismo público como destinatario.

Así, mi postura es que los textos genéricos, que a diario se divulgan o comparten, como consentimientos o formularios, deben ser elaborados para un público objetivo. Es decir, un grupo de personas dentro del mismo rango etario, socioeconómico y sociocognitivo es el que debe evaluar esos discursos. Ahora, para los textos que tienen un único y concreto destinatario, sí se debe contemplar ese contexto social de cada individuo. En todo caso, como advierten Parodi *et al.*: «la comprensión es un acto social, que implica el reconocimiento de un contexto físico, de los roles que desempeña el lector y, eventualmente, de los roles de otros participantes del acto lector» (2020, p. 777). De ahí que lo mejor es considerar al destinatario para cada caso.

REFLEXIÓN

Para finalizar, quiero reflexionar sobre lo que puede hacer la inteligencia artificial en esta tarea de la claridad e incluso la forma en la que estas herramientas pueden lograr una aproximación al destinatario. Le he pedido a ChatGPT, que está de moda últimamente en nuestras universidades y conversaciones, que pasara un texto a lenguaje claro. El fragmento del texto que he ingresado al chat hace parte del corpus trabajado en una investigación anterior (ver López y Yepes, 2021). Fue escrito por un estudiante de Derecho, de último año, con el fin de darle respuesta a un usuario del Consultorio Jurídico de la Universidad EAFIT, en Medellín, Colombia, sobre una situación particular. Partimos de un documento que no cumple con los estándares de claridad (para ese caso tomamos los criterios definidos por la Red de Lenguaje Claro de Chile), como se evidencia en la investigación citada. A continuación vemos el texto:

> Debemos recordar así mismo que de acuerdo a la jurisprudencia de la Sentencia 41782 del 30 de agosto de 2011 de la Sala de Casación Laboral de la Corte Suprema de Justicia, tenemos que incorporar al entendimiento de la presente sanción moratoria la necesidad de probar vía judicial la mala fe del empleador en el no pago de la indemnización, no obstantre la sala ha precisado que por «mala fe» no solo se entiende el dolo en la omisión del pago de las prestaciones y/o salarios, sino que así mismo se extiende a otros factores tales como la indiferencia respecto a los derechos del trabajador, manifestándose en apatía o desinterés que llegare a mostrar este frente al pago de tales acreencias, bajo el entendido de este ser garante de las mismas.
>
> Así las cosas deberá solicitársele al juez que, en el marco del proceso, declare la mala fe en el impago de las acreencias anteriormente planteadas y, en caso de concederse, deberá realizarse el pago de las mismas de la siguiente manera:
>
> Terminación del contrato el día 26 de marzo de 2018. A la fecha de hoy, 6 de octubre de 2018, han transcurrido seis meses y diez días, lo que equivale a 190 días, contados respecto a un salario diario de $26 041. De lo anterior entendemos entonces que se le adeuda al trabajador por parte del empleador una suma equivalente a CUATRO MILLONES SEISCIENTOS OCHENTA Y SIETE MIL TRESCIENTOS OCHENTA PESOS ($4 687 380).

Tras la pregunta: «¿Puedes decirme esto en lenguaje claro?», el chat arroja el siguiente resultado:

> La sentencia dice que para aplicar la sanción moratoria, en el caso de que un empleador no pague la indemnización a un trabajador, es necesario demostrar en un juicio que el empleador actuó con mala fe al no hacer el pago. La mala fe no se limita al hecho de no pagar, sino que también puede incluir una actitud indi-

> ferente o desinteresada hacia los derechos del trabajador. En este caso específico, el trabajador tiene derecho a recibir una cantidad de dinero de su empleador, y se ha determinado que esa cantidad es de $4 687 380. Para recibir ese dinero, el trabajador debe solicitar al juez que declare que el empleador actuó con mala fe al no hacer el pago, y si se concede la solicitud, el empleador deberá pagar la cantidad adeudada.

Como vemos, es más concreto y mejora la redacción. Por supuesto, se necesita un experto en la materia para que valide la información y corrija posibles errores; sin embargo, sí facilita la tarea para el redactor. Finalmente, le pedí al chat que me dijera eso mismo para un joven de 25 años, es decir, delimité al usuario que necesitaba la información. La respuesta, en términos comunicativos, es a mi modo de ver, sorprendente:

> La ley dice que si un jefe no paga a un empleado el dinero que le debe, el jefe puede recibir una multa adicional. Pero para que eso suceda, el empleado debe demostrar que el jefe no pagó a propósito, no solo porque se olvidó. Eso significa que el jefe no solo no pagó el dinero, sino que también no le importa que el empleado tenga derecho a recibirlo. En tu caso, se determinó que tu jefe te debe $4 687 380 y, si puedes demostrar que no pagó a propósito y que no le importó tu derecho a recibir el dinero, podrías recibir una multa adicional y tu jefe tendría que pagar lo que te debe.

No puedo asegurar que el contenido sea correcto porque no soy abogada y no tengo el conocimiento específico para determinar la correspondencia en el sentido del mensaje inicial y el final. Estas validadaciones, definitivamente, debe hacerlas quien tiene información contextual del caso y tiene conocimiento en la materia. Lo que quiero concluir aquí, por ahora, es que sí hay formas de escribirle a un destinatario específico en sus propios términos. Solamente es cuestión de reconocer el lugar del otro y hablarle de tú a tú, como bien lo dijo Ángel Gabilondo, Defensor del Pueblo, en la presentación de la Red Panhispánica de Lenguaje Claro, durante el IX CILE, en Cádiz.

REFERENCIAS

Arenas Arias, Germán J. (2021): «Lenguaje claro. Movimiento internacional y el proyecto latinoamericano». En B. Perafán Liévano (ed.), *Por el derecho a comprender. Lenguaje claro*. Bogotá: Siglo del Hombre Editores y Universidad de los Andes, pp. 53-89.

Bejarano Bejarano, D. E., y Bernal Chávez, J. A. (2021): «La definición de lenguaje claro a partir de unas breves consideraciones lingüísticas». En B. Perafán Liévano (ed.), *Por el derecho a comprender. Lenguaje claro*. Bogotá: Siglo del Hombre Editores y Universidad de los Andes, pp. 23-52.

Escandell, M. V. (2013): *Introducción a la pragmática*. Barcelona, Ariel.

López Franco, S., y Yepes Villegas, P. (2021): «Lenguaje claro en discursos jurídicos». En B. Perafán Liévano (ed.), *Por el derecho a comprender. Lenguaje claro*. Bogotá: Siglo del Hombre Editores y Universidad de los Andes, pp. 327-377.

Parodi, G., Moreno-de-León, T. y Julio, C. (2020): «Comprensión de textos escritos: reconceptualizaciones en torno a las demandas del siglo XXI», *Revista de Lenguaje y Cultura, 25*(3), pp. 775-795.

Plain Language Association International (2022): «What is plain language». https://plainlanguagenetwork.org/plain-language/what- is-plain-language/

Poblete Olmedo, C. A. (2021): «Lenguaje jurídico claro: nuevos desafíos para las academias». En S. Muñoz Machado (dir.), *Crónica de la lengua española*. Barcelona, Espasa, pp. 722-734.

— y Yepes Villegas, P. (2023): «Propuesta de un instrumento para medir la claridad de los textos jurídico-administrativos». En S. Muñoz Machado (dir.), *Crónica de la lengua española*. Barcelona, Espasa, pp. 629-639.

Real Academia Española (1729): *Diccionario de la lengua castellana, en que se explica el verdadero sentido de las voces, su naturaleza y calidad, con las phrases o modos de hablar, los proverbios o refranes, y otras cosas convenientes al uso de la lengua*.

Real Academia Española (1780): *Diccionario de la lengua castellana reducido á un tomo para su mas fácil uso.*

Real Academia Española (2014): *Diccionario de la lengua española*. Recuperado el 25 de marzo de 2023 en https://dle.rae.es/comprensor

Andrés Bello: interculturalidad jurídica y lenguaje claro en la codificación hispanoamericana

IVÁN JAKSIĆ ANDRADE

Academia Chilena de la Lengua

Introducción. ■ Chile. ■ Codificación. ■ Interculturalidad jurídica. ■ Concepción política. ■ Lenguaje claro. ■ Objetivos.

La difusión del *Código Civil de la República de Chile* se explica por la versatilidad de Andrés Bello y por la incorporación de varias tradiciones jurídicas, así como la claridad del lenguaje en el código. Se argumenta que la tendencia tanto de la lengua como de la ley hacia la unidad explica en gran parte la formación de los Estados hispanoamericanos.

INTRODUCCIÓN

Andrés Bello (Caracas, 1781-Santiago de Chile, 1865) se preocupó como pocos de su generación por el destino de la lengua castellana luego del derrumbe del Imperio español en América. Ya desde sus tempranos inicios en Caracas, mientras ejercía como oficial de gobernación en la Capitanía General, Bello estudió varios idiomas (aparte del latín, que ya dominaba, inglés y francés), ensayó traducciones poéticas (Horacio, Virgilio), redactó las propias («A la victoria de Bailén», «A la vacuna», «Venezuela consolada») y exploró las relaciones entre lengua y pensamiento (con los tratados de Condillac y Locke). Pero fue durante su estadía de diecinueve años en Inglaterra que Bello realizó una investigación profunda sobre el declive del latín, el surgimiento de las lenguas vernáculas y la estructura métrica del *Cantar de Mio Cid*. Fue allí donde compuso poemas fundacionales de la emergente sensibilidad hispanoamericana («Alocución a la poesía», «La Agricultura de la zona tórrida», «Carta escrita de Londres a París por un Americano a otro») y propuso, junto a Juan García del Río, una reforma ortográfica que facilitaría el acceso al lenguaje escrito en un continente predominantemente analfabeto.

Enfrentado a la construcción de las naciones hispanoamericanas, Bello entendió la importancia de conservar la unidad de la lengua española por encima del quiebre político. Quería evitar la fragmentación lingüística del imperio, tal como había ocurrido con el colapso del romano. Un continente poblado por más de veinte millones de habitantes, unidos por la lengua, podía jugar un papel importante en el concierto mundial de las naciones. Bello no abandonó este propósito a lo largo de su vida, pero agregó algunos elementos centrales.

CHILE

Cuando llegó a Chile, en 1829, el país se hallaba sumido en un debate político-constitucional. Habían fracasado las constituciones de 1822, 1823, los experimentos federalistas de 1826 y la Constitución «liberal» de 1828 se encontraba tambaleando. De hecho, derivaría en la guerra civil de 1829 y 1830, que condujo a la más longeva carta magna de 1833 (hasta 1925). Bello ya era parte del Gobierno denominado «conservador» (que más que conservador era autoritario en sus primeros tiempos, liberalizante en otros) y aportó escritos decisivos para su promulgación. En un país que transitaba desde la monarquía a la república, el tema constitucional era central, puesto que la república no pasaba de ser un concepto cuestionable para muchos. Sin embargo, la constitución, si bien pronunciadamente presidencialista, adoptó los pilares fundamentales de división de los poderes del Estado, la soberanía popular, y la representación política por conductos electorales.

Bello podía sentirse satisfecho del apoyo del Gobierno de José Joaquín Prieto (1831-1841) y de su principal ministro, Diego Portales, a la Constitución de 1833. Empero, como conocedor de la larga trayectoria del derecho civil desde Roma en adelante, concibió que la codificación de las leyes era aún más importante que la arquitectura constitucional de la nueva república. Lo que unía a las sociedades, desde su perspectiva, era no solamente el pacto constitucional, sino leyes específicas que debían regir materias de interés común como la propiedad, los contratos, los testamentos, los derechos individuales y un sinnúmero de facetas que enfrentaban día a día los tribunales, que seguían operando con las leyes peninsulares décadas después de la independencia.

CODIFICACIÓN

Bello detectó la importancia de mantener la continuidad jurídica, pero entendió que los nuevos tiempos de la república requerían una revisión de cuáles leyes debían permanecer vigentes (debido a la costumbre) y cuáles no (por obsoletas respecto de la legislación imperial). El gobierno de Bernardo O'Higgins (1817-1823) intentó adoptar el Código Civil francés, pero no prosperó, como tampoco lo hicieron varios otros intentos posteriores. Es decir, hasta que Diego Portales decidió en la década de 1830 encargar a Bello un proyecto de código civil al margen, aunque sujeto a la posterior aprobación del Congreso. Otras regiones hispanoamericanas también intentaron adoptar el código civil francés, pero su fracaso en Bolivia, Costa Rica y Oaxaca demostraron que la legislación civil debía ser apropiada a las circunstancias de cada país. Fue Bello quien encontró la fórmula que prosperó en último término. Su énfasis en la combinación de tradición y modernidad tuvo un éxito insospechado. Promulgado en 1855 (después de veintidós años de trabajo) y con fuerza de ley desde 1857, el código de Bello tuvo una rápida difusión por toda Hispanoamérica. La clave de la difusión se encuentra en lo que se ha denominado «interculturalidad jurídica», además de un esmero por el lenguaje que demuestra el dominio de Bello de la gramática. De hecho, redactó ambas obras capitales, *Gramática de la lengua castellana* y el *Código Civil de la República de Chile*, simultáneamente.

En cuanto a la difusión del código más allá de Chile, este fue prontamente adoptado por varios estados colombianos, empezando por Santander, Cundinamarca y Cauca entre 1858 y 1859. Se extendió luego a Panamá (1860) y Antioquia (1865). Siguió su recorrido por Ecuador (1858), El Salvador (1859),

Venezuela (1863), Nicaragua (1871) y Honduras (1880). No hay país que no lo haya consultado en los años siguientes, incluyendo Brasil y Argentina. La corte suprema de Ecuador, en particular, lo adoptó prácticamente *verbatim*, considerando «la idéntica progenie, costumbre y legislación idénticas»[1].

INTERCULTURALIDAD JURÍDICA

La interculturalidad radica en el uso de variados códigos tanto antiguos como modernos, partiendo por el derecho romano y el ibérico (que tiene profundas raíces romanas). Como explicó en la presentación del *Código Civil de la República de Chile* ante el Congreso en 1855, «no nos hallábamos en el caso de copiar a la letra ninguno de los códigos modernos», pero sí utilizó algunos, como por ejemplo sobre la presunción de muerte (Holanda y Francia). La limitación de la potestad marital, precisó, proviene de la jurisprudencia española. En cuanto a los temas de filiación (legítima, natural, ilegítima) siguió al derecho romano, el canónico y el código civil francés. Sobre la legitimación *ipso jure* de los hijos naturales, siguió de cerca las *Siete partidas*. Consideró también las leyes de varios estados germánicos en cuanto a la solemnidad de la inscripción de los bienes raíces. En materia de servidumbres adoptó aspectos del código civil francés y de Cerdeña (además de una ley promulgada durante la independencia chilena). Sobre la determinación de las cuotas hereditarias, se guio por el derecho romano y las *Partidas*; del francés, en torno a los contratos y cuasi contratos, además de la nulidad y rescisión de los mismos. También, en cuanto a contratos que involucraban a menores, por el francés, el de las Dos Sicilias y el sardo. La lista continúa, pero cabe mencionar como cierre de este listado la obligación de la escritura de los contratos (códigos de Francia y Portugal) y la anticresis, que sigue a las *Partidas* y al código civil francés. En el mensaje al Congreso especifica que, en cuanto a método y plan (que incluye detallados ejemplos) sigue a las *Partidas*. Tanto Chile como otros países hispanoamericanos consideraron que tal eclecticismo era aconsejable debido a las costumbres y las diferentes condiciones geográficas y económicas de cada país.

CONCEPCIÓN POLÍTICA

La fórmula política que ofrecía el código de Bello, luego de varios intentos de adopción del francés, y las crecientes frustraciones por la permanencia de la

---

1. Citado por Bravo Lira, B., «Difusión del Código Civil de Bello en los países de derecho castellano y portugués», en Fundación La Casa de Bello, *Andrés Bello y el derecho latinoamericano*, Caracas, Fundación La Casa de Bello, 1987, pp. 343-380.

legislación española en un clima independentista antiespañol, era mantener aquello cercano a la costumbre que aun tenía vigencia. Es por eso que Bello prefería hablar de «compilación» de las leyes, es decir descartar aquello ya inútil en el nuevo contexto de la independencia, en lugar de «reforma», término que en su época tenía una connotación de reemplazo de la legislación anterior. Esta combinación de tradición y cambio, junto a un sólido conocimiento de las instituciones jurídicas adaptables a diferentes circunstancias nacionales, probó ser un pilar de la organización jurídica de las nuevas naciones.

LENGUAJE CLARO

Importa destacar que el éxito del código se debió a la claridad del lenguaje de la ley, la que a su vez aportó a mantener la unidad de la lengua. La clave se encontraba, a juicio de Bello, en definir con precisión el significado de los términos. El artículo 20 del código, por ejemplo, establece que «las palabras de la ley se entenderán en su sentido natural y obvio, según el uso general de las mismas palabras»[2]. También, en *Principios de derecho internacional*, señaló que,

> No debemos apartarnos del uso común de la lengua, si no tenemos fortísimas razones para hacerlo así. Si se expresa que las palabras se han de tomar precisamente en su más propia y natural significación, habrá doble motivo para no separarnos del uso común; entendiendo por tal el del tiempo y país en que se dictó la ley o tratado, y comprobándolo, no con vanas etimologías, sino con ejemplos y autoridades contemporáneas[3].

Los ciudadanos, según Bello, entenderían la ley en la medida en que estuviese escrita en lenguaje preciso y gramaticalmente correcto. Solo entonces podrían leerla y asimilarla, tal como comprendían las reglas básicas de la comunicación cotidiana. En último término, para que la ley fuese universalmente adoptada por la ciudadanía debía ser fácilmente accesible y pronunciable, quizás de manera no muy diferente a la de recitar un poema gracias a la rima. Siguiendo a Quintiliano, afirmó, con relación al lenguaje escrito, que la redacción debía ser no solo inteligible, sino que resultara imposible que no lo fuese. El objetivo era «poner las leyes al alcance del mayor número de personas posible»[4].

---

2. Bello, A., *Código civil de la República de Chile*, en Andrés Bello, *Obras completas XIV*, Caracas, Fundación La Casa de Bello, 1981, p. 42.
3. Bello, A., «Interpretación de los tratados, leyes y otros documentos», en Andrés Bello, *Obras completas X. Derecho internacional*, Caracas, Fundación La Casa de Bello, 1981, p. 177.
4. Bello, A., «Controversia entre don Miguel Güemes y don Andrés Bello», en Andrés Bello, *Obras completas XVIII. Temas jurídicos y sociales*, Caracas, Fundación La Casa de Bello, 1981, p. 339.

Con todo, Bello no eludía el uso de un lenguaje técnico, tal como es común en los contratos, pero sí buscaba establecer definiciones claras, como al afirmar que «lo que se da anualmente por el arriendo de un predio urbano o rústico, lo llaman algunos *canon*. Pero *canon* es propiamente lo que paga el enfiteuta en reconocimiento del dominio directo. Lo que paga en dinero o frutos un arrendatario se dice *renta*»[5]. Más allá de estas precisiones, Bello citó otros ejemplos para ilustrar temas como la retroactividad o continuidad de las leyes: «Para hacer expirar un derecho adquirido, es necesario decir que expira. Sostener lo contrario es introducir la duda y la inseguridad en todas las creaciones de la ley»[6].

OBJETIVOS

En el contexto de la independencia y su opción republicana, la Constitución y las leyes descansaban en nuevos conceptos de legitimidad: de lo concreto de la monarquía a lo abstracto del imperio de la ley. Este paso fundamental lo dio Andrés Bello en las nuevas naciones: la ley civil era (o debía ser) el nuevo símbolo de pertenencia a la nación. Por lo mismo, tenía que ser clara y accesible.

La estabilidad social y política depende en gran parte de la estabilidad jurídica. Bello comprendió esta realidad con singular claridad gracias a sus estudios sobre la evolución de la lengua. Después de un periodo de grave fragmentación del latín en el medioevo europeo, Bello constató que las lenguas vernáculas lograron encontrar un nuevo centro: la relación entre el nuevo léxico y las antiguas tradiciones jurídicas. Así lo demuestra el *Cantar de Mio Cid*, al que Bello dedicó especial atención durante toda su vida.

Bello quiso representar los costos de perder el vínculo entre lenguaje y ley, preocupación muy propia del inicio de las naciones, pero que en su caso particular significaba una profunda convicción acerca de la tendencia de ambos, lenguaje y ley, hacia la unidad.

---

5. Bello, A., «Advertencias sobre el uso de la lengua castellana», en Andrés Bello, *Obras completas V. Estudios gramaticales*, Caracas, Fundación La Casa de Bello, 1981, p. 166.

6. Bello, A., «Discusión sobre el efecto retroactivo de la ley», en Andrés Bello, *Obras completas XVIII. Temas jurídicos y sociales*, Caracas, Fundación La Casa de Bello, 1981, p. 143.

Justicia intercultural. Desafíos actuales

GIOVANA HURTADO MAGÁN

Centro de Investigaciones Judiciales del Poder Judicial de Perú

Introducción. ■ Justicia y lenguaje claro y accesible. ■ Diagnóstico de interculturalidad. ■ Desafíos para la justicia intercultural.

INTRODUCCIÓN

José María Arguedas dijo una vez refiriéndose al Perú: «No, no hay país más diverso, más múltiple en variedad terrena y humana; todos los grados de calor y color, de amor y odio, de urdimbres y sutilezas, de símbolos utilizados e inspiradores»[1]. Y es que en mi país coexisten pueblos y comunidades con lenguas, tradiciones y cosmovisiones particulares (Ministerio de Cultura, 2014). Estas sociedades poseen estructuras propias compuestas por narrativas, o como dice Echeverria, metanarrativas, metahistorias, discursos históricos, entendidos como componentes esenciales de su cultura y que les da sentido a su vida (Echeverría, 2003).

De acuerdo con el *Mapa etnolingüístico del Perú* aproximadamente el 14 % de la población habla alguna de las 48 lenguas indígenas u originarias, 21 están en peligro de extinción. De todo el universo de lenguas originarias, 4 se hablan en los Andes; el quechua es empleado en dieciséis departamentos y el aimara en cinco; 44 lenguas se hablan en la Amazonía, el ashaninca se emplea en cinco departamentos, el awajún en cuatro y el shipibo-konijo en tres departamentos (Ministerio de Cultura, 2022).

Soy consciente de la necesidad de cerrar brechas para el acceso a la justicia. Por ello, en esta oportunidad quiero reflexionar sobre la importancia de que las decisiones judiciales resulten comprensibles por todos los justiciables mediante el uso de lenguaje claro, con especial énfasis en los ciudadanos que hablan lenguas originarias. Estimo que este es uno de los mayores desafíos que se nos presenta actualmente en el sistema judicial peruano, con mayor razón si sopesamos las 48 lenguas originarias que coexisten en mí país.

JUSTICIA Y LENGUAJE CLARO Y ACCESIBLE

Es por todos sabido que los abogados solemos usar palabras y frases complejas: el uso del latín y el lenguaje técnico es parte de nuestra formación inicial. Este tecnolecto jurídico se complejiza más cuando se trata de impartir justicia. Por ejemplo, cuando el juez valora los medios de prueba, argumenta su decisión y finalmente expone las razones del derecho, llega a un nivel de abstracción ininteligible para una persona sin formación jurídica. Esta incomprensión del texto jurídico se incrementa cuando el servicio de justicia está dirigido a personas que hablan lenguas originarias. Por esta razón se requiere que las comunicaciones judiciales sean proporcionadas de manera clara y sencilla.

1. Durante el acto de Entrega del premio Inca Garcilaso de la Vega.

El lenguaje claro es un estilo de redacción que permite a las personas entender con facilidad lo escrito. El objetivo es que estos textos se comprendan con la primera lectura, que le permita al ciudadano a quien está dirigido tomar una decisión para ejercitar sus derechos (Staiano, 2021).

El derecho de acceso a la justicia es un derecho fundamental inherente a la persona que está consagrado en la Constitución Política del Perú[2], y de similar modo en las constituciones latinoamericanas (Argentina[3], Colombia[4], México[5], por ejemplo).

En principio, la legislación establece que un justiciable, es decir una persona que requiere del servicio de justicia, no puede ejercer este derecho *per se*, debe hacerlo por intermedio de un abogado que lo represente (excepto en los juicios de alimentos). Esta normativa resulta en el mayor de los casos un óbice para las comunidades campesinas o nativas quienes, para la presentación de sus demandas vinculadas a temas ambientales, recurren a intermediarios que interpretan sus necesidades y los convierten en lenguaje jurídico. Ello implica un ejercicio hermenéutico de contenidos culturales que luego son plasmados por los abogados en discursos jurídicos (Guerrero Guerrero, 2016). Es decir, el justiciable necesita de una intervención particular para hacer posible una gestión específica (Gurza Lavalle y Zaremberg, 2014).

Considero que las personas tienen el derecho de comprender todas las comunicaciones que emiten los profesionales del derecho, para lo cual no deben requerir la intervención de un tercero pues se genera inseguridad jurídica, lo cual incide en los conflictos sociales pues estos no se solucionan adecuadamente (Ministerio de Justicia, 2011).

---

2. «Artículo 139. Son principios y derechos de la función jurisdiccional: [...] 16. El principio de la gratuidad de la administración de justicia y de la defensa gratuita para las personas de escasos recursos; y, para todos, en los casos que la ley señala».

3. «Artículo 5. Cada provincia dictará para sí una Constitución bajo el sistema representativo republicano, de acuerdo con los principios, declaraciones y garantías de la Constitución Nacional; y que asegure su administración de justicia, su régimen municipal, y la educación primaria. Bajo estas condiciones el Gobierno Federal, garante a cada provincia el goce y ejercicio de sus instituciones».

4. «Artículo 254. El Gobierno y la administración de la Rama Judicial estarán a cargo del Consejo de Gobierno Judicial y la Gerencia de la Rama Judicial. Estos órganos ejercerán las funciones que les atribuya la ley con el fin de promover el acceso a la justicia, la eficiencia de la Rama Judicial, la tutela judicial efectiva y la independencia judicial».

5. Artículo 2, apartado A, fracción VIII: «Acceder plenamente a la jurisdicción del Estado. Para garantizar ese derecho, en todos los juicios y procedimientos en que sean parte, individual o colectivamente, se deberán tomar en cuenta sus costumbres y especificidades culturales respetando los preceptos de esta Constitución. Los indígenas tienen en todo tiempo el derecho a ser asistidos por intérpretes y defensores que tengan conocimiento de su lengua y cultura».

Los integrantes de las comunidades andinas y amazónicas pertenecen a un sector excluido y marginado de la sociedad, en el cual el ejercicio del derecho de acceso a la justicia es casi nulo pues, además de estar en incapacidad de comunicarse en castellano, su condición social y económica es precaria (Nava González y Breceda Pérez, 2017). Según el último censo del año 2017 realizado por el Instituto Nacional de Estadística e Informática[6], aquellos hogares en los que se hablan lenguas originarias y que están ubicados en zonas rurales se encuentran en una situación de necesidades básicas insatisfechas.

Para materializar el derecho de acceso a la justicia y garantizar que las personas participen en procesos en los cuales se respetan sus derechos humanos existen las políticas públicas que establecen estrategias y acciones adecuadas y eficaces (Nava y Breceda, 2017).

De esta manera, es importante preguntar: ¿qué ha hecho el Poder Judicial peruano para que el lenguaje sea claro y accesible para estos ciudadanos?

En primer lugar, se ha aprobado la adhesión a las Reglas de Brasilia sobre acceso a la justicia de las personas en condición de vulnerabilidad[7], donde se establecen acciones para romper las barreras de acceso a la justicia.

Es así como se reconoce el derecho de las personas a entender y a ser entendidas, ello quiere decir que comprendan el alcance y significado de las actuaciones judiciales.

Además, se establece que en las notificaciones y requerimientos se empleen términos y estructuras gramaticales simples y comprensibles, evitando expresiones o elementos intimidatorios, a no ser que resulte necesario.

También se menciona que se procurará que el instrumento de notificación sea acompañado de un documento en formato accesible, el cual tendrá en consideración la condición de discapacidad del sujeto y debe ser acorde con los avances tecnológicos.

Asimismo, se determina que en las resoluciones judiciales se empleen términos y construcciones sintácticas sencillas, sin dejar de lado su rigor técnico.

---

6. Ver en: https://www.inei.gob.pe/media/MenuRecursivo/publicaciones_digitales/Est/Lib1711/cap07.pdf

7. Mediante Resolución Administrativa n.° 02-2020-CE-PJ el Consejo Ejecutivo del Poder Judicial aprobó la adhesión a la «Actualización de las Reglas de Brasilia sobre Acceso a la Justicia de Personas en condición de Vulnerabilidad» con excepción de la Regla 4, y dispuso su implementación por todos los jueces de la República. La mencionada actualización fue aprobada por la Asamblea Plenaria de la XIX edición de la Cumbre Judicial Iberoamericana, abril de 2018, Quito-Ecuador.

De manera complementaria, se cuenta con un *Manual judicial de lenguaje claro y accesible a los ciudadanos* (2014), de Kenneth Garcés y Mariana Montes, quienes reconocen la necesidad que tienen los usuarios del sistema de justicia de comprender los alcances y el desarrollo del proceso judicial, para saber, por ejemplo, si «su demanda contiene un defecto, que se necesita un medio probatorio adicional, que tiene que concurrir al juzgado para determinado fin, que puede cuestionar la decisión judicial, que determinada autoridad es competente para conocer su caso, que tiene determinado plazo para cumplir una orden, que debe comunicarse con alguien más para que llevar a cabo una determinada acción» (Garcés, 2014, p. 56).

Se cuenta además con un Registro Nacional de Traductores e Intérpretes de Lenguas Indígenas u Originarias del Poder Judicial con especialidad en justicia, para su participación en procesos judiciales.

DIAGNÓSTICO DE INTERCULTURALIDAD

En el año 2022 se realizó la I Encuesta sobre Interculturalidad en el Poder Judicial. En sus resultados resaltan que el 15 % de los encuestados habla alguna lengua indígena u originaria; entre ellos, el 89 % habla quechua (272 personas), el 9 % habla aimara (26 personas) y el 2 % habla lenguas amazónicas (6 personas). Esta proporción es similar a nivel nacional.

DESAFÍOS PARA LA JUSTICIA INTERCULTURAL

La pandemia evidenció la necesidad de acelerar los procesos para migrar del expediente físico al expediente judicial electrónico. Durante estos devastadores años, de 2020 a 2022, se implementaron buzones para la notificación electrónica y para las audiencias virtuales, sesiones mediadas por el uso de tecnologías. Actualmente, las audiencias y la notificación se continúan realizando a través de los medios tecnológicos, haciendo así que la justicia sea más célere. Pero es necesario implementar plataformas informáticas que brinden información para tomar decisiones que procesen la tramitación más rápida de los expedientes judiciales.

Es necesario que la dirección de las audiencias o el uso de las cámaras Gesell para el juzgamiento anticipado pueda hacerse con peritos psicólogos parlantes de lenguas originarias.

En un mundo ideal, la *ratio decidendi* de las sentencias —es decir, qué decidió el juez y por qué razones— debería poder ser descargada en formato audio en la lengua originaria del justiciable, para que comprenda cuál fue el sentido de la decisión.

Todavía hay mucho por hacer en el Poder Judicial peruano. Se han realizado avances, pero subsisten aún grandes retos para que la justicia tenga un lenguaje claro y accesible a los ciudadanos, que brinde servicios de justicia con calidad y rostro humano.

REFERENCIAS BIBLIOGRÁFICAS

Echeverría, R., *Ontología del lenguaje* (6.ª ed.), ebook, Ediciones Granica, 2003.

Garcés, K., y Montes, M., *Manual judicial de lenguaje claro y accesible a los ciudadanos*, Lima, Fondo Editorial del Poder Judicial, 2014.

Guerrero Guerrero, A. L., «Demandas de derechos humanos de los mapuche en Chile y los discursos jurídicos», *Latinoamérica. Revista de Estudios Latinoamericanos*, 62, 2017, pp. 103-134. https://doi.org/10.1016/J.LAREV.2016.06.006

Gurza Lavalle, A., y Zaremberg, G., «Más allá de la representación y del clientelismo: hacia un lenguaje de la intermediación política», *Revista Mexicana de Ciencias Políticas y Sociales*, LIX, 2014.

Ministerio de Cultura, *Mapa Etnolingüístico del Perú* [en línea], Mapa Etnolingüístico del Perú, 2022. [Consulta: 14 de abril de 2023]. Disponible en https://geoportal.cultura.gob.pe/mapa_etnolinguistico/

Ministerio de Justicia, *Informe de la Comisión de Modernización del lenguaje jurídico*, [en línea], Ministerio de Justicia de España, Madrid, 2011. [Consulta: 14 de abril de 2023]. Disponible en https://lenguajeadministrativo.com/wp-content/uploads/2013/05/cmlj-recomendaciones.pdf

Nava González, W., y Breceda Pérez, J. A., «Mecanismos alternativos de resolución de conflictos: un acceso a la justicia consagrado como derecho humano en la Constitución Mexicana», *Cuestiones Constitucionales*, 37, 2017, pp. 203-228. Disponible en https://doi.org/10.22201/IIJ.24484881E.2017.37.11457

Staiano, N., «El lenguaje claro como garantía de una comunicación eficaz entre el Estado y la ciudadanía» [en línea], *Cuadernos del INAP* (CUINAP), 2, 59, 2021, Instituto Nacional de la Administración Pública [Consulta: 14 de abril de 2023]. Disponible en https://publicaciones.inap.gob.ar/index.php/CUINAP/article/view/204

Lenguaje claro y armonización de conceptos jurídicos en la administración de justicia: la experiencia de la rama judicial de Colombia

MARTHA LUCÍA OLANO GUZMÁN

Vicepresidenta del Consejo Superior de la Judicatura de Colombia
Presidenta de la Comisión Iberoamericana de Calidad para la Justicia de la Cumbre Judicial Iberoamericana

---

Aspectos generales del lenguaje, la armonización de conceptos jurídicos y su importancia en la administración de justicia. ■ Armonización de conceptos jurídicos en el marco de la Cumbre Judicial Iberoamericana. ■ La experiencia de la Rama Judicial de Colombia. ■ Conclusión.

ASPECTOS GENERALES DEL LENGUAJE, LA ARMONIZACIÓN DE CONCEPTOS JURÍDICOS Y SU IMPORTANCIA EN LA ADMINISTRACIÓN DE JUSTICIA

De manera general, podemos entender este tipo de armonización como un proceso dirigido a que los diferentes sistemas jurídicos unifiquen conceptos con miras a alcanzar cada vez un mayor grado de certeza del derecho, incorporando normas, categorías e instituciones que les son comunes y similares; haciéndolos concordantes y contribuyendo a la identificación de los problemas concernientes a la aplicación e interpretación del derecho y la realización de la idea de justicia.

Al ser un fenómeno lingüístico, el derecho y, por lo tanto, los conceptos y el vocabulario jurídico, deben ser claros y comprensibles, evitando el excesivo tecnicismo. El lenguaje jurídico debe estar exento de complicaciones. La norma debe ser funcional y eficiente, eliminando los excesos idiomáticos que no aporten firmeza y determinación al contenido semántico de la norma.

A propósito del tema, Emmanuel Kant, precursor de la epistemología clásica del derecho, sostuvo que: «Cuando las leyes son claras y precisas, la función del juez no consiste más que en comprobar un hecho»[1]. Esta máxima tiene un significado relevante en tiempos en que el derecho sufre de variadas patologías que afectan su efectividad como mecanismo de control social y resolución de conflictos.

El juez determina el significado de la ley. Es por esto que sus decisiones deben ser razonadas y comprensibles para sus destinatarios, empleando una estructura y una sintaxis sencilla, sin perjuicio de su rigor técnico.

ARMONIZACIÓN DE CONCEPTOS JURÍDICOS EN EL MARCO DE LA CUMBRE JUDICIAL IBEROAMERICANA

La Cumbre Judicial Iberoamericana ha producido un importante acervo compuesto por documentos axiológicos, redes de cooperación y productos, entre los que se destacan las Cien Reglas de Brasilia sobre acceso a la justicia de las personas en situación de vulnerabilidad; la carta de derechos de las personas en el espacio judicial iberoamericano; los protocolos de dirección de debates; así como recomendaciones sobre la estructura y redacción de decisiones[2].

---

1. [En línea]. [Consulta: 22 de marzo de 2023]. Disponible en: https://www.ambitojuridico.com/noticias/informe/veinte-citas-sobre-la-concepcion-del-derecho-que-todo-abogado-debe saber

2. Martínez Moya, Juan, *Lenguaje jurídico claro y comprensible en el escenario judicial iberoamericano*. [En línea]. [Consulta: 28 de marzo de 2023]. Disponible en: https://congresosdelalengua.es/cordoba/paneles-ponencias/competitividad/martinez-juan.htm

En la XIX edición, que tuvo lugar en Quito, Ecuador, en abril de 2018, fue presentado el *Diccionario panhispánico del español jurídico*, que abarca el lenguaje jurídico de toda la comunidad hispanoamericana, publicado en dos volúmenes con un total de 2220 páginas, que reúnen cerca de 40 000 entradas, con vocabulario procedente de todos los países hispanoamericanos.

Como reconocimiento al valioso aporte que este trabajo representa para la comunidad judicial iberoamericana, en la Declaración de Quito se incluyó el compromiso de apoyar la consolidación de esta obra y se dejaron sentadas las bases para la preparación de una versión digital que pudiera consultarse *online* en todos los países miembros de la Cumbre.

LA EXPERIENCIA DE LA RAMA JUDICIAL DE COLOMBIA

El Consejo Superior de la Judicatura, en representación de la Rama Judicial de Colombia, tuvo el honor de ser invitado por la RAE a participar en el proyecto de consolidación del *Diccionario panhispánico de español jurídico* en octubre de 2018 y, para el efecto, se suscribió un memorando de entendimiento con el propósito de identificar la normatividad y/o jurisprudencia relacionada con los vocablos, locuciones o expresiones del *Diccionario*, que aparecen con la denominación de origen de nuestro país.

Adicionalmente, se vinculó el sistema de información normativo, jurisprudencial y doctrinario a cargo del Centro de Documentación Judicial (CENDOJ) a la edición virtual del *Diccionario panhispánico del español jurídico*, logrando armonizar los términos de la legislación colombiana con los definidos por la RAE, permitiendo el acceso en línea a más de quinientas normas o providencias publicadas en el diario oficial y en los repositorios documentales de la jurisprudencia de las Altas Cortes.

De otra parte, el Consejo Superior de la Judicatura está comprometido con el proceso de modernización tecnológica y transformación digital de la Rama Judicial. Para el efecto, cuenta con un Plan Estratégico de Transformación Digital, en el que se plantea la necesaria transición de una gestión judicial basada en documentos en soportes físicos a una gestión judicial digital, así como la digitalización documental de las fuentes formales del derecho[3].

A la fecha, se ha avanzado en la recuperación de la memoria jurisprudencial de las Altas Cortes identificando las providencias expedidas desde su creación y en la digitalización de las colecciones normativas del *Diario Ofi-*

3. Consejo Superior de la Judicatura. Acuerdo PCSJA20-11631. [En línea]. [Consulta 22 de marzo de 2023]. Disponible en: https://actosadministrativos.ramajudicial.gov.co/GetFile.ashx?url=%7e%2fApp_Data%2fUpload%2fPCSJA20-11631.pdf.

cial desde 1864 y la *Gaceta del Congreso* desde 1956. Con la digitalización de estas providencias se ha logrado conformar un repositorio de consulta con más de medio millón de documentos.

Igualmente, a través de la Escuela Judicial Rodrigo Lara Bonilla se implementan permanentemente procesos de formación para fortalecer las competencias de los jueces en el uso del lenguaje claro, para mejorar la comunicación con los usuarios de la administración de justicia.

Las Altas Cortes colombianas están comprometidas en este proceso y han establecido instancias de trabajo como la Comisión de Lenguaje Claro, de la sección quinta del Consejo de Estado, que busca garantizar el acceso a la información de forma clara y transparente, publicando las decisiones de mayor impacto, por medio de audios, videos e imágenes, en un lenguaje claro, amable y comprensible. Con este objetivo, se diseñó un portal en el que se publica información sobre el funcionamiento de la administración de justicia en lenguas nativas de los pueblos indígenas colombianos[4].

Por su parte, la Corte Constitucional ha ordenado la utilización de un lenguaje claro para la difusión del contenido de los derechos a la salud y los de las personas con discapacidad; la participación ciudadana; en la asesoría a las víctimas del conflicto armado, y en la comunicación de los derechos de las minorías étnicas, entre otras[5]. Asimismo, ha estipulado que algunas de sus sentencias serán traducidas a lenguas indígenas para garantizar que estas comunidades conozcan su jurisprudencia. También, ha redactado sentencias teniendo en cuenta el destinatario de la decisión, como, por ejemplo, la sentencia T-262 de 2022[6] en la que los magistrados se dirigen a un niño para contarle los argumentos jurídicos de la misma, pero lo hacen con palabras que él pueda entender. Esta sentencia en sede de tutela se refiere al caso de un menor que perdió a su madre en un accidente de tránsito. El problema jurídico consistía en definir quién debía administrar la pensión de sobreviviente de la que el niño era beneficiario, la abuela o el padre que se encontraba privado de la libertad por abuso sexual a su hijo, es decir, el niño al que se le ampararon sus derechos. La Corte ordenó que la administración de la pensión se le otorgará a la abuela y, a la Comisaría de Familia, adelantar los trámites para quitar la patria potestad al padre del niño en los siguientes términos:

---

4. Disponible en: https://www.consejodeestado.gov.co/2021/11/04/ikun/index.htm

5. Corte Constitucional, sentencias: T-760/08, A. 549/18 y A. 358/20, C-098/22 y T-573/16, C-221/99 y T-596/02, T-445/16; T-858A/09, A. 1196/21. Disponibles en https://www.corteconstitucional.gov.co/

6. Corte Constitucional de Colombia. Sentencia T-262 de 2022. [En línea]. [Consulta: 22 de marzo de 2023]. Disponible en: https://www.corteconstitucional.gov.co/Relatoria/2022/T-262-22.htm

> Sabemos que vives con tu abuelita y tu abuelito, a quienes quieres mucho. Sabemos también de las situaciones que viviste con tu papá y que probablemente eso te hizo sentir incómodo, triste y molesto. Después tuvimos conocimiento de que, aunque tu mamá no está contigo, ella te dejó un dinero para que puedas estudiar, comer, jugar y divertirte. También nos enteramos de que no estabas recibiendo ese dinero. Por eso, los jueces tomamos algunas decisiones para proteger tus derechos. Uno de los muchos derechos con los que cuentas es recibir y disfrutar el dinero que te dejó tu mamá. Por eso, tu abuela recibirá cada mes en su cuenta del banco tu dinero y te ayudará a administrarlo hasta que cumplas 18 años. [...] Tu abuela se encargará de utilizar tu dinero para que puedas estudiar en el colegio y, si tú lo deseas, también en la universidad. [...] No te preocupes, nadie te obligará a ver a tu papá. Solo si tú lo deseas. Y puedes estar tranquilo porque, en cualquier momento, podrás decirle al juez, a tus abuelos o a la comisaria lo que quieres y lo que no quieres.

Fallos como este son los que realmente todos esperamos, no solo de las Altas Cortes, sino de cada uno de los jueces que en las diferentes instancias imparten justicia: el lenguaje claro y comprensible debe ser obligatorio. Esto se llama evolucionar para lograr la verdadera justicia.

CONCLUSIÓN

El derecho, y especialmente sus fuentes, tienen un lenguaje normativo o prescriptivo que los caracteriza y, por lo tanto, debe ser lo suficientemente claro y armónico para que las personas puedan comprender sus derechos y obligaciones, lo que nos compromete a seguir trabajando para contribuir al buen uso del lenguaje en todos los ámbitos donde el derecho se produce y tiene efectos. En el marco del proceso de transformación digital, el reto se traslada a desarrollar herramientas que utilicen un lenguaje jurídico que permita la inclusión y no margine ni aumente las brechas existentes. En Iberoamérica hay un gran avance, en la medida en que la importancia del lenguaje claro ya está reconocida, de ahí que el reto es continuar consolidando este trabajo y compartiendo las lecciones aprendidas entre los poderes judiciales para garantizar una justicia realmente cercana al ciudadano y, de esta manera, cumplir a cabalidad con nuestra misión constitucional.

IV.
Noticia del desarrollo de los proyectos panhispánicos[1]

1. Se exponen a continuación los principales avances que se han producido durante el período 2023-2024 en el ámbito de los proyectos panhispánicos desarrollados conjuntamente por las Academias de la ASALE.

Obras y proyectos lingüísticos

Diccionario de la lengua española (*DLE*). ■ *Diccionario histórico de la lengua española* (*DHLE*). ■ *Diccionario panhispánico del español jurídico* (*DPEJ*) —edición digital— y Plataforma Jurídica Iberoamericana. ■ Segunda edición del *Diccionario panhispánico de dudas* (*DPD*). ■ *Diccionario fraseológico panhispánico* (*DFP*). ■ Proyecto de nuevo *Diccionario de americanismos* (*DA*). ■ Segunda edición de la *Nueva gramática de la lengua española. Morfología y sintaxis. Fonética y fonología.* ■ Edición digital del *Glosario de términos gramaticales* (*GTG*) interconectada con las obras académicas de referencia. ■ Corpus académicos. ■ Lengua Española e Inteligencia Artificial (LEIA). ■ Programa de lenguaje claro y accesible. Red Panhispánica de Lenguaje Claro. ■ Programa sobre lengua y ciencia. Proyecto de ampliación de la plataforma Enclave de Ciencia. ■ Programa de certificaciones lingüísticas.

DICCIONARIO DE LA LENGUA ESPAÑOLA (DLE)

Los trabajos en el *DLE* ofrecen dos novedades de especial relevancia. En primer lugar, la publicación de la actualización anual, el 28 de noviembre de 2023, que ha dado lugar a la versión 23.7 en línea. Se han incorporado 4381 modificaciones, que por primera vez incluyen 260 188 sinónimos o afines y 20 091 antónimos u opuestos. En total, 280 279 sinónimos y antónimos, que se muestran vinculados a acepciones concretas y en bloque, al final de los artículos, y han enriquecido el *Diccionario* con una información muy demandada por los consultantes.

La ampliación del repertorio académico ha sido potenciada por la incorporación de las definiciones del *DLE* al buscador y al teclado para Android de Google, como resultado de la colaboración con esta empresa tecnológica en el proyecto LEIA, que fue presentada públicamente el 12 de diciembre de 2023 en un acto presidido por el Rey de España. La presencia del *DLE* en el ecosistema de Google es la culminación de una larga y compleja gestión con la tecnológica, que le ha llevado a sustituir el diccionario de Oxford por el *DLE*.

DICCIONARIO HISTÓRICO DE LA LENGUA ESPAÑOLA (DHLE)

Después de la última actualización (15.ª), realizada en enero 2024, el *DHLE* ha alcanzado la cifra de 10 800 artículos publicados. La aplicación del nuevo método de trabajo, con un protocolo de redacción más ágil y mejoras en las herramientas de redacción y de visualización, se está demostrando eficaz. En 2023 el *DHLE* ha duplicado su producción respecto al año pasado: 2553 palabras redactadas (2169 el equipo RAE y 384 la red REDACTA). Han contribuido los equipos de las Academias de Argentina, Cuba, Chile, Uruguay, México y República Dominicana.

El objetivo del proyecto es presentar a la comunidad hispanohablante en 2025 un avance del *Diccionario histórico de la lengua española*, constituido por un conjunto de voces representativas del español documentadas en toda su historia y su extensión geográfica. Está previsto realizar una publicación digital e impresa del resultado de todo el trabajo académico en el *Diccionario histórico* (incluido el *DHLE* de 1960).

Los días 24 y 25 de enero tuvo lugar una reunión de directores y coordinadores de los equipos universitarios de la red REDACTA para transmitirles la necesidad de agilizar la redacción en este final de etapa. Se realizará igualmente una reunión virtual con los directores y coordinadores de los equipos de las Academias y universidades americanas, con el propósito de potenciar la autonomía de los equipos, sin olvidar los cauces de comunicación necesarios para mantener la coherencia en el trabajo.

REDACTA congrega en la actualidad a 22 equipos de expertos en historia del léxico y lexicografía histórica, 11 americanos y 11 españoles, una unidad de investigación especializada, y un grupo de 30 redactores individuales, coordinados por el equipo de la RAE. En total, 158 investigadores.

DICCIONARIO PANHISPÁNICO DEL ESPAÑOL JURÍDICO (DPEJ) —EDICIÓN DIGITAL— Y PLATAFORMA JURÍDICA IBEROAMERICANA

El *DPEJ* digital desarrolla tres líneas de trabajo, que implican diversas actuaciones realizadas a través de una red colaborativa con 150 instituciones y 400 expertos iberoamericanos coordinados desde la RAE.

Renovación del contenido del diccionario

La segunda actualización del *DPEJ* digital se presentó el 28 de marzo de 2023 durante el IX Congreso Internacional de la Lengua Española, celebrado en Cádiz. Entre las novedades más relevantes destaca el trabajo que llevaron a cabo de manera coordinada la Academia Puertorriqueña de la Lengua Española y la Academia Puertorriqueña de Jurisprudencia y Legislación para aumentar la representatividad del léxico del estado en el *DPEJ*, que ha quedado refrendada con la firma de un convenio pionero entre las dos corporaciones puertorriqueñas y la RAE. Además, se incorporaron al diccionario nuevos materiales léxicos correspondientes a doce países: Argentina, Chile, Colombia, Cuba, Ecuador, Guatemala, Nicaragua, Paraguay, Perú, República Dominicana, Uruguay y Venezuela. La actualización ofrece 4143 nuevas vinculaciones a sus respectivas bases jurídicas. El *DPEJ* suma en este momento 28 519 enlaces a leyes o sentencias (26 113 correspondientes a legislación y 2406 a jurisprudencia).

En esta última etapa el trabajo se centra en el estudio de propuestas de incorporación de nuevos lemas y referencias legales procedentes de Cuba, El Salvador, Nicaragua, Panamá, Paraguay, República Dominicana, Uruguay y Venezuela. En los casos de Argentina y España, se están llevando a cabo actualizaciones derivadas de cambios en la legislación.

Desarrollo de la Plataforma Jurídica Iberoamericana

A partir del *DPEJ* digital se articula la creación de una plataforma jurídica iberoamericana mediante la vinculación de sus voces y referencias con la legislación y jurisprudencia de todos los países iberoamericanos. La interconexión se realiza a través de acuerdos suscritos con los organismos de los distintos países que tienen a su cargo la responsabilidad de las bases de datos legislativas o jurisprudenciales. La ejecución de los diez acuerdos en vigor[2] ha permitido alcanzar la cifra de 30 000 vinculaciones en 2023. Para la conexión entre las bases de datos legislativas se utiliza el modelo de sistematización del Identificador Europeo de Legislación (ELI). La primera experiencia ha sido realizada en España con las bases de datos de legislación de la Agencia Estatal Boletín Oficial del Estado (AEBOE).

Creación de bases de datos de legislación en Centroamérica y el Caribe

En el marco de un acuerdo general con el Sistema de la Integración Centroamericana (SICA) suscrito en 2021, con el apoyo de la Secretaría General Iberoamericana (SEGIB) y el respaldo de la ASALE, la RAE promueve la creación de bases de datos legislativas homologadas e interconectadas en los países del área centroamericana y caribeña que carecen de repositorios de esta naturaleza. El objetivo inmediato de esta iniciativa es facilitar la cita y consulta de la normativa en el *DPEJ* y colaborar con los organismos competentes de cada país en el desarrollo de sus bases de datos oficiales.

Partiendo de la experiencia con la AEBOE y con su apoyo técnico, se ha creado una base de datos esencial, homologada con los estándares internacionales, a partir de las cincuenta leyes fundamentales del ordenamiento jurídico de cada uno de los países centroamericanos (Guatemala, Nicaragua, Honduras, El Salvador y Panamá), la República Dominicana y Cuba, proporcionadas por colaboradores locales. Desde ese núcleo inicial se ampliará el contenido de cada base legislativa con otras normas de relevancia general y se actualizarán las disposiciones conforme a los cambios legales. En el caso de Costa Rica, que ya dispone de una base normalizada, se ha realizado un listado de normativa esencial del país.

En la elaboración de estos prototipos se han utilizado fuentes de carácter oficial para la obtención de los textos, que han sido objeto de un minucioso tratamiento técnico posterior. Además, para cada país se ha elaborado un índice sistemático con la clasificación de su normativa. La RAE, además, ha coordinado el desarrollo de la estructura informática necesaria para sustentar las diferentes bases de datos, así como de las funcionalidades y utilidades que permitan su correcto funcionamiento.

---

2. Consejo General del Poder Judicial de España para la interconexión de la jurisprudencia (2017), Ministerio de Justicia y Derechos Humanos de la República Argentina y el Consejo de la Magistratura del Poder Judicial de la República Argentina (2018), Consejo Superior de la Judicatura de Colombia (2018), Agencia Estatal Boletín Oficial del Estado de España (AEBOE) (2019), Biblioteca del Congreso Nacional de Chile (2019), Poder Judicial de Costa Rica (2020), IMPO-Centro de Información Oficial de Uruguay (2021), Ministerio de Justicia de la República de Cuba (2022), Ministerio de Justicia y Derechos Humanos de la República del Perú (2022), Poder Judicial de la República del Perú (2023).

Las bases de datos esenciales de cada país, construidas conforme a los estándares internacionales, permiten vincular las voces del *DPEJ* digital con la legislación nacional y sirven de referencia para la creación de las bases de datos oficiales.

Adicionalmente, el *DPEJ* digital y la Plataforma Jurídica Iberoamericana aportan un instrumento idóneo para la articulación de la Red Panhispánica de Lenguaje Claro, que fue constituida formalmente, bajo el impulso de la RAE, en junio de 2022 en Santiago de Chile, a partir de las redes nacionales existentes en varios países (Chile, Argentina, Colombia y Uruguay).

Durante este período el proyecto del *DPEJ* y la Plataforma Jurídica Iberoamericana ha sido presentado en diversos contextos internacionales, entre los que destacan el IX Congreso Internacional de la Lengua Española, Cádiz, España (28 de marzo de 2023) y el Consejo Judicial Centroamericano y del Caribe (CJCC) (Ciudad de Panamá, 25 de agosto de 2023).

SEGUNDA EDICIÓN DEL *DICCIONARIO PANHISPÁNICO DE DUDAS (DPD)*

El *Diccionario panhispánico de dudas* (*DPD*), publicado en 2005, fue la primera obra elaborada con criterios panhispánicos, fruto de la colaboración de todas las Academias de la ASALE. El *DPD* nació con el compromiso de su permanente actualización. Varias razones avalan la oportunidad de su segunda edición: la necesidad de armonizar su contenido con las últimas obras académicas publicadas en estos años —la *Nueva gramática de la lengua española* (2009 y 2011), la *Ortografía de la lengua española* (2010), el *Diccionario de americanismos* (2010), la 23.ª edición del *Diccionario de la lengua española* (2014) y sus actualizaciones anuales sucesivas, a las que se suman *El buen uso del español* (2013), el *Libro de estilo de la Justicia* (2017) y el *Libro de estilo de la lengua española según la norma panhispánica* (2018)— y la inmensa cantidad de información sobre los usos y las dificultades de los hablantes recabada a través de los servicios de consultas de todas las Academias, que, además, han propiciado el estudio y la reflexión sobre problemas inéditos. Por otra parte, el *DPD* reclamaba urgentemente una actualización electrónica para prestar todas las funcionalidades de un diccionario moderno.

Al término de 2023 se había completado el 40 % de la revisión (2005 entradas) y se habían elaborado 236 entradas nuevas. Se ha llevado a cabo la adaptación del contenido de la primera edición del *DPD* a la doctrina expuesta en la última *Ortografía de la lengua española* (2010) y a los principales cambios en la norma léxica introducidos en la edición vigente del *Diccionario de la lengua española* (2014 y sucesivas actualizaciones anuales). Se ha incorporado al *DPD* una parte de las enmiendas requeridas para su pleno acomodo a la *Nueva gramática de la lengua española* (2009). El 2 de noviembre se mandó a todas las Academias la segunda remesa de materiales del *DPD* para su segunda edición. El último envío está previsto para mayo de 2024.

La versión digital de la segunda edición del *DPD* fue anunciada en el IX Congreso Internacional de la Lengua Española (2023). Se publicó un avance en septiembre del mismo año. La edición impresa será presentada en noviembre de 2024 en el XVII Congreso de la ASALE, que tendrá lugar en Quito (Ecuador).

DICCIONARIO FRASEOLÓGICO PANHISPÁNICO (DFP)

El *Diccionario fraseológico panhispánico* (*DFP*) es una obra novedosa en el ámbito de los proyectos académicos. Fue aprobada en el XV Congreso de la ASALE (México, 2015) y, tras un período de planteamiento metodológico, los trabajos comenzaron oficialmente en 2018. Se trata de una obra digital de nuevo cuño, concebida como el «correlato fraseográfico» del *DLE*. El *Diccionario fraseológico panhispánico* está dirigido por la Academia Chilena de la Lengua, con el apoyo del secretario general de la ASALE. Para su ejecución se ha preparado la bibliografía general, el manual de redacción, un glosario de términos lexicográficos y fraseológicos y una lista de marcas y abreviaturas. A finales de 2023 se cuenta ya con un corpus de 7120 unidades fraseológicas elaboradas, fruto del trabajo de la Comisión Permanente de la ASALE conforme a un planteamiento metodológico renovado en 2022.

Pero la novedad más importante de 2023 consiste en la puesta en marcha de la última etapa de esta fase del proyecto. La Comisión Interacadémica de Publicaciones de la ASALE encomendó a la Academia Chilena de la Lengua un plan de trabajo, con refuerzo de recursos humanos y técnicos, que quedó aprobado en la reunión celebrada en octubre de 2023 en Madrid y en Burgos.

De acuerdo con el nuevo programa de actuación, el *DFP* incluirá unidades fraseológicas (principalmente locuciones), utilizadas en todos los países hispanohablantes o en varios de ellos, cuyo uso pueda documentarse mediante corpus u otro tipo de fuentes. Cada artículo del *DFP* incluye el lema y sus posibles variantes (por país o área), la categoría gramatical, la definición o (en caso de polisemia) definiciones de la UF, las marcas geográficas de los países en que se emplea, otras marcas de uso, diversas informaciones (como la variación semántica entre países) y varios ejemplos de uso documentado de la UF (al menos uno por cada área geográfica). Además, podrá incorporar esquemas sintácticos y coapariciones. Se estima que podrán elaborarse 6000 nuevas unidades fraseológicas, sumadas al corpus de 7120 formas con 8656 acepciones elaborado en los años anteriores, que será revisado y ajustado a los parámetros actuales.

La RAE está trabajando en el desarrollo de la base de datos que sustentará la redacción de la obra en esta fase, así como en el trasvase de las locuciones del *DLE* al *DFP* para su adaptación a la planta de este. Además, la RAE aportará los recursos documentales requeridos por la coordinación de la obra.

Esta fase del proyecto, de dos años, permitirá disponer a finales de 2025 de una primera versión del diccionario, publicable en línea, con posibilidad de una edición suplementaria en papel. Se ha avanzado bastante y se requerirá para su ejecución reforzar la colaboración de todas las Academias. Este diccionario fraseológico, panhispánico y documentado, profundamente innovador en el contexto de la ASALE, se presentará en el X Congreso Internacional de la Lengua Española (Arequipa).

PROYECTO DE NUEVO *DICCIONARIO DE AMERICANISMOS (DA)*

Considerado por el Pleno de directores y presidentes de la Asociación de Academias de la Lengua Española (ASALE) como obra vinculada a la conmemoración del septuagésimo aniversario de la asociación, en 2020 se comenzó a diseñar el planteamiento de una segunda edición del *Diccionario de americanismos* (*DA*), publicado en 2010. La obra se concibió desde un inicio con un carácter eminentemente digital y totalmente nuevo en su diseño.

El proyecto propuesto requiere el diseño de un nuevo banco de datos, que será alimentado con los diccionarios nacionales ya elaborados y publicados por las Academias de ASALE durante la última década y con el propio diccionario del año 2010. El nuevo diccionario podrá entenderse como un tesoro de diccionarios académicos americanos, tarea necesaria y de gran utilidad en este contexto para toda la comunidad hispanohablante. El proyecto se encuentra en proceso de estudio por parte de la ASALE.

SEGUNDA EDICIÓN DE LA *NUEVA GRAMÁTICA DE LA LENGUA ESPAÑOLA. MORFOLOGÍA Y SINTAXIS. FONÉTICA Y FONOLOGÍA*

El XVI Congreso de la ASALE (Sevilla, 2019) aprobó el proyecto de elaboración de una segunda edición de la *Nueva gramática de la lengua española*, al cumplirse una década de la publicación de la obra (parte de Morfología y Sintaxis). Se acordó entonces la renovación de los contenidos en dos líneas principales: la variación geográfica y social de los fenómenos lingüísticos, así como las unidades del análisis gramatical y la descripción de determinadas estructuras. Desde esta perspectiva, se acordó incorporar una nómina bibliográfica, formada por una selección de títulos relativos a las cuestiones abordadas en el texto. La nueva edición, cuya publicación está prevista en 2024, durante el XVII Congreso de la ASALE (Quito), no se concibe como una gramática de nueva planta, por lo que se mantendrá la misma distribución de capítulos y secciones de la anterior, revisados conforme a los criterios apuntados.

Morfología y sintaxis

En 2022 se reforzó el equipo y se ejecutó la reorganización del método de trabajo, con la redimensión de algunos procesos, que fue acordada por el Pleno de directores y presidentes de las Academias de la ASALE en la reunión celebrada el 9 de diciembre de 2021, para agilizar el ritmo de la obra.

Se ha revisado ya más de la mitad de la obra y se han integrado las observaciones de las Academias y de los 50 asesores externos. Como principal novedad destaca la incorporación de una bibliografía amplia a cada uno de los capítulos, bajo la supervisión de don Ignacio Bosque, en la que están representados todos los países hispanohablantes e hispanistas de todo el mundo. Se han incluido ya ejemplos de 165 obras americanas de las 259 propuestas por don Gonzalo Celorio, director de la Academia Mexicana de la Lengua, en su revisión de la nómina de América. Se está haciendo lo mismo con la actualización de la nómina española realizada por los académicos don José María Merino y don Luis Mateo Díez.

Fonética y fonología

De forma paralela, se llevan a cabo las tareas de revisión de la parte de fonética y fonología. Actualmente, se está desarrollando la conversión del contenido audiovisual, incluido el correspondiente al antiguo DVD *Las voces del español. Tiempo y espacio*, en colaboración de la Universidad Rey Juan Carlos, con la que se firmó un convenio a tal efecto en 2023. Una vez finalizadas estas labores en junio de 2024, la RAE y la ASALE comenzarán las tareas vinculadas a la última fase del proyecto, centrada en la revisión y actualización del texto, a partir de los informes de las Academias de la ASALE y de los asesores externos, la elaboración de la bibliografía y la incorporación de materiales complementarios.

EDICIÓN DIGITAL DEL *GLOSARIO DE TÉRMINOS GRAMATICALES* (GTG) INTERCONECTADA CON LAS OBRAS ACADÉMICAS DE REFERENCIA

En 2019, la RAE y la ASALE publicaron el *Glosario de términos gramaticales*. Se trata de un pequeño diccionario formado por aproximadamente 500 voces de gramática, que proporciona definiciones, explicaciones y clasificaciones claras de una serie de conceptos clásicos y modernos de la gramática del español. El objetivo principal del *GTG* es contribuir a la unificación de la terminología gramatical, muy dispersa en los países hispanohablantes. Está dirigido fundamentalmente a profesores de enseñanza media de todos los países hispanohablantes, pero también a alumnos universitarios de los primeros cursos, a traductores, periodistas y otras muchas personas relacionadas profesionalmente con la lengua española.

Tras la publicación en formato impreso del *Glosario*, en los últimos años la RAE ha trabajado en la concepción de su edición electrónica, en línea con el resto de proyectos y obras académicas que procuran facilitar el acceso universal y la actualización permanente de sus contenidos. Las tareas finalizaron en 2023. El nuevo recurso gramatical fue presentado en el marco del IX Congreso Internacional de la Lengua Española y puesto a disposición pública en la web institucional el 4 de diciembre de ese mismo año (https://www.rae.es/gtg).

La mayor novedad del *GTG* en línea es su conexión con las demás obras académicas. Permite el acceso con un solo clic a cualquier referencia a la *Nueva gramática* (2009), la *Ortografía de la lengua española* (2010) y a la segunda edición del *Diccionario panhispánico de dudas* (2024), así como a la *Gramática descriptiva de la lengua española* (1999), que figuran en cada entrada. De este modo, se agiliza la consulta en red de los términos gramaticales y su vinculación con las obras académicas, lo que supone una considerable ayuda para los profesores, estudiantes e investigadores.

CORPUS ACADÉMICOS

Corpus del Español del Siglo XXI (CORPES XXI)

En los últimos años, los trabajos en torno al CORPES han avanzado con un ritmo intenso, con la publicación de nuevas versiones que progresivamente incorporan decenas de miles de documentos que cubren todo el espectro geográfico del habla hispana en el mundo. En 2023, durante el IX Congreso Internacional de la Lengua Española, la RAE y la ASALE presentaron la versión 1.0 del proyecto, que entre otros hitos destacaba por superar los 390 millones de formas ortográficas procedentes de unos 362 000 documentos. En junio de ese mismo se año se publicó en línea la versión 1.0, con más de 365 000 documentos que suman alrededor de 395 millones de formas ortográficas, procedentes tanto de textos escritos como de transcripciones orales. Con respecto a la versión anterior, la actualización supone un incremento superior a 15 millones de formas; más de cuatro millones y medio de ellas relativas al parámetro oral.

Por lo que respecta al bloque de ficción (novelas, guiones de cine, relatos, obras de teatro) las formas de CORPES sobrepasan en la actualidad los 105 millones, mientras que las contenidas en textos de libros de no ficción y en publicaciones periódicas (ciencias sociales, salud, política, artes, tecnología...) sobrepasan los 284 millones. Los textos procedentes de libros suponen más de 186 millones de formas; las publicaciones periódicas están representadas con unos 195 millones. Algo más de ocho millones más provienen de blogs, entrevistas digitales, redes sociales y miscelánea.

Cronológicamente se incorporan unas 600 000 formas ya correspondientes a 2023; unos siete millones de 2022 y doce para 2021; aumenta también el número de textos producidos entre 2016-2020, con algo más de 72 millones de formas en esta versión. Por lustros, el mayor peso recae en el segmento 2006-2010, con más de 108 millones de formas; más de 102 millones corresponden a formas producidas entre 2001 y 2005; y de 2011 a 2015 se superan los 86 millones de formas. El equilibrio previsto entre España y América (30 %-70 %) se mantiene: las formas producidas en textos clasificados como España suponen algo más del 30 % y los de América alcanzan los 256 millones de formas.

Para el CORPES 1.0 se renovó por completó la interfaz de la herramienta, con un diseño mucho más intuitivo, nuevas funcionalidades y utilidades, en especial las relacionadas con los tipos de resultados. Así, el sistema de búsquedas del CORPES permite la consulta por palabras ortográficas y por elementos gramaticales. Es posible crear subcorpus virtuales y seleccionar entre varios tipos de resultados: concordancias, estadísticas y, en esta nueva versión, obtener varios tipos de inventarios de los resultados, con los datos correspondientes a su frecuencia absoluta y normalizada, por categoría gramatical, por lema, por forma, etc. Los inventarios pueden descargarse, lo que facilita su tratamiento en la investigación lingüística posterior. Con respecto a los resultados estadísticos, se incorporaron mejoras en los gráficos, haciendo posible la geolocalización de formas o de elementos gramaticales en todos los países hispanohablantes.

A finales de marzo de 2024 se publicará la versión 1.1, que supera los 405 millones de formas. Cinco de esos millones proceden de transcripciones orales.

En la actualidad, el proyecto cuenta con la participación, junto al equipo central, de ocho equipos de codificación pertenecientes a diferentes instituciones americanas y españolas: Academia Argentina de Letras, Pontificia Universidad Católica del Perú, Universidad de Alcalá de Henares, Universidad Autónoma de Barcelona, Universidad de León, Universidad de Salamanca, Universidad de Santiago de Compostela y Universidad de Valencia.

Corpus Diacrónico y Diatópico del Español de América (CORDIAM)

El CORDIAM, impulsado por la Academia Mexicana de la Lengua, abrió al público en 2015 y fue incorporado al programa panhispánico de la ASALE en noviembre de 2019. Colaboran con asesoría de especialistas la Universidad Nacional Autónoma de México, la Universidad de la República, Uruguay, y el Instituto Politécnico Nacional de México.

Se llevan a cabo dos actualizaciones anuales del corpus, que implican tres procesos previos: a) cotejo de ediciones príncipe, en el caso de literatura, o facsímiles, en el caso de documentos y prensa; b) sistematización ecdótica a las normas CORDIAM; c) elaboración de metadatos para cada unidad textual de los tres subcorpus (cada unidad textual contiene 13 metadatos y una síntesis, 9 de los cuales son buscables).

En 2023 se incorporaron al CORDIAM 2 457 000 palabras, 3039 unidades textuales y 2 facsímiles. Actualmente el CORDIAM contiene:

- 15 925 329 palabras.
- 21 760 unidades textuales.
- 6368 unidades de CORDIAM-Documentos.
- 4542 unidades de CORDIAM-Literatura.
- 10 845 unidades de CORDIAM-Prensa.

Las Academias de la ASALE han aportado materiales y están trabajando en la preparación del canon literario de sus respectivos países.

En el plano tecnológico, se realizaron numerosos cambios y ajustes en el buscador y en la base de datos del CORDIAM, para mejorar el tiempo de respuesta de las búsquedas complejas, continuas y discontinuas. Durante este período el CORDIAM ha recibido búsquedas procedentes de 63 países de los cinco continentes.

LENGUA ESPAÑOLA E INTELIGENCIA ARTIFICIAL (LEIA)

El proyecto Lengua Española e Inteligencia Artificial (LEIA), aprobado por las Academias en el XVI Congreso de la ASALE (Sevilla, 2019), tiene el objetivo de promover la defensa, proyección y cuidada utilización de la lengua española en el universo digital y, especialmente, en el ámbito de la inteligencia artificial y las tecnologías actuales, a fin de mantener su unidad esencial y evitar riesgos de ruptura, pérdida de léxico, deterioro de calidad o minoración de capacidad expresiva ocasionados por la desigual automatización de los procesos. La iniciativa académica, que ya había sido anunciada meses antes en el VIII CILE de Córdoba (Argentina), quedó entonces formalizada como proyecto panhispánico estratégico de primer orden.

A través de una declaración de intenciones suscrita el 8 de noviembre de 2019 ante Sus Majestades los Reyes de España, en la clausura del mencionado congreso se implicaron en el proyecto LEIA, junto a las Academias, a las más importantes empresas tecnológicas globales, como Amazon, Google, Facebook (Meta), Microsoft, Telefónica y Twitter. Se ha trabajado intensamente para que las tecnológicas acepten entrenar a su inteligencia artificial con la doctrina académica, es decir, con los materiales aprobados y mantenidos al día por la RAE y las corporaciones de la ASALE. La estrecha colaboración interinstitucional ha fructificado en significativos avances a lo largo de los últimos años.

El desarrollo del proyecto LEIA durante este período se ha articulado a través de dos grandes líneas de trabajo llevadas a cabo con la colaboración del Gobierno de España y de las empresas tecnológicas globales. La primera se ha centrado en el diseño de un macroproyecto para aplicar la IA al español; la segunda se ha orientado a realizaciones bilaterales con cada una las grandes tecnológicas de acuerdo con sus respectivos campos de trabajo e intereses estratégicos. Además, desde sus comienzos LEIA ha atendido con especial cuidado la relación con las universidades, grupos y centros de investigación.

Colaboración con el Gobierno de España

El Gobierno de España, a través del Ministerio de Asuntos Económicos y Transformación Digital, respaldó desde el primer momento el programa LEIA a través de un convenio de colaboración con la Secretaría de Estado de Digitalización e Inteligencia Artificial (SEDIA) suscrito el 7 de abril de 2022. Posteriormente, el 26 de julio de 2022 se aprobó el Real Decreto 632/2022, publicado el 26 de agosto en el *Boletín Oficial del Estado* (*BOE*), por el que se regula la concesión de una subvención, en el marco del Plan de Recuperación, Transformación y Resiliencia y del PERTE «Nueva Economía de la Lengua», para la ejecución de un amplio programa de actuación al amparo del convenio con la SEDIA.

El programa incluye aplicaciones de la inteligencia artificial que mejorarán la eficiencia del trabajo tradicional de la Academia en todas las áreas y contendrán desarrollos dirigidos a procurar el correcto uso de nuestra lengua por la creciente variedad de máquinas y herramientas (traductores, correctores, asistentes de voz...) que la utilizan.

El proyecto LEIA creará una nueva plataforma tecnológica de última generación en la nube que utilizará profusamente la inteligencia artificial y que ayudará a la RAE en sus trabajos de regulación de la lengua. Asimismo, dotará de avanzadas funcionalidades a las futuras aplicaciones y servicios académicos. Para garantizar la calidad lingüística del proyecto se usarán los recursos de la RAE, como fuentes esenciales de datos y conocimiento.

El proyecto contempla la ejecución de diversas actuaciones específicas («paquetes de trabajo») en un plazo máximo de tres años, que han sido definidas, programadas, licitadas y adjudicadas en 2023 y 2024:

1) Creación de un departamento técnico (Fujitsu).
2) Observatorio de neologismos, tecnicismos, términos y variaciones del español (Fujitsu-AWS).
3) Herramientas de verificación lingüística (Fujitsu-AWS).
4) Herramientas de respuesta automática (VASS).
5) Herramienta para la recopilación de material oral y escrito, de diferente procedencia geográfica, como base para el estudio de la diversidad desde el punto de vista lingüístico (Fujitsu-AWS).
6) Plena accesibilidad de las herramientas de IA (Fujitsu-AWS).
7) Mejora de herramientas de regulación de la lengua, como las que permiten difundir y aplicar los contenidos de la RAE y la ASALE (Fujitsu-AWS).
8) Retos, becas y trabajo con las universidades.
9) Labores de digitalización de los fondos propios y obras de la Real Academia Española.

Ha comenzado el desarrollo transversal de una plataforma en la que estarán integradas toda la información y las herramientas de los paquetes de trabajo, con el fin de facilitar el trabajo interno en la RAE y posibilitar las conexiones entre unos paquetes y otros. En esta plataforma se volcarán todas las obras y recursos de la RAE para poder trabajar sobre ellos. Y existirá un «superbuscador» que permita rastrear una determinada palabra o secuencia en todos estos recursos con una sola búsqueda.

En 2023 y 2024 ha sido especialmente intensa y fructífera la colaboración sucesiva con el Ministerio de Asuntos Económicos y Transformación Digital y con el Ministerio para la Transformación Digital y de la Función Pública.

El 21 de mayo de 2023, inmediatamente antes del acto de ingreso en la Real Academia Española de doña Asunción Gómez-Pérez, experta en inteligencia artificial, la vicepresidenta primera y ministra de Asuntos Económicos y Transformación Digital participó en una reunión de trabajo con el pleno de los académicos en la que tuvieron especial protagonismo los avances del proyecto LEIA y la importancia estratégica del buen uso del español por parte de las máquinas y la inteligencia artificial.

Colaboración de las empresas tecnológicas globales

Después de la firma de la declaración de intenciones en noviembre de 2019, la Academia acometió un proceso de colaboración bilateral con cada una de las tecnológicas para desarrollar acciones de interés para mejorar el uso del español en sus respectivos ámbitos de actuación. La RAE y la ASALE han puesto a disposición de las empresas tecnológicas sus obras y recursos lingüísticos para que los incorporen a sus máquinas, de manera que la utilización del español por los teléfonos y relojes inteligentes, tabletas y computadoras, correctores automáticos, traductores, asistentes de voz, teclados y cualquier otra herramienta siga las normas académicas.

Los avances en la colaboración con las empresas tecnológicas globales dentro del proyecto LEIA fueron analizados en una sesión especial del IX CILE (Cádiz, 2023) titulada «Unidad y diversidad del español. La tradición y el reto de la inteligencia artificial» que, bajo la presidencia de Su Majestad el Rey de España, se celebró el 27 de marzo, después de la inauguración del congreso. Participaron en el acto, moderado por el director de la RAE y presidente de la ASALE, los directores y presidentes de las Academias de la ASALE, el secretario general de la Asociación, así como representantes institucionales de varias tecnológicas socias de LEIA: Amazon, Amazon Web Services (AWS), Google, Meta, Microsoft y Telefónica. Asistieron a la sesión el ministro de Asuntos Exteriores, don José Manuel Albares, el secretario de Estado para Iberoamérica y el Caribe y el Español en el Mundo, don Juan Fernández Trigo, y el director del Instituto Cervantes, don Luis García Montero.

Se trataron los progresos de cada tecnológica en el programa LEIA, así como, por parte de los intervinientes de la ASALE, el uso generalizado de las nuevas tecnologías y cómo este está provocando variaciones en la lengua, que tienen distintas concreciones en los diferentes contextos sociales de los países del espacio panhispánico. La IA en las herramientas de la enseñanza, el lenguaje claro, la accesibilidad o la importancia de los corpus completaron este análisis.

El 12 de diciembre de 2023 se presentó públicamente el resultado de la colaboración con Google en un acto celebrado bajo la presidencia de Su Majestad el Rey en el Palacio Real de El Pardo. En virtud de los acuerdos alcanzados por la RAE y la multinacional se han incorporado bajo licencia las definiciones y el repertorio léxico del *DLE* al buscador y al teclado del sistema operativo Android (conocido como Gboard) de Google, que ofrecen ahora su servicio global utilizando la referencia del diccionario académico.

Participaron en la presentación, junto al director de la RAE y presidente de la ASALE, la vicepresidenta de producto, responsable de la gestión de productos y verticales en el buscador de Google, doña Cait O'Riordan; el vicepresidente de asuntos públicos en productos de información y conocimiento de Google, don Cristopher Turner; la directora general de Google España y Portugal, doña Fuencisla Clemares, así como la académica doña Asunción Gómez-Pérez y la directora sénior de Estrategia de Investigación en Google, doña Pilar Manchón. Asistió al acto el ministro para la Transformación Digital y de la Función Pública, don José Luis Escrivá, quien previamente mantuvo una reunión de trabajo con el director de la RAE en la sede académica.

La colaboración institucional entre la RAE y Google quedó definitivamente comprometida después de la visita de trabajo a España del CEO de Google, don Sundar Pichai, en 2022. Los resultados de esta primera fase de trabajo conjunto constituyen un paso relevante para la preservación de la unidad de la lengua española y para la construcción de una herramienta global de comunicación y enseñanza de la que el español carecía hasta ahora.

PROGRAMA DE LENGUAJE CLARO Y ACCESIBLE. RED PANHISPÁNICA DE LENGUAJE CLARO

La RAE tiene secularmente reconocida la competencia de fijar, junto con las corporaciones integradas en la ASALE, la norma lingüística para el mundo hispánico. A partir de su amplia experiencia en este campo, la RAE ha promovido la creación de una Red Panhispánica de Lenguaje Claro, con el propósito de contribuir a fomentar el lenguaje claro y accesible como fundamento de los valores democráticos y de ciudadanía, e impulsar el compromiso de las autoridades para asegurarlo en todos los ámbitos de la vida pública.

La Red Panhispánica de Lenguaje Claro se constituyó oficialmente el 9 de junio de 2022 en Santiago de Chile y su Secretaría de Coordinación fue encomendada a la RAE. Pretende integrar todas las iniciativas actuales y futuras en defensa del derecho fundamental de los ciudadanos a comprender las leyes y normas básicas reguladoras de la convivencia social. También aspira a incorporar proyectos en favor de la accesibilidad del lenguaje, a fin de avanzar con más eficacia en múltiples acciones de gran beneficio para toda la comunidad. Constituye un servicio de interés general que incentiva la colaboración entre los poderes del Estado y la sociedad civil en torno a la lengua como valor superior y elemento vertebrador de las relaciones sociales. No se limita al lenguaje jurídico, sino que atiende a toda forma de comunicación dirigida a los ciudadanos. Cuenta para ello con el respaldo de la autoridad lingüística de la RAE y las Academias nacionales de la lengua española de todo el mundo. Está abierta a la participación de todas las instituciones y entidades públicas o privadas del mundo hispanohablante que, en el ámbito de sus competencias, decidan sumarse a esta iniciativa global.

En el marco de la Red, y con su respaldo, convergen los proyectos en torno a lenguaje claro que cada institución realiza individualmente, así como iniciativas colectivas concebidas para promover, difundir y facilitar el uso del lenguaje claro y su accesibilidad.

Durante el año 2023 y los primeros meses de 2024, la RAE, desde la Secretaría de Coordinación de la Red, ha realizado un intenso trabajo para procurar nuevas adhesiones tanto en el ámbito público como en el privado, que han alcanzado la cifra de 150 instituciones incorporadas y un amplio número de otras en proceso de hacerlo en todo el mundo hispanohablante, con el impulso de las corporaciones de la ASALE en todos los países.

Junto a estas, se han adherido ya a la Red la Secretaría General Iberoamericana (SEGIB), la Conferencia de Ministros de Justicia de los Países Iberoamericanos (COMJIB), la Organización de Estados Iberoamericanos para la Educación, la Ciencia y la Cultura (OEI), la Organización Iberoamericana de Seguridad Social (OISS), el Tribunal Supremo y el Consejo General del Poder Judicial de España, la Corte Suprema de Justicia de la Nación de Argentina, la Suprema Corte de Justicia de la República Oriental del Uruguay, la Corte Suprema de Justicia de la República y Poder Judicial del Perú, el Tribunal Supremo del Estado Libre Asociado de Puerto Rico, la Fiscalía General del Estado, el Ministerio de la Presidencia, Justicia y Relaciones con las Cortes y el Defensor del Pueblo de España, así como las redes nacionales de Lenguaje Claro de Chile, Colombia, Argentina y Uruguay, además de numerosas instituciones públicas y privadas de diferentes países hispanohablantes.

Para favorecer el trabajo de la Red la RAE ha suscrito alianzas institucionales con la Secretaría General Iberoamericana (SEGIB) y con el Defensor del Pueblo de España, que están trabajando activamente en esta línea.

La iniciativa de la Red Panhispánica de Lenguaje Claro fue dada a conocer en el IX Congreso Internacional de la Lengua Española, durante un acto celebrado el 28 de marzo de 2023 en el Palacio de Congresos de Cádiz. Participaron el director de la RAE y presidente de la ASALE, don Santiago Muñoz Machado; la ministra portavoz de la Corte Suprema de Justicia de Chile, doña Ángela Vivanco; el defensor del pueblo, don Ángel Gabilondo; el presidente de la Academia Puertorriqueña de Jurisprudencia, don Antonio García Padilla, y el rector de la Universidad de Salamanca, don Ricardo Rivero. El secretario de Estado para Iberoamérica y el Caribe y el Español en el Mundo, Juan Fernández Trigo intervino, asimismo, a través de videoconferencia.

Después del CILE, la RAE preparó y aplicó un intenso programa de actuación institucional para ampliar y fortalecer el núcleo fundacional de la Red con la mirada puesta en la presentación oficial de la iniciativa en 2024. El objetivo ha sido incorporar instituciones relevantes de los poderes del Estado y de la Administración Pública, así como representaciones de la sociedad civil de todo ámbito hispanohablante. Por otra parte, ha creado un espacio informativo dedicado a la Red en su web institucional: https://www.rae.es/la-institucion/red-panhispanica-de-lenguaje-claro.

I Convención de la Red Panhispánica de Lenguaje Claro

En abril de 2024 tendrá lugar en la Real Academia Española la I Convención de la Red Panhispánica de Lenguaje Claro, en la que participarán todos sus miembros. La I Convención tiene dos objetivos esenciales: la presentación oficial de la Red y la celebración de la primera reunión de trabajo, de carácter constituyente.

La presentación oficial se realizará en un acto institucional público, al que asistirán las instituciones que forman parte de la Red junto a las altas autoridades del Estado, el Cuerpo Diplomático, titulares de distintos departamentos y organismos de la Administración Pública, así como una amplia representación de la sociedad civil involucrada en labores de servicio a los ciudadanos.

La primera reunión de trabajo, de carácter interno, se desarrollará en torno a dos ejes: la fijación de la estructura organizativa de la Red y la presentación de iniciativas y proyectos de trabajo de las instituciones, con la aprobación de su plan de actuación conjunta.

La I Convención significará la activación efectiva de la Red Panhispánica de Lenguaje Claro y el comienzo de su actividad colaborativa.

Programa de Lenguaje Claro y Accesible de la RAE y la ASALE

Además de su labor institucional en la Secretaría de Coordinación de la Red Panhispánica de Lenguaje Claro, la RAE desarrolla un extenso programa que incluye proyectos en varias líneas de trabajo: normativa sobre lenguaje claro y accesible, terminología, certificación, vigilancia y auditoría lingüísticas, así como el desarrollo, con técnicas de inteligencia artificial, de herramientas para ejecutar estas acciones y facilitar el acceso a la información a las personas con discapacidades físicas o intelectuales, o limitaciones formativas o culturales en el contexto de su proyecto LEIA.

La RAE y sus Academias hermanas están trabajando en una propuesta de estándares de lenguaje claro, comprensible y accesible, que puedan ser asumidos por la Red con la finalidad de promover un consenso para su adopción por los distintos organismos del Estado en la redacción de normas y documentos públicos, así como por las instituciones y entidades privadas en sus comunicaciones con los ciudadanos. A tal efecto están preparando una *Guía general de lenguaje claro y accesible* y una *Guía de lenguaje claro para los poderes públicos*, esta respaldada por la SEGIB, cuyos respectivos proyectos serán presentados durante la Convención.

Junto a la línea normativa, la RAE y la ASALE han comenzado a sentar las bases de dos proyectos de terminología que reflejen los estándares de las guías y mejoren la comprensión del lenguaje administrativo por parte de los ciudadanos: un *Diccionario de lenguaje jurídico claro* y un *DPEJ esencial y claro*.

En el ámbito de la vigilancia y la auditoría, la RAE está trabajando en el desarrollo de una herramienta que permita verificar la calidad y la claridad del español utilizado en todos los ámbitos de la Administración del Estado, la Justicia y la legislación, así como en cualquier nivel de relación institucional pública o privada con el ciudadano. De esta forma, podrá establecerse un observatorio digital permanente del uso del lenguaje por las instituciones, para contribuir de la mejor manera a la mejora de su calidad y accesibilidad.

Además, la estrategia impulsada por la RAE incluye el desarrollo, con técnicas de inteligencia artificial, de una herramienta que permita «traducir» automáticamente los tecnicismos propios del lenguaje institucional y administrativo a un lenguaje sencillo, propio de la vida cotidiana, y funcionar como «asistente de redacción clara» para todos los ciudadanos. El traductor/asistente automático se pondrá a disposición pública como contribución a la generalización del uso del lenguaje claro. Con el mismo propósito la herramienta de verificación desarrollada en el proyecto LEIA aplicará el canon lingüístico de las Academias para informar a los usuarios sobre la adecuación de sus textos, no solo en lo que respecta a su corrección ortográfica y gramatical, sino también en cuanto al estilo y a su claridad e inteligibilidad.

Asimismo, la RAE ha abierto líneas de colaboración en materia de lenguaje accesible con la Fundación ONCE, en particular en el área de la lectura fácil, y con la Universidad Politécnica de Madrid. La plena accesibilidad constituye también un paquete de trabajo del proyecto LEIA, a fin de procurar que las distintas herramientas lingüísticas puedan ser utilizadas por todos los ciudadanos y de crear herramientas específicas que faciliten el acceso a la información a aquellos que tienen dificultades de cualquier naturaleza. Se pretende fomentar también la utilización de un lenguaje sencillo y adecuado a las normas académicas en todas las máquinas y dispositivos electrónicos que hagan uso de la lengua oral. El desarrollo de auditorías lingüísticas del uso del español por parte de las máquinas y dispositivos electrónicos, automatizadas a través de la inteligencia artificial, contribuirá a estimular su claridad y accesibilidad. En esta línea se sitúa también el certificado de calidad del español usado por los sistemas digitales y de inteligencia artificial que la RAE desarrollará con la colaboración de la Universidad de Salamanca como parte de su amplio programa de cooperación lingüística.

Se ha creado un espacio de colaboración en materia lenguaje claro vinculado a los distintos sectores de la sociedad civil a través de la Junta de Protectores de la Fundación pro Real Academia Española y la Asociación Española de Fundaciones (AEF).

De esta forma, la RAE está avanzando en los dos ejes de trabajo de la Red, el uso del lenguaje claro tanto en las administraciones públicas como en la relación de las instituciones privadas con los ciudadanos y la accesibilidad del lenguaje para todos los ciudadanos, sin barreras por razón de edad, formación o condicionamientos personales o culturales. Por otra parte, en el campo institucional, como titular de la Secretaría de Coordinación de la Red, la RAE está articulando el entramado de la Red tanto en el ámbito de los poderes del Estado y la Administración Pública como en el de los organismos y entidades privados que representan diversos sectores de la sociedad civil. El programa de lenguaje claro refuerza su dimensión ciudadana y su proyección global.

PROGRAMA SOBRE LENGUA Y CIENCIA. PROYECTO DE AMPLIACIÓN DE LA PLATAFORMA ENCLAVE DE CIENCIA

En 2022 se comenzó a trabajar en la preparación de un proyecto de ampliación de la plataforma Enclave de Ciencia en colaboración con la Fundación Española para la Ciencia y la Tecnología (FECYT), que se inscribe dentro del programa general sobre «Lengua y Ciencia» que la RAE se propone impulsar con carácter prioritario.

La plataforma, presentada en mayo de 2020 en un acto que contó con la participación del ministro de Ciencia e Innovación, pone a disposición de los usuarios materiales de la RAE, la FECYT, la Real Academia de Ingeniería (RAI), la Universidad de Salamanca (USAL) y la Asociación Española de Terminología (AETER).

La colaboración entre la RAE y la FECYT ha permitido el desarrollo de un corpus de textos de carácter científico-técnico, que proporciona ejemplos reales de uso en todo el ámbito hispánico. Su base de datos proviene de tres fuentes: un subconjunto del Corpus del Español del Siglo XXI (CORPES) formado por textos científico-técnicos, los contenidos procedentes del Servicio de Información y Noticias Científicas (SINC) y otros materiales de la FECYT.

PROGRAMA DE CERTIFICACIONES LINGÜÍSTICAS

Entre las nuevas líneas de actuación de la Academia figura un ambicioso programa de certificaciones lingüísticas, que aspira a contribuir de manera decisiva a la unidad y al buen uso del idioma por parte de los hispanohablantes en todos los sectores sociales y en todas sus manifestaciones, y especialmente, por parte de los estudiantes estadounidenses y las tecnologías y sistemas de inteligencia artificial.

En diciembre de 2022 la Real Academia Española, la Junta de Castilla y León, el Ayuntamiento de Salamanca y la Universidad de Salamanca firmaron en la sede institucional de la RAE un convenio de colaboración para el desarrollo de diversos proyectos lingüísticos, entre los cuales se considera del máximo interés el programa de certificaciones lingüísticas con dos modalidades:

1) Un certificado de competencia en español destinado a escolares de todo el sistema educativo norteamericano y a alumnos de origen hispano recién graduados de instituciones asociadas a la Hispanic Association of Colleges and Universities (HACU). Esta certificación estará desarrollada por la USAL y la RAE actuará como entidad certificadora.

2) Un certificado de calidad del español usado por los sistemas digitales y de inteligencia artificial. Esta certificación, o sello de calidad, se enmarcará en los programas de inteligencia artificial aplicada a la lengua que lleva a cabo la RAE en el proyecto LEIA, desarrollados en este caso específico con la asistencia de la USAL.

En 2023 se han realizado importantes avances en el desarrollo de la certificación dirigida a los Estados Unidos, que constituye una de las áreas de actuación estratégica de la RAE en el marco de su actividad panhispánica. La alianza con HACU, que integra más de 570 centros de enseñanza superior en los Estados Unidos con elevada proporción de alumnos hispanos, constituye un instrumento de apoyo de gran relevancia. En este marco se ha trabajado en la creación de una plataforma de formación en español para alumnos universitarios norteamericanos, que incluye materiales didácticos multimedia de aprendizaje del español, de variedades principalmente mexicana, caribeña y española, como lengua segunda o de herencia y el examen para acreditar los contenidos de español aprendidos, cuyo certificado facilita la integración en el mundo laboral.

El director de la RAE forma parte del Consejo Directivo de la HACU Spanish Language Training Platform, junto con el presidente de HACU, don Antonio Flores; el rector de la Universidad de Salamanca don Ricardo Rivero; el presidente de la Junta de Castilla y León, don Alfonso Fernández Mañueco; el alcalde de Salamanca, don Carlos García Carbayo, y el rector de Álamo Colleges, don Mike Flores. La primera reunión del Consejo Directivo, de carácter constituyente, tuvo lugar el 29 de septiembre de 2023, y fue completada posteriormente por una reunión del director de la RAE, el presidente de HACU y el rector de la USAL que se celebró el 10 de octubre. En ambas sesiones quedaron aprobadas las bases del proyecto, cuyo propósito fundamental es poner en valor y prestigiar la lengua española en los Estados Unidos.

El examen HACU consta de cuatro pruebas: Comprensión de Lectura, Comprensión Auditiva, Expresión e Interacción Escritas y Expresión e Interacción Orales. Las dos primeras son adaptativas, lo que significa que los candidatos no optan a un nivel concreto, sino que es el propio examen el que los sitúa en su nivel dentro de la escala de niveles lingüísticos del American Council for the Teaching of Foreign Languages (ACTFL). En 2023 se constituyó un equipo de validación formado por expertos de 41 universidades americanas, que revisaron el constructo. La integración de sus observaciones dará lugar a la versión piloto. De forma paralela se ha acometido el desarrollo de la plataforma y la incorporación de contenidos de aprendizaje.

La segunda reunión del Consejo Directivo de HACU tuvo lugar el 27 de octubre en el marco del congreso de HACU celebrado en Chicago, donde se presentó el proyecto, que continuó posteriormente su desarrollo. En los primeros meses de 2024 se han realizado importantes avances:

- Se han completado las primeras versiones del examen. La plataforma ha sido puesta a disposición del equipo, aunque continúan las mejoras y adaptaciones.
- El 10 de enero tuvo lugar, por videoconferencia, la reunión de constitución del Consejo Técnico de la HACU Spanish Language Training Platform, con presencia de todas las instituciones representadas en el Consejo Directivo más Northwest Vista College (San Antonio, Texas), University of Nevada (Las Vegas), University of Houston Victoria y Edinumen (responsable de la plataforma).
- Se han llevado a cabo dos importantes presentaciones del proyecto: webinario «HACU Spanish Language Training Platform. Prestigiando la lengua española en Estados Unidos», el 19 de enero de 2024, con 126 profesores de español norteamericanos asistentes, y presentación «HACU Spanish Language Training Platform. Un Proyecto inclusivo», el 27 de enero, en American Heritage (Florida), con presencia de 89 profesores de español norteamericanos.
- Se han realizado más de 350 pruebas (pilotos) del examen a alumnos norteamericanos con distintos niveles de español en la Universidad de Salamanca, Our Lady of the Lake University y Northwest Vista College (San Antonio), South Texas College (McAllen) y en tres universidades de California. En marzo se llevarán a cabo otras 300 pruebas en centros universitarios de Florida.

La segunda modalidad de certificación está incorporada a las líneas de desarrollo del proyecto LEIA actualmente en proceso.

Obras y proyectos literarios y divulgativos

Colección de ediciones conmemorativas de la RAE y la ASALE. ■ Obras e iniciativas de información y divulgación. ■ Estudios.

COLECCIÓN DE EDICIONES CONMEMORATIVAS DE LA RAE Y LA ASALE

En 2023, con motivo del IX CILE, programado en Arequipa (Perú) y finalmente celebrado en Cádiz durante el mes de marzo, salió a la luz la edición conmemorativa de *Los ríos profundos*, del autor peruano José María Arguedas, que en este período, desde su presentación en Cádiz, ha vendido ya un número significativo de ejemplares. Bajo la coordinación general de la Academia Peruana de la Lengua, incluye estudios de Mario Vargas Llosa, Sergio Ramírez, Santiago Muñoz Machado, Marco Martos Carrera, Ricardo González Vigil, Alonso Cueto, Françoise Perús y Rodolfo Cerrón-Palomino.

En enero de 2024 han terminado los trabajos preparatorios de una antología del premio Nobel mexicano Octavio Paz, titulada *Corrientes alternas*, que se publicará en el mes de abril con motivo de la celebración del día de las letras hispanas y será presentada en la Feria Internacional del Libro de Guadalajara (México). La edición está coordinada por la Academia Mexicana de la Lengua.

En octubre de 2023 se celebró, en Madrid y en Burgos, la primera reunión presencial de la Comisión Interacadémica de Publicaciones que, entre otros acuerdos de relevancia sobre las obras académicas panhispánicas, aprobó el plan de la colección de ediciones conmemorativas para el trienio 2024-2026.

OBRAS E INICIATIVAS DE INFORMACIÓN Y DIVULGACIÓN

Crónica de la lengua española

En la vertiente informativa, la *Crónica 2022-2023* ofrece un análisis sobre el estado de la lengua española, centrado en las redes y entornos digitales, y dedica una amplia sección a la reflexión sobre el mestizaje lingüístico en el espacio de la ASALE, con motivo de la celebración del IX Congreso Internacional de la Lengua Española que tuvo lugar en 2023 en Cádiz, donde fue presentado. Además, inaugura dos nuevas líneas de análisis sobre cuestiones de actualidad en torno al lenguaje claro y a la edición en español.

El volumen actual, correspondiente a 2023-2024, presenta una muestra de los principales temas de desarrollo en torno al mestizaje considerados en el programa académico del IX CILE. Completa el binomio de Crónicas que ha acompañado, como aportación especial de la ASALE, la celebración del más importante foro internacional de debate en torno al español.

Colección Hablantes

El primer título de la nueva colección divulgativa Hablantes, *Nunca lo hubiera dicho*, fue presentado en el IX Congreso Internacional de la Lengua Española, que supuso un hito importante en su andadura hacia el continente americano. En él se recogen curiosidades generales sobre la historia del español, el léxico, la ortografía o la gramática, presentadas de manera sencilla y amena para todos los hispanohablantes.

En paralelo, se ha avanzado en la preparación del segundo título, *Punto y coma*, que verá la luz en Quito (Ecuador) durante la celebración del XVII Congreso de la ASALE.

Serie documental sobre la historia de la lengua española

En la misma línea, se ha puesto en marcha una serie documental sobre la historia de la lengua española, dirigida por la RAE y producida por RTVE. Consta de ocho capítulos, que empiezan con las primeras manifestaciones y terminan en la actualidad, con los retos y desafíos que afronta hoy el español. En esta iniciativa inédita, que muestra la historia de la lengua desde la perspectiva de las Academias, han participado numerosos académicos y expertos de distintos países del espacio ASALE.

ESTUDIOS

Clásicos ASALE

La Asociación de Academias de la Lengua Española comenzó la publicación de su colección Clásicos ASALE en el año 2017. Desde entonces han visto la luz quince estudios y ensayos fundamentales para el conocimiento de la lengua española desde la pluralidad de las escuelas lingüísticas y de los estilos literarios. En el último año se han editado cuatro títulos:

— Ricardo J. Alfaro, *Reflexiones sobre el anglicismo en español*, prólogo de Margarita Vásquez Quirós (Academia Panameña de la Lengua).

— Enrique Anderson Imbert, *Radiografía de tres décadas*, prólogo de Jorge Ignacio Covarrubias (Academia Norteamericana de la Lengua Española).

— Roberto Brenes Mesén, *Las categorías literarias*, prólogo de Carlos Francisco Monge Meza (Academia Costarricense de la Lengua).

— Félix Restrepo, *El alma de las palabras. Necesidad del movimiento semántico*, prólogo de César Armando Navarrete (Academia Colombiana de la Lengua).

En el IX CILE se presentó una edición especial del conjunto de los títulos publicados de la colección, que se entregó a Su Majestad el Rey de España. En 2024 está prevista la publicación de tres nuevos estudios, dedicados a Carlos Coello, Manuel Álvarez Nazario y Antonio Batres Jáuregui.

Nueva edición digital de las obras completas de Andrés Bello (ASALE)

Bajo la dirección de Iván Jaksić como editor general, esta nueva edición de las obras completas de Andrés Bello, en formato digital, cuenta con los auspicios chilenos de la Cátedra Andrés Bello de la Universidad Adolfo Ibáñez y de la Biblioteca Nacional de Chile. A ellos se suma, en el ámbito internacional, el apoyo de la Academia Venezolana de la Lengua, de la Fundación Ignacio de Larramendi en Madrid y de la Asociación de Academias de la Lengua Española.

La obra, que sigue la segunda edición venezolana, pretende acomodar los textos de Bello a las nuevas plataformas tecnológicas. Los dos primeros volúmenes fueron presentados el 29 de marzo en el marco del programa cultural del IX CILE, dentro del «Espacio de libros» promovido por las Academias. Participaron en el acto, celebrado en el Baluarte de la Candelaria, el director de la RAE y presidente de la ASALE, don Santiago Muñoz Machado, el secretario general de la ASALE, don Francisco Javier Pérez, y el académico chileno y director de la edición, don Iván Jaksić.

V. Crónicas

El dialogo mestizo de la traducción

TATIANA ALVARADO TEODORIKA

Academia Boliviana de la Lengua

Del diálogo. ■ Del mestizo y el mestizaje. ■ De la traducción. ■ De los «principios» de clasificación de pasadas traducciones. ■ A modo de conclusión.

El artículo propone un marco de reflexión, a partir de las tres palabras que componen el título, dando breve cuenta de la transformación y complejidad que encierra cada una. Es una invitación a considerar los avances que se hicieron en la materia en el pasado y así inscribir dicho diálogo dentro de una larga y compleja tradición. Se hace referencia a algunas de las traducciones elaboradas en el espacio americano entre los siglos XVI y XVII, y una crítica a las formas de clasificación que se han empleado, que falsean la percepción histórica de una lengua y unos cánones poéticos compartidos entre los así llamados Viejo y Nuevo Mundos.

DEL DIÁLOGO

Para reflexionar en torno al diálogo mestizo de la traducción es necesario precisar, aunque sea brevemente, lo que sugieren estas tres ideas que encierran en sí cierta complejidad (diálogo, mestizaje y traducción), una complejidad con la que se va elaborando el tejido lingüístico en el que habitamos. Por lo que sabemos de la palabra *diálogo*, el concepto es herencia de una palabra y un concepto griegos que han trascendido tiempo y espacio y, en la búsqueda de equivalentes que pudieran reflejar su contenido, terminó instaurándose en nuestra lengua. La palabra designa, en griego, tanto la conversación como el género literario, aunque, como subraya Juan Antonio González Iglesias, los diálogos platónicos y los aristotélicos eran λόγοι según Aristóteles[1]. El diálogo se entendió como *sermo* (en Isidoro de Sevilla), *disputatio* o *interlocutio*, entre otros y la palabra *diálogo* apareció en castellano a mediados del siglo XV, con un regreso a lo clásico a la par que una restricción de su campo semántico con respecto a su uso en la lengua de origen. Estaba relacionado tanto con *colloquium* como con *dialectica*, y, dentro de este campo semántico, el término *coloquio* era un cultismo en el siglo XV. Más adelante, durante los Siglos de Oro, el diálogo se entendió también como conversación y debate[2]. De hecho, el *Diccionario de Autoridades* exponía una definición muy semejante para *diálogo* e *interlocución*: «*Interlocución*: "locución alternada entre varias personas"; *diálogo*: "conferencia escrita o representada entre dos o más personas, que alternativamente discurren, preguntándose y respondiéndose"» (*Aut.*).

1. González Iglesias, J. A., «Los nombres del diálogo literario. Su validez para el diálogo narrativo», *Voces* VII, 1996, pp. 45-62 (pp. 45-46).

2. Cf. Alvarado Teodorika, T., «El discurso femenino a través del diálogo en la obra de dos andaluces de Charcas: *La primera parte del Parnaso Antártico* de Diego Mexía de Fernangil y la *Miscelánea Austral* de Diego Dávalos y Figueroa», en C. Tabernero y J. Uzunáriz (eds.), *Santas, poderosas y pecadoras: representación y realidad de las mujeres entre los siglos XVI y XIX*, New York, IDEA, 2021, pp. 77-97 (pp. 78-80).

DEL MESTIZO Y EL MESTIZAJE

En cuanto al concepto de mestizo y de mestizaje, su historia y proceso de incorporación fueron distintos al término antecedente en nuestra lengua; Soledad Puértolas presentó un recorrido de la definición y el uso de estos términos en la solemne sesión inaugural del CILE que se celebró en Cádiz el 27 de marzo de 2023, subrayando, entre otras cosas, que «lo importante es [...] asumir nuestro mestizaje [...], ese debe ser el sello del mundo hispano». El mestizaje como concepto se ha empleado, sobre todo, con el transcurrir del tiempo, en el campo de la sociología, con cierta insistencia en el siglo XX, y fue aprovechado en el ámbito político, primero para crear unidades nacionales, y luego para hacer de cierto tipo de individuos fruto de dos culturas distintas no tanto el ejemplo de fusión de ambas, como el ejemplo de no pertenencia a ninguna; no tanto el ejemplo de lo que resulta de la suma, como de lo que resulta de la resta. Su uso no es muy acusado en el terreno lingüístico o en el literario; se ha empleado, quizás, sobre todo, en y para el ámbito americano, dando cuenta de palabras de origen indígena o africano, por ejemplo, que han sido abrazadas por el español de ciertas regiones y cuyo uso es hoy común (*escuincle*, *quilombo*, *wawa* y otros), pero en esta perspectiva se ha olvidado quizás que el proceso no es propio del continente americano, pues en la península ibérica se abraza el azul, el azúcar, la cabalgata, la serenata, la tiza o la petaca, y no tenemos hoy presente su origen árabe, italiano o nahua (el avisado lector sabrá encontrar la correspondencia)[3]. De lo que no cabe duda es que las lenguas son fruto del mestizaje, y es el mestizaje el que las nutre y enriquece.

DE LA TRADUCCIÓN

En lo que a la traducción se refiere, y remontándonos a fechas tempranas, contamos con observaciones ilustrativas sobre esta labor y los términos que se han empleado para designarla, a pesar de que, con el tiempo, hemos optado por una sola para un proceder tan diverso como complejo. Me refiero al trabajo de Valentín García Yebra[4], quien aclaró en su día que Cicerón no puede considerarse como un preceptor de la traducción y no vamos a emplear las palabras que siguen en una línea preceptista, sino incorporarlas en nues-

---

3. Ya lo decía Josep Fontana: «Europa es, por definición, un continente mestizo, algo que la historia de los estados pretende ocultar». Fontana, J., «El historiador y la geografía», en A. Cohen Amselem y R. G. Peinado Santaella (coords.), *Historia, historiografía y Ciencias Sociales*, Granada, Universidad de Granada, 2007, pp. 87-100 (p. 89).

4. García Yebra, V., «¿Cicerón y Horacio preceptistas de la traducción?», *Cuadernos de filología clásica*, XVI, 1979-1980, pp. 139-154.

tra reflexión en torno al lugar de la traducción en el proceso de mestizaje lingüístico. Cicerón exponía en *De optimo genere oratorum* (13-14) sobre el tratamiento que hizo de textos griegos:

> *vertí* los discursos más famosos, y opuestos entre sí, de los dos oradores áticos más elocuentes, Esquines y Demóstenes; pero no los *vertí* como intérprete, sino como orador, con las mismas ideas y con sus formas a modo de figuras, pero con palabras acomodadas a nuestro uso. No me pareció necesario volver palabra por palabra, pero conservé todo su estilo y su fuerza[5].

De modo que lo que interpretamos como traducción podría considerarse también una 'versión', si tomamos en cuenta que un texto se *vierte* de una lengua en otra, como si en el proceso de verter un líquido no se transformara únicamente el líquido que se trasvasa, sino el contenedor que lo acoge, pues vertimos *en* otra lengua. Y en lo que se refiere a las palabras que se emplean en el proceso, así como Aristóteles intercede por la inclusión de las «palabras peregrinas» (según la traducción de García Yebra) o «vocablos extraños» (según la traducción de Antonio López Eire)[6] para la excelencia de la elocución[7], Cicerón sigue esta línea en latín cuando afirma, en su *De finibus* (I 7): «pienso que se nos debe permitir usar una palabra griega si alguna vez no disponemos de su equivalente latina»[8], y en este sentido dicta también Horacio:

> Si es necesario mostrar las cosas oscuras por medio de símbolos nuevos y crear palabras que no oyeron los fajados Cetegos, habrá y se dará licencia para usarlas con la debida cautela. Además, las nuevas palabras y las recién acuñadas tendrán crédito si dimanan de fuente griega[9].

Y es así como constatamos que también las raíces de nuestro tejido lingüístico son parte de una trama polícroma o multicolor en la que yacen los vestigios de otros mestizajes lingüísticos, ya sea en la expresión, en el estilo y la fuerza del griego en el latín, ya sea para usar una palabra griega e incorporarla en el latín; y todo ello, en su evolución, pasará a incorporarse, a su vez, en el castellano.

---

5. La cita en latín y su traducción se encuentran en las pp. 139-140. En este pasaje Yebra prefiere traducir *converti* por 'vertí' y no por 'convertí' y explica su elección. Las cursivas son mías.

6. Aristóteles, *Poética*, V. García Yebra (trad.), Madrid, Gredos, 1974; Aristóteles, *Poética*, A. López Eire (trad.), Madrid, Istmo, 2002.

7. «ξενικὸν δὲ λέγω γλῶτταν καὶ μεταφορὰν καὶ ἐπέκτασιν καὶ πᾶν τὸ παρᾶ τὸ κύριον». Aristóteles, *Poética*, 1458ª.

8. V. García Yebra, 1979-1980, p. 148.

9. Horacio, *Sátiras. Epístolas. Arte poética*, José Luis Moralejo (trad.), Madrid, Gredos, 1974. *Arte poética*, vv. 47-53.

Así, en este proceso de diálogo enriquecedor entre una lengua y otra, de incorporación y asimilación de términos y estilos de otras lenguas, el aporte de la traducción es innegable. La legendaria Escuela de Traductores de Toledo desempeñó un papel crucial en la transmisión de conocimientos científicos y culturales, los de Ptolomeo, Euclides, Aristóteles o Avicena, entre otros; posteriormente, «los maestros y preceptores humanistas se servían tanto de textos en griego y latín como de diversas traducciones vernáculas, en ocasiones hechas por ellos mismos con fines didácticos»[10]; y el interés por el conocimiento y la traducción se vio, sin duda, fortalecido, luego, con el descubrimiento de lenguas antes desconocidas, las americanas, que en el nuevo continente fueron centro de interés de lo que conocemos hoy como sus primeros *vocabularios* impresos: el de Alonso de Molina, *Vocabulario de la lengua castellana y mexicana* (México, Juan Pablos, 1555), el de fray Domingo de Santo Tomás, *Gramática o Arte general de los indios de los reinos del Perú* (Valladolid, 1560), el de Diego Gonzales Holguín, *Vocabulario de la lengua general de todo el Perú* (Ciudad de los Reyes, 1608, con aprobación de 1607), o el de Ludovico Bertonio, *Vocabulario de la lengua aymara* (Casa de la Compañía de Jesús en Juli, provincia de Chucuito, 1612), que siguen siendo hoy referencia para el estudio de sendas lenguas. De hecho, es en la América de finales del siglo XVI (aunque algunas se imprimieron en los primeros años del siglo siguiente) donde Juan de Guzmán compuso su versión de las *Geórgicas* de Virgilio (impresa en Salamanca, 1586); donde Enrique Garcés escribió *Los sonetos y canciones* de Francesco Petrarca, el *De reino y de la institución del que ha de reinar* de Francesco Patrizi, y *Los lusíadas* de Camões (todas ellas impresas en Madrid, 1591); donde Diego Dávalos y Figueroa vertió los sonetos de Vittoria Colonna en su *Miscelánea Austral* (Lima, 1602); o donde Diego Mexía de Fernangil compuso la *Primera parte del Parnaso Antártico de obras amatorias* (Sevilla, 1608), que en los siglos posteriores (entre el XVIII y el XX) conocerá varias ediciones y se publicará, desmembrada, como traducción canónica de las *Heroidas* de Ovidio.

Con esta profusión de traducciones hacia el castellano, se incorporaron palabras y formas en la literatura de nuestra lengua como se incorporó, con Petrarca, entre otros, el soneto o el endecasílabo desde el italiano[11], o como

10. Izquierdo, A., «Príncipes traductores de la historia en el Renacimiento», en F. Lafarga y L. Pegenaute (eds.), *Planteamientos historiográficos sobre la traducción en el ámbito hispánico*, Kassel, Reichenberger, 2023, pp. 173-192 (p. 177).

11. Es conocida la polémica sobre el origen del endecasílabo. David H. Darst, en su ya clásico estudio, nos recuerda las posiciones que defendían su origen peninsular, como la de Gonzalo Argote de Molina, «basada en el parecer que el endecasílabo era de origen hispano-provenzal, iniciado por Mosén Jordí, Mosén Febrer y Ausias March (considerados contemporáneos de Petrarca) y después llevado a Italia. Por eso Argote pudo recomendar el uso del metro "italiano", porque "a cabo de algunos siglos que andaba desterrado de su naturaleza

nació la novela bizantina en español gracias a la traducción de *Leucipa y Clitofonte* de Aquiles Tacio.

DE LOS «PRINCIPIOS» DE CLASIFICACIÓN DE PASADAS TRADUCCIONES

Con el transcurrir de los años, ese enriquecimiento de la lengua, cada vez más nutrido gracias, además, a los intercambios entre formas distintas de la misma lengua, se ve coartado de diversas maneras. Una de ellas tiene que ver, precisamente, con las traducciones de siglos pasados y su clasificación en los siglos XX-XXI, desde consideraciones anacrónicas[12].

La Biblioteca Virtual Miguel de Cervantes, en su Biblioteca de Traducciones Hispanoamericanas[13], así como Francisco Lafarga y Luis Pegenaute, coordinadores del «Portal de Historia de la Traducción en España»[14], clasifican las obras anteriormente mencionadas de Guzmán, Garcés, Dávalos o Mexía de Fernangil como «traducciones americanas», y la etiqueta no puede sino sorprender a quien las contempla con atención y detenimiento. La clasificación no responde a criterios de edición pues no se considera el lugar de impresión de las obras (recordemos que una se publica en Salamanca, otras en Madrid, una en Sevilla y otra en La Paz). La clasificación parece responder, a mi entender, antes a criterios asociados con alguna forma de legitimación nacional que parece estar en la extensión de juicios decimonónicos del concepto de nación[15], que a una reflexión cabal en torno a la obra y los avatares de su composición y los de su compositor, o a una que considere el alcance de lo panhispánico. Otra de las traducciones que consideran americana y que no he mencionado aún, es la de los *Diálogos de amor* de León Hebreo, que el Inca Garcilaso vertió en castellano y que está considerada como parte

a vuelto a España, donde ha sido bien rescebido y tractado como natural"». *Discurso sobre la poesía castellana* (1577), Eleuterio F. Tiscornia (ed.), Madrid, Victoriano Suárez, 1962, p. 43, *apud* Darst, D., *Imitatio (polémicas sobre la imitación en el Siglo de Oro)*, Madrid, Orígenes, 1985, p. 54.

12. Me refiero a este tema de forma introductoria en Alvarado Teodorika, T., «Una reflexión sobre la "traducción" y sobre su clasificación como "americana". El caso de Safo en la epístola (¿ovidiana?) de Diego Mexía de Fernangil», *e-Spania*, 2023b.

13. https://www.cervantesvirtual.com/portales/traducciones_hispanoamericanas/

14. Ver https://phte.upf.edu, o la «Biblioteca de traducciones españolas» https://www.cervantesvirtual.com/portales/biblioteca_traducciones_espanolas/.

15. He tenido ocasión de reflexionar brevemente sobre el concepto de literatura nacional en Alvarado Teodorika, T., «De cómo lo "otro" define a la figura del autor nacional. Unas calas en Jorge Luis Borges y Roberto Arlt», *Crónica de la lengua española 2022-2023*, Barcelona, Espasa, 2023, pp. 857-867.

de la «historia de la traducción peruana durante el siglo XVI»[16]. Es un tema digno de destacar pues el Inca compone y publica esta su obra en la península ibérica. El único argumento que se podría esgrimir para designarla como «peruana» o «americana» es el lugar de nacimiento de su compositor, es decir, el Cusco, sin considerar que este espacio formaba parte de la corona española en aquellos tiempos, o, si lo que interesa son los orígenes del autor, obviando los orígenes mestizos del Inca: hijo de Chimpu Ocllo y Sebastián Garcilaso de la Vega. Si somos consecuentes con este tipo de clasificaciones, no se entiende por qué la traducción del Inca, llevada a cabo en la península ibérica, y ahí publicada, debe ser considerada «americana», mientras que las traducciones de tres andaluces o las de un portugués, que se imprimen, en su mayoría, en la península ibérica, lo serían igualmente. Queda pendiente la interrogante y la invitación a la reflexión.

Esta clasificación impuesta imposibilita la conciencia y el análisis de una historia literaria compartida entre España y América y refuerza la brecha que algunos se empeñan en dilatar, convencidos aún en el dañino discurso del Estado-nación, «que se define como una realidad trascendente, asentada eternamente en el espacio que ocupa», llevando a muchos a trabajar y estudiar a partir de marcos político-geográficos actuales «artificialmente proyectados hacia atrás», ignorando deliberadamente que las fronteras de hoy no eran las de ayer[17].

A MODO DE CONCLUSIÓN

Estas breves calas en el pasado, uno más remoto y otro más fácilmente perceptible en nuestras raíces que mana cálido aún, forman parte de las aguas que riegan futuras composiciones entre dos lenguas y que fluyen entre una y otra orilla. Pero, además de una necesaria reflexión en torno a las traducciones de los siglos pasados y de las repercusiones de su clasificación, es también imperante el análisis del lugar de la traducción en los siglos XX y XXI: de la lengua que se emplea, de la dificultad que presentan textos que podríamos llamar «fronterizos», en los que conviven, por ejemplo, lenguas propias del continente americano con el español; también la reflexión en torno al lugar de las variantes dialectales de nuestra lengua en el proceso de trasladar un texto al español y la acogida que su uso puede tener en el ámbito editorial, primero, y entre los lectores, después. ¿Se habrán impuesto nuevos límites en lo panhispánico en el acto de traducir?

---

16. Silva-Santiesteban, R., «Garcilaso de la Vega traductor», *Mutatis Mutandis*, vol. 3, n.º 2, 2010, pp. 235-248 (p. 238).

17. Fontana, J., *op. cit.*, 2007, p. 88.

Parafraseando a Antoine Berman, no se trata tanto de teorizar la traducción como de pensarla en un horizonte filosófico[18], he ahí la necesidad, pero sin desatender lo fascinante de la traducción, y del diálogo que subyace en ella, un diálogo que nutre el mestizaje de la lengua. Porque, como afirma Andrea Marcolongo, traducir es «llevar al lector de la mano, acompañarlo más allá de su manera de pensar a través de una lengua desconocida para desvelar su magia, para quitar el velo al hechizo de las palabras y hacer que se conviertan en realidad sorprendente, en pasión»[19].

18. Berman, A., *La traduction et la lettre ou l'auberge du lointain*, París, Seuil, 1999, pp. 15 y 17.

19. Marcolongo, A., *La lengua de los dioses. Nueve razones para amar el griego*, Madrid, Taurus, 2017, p. 11.

Academias del español, lenguas originarias y americanismos

LUIS BARRERA LINARES

Academia Venezolana de la Lengua

Introducción. ■ La AVL y las lenguas originarias venezolanas. ■ Ingreso formal de las lenguas indígenas en la AVL. ■ Relación entre el warao y el español. ■ Conclusiones y proyecciones.

INTRODUCCIÓN

Son varios los autores que se han preocupado por la incorporación de voces americanas al *Diccionario de la lengua española* (*DLE*). Palma (1896[1]) proponía, por ejemplo, la incorporación de 450 voces compiladas por él entre especialistas americanos. Lenz (1910[2]) hizo lo propio con un aporte de 1513 «indianismos castellanos» (p. VIII), que, a su juicio, no tenían por qué ser considerados desviaciones del «castellano castizo» (p. 8). También Alvarado (1921[3]) aportó un compendio de múltiples términos de uso venezolano provenientes de distintas lenguas amerindias que ya podían ser considerados americanismos. Por su parte, Rosenblat (1967[4]) intentaba demostrar el notable influjo de las lenguas originarias en la pronunciación del español americano. Su planteamiento sobre las tierras altas de América es importante para explicar diversos fenómenos relacionados con lo que él atribuía a la «fuerza extraña» (p. 147) proveniente del fonetismo de algunas lenguas indígenas. Estos investigadores tenían en común la aspiración de que se conociera el modo como América ha contribuido con el enriquecimiento general del español, desde la innegable influencia que en ello han ejercido las lenguas originarias. Aludían, además, a la relación entre el tema que trataron en sus escritos con los contenidos del *DLE*. Buscaban exaltar un español americano profundamente influenciado por el contacto con las diversas lenguas indígenas.

Por otro lado, en relación con la posibilidad de ampliación del universo de la lengua española, Menéndez Pidal (1945/2018) formuló una interesante y atractiva propuesta: la posibilidad de un diccionario ideal que no deje fuera nada de lo que tenga que ver con la actividad vital de cada palabra incluida. Distingue entre diccionarios selectivos y diccionarios totales. Argumenta que, hasta ese momento, el *DLE* ha sido realmente un diccionario selectivo. Aspira a un diccionario total que, entre otros datos aporte fechas de aparición, etimologías, sinónimos, aspectos geográficos y dialectales, orales o es-

---

1. Palma, R., *Neologismos y americanismos*, Lima, Imprenta y Librería de Carlos Prince [en línea], 1896. [Consulta: 14 de diciembre de 2022]. Disponible en https://www.cervantesvirtual.com/obra-visor/neologismos-y-americanismos--0/html/0193d3ea-82b2-11df-acc7-002185ce6064_2.html

2. Lenz, R., *Diccionario etimolójico de las voces chilenas derivadas de lenguas indígenas americanas*, Santiago de Chile, Imprenta Cervantes, 1905-1910.

3. Alvarado, L., *Glosario e voces indígenas de Venezuela*. Valencia, Venezuela, Colección Bicentenario de Carabobo, 1922 [edición original, 1921].

4. Rosenblat, A., «Contactos interlingüísticos en el mundo hispánico: el español y las lenguas indígenas de América», en J. Sánchez Romeralo y N. Poulussen (editores, en línea), *Actas del II Congreso de la Asociación Internacional de Hispanistas*, Nimega, Países Bajos, Instituto Español de la Universidad de Nimega, 1967, pp. 109-154. [Consulta: 22 de julio de 2022]. Disponible en https://www.cervantesvirtual.com/obra/actas-del-ii-congreso-de-la-asociacion-internacional-de-hispanistas--celebrado-en-nijmegen-del-20-al-25-de-agosto-de-1965/

critos, tantas acepciones (sucesivas o ramificadas) como existan y hasta accidentes gramaticales, además de marcas relacionadas con los registros: un «léxico archivo» que muestre en toda su plenitud la biografía de cada palabra del español, independientemente de su origen y procedencia social, su expansión geográfica (peninsular o americana) y su valor sincrónico/diacrónico: «[...] recoger todos los elementos lingüísticos dispersos por toda la extensión del territorio donde el español se habla, pues todos forman parte de la lengua común, aunque no todos alcancen igual grado de difusión geográfica» (p. 48[5]).

En ese contexto, nos interesa plantear aquí la relación entre los propósitos de unas Academias que, aunque por motivos más que evidentes, focalizan sus intereses en el español, deben convivir con los idiomas indígenas de Hispanoamérica. Nos referiremos concretamente a tres aspectos muy específicos: 1) El vínculo entre la Academia Venezolana de la Lengua (AVL) y las lenguas originarias que se hablan en el territorio nacional; 2) la incorporación como numerario de la AVL de un hablante nativo de una lengua indígena, y 3) a modo de ejemplo, esbozaremos el nexo de contacto entre su lengua materna (el warao) y el español, que adquirió como segundo idioma. Plantearemos al final algunas reflexiones vinculadas con la necesidad de que, desde las Academias de la lengua, nos relacionemos un poco más formal y sistemáticamente con los idiomas originarios.

LA AVL Y LAS LENGUAS ORIGINARIAS VENEZOLANAS

Aunque indirectamente, desde su fundación, en abril de 1883, la AVL ha mantenido una línea de trabajo vinculada con las lenguas indígenas que se hablan en el país. El primer indicio de dicha relación podríamos apreciarlo en el hecho de que, apenas tres años después de fundada nuestra corporación (1883), según reporta Pérez (2005[6]), consta en el *Resumen de las Actas de la Academia Venezolana* que don Julio Calcaño envía a la RAE un reporte de venezolanismos que habrían de considerarse para el *DRAE* más «[...] un conjunto de vocabularios de lenguas indígenas venezolanas, como parte de un proyecto de recolección y de exploración lingüística de la geografía nacional [...]» (p. 64).

Otra evidencia es que el *Boletín* de la corporación ha venido reportando sucesivamente informes, artículos, comentarios y reseñas vinculadas con su

5. Menéndez Pidal, R., *El diccionario que deseamos*, Madrid, ASALE (col. Clásicos ASALE), 2018. [Edición de Pedro Álvarez de Miranda].

6. Pérez, F. J., *La historia de la lingüística en Venezuela y su investigación historiográfica*, Caracas, Academia Venezolana de la Lengua, 2005.

estudio, su situación en el país y su relación de contacto con el español, publicados por numerarios.

INGRESO FORMAL DE LAS LENGUAS INDÍGENAS EN LA AVL

Se llamaba realmente Jesús María García Gómez, sacerdote español, nacido en Armellada, provincia de León, en 1908. Ingresó a la Academia Venezolana de la Lengua en 1978 con un discurso cuyo título y contenido resultaban emblemáticos para nuestro tema, *Las lenguas indígenas y el castellano* (Armellada, 1978[7]). Falleció en 1996. No obstante, su presencia en la AVL generó una importante consecuencia.

Siendo misionero en el sur de Venezuela, tuvo noticia de un niño indígena con muchas habilidades para el dominio de la lengua española. Ese niño adoptaría posteriormente el nombre de Pedro Juan Krisologo Bastard Olivares (1928-2003) y, como acontecimiento inédito en la historia de la AVL (y posiblemente, en la América hispanohablante), ingresaría el 17 de marzo de 1998, como miembro de número.

La prensa que en esos días reseñó el evento de su incorporación denominó «Cacique Académico» a quien resumía el amplísimo, diversificado, rico y milenario acervo de la etnia y su lengua materna, el warao o guaraúno.

RELACIÓN ENTRE EL WARAO Y EL ESPAÑOL

Respecto del tronco lingüístico del warao, Biord Castillo (2021, p. 160[8]) la ubica entre los idiomas originarios de Venezuela «sin clasificar». Romero-Figueroa (2020[9]) considera a la etnia warao «una sociedad culturalmente en peligro» (p. 7). Entre otras causas, alude a que un proceso de «criollización» podría estar influyendo en la pérdida de la lengua en las generaciones más jóvenes. El canal lingüístico fundamental de estos hablantes de generaciones recientes termina siendo realmente el español, aunque tampoco eso ha impedido la permanencia de hablantes bilingües y monolingües de warao (Romero-Figueroa, 2020). Es decir, ambas lenguas siguen en contacto per-

7. Armellada, C. de, «Las lenguas indígenas venezolanas y el castellano (sus relaciones y mutuo enriquecimiento durante 500 años)», *Boletín de la Academia Venezolana de la Lengua*, núm. 142 (1978), pp. 9-82.

8. Biord Castillo, H., «Lenguas indígenas en Venezuela. Una aproximación político-sociolingüística», *Kañina. Revista de Artes y Letras*, vol. XLV, núm. 1 (2021), pp. 157-182.

9. Romero-Figueroa, A., *El contacto warao-español. Consideraciones sobre el proceso de aculturación léxica de la lengua nativa del delta del Orinoco*, Madrid, Editorial Académica Española, 2020.

manente y esto debería ser lo importante para lo que estamos planteando. Es la segunda lengua indígena del país. El número de hablantes, distribuido entre las zonas geográficas venezolanas en que se mueve la etnia (estados Delta Amacuro, Monagas, Sucre y Bolívar) es de 32 075, de los cuales 24 693 son bilingües (warao-español, con diferentes niveles de suficiencia).

¿Cómo ha interactuado el español con el warao?

El warao y el español tienen algunas similitudes interesantes que podemos destacar. Por ejemplo, frente a los 27 del español, para la escritura del guaraúno se utilizan 18 grafemas, de los cuales cinco son vocálicos, y el esquema oracional básico es *sujeto-verbo-objeto*. Su modelo silábico fundamental es (V)C, con dominancia de la secuencia grave o llana (Romero-Figueroa, 2020).

He ahí una base para la comparación con la lengua española, en relación con la posibilidad de intercambio de préstamos entre warao y español. A modo de ejemplos, podríamos citar la muestra de 39 «préstamos noveles» aportada por Romero-Figueroa (2020, pp. 31-32[10]). Esto ofrece una idea de la manera como el español va incidiendo en la formación de palabras nuevas, con las incorporaciones fonotácticas requeridas para la adaptación. Un rico material que también debería aportar pistas para que, al menos en las zonas de diglosia, se estudie lo contrario, la influencia del warao en el español, fenómeno que, hasta donde sabemos, no ha sido investigado. Aportaría información relevante sobre cuántas voces de ese idioma se han trasladado y adaptado al español, convirtiéndose en americanismos. Serviría también de impulso (y modelo) para que se haga lo mismo con todas las lenguas originarias del país. Se lograría así un auténtico inventario sobre el legado de las lenguas indígenas al español, base fundamental para conocer el número real de americanismos.

CONCLUSIONES Y PROYECCIONES

Hemos reseñado en esta disertación un caso muy puntual, relacionado con la incorporación a la Academia Venezolana de la Lengua del hablante nativo de una lengua originaria venezolana. Ha servido de ejemplo para proponer que se saque provecho de la iniciativa de las instituciones organizadoras del IX Congreso Internacional de la Lengua Española, en cuanto a incorporar la temática del «mestizaje e interculturalidad» a nuestros debates académicos.

10. Algunos ejemplos de ese fenómeno son, por ejemplo, las palabras guaraúnas *kawayo* ('caballo'), *burata* ('plata'), *boromo* ('plomo'), *bere* ('barrer'), *sikaro* ('azúcar'), entre otras. Romero-Figueroa (2020, pp. 31-32).

Podría pensarse en la factibilidad de que se programe institucional y sistemáticamente el estudio de las relaciones de interconexión entre el español y algunas de las lenguas indígenas de aquellos países donde todavía existan: cuántos vocablos indígenas de cada país o región forman parte del español americano y cómo esas lenguas se han alimentado de la nuestra, de qué modo las particularidades del español están incidiendo en ellas y, viceversa, por lo menos en las zonas donde, por distintos motivos, hablantes de español y de lenguas originarias comparten el espectro lingüístico comunicacional.

En tiempos de fortalecimiento de la lingüística de corpus y de las ventajas de los repertorios digitales, carecemos, por ejemplo, de un diccionario general plurihispánico[11] que recoja el aporte total de las lenguas originarias de cada país al español. Debe haber múltiples americanismos que no han sido compilados y que, si se han enraizado en cada lugar, deberían integrarse a un diccionario general del español. Se trataría de un repositorio léxico que incluyera todo lo referente a los aportes diversos de las lenguas indígenas como parte esencial de lo que Menéndez Pidal (1945) aspiraba fuera el «diccionario total», o como dice Pérez (2021[12]), «un diccionario de todos para todos» (p. 844). Sería una manera de propiciar y reforzar aún más la relación entre el español europeo y el español americano, aparte de cumplir con las aspiraciones de autores hispanohablantes como los citados al inicio. Naturalmente que, un repertorio como el propuesto debería incluir también los aportes de las lenguas locales habladas en territorio peninsular u otros lugares.

---

11. Asumimos el término de Biord Castillo (2014), al que consideramos más amplio que el muy conocido *panhispánico*. Biord Castillo, H., «Más allá del panhispanismo: El español y una geopolítica lingüística plurihispánica y transiberoamericana», en F. J. Pérez, (comp.), *300 años de la Real Academia Española. Homenaje de la Academia Venezolana de la Lengua*, Caracas, Academia Venezolana de la Lengua, 2014, pp. 197-227.

12. Pérez, F. J., «Tipología de las academias de la lengua española. Los proyectos regionales, nacionales y panhispánicos», en A. San Martín Núñez, D. Rojas Gallardo y S. Chávez Fajardo (eds.), *Estudios en homenaje a Alfredo Matus. Volumen II. Anejo 3, Boletín de Filología*. Santiago, Universidad de Chile, 2021, pp. 837-848.

Una llamada de atención hoy a los indigenismos léxicos en el *DLE* (RAE-ASALE)

PAZ BATTANER

Real Academia Española

Los indigenismos. ■ Características de los indigenismos. ■ Historia de su incorporación al castellano y al *DLE*. ■ Tratamiento actual de los indigenismos en el *DLE*. ■ Tratamiento posible de los indigenismos en el *DLE*. ■ Aportaciones de la mesa redonda mantenida en Cádiz. ■ Cierre de la mesa redonda.

Parecía obligatorio fijar la atención en los indigenismos y en las lenguas originarias americanas en un congreso convocado bajo el título de mestizaje como ha sido el IX Congreso Internacional de la Lengua Española (Cádiz, 2023).

En él se mantuvo una mesa redonda en donde la discusión giró principalmente sobre la presencia de los indigenismos en el *Diccionario de la lengua española* RAE-ASALE (*DLE*) y el panorama de las lenguas americanas que requieren diccionarios bilingües con el español. El objetivo de este artículo es repasar la información lexicográfica que el *DLE* ofrece en estos momentos sobre las voces del español cuya etimología proviene de una lengua originaria americana, incentivar su tratamiento y reflejar las líneas principales que se mantuvieron en el congreso y que enfocaron principalmente cuestiones del diccionario.

LOS INDIGENISMOS

Los indigenismos son una clase más de los préstamos léxicos históricos reconocibles en español[1] y, como tales, son parte de la nomenclatura del *DLE* (RAE-ASALE). Se enfocan aquí como lemas ya presentes para abrir nuevas adiciones y exclusiones posibles. Interesa su selección y la información lexicográfica que deben llevar en el *DLE*.

Conviene aclarar que la denominación de *indigenismo* no es suficientemente precisa por su polisemia. Es su acepción 4.ª la que lo define como pieza lingüística[2]. *Indigenismo*, sin embargo, remite a voces —pues estamos en el léxico ahora mismo—con origen en una lengua vernácula u originaria de toda América o de alguna otra parte del mundo. Encontramos indigenismos, tanto de Norteamérica —*mocasín* y *tótem* a través del inglés— como principalmente de las lenguas originarias de la América actual de lengua española. Son estos los indigenismos reconocidos por antonomasia en el área del español; los más representados en el *DLE* son los procedentes del náhuatl. En el *DLE* se encuentra también el término más laxo de *americanismo*, el cual cubre tres expresiones que provienen de lenguas indígenas americanas en general, en especial las del español hablado en América o del inglés hablado en Norteamérica[3].

1. En el IX CILE, celebrado en Cádiz (España) en el mes de marzo de 2023, tras la mesa redonda que se celebró sobre los indigenismos, se cuestionaron las denominaciones tanto de *indigenismo* como de *préstamo*. Estos términos son usados aquí en su acepción no ideológica, sino exclusivamente referencial a la etimología de las unidades consideradas.
2. **4.** m. Vocablo, giro, rasgo fonético, gramatical o semántico que pertenece a alguna lengua indígena de América o proviene de ella.
3. Convendría variar el orden de las acepciones recogidas bajo *americanismo* en el *DLE* tal como se recoge actualmente; sería más informativo adelantar la sexta acepción a la quinta: **americanismo**. m. [...]. || 5. Vocablo, giro, rasgo fonético, gramatical o semántico que perte-

CARACTERÍSTICAS DE LOS INDIGENISMOS

a) La etimología de los indigenismos y su morfofonología son los dos rasgos lingüísticos que sirven para diferenciar claramente un *indigenismo*.

Para caracterizar una palabra como indigenismo ha de tener una etimología que remita a una lengua originaria de América en el sentido de *indígena* como 'originario de allí', del adverbio latino *inde* 'allí' y de la raíz verbal *gen-*, 'engendrar'. El estudio de estas lenguas, unas vivas en diverso grado de uso y otras desaparecidas, ayuda en su establecimiento.

Se observan diferentes grados de tratamiento en las etimologías que presenta el *DLE*, pues van desde la simple indicación de su origen o mención de la lengua a etimologías completas con el étimo y el significado originario. Bonito ejemplo es el de tres denominaciones, entre otras variantes, para seres fantásticos de la región del istmo centroamericano, que muestran, por su diferente tratamiento, que han sido incorporados sin tener en cuenta su coincidencia etimológica y etnológica:

ciguanaba. (Del náhuatl *cihuatl* 'mujer' y *nahual* 'espanto'). f. *El Salv.*, *Hond.* y *Nic.* En la tradición popular, fantasma en forma de mujer que se aparece de noche a los hombres para espantarlos.

ciguapa. (De or. amer.). [...]. || f. 3. *R. Dom.* En la tradición popular, fantasma con apariencia de hombre o de mujer, con los pies hacia atrás, que vive en cavernas y montes pero baja a los ríos en busca de amores, anda desnudo y jupea cuando tiene necesidad de afecto y protección.

sisimite. (Del náhuatl *tzitzimitl* 'el demonio'). m. *El Salv.* y *Hond.* En la tradición popular, personaje que tiene forma de mono, vive en la montaña, anda con los pies hacia atrás, se alimenta de frutos silvestres y ceniza de las cocinas, y rapta mujeres.

Se observan también rasgos morfofonológicos en ciertos grupos de indigenismos por su procedencia, los cuales ayudan a los hablantes en muchos casos a situar el origen de ciertas voces en lenguas americanas anteriores a la llegada de los europeos.

---

nece a alguna lengua indígena de América o proviene de ella. || 6. Vocablo, giro, rasgo fonético, gramatical o semántico peculiar o procedente del español hablado en algún país de América. || 7. angloamericanismo (definido este último como «Vocablo, giro, rasgo fonético, gramatical o semántico peculiar o procedente del inglés hablado en los Estados Unidos de América»).

b) Su uso geográfico está extendido al menos en algunos de los países que tienen por lengua habitual el español. Algunos han traspasado varias fronteras y se pueden catalogar como internacionalismos: *chocolate, huracán* o *caucho*[4]; otros, por el contrario, tienen usos en todo el ámbito hispánico: *cancha, chirimoya* o *chicle*; en una gran zona de este espacio como puede ser la centralidad de Hispanoamérica y países caribeños, como *chapulín* o *guarapo, guacal* para varios tipos de recipientes; en un solo país, *amanal* para una alberca en México; o en una comarca determinada, *concón,* de origen mapuche, 'viento terral en la costa sudamericana del Pacífico'. Acertar en su selección en función de este uso es importante en el tratamiento lexicográfico que tienen los indigenismos en el *DLE.*

c) En esta exposición se restringe su consideración a los reconocidos y reconocibles en el *DLE*, es decir, en la referencia léxica habitual para esta lengua, pues, toda palabra que llega a ser común y frecuente entre sus hablantes tendría que pasar a ser «reconocida» en este recurso. Aparecer en el *DLE* (RAE-ASALE) representa tener un uso suficiente como para ser una referencia del español general, necesaria para la intercomprensión en niveles de hablantes escolarizados.

Por tanto, la etimología, algún rasgo morfofonológico, la extensión de su uso y la adecuación a los criterios lexicográficos del *DLE* serán los rasgos que caractericen los indigenismos que conviene considerar en el diccionario de RAE-ASALE. Esto no descarta la existencia de otros indigenismos que se recogen o que convendría recoger en repertorios de otra índole y otro alcance que el *DLE.*

HISTORIA DE SU INCORPORACIÓN AL CASTELLANO Y AL *DLE*

El poner nombre, el recibir denominación, es un requisito fundamental para generar cualquier discurso; el Génesis lo exige como explicativo para establecer el propio texto[5]. La operación denominativa muchas veces es consciente en el hablante y otras muchas es una actividad inconsciente, pero igualmente eficaz; es necesaria.

En el castellano de finales del siglo XV y primeros años del XVI fue necesario denominar las novedades continuas que supuso el encuentro con las

4. Principalmente de ámbitos ontológicos como flora, fauna, geografía, fenómenos naturales, costumbres, alimentación, minerales, espacios o accidentes climáticos.

5. «El hombre puso nombres a todos los ganados, a las aves del cielo y a todos los animales del campo» (Génesis 2/20).

tierras y la población americana. Concepción Company[6] ha señalado con acierto la extrañeza que sufrió esa población al entrar en contacto con los españoles en lo que hoy es la zona del Caribe y de México. El mismo grado de extrañeza, aunque de sentido inverso, hubo de resultar para los europeos que pensaban haber llegado a unas Indias, que ni aun habían sido distinguidas con el adjetivo de *occidentales*. De esta extrañeza y por necesidad surgió la asimilación de ciertas voces de los idiomas nativos americanos. No debía de ser fácil explicar en Castilla lo vivido, lo encontrado, lo resuelto, en aquellas tierras; hubo que incorporar términos indígenas. La literatura que narra la conquista de estas tierras es la fuente de estos primeros indigenismos, se necesitaban.

Una vez en España asimilada la extrañeza, los nuevos términos ofrecían comodidad, se hablaba de cosas de las Indias, era fácil contextualizar ciertos discursos, que lógicamente inundaron las conversaciones de los europeos; es decir, pasaron «de la extrañeza a la integración» como ocurrió en América. De manera que los indigenismos se entienden hoy como préstamos de cualquier otra lengua.

Un tiempo después, encontramos distanciamiento irónico en la comparación de indigenismos popularizados con los helenismos de la culta latiniparla del siglo XVII. La vieja Gerarda de *La Dorotea* lopesca relaciona unos y otros:

> GER. [...]. ¿Cómo dijiste esas dos voces?
>
> BEL. Hipérboles y energías.
>
> GER. Parecen frutas de las Indias, como plátanos y aguacates.
>
> LOPE DE VEGA, *La Dorotea*, ed. de Edwin S. Morby, Castalia, 1980.
> Acto segundo, pág. 143.

No es extraño pues que bastantes de esas voces entraran ya en la descripción y selección que del castellano hace *Autoridades* (1726-1739)[7], ***batata, cacique, maíz, cazabe, ceiba, cacao, copal***, tomados en general de la *Historia natural y moral de las Indias* (1590) de José de Acosta, de *Historia de la conquista de la Nueva España* de Antonio de Solís y Rivadeneyra (1684), de los *Comentarios reales* (1602) del Inca Garcilaso, y que también encuentro en *Verdadera historia de los sucesos de la conquista de la Nueva-España* de Bernal Díaz del

6. Concepción Company, capítulos finales de *El español de América: de lengua de conquista a lengua patrimonial*.

7. Otras, pasan desapercibidas y se autorizan en ese diccionario con textos peninsulares, AMACA. s. f. Lo mismo que Hamaca, que es como se debe escribir. Vease. Lat. *Lectus pendulus ex funibus*. JACINT. POL. fol. 182: Colúmpios eran entonces, / y pudieran ser amácas, /meciéndose los peñascos, /ambulando las montáñas.

Castillo (1632), el cual no está considerado entre los autores de prosa en ese diccionario.

Vencido ya el siglo XIX se plantea con otro enfoque la presencia de indigenismos en el diccionario académico. El corpus de referencia y de fuentes del diccionario se volvió a poner en discusión a mediados del siglo XIX. Es el momento del acercamiento de España a las nuevas repúblicas, la creación de las primeras academias americanas de la lengua, la visita del autor de *Tradiciones peruanas* a Madrid[8] y, bajo la presidencia del marqués de Molins, el replanteamiento de quiénes y qué obras deben ser consideradas autoridades modernas. Movimiento que comienza en la década de los años sesenta del siglo XIX[9].

El empuje desde América para incluir más indigenismos en el *DLE* es el que responde al interés por marcar identidad americana, tras los movimientos de independencia y los nacionalismos. Los nuevos países independientes amplían el uso y el número de términos indígenas en su propio discurso castellano.

En las veintitrés ediciones del *DLE* se han ido recogiendo, definiendo y corrigiendo[10] indigenismos al impulso de la constatación de su uso, de los cambios semánticos y de la actividad de las academias de ASALE. En la constante exigencia de actualización al *DLE* le conviene seguir considerando y validando este tipo de vocabulario.

TRATAMIENTO ACTUAL DE LOS INDIGENISMOS EN EL *DLE*

El *DLE* guarda a día de hoy unos 1400 artículos cuya etimología remite a una lengua indígena americana. El número de artículos por lengua y su uso actual varía en función de la historia de los pueblos que la hablan o la hablaban, del ámbito enciclopédico al que pertenezcan y del trabajo de recogida para el diccionario que se haya hecho en ASALE. Sobresale, por ejemplo, el grupo de nahuatlismos cuyo uso está señalado en Honduras, lo que supone el interés que ha mostrado la academia hondureña en este punto.

---

8. *Papeletas lexicográficas* por Ricardo Palma. Lima: Imp. La Industria, 1903. X, 319 p. Al título de este documento precede la información: Dos mil setecientas voces que hacen falta en el diccionario.

9. *Escritores que pueden servir de autoridad en el uso de las voces castellanas*: *lista sacada del antiguo Diccionario de autoridades*. Madrid: [s. n.], 1870 (Imprenta de José Rodríguez), en donde figuran autoridades actualizadas en una lista complementaria, formada por la Comisión del Diccionario de Autoridades de esos momentos.

10. Es un detalle puntual, pero sintomático, que la definición de *indigenismo* como «estudio de los pueblos indígenas» se haya actualizado recientemente en el *DLE* 23.7, reconsiderando en su definición la utilización de expresiones como *indios*, *repúblicas iberoamericanas* y *civilización europea*, como figuraba anteriormente bajo concepciones políticas hoy obsoletas.

El diccionario reconoce también como entradas la denominación de las lenguas y de los grupos de lenguas indígenas americanas, aunque hay alguna confusión al respecto entre lengua y grupo; señalo, por ejemplo, la referencia a la etimología *caribe*, que se usa sin más especificaciones y, sin embargo, representa un grupo de lenguas, como queda por lo demás explicado en la acepción 7 de la entrada *caribe*[11].

Las diferentes fuentes, así como también los diferentes momentos de su consignación en el diccionario, explican la variada información en etimologías y en la extensión geográfica de su uso que muestran los indigenismos en el *DLE*. Los repasamos someramente por lenguas originarias.

a) Lemas de lenguas indígenas norteamericanas que han llegado internacionalmente, principalmente a través del inglés. Se encuentran cinco lemas del algonquino, entre otros, *mocasín, tótem*; uno del cheroqui, el propio gentilicio y su lengua, *cheroqui*; otro del iroqués, la *aralia* como planta de adorno; tres lemas del esquimal, *anorak, iglú* y *kayak*; y uno del siux, el *tipi*, la tienda de piel de forma cónica de las praderas de América del Norte; el gentilicio *navajo*, proviene del tegua, legua originaria del actual Nuevo México.

b) Lemas de lenguas indígenas latinoamericanas con una presencia menor en el *DLE* a cinco unidades léxicas se encuentran del cahíta, cuaima, cuna, matagalpa, mochica, pampa, pipil, quiché, tamanaco, tarahumara y tolteca.

   Entre los lemas con estas etimologías, pueden determinarse los espacios semánticos de las lenguas indígenas más adecuados para pasar al uso extendido del castellano: animales, como el *cachicamo*, de origen tamanaco, para el armadillo en Ecuador, el Perú y Venezuela; bebidas y comidas, como la popular bebida de maíz u otras semillas, *chicha*[1], que tiene etimología cuna, o una variedad de tamal en Honduras como el *tituco*, con etimología pipil; objetos artesanales como el *motete*, del tolteca, para un tipo de cesto en países del istmo centroamericano; o partes anatómicas de los mamíferos, como en países del sur americano el extendido *poto* para nalgas, del mochica; también se encuentran, entre los indigenismos, adjetivos propios de ciertos tipos de persona, *sute*, del quiché, para personas delgadas o canijas, usada en Colombia y en Venezuela, es un ejemplo de esta lengua maya en el diccionario.

c) Lemas de lenguas cuya presencia tiene ya entidad numérica en el diccionario. En este grupo, con más de cinco lemas por lengua, se reco-

---

11. **7.** m. Grupo de lenguas amerindias habladas por los **caribes**, entre las que destacan el tamanaco y el cumanagoto.

gen las etimologías del cumagoto, entre las cuales está el bollo *arepa* y el adjetivo *catire* de uso en tierra firme sudamericana; o las totalmente generalizadas en el español, *butaca* y *mico*. Entre las etimologías que vienen del chibcha, un objeto de uso entre arqueólogos por aparecer en las sepulturas indias antiguas es *tunjo*. Denominaciones de animales como *cute* para el zopilote, restringido a El Salvador y a Honduras, de la lengua lenca. El tarasco aporta términos cuya morfofonología es identificable, tales como *tacuche, tambache, timbiriche* y *guarache*, este último se encuentra ampliamente representado en Corpes XXI para un tipo de sandalias.

d) Lemas que se atribuyen a una lengua indígena sin especificación, pero con origen en zona geográfica americana reconocida.

La atribución lingüística más amplia en este grupo es la de origen caribe, como las 58 etimologías detectadas sin especificar qué lengua de este grupo. Muchos de estos lemas están ampliamente extendidos. De fauna y flora, *bejuco, boniato, caoba, cocuyo, colibrí, loro*, tienen etimología caribe; con denominación generalizada hoy por su necesidad y su idoneidad: *batey, cacique, curare, guasa, macana*; otras voces fonológicamente marcadas en español y muy extendidas, como *guasa, guasanga, guateque, piragua* tienen también origen caribe.

De origen antillano simplemente el *DLE* recoge *batata, maguey* y el musical *mambo*. Fauna de la isla de Cuba son el pez *cají* y el ave *corúa*. Estas aclaraciones no propiamente etimológicas equivalen a restringir también la extensión de su uso y su reconocimiento como voz de una supuesta antigua lengua vernácula de la zona.

La etimología de un conjunto importante de lemas se especifica laxamente también en el *DLE* como «voz indígena», la abreviatura de origen americano o la asignación exclusiva a su origen, lo que en general quiere reconocer que o bien tienen un uso raro o por el contrario son voces extendidas a amplias zonas de todo el español de las que se ha perdido su origen. Se encuentran en este grupo *macuto* y *chirimoyo* con su fruta, también el baile *sique*, ritmo folklórico de Honduras.

e) Lemas con etimologías de grupos lingüísticos con un número importante en el *DLE*, ordenados por su peso numérico de menos a más, son el arahuaco (20), el maya (26), el quichua (41), el taíno (43), el conjunto del guaraní (109) con el tupí (21) y con tres asignadas al tupi-guaraní (total de 133), el mapuche (140), el quechua (308) y el náhuatl (482).

Se agrupan, por su filiación lingüística, el arahuaco con el taíno, el tupí con el guaraní y las dos versiones del quechua y el quichua.

Arahuaco, grupo de lenguas americanas originarias de la zona situada entre el Río Negro y el Orinoco. Los lemas con esta etimología proceden de las Antillas y del Caribe. De este origen se encuentran voces muy extendidas pertenecientes a fauna (*comején, iguana*) y flora (*guayaba, mangle*) y el término *guajira*, tan propio de Cuba.

Taíno, se atribuyen a origen taíno muchas plantas: *batata, guanábano, maíz, mamey, miraguano, tuna, yuca*, entre otras; y en cuanto a la fauna, *caimán, carey, guacamayo*. Hay muchas voces de origen taíno sin las cuales no se podría describir la idiosincrasia de las Antillas: *bohío, caney, manigua*; objetos característicos desde que hubo el encuentro y adaptados universalmente, *canoa, hamaca*; los geográficos, *huracán, sabana*. Hoy se ha generalizado *barbacoa* para el encuentro social que se hace en torno a una parrilla o tablado inicial para asar varios tipos de carne y compartir amistad o camaradería.

Maya, aunque ya se han recogido algunas voces del quiché de Guatemala y Yucatán, otras lenguas de este grupo —como los minoritarios yucateco, mam y cachiquel— se encuentran atribuidas al maya general en el *DLE* sin especificar etimología alguna. Hay relativamente pocos indigenismos mayas recogidos o difundidos en el español común, el más popular, *cigarro*; muchos otros de fauna, flora, objetos de uso no lo están tanto y habrá que documentarlos en textos. Merecen ser conocidos el expresivo *cuchumbo* y los pozos típicos de Yucatán, *cenotes*. Posiblemente la difusión de la lengua de los mayas en el español tenga explicación histórica al haber convivido con una lengua potente por su número de hablantes como es el náhuatl y no haber sido sede de virreinato su territorio.

El guaraní es lengua del grupo tupí-guaraní que hablan en el Paraguay, zonas limítrofes de Bolivia y en la Argentina, especialmente la provincia argentina de Corrientes. De esta etimología encontramos fauna como *capiguara* para el *carpincho* de Argentina, *jaguarundí* y *yacaré*, para el *caimán*, voces que delimitan dos zonas lingüísticas pues se encuentra *yacaré* en Ecuador, el Perú y todos los países del Cono Sur, mientras que *caimán*, con etimología taína, ha saltado más fronteras. Flora con etimología del guaraní a través del portugués, *ananás, jacarandá, mandioca, ombú*. El *DLE* ofrece dos variantes para el fruto de la pasionaria, la *murucuyá* (del guaraní) con el variante *maracuyá*, de etimología atribuida al tupí. Entre otras voces bien conocidas con origen guaraní están las populares *maracas* y la expresiva, *catinga,* para el mal olor animal; *curuvica*, 'fragmentos diminutos', no tiene tanta dispersión. En dos artículos que tienen etimología guaraní, cuya intensidad fónica no está terminada de asentar en el español común, el del felino *jaguarundí* con variante *jaguarundi*, y el del bello árbol *jacarandá* habitualmente reproducido como *jacaranda*. El tupí, lengua del mismo grupo que el guaraní, es hablado en Brasil, por lo que estas unidades han entrado por el portugués; se encuentran lemas de flora (*cayena, petunia*) y de fauna (*cobaya, jaguar o yaguar, piraña, tapir*); y otras etimologías indistintas asignadas al tupi-guaraní, entre las que está el *tucán*.

Del mapuche, otra de las lenguas vivas que por su presencia sociohistórica naturalmente traspasa voces al español general, se encuentran unas 140 etimologías en el *DLE*. Actualmente la lengua del pueblo mapuche se conoce como *mapudungún, mapudungun o mapuzungun* para diferenciarla del gentilicio *mapuche*. Hoy esta nueva denominación tiene tratamiento administrativo en la república de Chile[12], pero su extensión sobrepasa la de este país. Muchas de las etimologías mapuches en el *DLE* se asignan laxamente a su origen («De or. mapuche») sin recoger un étimo; la atención que recibe actualmente esta lengua podría completar estas etimologías. Se encuentran las habituales para flora y fauna; elementos culturales de este pueblo, *guillatún, imbunche* o *machi*; también algunas propias del trabajo minero desarrollado en Chile, como *pirquén*, o los coloquiales, *guata* y *pololo*. Son de origen mapuche *maloca* y *malón*, difundidos ampliamente por la literatura gauchesca.

El quechua y quichua están presentes con algo más de 300 etimologías. La repercusión de las sedes virreinales, una vez establecida la conquista, explican la presencia de estos indigenismos tempranos, como se advierte también al considerar el aporte de etimologías del náhuatl. El *DLE* distingue entre un quechua general, de amplia extensión geográfica, y una variedad, el quichua, concentrado en el Ecuador. Los lemas con estas etimologías no precisan la extensión de su uso. El artículo lexicográfico de la palabra *carpa* ofrece un abanico representativo de lo que puede ser su extensión. Tiene una primera acepción generalizada al español que no necesita llevar marcas geográficas; una segunda que todavía va marcada con la abreviatura *Am.*, lo que significa que se le reconocía en más de catorce países de lengua española[13]; y otras dos en que su uso queda restringido geográficamente.

El quechua ha surtido de voces internacionales para especies animales, tales como *cóndor, llama, guanaco, puma, vicuña*; para plantas o sus usos, como *caucho, coca, mate*^{3}, *papa*; para productos útiles como *guano*^{1}, o de tipo geográfico, *puna*^{2}, entre otros. Son voces de etimología quechua en el campo de la alimentación y con mucha extensión en toda América, *choclo, chupe, humita, palta, poroto, quinoa, rocoto, zapallo*; y en la cultura de los Andes,

12. Desde Chile se pide que el adjetivo gentilicio *mapuche* sea considerado invariable, aunque lo usual en el español es flexionarlo por número como determina la morfología.

13. Marca explicable por el espacio que ahorraba en la edición del diccionario en papel, que representa aun la edición *DLE* 23.ª y que no se conservará en la futura edición *DLE* 24.ª, pues se podrán ofrecer detallados todos los países en que se reconozca, no se necesitará la marca *Am*.

chacra[1], *pucho, soroche*. Del quichua destaca la liana de la que se extrae el potente alucinógeno, *ayahuasca*, y el adjetivo *chino*[3], *na*, que sirve para múltiples caracterizaciones de personas y que muestra una geografía de uso que convendría verificar de nuevo.

El náhuatl, lengua yutoazteca meridional, se habla en la actualidad en diversas zonas de México y fue la lengua principal del gran imperio azteca. Sus etimologías tienen presencia muy fuerte en el *DLE*, se contabilizan en torno a las 430. El hecho de que desde comienzos del siglo XVI haya habido hablantes bilingües del náhuatl y del español incide en las características que los préstamos del náhuatl tienen en esta última lengua. Del náhuatl provienen, además, muchos términos que tienen uso en todo el espacio hispánico: flora (*aguacate, cacahuete, cacao, capulí, chile, nopal, tamal, tomate*), fauna (*chapulín, coyote, mapache, ocelote*), comida y bebida (*chocolate, guacamole, mezcal, pulque, tamal*), voces usuales para muchos enseres (*champa, huipil, hule, jícara, petate, petaca*), tipos de persona (*cuate, ta, guachinango, ga*), situaciones sociales (*mitote*). El peso histórico de la Nueva España explica que los primeros indigenismos, muchos de los cuales se han hecho internacionales, pertenezcan al área del Caribe, las Antillas y el actual México con los países del istmo.

En resumen, en el *DLE* están consideradas en la actualidad treinta y cinco tipos diferentes de etimologías para lemas de lenguas indígenas americanas. Volver a considerar la etimología atribuida o por atribuir, la vigencia de su uso y vitalidad debería ser un trabajo periódico en el *DLE*, pues el conocimiento y estudio de estas lenguas avanza de continuo.

En el diccionario se reconocen otras lenguas originarias americanas aunque no se recoja ningún lema con etimología de ellas, lenguas que reciben simplemente su propio artículo en el diccionario y entre las que se reconocen once grupos lingüísticos: algonquino (cheyene, mohicano), arahuaco (taíno y chané), araucano (mapuche, ranquel), caribe (tamanaco, cumanagoto), esquimal-aleutiano (esquimal, aleutiano), iroqués (cheroqui), jíbaro (palta, shuar), maya (quiché, yucateco, mam, cachiquel), tupí-guaraní (tupí, guaraní, chiriguano), yunga (puruhá, mochica), yutoazteca (cahíta, náhuatl, comanche); la rica familia de chibcha (cuna, yanomami, guaimí) y el misumalpa[14] con sus variedades (misquito, sumo, matagalpa y cacaopera).

Aimara, lenca, quechua, siux, tarasco, tegua y tolteca quedan en el diccionario sin asignación a grupo lingüístico[15]. Los estudios en marcha sobre

---

14. Acrón. de *mis*quito, *su*mo[3] y *ma*taga*lpa*.

15. Falta la etimología, algo siempre difícil de establecer en onomástica, para aimara, algonquino, antillano, arahuaco, cahíta, caribe, chibcha, chiriguano, cumagoto, cuna, esquimal,

estas lenguas tendrían que obligar a actualizar continuamente el panorama posible.

Los artículos lexicográficos que desarrollan sus lemas, tanto de los pueblos como de las personas que pertenecen a ese pueblo y de la lengua que hablan, tienen en el *DLE* acepciones adjetivas y sustantivas. Es todo un paquete cuya información convendrá completar, pues desarrollan las siguientes acepciones: una sustantiva, que es la de la lengua, y varias adjetivas, que fluctúan entre las de las personas o los pueblos que las hablan (con una pequeña descripción) y las acepciones de adjetivos relativos (perteneciente o relativo) bien al pueblo, bien a la lengua. Los artículos suelen tener cuatro acepciones, como por ejemplo:

tamanaco, ca

1. adj. Dicho de una persona: De una tribu que habitaba en las orillas del Orinoco. U. t. c. s.
2. adj. Perteneciente o relativo a los tamanacos.
3. adj. Perteneciente o relativo al tamanaco (|| lengua). *Léxico tamanaco.*
4. m. Lengua caribe que hablaban los tamanacos.

TRATAMIENTO POSIBLE DE LOS INDIGENISMOS EN EL *DLE*

Será conveniente tener siempre presente que, por sus características y métodos, el diccionario general del español no puede presentarse nunca como una fotografía, ni instantánea ni hecha con exposición, sino como una convención ideal que puede ayudar a sus hablantes porque parte de algo que existe realmente pero que es imposible de fijar; es decir, aceptando que los hablantes nativos de español de una zona muy extensa de América y de una pequeña parte de Europa se entienden en general sin demasiado esfuerzo y sin demasiada necesidad de escolarización, que comparten también aprecio por el buen uso y el valor literario de esta lengua común y que mantienen y han mantenido históricamente relaciones plurales y variadas entre sus hablantes.

Tienen entrada en el *DLE* los lemas que son fundamentalmente utilizados con frecuencia en obras literarias consideradas correctas y en los medios de comunicación de los países emisores de opinión; excepcionalmente también arcaísmos, por alguna característica anecdótica o cultural. Por ejemplo, *ñusta* para las princesas vírgenes entre los incas, *calpul* para las señales de

esquimaleutiano, iroqués, lenca, matagalpa, maya, moche, quiché, tamanaco, tarasco, tolteca y tupí.

posibles yacimientos indígenas antiguos. Equiparables a *adarvar* o *bagarino*, desusados arcaísmos de la historia de España, que están también actualmente en el diccionario.

Del resto por incorporar, convendría tener en cuenta:

a) En cuanto a sus marcas geográficas, adjetivos que denominan pueblos y etnias, entes de flora y fauna, objetos y costumbres que caracterizan culturas reconocidas, vocabulario de la vida familiar, ciudadana, nacional en diversos registros[16], además de atribuciones sociales para personas o valores humanos.

b) En cuanto a su frecuencia y dispersión conviene atender a su extensión geográfica de uso, distribuyéndolos en varios niveles: 1) los incorporados al caudal del español común; 2) los que se hayan extendidos a una de las zonas reconocidas del español; 3) a todo un país o estado-nación; 4) a una región con personalidad lingüística; e) a una actividad especializada y reconocida desarrollada en una zona[17].

c) En cuanto a la temporalidad de su uso, deberían requerir al menos una documentación fechada a partir de 1820 o 1830, fechas de las independencias americanas y del régimen liberal en España hasta estos últimos años. No se trata de inventariar voces que pudieron ser muy utilizadas en el momento de los virreinatos, pero que luego decayeron, sino que han de haber mantenido su uso y su presencia en textos escritos modernos. La presencia de lemas previos a esa fecha en las actualizaciones del *DLE* usual serían estrictamente los que aparecen desde esas fechas en textos de historia, crítica cultural y literaria, estudios etnográficos, que pueden requerir voces desusadas pero necesarias para poder seguir estudios históricos[18].

d) En cuanto a su definición, los indigenismos, como las de todos los artículos del diccionario, han de redactarse con un vocabulario nuclear entendido por la mayoría de los hablantes escolarizados y ofrecer técnicamente en el diccionario un mecanismo de hipervínculo, como ya se ofrece hoy en la versión en línea *DLE* 23.6, por el que una palabra

16. La lengua coloquial de España tiene mucha más presencia en el diccionario que la lengua coloquial propia de cada país en sus diversos ámbitos; entre esta ha de haber indigenismos que no han pasado aún al *DLE*.

17. Que aparezcan en el Corpes XXI es siempre una garantía de seguridad sobre la conveniencia de su integración en el diccionario.

18. Estudios de carácter histórico, de sociolingüística, de etnografía de la comunicación, de antropología lingüística, pueden requerir voces anticuadas en el día a día, pero suficientemente conocidas para ser integradas en el diccionario.

usada en una definición lleva a la acepción que la aclara de su artículo, es decir, desambigua la posible incomprensión que podría producirse.

e) En cuanto a sus etimologías, es conveniente tener actualizadas las etimologías con información lo más completa posible. Son interesantes, desde el punto de vista lexicográfico y académico, la reciente publicación de Rincón (2022) y el trabajo en curso de Portilla. Villena (2023) prestó atención a este requisito[19] en el Congreso de Cádiz.

Esta reconsideración de los indigenismos que deben de estar en el *DLE* es una labor interacadémica que ha de ser llevada, consensuada y coordinada por la ASALE.

APORTACIONES DE LA MESA REDONDA MANTENIDA EN CÁDIZ

Los participantes en la mesa redonda que se programó en el IX CILE, celebrado en Cádiz en la primavera de 2023, sobre los indigenismos y los diccionarios bilingües del español con lenguas originarias americanas, plantearon otros aspectos relevantes en el tratamiento que hoy debería considerar el *DLE* para este tipo de vocabulario.

Nadiezdha Torres enfocó su interés en la vitalidad contrastada de su uso en el espacio geográfico que se les asigna, aspecto que desde el magisterio de Lope Blanch (1969) ha preocupado en México; Belén Villena se detuvo en la ortografía con que se transcriben los indigenismos, punto en el que se superponen el tratamiento de todo préstamo en la tradición del español y la sensibilidad identitaria que hoy se manifiesta en el entorno de las lenguas originarias, como en documentos de la administración chilena; Marco Lovón se detuvo en un tema conocido y denunciado en el *DLE* desde hace tiempo, como es el de las soluciones definitorias del diccionario para muchos referentes únicos de la realidad americana y, sin embargo, redacta-

19. Belén Villena, en «Normas en conflicto y diccionario. A propósito del tratamiento de los préstamos del mapuzugun en la vigesimotercera edición del *Diccionario de la lengua española*», señala: «La información etimológica que de ellos se entrega no es sistemática: la más completa es aquella que incluye la lengua de origen, su étimo y ofrece un análisis lexicogenésico del mismo, así como el significado de sus partes, como se hace con el lema "**pehuenche.** (Del mapuche *pewen* 'pino[1]' y *che* 'gente')". En los casos en los que el étimo del lema es una palabra monoléxica (aunque también en unas pocas poliléxicas como *cachanlahua*), se incluye el étimo, en algunos casos con su significado y en otros sin él, como ocurre con "**cuicuy.** (Del mapuche *cuycuy* 'puente')" y "**chequén.** (Del mapuche *chequeñ*)", respectivamente. Pero también hay casos en que solo se menciona la lengua de origen como en "**nalca.** (Voz mapuche)" y en "**chirigüe.** (De or. mapuche)"».

das poco rigurosamente desde el estricto conocimiento europeo de la naturaleza[20].

La visión sociolingüística de la doctora Nadiezdha Torres puede solucionar la selección de los indigenismos usados que han de ser recogidos y descritos en la lexicografía del español. La investigadora mexicana señaló relaciones preferentes: determinar cuáles indigenismos podrían formar parte de un diccionario general de la lengua española basándose en la noción de un conocimiento compartido ampliamente, pues «todo elemento de este [diccionario] debe de ser analizado en su contexto social» y señala que «el valor de un enunciado no est[á] solo en la dimensión referencial sino en su capacidad para señalar elementos del contexto de la enunciación, indicar identidades sociales y construir relaciones entre los interlocutores». Distingue dos metodologías para ello, la investigación de Martín Butragueño y Torres Sánchez (2022: 549) que permite contrastar diferentes repertorios en cuanto a indigenismos coincidentes; y la investigación ya clásica para Ciudad de México de Lope Blanch (1979 [1969]: 23-34) en que se estudia la vitalidad, el uso y la extensión de los indigenismos en periodos determinados, pues los de uso normalizado reflejan ese conocimiento compartido y social requerido.

Un segundo aspecto que tener en cuenta en el tratamiento de indigenismos en el *DLE* es la transcripción de los lemas, su ortografía. La doctora Belén Villena expuso la posibilidad del mantenimiento de rasgos ortográficos de la lengua originaria en los préstamos reconocidos lexicográficamente que figuran en los recursos lingüísticos propios de la lengua española. Esta sugerencia responde a la sensibilidad identitaria ante los rasgos característicos de los pueblos originarios[21].

No es un asunto hoy limitado a *mapudungun* o *mapuzugun* del pueblo mapuche, sino a los recursos lingüísticos que prestan atención a las lenguas originarias en territorios con bilingüismo asentado y normalización de las lenguas indígenas. Actualmente toda ortografía de una lengua moderna parte de su fonología. Los fonemas de las lenguas indígenas americanas no coinciden con los fonemas del español. Quizá el mantenimiento de la ortografía normalizada o por normalizar de la lengua originaria confiere a su representación en español una identidad que puede pasar desapercibida con la ortografía aprobada por ASALE (*Ortografía* 2010). En el *DLE* hay algún caso en que se ha recogido un indigenismo en cursiva, es decir, cercano a su trans-

20. Ejemplos varios como *acamaya*, parecido al langostino; *caimán*, parecido al cocodrilo; *capulí*, parecido a la uva; *chinchilla*, parecida a la ardilla; *guara*[1], parecido al castaño; *iguana* parecida al lagarto; *jumil* parecido a la chinche.

21. Como un rasgo de cortesía y respeto se recurre a rasgos ortográficos identitarios, como *ayllu* (por aillu); *mokoví* (por mocoví); *kichwa* (por quichua). Santiago Muñoz Machado, «El nuevo constitucionalismo multicultural hispanoamericano», en *El Cronista*, 103, julio 2023, 4-19.

cripción fonética vernácula: «*shunte*. (Voz lenca). m. 1. *Hond.* Variedad de aguacate (|| árbol). ‖ 2. *Hond.* Fruto del *shunte*»; caso que se repite en el nombre de la lengua *shuar*, cursiva que marca también la realización de esta voz en la secuencia oral en español. Mas en el *DLE* la identidad a los indigenismos no se confiere por la ortografía, ello queda reservado a la etimología, requisito importante desde 1869 en el diccionario académico.

Villena analiza también los diferentes niveles de información sobre las etimologías del mapuche entre los indigenismos que provienen de esta lengua en el *DLE* y señala algunas palabras que carecen totalmente de ella, como *lonco, cahuín, boqui* y *bollén*. Su aportación es una llamada a trabajar en las cuestiones etimológicas.

El Dr. Antonio Marco Lovón[22] partió de las definiciones de los indigenismos desde la perspectiva del usuario global que hoy se contempla para los recursos telemáticos y analiza los prejuicios que los diccionarios puedan trasmitir sobre los pueblos americanos originarios y actuales si no se describen con mentalidad universal los *realia* a los que hacen referencia. El planteamiento de este tratamiento aclaratorio arranca de las primeras comparaciones con las que los conquistadores españoles intentaban describir lo desconocido que encontraban en América, las plantas, los animales, el terreno, las costumbres. Esta primera solución, comprensible en función de los considerados en siglos pasados únicos hablantes del español, se mantuvo en varias ediciones posteriores del diccionario. Hoy, con el conocimiento global del mundo que supone una escolarización elemental, la cuestión de la descripción lexicográfica satisfactoria se traslada ahora a la consideración de un hablante cosmopolita que utiliza vocabulario y gramática generales del español común. La cuestión no tiene fácil solución. En la redacción de las definiciones habrá que preferir las voces más extendidas, no solo frecuentes[23]; casos entre *comején* y *termita*, entre *galpón* o *cobertizo*, entre *ñato, ta* o *chato, ta*; en este tipo de dobletes, convendría señalar las voces más antiguas o definirlos en la primera de ellas documentada si tiene una dispersión parecida, son casos como *alberca, pileta, piscina*.

Para argumentarlo Lovón contrastó diferentes definiciones de un mismo lema en tres diccionarios académicos y saca consecuencias de las definiciones más satisfactorias desde el español de hoy. En las definiciones debe ser empleada una lengua estándar; no se fija tanto en la sintaxis, que en las breves definiciones puede variar sin ser decisiva, como en las comparaciones y en el vocabulario empleados. Lovón señaló ejemplos en que se hacen compa-

22. El análisis crítico del discurso lexicográfico que maneja detecta observaciones sobre las maneras en que se definen las realidades americanas.

23. Frecuencia y dispersión son dos magnitudes diferentes que han de contemplarse para determinar el vocabulario utilizado (Rojo, 2021).

raciones que evitan las descripciones y cuyo término es más conocido en Europa que en América; aboga por términos generales que representen términos medios. Señala en la definición de un cereal, la *cañihua*, que se identifica con el *mijo* en dos diccionarios, y que, sin embargo, no necesita esta identificación en el *Diccionario de peruanismos de la Academia Peruana*; o la falta de consideración que puede representar el descriptor 'montón de piedras o majano' para lo que es un 'conjunto de piedras ordenadas como reconocimiento a una divinidad' en la voz *apacheta*. Reconoce tres sujetos activos en el aporte de información para lograr definiciones no sesgadas, el trabajo aunado de las Academias de la lengua española en donde deberían trabajar académicos conocedores de lenguas originarias, el apoyo de lingüistas de diversos países de América Latina y la bibliografía lingüística avanzada en estos años. Quizá para algún lema de contenido netamente enciclopédico la denominación científica fuera una de las posibles soluciones.

CIERRE DE LA MESA REDONDA

El diccionario debe ser un recurso dinámico. Las ediciones actualizadas del *DLE* son ya anuales, pero la información incorporada con esta periodicidad no responde al exigente dinamismo que se reclama. Para que sean realmente dinámicas estas puestas al día necesitan la colaboración de muchos agentes lexicográficos. Las academias son las responsables, cada una con sus posibilidades y todas con autoridad, pues el *DLE* es una empresa común.

Hoy, que la identidad de todo grupo reconocido como tal explica el interés por manifestar sus peculiaridades distintivas, las lenguas originarias se protegen, se cultivan atentamente y obtienen mayor presencia en las sociedades en que son usadas o se usaron. Reconocer esta sensibilidad en el *DLE* exige volver a reconsiderar el tratamiento de estas voces de etimología originaria americana (Soto y Hasler, 2011). Se está pasando de estudios puramente lingüísticos (diacronía, dialectología) a prestar atención y consideración política a otros fenómenos de la lengua[24]. Es decir, de las preocupaciones de estudios con intereses filológicos, como son los dialectales, o positivos como los sociolingüísticos o los realizados a partir de bancos de datos actuales, se abren actualmente algunos estudios glotológicos[25] en los que son objeto de

24. Como en Chile ciertos préstamos del mapuzugun, cuando entran en conflicto con otros usos y normas que no han sido suficientemente sistematizados hasta el momento, son visibles en ciertas intervenciones en medios de comunicación oficial, en páginas de preguntas y respuestas, en redes sociales y en algunos manuales de buenas prácticas y protocolos institucionales y académicos, como expresión de solidaridad con el pueblo mapuche (Belén Villena).

25. Del Valle (2014: 90 y 93), citado por Torres Sánchez (2023), el lenguaje se piensa como un ámbito de la vida social susceptible de ser objeto de la acción política y con capacidad para

consideración los esquemas sociopolíticos subyacentes en los recursos lingüísticos. Estos diferentes enfoques pueden muy bien convivir en ámbitos universitarios, pero en el resistente diccionario que es el *DLE* conviene servirse de ellos equilibradamente, para que la propia identidad del *Diccionario de la lengua española* (RAE-ASALE), bien señalada desde muchas diferentes perspectivas, perviva, se desarrolle y satisfaga a sus millones de usuarios.

Partir del conocimiento de las lenguas vernáculas para establecer bien las etimologías de los indigenismos, incorporar los necesarios, suprimir los que se reconozcan inusuales, definirlos adecuadamente, completar sus informaciones de uso, revisar su lema o su transcripción y siempre situarlos en las necesidades de una comunidad lingüística como la del español común, es otra tarea sensible más al consenso que requiere el *DLE*. La identidad de este diccionario es una construcción permanente que se logra al compartir tantas diferentes experiencias como son las de la comunidad de habla española, pero experiencias todas ellas expresadas en la misma lengua.

REFERENCIAS

Company, Concepción (2021). *El español de América: de lengua de conquista a lengua patrimonial*, Ciudad de México, El Colegio de México.

Lope Blanch, Juan Manuel (1969, 1979, 2.ª). *Léxico indígena en el español de México*, reedición de la segunda edición por P. Martín Butragueño, en Madrid, ASALE, 2021.

Lope Blanch, Juan Manuel (1999). «Los nahualismos del *Diccionario* académico», *Boletín de Filología*, Univ. de Chile, 37, I, págs. 669-680.

Lovón Cueva, Marco Antonio (2023). «Voces andinas en los diccionarios de la academia» (ponencia a publicar en Actas de IX Congreso Internacional del Español).

Martín Butragueño, Pedro (2021). «Vitalidad del léxico de origen indígena en Ciudad de México en los años sesenta», en «Estudio introductorio» a *Léxico indígena en el español de México de Juan M. Lope Blanch*, Madrid, ASALE, págs. 48-54.

Monográfico Lenguaje, Cognición y Cultura. Págs. 9-16 (2011).

Portilla, Mario, *Etimologías taínas* (en curso).

Rincón, María José (2022). *Indigenismos antillanos*. Santiago de los Caballeros (República Dominicana), Centro León.

Rojo, Guillermo (2021). *Introducción a la lingüística de corpus en español*. Abingdon-Nueva York, Routledge.

Soto, Guillermo y Felipe Hasler (2011). «Presentación» en *Revista Lenguas Modernas*, 38.

---

señalar elementos del contexto de la enunciación, indicar identidades sociales y construir relaciones entre los interlocutores.

Torres Sánchez, Nadiezdha (2023). «Los diccionarios en situaciones de multilingüismo» (ponencia a publicar en Actas de IX Congreso Internacional del Español).

Villena Araya, Belén (2023). «Normas en conflicto y diccionario. A propósito del tratamiento de los préstamos del mapuzugun en la vigesimotercera edición del *Diccionario de la lengua española*» (ponencia a publicar en Actas de IX Congreso Internacional del Español).

Sobre el término *raza*: luces y sombras

JOSÉ MARÍA BERMÚDEZ DE CASTRO RISUEÑO
Real Academia Española

El racismo, como doctrina antropológica o política, ha escrito los peores capítulos de la historia más reciente de la humanidad. Nuestra condición humana es proclive al menosprecio hacia personas de fenotipo y cultura diferentes. El vocablo *raza,* aplicado a los seres humanos, es una construcción social interesada y sin base científica que contribuye al deterioro de las relaciones entre los pueblos. Es por ello que la ciencia y la lengua deben aunar esfuerzos para evitarlo. El conocimiento del origen y la evolución de nuestra propia especie, así como las enseñanzas de la genética, representan un camino muy necesario hacia la justa compresión del significado del término *raza.*

INTRODUCCIÓN

En la actualidad existe consenso sobre el origen de nuestra especie. El registro fósil ofrece pocas dudas y numerosas certezas. *Homo sapiens* se gestó en África hace aproximadamente 250 000 años antes del presente (AP)[1], aunque algunos llevan la antigüedad hasta 315 000 años AP[2]. Hoy en día, el debate científico está centrado únicamente en el modelo evolutivo que originó la especie. Desde que en 1987 Allan Wilson y Rebecca Cann propusieron la hipótesis de un origen africano y único para nuestra especie, la cuna de la humanidad se ha fijado en los habitantes de alguna región subsahariana del este de África: todos los humanos actuales seríamos el resultado de la evolución de una población de tamaño reducido ubicada en esa región. El modelo panafricano sostiene, a su vez, que nuestro origen está basado en la conexión genética ininterrumpida de varias poblaciones a lo largo y ancho del continente africano[3]. Sea como sea, hace aproximadamente 130 000 años AP, coincidiendo con uno de los frecuentes reverdecimientos del desierto de Sahara, nuestros ancestros africanos iniciaron su expansión por el resto del planeta. La ruta migratoria a través del Corredor Levantino ha sido considerada la más lógica —como ha sido comprobado en muchas investigaciones— pero, gracias a las evidencias del registro arqueológico, numerosos estudios abogan también por una expansión adicional a través del estrecho de Bab-el-Mandeb. El brazo de mar que separa el pequeño Estado de Yibuti de la península de Arabia, situado justo en la región más meridional del mar Rojo, tiene en la actualidad una longitud de unos 30 kilómetros y una profundidad de poco más de 300 metros. Sin embargo, y sin descartar que esos parámetros

1. Vidal, C. M. *et al.*, «Age of the oldest known *Homo sapiens* from eastern Africa», *Nature* 601 (579-583 pp.), 2022.
2. Hublin, J.-J. *et al.*, «New fossils from Jebel Irhoud, Morocco and the pan-African origin of *Homo sapiens*», *Nature* 546 (289-292 pp.) 2017.
3. Scerri, E. M. *et al.*, «Did our species evolve in subdivided populations across Africa, and why does it matter?», *Trends. Ecol. Evol.* 33 (582–594 pp.), 2018.

fueran inferiores en el pasado, la barrera geográfica de Bab el-Mandeb no fue un obstáculo ni para los miembros de nuestra especie ni para los de otras especies de primates[4]. La mayor barrera para la expansión de *Homo sapiens* fue la presencia de poblaciones asentadas en Eurasia desde hace unos dos millones de años. Por ejemplo, una población de la especie *Homo neanderthalensis* vivía en el Corredor Levantino desde hace muchos milenios y los miembros de nuestra especie fueron incapaces de atravesar esa barrera durante nada menos que 80 000 años. Optamos entonces por la convivencia, y las evidencias de nuestros respectivos genomas sugieren casos muy frecuentes de hibridación. Como consecuencia de ello, los actuales miembros de *Homo sapiens* llevamos en nuestro genoma hasta un cuatro por ciento de genes heredados de los descendientes fértiles de aquellos encuentros. Nada o poco se sabe de lo que pudo suceder en otros lugares de Eurasia, que colonizamos en un tiempo muy breve a juzgar por los datos que nos ofrecen docenas de yacimientos arqueológicos.

A tenor de lo expuesto en los párrafos anteriores, hemos de considerar dos aspectos que nos interesan para lo que se explicará a continuación. En primer lugar, las investigaciones del registro fósil, de la paleogenómica[5] y del ADN de nuestra especie sugieren que los respectivos linajes que dieron lugar a los neandertales y a nuestros ancestros divergieron hace algo menos de 800 000 años AP. A pesar de ese largo período de tiempo, los descendientes de los dos linajes pudieron hibridar y tener descendencia fértil. Cuando consideramos el concepto biológico de especie[6], la posibilidad de cruzamientos entre unos y otros podría cuestionar que los neandertales y los «humanos modernos» pertenezcamos a entidades taxonómicas diferentes. Sin embargo, por razones prácticas, se sigue considerando a *Homo neanderthalensis* y *Homo sapiens* como dos especies «paleontológicas» distintas. Las diferencias morfológicas tanto en el cráneo como en el esqueleto del tronco y las extremidades son muy obvias incluso para quienes no son profesionales de la paleoantropología. Nos puede asombrar que un período de tiempo tan largo fuera insuficiente para distanciar genéticamente a los dos linajes, pero las investigaciones genómicas han llegado a conclusiones tan inesperadas como contundentes. De manera muy simple, podemos afirmar que el mestizaje entre los neandertales y los humanos modernos es una evidencia de la lentitud de la evolución biológica. Esta es una gran lección para aprender que las diferencias genéticas sustanciales —y que actúan como barreras biológicas entre las especies— tardan muchos milenios en producirse.

---

4. Bermúdez de Castro, J. M., *Dioses y mendigos. La gran odisea de la evolución humana*. Crítica, Barcelona, 2021.
5. Estudio del ADN obtenido en los restos fósiles.
6. Mayr, E., *Systematics and the origin of species*. Columbia University Press, New York, 1942.

Por otro lado, el estudio de los restos fósiles de los primeros representantes de nuestra especie nos muestra una similitud increíble con las poblaciones recientes. No olvidemos que 250 000 años representan aproximadamente 62 500 generaciones, que han sido insuficientes para que nuestros respectivos rasgos esqueléticos se distanciaran morfológicamente de manera sensible. ¿Qué podemos aprender de estas observaciones en relación a la denotación y las connotaciones del término *raza*?

El anatomista sueco Carlos Linneo fue el primer científico que consideró la necesidad de clasificar de manera jerárquica y sistemática a los seres vivos en función de sus similitudes y diferencias. Para ello, Linneo acuñó una serie de nombres de mayor a menor capacidad inclusiva: dominio, reino, filo, clase, orden, familia, género y especie, que conocemos como categorías taxonómicas. Por ejemplo, la clase *Mammalia* (mamíferos) incluye numerosos órdenes y estos, a su vez, están formados por una o más familias, etcétera. Para Linneo, la especie representaba la categoría taxonómica de menor rango y, por tanto, indivisible en categorías formales inferiores. En 1735, Linneo diseñó el sistema de nomenclatura binomial para las especies, que todos empleamos en la actualidad. Por ejemplo, nuestra especie se nombra mediante el nombre genérico, *Homo*, y el nombre específico, *sapiens*. En la actualidad, algunos especialistas consideran la categoría de subespecie, cuando observan una variabilidad significativa en el conjunto de individuos que componen una especie. Esta subdivisión es puramente pragmática, y se emplea como forma de entendimiento y para explicar que las poblaciones de una misma especie no presentan un fenotipo uniforme.

Las líneas anteriores son necesarias para explicar que el término *raza* no forma parte en ningún caso de las clasificaciones jerárquicas establecidas y aceptadas por la comunidad científica mediante criterios de consenso. También veremos que las investigaciones en el campo de la genética no han encontrado bases razonables para establecer categorías taxonómicas formales de menor rango que el de especie. Pero antes de seguir con estos razonamientos, hemos de regresar brevemente a nuestra historia evolutiva, que dejamos en el momento de la expansión de nuestra especie fuera de África hacia los demás continentes.

LA COLONIZACIÓN HUMANA DEL PLANETA

Los primeros humanos modernos eran cazadores y recolectores, como lo fueron todos los miembros de nuestro linaje evolutivo. Con ese modo de vida, nuestros antepasados solo fueron capaces de colonizar aquellas tierras que estaban bajo la influencia de climas similares a los africanos. En Europa, por ejemplo, las primeras tentativas de alcanzar regiones situadas más allá de 50º de latitud norte fueron un fracaso debido a las condiciones climáticas de la última gran glaciación. Así lo explican las últimas investigaciones del genoma de aquellos primeros aventureros. La última glaciación finalizó hace unos 14 000 años, y pocos seres humanos tuvieron la capacidad tecnológica suficiente como para hollar territorios de climas fríos extremos con anterioridad a ese momento. Por ejemplo, existe un debate muy interesante acerca de la fecha de entrada de los primeros pobladores del continente americano, que muchos expertos sitúan hace unos 30 000 años, aprovechando que el mar de Bering estaba helado y existía un paso franco entre el extremo más oriental de Eurasia y el extremo más occidental de América del Norte.

Durante la colonización de la Tierra los seres humanos tuvimos que adaptarnos a condiciones diversas, en ocasiones muy distintas a las que tuvimos en nuestra cuna africana. Por ejemplo, la insolación en el hemisferio norte es muy inferior a la de las regiones tropicales y la piel oscura impide la necesaria síntesis de vitamina D para el crecimiento y el desarrollo normales. La pérdida adaptativa de pigmentos protectores contra la radiación solar en la piel y en el iris de los ojos fue extraordinariamente rápida. De hecho, el estudio del ADN de los neandertales demuestra que entre nuestros primos hermanos europeos también existieron individuos pelirrojos y de ojos azules[7]. Algunas poblaciones de nuestra especie fueron colonizando territorios muy elevados, de manera que en la actualidad es posible vivir a más de 4000 metros de altitud. Para ello fueron necesarias algunas mutaciones en el genoma, que permiten la vida en regiones donde la presión del oxígeno es mucho más baja que a nivel del mar. Por otro lado, en las regiones más frías del planeta, el cuerpo suele adoptar una forma endomorfa, con cuerpo ancho y rechoncho y extremidades cortas. La superficie del cuerpo expuesta al exterior se reduce considerablemente, frente a la de los individuos ectomorfos, altos y muy delgados, adaptados a climas cálidos. En este apartado se podrían listar varias decenas de adaptaciones particulares a diferentes ambientes, que por falta de espacio no podemos describir. Existen numerosos estudios, como los de Richard Lewontin (*Human Diversity*, Scientific American Library, New York, 1995), que contienen explicaciones pormenorizadas. Toda esa diversidad puede explicarse con la selección de variantes alélicas en genes concretos y el consiguiente polimorfismo genético.

Estas adaptaciones fueron muy rápidas y sucedieron en pocas generaciones, como bien podemos inferir de lo expuesto en el apartado anterior. El cambio en la forma de vida del Neolítico[8] trajo consigo la domesticación de plantas y animales, el inicio del incremento demográfico que todavía esta-

---

7. Lalueza-Fox, C. *et al.*, «A melanocortin 1 receptor allele suggests varying pigmentation among Neanderthals», *Science* 30 (1453-1455 pp.), 2007.

8. Este período comienza hace unos 9000 años en diferentes regiones del planeta y se extiende muy pronto por los cinco continentes.

mos observando en muchas sociedades humanas, así como la tecnología suficiente para llegar hasta lugares recónditos de la Tierra. Como consecuencia, la diversidad fenotípica de los seres humanos fue cada vez mayor. Hoy en día observamos diferencias bien visibles entre las distintas poblaciones de la Tierra, que se incrementan merced a la diversidad cultural: adornos, peinados, vestiduras... Esa diversidad, que podríamos entenderla como nuestra mayor riqueza biológica y cultural, ha tenido, sin embargo, consecuencias indeseadas.

ORIGEN DEL TÉRMINO *RAZA*

Aunque los diferentes pueblos de la Tierra se han enfrentado entre sí por numerosas razones durante milenios, la justificación de las hostilidades en función de nuestro aspecto externo es muy reciente. El concepto de *raza*, tal como lo entendemos hoy en día, comienza a desarrollarse en el siglo XVI y evoluciona durante el siglo XVII con la formación de los Estados Unidos. Este término y su significado estuvieron profundamente relacionados con la evolución de otros dos términos: *blanco* y *esclavo*. Los europeos importamos tanto las palabras como su significado, que ha ido evolucionando en estos últimos siglos. *Raza* es un término ideado por los seres humanos para describir y clasificar a los individuos en distintos grupos sociales en función de sus rasgos fenotípicos. Se trata pues de una construcción social, que otorga o niega beneficios y privilegios a voluntad de quienes detentan la escala jerárquica más elevada. La sociedad estadounidense desarrolló la noción de raza en sus inicios para justificar su nuevo sistema económico capitalista, que dependía de la institución del trabajo forzado, y en particular de la esclavización de los pueblos africanos.

Las investigaciones en el campo de la genética, sin embargo, han confirmado que las diferencias entre las poblaciones de la Tierra se deben a cambios adaptativos heredables, que en ningún caso podrían justificar la división de la especie *Homo sapiens* en subespecies, razas, etnias o cualquier otra división formal. De hecho, el vocablo *raza* carece de validez taxonómica y, por tanto, no se contempla ni en el Código Internacional de Nomenclatura Zoológica ni en el Código Internacional de Nomenclatura para Algas, Hongos y Plantas (código de Shenzen). El genetista italiano Luigi Luca Cavalli-Sforza (1922-2018) es una referencia obligada en cualquier investigación sobre esta materia[9]. Cavalli-Sforza demostró que el 90 % de la diversidad humana corresponde a la que se observa dentro de una población cualquiera, como

9. Como sugerencia, puede consultarse la obra siguiente: Cavalli-Sforza, L. L., *Genes, pueblos y lenguas*. Crítica, Barcelona, 2000.

la anglosajona o la china. El 10 % restante corresponde a las diferencias que se observan entre los diferentes pueblos de la Tierra. Es por ello que Cavalli-Sforza fue un antirracista convencido, aunque sus conclusiones no hayan calado con la profundidad deseada en la sociedad.

Las conclusiones de Cavalli-Sforza tampoco han llegado (de momento) al *Diccionario de la lengua española (DLE)*, puesto que todavía es posible leer la siguiente acepción para el término *raza*:

> 2. f. Cada uno de los grupos en que se subdividen algunas especies biológicas y cuyos caracteres diferenciales se perpetúan por herencia.

Esta acepción asume la posibilidad de subdividir las especies en categorías taxonómicas de jerarquía inferior. En párrafos anteriores ya hemos expuesto que esta forma de proceder no tiene una base científica, como las investigaciones genéticas han demostrado hasta la saciedad. También resulta curioso —y muy confuso— que la acepción se refiera solo a «algunas especies biológicas». Creemos entender las buenas intenciones de quienes redactaron esta acepción, pero los problemas sociales que siguen asolando a nuestras sociedades por cuestiones raciales exigen una mayor claridad y rotundidad. Las medias tintas dejan paso a una ambigüedad no deseada, particularmente cuando las noticias sobre problemas racistas inundan cada día los medios de comunicación.

Desde el punto de vista del lenguaje común hablamos de «variedad» cuando nos referimos a la diversidad que encontramos en muchas plantas, hayan sido manipuladas o no mediante cruzamiento y selección. Asimismo, es común referirse a las razas domesticas de las especies que comparten nuestra vida desde el Neolítico. Bóvidos, cánidos, équidos... forman parte de un conjunto de mamíferos asociados a nuestra economía que también hemos manipulado mediante cruzamiento y selección, buscando mejoras tanto en su conducta como en los productos que deseamos de estos animales: carne, leche, lana... *Variedad* y *raza* son, pues, términos de uso común, que deben emplearse con justedad.

Por todo ello, parece más adecuado redactar la acepción de *raza* del siguiente modo:

> 2. f. Cada uno de los grupos en que se subdividen algunas especies animales domésticos, tratadas mediante cruzamiento y selección, y cuyos caracteres diferenciales se perpetúan por herencia.

Por otro lado, el *DLE* explica con claridad que el racismo es una doctrina antropológica o política, obviando con ello —de manera acertada— cualquier referencia a la condición biológica de los seres humanos objeto de rechazo por razones fenotípicas o culturales. En consecuencia, echamos de menos algún «guiño» entre los diferentes significantes del término *raza*, que abunde en la idea científica del vocablo y que al menos mitigue su empleo espurio. Por todo ello, consideramos deseable introducir una nueva acepción en el término *raza*, que eliminaría la posibilidad de justificar ese vocablo con intenciones inadecuadas en nuestras sociedades:

> 3. f. Término utilizado sin fundamento científico para subdividir a la población humana en función de los rasgos de su fenotipo.

Estos cambios han sido ya propuestos por la Comisión de Vocabulario Científico y Técnico de la Real Academia Española durante el curso 2022-2023, con anterioridad a la celebración del IX Congreso de la Lengua Española, que tuvo lugar a finales de marzo de 2023, y están a la espera de su consideración y posible aprobación.

CONCLUSIONES

Las investigaciones en el campo de la paleoantropología no solo han mostrado evidencias sobre el origen de nuestra especie, sino que han confirmado las similitudes fenotípicas entre los primeros representantes de *Homo sapiens* y las poblaciones actuales. Sumando estas evidencias a los conocimientos en el campo de la genética, es sencillo demostrar que la diversidad en el aspecto de la población humana actual es muy reciente y se apoya en cambios genómicos de entidad muy limitada. *Homo sapiens* es una especie diversa de rasgos polimórficos, extendida por todo el planeta y con adaptaciones particulares a ambientes también muy diversos. Sin embargo, esta variación no justifica, en ningún caso, la superioridad o inferioridad de ninguna población humana, como sostienen las ideas racistas que se desarrollaron a partir del siglo XVI y que han ido evolucionando hasta la actualidad. Todos conocemos las graves consecuencias de estas ideas, que han conducido a protagonizar algunos de los peores capítulos de la historia de la humanidad. Con su notable influencia en los hablantes de la lengua española, el *DLE* debe contribuir a mitigar estos problemas

Nacionalismos, política e idioma. Una visión desde la banda oriental del «río mar»[1]

GERARDO CAETANO
Academia Nacional de Letras del Uruguay

Introducción. ▪ El «pasado fundante» y el pleito de los relatos en torno a la identidad nacional en Uruguay. ▪ El primer imaginario nacionalista uruguayo: contextos y matrices. ▪ El «Uruguay internacional» como desafío histórico: políticas y visiones. ▪ Algunos conflictos y retos de los tiempos más recientes.

1. El texto que sigue tiene como base el discurso pronunciado por el autor el 13 de mayo de 2014 al asumir el cargo como miembro correspondiente de la Academia Nacional de la Historia de la República Argentina.

INTRODUCCIÓN

Los uruguayos tienen fama de pesimistas y de quejosos. Su manera de construir y resignificar su identidad colectiva es dudar permanentemente sobre su viabilidad. Pero, como saben muy bien los historiadores, las sociedades no tienen ADN, no «son» esencias a reconocer y luego a preservar. Son construcciones histórico-culturales que cambian, que viven en el cambio y a través del cambio. Y además, toda identidad se define y se califica en buena medida en cómo construye su vínculo con su alteridad: hay «nosotros contra otros» y hay «nosotros con los otros» [2]. Y esto vale para la forma en que se construyen los «nosotros nacionales» pero también en cómo se integran y conforman otro tipo de colectivos[3].

Las reflexiones que siguen, realizadas desde la «banda oriental» del Río de la Plata (desde cuyas costas se insiste en imaginarlo como un «río mar»), apuntan a asumir el provincianismo como «problema cultural», es decir «radical». Desde esa esquina complicada de un «país pequeño» entre dos gigantes inestables como Argentina y Brasil, se procurará esbozar un pequeño avance, entre lúdico y preocupado, a propósito de una mirada de historiador sobre la intersección entre la política, las formas del nacionalismo y sus alteridades con relación al idioma.

EL «PASADO FUNDANTE» Y EL PLEITO DE LOS RELATOS EN TORNO A LA IDENTIDAD NACIONAL EN URUGUAY

En torno al surgimiento del Uruguay como Estado independiente se han enfrentado básicamente dos posiciones, aun cuando un estudio más atento permitiría poner de manifiesto la inconveniencia de «homogeneizar» en exceso el campo de cada una de esas tesis. De todos modos, los años han ya tradicionalizado el arraigo de esa alternativa binaria que opone: a) *la postura nacionalista o independentista clásica*, cuyo rasgo más distintivo sería la reivindicación del surgimiento del Uruguay en tanto «Estado soberano» como el fruto de una voluntad y un sentimiento «nacionales» ya maduros cuando el «ciclo artiguista» (1810-1820) y la «Cruzada Libertadora» de 1825, lo que reco-

---

2. Como ha señalado en varios de sus trabajos sobre cultura en el MERCOSUR el gran intelectual paraguayo Ticio Escobar, en el idioma guaraní existen dos vocablos que refieren el concepto de nosotros: *oré,* que tiene connotaciones excluyentes y que significaría 'nosotros contra los otros'; y *ñandé,* que contiene una significación incluyente y que proyectaría el concepto de 'nosotros con los otros'. En forma obvia, con Ticio Escobar aspiramos a la construcción de una «cultura Mercosur» con significación «ñandé».

3. Sobre estos temas existe una amplísima bibliografía teórica, tanto clásica como reciente. Los límites de esta ponencia inhiben su simple registro.

nocería sólidos antecedentes en los períodos de la Colonia (significado de la lucha de puertos, debilidad y carácter tardío del vínculo virreinal, etc.) y de la Revolución (el «independentismo» antiporteño del artiguismo, el «desacierto» o el «disimulo» implícitos en el Acta de Unión del 25 de agosto de 1825, etc.); y b) *la postura unionista o disidente*, que destacaría en cambio la inconsistencia efectiva del deseo independentista en 1825, opuesto a la fuerza coetánea del sentido de integración rioplatense (cimentado además en la índole confederal del artiguismo), explicándose en consecuencia el surgimiento del Uruguay independiente como derivación más o menos directa de factores y artificios exógenos, en particular, de la influencia británica[4].

Esta situación en torno a cierta ausencia problemática de lo que podría calificarse como una «narrativa de los orígenes» mínimamente consensuada en el Uruguay hizo que no pudiera encontrarse allí —más allá del «entusiasmo» de los «nacionalistas» de diversas tiendas políticas e ideológicas— la visibilidad cabal de un «momento fundante» de la nación. Ello no provocó que se dejara de lado el pasado como campo de búsqueda y construcción de un «*nosotros* nacional» más o menos efectivo. Antes bien, el efecto parece haber sido el inverso: una radicalización en la «obsesión» por el pasado colectivo como hipotético sustento de la nación. Si esta no podía arraigarse suficientemente en una lectura mínimamente consensual de los orígenes, tal vez podía hacerlo en remisión a otros «períodos configuradores» o «fundacionales» en la vida del país. En otras palabras, el mito de un «pasado de oro» podía sustituir al mito de los «orígenes» como cimiento consistente y perdurable de la nacionalidad. Como se verá más adelante, la exaltación, aun polémica, del llamado «Uruguay batllista» de las primeras décadas del siglo XX, con toda su cadena de equivalencias posibles («Suiza de América», «laboratorio de los locos», «país de utopías», «Uruguay feliz», «país de las vacas gordas», etc.) y con sus rasgos más distintivos, ha supuesto en más de un sentido esa operación.

Por cierto, que todo ello tuvo sus impactos en el idioma. Como primera consecuencia, tendió a naturalizar la adopción admitida de dos gentilicios para nombrar a los pobladores del territorio: *orientales*, desde una afirmación originaria, más asociada con la colonia y con la región, con un sentido más fuerte de frontera entre el «adentro» y el «afuera»; y *uruguayos*, desde una proyección más cosmopolita y vinculada con las oleadas inmigratorias, referida además a un conjunto de valores ideales relativos a los grandes hitos de la historia de Occidente. El primer gentilicio fue de uso más frecuente

4. Cfr. entre otros José Carlos Chiaramonte, *«El mito de los orígenes en la historiografía latinoamericana»*. B. Aires, IHA yA Ravignani, 1991; José P. Barrán, Ana Frega, Mónica Nicoliello, *«El cónsul británico en Montevideo y la independencia del Uruguay. Selección de los informes de Thomas Samuel Hood (1824-1829)»*. Montevideo, UDELAR, 1999.

entre los integrantes del Partido Nacional, las filas del catolicismo atrincherado frente a los tempranos embates del laicismo, las Fuerzas Armadas, la policía y la población más rural, mientras que el segundo se identificó mucho más con el Partido Colorado, las izquierdas internacionalistas, los inmigrantes (sobre todo no españoles) y la gran zona metropolitana de la capital Montevideo y de Canelones. Por su parte, ambos gentilicios tendieron a asociarse al uso público de dos conceptos alternativos de nación: el primero identificado con una dimensión más nacionalista de 'patria' y el segundo con una visión más política de 'república'. Por cierto, que en el marco de pleito propiamente político por palabras que devienen en conceptos, los partidos políticos —históricamente sólidos y resistentes, por lo menos hasta la actualidad, desde esa rareza uruguaya en América Latina— y el Estado fueron los actores decisivos de la pugna.

De todos modos, esta hipótesis de la precedencia, y aun primacía, de los partidos y el Estado sobre la nación ha perdido dramaticidad y aun especificidad para el caso uruguayo: casi todos los autores contemporáneos afirman que esa ha sido la pauta general en los procesos de construcción de todos los Estados nacionales. Decía Eric Hobsbawn hace ya décadas, coincidiendo explícitamente en esto con las opiniones de Ernest Gellner o Benedict Anderson, entre muchos otros:

> Yo recalcaría el elemento de artefacto, invención e ingeniería social que interviene en la construcción de naciones. [...] En pocas palabras, el nacionalismo antecede a las naciones. Las naciones no construyen estados y nacionalismos, sino que ocurre al revés.

Fue esa misma convicción la que llevó al historiador inglés a recomendar, con sabiduría, que era más redituable y pertinente estudiar a los nacionalismos que a las naciones[5].

EL PRIMER IMAGINARIO NACIONALISTA URUGUAYO: CONTEXTOS Y MATRICES

No fue nada casual que el primer imaginario nacionalista uruguayo se haya configurado y haya comenzado a permear a la sociedad en las últimas décadas del siglo XIX, cuando en el país adquiría vigencia un primer impulso modernizador de signo capitalista y empezaban a perfilarse muchos de los rasgos del Uruguay contemporáneo. En el país, como en buena parte del resto de América Latina y del mundo occidental, el impulso del romanticismo,

5. Hobsbawm, *Naciones y nacionalismos desde 1780*. Barcelona, Crítica, 1992, p. 18.

con sus ideas del «alma», del sentimiento, de la emoción, en relación frecuente con la noción de «espíritu», terminó promoviendo subjetividades e idealismos que convergieron —a menudo torrencialmente— en las ideas de nación y nacionalismo. Asimismo, la llegada al país de grandes oleadas inmigratorias y el crecimiento demográfico, los procesos de urbanización —en particular, de montevideanización— acelerados, las múltiples implicaciones de la reforma escolar, etc., demandaban propuestas integradoras de signo fundacional.

Los legados de esta auténtica «fundación» nacionalista serían de enorme trascendencia para el futuro del país. Desde esas raíces, la identidad uruguaya y su anclaje imaginario terminarían de completarse con las euforias del Centenario y los impulsos reformistas del «primer batllismo»[6]. Sus referentes fueron muchos y algunos de ellos demostraron una real eficacia en su capacidad de inscripción profunda en el imaginario colectivo de los uruguayos. Una larga lista de «hazañas» y «virtudes» pareció convertirse en la matriz de una autoafirmación colectiva que se volvió sólida y perdurable: desde el pleno despliegue del culto «orista» en el soporte del valor de la moneda, hasta el orgullo por la maximización integradora de aquella sociedad cosmopolita o la dialéctica renovada de las diversas concepciones de nación de colorados (bajo el liderazgo batllista) y de blancos (desde la jefatura del herrerismo), pasando por la convicción acerca de la «excepcionalidad» del país afincada en sustentos tan diversos como la continuidad democrática, la «belleza de nuestras playas y nuestras ciudades» o los éxitos deportivos. Expandida y con nuevos componentes, la síntesis perdurable del Centenario no innovó sin embargo respecto a la matriz fundamental del primer imaginario de fines del siglo XIX, en particular en la dialéctica respecto a las alteridades brasileña y, sobre todo, argentina. En este sentido, el vigor reformista del primer batllismo no hizo más que agregar fundamentos de autoafirmación al «Uruguay ensimismado».

EL «URUGUAY INTERNACIONAL» COMO DESAFÍO HISTÓRICO: POLÍTICAS Y VISIONES

Esa dialéctica, que se podría calificar como constituyente de la trayectoria del país, ha proyectado y proyecta varios dilemas y discusiones. Allí radica el origen de ciertos postulados que han configurado principios ordenadores de la política exterior nacional a lo largo de la historia. El primero de ellos tiene que ver con la estrecha vinculación entre la reivindicación de la independencia nacional y la defensa irrestricta del derecho internacional como pauta de con-

6. Sobre el particular, cfr. Gerardo Caetano (coord.), *Los uruguayos del Centenario. Ciudadanía, nación, religión, educación*. Mont. Taurus, 2000.

vivencia entre los Estados. Hacia 1865, con la guerra fratricida ya instalada en la región, en su «Discurso inaugural del curso de Derecho de Gentes» pronunciado en la Universidad de la República, Alejandro Magariños Cervantes podía confirmar esa definición primordial de manera aún más contundente:

> Débiles como somos, no nos queda otro baluarte que el derecho internacional; la fuerza podrá diezmarnos impunemente; [...] pero si la razón está de nuestra parte, si podemos oponer al abuso de la fuerza un principio del derecho de gentes violado, la honra de la nación queda ilesa, y la historia justiciera se encarga de marcar en la frente del agresor, por más poderoso que sea, con un sello perdurable de infamia. Por eso ni el débil debe prevalecerse de su flaqueza para cometer actos que la ley natural condena, ni el fuerte violar el derecho del que no puede resistirle[7].

Resulta bastante indiscutible que los períodos de gobierno con hegemonía colorada y —aún relativa— del primer batllismo influyeron fuertemente en lo que muchos analistas han caracterizado como cierta «batllistización» de la sociedad uruguaya en su conjunto. Quizás una de las encarnaciones más vivas de esa asociación simbólica haya sido el establecimiento (por ley de octubre de 1919, impulsada por los legisladores batllistas) de un tercio del total de los días feriados oficiales directamente vinculados con la conmemoración de acontecimientos de origen extranjero o internacional: 1 de mayo (Día de los Trabajadores), 2 de mayo (Día de España), 25 de mayo (Día de América), 4 de julio (Día de la Democracia), 14 de julio (Día de la Humanidad), 20 de setiembre (Día de Italia)[8].

Ese intento batllista y colorado de construcción de una nacionalidad a través de «la identificación del país con ideales que lo trascendían»[9] también aparece reflejado en otra larga serie de manifestaciones y escenarios típicos de la época: a) la escuela pública, donde desde el nombre de los institutos hasta los programas de enseñanza remitían a esa manera de concebir la nación[10]; b) la identificación del Uruguay con otros países del mundo (Suiza, Francia, Dinamarca, Nueva Zelanda, etc.), lo que trasuntaba el deseo inocultable de ser una «isla» tan excepcional como ajena dentro de América Latina; c) la honda dramatización en la vivencia de los acontecimientos de la escena

---

7. «Discurso inaugural de Alejandro Magariños Cervantes a su Curso de Derecho de Gentes en 1865». *Revista Nacional*, n.º 57, julio de 1938, pp. 123 y ss.

8. Cfr. Celedonio Nin y Silva, *La república del Uruguay en su primer centenario (1830-1930)*. Montevideo, Sureda, 1930, p. 28.

9. Cfr. Barrán-Nahum, *Batlle, los estancieros y el Imperio británico*. Tomo 6. «Crisis y radicalización, 1913-1916». Montevideo, EBO, 1985, p. 231.

10. Cfr. Esther Ruiz, «Escuela y dictadura. La Enseñanza Primaria durante el terrismo (1933-1938)», en VV. AA., *El Uruguay de los años treinta. Enfoques y problemas*. Montevideo, EBO, 1994.

mundial (en verdad noroccidental); d) la propia modalidad de acción política del batllismo, con Batlle y Ordóñez iniciando sus discursos con la apelación deliberadamente amplia a los «uruguayos todos, vengan de donde vengan» o a través de las convenciones del legendario Teatro Royal, en donde muchas veces se cantaba el himno a Garibaldi o La Marsellesa y no se hacía lo mismo con el himno nacional.

ALGUNOS CONFLICTOS Y RETOS DE LOS TIEMPOS MÁS RECIENTES

Desde siempre hemos sabido que construir una identidad es a la vez «diferenciarse» y «parecerse». También que toda identidad depende de su alteridad, que todo «nosotros» se califica antes que nada en cómo concibe y se relaciona con sus «otros».

La identidad nacionalista uruguaya siempre ha elegido para afirmarse la alteridad «argentinista» y sobre todo la «porteña». Como se ha visto, toda la historiografía nacionalista uruguaya es «antiporteñista» (desde la «lucha de puertos» de la Colonia hasta mucho después de Artigas y su brega contra el centralismo avasallador de la metrópoli, con la famosa «doctrina Zeballos» que hacía del Uruguay un país «con fronteras secas», los enfrentamientos con el peronismo en los cuarenta o los cincuenta o los distanciamientos más recientes a propósito de las plantas de celulosa a orillas del río Uruguay). Pero, contra los agoreros, la condición de «rioplatenses» casi que nos condena a la resolución amistosa y hasta fraternal de nuestros desencuentros. Como han enseñado Angel Rosemblat y José Carlos Chiaramonte, la palabra *argentino*, como todas las palabras, como las voces *oriental* o *uruguayo*, también tiene su historia, compleja y a menudo sorprendente. En ciertos momentos de la historia, *argentino* quería decir fundamentalmente 'rioplatense'. Por eso fue que Juan Antonio Lavalleja, «prócer» de la independencia de Uruguay, en su proclama de la Agraciada del 19 de abril de 1825, dirigió su arenga a los «argentinos orientales», para escándalo de los historiadores uruguayistas posteriores, que luego lo «corrigieron» en los manuales escolares suprimiendo el primer vocablo.

La común condición de rioplatenses ha estado presente en muchos de los mejores y más sólidos puentes que han unido a nuestros pueblos. Fue, por ejemplo, aquel que el visionario Francisco Piria imaginara en el 900 para unir Montevideo con Punta Lara, en donde aún hoy se conserva abandonado su viejo palacio, en un barrio que se llama Piriápolis, sin que los lugareños sepan siquiera por qué[11]. Fue el descubrimiento de ese «Leonardo uruguayo»

---

11. Gustavo Vallejo, *Utopías cisplatinas. Francisco Piria, cultura urbana e integración rioplatense*. La Plata, Las Cuarenta, 2009.

que fue Pedro Figari, cuya primera consagración como pintor se produjo luego de su pasaje a Buenos Aires en 1921 y su integración posterior al grupo Martín Fierro. Sobre él dijo nada menos que Jorge Luis Borges, al prologar una de sus exposiciones en setiembre de 1928:

> Figari pinta la memoria «argentina». Digo *argentina* y esa designación no es un olvido anexionista del Uruguay, sino una irreprochable mención del Río de la Plata que, a diferencia del metafórico de la muerte, conoce dos orillas: tan «argentina» la una como la otra, tan preferidas por mi esperanza las dos[12].

Y lo decía Borges, que se creía oriental por haber sido concebido por sus padres en una estancia de la «Banda Oriental» (como siempre llamó al Uruguay). Fue el puente de Juan Carlos Onetti y su ciudad imaginaria de Santa María («75% Montevideo y 25% Buenos Aires» según él mismo consignara). Fue también Quijano y su legendaria «Marcha», inspiración y vocación para tantos de un lado y otro del «río mar», desde su emblema rebelde de *Navigare necesse, vivere non necesse*. Fue más recientemente la hermandad de los exilios y del miedo, de la lucha contra el terrorismo de Estado articulado regionalmente en el Plan Cóndor. Fue y es el legado imperecedero de la memoria de nuestros detenidos desaparecidos que siguen clamando verdad y justicia, de los rostros torturados hasta la muerte de Zelmar Michelini, Héctor Gutiérrez Ruiz, Rosario Robledo, William Whitelaw y del desaparecido Manuel Liberoff en mayo de 1976 o de los restos todavía no hallados de María Claudia García Irureta Goyena de Gelman, que nos gritan desde territorio oriental y desde la demanda nunca más justa de su hija Macarena y de todos nuestros muertos, que la barbarie no admitió ni respetó fronteras. Fue el retorno simbólico de Wilson Ferreira Aldunate el 16 de junio de 1984, desde ese Buenos Aires que fue sede de su primer exilio y donde encontró amigos que le permitieron salvar la vida en tiempos de asesinos. Fueron Florencio Sánchez, Horacio Quiroga, Carlos Gardel (eso sí, oriundo de Tacuarembó), Alfredo Zitarrosa (al que para elogiarlo y a la vez provocarlo, su amigo y guitarrista Alejandro del Prado lo «acusara» de *argentino*, en su entrañable canción homenaje titulada *Zitarroseando*)[13]. Son Severino Varela, Walter Gómez, son China Zorrilla, Thelma Biral, Víctor Hugo Morales, Menchi Sabat, el príncipe Francéscoli, Enrique Estrázulas, Jaime Ross, Rubén Rada, Leo Masliah, Jorge Drexler, Natalia Oreiro y tantos, tantos otros. Hasta el uruguayo Osvaldo Laport, declarado hace unos años en una encuesta de *Clarín* como «el argentino más sexy»...

Por ello, también desde el oficio de los historiadores, se impone blasfemar contra las locuras de ciertos nacionalismos xenófobos que hemos visto

---

12. Cfr. Jorge Luis Borges. *Figari*. Editorial Alfa, Buenos Aires 1930.
13. Cfr. https://www.youtube.com/watch?v=4yENcnodzT4.

emerger en estos últimos años, algunas provenientes —valga la reiteración— de los lugares más imprevistos. De lo que se trata es de recordar una y otra vez que el éxito de los países y de las regiones tiene mucho que ver también en cómo se articulan la política con la cultura, desde «políticas de la cultura» que no es necesario recordar que tienen mucho que ver con los mejores usos públicos de las palabras y del idioma. Como han escrito Luciano Álvarez y Chirsta Huber, pensando en Montevideo y Buenos Aires, pero desde una perspectiva que puede ampliarse a la idea a ambos países y a la cuenca rioplatense toda:

> [...] en fin, como buenos rivales y hermanos, ambas ciudades cruzan sus amores, sus celos, sus filias, sus fobias. [...] Otredades y cercanías, diferencias forzadas para construir rivalidades necesarias, imaginarios compartidos: barrios, sensibilidad y sensiblería; nostalgia de pasados mejores, tango, más porteño que montevideano; murga y candombe perdidos en el pasado porteño que hoy se refuerzan en recuperar de la mano del éxito de Jaime Ross y Rubén Rada. Montevideo y Buenos Aires en sus otredades y cercanías crean y viven, parafraseando a Borges, «un turbio pasado irreal que de algún modo es cierto» y «evocan una región / en que el Ayer pudiera / ser el Hoy, el Aún y el Todavía [...]»[14].

14. Luciano Álvarez-Christa Huber, *Montevideo imaginado.* Montevideo, Taurus, 2004.

Ciencias, lenguajes técnicos y lengua cotidiana. Gramáticas y diccionarios como mediadores

PABLO CAVALLERO
Academia Argentina de Letras

La ciencia y su lengua. ■ El lenguaje científico y la vida cotidiana. ■ Los diccionarios, las gramáticas y las ciencias. ■ Nebrija y Bello, pioneros. ■ Conclusión.

LA CIENCIA Y SU LENGUA

Es sabido que el término *ciencia* deriva del latín *scientia* y este del participio *sciens* —con el sufijo nominal femenino *-ia*— del verbo *scio*, cuyo valor es 'saber'[1]. De ahí que el sustantivo *scientia* significa 'conocimiento cierto' por oposición a la mera creencia; es el tener entendimiento en algún área y, de ahí, *erudición*[2]. Es el equivalente al griego ἐπιστήμη, correspondiente al verbo ἐπίσταμαι que, si bien en Homero se refiere a un «saber» de orden práctico, luego pasa a significar 'estar seguro de, comprender, saber'; de modo que el sustantivo ἐπιστήμη, a partir del significado 'conocimiento práctico', se transforma en la «capacidad para» y designa el «conocimiento científico», la «ciencia»[3].

Es lógico, pues, que si los conocimientos prácticos, como pueden ser el cocinar, el pescar, el cazar, tienen su propio léxico[4], también lo tenga cada una de las ciencias que el intelecto humano ha desarrollado. Así tenemos los llamados «lenguajes técnicos» que, si bien por su nombre derivado de τέχνη refieren al «arte» o a la «artesanía», corresponden a las diversas áreas específicas del saber en las que hay conceptos propios que designan sus realidades.

Esa especificidad de cada ciencia genera entonces un amplio vocabulario que no siempre ingresa al lenguaje cotidiano, entendiendo por este no solo lo «diario, correspondiente a todos los días»[5] sino lo coloquial popular. Pues es posible que los científicos empleen a diario ese léxico, pero no así el hablante general de la lengua. Por otra parte, el rango culto que necesariamente tiene el lenguaje científico hizo que se formara a partir de voces latinas y/o griegas, ingresadas a nuestro español de modo directo o a través de alguna otra lengua moderna que las adaptó; para dar un ejemplo, al primer caso corresponde *metatarso* (μετά + ταρσός lit. 'más allá de la planta del pie' o 'junto con la planta del pie') y, al segundo, *peroné*, que fue tomado del francés *péroné* y este del griego περόνη 'gancho, broche' que en español debería haber dado **pérona*.

---

1. Ernout, A., y Meillet, A., *Dictionnaire étymologique de la langue latine*, París, Klincksieck, ^{3}1951, pp. 1062-1064.
2. *Oxford Latin dictionary*, Oxford, Clarendon Press, 1968, *s. v.*
3. Chantraine, P., *Dictionnaire étymologique de la langue grecque*, París, Klincksieck, 1968, p. 360b. Beekes, R. - van Beek, L., *Etymological dictionary of Greek*, Leiden, Brill, 2010, p. 445.
4. Véase la colección publicada por la Academia Argentina de Letras «La Academia y la lengua del pueblo», que incluye léxicos del andinismo, del tango, de la cestería, del teatro, del bebé, de las armas criollas, de los dulces caseros, del ciclismo, del automóvil, del telar, del tonelero, de la caña de azúcar, de la política argentina, de la carpintería, del dinero, del pan, del vino, de la carne, del colectivo. Asimismo, Postigo de Vedia, A. y Díaz de Martínez, L., *Diccionario de términos de la administración pública*, Buenos Aires, AAL, 2006.
5. *Diccionario de la lengua española*, Madrid, RAE-ASALE, en línea.

A diferencia de los léxicos de artes y artesanías, que suelen emplear vocablos tradicionales, el origen grecolatino de los vocablos científicos suele colaborar en que resulten abstrusos. Si los ejemplos que acabo de mencionar correspondientes a la anatomía y medicina pueden ser cotidianos y más o menos comprensibles, hay otros que no lo son. Si un médico nos dice que tenemos un problema en el esternocleidomastoideo, poca gente entenderá que se trata de un músculo y no sabrá por qué se llama así; el especialista seguramente tendrá que explicar que es un músculo que va del esternón (< στέρνον, 'hueso extendido') y la clavícula (< κλείς, -ιδός, 'llave, clave') hasta el hueso mastoideo μαστοειδής, que se encuentra en el cráneo y «se parece a un seno», músculo que permite la torsión del cuello y de la cabeza. Algo similar podría ocurrir en el ámbito de la retórica. Es posible que la gente en general entienda de qué se trata una metáfora, pero es más difícil que sepa qué es una sinécdoque o una hipálage. En el campo de la gramática se entiende qué es una «oración», pero si se menciona un predicativo objetivo, un lexema, un alomorfo, un deíctico, la comprensión se dificulta. Todo dependerá del grado de acercamiento que el hablante tenga con la ciencia en cuestión.

EL LENGUAJE CIENTÍFICO Y LA VIDA COTIDIANA

Pero hay casos en que el lenguaje científico se vuelca en el popular. Así tenemos una canción de Juan Luis Guerra que dice: «Me sube la bilirrubina,/ ¡ay!, me sube la bilirrubina,/ cuando te miro y no me miras,/ ¡ay!, cuando te miro y no me miras./ Y no lo quita la aspirina,/ no, ni un suero con penicilina./ Es un amor que contamina./ ¡Ay!, me sube la bilirrubina».

En este texto, la aspirina y el suero resultan conocidos, quizás también la penicilina, pero no todos los oyentes saben qué es la bilirrubina, aunque puedan suponer que se trata de algún elemento cuyo ascenso resulta dañino. Hay que consultar a un médico, a un bioquímico o a un farmacólogo para asegurarse de que es un 'pigmento biliar de color amarillo'. Asimismo, durante la reciente pandemia que azotó al mundo, muchos términos pasaron del lenguaje científico al cotidiano porque eran mencionados a diario por los medios de comunicación: desde *pandemia* mismo hasta *hisopado* o siglas como PCR eran explicados por los especialistas y utilizados por la gente aun sin saber exactamente qué designaban[6].

6. PCR es una sigla inglesa que corresponde a «Reacción en Cadena de la Polimerasa» y designa una prueba de diagnóstico que permite detectar un fragmento del material genético de un patógeno. La pandemia suscitó también publicaciones de difusión, como la de Barale, J., «Algunas covetimologías», *Ciencia hoy*, 29, n.º 170 (junio-julio 2020), pp. 10-11, que se ocupó de *asma, barbijo, catarro, confinamiento, corona, diagnóstico, epidemia, fármaco, gripa, máscara, neumonía, pandemia, protocolo, rebaño, síntoma, testeo, tos, tratamiento* y *virus*;

Si ejemplificamos con el campo del derecho, recientemente la Argentina se vio sacudida por dos crímenes cuyas sendas víctimas fueron un joven de veinte años y un niño de cinco. Los medios de comunicación dieron amplia cobertura a los juicios, que se desarrollaron casi simultáneamente, de modo que surgieron de ella algunos términos específicos. El que más circuló es el adjetivo *preterintencional* que los defensores usaban para alegar un atenuante y que los mismos periodistas explicaban como referido a una acción que había provocado efectos más graves que los pretendidos. En este adjetivo el prefijo *preter-* deriva del latín *praeter* que significa 'además, más allá de', de modo que el adjetivo califica a lo 'que fue más allá de la intención'.

Y así podríamos tener muchos ejemplos de otras ciencias.

LOS DICCIONARIOS, LAS GRAMÁTICAS Y LAS CIENCIAS

Pero es claro que, cuando los hablantes / oyentes nos encontramos en la situación de no conocer los tecnicismos del lenguaje científico, podemos recurrir al instrumento habitual que ilustra sobre el léxico de una lengua: el diccionario. Por una parte, es posible utilizar diccionarios o glosarios específicos de un arte o ciencia, como el *Glosario de términos gramaticales*[7], el *Diccionario de retórica y poética* de Helena Beristáin[8] o los *Elementos de retórica literaria* de Heinrich Lausberg[9], el *Diccionario de bioquímica y biología molecular* de F. Widmer[10], el *Diccionario de términos médicos*[11] o el muy reciente *Diccionario panhispánico del español jurídico*[12]. Por otra parte, es posible recurrir al *DLE* que, en general, recoge también el léxico científico.

Estos diccionarios, como de algún modo también las gramáticas, son las herramientas que permiten salvar la brecha entre los tecnicismos de las ciencias y el lenguaje cotidiano, poniendo en términos más coloquiales los conceptos específicos de esas voces técnicas. El diccionario nos «traduce» en una expresión más asequible el significado de esos términos.

---

la reflexión de Ciapuscio, G., «El habla de la pandemia», *Ciencia hoy*, 29, n.º 170 (junio-julio 2020), pp. 25-28; véase Cavallero, P., «Academia, pandemia y etimologías», en *Homenaje. Academia Argentina de Letras, 90.º aniversario (1931-2021)*, Buenos Aires, AAL, 2021, pp. 59-68, donde me ocupé de *academia / pandemia / epidemia, cepa, clínica, hospital, nosocomio, cuarentena, hisopado, síntoma, síndrome, vacuna*.

7. RAE-ASALE, *Glosario de términos gramaticales*, Salamanca, Ediciones Universidad, 2019.
8. Beristáin, H., *Diccionario de retórica y poética*, México, Porrúa, ^{7}1995.
9. Lausberg, H., *Elementos de retórica literaria*, Madrid, Gredos, 1966.
10. Widmer, F., *Diccionario de bioquímica y biología molecular*, Zaragoza, Acribia, 2000.
11. Real Academia de Medicina, *Diccionario de términos médicos*, Madrid, 2012.
12. RAE-ASALE, *Diccionario panhispánico del español jurídico*, Madrid, 2022.

NEBRIJA Y BELLO, PIONEROS

El mundo moderno ha ido desarrollando estos instrumentos cada vez con mayor acribia. Sin duda ha sido un pionero en esa labor Elio Antonio de Nebrija (1444-1522), a quien estamos honrando con motivo del quinto centenario de su muerte. Como filólogo que fue, no solo compuso la primera *Gramática castellana* o *Arte de la lengua castellana que hizo el maestro de la latina Antonio de Nebrija* (1492), primera de las románicas, sino que también redactó el primer *Diccionario latino-español* (1492) y el *Vocabulario español-latino* (1494). A esto se suma un diccionario latino-francés (1519) y un póstumo *Diccionario médico* en latín (1545). Podríamos añadir las *Introducciones latinas* (1481-1495) que sirvieron para la elaboración de las gramáticas de las lenguas indígenas. Si tenemos en cuenta que en su época el latín era todavía la lengua de la ciencia y de la cultura en general, su obra pretendió «explicar» la lengua a los hablantes y hacer una conexión entre el lenguaje culto-científico y el usuario general.

Otra figura ejemplar en estas intenciones ha sido la del humanista venezolano naturalizado chileno Andrés Bello (1781-1865), quien además de redactar el *Código civil* de Chile y el de Colombia y de escribir opúsculos gramaticales, jurídicos y científicos, obras filosóficas, literarias e históricas, compuso una *Gramática de la lengua latina*[13], consciente el autor de su importancia para la ciencia, pero también una *Gramática de la lengua castellana destinada al uso de los americanos*[14], cuyo título denota el interés práctico de acercar la ciencia al hablante: muchos capítulos o apartados incluyen en sus epígrafes el término *uso*[15] para indicar que se enfocan en el empleo concreto de ciertos rasgos de la lengua. Ella se complementa con obras previas como *Análisis ideológica de los tiempos de la conjugación castellana*[16], los *Principios de la ortología y métrica de la lengua castellana*[17] e *Indicaciones sobre la conveniencia de simplificar i uniformar la ortografía en América*[18], simila-

---

13. Bello, A., *Gramática de la lengua latina*, Santiago, La Opinión, 1838.
14. Bello, A., *Gramática de la lengua castellana destinada al uso de los americanos*, Santiago, Progreso, 1847.
15. Véanse los capítulos 28, 31, 35, 36, 39, 46, 47, 50.
16. Bello, A., *Análisis ideológica de los tiempos de la conjugación castellana*, Valparaíso, Imprenta Rivadeneyra, 1841.
17. Bello, A., *Principios de la ortología y métrica de la lengua castellana*, Santiago de Chile, La Opinión, 1835.
18. Bello. A., *Indicaciones sobre la conveniencia de simplificar i uniformar la ortografía en América*, en colaboración con Juan García del Río; Londres, Biblioteca Americana, 1823. El simplificar y el uniformar buscan, claramente, facilitar el uso escrito cotidiano de la lengua. Las letras *g* y *j* se unifican en *j*: «jénero», «jerundio», «pájina»; la *y* se escribe como la latina en su empleo vocálico: conjunción «i», adverbio «hoi». Conserva, empero, la distinción de *z / c / s* («necesidad») y el uso de la *h* («habla»).

res estas últimas a la propuesta aún más audaz de Domingo F. Sarmiento[19]. Si bien son todas estas obras trabajos científicos, están pensadas no solo para los especialistas y docentes sino también para el usuario general, como lo revela también la propuesta ortográfica.

CONCLUSIÓN

En fin, si el lenguaje científico es inabarcable para todos los hablantes, dadas su diversidad y sus especificidades, es posible que él se acerque al lenguaje cotidiano, no solo mediante obras artísticas que lo empleen o medios de comunicación que lo difundan sino especialmente a través de su incorporación en los diccionarios que, además de registrar los usos, siempre han de ser docentes para el usuario nativo y para el extranjero. El diccionario —y en cierta medida también la gramática— es un mediador entre la ciencia y el hablante general de una lengua.

---

19. Dejando de lado la etimología, priorizando el uso americano y con el fin de facilitar el aprendizaje de la lectura y la escritura, en 1843 presentó ante la Universidad de Chile su *Memoria sobre la ortografía*, en la que propuso suprimir la letra *h* por ser muda; unificar *v* con *b* y *z/c* con *s*; y representar la *x* con la combinación *cs* o *gs*; conservar la *c* ante las vocales *a*, *o* y *u*, reemplazar la *g* por *j* en combinación con *e* y con *i*.

Libros y viajes: el Inca Garcilaso y Luis Jerónimo de Oré, dos ingenios andinos en la Florida española

RAQUEL CHANG-RODRÍGUEZ
Academia Norteamericana de la Lengua Española

La Florida española. ■ Córdoba, La Florida, el Perú. ■ Fuentes y contenido heterogéneos. ■ ¿Cautiverio, aculturación, transculturación, mestizaje?

En una relectura de *La Florida del Inca* (Garcilaso, 1605) y la *Relación de los mártires de La Florida* (Oré, c. 1619), el ensayo se detiene en cómo la admiración por un libro y la preocupación por una región propician el encuentro en Córdoba de ambos luminares e informan sobre el vínculo de La Florida con el virreinato peruano tanto como de su centralidad en la compartida historia de España, de la América del Sur y la del Norte.

Mi ensayo se centra en dos integrantes de la primera generación de intelectuales hispano-criollos nacidos en el virreinato del Perú: el franciscano Luis Jerónimo de Oré (1554-1630) y el cronista Garcilaso de la Vega (1539-1616). El primero viajó presencialmente a La Florida mientras el segundo lo hizo virtualmente. Son producto de estos periplos, uno real y el otro imaginario, la *Relación de los mártires de La Florida* (c. 1619) y *La Florida del Inca* (1605)[1], libros donde ambos autores expresaron su compromiso con el avance de la catequización entre los nativos floridanos. Oré, oriundo de Guamanga (hoy Ayacucho), en el altiplano andino, viajó a España e Italia representando a la orden seráfica, misionó en La Florida y Cuba y llegó a ser obispo de Concepción en el actual territorio de Chile[2]. En la *Relación* cuenta sus experiencias en la América del Norte y el Caribe. Mi encuentro con este misionero políglota se lo debo a Garcilaso de la Vega, quien también viajó a España, se estableció en Córdoba y allí escribió su obra. Me explico. En 1612 el franciscano guamanguino, en camino a encontrarse con misioneros a su cargo destinados a La Florida, visitó al cronista cuzqueño en la villa bética. El Inca describe la reunión en la segunda parte de *Comentarios reales* o *Historia general del Perú* (1617). Antes de pasar al encuentro suscitado por un libro y un compartido interés, vale recordar someramente la creciente importancia de La Florida.

LA FLORIDA ESPAÑOLA

El mapa de Juan Vespucci (1526) confirmó el contorno de América del Norte y corroboró que La Florida no era una isla[3]. En el amplio contexto de la política europea, era urgente proteger las embarcaciones y ciudades españolas en América de los ataques de piratas y corsarios para asegurar el paso del

1. He consultado la ed. crítica de Carmen de Mora Valcárcel, México: Frente de Afirmación Hispanista, 2021.
2. Para ampliar la información biográfica, ver Raquel Chang-Rodríguez, *Luis Jerónimo de Oré y su «Relación» (c. 1619): el testimonio de un peruano en La Florida española*, Boston: Instituto Cervantes at FAS-Harvard University, 2021.
3. En su mapa, Vespucci llamó a la parte norte de la vasta La Florida (incluyendo porciones del actual estado de Carolina del Sur) «Tierra nueva de Ayllón» en honor a Lucas Vázquez de Ayllón y su expedición de 1521.

tesoro de Indias. La reorganización del sistema de flotas respondió a esas inquietudes y dio lugar a un renovado interés en la zona ya que el convoy se detenía en La Habana —a partir de 1564— y desde allí iniciaba el cruce del Atlántico. La exitosa explotación de las minas de plata en Zacatecas, en la zona norte del virreinato de la Nueva España, motivó a los exploradores a buscar una nueva ruta terrestre hacia México a través de La Florida y alentó la exploración del centro continental. Según el plan, si tal derrotero se estableciera, aceleraría la transferencia de plata novohispana a un convoy de barcos que esperaría en la costa sureste de América del Norte, evitando navegar por el peligroso Caribe.

La llegada a La Florida (1562) de protestantes franceses (hugonotes) reavivó el fervor religioso de los católicos españoles y enfureció a Felipe II, quien los desalojó prontamente del área. Pedro Menéndez de Avilés expulsó a los intrusos y retomó la colonización de la zona. El flamante adelantado de La Florida fundó San Agustín (1565)[4] y Santa Elena (1566) y les confió a los jesuitas la tarea misionera en esas tierras[5]. En 1572 un grupo de ignacianos fue martirizado por indígenas en la bahía de Santa María del Jacán o Ajacán (Chesapeake Bay) y la orden decidió abandonar La Florida. Al siguiente año los franciscanos ingresaron a la región con el encargo de continuar la labor catequética[6]. Noticias de ricos reinos en el centro del continente renovaron el interés por el territorio y sustentaron las ambiciones de quienes esperaban encontrar otra Tenochtitlan, otro Cuzco. Mucho se especuló sobre una posible ruta a la China atravesando la masa continental hacia el norte o a través de una vía marítima.

CÓRDOBA, LA FLORIDA, EL PERÚ

En efecto, Oré, en camino a Cádiz y Sevilla para reunirse con los misioneros a su cargo, se entrevistó en Córdoba con su paisano y le pidió copias de *La Florida del Inca*, su crónica primeriza. Viajero virtual, Garcilaso había narrado, en base a información proporcionada por Gonzalo Silvestre y las relaciones de Coles y Carmona, los sucesos de la expedición (1539) de Hernando de

---

4. Su fundación ocurrió 42 años antes de que los ingleses establecieran la colonia de Jamestown (moderno estado de Virginia, EE. UU.) en 1607, y 55 años antes de la llegada de los peregrinos a Plymouth (actual estado de Massachusetts, EE. UU.), en 1620.

5. Sobre el empeño del soberano en asignarle la tarea a los franciscanos, ver Maynard Geiger, *The Franciscan Conquest of Florida (1537-1618)*, Washington D. C: The Catholic University of America, 1937.

6. Primero circunscribieron sus esfuerzos al área de San Agustín; después los expandieron y crearon todo un sistema de misiones, ver Jerald T. Milanich, *Laboring in the Fields of the Lord: Spanish Missions and Southeastern Indians*, Gainesville: University Press of Florida, 2006.

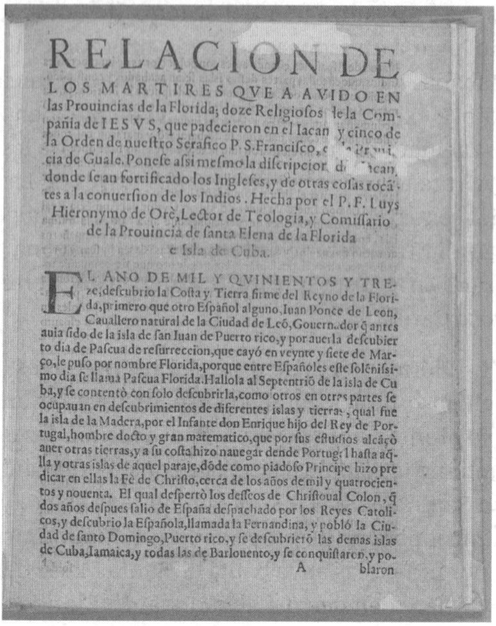
RELACION DE LOS MARTIRES QVE A AVIDO EN las Prouincias de la Florida; doze Religioſos [illegible]e la Compañia de IESVS, que padecieron en el Iacan y cinco de la Orden de nueſtro Serafico P. S.Franciſco, [illegible] cia de Guale. Poneſe aſsi meſmo la diſcripcion d[illegible]can, donde ſe an fortificado los Ingleſes, y de otras coſas tocã tes a la conuerſion de los Indios. *Hecha por el P. F. Luys Hieronymo de Orè, Lector de Teologia, y Comiſſario de la Prouincia de ſanta Elena de la Florida e Isla de Cuba.*

EL AÑO DE MIL Y QVINIENTOS Y TREze, deſcubrio la Coſta y Tierra firme del Reyno de la Florida, primero que otro Eſpañol alguno, Iuan Ponce de Leon, Cauallero natural de la Ciudad de Leõ, Gouern..dor q̃ antes auia ſido de la isla de ſan Iuan de Puerto rico, y por auerla deſcubierto dia de Paſcua de reſurreccion, que cayó en veynte y ſiete de Março, le puſo por nombre Florida, porque entre Eſpañoles eſte ſolẽniſsimo dia ſe llama Paſcua Florida. Hallola al Septentriõ de la isla de Cuba, y ſe contentò con ſolo deſcubrirla, como otros en otras partes ſe ocupauan en deſcubrimientos de diferentes islas y tierras, qual fue la isla de la Madera, por el Infante don Enrique hijo del Rey de Portugal, hombre docto y gran matematico, que por ſus eſtudios alcãçò auer otras tierras, y a ſu coſta hizo nauegar dende Portugal haſta aq̃lla y otras islas de aquel paraje, dõde como piadoſo Principe hizo predicar en ellas la Fè de Chriſto, cerca de los años de mil y quatrocientos y nouenta. El qual deſpertò los deſſeos de Chriſtoual Colon, q̃ dos años deſpues ſalio de Eſpaña deſpachado por los Reyes Catolicos, y deſcubrio la Eſpañola, llamada la Fernandina, y pobló la Ciudad de ſanto Domingo, Puerto rico, y ſe deſcubrierõ las demas islas de Cuba, Iamaica, y todas las de Barlouento, y ſe conquiſtaron, y po-

A blaron

Figura 1. Portada de la *Relación de los mártires de La Florida* de Luis Jerónimo de Oré. Fuente: cortesía del Departamento de Colecciones Especiales de las Hesburgh Libraries, University of Notre Dame.

Soto a tierras floridanas. Esta, como recordamos, fue costeada con el tesoro del rescate del inca Atahualpa que De Soto había recibido en recompensa a sus servicios en el virreinato peruano. Oré estaba convencido de que la lectura de esa crónica les sería provechosa a los franciscanos bajo su tutela, destinados a evangelizar en esa región[7]. Garcilaso le regaló siete libros a su compatriota: tres copias de *La Florida del Inca* y cuatro de la primera parte de *Comentarios reales* (1609) y le deseó mucho éxito en su labor misionera:

> Mandóme que le diese algún libro de nuestra historia de la Florida [...], para saber y tener noticias de las provincias y costumbres de aquella gentilidad [...] La Divina Majestad se sirva de ayudarles, [...] para que aquellos idólatras salgan del abismo de sus tinieblas[8].

---

7. «Este religioso, Fray Luis Jerónimo de Oré, iva dende Madrid a Cáliz [*sic*] con orden de sus superiores y del Consejo Real de las Indias para despachar dos dozenas de religiosos, o ir él con ellos, a los reinos de la Florida, a la predicación del Santo Evangelio a aquellos gentiles. No iva certificado si iría con los religiosos o si bolvería haviéndolos despachado», Garcilaso de la Vega, Inca, *Historia general del Perú*, ed. Ángel Rosenblat (Buenos Aires: Emecé, 1944), vol. 3, libro 7, cap. 30, p. 182.

8. *Historia general del Perú*, ed. Ángel Rosenblat (Buenos Aires: Emecé, 1944), vol. 3, libro 7, cap. 30, p. 182.

La conversación, según la detalla el Inca, se centró después en la rebelión de Gonzalo Pizarro contra la imposición de las nuevas leyes (1542) en el virreinato peruano y el castigo de sus líderes. Así, mi «entrada» en La Florida es vía Perú: por medio de un viajero virtual, el Inca Garcilaso. La lectura de la segunda parte de *Comentarios reales* me condujo a Oré quien, en contraste con el cronista cuzqueño, sí viajó presencialmente a Cuba y La Florida (1614) y plasmó sus experiencias de este periplo misionero en la *Relación*, publicada sin pie de imprenta alrededor de 1619[9] (figura 1).

FUENTES Y CONTENIDO HETEROGÉNEOS

Por la variedad de temas tratados, la *Relación* es un verdadero cajón de sastre. A diferencia de la crónica del escritor cuzqueño centrada en la expedición de Hernando de Soto, la *Relación* de Oré repasa más de un siglo de historia de La Florida. Para componerla el autor incluyó información de testigos, bitácoras náuticas, fuentes históricas, informes a la Corona de religiosos y seglares, todo matizado por su propia experiencia en geografías tan diferentes. El relato se abre precisamente con la llegada en 1513 de Juan Ponce de León a esa zona de Norteamérica. La *Relación* introduce peculiares incidentes que muestran las rivalidades de las potencias europeas y sus ambiciones imperiales en América del Norte y cómo España las combatió. Por ejemplo, detalla un lance curioso: por orden de la Corona, el gobernador de Cuba ordenó el retiro de una «columna» que portaba el escudo de armas francés. Explica que el explorador Jean Ribault había tomado posesión del área para el rey de Francia y, como prueba,

> señalaron por padrón [...] un árbol altísimo, y en el pusieron un escudo de las armas y flores de lises de Francia[10].

Los españoles destruyeron Charlesfort —el primer asentamiento francés en La Florida—, hallaron la columna, la derribaron y la enviaron a España

9. Juan de Vivanco, nuevo comisario general de las Indias, le encargó inspeccionar las misiones floridanas y los conventos en Cuba (AGI, Santo Domingo 25, Resolución del 12 de junio de 1614, 1.er folio). El franciscano no viajó ni en 1612 ni en 1613; en la segunda ocasión, su orden le encargó preparar una biografía de Francisco Solano, misionero entre los calchaquíes, de Tucumán (noroeste de la actual Argentina) propuesto para beatificación. La completó y publicó en 1614. Por la lista de pasajeros a Indias sabemos que Oré se embarcó en Sevilla hacia La Habana el 27 de junio de 1614 (AGI, Contratación, 5538, L. 2. F.128-128v).

10. Luis Jerónimo de Oré, *Relación de los mártires de La Florida*, ed. Raquel Chang-Rodríguez (Lima: Fondo Editorial, PUCP, 2014), pp. 96-97. Para más detalles sobre este incidente ver Paul E. Hoffman, *A New Andalucia and a Way to the Orient: The American Southeast during the Sixteenth Century* (Baton Rouge: Louisiana State University Press, 2004).

en 1564. La *Relación* cierra con la reunión (1616) del cabildo franciscano en San Buenaventura de Guadalquini y no en San Agustín[11] (figura 2).

Figura 2. El cacique timucuano Atore mostrándoles la columna demarcatoria del territorio francés a Laudonnière y otros exploradores galos. Fuente: atribuido a Jacques Le Moyne de Morgues, en Theodore de Bry, *Brevis narratio eorum quae in Florida Americae provincia Gallis acciderunt* (1591), grabado 8; cortesía de la Special Collections Department, University of South Florida. Digitalización de USF Libraries Digitization Center.

Si *La Florida del Inca* se distingue por las elogiosas descripciones de los nativos, la *Relación* se destaca por sus múltiples fuentes, el amplio lapso cronológico que abarca (de 1513 a 1616) y la inclusión de detalles peculiares en tanto las conversiones religiosas. Veamos un curioso caso de secuestro, adaptación y retorno a los usos autóctonos.

¿CAUTIVERIO, ACULTURACIÓN, TRANSCULTURACIÓN, MESTIZAJE?

Me refiero a don Luis de Velasco, también conocido como Paquiquineo. Este joven cacique, probablemente de la etnia *powatan*, fue capturado alrededor

11 Según indica Oré, se reunían allí porque era menos costosa la alimentación de los indígenas y frailes y también porque los representantes franciscanos de los territorios de Timucua y Guale podían viajar al área en canoa, un medio más rápido y fácil, *Relación de los mártires de La Florida*, ed. Raquel Chang-Rodríguez, Lima: Fondo Editorial, PUCP, 2014, p. 189. La decisión subraya el alto costo de vida en pueblos fronterizos y las dificultades de transporte en La Florida, tema reiterado por Oré.

de 1560, poco después de la fallida expedición de Tristán de Luna y Arellano (1557-59)[12]. Lo bautizaron en México y su padrino fue Luis de Velasco y Ruiz de Alarcón, virrey de la Nueva España (1550-64), de ahí su nombre. Después pasó a España, donde gozó de la protección del rey y estuvo bajo la tutela de los jesuitas, quienes lo catequizaron y le enseñaron las costumbres españolas. La piadosa conducta del joven inspiró confianza entre sus mentores, quienes creyeron genuino su deseo de propagar el evangelio entre los suyos. Por eso acompañó a los ignacianos en su misión a la bahía de Santa María de Ajacán. Después de regresar a sus lares con los frailes, don Luis volvió a sus antiguas costumbres, abandonó el catolicismo, apoyó la idea de eliminar a los jesuitas y participó en su martirio. Protegido por otro grupo indígena, el único sobreviviente de la matanza fue un joven español, Alonso de Lara, quien había acompañado a los frailes para ayudarlos en la tarea misionera y a la vez aprender las prácticas nativas.

En cuanto al caso del adolescente Luis de Velasco (Paquiquineo), no deja de sorprender la falta de comentario sobre su captura. ¿Acaso Oré acepta el método del rapto en apoyo de la expansión imperial y la labor misionera? ¿Acaso el desgraciado final de los ignacianos se presenta como advertencia al exceso de confianza y a los peligros de una forzada y falsa aceptación del dogma católico?

La *Relación* consigna este trágico fracaso. No obstante, abunda en el progreso logrado por los misioneros franciscanos cuyo éxito, acompañado de ejemplos que muestran la buena disposición de los neófitos y también el apoyo divino de la labor evangelizadora, sirve de propaganda para quienes proponen no claudicar en la tarea misionera de La Florida. Así, mantener la región dentro del imperio por su posición estratégica, alejar a los herejes de ese territorio, reconocer la capacidad de sus habitantes y avanzar la evangelización por métodos suasorios, son temas reiterados tanto por Oré como por Garcilaso. Desde una perspectiva global y personal, ambos autores tejen los hilos de experiencias sorprendentes y terribles y las plasman en sus libros. Cuando los leemos hoy día y reflexionamos sobre procesos de contacto, transculturación y mestizaje, vislumbramos la pertinencia de estos escritos en la fragua de la historia compartida por España, la América del Sur y la del Norte cuya marca nos distingue y convoca entonces y hoy.

12. Hay diferentes versiones de su captura.

La lengua, una diversidad común

ALONSO CUETO

Academia Peruana de la Lengua

Es obvio que nunca ha habido un tráfico de palabras más nutrido que el que hemos visto durante las últimas décadas entre los países de habla española. Este es un cambio significativo respecto de otros tiempos. Como bien sabemos, en 1892, el escritor peruano Ricardo Palma vino a Madrid para presentar ante la Real Academia Española centenares de americanismos que buscaba fueran aceptados. Todas las palabras y expresiones que por entonces fueron rechazadas son hoy parte del *Diccionario* de la Academia. Hoy figuran en el diccionario setenta y cinco palabras de origen quechua, entre ellas *cancha, pucho, calato, chingana, carpa* y *chacra*. Palma iba a publicar luego una lista de estos términos en sus *Papeletas lexicográficas* (1903), con dos mil setecientas voces. Otros peruanismos como *cacharpas* ('trebejos' o 'cosas') o *candelejón* ('ingenuo' o 'tonto') han sido aceptados en nuevas ediciones del *Diccionario* de la Academia. También, un equivalente de *reñir* que se remonta al Perú del siglo XVI: *resondrar*.

No siempre fue así. Recuerdo que cuando llegué a vivir a España a inicios de 1977 me encontré con diferencias en el vocabulario, entre ellas el uso de palabras totalmente nuevas para mí. En Madrid se decía *maletero*, en vez de *maletera*, *jersey* en vez de *chompa* y *follón* en vez de *chongo*. Me extrañaba por entonces la relación negativa en España con el inglés expresada a través del cine. A John Wayne se le llamaba John Wayne, a James Dean se le decía James Dean y las películas tenían mucho *suspense*. En un *western* doblado al español que vi en un cine en Madrid, John Wayne entraba a una cantina en el Lejano Oeste y le decía al camarero: «Chato, dame un corto». Por otro lado, daban algunas películas de Tarzán en la televisión. En ellas Johnny Weissmuller, el actor que hacía del protagonista, tenía un acento madrileño. En un arrebato nacionalista, este Tarzán castellano había cambiado el nombre de la mona Chita por Concepción, y así la llamaba a lo largo y ancho de la selva.

Por aquellos años se podía aplicar una historia que contaba el gran escritor mexicano José Emilio Pacheco que quisiera adaptar al de la llegada de un turista peruano a un hotel en Madrid.

La historia es conocida. Apenas instalado en su pieza, el peruano llama por teléfono a la recepción y le dice una frase al conserje: «Disculpe. Como el caño de la tina se ha malogrado, le ruego mandar a un gasfitero para que lo arregle». Al escucharlo, por entonces, el conserje no entiende cinco palabras de la frase, no comprende lo que el pasajero le está pidiendo. El peruano recién llegado no sabe que debía haber dicho: «El grifo de la bañera se ha estropeado, le ruego enviar a un fontanero para que lo repare».

Sin embargo, desde hace ya varios años, muchas de estas palabras diferentes se están volviendo comunes. *Culebrón* no es infrecuente en la América Latina y la palabra *ninguneo*, de origen mexicano, hace mucho viene usándose en la Península. Hace poco oí decir a una amiga española que había una expresión común en España: «ni chicha ni limonada». Es una frase que se refiere a que algo es indefinible, sin fuerza ni personalidad. Nos quiere decir que no es tan fuerte como la chicha ni tan suave como la limonada. La expresión se usa en toda la América Latina, y hay una vieja canción de Víctor Jara con ese nombre. Se usa por supuesto en el Perú, de donde se supone procede la chicha de jora, aunque la limonada llegara luego.

Uno de los caminos para dirigirnos a esta comunidad del idioma ha sido marcado por las editoriales españolas que publicaron las novelas latinoamericanas. Desde la década de los sesenta, estos editores (con Carlos Barral a la cabeza) difundieron las obras de Vargas Llosa, Julio Cortázar y otros en el lenguaje coloquial en el que fueron escritas, una norma que las editoriales han continuado. Hoy no nos podemos imaginar cómo serían los libros de Rulfo o Cortázar, si algún editor español los hubiera buscado traducir a la jerga madrileña. A todo esto habría que agregar que mientras el español se sigue integrando como lengua común, muchos idiomas nativos de América siguen desapareciendo cada año. En el Perú han desaparecido ya treinta y siete lenguas originarias y hay otras veintiuna, como el bora y el yanesha, en peligro inminente de seguir ese camino. Felizmente el quechua, que todavía tiene más de diez millones de hablantes en siete países, parece resistir por ahora esa marea. En el Perú tenemos casi cuatro millones de hablantes de quechua. De cualquier modo, las incrustaciones de quechuismos en nuestro castellano ya forman parte del idioma.

Esa polinización de nuestra lengua se ha extendido gracias a los inmigrantes, el turismo, las relaciones comerciales y la televisión. Este proceso se irá acentuando.

La idea de la pureza o la inviolabilidad del idioma me parece, por eso, inútil y anacrónica. En algún momento se pensó que los escritores somos unos abanderados en una supuesta lucha contra la influencia del inglés. Se trata de un viejo anhelo que quedó consagrado por la ansiosa pregunta que Rubén Darío le hace a la esfinge en su poema «Los cisnes», de *Cantos de vida y esperanza*: «¿Seremos entregados a los bárbaros fieros? ¿Tantos millones de hombres hablaremos inglés?». Hoy es cierto que estamos rodeados de palabras inglesas, aunque no siempre por razones de imitación. El hecho de que usemos términos como *mouse* o *chip,* por ejemplo, se debe no solo a la influencia del inglés en nuestras vidas sino también a las ventajas del monosílabo en una era de comunicaciones rápidas. Defender el español de la invasión del inglés es tan absurdo como haber querido defenderlo del árabe en siglos pasados. Hoy, las palabras de origen árabe (como *tarea*, *alcalde* y *acequia*) son tan españolas como cualquier otra. Lo mismo ocurrirá con las palabras inglesas que se incorporen, porque el corazón de un idioma no está en las palabras que usa sino en su gramática. Los modismos, frases, términos asimilados de otros idiomas serán incorporados a las estructuras gramaticales que forman el alma de una lengua.

Esta lengua, como bien sabe la Real Academia Española, es un organismo vivo, que depende de sus hablantes. Nuestra misión es defender la claridad del idioma, pero también su riqueza. El habla coloquial es la sala de máquinas en la que la lengua se va renovando. Hoy en día, no nos enfrentamos al peligro de la perversión sino de simplificación. El lenguaje de los medios de comunicación, el chat, el WhatsApp y todos esos sistemas, en especial el de las televisoras y canales digitales, han creado un código de expresiones simples y neutras, con frases generales llenas de lugares comunes. Es terrible constatar que, en el lenguaje de los noticieros, por lo general no hay adverbios y apenas hay adjetivos. Con ello, hemos perdido matices, sutilezas, riqueza en el significado, lo que no es de extrañar en el predominio de la estupidez que por lo general es una característica de los medios televisivos y digitales. Mención aparte merecen los emoticones y dibujos o videos que han sustituido a las palabras. Hoy día con frecuencia se prefiere poner un osito aplaudiendo o un unicornio con ojos de corazón en vez de palabras tan sencillas como «Te felicito» o «Te quiero».

Una lengua rica en matices, con términos de diferentes idiomas incorporados, puede ser un antídoto contra esa fugacidad. La lengua nunca fue pura porque la vida y la sociedad que la alimentan no lo son, ni lo fueron, ni lo serán nunca. Seremos siempre orgullosamente impuros, mestizos, abiertos al mundo. En ese mar de mestizaje todos los hablantes encontraremos nuestra habla propia, sin renunciar a una lengua común. Es lo que hizo José María Arguedas en grandes novelas como *Los ríos profundos,* donde inventó un castellano nuevo hecho con las reglas gramaticales del quechua. Su intento fue el de encontrar un paraíso de la lengua basado en la integración de la diversidad, una lengua que fuera a la vez castellano y quechua. Creo, por otro lado, que de todos los géneros literarios la novela es el más hospitalario a la diversidad, la variedad y las impurezas. Es un género mestizo por definición, a mucha honra.

Nuestra tarea hoy no es defender la pureza sino la complejidad del idioma, su capacidad para servir de herramienta de comunicación, pero también de reflexión y de inventiva. Las marcas de la lengua, los cromosomas de un idioma, se van a alimentar siempre de sus hablantes, que se convertirán en sus creadores. En esa tarea, felizmente, la cantidad de hablantes del castellano asegura sus mestizajes para el futuro. Seguiremos incorporando tantos términos como haga falta y seremos más diversos y, a la vez, más integrados.

Propuesta de nueva acepción de la palabra *fantasmagoría*

ANTONIO CULEBRAS FERNÁNDEZ
Academia Norteamericana de la Lengua Española

INTRODUCCIÓN

La lengua española es el instrumento de comunicación en ciencia y en medicina en países hispanohablantes. Lamentablemente el idioma español que se utiliza en medicina como instrumento de comunicación está altamente contaminado por anglicismos, aun cuando en español ya existan términos similares. Es un problema de desidia más que de ignorancia. El idioma deberá ser preciso y correcto, parco y escueto, sobrio y moderado además de elegante.

EJEMPLO DE ANGLICISMO

Me referiré a un trastorno relativamente común en neurología que afecta al 50 % de los enfermos con Parkinson, a enfermos con demencia de los cuerpos de Lewy (100 %), pacientes con otras enfermedades neurodegenerativas y dementes con enfermedad de Alzheimer. Se observa también en individuos con narcolepsia. En los escritos médicos se conoce como «trastorno del comportamiento del sueño REM» o «trastorno conductual del sueño REM». Este título es la traducción literal del inglés. A pesar de ser largo, torpe y estar contaminado con un anglicismo, REM (de *Rapid Eye Movement*), se utiliza con frecuencia en la literatura neurológica en español. Para obviar un título tan desmañado, he propuesto la palabra *fantasmagoría* para denominar el trastorno.

PRESENTACIÓN DEL TRASTORNO NEUROLÓGICO

Clínicamente, los episodios se caracterizan por gran inquietud motora, con abundantes movimientos de las extremidades, intentos de agarrar las sábanas, patadas, acción de incorporarse y vocalizaciones. En estadios avanzados hay salidas de la cama, carreras por la habitación, chillidos y voces. Algunos pacientes sufren contusiones o fracturas, o infringen lesiones al cónyuge. El contenido de persecución o daño inminente domina el ensueño, siendo una «ilusión de los sentidos o figuración vana de la inteligencia» y la actividad motora muestra relación con el contenido, como si los pacientes intentaran actuar sus propios ensueños. El riesgo de accidente es alto, en particular si los afectados abandonan el lecho. A la mañana siguiente los pacientes recuerdan el suceso. La actividad motora se controla con medicación apropiada.

Los episodios son consecuencia de un trastorno cerebral que experimentalmente se puede reproducir en el gato. Se debe distinguir de la pesadilla (ensueño intenso cargado de angustia, sin actividad motora), del sonambulismo (deambulación durmiendo, sin ensueño, ni memoria del suceso) y del terror nocturno (descarga emotiva terrorífica durante el sueño, sin ensueño, ni memoria del suceso).

Sorprendentemente, el trastorno fue descrito por primera vez en medicina hace apenas treinta y cinco años (1986) por el Dr. Carlos Schenck y colaboradores (Schenck CH *et al.*, *Sleep*, 1986) de Minneapolis, EE. UU. Se conocía a nivel popular desde la antigüedad y Cervantes hizo su transcripción en el *Quijote* con elocuencia acostumbrada (cap. 35, libro primero):

> En esto, oyeron un gran ruido en el aposento, y que don Quijote decía a voces:
>
> —¡Tente, ladrón, malandrín, follón; que aquí te tengo, y no te ha de valer tu cimitarra!
>
> Y parecía que daba grandes cuchilladas por las paredes [...] y en la derecha, desenvainada la espada, con la cual daba cuchilladas a todas partes, diciendo palabras como si verdaderamente estuviera peleando con algún gigante. Y es lo bueno que *no tenía los ojos abiertos, porque estaba durmiendo y soñando* que estaba en batalla con el gigante; que fue tan intensa la imaginación de la aventura que iba a fenecer, que le hizo soñar que ya había llegado al reino de Micomicón, y que ya estaba en la pelea con su enemigo; y había dado tantas cuchilladas en los cueros, creyendo que las daba en el gigante, que todo el aposento estaba lleno de vino.

PROPUESTA

Me referiré al término que propongo: *fantasmagoría*.

Descripción en el *Diccionario* de la RAE

En la 23.ª edición del *Diccionario de la lengua española*, publicada en octubre de 2014 y actualizada en diciembre de 2022, se leen las siguientes acepciones del término *fantasmagoría*:

> ***1.*** f. Arte de representar figuras por medio de una ilusión óptica. **2.** f. Ilusión de los sentidos o figuración vana de la inteligencia, desprovista de todo fundamento.

Basado en la segunda acepción, y con ánimo de ejercer al máximo economía en el lenguaje, he propuesto una tercera acepción para el término fantasmagoría de este modo: «Episodio intenso y anormal durante el sueño, caracterizado por una actividad motora consonante con un ensueño, habitualmente de carácter desagradable y contenido persecutorio».

Utilicé por primera vez la palabra *fantasmagoría* en un artículo publicado en la *Revista Neurológica Argentina* en 1988 (Culebras, A., 1988). Posteriormente, lo he incluido en numerosos escritos y presentaciones verbales (ver citas bibliográficas).

OBJETIVO

He seguido el lema de la RAE: «LIMPIA, FIJA y DA ESPLENDOR».

Limpiar el idioma

Obviar el uso del anglicismo REM, de alta prevalencia en la literatura médica en español. La traducción literal, MOR (Movimientos Oculares Rápidos), no se ha popularizado.

Fijar el concepto

Utilizando el término *fantasmagoría*, se ejerce economía en el idioma evitando la frase torpe y poco ágil «trastorno conductual del sueño REM» o «trastorno del comportamiento del sueño REM».

Dar esplendor

Fantasmagoría es un término elegante con un aura de misterio, como corresponde a todo lo que concierne al sueño, que inmediatamente evoca el concepto de ensueño anormal.

COMENTARIO

La propuesta fue presentada al Instituto de Lexicografía del *Diccionario de la lengua española* en mayo de 2022 y estamos esperando su resolución.

COLOFÓN

En carta fechada el 11 de mayo de 2023 el Instituto de Lexicografía me comunicó que la Comisión Académica de Vocabulario Científico y Técnico decidió no incluir de momento en *fantasmagoría* el sentido por mí propuesto. Alegaron que «para que una voz, o un nuevo sentido de una voz, se incorpore al *DLE* se tiene en cuenta su grado de aceptación y dispersión de uso, así como su presencia significativa en la documentación». Añadieron que «muchos términos no se recogen en el *Diccionario* por el hecho de ser voces técnicas que no han pasado al uso general, como ocurre con el que menciona».

Siendo acepción nueva, el término *fantasmagoría* no ha tenido oportunidad de generalizarse, ni la tendrá si no recibe el impulso de la Academia. Mientras tanto, los científicos y médicos, para comunicarse entre sí y con los pacientes, estarán obligados a usar el anglicismo «trastorno del comportamiento del sueño *Rapid Eye Movement*», que obviamente es largo, torpe y se ajusta aún menos que la palabra *fantasmagoría* a los designios lexicográficos de la RAE. Confío en que la Comisión Académica de Vocabulario Científico y Técnico reconsidere su decisión.

CITAS BIBLIOGRÁFICAS

Cervantes Saavedra, M. «Que trata de la brava y descomunal batalla que don Quijote tuvo con unos cueros de vino tinto, y se da fin a la novela del Curioso Impertinente», en *El ingenioso hidalgo don Quijote de la Mancha*. Edición digital. Cap. 35, libro primero.

Culebras, A. «REM sin atonía y fantasmagorías». *Revista Neurológica Argentina*, 1988; 14 (13):151 -163.

— y Moore J. T. «Magnetic resonance findings in REM sleep behavior disorder». *Neurology* 1989;39: 1519-1523.

— *La medicina del sueño*. Editorial Áncora, Barcelona, 1993.

— «Don Quijote, el sueño y las fantasmagorías». Conferencia. Real Academia de Medicina de la Comunidad Valenciana. Valencia, 26 de enero de 2017.

— «Don Quijote, el sueño y las fantasmagorías». Conferencia. XXXVII Asamblea de ALDEEU. Zamora, 19 de julio de 2017.

— «Sueño y fantasmagorías en *El Quijote*, con propuesta para una acepción nueva del término *fantasmagoría*». Discurso de investidura. ANLE. 2022.

Schenck, C. H., Bundlie, S. R., Ettinger, M. G., Mahowald, M. W. «Chronic behavioral disorders of human REM sleep: a new category of parasomnia». *Sleep*, 1986; 9 (2):293-308.

Romancero castellano, romancero americano: temas y problemas

PALOMA DÍAZ-MAS

Real Academia Española

Pervivencia temporal y difusión geográfica del romancero. ■ Diversidad lingüística, temática y formal. ■ La difusión del romancero desde sus orígenes hasta hoy. ■ Usos, funciones y relaciones con otros géneros tradicionales.

En el IX Congreso Internacional de la Lengua Española ha parecido conveniente dedicar una mesa al romancero, un género poético tradicional con una larga y fecunda trayectoria en España y América, en el que se manifiestan de forma muy evidente y expresiva la unidad y la diversidad de la lengua española. Como participantes en esta mesa tuvimos la fortuna de contar con tres grandes especialistas en el tema.

Alejandro Higashi, profesor investigador de la Universidad Autónoma Metropolitana de México y académico de la Academia Mexicana de la Lengua, ha dedicado su investigación principalmente a la difusión impresa del romancero en el siglo XVI[1]; él fue también quien animó a nuestro llorado colega Aurelio González —que fue profesor de Universidad Autónoma de México y académico de la Academia Mexicana de la Lengua y falleció en noviembre de 2022[2]— a preparar el volumen *El romancero en América*, que está en fase de preparación para la imprenta y supondrá una aportación fundamental al conocimiento de la tradición oral americana. Precisamente la intervención del profesor Higashi en esta mesa se centró en describir la gestación de ese proyecto, las características del trabajo realizado por Aurelio González y su relevancia para la sistematización, el análisis y la difusión del romancero americano.

Gloria Beatriz Chicote, profesora de la Universidad Nacional de la Plata e investigadora del Consejo Nacional de Investigaciones Científicas y Técnicas (CONICET) de Argentina, ha investigado sobre distintos aspectos de la literatura medieval y moderna, con especial atención a las cuestiones de oralidad y escritura, lírica tradicional y romancero[3].

María Jesús Ruiz, profesora de la Universidad de Cádiz, investigadora y escritora, es una reputada especialista la literatura de transmisión oral, con especial atención a la tradición andaluza, que ha explorado intensamente no solo en sus estudios, sino con la realización de encuestas de campo[4].

---

1. Por ejemplo, entre sus publicaciones recientes se cuenta la impresionante edición, con aparato crítico y notas, de la primera colección impresa de romances; véase *El* Cancionero de Romances *de Martín Nucio*, edición crítica de A. Higashi y M. Garvin, coordinada por J. L. Martos, Alicante, Universidad de Alicante, 2021.

2. Un perfil del profesor Aurelio González puede verse en la página de la ASALE https://www.asale.org/noticia/fallece-aurelio-gonzalez-perez-miembro-de-numero-de-la-academia-mexicana-de-la-lengua. Su discurso de ingreso en la Academia Mexicana de la Lengua trató precisamente sobre el romancero en América: https://www.academia.org.mx/multimedia/ingresos/item/ceremonia-de-ingreso-de-don-aurelio-gonzalez-perez-a-la-academia-mexicana-de-la-lengua-8 [Consulta: 22 de agosto de 2023].

3. Con respecto a esta última línea de investigación, véanse, por ejemplo, Chicote, G. B., *Romancero tradicional argentino*, Londres, Queen Mary and Westfield College, 2002; y «Selección de romances y rimas infantiles recientemente documentadas en la tradición oral (Provincia de Buenos Aires - Argentina)», *Incipit*, 8 (1988), pp. 133-144.

4. Ha publicado y estudiado los romances de la tradición de la provincia de Cádiz en libros como Ruiz Fernández, M. J., *El romancero tradicional de Jerez de la Frontera: estado de la*

Las intervenciones de estos tres especialistas, con sus distintos acercamientos temáticos y metodológicos, dieron pie a un fructífero debate que no se limitó a los integrantes en la mesa, sino que contó con la participación del público, que aportó su propia visión en preguntas y observaciones durante el coloquio. Y es que buena parte de los asistentes tenían un conocimiento directo del romancero, ya que los romances formaban parte de su propia tradición cultural y de su experiencia vital.

PERVIVENCIA TEMPORAL Y DIFUSIÓN GEOGRÁFICA DEL ROMANCERO

Es bien sabido que el romance es la variedad hispánica de la balada, un género de poesía narrativa de origen medieval que ha pervivido hasta época contemporánea. Existen baladas en muchas culturas y lenguas europeas, pero el romance responde a unas características métricas específicas. Normalmente, está compuesto por versos octosílabos con rima asonante en los versos pares, quedando sueltos los impares; si bien en las ediciones modernas los romances suelen editarse en versos dieciseisílabos con cesura, monorrimos en asonante, en recuerdo del verso largo de la métrica castellana, de donde se considera que proviene el metro romancístico.

Aunque surgido en la península ibérica en la baja Edad Media —se supone que los romances más antiguos conocidos se compusieron en el siglo XIV—, el romancero ha pervivido hasta la actualidad en la tradición oral de distintas zonas de la península ibérica, prácticamente en toda América (del Norte, del Sur y en las islas del Caribe), en las islas atlánticas (Canarias, Azores) y entre los judíos sefardíes del Mediterráneo oriental y de Marruecos[5].

---

tradición y estudio de los personajes, Jerez, Caja de Ahorros de Jerez, 1991; o *La tradición oral del Campo de Gibraltar,* Cádiz, Diputación Provincial, 1995. Sobre un aspecto bastante desatendido, como es el romancero infantil, trata su libro *Culantrillo llama a la puerta: catálogo y poética del romancero infantil,* Cuenca, Universidad de Castilla-La Mancha, 2023. Es autora también de un fundamental estado de la cuestión de la tradición oral gaditana: «El corpus poético-musical de tradición oral de la provincia de Cádiz (romancero, lírica y repertorio infantil): un balance y algunas reflexiones», en D. Mañero Lozano y D. González Ramírez (eds.), *Los paisajes de la voz. Literatura oral e investigaciones de campo* (=*Boletín de Literatura Oral,* número extraordinario I), Jaén, Universidad de Jaén, pp. 701-708.

5. Algunos estudios fundamentales sobre la transmisión oral del romancero son los de Menéndez Pidal, R., *Romancero hispánico (hispano-portugués, americano y sefardí),* Madrid, Espasa-Calpe, 1953, 2 vols.; Catalán, D., *Arte poética del romancero oral, Parte 1.ª. Los textos abiertos de creación colectiva, Parte 2.ª. Memoria, invención, artificio,* Madrid, Siglo XXI, 1997-1998, y Beltrán, V., *El romancero: de la oralidad al canon,* Kassel, Reichenberger, 2016. Un importante recurso en línea es el *Corpus de Literatura Oral* de la Universidad de Jaén: https://corpusdeliteraturaoral.ujaen.es/

Especial atención se prestó en esta sesión a las relaciones, paralelos y divergencias entre el romancero andaluz y al americano: sus características, sus interacciones, y las peculiaridades de la tradición romancística a un lado o a otro del Atlántico. Todos esos elementos demuestran la vitalidad y variedad del romancero en América y el vigor de la tradición andaluza, que ha llegado a influir poderosamente en otras tradiciones romancísticas; por ejemplo, las llamadas versiones *vulgatas* (es decir, 'divulgadas') de romances, surgidas en Andalucía desde finales del siglo XIX y principios del XX, se han extendido por toda la península ibérica y por América, llegando incluso a desplazar variantes autóctonas.

También se trató de los usos y la función del romancero en la comunidad gitana, singularmente en la de Cádiz, de gran personalidad y originalidad, que ha subsistido hasta la actualidad en tradiciones endogámicas familiares.

DIVERSIDAD LINGÜÍSTICA, TEMÁTICA Y FORMAL

Esa amplia difusión geográfica lleva aparejada la diversidad lingüística. Existen romances en distintas variedades del castellano y del catalán, en gallego, en portugués (de Portugal, de Brasil, de Azores y de Madeira), en el judeoespañol oriental y en el de Marruecos.

En esta mesa se prestó atención sobre todo al romancero en lengua española, tanto en sus variedades peninsulares como americanas, resaltando la amplitud geográfica del romancero americano, que se extiende por Canadá, entre los hispanohablantes de Estados Unidos, México, las islas del Caribe, en Centroamérica y Sudamérica. No menos amplia y diversa es la tradición peninsular y de Canarias, de la cual la andaluza constituye una parte muy rica y variada, como mostró la profesora Ruiz en su contribución.

A esa diversidad lingüística se une la diversidad temática. Desde sus orígenes hasta hoy, el romance ha sido un molde narrativo en el que se han ido vertiendo multitud de relatos: episodios épicos, hechos históricos, narraciones caballerescas, relatos hagiográficos, pasajes bíblicos, mitos y leyendas, cuentos folklóricos, historias ejemplares. A lo largo del tiempo, esas narraciones en verso han sido reinterpretadas y adaptadas a contextos históricos y culturales muy diversos y han sido objeto de distintas lecturas, usos e interpretaciones. Los procesos de resemantización y reformulación de los romances para adaptarse a distintos contextos históricos, lingüísticos y culturales constituyeron un elemento central en todas las intervenciones de la mesa.

Aunque la mayoría de los romances responden al esquema de versos octosílabos con rima en los pares, sobre esa base formal se han ido creando múltiples variedades. Existen romances —sobre todo, antiguos— en versos hexasílabos; en el siglo XVI se extendió la moda de los romances glosados, en los que sobre cada verso se desarrollaba una estrofa a la que el verso del romance servía de pie forzado. E incluso sobre el molde octosilábico han surgido variedades modernas: el romance criollo, al que se refirió la profesora Chicote, o las zambombas navideñas andaluzas, mencionadas por la profesora Ruiz; hay romances narrativos o dialogados, romances con estribillo, otros con formulaciones paralelísticas, recreaciones de romances en forma de villancico (principalmente en los siglos XV y XVI), de décima o de corrido (especialmente en América).

LA DIFUSIÓN DEL ROMANCERO DESDE SUS ORÍGENES HASTA HOY

La difusión se ha producido por dos vías: la oral y la escrita.

Como en el caso de otras baladas, el romancero fue en su origen un género de transmisión oral, que se recitaba o se cantaba y solo ocasionalmente se ponía por escrito. Los primeros testimonios escritos de romances han aparecido en manuscritos de juristas y parecen haber sido copiados de memoria; el más antiguo es una versión, en castellano con catalanismos, del romance de *La dama y el pastor* («Gentil dona, gentil dona»), apuntada hacia 1421 en un cartapacio perteneciente a Jaume d'Olesa, un estudiante mallorquín que cursaba estudios de Derecho en la Universidad de Bolonia. El siguiente texto más antiguo es un romance histórico, *Alfonso V amonesta al arzobispo de Zaragoza* («Arcebispo de Zaragoza / cómo te habías exaltado») cuya única versión conocida está en una hoja suelta inserta en un protocolo de 1429 de un notario de Zaragoza, García Gavín[6].

A finales del siglo XV y principios del XVI, los géneros de poesía tradicional atrajeron la atención de poetas y músicos cortesanos, que recrearon o imitaron romances y canciones populares en sus propias creaciones musicales y literarias; de ahí que encontremos romances en cancioneros cortesanos de la época[7].

Pero el gran auge de la difusión escrita del romancero se produjo con la generalización de la imprenta en el siglo XVI; desde principios de ese siglo empezaron a publicarse pliegos sueltos que contenían romances, aunque la gran difusión impresa se produjo a partir de mediados del siglo XVI, en que

---

6. El romance de Jaume d'Olesa lo dio a conocer Levi, E., «El romance florentino de Jaume de Olesa», *Revista de Filología Española*, XIV (1927), pp. 134-160; el del arzobispo de Zaragoza lo descubrió Marín Padilla, E., *«Arcebispo de Çaragoça». Romance castellano manuscrito del año 1429*, Zaragoza, la autora, 1997.

7. Sobre el romancero en manuscritos cortesanos, Dumanoir, V., *Romancero cortés manuscrito*, Alicante, Universidad de Alicante, 2021.

se imprimieron libros —la mayoría de ellos de pequeño formato, el equivalente de entonces a nuestros actuales libros de bolsillo— compuestos exclusivamente por romances, agrupados bajo títulos como *Cancionero de romances* o *Silva de romances*. Precisamente en los últimos veinte años han proliferado los estudios sobre el romancero impreso, bastante desatendido durante décadas porque, por influencia de Ramón Menéndez Pidal y su escuela, la mayoría de los estudios *clásicos* sobre el romancero se centraron en la tradición oral[8].

Los *Cancioneros* y *Silvas* de romances contribuyeron a difundir el romancero en todos los estratos sociales, especialmente entre las clases urbanas y, con el tiempo, sirvieron de acicate para el surgimiento del *romancero nuevo,* que se desarrolló a partir de la década de 1580 y en el que poetas cultos —como Luis de Góngora o Lope de Vega— compusieron *romances nuevos* en los que reutilizaron y recrearon motivos, recursos lingüísticos y estilísticos y procedimientos del romancero viejo y tradicional, si bien con nuevos temas y una nueva sensibilidad poética. El romance entró también con vigor en el teatro como una de las formas poéticas de la *comedia nueva,* especialmente en pasajes narrativos («Las relaciones piden los romances / aunque en octavas lucen por extremo», se lee en el *Arte nuevo de hacer comedias en este tiempo* de Lope de Vega).

Aunque, paralelamente, el romancero siguió transmitiéndose oralmente —recitado y, sobre todo, cantado— hasta época contemporánea. Los primeros testimonios del romancero en América son versos de romances citados de memoria en las Crónicas de la conquista, como señaló la profesora Chicote. El proceso de transmisión oral, además, supone una continua recreación de los textos romancísticos, preservados en la memoria y transmitidos oralmente de generación en generación. En ese proceso de transmisión oral se opera también una selección de temas, de manera que pervivieron en el tiempo los romances que tenían alguna función social, bien por su lectura moral o por su uso vinculado a determinadas ocasiones (rituales del ciclo vital o religioso, festividades, labores agrícolas o artesanales, costumbres tradicionales).

---

8. Aportaciones fundamentales son las de Giuseppe Di Stefano, ya desde su artículo pionero «La difusión impresa del romancero antiguo en el siglo XVI», *Revista de Dialectología y Tradiciones Populares,* XXXIII (1977), pp. 373-411, hasta su libro electrónico *Romances, I. El primer siglo del romancero en el papel: c. 1421-1520,* Würzburg-Madrid, More Than Books, 2017. Son instrumentos imprescindibles los repertorios bibliográficos de Rodríguez Moñino, A., *Manual bibliográfico de cancioneros y romanceros,* Madrid, Castalia, 1973-1978, 4 vols.; y, del mismo, *Nuevo diccionario bibliográfico de pliegos sueltos poéticos. Siglo XVI,* ed. corregida y actualizada por A. L. F. Askins y V. Infantes, Madrid, Castalia, 1997. Para una visión de conjunto del romancero en la imprenta y sus problemas de edición, véase Garvin, M., *Scripta manent. Hacia una edición crítica del romancero impreso (siglo XVI),* Madrid-Frankfurt, Iberoamericana/Vervuert, 2007.

Desde el siglo XX, el romancero ha sufrido un proceso de regresión en la medida en la que han cambiado los modos de vida y han desaparecido muchas de las actividades tradicionales a las que estaba vinculado su uso; pervive, sin embargo, en ámbitos concretos, como los romances religiosos usados como oración o vinculados a festividades como la Navidad o la Semana Santa, o en el romancero infantil, hasta ahora bastante preterido y sobre el que han investigado las profesoras Ruiz y Chicote. Por otra parte, los romances se han revitalizado y recreado, alimentando nuevos géneros de poesía popular, como la décima o el corrido, tan vigentes hasta hoy en América.

USOS, FUNCIONES Y RELACIONES CON OTROS GÉNEROS TRADICIONALES

Todo esto puede ponerse en conexión con las relaciones e interinfluencias entre el romancero y otros géneros tradicionales: la balada paneuropea (algunos romances desarrollan los mismos temas folklóricos que otras baladas francesas, italianas, alemanas, nórdicas o balcánicas); el cuento (hay temas son comunes al romancero y al cuento popular); la décima, que en su origen fue una estrofa culta y se ha convertido en Canarias y en varios países de América (como México o Puerto Rico) en un género de poesía popular repentizada; el corrido mexicano, que en ocasiones toma y recrea temas del romancero; las canciones navideñas, ya que hay romances religiosos que se cantan con motivo de la Navidad en España y en América; la lírica popular, que intercambia con el romancero algunos motivos y recursos expresivos, cosa especialmente notoria en el repertorio infantil; o, en Andalucía, el cante flamenco, que incorpora romances completos o fragmentos de romances adaptados a los ritmos flamencos.

La pervivencia del romancero en la tradición oral hasta nuestros días y sus relaciones con otros géneros se explican en gran medida por la función que el romancero ha tenido en las sociedades de España y América. En otras palabras, de los muchos —centenares, quizás miles— de romances que se han compuesto a lo largo de la historia del género y que se han difundido oralmente o por escrito, han pervivido los que tenían una función en la sociedad que los utilizaba.

Esa función podía ser didáctica, presentando ejemplos morales con respecto a conflictos sociales o familiares (el adulterio, el incesto, las relaciones intrafamiliares problemáticas, la seducción, las relaciones amorosas entre individuos de distintas clases sociales, el abuso de poder, etc.). O una función ritual, unida a prácticas o celebraciones religiosas (como oración en todo el ámbito hispánico y portugués, como canto navideño en España y América, como acompañamiento en las romerías en Canarias, etc.) o del ciclo vital (como canto de bodas, como endecha, como canto de cortejo, etc.);

o como canto infantil (canciones de corro o para acompañar determinados juegos); o utilizados en determinadas actividades agrícolas, artesanales o de relaciones sociales en el ámbito rural (romances de siega o de arada, de pastores, o cantados en veladas nocturnas como las *esfollazas* y los *filandones* del noroeste de la península ibérica). En esos casos, los romances han evolucionado para adaptarse a usos distintos y entornos sociales muy diversos.

Por último, no se puede olvidar el potencial que puede tener en época contemporánea el romancero como recurso didáctico.

Ya a principios del siglo XX, por influencia de Ramón Menéndez Pidal y de su familia, en el Instituto-Escuela —un centro educativo fundado en Madrid en 1918, inspirado en las ideas de la Institución Libre de Enseñanza— el romancero se utilizó como base de proyectos didácticos, sobre todo representaciones teatrales y musicales realizadas por los alumnos; esa práctica continuó después de la Guerra Civil en el Colegio Estudio, una de cuyas fundadoras fue la hija de don Ramón, Jimena Menéndez Pidal[9].

Por otra parte, antes y después de la Guerra, los maestros y maestras contribuyeron, en España y América, a la recolección de romances entre sus alumnos, aportando así romances y versiones a las colecciones académicas y contribuyendo a poner en valor el romancero entre los educandos.

Hoy en día, algunas iniciativas educativas siguen utilizando el romancero como recurso didáctico en la enseñanza primaria y secundaria[10].

9. Sobre su labor pedagógica, incluido el uso del romancero como instrumento didáctico, puede verse Gallego, E., (ed.), *Crear escuela: Jimena Menéndez-Pidal*, Madrid, Fundación Ramón Menéndez Pidal, 2016.

10. Una propuesta reciente de uso didáctico del romancero en P. Díaz-Mas, *Romances de la Rata Sabia*, Madrid, Bookolia, 2021.

Don Quijote en el Perú: fiestas caballerescas y vejámenes de grado en el siglo XVII

AURORA EGIDO
Real Academia Española

La recepción del *Quijote* en América corrió por los mismos derroteros que en España, pues su aparición venía propiciada no solo por las novelas de caballerías, sino por una larga tradición caballeresca que se plasmó, a lo divino y a lo humano, en festejos públicos con los que se alimentó el imaginario colectivo en las dos orillas. El recreo en 1603 de las fiestas barcelonesas por la canonización de san Raimundo de Peñafort, celebradas dos años antes, y algunos vejámenes de grado posteriores a la obra cervantina servirán de pauta para ejemplificar su reflejo casi inmediato en el Perú.[1]

Como señaló Maurice Keen, el individualismo de la cultura caballeresca, que cristalizó en el caballero andante, tuvo su recreación en la idea de la errancia y del honor que encarnaron Pizarro, Cortés y Lope de Aguirre en América. Esta alcanzó los visajes de una locura que estuvo presente en las hazañas caballerescas desde la Edad Media. Ya en 1520 Hernán Cortés llevó las fiestas de armas al Nuevo Mundo organizando ante Moctezuma una gran celebración con torneo, escaramuzas, sortijas y otros ejercicios bélicos[2]. Más tarde, el «Sermón de Aljubarrota», glosado por Diego Hurtado de Mendoza en 1545, aventuró futuros lances quijotescos so capa de un soldado cojo del Gran Capitán y una mujer palentina vestida de caballero[3].

El ideal político de la monarquía austriaca y de la Iglesia se proyectó internacionalmente con la defensa de la fe en los dominios españoles. Se trataba de un programa en el que las dos cabezas de la cristiandad trabajaron en la lucha contra el Imperio otomano en el Mediterráneo, así como en las Indias descubiertas y en los territorios del Pacífico. Para ello, fueron fundamentales las órdenes religiosas y, entre ellas, la de los dominicos, extendida por las Antillas, Darién, México, Chile, Perú y Filipinas.

Todo ello hay que situarlo en la universalidad propiciada por la monarquía española y por la Iglesia católica, que trataron al unísono de que cuanto aconteciera en España se prolongase allende los mares[4]. Ello explica el mimetismo con el que se reprodujeron los actos institucionales y los espectáculos públicos y privados, aunque estos sufrieran distintos niveles de adaptación a tenor de las circunstancias propias de cada lugar.

---

1. Este trabajo formó parte de la mesa redonda de la sesión plenaria 2, «Viaje, tornaviaje y cultural literaria escrita», *Lengua española, mestizaje e interculturalidad*, IX Congreso Internacional de la Lengua Española, Cádiz, 28 de marzo de 2023. Sobre las fiestas barcelonesas y quitenses por san Raimundo de Peñafort, y la relación de Cervantes con los dominicos, véase Aurora Egido, *Don Quijote de la Mancha y el triunfo de la ficción caballeresca*, Madrid, Cátedra, 2023.
2. *Ib.*, pp. 159ss.
3. Aurora Egido, *Por el gusto de leer a Cervantes*, Sevilla, Fundación José Lara, 2019.
4. José Martínez Millán, «Evolución de la Monarquía Hispana. De la *Monarchia universalis* a la Monarquía Católica (siglos XVI-XVII)», *Hispanismos del mundo: diálogos y debates de (y desde) el Sur.* XVIII Congreso de la AIH, coord. por Leonardo Funes, Buenos Aires, Miño y Dávila, 2016, pp. 107-130, analizó la proyección universalista de la Corona y de la Iglesia.

Las justas caballerescas tuvieron lugar al otro lado del Atlántico en fechas anteriores a la llegada del *Quijote*. Son bien conocidas las celebradas en México y Perú, que prosiguieron una larga tradición europea, acrecentada en la época del emperador y de su hijo Felipe II. A América no solo llegaron con prontitud las novelas de caballerías y el *Quijote*, sino las comedias, los autos sacramentales, los desfiles callejeros, los torneos, las academias y las justas poéticas, sin olvidar las fiestas por las efemérides monárquicas, las canonizaciones y los vejámenes de grado o gallos universitarios.

En el Perú, adonde llegó la primera parte del *Quijote* el mismo año de su aparición, ya se había abonado el terreno de los juegos de cañas y torneos desde la década de 1550, y más tarde con la copia que se hizo en Quito (1603) de las mencionadas fiestas barcelonesas de 1601 por la canonización de san Raimundo de Peñafort, recogidas en la *Relación* de Jaime Rebullosa, publicada ese año[5]. El propio Felipe III ordenó que se celebrase el evento en todos sus reinos, propiciando festejos en su honor. Los de Quito deben incardinarse en la historia propiamente dicha, pues se utilizaron como estrategia para que la Corona derogase los castigos impuestos por la rebelión de las Alcabalas en 1593. La Orden de Predicadores repitió con pasmosa similitud las fiestas barcelonesas, llenas de elementos caballerescos, que describió Rebullosa. Estas pudieron servir de pauta a Cervantes, junto a los numerosos pliegos de cordel que se imprimieron sobre el festejo, a la hora de componer la figura y el entramado del *Quijote*. En ellas, los caballeros barceloneses justaron en la plaza del Born y desfilaron vestidos «a la antigua» o disfrazados con riquísimos hábitos procedentes de distintos países, incluidos el de reina de México y damas de compañía.

Los dominicos quitenses promovieron en su convento misas y sermones por san Raimundo junto a altares callejeros y una procesión del cabildo con carros alegóricos. Pero además trasladaron, ese año de 1603, el alarde de Barcelona promoviendo un combate figurado entre las galeras turcas y los soldados de Malta, así como un sarao con damas y galanes, villanos y matachines. No faltaron al concurso las luminarias nocturnas, la música, las exhibiciones ecuestres y las corridas de toros. A los juegos de cañas, los montañeses mestizos acudieron vestidos con libreas de tafetán exhibiendo las insignias de santo Domingo.

Posteriormente, las fiestas de Pausa en 1607 dieron muestras de la unión de la justa caballeresca y la parodia universitaria, pues desfiló en ellas el ca-

5. Sobre las fiestas caballerescas barcelonesas de san Raimundo y su reflejo en el Perú, véase Aurora Egido, *Don Quijote de la Mancha y el triunfo de la ficción caballeresca*, pp. 213 ss.; y, en particular, Lizardo Herrera Montero, «La canonización de Raimundo de Peñafort en Quito. Un ritual entre la exhibición y el ocultamiento (1603)», *Proceso. Revista Ecuatoriana de Historia*, 32, II semestre, 2010, pp. 5-31.

ballero Bradaleón, acompañado de Baco y de los doctores «de la facultad de beber», junto a don Quijote, Dulcinea y Sancho. También acudieron al reclamo un caballero vestido de «inga» y el Caballero de la Selva rodeado de salvajes, aunque quien se llevó el premio fue el Caballero de la Triste Figura. Este hizo su aparición «como lo pintan en su libro, que dio grandísimo gusto verle», al lado del Caballero de la Ardiente Espada y del Caballero Venturoso. Nombre, este, que recordaba sin duda el paso medieval de la Fuerte Ventura vallisoletano, que a su vez se había reflejado en el Paso Venturoso celebrado en Barcelona por san Raimundo[6].

La dependencia de esa fiesta peruana respecto al *Quijote* se observa en las trazas obsoletas con las que este apareció montado «sobre caballo flaco muy parecido a su Rocinante, con unas calcitas del año de uno, y una cota muy nudosa, morrión con mucha plumería de gallos, cuello del dozavo y la máscara muy al propósito de lo que representaba». La hipérbole ahondaba en el uso de esas vestiduras «a la antigua», que se repite en los desfiles jocosos españoles y americanos y que conformó las singulares trazas caballerescas del hidalgo manchego.

Por lo que atañe a los vejámenes de grado universitarios, también llamados gallos o vayas, cabe decir que, junto a la laudatoria del graduando, cabían también en ellos las burlas que ridiculizaban la vela de armas, las sortijas y los encuentros caballerescos. Con un lenguaje parejo al de los entremeses, las mojigangas y las jácaras, que se alimentaba sobre todo del folklore y del romancero, la inversión burlesca de los gallos llenó las universidades españolas y americanas durante siglos, tomando como modelo los estatutos de la Universidad de Salamanca de 1538. El género alcanzó en ocasiones una evidente calidad literaria, como demostró Góngora con su ingenioso vejamen «Tenemos un doctorando»[7].

---

6. Para las fiestas de Pausa, además del clásico estudio de Francisco Rodríguez Marín, *El «Quijote» y don Quijote en América*, Madrid, Librería de los Sucesores de Hernando, 1911, véase José Montero Reguera, «La recepción del *Quijote* en Hispanoamérica» (siglos XVII al XIX)», *Cuadernos Hispanoamericanos*, 500, 1992, pp. 133-40; *Cervantes and/on/in the NewWorld*, ed. de Julio José Vélez-Sainz y Nieves Romero, Delaware, Juan de la Cuesta, 2007; así como el estado de la cuestión en Francisco Javier Campos y Fernández, «Fiesta barroca en el Perú con don Quijote como protagonista (1607)», *Revista del Archivo General de la Nación*, 33, 2018, pp. 9-34. *De sortijas y otros juegos caballerescos en el Perú:* Diego de Ocaña, *Viaje por el Nuevo Mundo: De Guadalupe a Potosí, 1599-1605*, ed. crítica de Blanca López de Mariscal y Abraham Madroñal, Madrid-Frankfurt-Monterrey, Iberoamericana-Bonilllas Artigas (ed.) Instituto Tecnológico de Monterrey, 2011; y la tesis doctoral de Laura Agar Paz Rescala, *Espectáculo y oficio: el teatro en el virreinato del Perú durante la segunda mitad del siglo XVI y los albores del XVII*, Università Ca´Foscari, Venezia-Universidad de Sevilla, 2022, con referencia a la puesta en escena de la fábula caballeresca desde mediados del siglo XVI, plasmada en torneos como los de Potosí y Pausa (1601, 1607), presente también en las comedias.

7. Para los vejámenes universitarios, Aurora Egido, «*De ludo vitando.* Gallos áulicos en la Universidad de Salamanca», *El Crotalón Revista de Filología* I, 1984, pp. 609-648; «Floresta de

La celebración del *actus gallicus*, precedida de una procesión del claustro desde la casa del doctorando a la universidad, se convirtió a veces en una auténtica mascarada verbal y teatral. El contenido vejatorio de su lenguaje y su puesta en escena favoreció sin duda la inmediata incorporación de los personajes del *Quijote*, que a su vez se habían nutrido previamente de esa tradición jocosa estudiantil.

La Universidad de San Marcos de Lima mostró a lo burlesco, en unos vejámenes de 1625 y 1646, así como en las fiestas universitarias de 1632 por el nacimiento del príncipe Baltasar Carlos, abundantes reminiscencias de la trasnochada épica medieval y del *Quijote*. Años después, en 1685, el doctor Jacinto de Hevia vejó a don Antonio Coronel, cura de Moquegua, diciendo que este quiso que lo retrataran montado a la jineta, vestido mitad cardenal, mitad caballero, llevando un escudo en una mano y en la otra «un libro de don Quixote y sovre este la borla de Doctor». Cuando volvió de Lima a Arequipa, don Antonio estaba tan imbuido de la lectura cervantina que confundió a unas mujeres que iban a la iglesia bajo un pabellón sostenido por niños con una aventura quijotesca, arremetiendo contra ellos.

También cabría añadir cuanto México ofreció al respecto, como muestran varios manuscritos con vejámenes jesuíticos del siglo XVIII, guardados en la Biblioteca Nacional de España, cuya turba estudiantil pretendió, en una ocasión, hacer reír al burro de Sancho Panza. Se trataba de un viaje de ida y vuelta, si consideramos la carta ridícula que escribió Diego Monfar en 1621, dando cuenta de las novedades que venían de Potosí, aludiendo al hallazgo de «un cofre con la lectura de la Constitución de los impúberes, hecha por un letradillo de Lérida; una segunda parte de Don Quixote, compuesta por un Tordesillero... y 150 resmas de pronósticos del 1622, impresos en Sant Saloní, en casa de Patricio Mei». Monfar se refería jocosamente a los toros y cañas celebrados en el prado de Llobregat y a un baile de Granollers en el que el duque de Moscovia aparecía con 150 chichimecos junto al Gran Caupolicano, señor de Berga, montado sobre un asno. Las referencias al Gran Moctezuma, a Pialí Bajá y a la batalla de Lepanto hacían más risible esa epístola en la que se abrazaban disparates verbales y gracias escénicas de dos continentes cuajados de material carnavalesco.

---

vejámenes universitarios granadinos (siglos XVII-XVIII)», *Bulletin Hispanique*, 1990, 9, 2-1, pp. 319-332; y «Don Quijote en el patio de escuelas. Vejámenes de grado en España y América. Siglos XVI-XVIII», *BRAE* 85, 2005, pp. 225-264, con bibliografía adjunta. Y véase la edición de Abraham Madroñal, «*De grado y de gracias*». *Vejámenes universitarios de los Siglos de Oro*, prólogo de Aurora Egido, Madrid, CSIC, 2005, donde aparecen 47 gallos de España y América, algunos de ellos correspondientes al virreinato del Perú; además de Luis Antonio de Eguiguren, *El Paseo Triunfal y el Vejamen del Graduando*, Lima, Empresa Gráfica RT. Scheuch, 1949; y Antonio Rodríguez Moñino, «*El Salpicón Escolástico* de fray Francisco de Oviedo (vejamen universitario limeño de 1625)», *Anuario de Letras*, VII, 1968-1969, pp. 219-237.

España y América cultivaron las burlas caballerescas y los visajes ridículos de don Quijote y Sancho en multitud de géneros y estilos, favoreciendo la facecia, el chiste, la chanza y el disfraz. Pero estos habían ya invadido con anterioridad todas las esferas de la literatura y de la vida, poniendo en escena el lado risible de la caballería andante, tanto en las fiestas públicas y religiosas como en la universidad o en la corte. Extendidos por palacios, aulas, conventos y paseos a uno y otro lado del Atlántico, serían el terreno abonado del que surgió *El ingenioso hidalgo don Quijote de la Mancha*, cuyos personajes volverían a él durante siglos con todo derecho.

Entre las dos corrientes dieciochescas que, desde Adam Smith en *The Wealth of Nations* (1776) y Cornelius De Pawn en sus *Recherches Philosophiques sur les Américains* (1794), han dibujado el paso a las Indias Orientales como el mayor acontecimiento de la historia de la humanidad o el más calamitoso, cabría situar el caudaloso río del reír por el que los habitantes de las dos orillas hemos navegado felizmente durante siglos[8]

8. Sobre esas perspectivas críticas opuestas en torno al descubrimiento de América, véase J. H. Elliott, *The Old World and the New. 1492-1650,* Cambridge University Press, 1970, quien remite a las ideas positivas de Adam Smith en *The Wealth of Nations* (1776) y a las contrarias de Cornelius De Pawn en *Recherches Philosophiques sur les Américains* (1794). Elliott trata ampliamente del proceso de asimilación, así como de la perspectiva grecolatina, propia del Humanismo, con la que se percibió el Nuevo Mundo en Europa, pasando de la utopía inicial a la percepción realista; sin olvidar el territorio de los sueños que iba estrechamente unido a las ambiciones de poder. Presentamos este trabajo en el CILE celebrado en Cádiz.

El español policéntrico desde una educación estratégica

LUCÍA FRACA DE BARRERA
Academia Venezolana de la Lengua

La estrategia como acción. ■ El español, lengua policéntrica. ■ ¿Qué variedad de español enseñar? ■ La enseñanza del español como lengua policéntrica desde lo estratégico. ■ Cierre.

> «La reforma de la enseñanza debe conducir a la reforma del pensamiento y la reforma del pensamiento debe conducir a la reforma de la enseñanza».
>
> (E. MORIN, *La cabeza bien puesta*)[1]

En esta comunicación trataremos algunos desafíos que tiene hoy en día la educación del español como lengua policéntrica. Para ello proponemos brevemente un abordaje pedagógico estratégico.

LA ESTRATEGIA COMO ACCIÓN

Cada actividad que emprende el ser humano en su cotidianidad está guiada por acciones estratégicas. Morin (1998, p. 265)[2] define estrategia como «el método de acción propio de un sujeto en situación de juego, en el que, con el fin de lograr sus fines, se esfuerza por sufrir al mínimo y emplear el máximo de las reglas, las incertidumbres y los azares del juego». Necesita de competencia e iniciativa para actuar y lograr objetivos. Requiere de una inteligencia estratégica. Es determinar el qué, el porqué, el para qué y el cómo de sus acciones. De esta manera una persona estratégica será exitosa y efectiva en la medida en que, en su actuar cotidiano, pueda dar respuesta y accionar de manera consciente a tales interrogantes.

Durante el desarrollo de mi experiencia como docente universitaria en el área de la pedagogía y la didáctica para la enseñanza y el aprendizaje del español como lengua materna, he desarrollado y aplicado diversos proyectos basados en una pedagogía integradora estratégica Fraca (2013)[3]. Estas didácticas podrían ser extrapoladas a la educación del español como lengua extranjera o segunda lengua.

EL ESPAÑOL, LENGUA POLICÉNTRICA

En el último anuario del Instituto Cervantes (2022)[4] se señala que hoy hablan español más de 595 millones de personas en el mundo, ya sea como lengua nativa, segunda o extranjera. Es la segunda lengua por número de hablantes nativos (con más de 496 millones) y el segundo idioma de comunicación internacional.

---

1. Morin, E., *La cabeza bien puesta*. Tucumán, Editorial Nueva Visión, 1999, p. 21.
2. Morin, E., *El Método II. La vida de la vida*. Barcelona, Cátedra, 1998.
3. Fraca de B. L., *Lectura, escritura y ortografía. Pedagogía y didáctica*. Caracas: Academia Venezolana de la Lengua, 2013.
4. Instituto Cervantes, *Plan curricular del Instituto Cervantes, Niveles de referencia para el español*. [En línea], 2002. [Consulta 4 de noviembre de 2022]. Disponible: https://cvc.cervantes.es/ensenanza/biblioteca_ele/plan_curricular/niveles/01_objetivos_introduccion.htm

Por otra parte, desde la perspectiva de la cantidad de hablantes, la expansión numérica y espacial, el español se considera hoy en día una lengua policéntrica. Tal característica se evidencia en los varios focos irradiadores y centros de prestigio que se encuentran en las ciudades o capitales de algunos países hispanohablantes. De acuerdo con ello podrían ser igualmente prestigiosos el español hablado en Bogotá, Caracas, Ciudad de México, Buenos Aires o Madrid, por nombrar solo algunas variedades. Para la investigadora mexicana María de los Ángeles Soler Arechalde (2020)[5], las variedades estándar habladas en estos centros de irradiación se difunden a través de la escuela, del gobierno, de las leyes y de los medios de comunicación masiva, editoriales, prensa, radio, televisión, cine e internet, y funcionan como modelos para sus zonas de influencia. Dichas variedades idiomáticas son valoradas como modelos de prestigio a seguir y a aprender en los distintos entornos educativos, ya sea como lengua materna o como lengua extranjera.

Ya Andrés Bello, en su *Gramática* de 1847, reiteraba este carácter policéntrico: «Chile y Venezuela tienen tanto derecho como Aragón y Andalucía para que se toleren sus accidentales divergencias, cuando las patrocina la costumbre uniforme y auténtica de la gente educada» (Bello, 1995, p. 13)[6].

Por otra parte, Süselbeck (2012, p. 278)[7], expresa que «si la meta es la elaboración de una norma pluricéntrica, a la necesidad de una organización demócrata se suma la necesidad de que las diferentes Academias tomen la decisión de defender la norma nacional de su país en los debates internos». Es entonces labor de las distintas Academias de la lengua española determinar y defender la variedad de prestigio de su país.

Sin embargo, y muy a pesar de lo anteriormente señalado en defensa de la aceptación de la variación idiomática y del español policéntrico, en el Plan Curricular del Instituto Cervantes (2006)[8] se señala que los presupuestos para la selección de los niveles de referencia como lo muestra la siguiente cita:

---

5. Soler Arechalde, María de los A. «El español, lengua policéntrica». [En línea], *Diálogos del Colegio de México,* número 12. 2020. [Consulta: 10 de enero de 2023]. Disponible en https://otrosdialogos.colmex.mx/el-espanol-lengua-policentrica

6. Bello, A., *Gramática de la lengua castellana dedicada al uso de los americanos.* Tomo 4. Gramática. Caracas: La Casa de Bello, 1995.

7. Süselbeck, K., «Las relaciones institucionales entre las Academias de la Lengua Española y su colaboración en la elaboración de la norma lingüística de 1950 hasta hoy», en Lebsanft, F. W., Mihatsch, C. Polzin-Haumann (eds.), *El español, ¿desde las variedades a la lengua pluricéntrica?* Madrid: Iberoamericana, 2012, pp. 257-280.

8. Instituto Cervantes, *Plan curricular del Instituto Cervantes. Niveles de referencia para el español.* [En línea], 2006. [Consulta 28 de diciembre de 2022]. Disponible en: https://cvc.cervantes.es/ensenanza/biblioteca_ele/plan_curricular/niveles/01_objetivos_introduccion.htm

Han sido considerados a la hora de seleccionar el material lingüístico y sus niveles de referencia para el español y que corresponde preferentemente a la norma culta de la variedad centro-norte peninsular española. La selección de esta variedad se sustenta en los rasgos comunes que comparte con las restantes normas cultas del mundo hispánico y en su proyección dentro del modelo estandarizado prestigioso de la lengua para la propia comunidad hispánica.

Y nos preguntamos: ¿es esa la única variedad prestigiosa del español que se debe enseñar?

¿QUÉ VARIEDAD DE ESPAÑOL ENSEÑAR?

Dado que existen diversas variedades prestigiosas, ante la pregunta sobre cuál español enseñar debemos considerar dos dimensiones: la educación idiomática como lengua materna y la enseñanza del español como lengua extranjera, segunda o tercera.

Dentro de la primera, la respuesta es muy clara: se enseñará la variedad de español de cada región o país que tenga mayor prestigio, irradiación mediática y aceptación social entre las comunidades que la emplean.

La situación se complejiza cuando se habla de enseñar el español como lengua extranjera. Al respecto, Moreno Fernández (2001, p. 13)[9] nos muestra las distintas aristas y condiciones que debe cubrir una variedad de español para ser enseñada. ¿Dónde se habla el mejor español? ¿Debe darse preferencia al castellano (español de Castilla) a la hora de redactar las normas? ¿Debe tener más peso el español de México, por su número de hablantes, o el de España, por su historia? ¿Es el de Colombia el español más pulcro del mundo?

Para dar respuesta a ello, se deberían planificar investigaciones exhaustivas y establecer de un modo estratégico las condiciones que debe cumplir una variedad para ser seleccionada como modelo a enseñar.

Al este respecto, proponemos tomar en consideración, entre muchos, los siguientes aspectos:

- La dimensión geográfica relativa al lugar donde se hablará y se enseñará esa lengua. Con la conectividad global de la actualidad, esta dimensión queda un poco reducida a la modalidad europea o hispanoamericana.

---

9. Moreno Fernández, F., «Prototipos y prestigio en los modelos de español», [en línea], *Carabela*, número 50, 2001. [Consulta: 10 de febrero de 2023]. Instituto Cervantes. Disponible en: https://cvc.cervantes.es/ensenanza/biblioteca_ele/carabela/50.htm

- La dimensión social relacionada con la valoración y percepción que tiene una comunidad de hablantes sobre la variedad de español que desea hablar, aprender y enseñar.
- Tipología del aprendiz. ¿Cuáles son las características de las personas que desean aprender español como segundo idioma o lengua extranjera? ¿Son niños, jóvenes o adultos?
- Los propósitos, necesidades y expectativas de los aprendices. ¿Cuáles son las motivaciones o intereses para aprender el español? ¿Es necesario un programa educativo del español con propósitos específicos?
- Los medios de interacción y de enseñanza: presencial, en línea, híbrido, o mediante el empleo de la IA.
- Los medios de irradiación de la variedad seleccionada en los medios de comunicación, literatura, redes sociales, entre otros.

Sobre cuál variedad de español enseñar, pareciera que los aprendices de otros ámbitos, en líneas generales, desean aprender una variedad de prestigio y, en cualquier caso, esa variedad debería cumplir con sus expectativas y necesidades comunicativas, ya sea europea o hispanoamericana. Sin embargo y como condición *sine qua non,* la unidad y diversidad, hoy por hoy, son hechos incuestionables en relación con la lengua española desde lo policéntrico y su educación desde lo estratégico.

LA ENSEÑANZA DEL ESPAÑOL COMO LENGUA POLICÉNTRICA DESDE LO ESTRATÉGICO

Una didáctica estratégica para la enseñanza y el aprendizaje del español, estaría orientada hacia las distintas acciones que se ponen en práctica en una pedagogía estratégica.

De manera que un aprendiz estratégico del español sería aquel que sabe qué debe hacer, organiza, planifica y controla sus estilos y modos de aprendizaje, conoce las demandas cognitivas implícitas, cómo hacerlo y aplica sus conocimientos previos con la finalidad de aprender más efectivamente.

Al respecto se propone tomar en cuenta los siguientes aspectos:

1) Consideración de las características y estilos de aprendizaje del que aprende, sus conocimientos, actitudes y motivaciones.
2) Certeza sobre el tipo de conocimiento idiomático relativo a las necesidades que se desea impartir y enseñar, además de la planificación y enfoque curricular que se desea aplicar.

3) Claridad respecto de los objetivos y metas que se desean obtener, así como de las distintas habilidades cognitivas a lograr para un efectivo desarrollo de competencias para la lengua que está aprendiendo.

4) Atención constante durante todo el proceso, a lo que habría que añadir la indagación de los marcos de conocimiento previos de los aprendices. Saber lo que domina un alumno(a) es conocer cuánto deberá aprender.

CIERRE

Para concluir esta breve propuesta, diremos que el español es una lengua policéntrica y, en su educación, se deben considerar en igualdad de condiciones las distintas variantes de prestigio y no sobreponer una sobre las demás.

En segundo lugar, surge la necesidad de la puesta en marcha de investigaciones, orientadas por la ASALE, para la determinación de las distintas variedades del español, tanto en Hispanoamérica como en Europa.

Tercero, determinar líneas de acción estratégicas establecidas por las distintas Academias para orientar, planificar y ejecutar planes para la educación del español materno y extranjero. Si a nuestro modo parafraseamos a Montaigne, podríamos decir que, para enseñar una segunda lengua, es mejor aspirar a una cabeza «estratégica» que a una cabeza repleta.

Lo más importante a tener en cuenta en el abordaje de una educación estratégica del español policéntrico es que, a pesar de las variedades idiomáticas prestigiosas, que son varias, y de las distintas características dialectales y sociolectales, que son muchas, hoy en día, la unidad del español goza de muy buena salud.

Monstruo chileno: imbunche y mestizaje

CARLOS FRANZ

Academia Chilena de la Lengua

Deben ser pocos los países que han erigido un monumento a un monstruo. Chile lo ha hecho. En la Plaza de Armas de Ancud, en la isla Grande de Chiloé, puede verse la estatua de un imbunche. Esta escultura es tan horrible como el hombre torturado y deforme que representa. Pero es menos espantosa que el monstruo original creado por la mitología indígena y desarrollado por la literatura chilena.

El imbunche, ese «ser maléfico, deforme y contrahecho» (*Diccionario de la lengua española*), ha durado siglos. En ciertas épocas sale de su cueva y nos contagia su furia y su espanto. Luego regresa a su escondite en nuestro subconsciente colectivo. Nunca se va del todo. Siempre está en nuestra lengua que, además, ha creado el verbo *imbunchar* y el sustantivo *imbunchismo* para designar manías recurrentes del espíritu nacional. ¿Cómo y por qué creamos ese monstruo? ¿Qué necesidad oscura nos obliga a alimentarlo?

Como todo mito que se respete, el imbunche se resiste a las definiciones simplificadas. La enciclopedia *Mitos chilenos*, preparada por Sonia Montecino, muestra la complejidad de esa tradición indígena y campesina. Veamos el horroroso procedimiento necesario para crear un imbunche:

> [El niño] robado o regalado a los brujos para ser uno de los guardianes de sus cuevas [...] sufre deformaciones y torturas que lo convierten en una mezcla de humano y de animal. En primer lugar, los brujos le quiebran la pierna izquierda y se la adosan a la espalda, por lo que camina dando brincos; luego, le tuercen la cabeza hasta darla vuelta para despistar a los intrusos. [...] se le descoyuntan los huesos de los hombros, caderas y rodillas. [...] El imbunche es criado solo y desnudo en la cueva, y jamás escucha una voz humana, por lo cual crece sin aprender a hablar [Montecino, 2015, p. 348].

Paradójicamente, esas torturas convierten al imbunche en un ser poderoso. Dice Montecino:

> De adulto el imbunche es portero de la cueva y nadie puede ingresar a ella sin el ritual de besarle el trasero y hacerle una reverencia en señal de sumisión. [...] A pesar de no hablar, el imbunche participa y en muchas ocasiones arbitra como patriarca en las reuniones de los brujos. [...]. Además de consultor de los brujos, se le atribuye ser instrumento de sus venganzas y maleficios [Montecino, *op. cit.*].

Prueba evidente de su poder para representarnos, ese mito indígena colonizó la narrativa nacional desde su origen. El imbunche aparece en la primera novela chilena[1]: *Don Guillermo*, de José Victorino Lastarria, publicada en

1. Otras candidatas al título de primera novela chilena son *El mendigo*, del mismo Lastarria, publicada en 1843, que es más bien un cuento; *El inquisidor mayor*, de Manuel Bilbao, publi-

Santiago de Chile en 1860. Lastarria, fundador de la Academia Chilena de la Lengua, creó una ficción fantástica y filosófica, que también es una suerte de sarcástica *Divina comedia* criolla. Esta comedia infernal recoge el mito indígena, lo desarrolla e interpreta.

El protagonista es un inglés llamado Guillermo que descree de las leyendas chilenas. Empeñado en asistir a una cita erótica nocturna, Guillermo se acerca a la siniestra cueva del Chivato en Valparaíso. ¡Jamás lo hubiera hecho! De la oscuridad asoma un enorme macho cabrío que lo cornea hasta noquearlo y enseguida lo arrastra al interior de la cueva. Al despertar, Guillermo se encuentra en Espelunco, un mundo subterráneo donde lo rodean brujos que amenazan con imbuncharlo.

Lastarria describe el procedimiento: «Imbunchar se llama coserle al paciente con hilo fuerte y buena aguja todos los agujeros, salidas y entradas de su cuerpo» [Lastarria, 1885, p. 104]. En esa primera novela chilena las horribles torturas del mito indígena se reducen a unas costuras. Pero Lastarria subraya los efectos sicológicos y morales de esas costuras:

> [al sujeto privado] del uso de esos sentidos se le puede imprimir el carácter e inclinaciones de un buen [habitante de] Espelunco. [...] Cosed a un infeliz mortal todas sus avenidas, todas sus entradas i salidas. Mantenedle así algún tiempo contrariado en todos sus instintos naturales, en todos los usos i costumbres que su organización le imprime, i veréis como su espíritu se agota, su fe se disipa, sus fuerzas se aniquilan [Lastarria, *ibid.*, p. 112].

En otras palabras, mediante la costura de sus orificios corporales los brujos de Lastarria quiebran el espíritu de su víctima sin darle a cambio ningún poder.

Desde esa primera aparición literaria la silueta del imbunche y sus variaciones afloran a menudo en novelas y ensayos, siempre aumentando su polivalencia semántica. En la novela de Pedro Prado, *Alsino* (1920), asoma un ser análogo al imbunche, un niño campesino tullido de cuya joroba brotarán unas alas que van a recortarle para evitar que vuele y así exhibirlo como un monstruo de feria. En la novela de Carlos Droguett, *Patas de perro* (1965), el protagonista es mitad niño, mitad perro y la brutalidad con que todos lo tratan lo deforma aún más[2]. Este monstruo también «estelariza» la novela *La hermandad de la Casa Grande* (2021), de Eduardo Pérez Arroyo, reconstruc-

---

cada en Lima en 1852, cuyo asunto es la inquisición peruana en el siglo XVIII; y *La aritmética en el amor*, de Alberto Blest Gana, que fue publicada, como *Don Guillermo*, en el año 1860.

2. Este niño perro se llama Bobi, casi como Boy, el otro niño monstruo protagonista de *El obsceno pájaro de la noche*, de José Donoso.

ción imaginativa del juicio a los brujos de Chiloé celebrado en 1879-1880, en el que casi un centenar de supuestos hechiceros fueron llevados ante la justicia.

El gran cronista Joaquín Edwards Bello acuñó la expresión *imbunchismo* para describir una flaqueza chilena: «el cultivo del fracaso y de la fealdad» que nos conduciría a «un estado crónico de desolación, de crueldad y de odio» [Edwards Bello, 1966, p. 47][3]. Roberto Hozven notó que el imbunche es reversible: «Su faz es su reverso, se conjuga en voz activa y pasiva: cuando imbunchamos somos imbunchados» [Hozven, 2012, p. 158]. En mi ensayo *La muralla enterrada* (2001) argumenté que el imbunche es una metáfora de un bloqueo identitario que se expresa en nuestra literatura, en nuestra ciudad capital y en nuestra sociedad. El imbunche es:

> [...] aquello que los chilenos declaramos duradero y soñamos grande, y que luego, fieles a nuestros atavismos, vamos mutilando y cortando, pero también zurciendo y parchando. [...] Nuestra fatal tendencia al imbunche. Esta inclinación a cortar las alas de lo que se eleva, derribar la grandeza, mutilar lo que sobresale, y enterrar lo que se asoma [Franz, 2001, p. 18].

La eclosión y consagración del imbunche como ícono literario polisémico ocurrió en la mencionada novela de José Donoso, *El obsceno pájaro de la noche* (1970). El narrador multiforme de ese libro, el Mudito Peñaloza, acabará imbunchado por las viejas brujas que habitan el vasto caserón donde él es un sirviente mínimo y a la vez poderoso. Donoso describe ese final así:

> Me meten adentro del saco. Las cuatro [brujas] se arrodillan alrededor mío y cosen el saco. No veo. Soy ciego. Y otras se acercan con otro saco y me vuelven a meter y me vuelven a coser (...) y siento levantarse alrededor mío otro envoltorio de oscuridad, otra capa de silencio que atenúa las voces que apenas distingo, sordo, ciego, mudo [Donoso, 2001, p. 324].

El sacrificio ritual practicado por las criadas jubiladas y hechiceras de la novela donosiana es similar al que, un siglo antes, celebraban las brujas en la ficción de Lastarria. «Las brujas arrebataron [a Guillermo]. Todas preparaban sus agujas, algunas le tiraban sus puntadas i todas se enredaban i estorbaban por coserle las primeras» [Lastarria, *ibid.*, p. 114].

Tanto la versión de Lastarria como la de Donoso eliminan las torturas más cruentas aplicadas al imbunche indígena para destacar la costura de sus sentidos. El coser y el tejer, tan ligados a la polisemia de la palabra *texto*,

3. Hay algo *imbunchante* en la propia ferocidad de Edwards Bello que azota sin clemencia a la chilenidad.

transportan a este monstruo desde la mitología oral a la literatura escrita. Los siglos refinan la tortura, pero al cabo el resultado es similar: entre nosotros, el poder bloquea y la obstrucción da poder.

Donoso ve con claridad el poder que confiere imbunchar y ser imbunchado. Ya cosidos sus nueve orificios, el cuerpo del Mudito es envuelto en sucesivas capas de trapos igualmente hilvanadas. Así, el imbunche queda obturado, pero también arropado. Se trata de una mutilación horrenda pero deseable. Desde adentro el Mudito dice:

> [...] paquetito sin sexo, todo cosido y atado con tiras y cordeles, sacos y más sacos [...] aquí adentro se está caliente, no hay necesidad de moverse, no necesito nada, este paquete soy yo entero, reducido, sin depender de nada ni de nadie, oyéndolas dirigirme sus rogativas, prosternadas, implorándome porque saben que ahora soy poderoso y voy a hacer el milagro [Donoso, *op. cit.*].

El narrador de Donoso acepta su *imbunchamiento* como un suplicio placentero y placentario que lo vuelve poderoso. Así culmina un largo proceso: el Mudito ya era medio imbunche desde un inicio. La mudez, que cosió su boca, paradójicamente desató sus monólogos interiores. El encierro lo volvió potente. El sirviente ínfimo, juguete de las viejas empleadas asiladas en esa casa de ejercicios espirituales, es también el llavero: el narrador que maneja las llaves de las innumerables puertas en esa mansión laberíntica.

Mediante esas envolturas Donoso también sugiere que su propia novela es un imbunche: los nueve orificios cosidos representan las múltiples tramas bloqueadas por relatos contradictorios que así potencian el conjunto. Todo ello envuelto en capas y más capas de apariencias discursivas y argumentales. El libro mismo es un imbunche, envoltorio de papeles, pequeño y poderoso.

El monstruoso imbunche chileno, desde su mudez recosida pero expresiva, dice bastante sobre el tema central de este congreso: el mestizaje.

El mito indígena ya se había mestizado con relatos europeos cuando fue recogido por misioneros como Bernardo Havestadt en el siglo XVIII. Rodolfo Lenz, en su *Diccionario etimológico*, comenta: «Parece que la figura mítica mapuche [del imbunche] se ha mezclado con el ogro español»[4] [Lenz, s/f, p. 412].

Ese mestizaje cultural se acentuó cuando el imbunche se convirtió en figura literaria. Lastarria contrasta a su monstruo con el Calibán de Shakes-

4. Seguramente, Lenz sugiere esta mezcla porque en muchas versiones del mito el imbunche es alimentado con carne humana, especialmente con carne de niños, lo que recuerda al ogro del cuento de Pulgarcito que devora niños pequeños.

peare: «El que nace Calivan [*sic*] i no tiene la virtud de la conformidad, i en lugar de hacerse bueno, cultiva la envidia, i se enardece con el odio i el egoísmo, es un monstruo...» [Lastarria, 1885, p. 119]. Donoso ha creado además un narrador imbunche. Este escritor monstruoso[5] podría evocar el mito del fabulista griego Esopo, que algunas versiones describen como un esclavo muy feo, deforme y —nótese esta semejanza— inicialmente mudo. Esopo fue sacrificado como víctima propiciatoria por el pueblo de Delfos.

La genética literaria híbrida del imbunche corrobora que este es una encarnación más del mestizaje latinoamericano. Eugenia Brito sugirió que este monstruo «nace a partir de la decepción del mestizaje [...] los españoles producen un hijo, o unos hijos, que no quieren ver, que ocultan [...], bajo la nominación de "feos, raros, monstruosos"» [Brito, 2006, p. 65]. Esa interpretación de Brito peca de parcialidad. Es probable que esos vástagos mezclados también fueran considerados feos y raros por sus parientes indígenas. (La princesa azteca Tecuichpo rechazó a la hija mestiza que concibió con Hernán Cortés). La profunda soledad original del mestizo americano, que exploró Octavio Paz, brota de ese doble rechazo.

Adriana Valdés, en su profundo estudio del imbunche donosiano, afirmó que este representa «toda una forma de adaptarse a la existencia» [Valdés, 1975, p. 131]. Pero esta sería una adaptación autodestructiva, «el medio de ocultar (coser, envolver) la propia carencia de identidad» [*ibid.* p. 137].

Para sobrevivir el mestizo conflictuado se niega, se inhibe, se imbuncha. Imbuncharse viene a ser un ensimismamiento radical, una solución neurótica para la identidad dubitativa que produce el mestizaje. Este *imbunchamiento* acrecienta el rencor personal, nacional e hispanoamericano. El sujeto se envuelve en capas de resentimiento que lo aíslan e inmovilizan. Eventualmente, las costuras de esas capas estallarán liberando un torrente de energías destructivas. Energías inútiles porque pronto todo volverá a la sordomudez y la parálisis del imbunche. Y el ciclo se reiniciará.

Símbolo horrible y elocuente: ese niño torturado hasta ser deformado y escondido en una cueva o en un sótano podría representar la afrenta oculta del mestizaje. Ese niño es el fruto prohibido de un cruce de razas originalmente enemigas. Las torturas son el castigo inmerecido por su origen bastardo. Las costuras de sus sentidos son otros tantos esfuerzos para impedirle mostrar su diferencia. La cueva, en el mito indígena, y el submundo o el sótano, en la imaginación literaria, delatan la relegación de ese conflicto a un subconsciente colectivo. Desde allí el imbunche nos amenaza con mostrarnos algo que no quisiéramos ver.

---

5. Otros escritores monstruos serán protagonistas (ausentes) en varias de las novelas más importantes de Roberto Bolaño, como *Estrella distante* o *2666*.

De la palabra latina para monstruo deriva nuestro verbo *mostrar*. ¿Qué nos muestra el monstruo que creamos? Entre otras cosas, la presencia continua del imbunche en la mitología y en las letras chilenas muestra que solemos deformar y frustrar nuestros logros y que nos sentimos poderosos cuando lo hacemos. Parece que la derrota autoinfligida nos proporciona un placer oscuro. Para comprobar que esto no es solo un mito basta con recorrer las calles de Chile y las de buena parte de Hispanoamérica.

Joaquín Edwards Bello advirtió que el imbunche y los brujos que lo crean se actualizan constantemente: «La industria gangrenosa de los antepasados brujos [perdura]. Hay brujos fabricantes de invunches [*sic*] disfrazados de personas modernas. Juegan al cacho y hasta escriben en los diarios. Viajan y llevan portadocumentos. ¡Cuidado!» [Edwards Bello, 1966, 34].

El imbunche se actualiza y viaja, su deformidad abarca más que la sociedad chilena pasada y presente. El imbunchaje se extiende a nuestra «Hispanoamérica del dolor». Este IX Congreso Internacional de la Lengua Española debía celebrarse en la hermosa Arequipa, pero la crónica inestabilidad política peruana imbunchó ese proyecto. Quizás es hora de que otros países de nuestra región tomen prestado este vocablo para describir esa inquietante tendencia latinoamericana que nos lleva a frustrar nuestros mejores sueños.

La mitología y la literatura nombran a nuestros monstruos. Nombrarlos es el primer requisito para conjurarlos.

BIBLIOGRAFÍA

Brito, E. «Mitos y monstruos en *El obsceno pájaro de la noche*, de José Donoso». Santiago de Chile, *Revista de teoría del arte*, n.º 13, 2006.

Donoso, J. *El obsceno pájaro de la noche*. Barcelona: Biblioteca El Mundo, 2001. (Ed. electrónica: Libros Tauro www.LibrosTauro.com.ar).

Edwards Bello, J. *Nuevas crónicas*. Santiago de Chile: Ed. Zig-Zag, 1966.

— *El subterráneo de los jesuitas*. Santiago de Chile: Ed. Zig-Zag, 1966.

Franz, C. *La muralla enterrada*. Santiago de Chile: Ed. Planeta, 2001.

Hozven, R. «Imbunche y majamama, dos archivos culturales chilenos». Concepción: *Revista Atenea*, n.º 506, 2012.

Lastarria, J. V. *Novelas y cuentos de la vida hispanoamericana*. Santiago de Chile: 1885.

Lenz, R. *Diccionario etimológico*. Edición de Mario Ferreccio. Santiago de Chile: Ed. Universidad de Chile, s/f.

Montecino, S. *Mitos de Chile. Enciclopedia de seres, apariciones y encantos*. Santiago de Chile: Ed. Catalonia, 2015.

Neuroderechos: en busca de una solución[1]

PEDRO GARCÍA BARRENO

Real Academia Española

Introducción. ■ Nuevas puertas al cerebro. ■ Neurotecnología. ■ Neuroderechos. ■ Conclusión.

1. El presente trabajo es una revisión de la ponencia ««Neuroderechos: una panorámica», presentada en el Panel 5.2 del IX CILE, Cádiz, 27-30 marzo 2023.

Los notables y rápidos avances de la neurociencia y la neurotecnología de las últimas dos décadas han generado la posibilidad de realizar intervenciones inéditas en el cerebro humano, que incluyen la capacidad de mapear el cerebro, decodificar su información, ampliar o disminuir los sentidos y capacidades cognitivas o acceder a pensamientos y recuerdos. Para evitar intervenciones no deseadas, que están cada vez más cerca de convertirse en una realidad, se requiere una estricta regulación. En este marco, han surgido los «neuroderechos», en el ámbito de los derechos humanos. Organismos internacionales, nacionales o iniciativas privadas, estudian procesos legislativos que generen un nuevo marco jurídico destinado a proteger la dignidad y los derechos humanos.

INTRODUCCIÓN

> *El mundo digital ya es crucial para el funcionamiento de la sociedad, pero la revolución está lejos de terminar. A medida que la tecnología subyacente se vuelva más sofisticada y generalizada, la sociedad seguramente sentirá su impacto de formas nuevas e inesperadas.*

Los experimentos de estimulación cerebral realizados a mediados del siglo XX despertaron el interés sobre retos éticos y sociales. En 2017, los dos grupos pioneros en «privacidad mental» publicaron sendos trabajos. Uno utilizó como epígrafe la frase: «Thou canst not touch the freedom of my mind» [Milton, 1634]. El otro, consideró el caso de un paciente sometido a un ensayo clínico de interfaz cerebro-computadora. Los rápidos avances en neurotecnología (NT) e inteligencia artificial (IA) no son ciencia ficción a largo plazo, están, ya, aquí. ¿Cómo podemos utilizar las posibilidades diagnósticas y terapéuticas de la NT y la IA sin atentar contra la dignidad humana y sus derechos? En cualquier caso, la técnica siempre gana el «derbi» social, legislativo... por varios cuerpos de ventaja.

Podría haber elegido *El Cuento de Nunca Acabar: apuntes sobre la narración, el amor y la mentira*, de Carmen Martín Gaite [Gaite, 1983], pero como se trata de reflexionar sobre tecnología, reproduzco a modo de introducción un extracto del «Editorial» [Nirenberg, 1967] de Marshall W. Nirenberg (1927-2010) publicado un año antes de recibir el Premio Nobel de Fisiología o Medicina (junto con Robert W. Holley [1922-1993] y Har G. Khorana [1922-2011]) por su interpretación del código genético y su función en la síntesis de proteínas:

> Se está obteniendo nueva información en el campo de la genética bioquímica [«neurotecnología»] a un ritmo extremadamente rápido. [...] Tal poder puede usarse sabia o imprudentemente, para el mejoramiento o el perjuicio de la humanidad. Salvador Luria ha dicho: «El progreso de la ciencia es tan rápido que

crea un desequilibrio entre el poder que pone en manos del hombre y las condiciones sociales en las que se ejerce ese poder. Entonces, ni las advertencias de los científicos, ni la amplitud de la información pública, ni la sabiduría de los ciudadanos podrán compensar las insuficiencias del marco institucional para hacer frente a la nueva situación». El público comprende hasta cierto punto los desarrollos recientes en genética bioquímica, pero solo tiene una vaga noción de lo que puede esperarse en el futuro, a pesar de los esfuerzos de muchos científicos por informar al público sobre los probables desarrollos futuros. ¿Dónde estamos hoy? [...] ¿Qué se puede esperar en el futuro? [...] Sin embargo, tengo pocas dudas de que los obstáculos eventualmente serán superados. La única pregunta es cuándo [...] planteo este problema mucho antes de la necesidad de resolverlo, porque las decisiones relativas a la aplicación de este conocimiento deben ser tomadas en última instancia por la sociedad, y solo una sociedad informada puede tomar tales decisiones sabiamente.

Décadas después, Richard M. Satava, profesor emérito de Cirugía en la Universidad de Washington, exdirector de proyectos DARPA (*Defense Advanced Resesearch Projects Agency;* Department of Defense, USA), gurú de tecnologías transgresoras en biomedicina, escribía [Satava, 2003]:

> La tecnología es rampante, creciendo exponencialmente más allá de los límites normalmente comprensibles para la mente humana. Muchas de estas tecnologías son tan fundamentalmente disruptivas que desafían la práctica misma de la ciencia. Los descubrimientos que alguna vez fueron inimaginables, excepto en la ciencia ficción, están apareciendo a un ritmo tan rápido que no hay tiempo para evaluar sus implicaciones morales y éticas de manera deliberada y mesurada. La ingeniería genética, la clonación humana, la ingeniería de tejidos, la robótica inteligente, la nanotecnología, la animación suspendida, la regeneración y la prolongación de especies son solo algunas de las que revolucionarán lo que significa ser humano y cuál puede ser el destino final de la especie. A menos que estos temas se aborden en este momento, enfrentaremos las consecuencias de un futuro descontrolado y sin preparación.

Poco tiempo después, Alan L. Leshner escribía el editorial «Donde la ciencia se encuentra con la sociedad» [Leshner, 2005]. El tema nos retrotrae a algunos acontecimientos de los últimos años que sugieren que la interrelación entre ciencia y sociedad se encuentra en un profundo desfase. A parte del público le inquieta ciertas líneas de investigación y su posible aplicación. Esta desafección, distanciamiento o indiferencia de actitudes predice una mayor dificultad en las relaciones entre ciencia y sociedad que en épocas pasadas no muy lejanas.

¿Qué hemos aprendido, si es que logramos algo? Da la sensación de que muy poco o, más bien, nada. Llevamos años escondidos en un callejón sin salida. Pongamos, como punto de partida, unos ejemplos transgresores: la píldora; el material genético en ácidos nucleicos, no en proteínas; el cultivo de tejidos en un portaobjetos, y los trasplantes.

1) La píldora. En 1954 se realizó el primer ensayo clínico en 50 mujeres en Massachusetts. En 1957 la U. S. Food and Drug Administrartion (FDA) aprobó la píldora como tratamiento de dismenorreas, no como anticonceptivo. En 1960 se aceptó su utilización como anticonceptivo.

2) Oswald T. Avery (1877-1955) publicó, en 1945, que el material genético es ADN, no proteínas. Criticado, un miembro del comité Nobel, bioquímico, contrario a la tesis de Avery, cercenó un Premio Nobel sin discusión. Sobre ello, Watson y Crick publicaron la estructura del ADN [Watson *et al.*, 1953]. El artículo comienza: «Deseamos sugerir una estructura para la sal del ácido nucleico de desoxirribosa (D.N.A.). Esta estructura tiene características novedosas que son de considerable interés biológico». En el penúltimo párrafo: «No se nos ha escapado que el emparejamiento específico que hemos postulado sugiere inmediatamente un posible mecanismo de copia del material genético». Dos frases robustas. No lograron el Premio Nobel hasta 1962. De manera natural la tecnología aceleró su refinamiento y pronto se dispuso de una herramienta transgresora: ADN recombinante; la posibilidad de «manipular» nuestro acervo genético. Surgió la crítica y, en 1975, 140 profesionales (biólogos, médicos, gente de leyes), se reunieron en Asilomar, CA (Asilomar Conference on Recombinat DNA) [Berg *et al.*, 1975] para discutir los posibles peligros de la técnica, solicitando una moratoria. Uno de los asistentes, microbiólogo de prestigio espetó, más o menos, que un «grupo» no le iba a conminar qué debería hacer o no en su laboratorio. Así hasta el CRISPR [Lander, 2016]; tecnología transgresora de la que una de las receptoras del Nobel ha declarado que no debe utilizarse para mejorar la especie [Charpentier, 2018]. De su mano surge el transhumanismo [Bostrom, 2005].

3) En 1909, Ross G. Harrison (1870-1959) cultivó tejidos imbuidos en linfa suspendida en un portaobjetos. Fue el origen del cultivo de tejidos. Ello permitió la revolución celulómica: todo lo que trata de manipulación celular, desde la fertilización *in vitro* (FIV), las células troncales y clonación, hasta los organoides (remedos 3D de órganos desarrollados en cultivo) y, hace pocos meses, los embriones sintéticos [Tarazi *et al.*, 2022. Amadei *et al.*, 2022]. La FIV fue condenada, hasta que vio la luz, en 1978, Louise Brown, la primera bebé probeta; ahora la «abuela». En 1996 nació, aunque fue presentada un año después, Dolly *the sheep*. Nuevo desgarro de vestiduras. ¿Se podrá clonar un humano?; desde luego que sus genes sí y se hará o se habrá hecho; otra cosa es clonar a la persona.

4) Los trasplantes vienen de lejos, de los santos Cosme y Damián. En serio, desde Alexis Carrell (PN 1912) y Frank Macfarlane Burnet y Peter Brian Medawar (PN 1960). El trasplante es, en esencia, una «donación». Años después un cirujano y un inmunólogo demostraron persistencia de los linfocitos del donante distribuidos en el organismo del receptor: quimerismo. Desde hace años los obstetras aíslan células fetales en la circulación materna a efectos de diagnóstico, y un español habló de genometástasis. Existe intercambio de material entre madre y feto. Hay embriones interespecies y embarazos subrogados, que no son donación sino contrato. Las células troncales abren otra posibilidad: su implante desde el punto de vista de la neurotecnología [NYSCF, 2022. Sakowski *et al.*, 2022].

En resumen, diez «estrellas» de la discusión ético-moral-legal-tecnológica, que siempre fueron décadas por delante de la preocupación social. Alguna fue motivo de duras críticas en ciertas *Encíclicas* [Pablo VI, 1968], para luego ser consideradas un logro social [CIPD, 1994. OMS, 2018].

La «píldora»	1960
Tecnología ADN-recombinante	1970
Louise J. Brown	1978
Dolly	1997
Células troncales blastoméricas humanas	2000
Embriones – SCNT interespecies	2007
CRISPR	2013
Brazo robótico controlado por el cerebro	2013
Organoides cerebrales	2015
Embriones artificiales	2022

Rematamos las «reflexiones» preliminares:

> En estos días de problemas complejos y soluciones de alta tecnología, es esencial que aquellos que entienden las leyes de la naturaleza se involucren más en la elaboración de las leyes del hombre [Kean, 1991].
>
> El papel cada vez más importante de la ciencia en la provisión de atención médica, y el difícil problema social y ético que surgirá de nuestra nueva capacidad para determinar nuestro futuro, hace que sea esencial que todos seamos más alfabetizados científicamente. Nuestros políticos deben comprender los rudimentos de la evidencia científica, y la sociedad en su conjunto debe estar lo suficientemente bien informada para comprender la mejor manera de lograr una vida saludable y participar en el debate de los complejos problemas que seguirán planteando los avances en la investigación biológica y médica. Este movimiento hacia una mayor conciencia científica tendrá que empezar en las escuelas [Weatherall, 1995].

Los retos no son técnicos. Representan cuestiones éticas y legales, provocadas por tecnologías avanzadas, emergentes y convergentes [MIT, 2011. Sharp *et al.*, 2016] imposibles de controlar. Como la lechuza de Minerva, rescatada por J. G. Federico Hegel (1770-1831):

> La filosofía llega siempre demasiado tarde [...] el búho de Minerva inicia su vuelo al caer el crepúsculo [Hegel, 1820].

Siempre por detrás de la tecnología. ¿En algún momento por delante?

NUEVAS PUERTAS AL CEREBRO

Iniciativa BRAIN (presidente Barack Obama, Estado de la Unión, 2013):

> Si queremos hacer los mejores productos, también tenemos que invertir en las mejores ideas [...]. Cada dólar que invertimos para mapear el genoma humano devolvió 140 dólares a nuestra economía [...]. Hoy, nuestros científicos están mapeando el cerebro humano para desbloquear las respuestas al Alzheimer [...]. No es el momento de desmantelar estas inversiones en ciencia e innovación. Es el momento de alcanzar un nivel de investigación y desarrollo no visto desde el apogeo de la carrera espacial [Obama, 2013].

El presidente dio a conocer una nueva y audaz iniciativa de investigación diseñada para revolucionar la comprensión del cerebro humano. Lanzada con aproximadamente 100 millones de dólares en el presupuesto del año fiscal 2014, la iniciativa BRAIN *(Brain Research through Advancing Innovative Neurotechnologies* —investigación del cerebro mediante el avance de neurotecnologías innovadoras—) tiene como objetivo final ayudar a los investigadores a encontrar nuevas formas de tratar, curar e incluso prevenir trastornos cerebrales como la enfermedad de Alzheimer, la epilepsia y la lesión cerebral traumática.

La iniciativa BRAIN acelerará el desarrollo y la aplicación de nuevas tecnologías que permitirán a los investigadores producir imágenes dinámicas del cerebro que muestren cómo interactúan las células cerebrales individuales y los circuitos neuronales complejos a la velocidad del pensamiento. Estas tecnologías abrirán nuevas puertas para explorar cómo el cerebro registra, procesa, usa, almacena y recupera grandes cantidades de información, y arrojarán luz sobre los complejos vínculos entre la función cerebral y el comportamiento.

En la última década, los científicos han realizado descubrimientos históricos que crean la oportunidad de descifrar los misterios del cerebro, incluido el desarrollo de nuevas herramientas para mapear las conexiones neuronales (cableado), la resolución cada vez mayor de imágenes y la explosión de la nanociencia, *big data* e IA. Avances que han allanado el camino para un desarrollo sin precedentes en todos los campos científicos. Por ejemplo, al combinar técnicas genéticas y ópticas avanzadas, los científicos pueden usar pulsos de luz para determinar cómo las actividades celulares específicas en el cerebro afectan al comportamiento. Además, a través de la integración de la neurociencia, la física y la ingeniería, los investigadores pueden usar tecnologías de imágenes de alta resolución para observar cómo el cerebro está estructural y funcionalmente conectado en humanos vivos.

Si bien estas innovaciones tecnológicas han contribuido sustancialmente a la expansión de nuestro conocimiento del cerebro, los avances significativos en la forma en que tratamos las enfermedades neurológicas y psiquiátricas requerirán una nueva generación de herramientas que permitan a los investigadores registrar señales de las células cerebrales en cantidades mucho mayores y a velocidades aún más rápidas. Esto no se puede lograr actualmente, pero una gran promesa para el desarrollo de tales tecnologías se encuentra en las intersecciones de la nanociencia, la imagen, la ingeniería, la informática y otros campos emergentes de la ciencia y la ingeniería.

Por su parte, Europa lidera el HBP (*Human Brain Project* —Proyecto Cerebro Humano—) [HBP, 2013], que tiene como objetivo establecer una infraestructura de investigación de vanguardia que permitirá a los investigadores científicos e industriales avanzar en nuestro conocimiento en los campos de la neurociencia, la informática y la medicina relacionada con el cerebro. El HBP es una iniciativa de investigación a largo plazo y a gran escala que es pionera en la investigación del cerebro digital. Su objetivo es obtener una comprensión profunda de la compleja estructura y función del cerebro humano con un enfoque interdisciplinario único en la interfaz de la neurociencia y la tecnología. Los científicos de HBP emplean métodos muy avanzados de computación, neuroinformática e inteligencia artificial para llevar a cabo investigaciones cerebrales de vanguardia. Los conocimientos adquiridos se traducen en novedosas aplicaciones en medicina y avances tecnológicos. Investigadores del HBP también abordan las implicaciones sociales y éticas derivadas de la investigación del cerebro y sus aplicaciones.

Para facilitar la integración de la ciencia del cerebro entre disciplinas y fronteras nacionales, el HBP está construyendo una infraestructura de investigación llamada EBRAINS. EBRAINS ofrece una amplia gama de conjuntos de datos cerebrales, un atlas cerebral multinivel, herramientas de modelado y simulación, acceso a recursos informáticos de alto rendimiento y plataformas robóticas y neuromórficas para investigadores. En 2021, EBRAINS se agregó a la hoja de ruta de ESFRI para infraestructuras de investigación. EBRAINS ahora está en transición hacia una infraestructura sostenible que permanecerá disponible para la comunidad científica como una contribución duradera del Proyecto Cerebro Humano al progreso científico global. En su fase final, que va de abril de 2020 a septiembre de 2023, el Proyecto Cerebro Humano se centra en tres áreas científicas centrales: las redes cerebrales y su papel en la conciencia, las redes neuronales artificiales, y la expansión de la innovadora infraestructura EBRAINS y sus herramientas y servicios. El Proyecto Cerebro Humano es uno de los proyectos de investigación más ambiciosos de Europa y uno de los «buques insignia» de las FET: tecnologías futuras y emergentes europeas [HBP].

NEUROTECNOLOGÍA

Bruno Martín escribe para OpenMind-BBVA «Cuatro grandes avances de la historia de la neurotecnología» [Martín, 2019]. Un resumen de este trabajo puede servir de introducción general al tema. En abril de 1861 murió en París Louis Victor Leborgne, un hombre que había perdido la capacidad de hablar y que en los últimos veintiún años de vida solo repetía la sílaba «tan». El médico y anatomista francés examinó su cerebro *post mortem* y descubrió una gran lesión en la parte delantera del hemisferio izquierdo. En autopsias posteriores de otros pacientes con problemas del habla, Broca descubrió lesiones similares, siempre en la misma región. El doctor había encontrado la primera prueba de que las funciones del cerebro —en este caso, la producción del lenguaje oral— residen en zonas concretas de este órgano.

Sobre las bases que sentó Broca crecería, un siglo más tarde, la neurotecnología, una disciplina que se nutre del conocimiento neurocientífico y a la vez contribuye a su desarrollo. Integrando las máquinas con el sistema nervioso central, busca estudiarlo, tratar sus dolencias y extender sus capacidades. Es un campo todavía en sus inicios, perseguido por un aire a ciencia ficción, pero que, por sus logros, ya ha cobrado aceptación y credibilidad en la ciencia contemporánea. Repasamos sus avances relevantes:

1) Imanes para observar las neuronas; una ventana al cerebro en funcionamiento, que la máquina puede distinguir casi en tiempo real. El cerebro es un órgano protegido por un caparazón de hueso. Los anatomistas del siglo XIX, como Broca, solo podían inspeccionarlo después de la muerte. La llegada de las tecnologías no invasivas de neuroimagen cambió el panorama: permiten estudiar el cerebro *in vivo*. El electroencefalograma (EEG. La técnica más antigua que registra la actividad eléctrica cerebral en la superficie del cráneo); el magnetoencefalograma (MEG. Registra la actividad funcional cerebral, mediante la captación de campos magnéticos en la superficie de la convexidad craneal); la tomografía por emisión de positrones (PET. Similar a la tomografía computarizada, detecta la radiación de

marcadores externos) o la imagen funcional por resonancia magnética (fRMI. Estudia la actividad cerebral detectando cambios en el flujo cerebral).

2) Electrodos para tratar la parálisis. Conforme se empezó a conocer la función de algunas regiones del cerebro, a finales del siglo XX los médicos experimentaron con un nuevo tipo de tratamiento: la estimulación cerebral profunda. A diferencia de la terapia electroconvulsiva que ya se administraba en décadas anteriores —con electrodos sobre el cráneo—, la nueva técnica inserta quirúrgicamente implantes que estimulan grupos concretos de neuronas. En la década de 1990 se constató su éxito para controlar síntomas del Parkinson y temblor esencial; más recientemente se ha empezado a utilizar como tratamiento para el trastorno obsesivo-compulsivo y la epilepsia, y se ensaya su eficacia en casos de depresión. En 2018, la estimulación profunda logró un nuevo hito: personas parapléjicas por un accidente han recuperado el movimiento y control parcial de sus piernas.

3) Implantes para restaurar los sentidos. Nuestra percepción sensorial del mundo es una colección de impulsos eléctricos que el cerebro procesa para formar una interpretación útil de la realidad material. Normalmente, los impulsos se generan en los órganos sensoriales, como el oído o el ojo, pero cuando estos receptores biológicos no funcionan, la neurotecnología puede intervenir. El implante de cóclea existe desde finales del siglo XX y, gracias a él, oyen cientos de miles de usuarios con sordera. Demostrado y probado este marco teórico de restauración sensorial, nada impide a los tecnólogos desarrollar aplicaciones análogas para emular el resto de los sentidos. De hecho, ya existen las primeras prótesis biónicas que incorporan sensores de presión para recrear el sentido del tacto (háptica) y se están probando implantes de retina electrónicos que estimulan directamente el nervio óptico en pacientes que han perdido los fotorreceptores de sus ojos.

4) Sensores para leer la mente. Más allá de sus aplicaciones médicas, la neurotecnología ofrece la posibilidad de ampliar las capacidades del sistema nervioso. Algunas de las aplicaciones más avanzadas y prometedoras de esta práctica la representan el control mental de prótesis, de robots y de programas informáticos, o la investigación de mercado por mercadotecnia. Los grandes pasos que ha dado el campo de las interfaces cerebro-máquina apuntan a un futuro en el que será posible conectar dos mentes directamente y lograr una comunicación silenciosa. En la actualidad, los expertos matizan que es imposible leer los pensamientos. Sin embargo, sí es posible detectar ciertas reacciones emotivas por EEG, y un usuario entrenado puede generar signos mentales suficientemente concretos como para dirigir un robot

> o un sistema operativo. Con el programa adecuado, también podrá generar un repertorio limitado de signos telepáticos, por ejemplo, letras o palabras discretas.

Por su parte, Beatriz Guillén [Guillén, 2019] escribe:

> Si toda la información disponible en Google cabe en un *pendrive*, ¿qué ocurriría si nos lo pudiéramos enchufar directamente al cerebro? ¿Y si pudiéramos traducir nuestras ondas cerebrales en textos enteros? O ¿si nos conectáramos a una máquina para multiplicar nuestras capacidades mentales? Aunque estos ejemplos todavía son mera especulación, no lo es la tecnología que trata de hacerlos posibles. No es que estemos cerca de conectar nuestro cerebro con tecnologías para poder interactuar con el exterior, es que es ya una realidad. ¿Significa esto que estamos ante el fin de la última barrera? En los últimos años hemos asistido a una tremenda evolución de esta disciplina, especialmente en el ámbito de neurorrehabilitación orientada a personas con fuertes deficiencias neuromusculares que han perdido movilidad de su cuerpo.

Discutir el acoplamiento entre mente y máquina es tan viejo como la película de ciencia ficción *Metrópolis* (1927. Película alemana, dirigida por Fritz Lang, que sitúa la acción en el año 2000). Lo que es nuevo es que la conexión de un cerebro humano a una computadora mediante microelectrodos implantables es ahora una opción técnica real. Con el tiempo —no mucho— este tipo de tecnologías van a llegar y formar parte de nuestras vidas en algún momento. Es un arma de doble filo. Por un lado, se dinamiza mucho el sistema con recursos y metodologías claramente orientadas a sacar los sistemas de los laboratorios. Por otro, se crean unas expectativas que, si no se cumplen, pueden generar frustración a corto plazo, como ha pasado otras veces con los robots o la inteligencia artificial.

Para las aplicaciones que más se acercan al futuro, como mover objetos, miembros mecánicos o el cursor de una computadora con solo pensar o imaginar alguna acción, se están utilizando dos técnicas: no invasivas —típicas en Europa— que consisten en recoger las grandes ondas cerebrales con cascos electroencefalográficos externos, e invasivas —comunes en Estados Unidos— que implantan los propios electrodos en el cerebro. La principal diferencia entre ellas es la precisión: los resultados con métodos invasivos suelen ser más precisos, pero presentan algunos problemas prácticos y éticos. Los no invasivos son más accesibles para su desarrollo en laboratorios y empresas, pero su control no es tan directo.

El debate ético no solo se circunscribe a los posibles daños que se pueda provocar en el cerebro, sino también para qué tipo de aplicaciones merece la pena correr el riesgo. Nadie plantea objeciones éticas si esta conexión cerebro-máquina se utiliza para tratar una enfermedad o mejorar la calidad de vida de las personas paralizadas por un accidente, ciegas o sordas. En realidad —comenta J. M. Muñoz-Ortega— hay importantes debates éticos relacionados con el uso de neurotecnologías para tratar enfermedades. Un ejemplo destacable es la estimulación cerebral profunda empleada para aliviar los síntomas de la enfermedad de Parkinson. Parece haber evidencias de que este tipo de intervenciones puede afectar a la personalidad e identidad del paciente de forma irreversible, lo que despierta debates sobre cómo «poner en la balanza» las ventajas y los inconvenientes de este tipo de intervenciones, que recogen, contrapuestas, diferentes publicaciones [Pham *et al.*, 2015; Gilbert *et al.*, 2021].

La polémica estalla si se trata de aplicar estas técnicas a las mejoras de las capacidades naturales de la mente humana. En un futuro cercano, a medida que las interfaces entre cerebro y computadora no solo restauren funciones perdidas por personas con discapacidad, sino que también potencien las aptitudes de personas sin discapacidad por encima de sus capacidades, tendremos que tomar conciencia de una serie de problemas relacionados con el consentimiento, la privacidad, la identidad, la acción y la desigualdad. Pero otra aplicación interesante es la contraria, indica J. M. Muñoz Ortega: disminuir en vez de potenciar. Se está discutiendo sobre la posibilidad de disminuir la intensidad de ciertas experiencias mentales (por ejemplo, recuerdos traumáticos). Al respecto, Nita Farahany ofrece un análisis en uno de los capítulos de su nuevo libro [Farahany, 2023; Muñoz, 2023].

NEURODERECHOS

Antecedentes psicológicos

Se considera «publicidad subliminal» a cualquier texto o material audiovisual que se emite por debajo del umbral de percepción consciente y que incita al consumo de un producto. Las imágenes subliminales —aquellas que se muestran de forma tan breve que el espectador no logra registrarlas de forma consciente— han estado rodeadas siempre de controversia. En la década de 1950, el hipnotismo y las técnicas de control mental —técnicas orientadas a dominar y modificar los procesos mentales de un individuo— se pusieron de nuevo de moda. James McDonald Vicary (1915-1977) decidió probar la eficacia de la «percepción subliminal» con unos métodos diferentes. El término *anuncio subliminal* fue descrito por primera vez en 1957: mensajes cortos e intermitentes en una pantalla de cine en Nueva Jersey habían provocado que la gente comprara más alimentos y bebidas. En 1958 esta práctica fue prohibida en Australia, Reino Unido y Estados Unidos. En 1962 James Vicary admitió que había falsificado los resultados de su estudio [Gafford, 1958]. Diez años después, y a pesar de que no se habían logrado demostrar pruebas de que realmente funcionaran, la ONU declaró que los mensajes subliminales eran una gran amenaza a los derechos humanos. En el caso español, la Ley General de Publicidad de 1988 (Ley 34/1988, de 11 noviembre: última actualización 07/09/2022) incluye la publicidad subliminal como un tipo de publicidad ilícita, y dice:

> Artículo 4. A los efectos de esta ley, será publicidad subliminal la que mediante técnicas de producción de estímulos de intensidades fronterizas con los umbrales de los sentidos o análogas, pueda actuar sobre el público destinatario sin ser conscientemente percibida.

Ofcom, la oficina reguladora independiente de las industrias de comunicación en el Reino Unido, declara que «las estaciones de telecomunicaciones no deben utilizar técnicas que exploten la posibilidad de transmitir un mensaje a los espectadores y oyentes, o de tratar de influir en su mente, sin que estos estén conscientes o totalmente conscientes de lo que está ocurriendo». En 2006, Johan C. Karremans *et al.* [Karremans *et al.*, 2006], publicaron el artículo «Beyond Vicary's fantasies: The impact of subliminal priming and brand choice». La discusión general concluye:

> Los presentes hallazgos demuestran que la publicidad subliminal podría ser factible, una idea que se ha debatido durante muchos años, pero que hasta ahora ha carecido de apoyo empírico. Nuestros estudios sugieren que exponer a las personas de manera subliminal a la marca de una bebida aumenta la probabilidad de que elijan esa bebida, siempre que tengan sed. Ambos estudios demostraron que exponer subliminalmente a nuestros participantes a una determinada marca aumentó la elección y la intención de ingerirlo.

Hacia la protección de las personas

En 2017, a la luz del rápido desarrollo de la neurotecnología, dos grupos, a ambos lados del Atlántico y en íntima conexión, publicaron sendos trabajos sobre su preocupación por el tema. Rafael Yuste y un grupo de 24 coautores (The Mornigside Group: equipo de médicos, especialistas en ética, neurocientíficos e informáticos, incluidos ingenieros de Google y nuevas empresas de neurotecnología) desarrollaron pautas éticas para las tecnologías emergentes de implantes neuronales e inteligencia artificial e identificaron cuatro prioridades éticas que unos «nuevos» derechos humanos deberían proteger [Yuste *et al.*, 2017]:

> Para que las neurotecnologías despeguen en los mercados de consumo en general, los dispositivos tendrían que ser no invasivos, de riesgo mínimo y requerir mucho menos gasto para implementar los procedimientos neuroquirúrgicos ac-

tuales. No obstante, incluso ahora, las empresas que están desarrollando dispositivos deben rendir cuentas por sus productos y guiarse por ciertos estándares, mejores prácticas y normas éticas. Destacamos cuatro áreas de preocupación que requieren acción inmediata. Aunque planteamos estos problemas en el contexto de la neurotecnología, también se aplican a la IA.

Se refieren a la privacidad y consentimiento (*privacy and consent*), integridad anatómica e identidad o conciencia de sí mismo (*agency and identity*), respetar las normas sociales o potenciación o aumento de las capacidades (*augmentation*) e igualdad de oportunidades evitando sesgos (*bias*).

> Los posibles beneficios clínicos y sociales de las neurotecnologías son enormes. Para cosecharlos, debemos guiar su desarrollo de una manera que respete, proteja y habilite lo mejor de la humanidad.

En Europa, Mareclloo Ienca y Roberto Andorno [Ienca *et al.*, 2017] escriben:

> Los rápidos avances en la neurociencia humana y la neurotecnología abren posibilidades sin precedentes para acceder, recopilar, compartir y manipular información del cerebro humano. Tales aplicaciones plantean desafíos importantes a los principios de derechos humanos que deben abordarse para evitar consecuencias no deseadas. Este documento evalúa las implicaciones de las aplicaciones emergentes de la neurotecnología en el contexto del marco de los derechos humanos y sugiere que los derechos humanos existentes pueden no ser suficientes para responder a estos problemas emergentes. Tras analizar la relación entre neurociencia y derechos humanos, identificamos cuatro nuevos derechos (solapantes con los propuestos por Yuste *et al.*) que pueden cobrar gran relevancia en las próximas décadas: el derecho a la libertad cognitiva, el derecho a la intimidad mental, el derecho a la integridad mental y el derecho a la continuidad psicológica.

Ienca y Andorno, aun no siendo miembros como tales, coinciden en lo primordial con el grupo liderado por Rafael Yuste; ello hace que, al menos, 27 investigadores coincidan plenamente en la defensa de los neuroderechos.

El Grupo Morningside [Goering *et al.*, 2021] hizo hincapié en las recomendaciones para el desarrollo y aplicación de las neurotecnologías:

> Los avances en neurotecnologías novedosas, como las interfaces cerebro-computadora (BCI) y los dispositivos neuromoduladores como los estimuladores cerebrales profundos (DBS), tendrán marcadas implicaciones para la sociedad y los derechos humanos. Si bien estas tecnologías están mejorando el diagnóstico y el tratamiento de enfermedades mentales y neurológicas, también pueden alterar la agencia individual y alejar a quienes usan las neurotecnologías de su

sentido de identidad, desafiando las nociones básicas de lo que significa ser humano. Como coalición internacional de académicos y profesionales interdisciplinarios, examinamos estos desafíos y hacemos recomendaciones para mitigar las consecuencias negativas que podrían surgir del desarrollo o la aplicación no regulados de nuevas neurotecnologías. Exploramos los posibles desafíos éticos en cuatro áreas clave: identidad y agencia, privacidad, sesgo y mejora de las capacidades mentales. Para abordarlos, proponemos: (1) reuniones democráticas al más alto nivel para establecer pautas éticas y sociales coordinadas a nivel mundial para el desarrollo y la aplicación de la neurotecnología; (2) nuevas medidas, incluidos los «neuroderechos», para la privacidad, la seguridad y el consentimiento de los datos para garantizar el control de los usuarios de la neurología sobre sus datos; (3) nuevos métodos de identificación y prevención de sesgos, y (4) la adopción de pautas públicas para la distribución segura y equitativa de dispositivos neurotecnológicos.

Por último, J. Genser, S. Herrmann y R. Yuste publicaron en 2022 un detallado y exhaustivo informe, cuyo resumen ejecutivo reproducimos [Genser *et al.*, 2022]: *Brechas, en la edad de la neurotecnología, en la protección de los derechos humanos a nivel internacional*

> [..] es la primera revisión exhaustiva del derecho internacional de los derechos humanos aplicado a la neurotecnología. La neurotecnología, definida como métodos para registrar o modificar directamente la actividad del cerebro humano, es una fuente emergente de avances médicos y científicos, desarrollo económico y consumo de la demanda. El cerebro es la fuente de los procesos mentales y cognitivos humanos, la imaginación, la percepción, y memoria. Debido a que interactúa directamente con el cerebro, se espera que la neurotecnología altere profundamente lo que significa ser humano. Existe un enorme potencial para los estados, las empresas y actores no estatales para infringir los derechos humanos mediante el uso indebido o el abuso de la neurotecnología. Sin el desarrollo continuo del derecho internacional de los derechos humanos, hoy existe una amplia gama de lagunas en la protección de los derechos humanos. Un avance incluiría un enfoque común para la neurotecnología a través de las Naciones Unidas (ONU), incluyendo una interpretación adicional del actual tratado de derechos humanos, nuevos instrumentos de derecho indicativo y un código de conducta para los estados y empresas de neurotecnología. Todo ello pondría a la comunidad internacional en la mejor posición para enfrentar y para llenar estos vacíos. Hoy en día, los marcos existentes para regular la neurotecnología son, en la mayoría de los casos, normas no vinculantes y altamente descentralizadas. Incluyen: Recomendaciones sobre Innovación Responsable en Neurotecnología de la Organización para la Cooperación y el Desarrollo Económicos (OCDE), la Declaración del Comité Jurídico Interamericano de Neurociencias, Neurotecnologías y Derechos Humanos, los Principios de Tshwane sobre Seguridad Nacional y el Derecho a la Información, los Principios Rectores de Neuroética de los Institutos

> Nacionales de Salud (NIH) para la iniciativa BRAIN de EE. UU. (2018) o el Marco de Neuroética del Instituto de Ingenieros Eléctricos y Electrónicos (IEEE), entre otros. Sin embargo, estos marcos no abordan ni el desafío de la neurotecnología a los derechos humanos ni cómo pueden o no ser justiciables bajo las leyes existentes de los derechos humanos a nivel internacional. Asimismo, el informe del Comité Internacional de Bioética de la Organización de las Naciones Unidas para la Educación, la Ciencia y la Cultura (UNESCO) sobre cuestiones éticas y neurotecnología no se basa en leyes vinculantes, ni hace recomendaciones para aplicar su política. Por lo tanto, desarrollar un enfoque unificado en la ONU es crítico, especialmente a medida que crece el número de normas éticas de derecho indicativo que compiten y difieren.

Sin embargo, sí existen normas vinculantes para regular la neurotecnología. Es el caso, comenta J. M. Muñoz Ortega, de Francia, cuyo artículo 19.1 de su nueva Ley de Bioética protege explícitamente el derecho a la integridad mental. Además, hay dos proyectos de ley, aún en debate, en Argentina —sobre el uso de neurotecnologías como medios de prueba criminal [Diputas, 2022]—, y en Brasil —sobre privacidad mental [Camara, 2022]—. Por su parte, México ha elaborado una carta de derechos digitales, siguiendo el modelo español, que incluye los neuroderechos [Carta, 2022].

Una declaración que no debe ser olvidada es la del Parlamento Latinoamericano y Caribeño (ParLatino), que es específica sobre neuroderechos [Parlamento, 2023]. Ese mismo Parlamento ha aprobado, con fecha 7 de marzo de 2023, una importante Ley Marco sobre neuroderechos que afectará a todos los países representados en dicho Parlamento (incluyendo toda Hispanoamérica), y que probablemente, señala J. M. Muñoz, sirva de modelo para sus respectivas elaboraciones legales sobre neuroderechos. Si bien no ha sido aún publicada, dicha Ley Marco ha sido aprobada por todos los países implicados.

El enfoque transversal de la ONU para la neurotecnología debe comenzar con un marco de análisis de los tratados internacionales de derechos humanos existentes. Dichos tratados se deberían utilizar para examinar el uso indebido y el abuso potencial de la neurotecnología y utilizar de manera eficiente la maquinaria existente del sistema de derechos humanos de la ONU para recopilar, aclarar y explicar las obligaciones jurídicamente vinculantes de los Estados. Con una mayor interpretación, impulsará la creación de nuevas leyes y reglamentos nacionales sobre neurotecnología.

Dada la escala masiva de inversión global en neurotecnología, ahora es el momento de anticiparnos para llenar proactivamente los vacíos de protección de los derechos humanos creados por la neurotecnología. La iniciativa BRAIN de los EE. UU., de 2013, lanzada por la Administración Obama, es una iniciativa multimillonaria que involucra el trabajo de tres agencias gubernamentales: los Institutos Nacionales de Salud (NIH), la Fundación Nacional de Ciencias (NSF) y la Agencia de Proyectos de Investigación Avanzada de Defensa (DARPA). Desde 2013, otras cinco iniciativas BRAIN se han creado en todo el mundo, incluido el Proyecto Cerebro Humano europeo (HBP) y El Proyecto BRAIN de China (CBP), anunciado en 2016, al que se le ha asignado una financiación de mil millones de dólares hasta el año 2030. Las fuentes informan de un aumento del 62 % en la inversión global en neurotecnología entre 2019 y 2020, y el mercado global de la neurotecnología actualmente está valorado en 10,7 mil millones de dólares (2020) y se espera que alcance los 21 mil millones de dólares para 2026. La Iniciativa BRAIN provocó en el mundo una ola de inversión en neurotecnología. Entre 2010 y 2014, el número de patentes de neurotecnología se duplicó con creces, de 800 a 1600 anuales, y la mayoría han sido otorgadas a inversores privados fuera de las empresas de dispositivos médicos.

La ONU está preparada para desempeñar un papel de liderazgo clave en neurotecnología y derechos humanos. Tal vez el documento más importante hasta la fecha, en relación a los neuroderechos, sea una resolución de la Asamblea General de las Naciones Unidas llamando a profundizar sobre las repercusiones de la neurotecnología para los derechos humanos [UN, 2022].

La Neurorights Foundation ha involucrado a altos funcionarios de la ONU en el estado global de desarrollo y en el uso de la neurotecnología; oportunidades y riesgos que plantea para el avance de los derechos humanos, y marcos legales, éticos y de gobierno, aplicables. La Neurorights Foundation autorizó a la International Human Rights Protection Gaps in the Age of Neurotecnology para analizar las formas en que los tratados internacionales existentes no abordan los nuevos desafíos de los derechos humanos en la era neurotecnológica, o neuroderechos. Neuroderechos, explicado en mayor detalle en este informe incluyen: (1) el derecho al «sentido de sí mismo», (2) el derecho al «libre albedrío», (3) el derecho a la privacidad mental, (4) el derecho al acceso justo al aumento mental, y (5) la protección contra el sesgo algorítmico, como cuando se combina la neurotecnología con inteligencia artificial (IA). En resumen, fundamentalmente, la defensa del derecho a la «identidad personal».

Por lo tanto, la iniciativa se basa y aplica estas discusiones pasadas con altos funcionarios de la ONU al cumplir con dos críticos objetivos. Primero, analiza los vacíos de protección bajo los tratados internacionales de derechos humanos que deben ser reforzados para abordar el posible mal uso y abuso de la neurotecnología actual y futura. Y, segundo, proporciona un camino a seguir para un enfoque transversal de la ONU con el fin de liderar los esfuerzos globales para proteger los neuroderechos. Este informe analiza las brechas en la protección de los neuroderechos que surgen bajo los siguientes tratados internacionales de derechos humanos: Pacto Internacional de Derechos Civiles y Políticos (ICCPR), Convención contra la Tortura y otros Tratos o Penas Crueles, Inhumanas o Degradantes (CAT), Pacto Internacional de Derechos Económicos, Sociales y Culturales (ICESCR), Convención sobre los Derechos de las Personas con Discapacidad (CRPD), Convención sobre Eliminación de Todas las Formas de Discriminación Racial (CERD), Convención sobre la Eliminación de Todas las Formas de Discriminación Contra la Mujer (CEDAW) y Convención sobre los Derechos del Niño (CRC).

El informe también reconoce las brechas de protección que surgen bajo varias normas declaratorias o normas internacionales de derechos humanos no vinculantes, incluida la Declaración Universal de los Derechos Humanos, los principios de ética médica relevantes para la práctica del personal sanitario, en la protección de prisioneros y detenidos contra la tortura y crueldad, penas o tratos inhumanos o degradantes (principios de ética médica), y la Declaración Universal sobre Bioética y Derechos Humanos (Declaración de Bioética). Comentan Yuste *et al.*:

> Nuestro informe finalmente concluye que el cuerpo existente de normas en los tratados internacionales de derechos humanos, los comentarios generales y la jurisprudencia, están mal equipados para proteger los neuroderechos. En particular, este informe identifica dos tendencias principales en los tratados existentes. En primer lugar, cuanto más detalladas sean las disposiciones actuales del tratado, menos aplicables serán a la neurotecnología. Disposiciones más generales, especialmente en tratados más antiguos, como el Comité para la Eliminación de la Discriminación Racial (CERD), se interpretarán más fácilmente a través de comentarios generales para abordar los neuroderechos. En segundo lugar, tanto los comentarios generales a los tratados como los informes de la ONU de años más recientes tienden a mencionar los avances tecnológicos que podrían interpretarse más a fondo para incluir los neuroderechos. Y algunos de los estándares aplicados a la IA y otras tecnologías también pueden aplicarse a la neurotecnología. Sin embargo, en última instancia, ninguno de los tratados internacionales de derechos humanos prevé plenamente las formas en las que la neurotecnología puede cambiar la experiencia humana (como a través de la lectura de la mente y realidades aumentadas) y todo debe actualizarse, ya sea a través de comentarios generales o disposiciones en sí mismas, para reflejar esta nueva realidad. Las tecnologías emergentes ya no son únicamente preocupaciones por la accesibilidad, la privacidad y las razones relacionadas con la discriminación. Hoy, la neurotecnología también presenta preocupaciones por la integridad mental, el libre albedrío, el desarrollo del pensamiento, la protección al debido proceso judicial y la desigualdad del mejoramiento humano.

Sobre la base de estos hallazgos, Neurorights Foundation autorizó la International Human Rights Protection Gaps in the Age of Neurotecnology, que hace recomendaciones de políticas y proporciona una base tanto para las

Naciones Unidas como para los diversos Gobiernos con la finalidad de determinar sus próximos pasos en la protección de las personas contra el uso indebido y el abuso de la neurotecnología.

Y concluye:

> En última instancia, los tratados internacionales de derechos humanos existentes actualmente no están preparados para proteger los neuroderechos. Sin embargo, como se describe en detalle en nuestros hallazgos, los rápidos avances en neurotecnología ya no son ciencia ficción, son ciencia. Es urgente que la ONU juegue un papel de liderazgo a nivel mundial para adoptar estas emocionantes innovaciones mientras se protegen los derechos humanos y se garantiza el respeto ético del desarrollo de la neurotecnología.

Otro punto de vista lo mantiene Nora Hertz [Hertz, 2023] que resume:

> El proceso de reconocimiento legal de nuevos derechos humanos es complejo, y la introducción de nuevos derechos humanos no es *per se* más ventajosa que la interpretación de los derechos humanos existentes. Con respecto al derecho humano a la libertad de pensamiento y el derecho humano propuesto a la autodeterminación mental, es más convincente evolucionar la interpretación del primero, p. ej. por un comentario general, protocolo o documento de derecho indicativo, que introducir un nuevo derecho humano a la autodeterminación mental. Sin embargo, la introducción y la evolución de los derechos humanos están entrelazadas, y la introducción de un nuevo derecho humano a la autodeterminación mental, p. ej. en una norma no vinculante, probablemente evolucionaría también la interpretación del derecho a la libertad de pensamiento.

El caso de Chile

Los sistemas legales deben prepararse para los desafíos regulatorios que emergen de las neurotecnologías. Desde la doctrina internacional, Ienca y Andorno proponen regular cuatro nuevos derechos: el derecho a la libertad cognitiva, el derecho a la privacidad mental, el derecho a la integridad mental y el derecho a la continuidad psicológica. Por otro lado, el Grupo Morningside, liderado por Rafael Yuste y Sara Goering, propone, además, regular el derecho al libre acceso a las neurotecnologías, el derecho al neuromejoramiento, la protección contra sesgos algorítmicos, el derecho a la privacidad mental y el derecho a la integridad mental. La propuesta de los segundos sería constitucionalizar los neuroderechos, protegerlos como derechos constitucionales emergentes y, eventualmente, como derechos fundamentales en Chile, resume L. E. Vásques Leal [Vásques, 2022].

La Comisión Desafíos del Futuro del Senado chileno presentó dos proyectos normativos que buscan regular neuroderechos: un proyecto de ley de neuroprotección y un proyecto de reforma constitucional. La sala del Senado aprobó el 23 de septiembre de 2021 el informe evacuado por la comisión mixta sobre el Proyecto de Reforma Constitucional que modifica el artículo 19.1 de la Carta Fundamental para:

> Proteger la integridad y la indemnidad mental de los avances y capacidades desarrolladas por la tecnología.

El mencionado proyecto constaba de un artículo único para añadir un inciso al artículo 19.1. La redacción inicial, que fue modificada:

> «Propuesta de norma Constitucional. Establece deberes del Estado en relación al desarrollo científico y tecnológico y reconoce constitucionalmente los neuroderechos: ninguna autoridad o individuo podrá, por medio de cualquier mecanismo tecnológico, aumentar, disminuir o perturbar dicha integridad individual sin el debido consentimiento. Solo la ley podrá establecer los requisitos para limitar este derecho, y los requisitos que debe cumplir el consentimiento en estos casos.

Concluye la propuesta de Norma Constitucional:

> Es deber del Estado velar para que el desarrollo científico y tecnológico esté al servicio de la persona humana, asegurar a todos el acceso equitativo a sus beneficios y proteger a los individuos contra todo daño a su integridad física y psíquica. La ley regulará el uso de las neurotecnologías, protegiendo los derechos de las personas a la individualidad, a la privacidad mental, a la libre decisión, a la equidad del aumento cognitivo y a que los algoritmos usados por la inteligencia artificial estén libres de sesgos.

El senador Guido Girardi [Mostrador, 2021], entonces presidente de la Comisión Desafíos del Futuro, señaló que:

> Esta es una iniciativa frontera políticamente transversal y en ella han participado diversas instituciones políticas, académicas y científicas chilenas e internacionales. Es, tal vez, la ley con respaldo más amplio a nivel mundial [...]. El proyecto nació por una propuesta de Rafael Yuste, que vino a tres Congresos Futuros y nos alertó de la necesidad de crear este proyecto para una sociedad que está siendo cambiada agresivamente por una era tecnológica que nos lleva a habitar un mundo virtual en el que la geopolítica se disputará en los cerebros humanos, que es donde están los datos que mueven esta nueva era digital; el cerebro humano es el principal espacio de disputa geopolítica del futuro, porque su cableado se traduce en algoritmos más potentes: quien desarrolle la Inteligencia Artificial más poderosa va a tener el control del futuro. Por ello decidimos crear un nuevo derecho humano que proteja la actividad síquica y cerebral de las perso-

> nas y garantice que las neurotecnologías serán usadas para el bien de la humanidad y no para su manipulación.

El 14 de octubre de 2021 Sebastián Piñera, presidente de la República, promulgó la Ley 21383 que modifica la Carta Fundamental, para establecer el desarrollo científico y tecnológico al servicio de las personas.

> Teniendo presente que el H. Congreso Nacional ha dado su aprobación al siguiente proyecto de reforma constitucional, iniciado en moción de los Honorables senadores señor Guido Girardi Lavín [...]. Proyecto de reforma constitucional: Artículo único. Modifícase el número 1.º del artículo 19 de la Constitución Política de la República, de la siguiente forma: 1) Reemplácese, en el actual párrafo final, el punto y coma por un punto y aparte. 2) Agréguese el siguiente párrafo final, nuevo: «El desarrollo científico y tecnológico estará al servicio de las personas y se llevará a cabo con respeto a la vida y a la integridad física y psíquica. La Ley regulará los requisitos, condiciones y restricciones para su utilización en las personas, debiendo resguardar especialmente la actividad cerebral, así como la información proveniente de ella».

Neuroética

Para Luis Vásques una de las características de los neuroderechos es que, además de su componente jurídico, tienen una dimensión ético-moral. La neuroética es una parte de la bioética que surge de la reflexión y deliberación de los conocimientos adquiridos con el progreso de la neurociencia, su relación con la mente humana, su impacto en el comportamiento y la identidad del propio ser. La neuroética comprende aspectos científicos, filosóficos, sociales, legales y políticos del propio conocimiento científico y sus funciones surgen de la investigación. Ofrece una oportunidad de tener una visión multidisciplinar entre aspectos filosóficos y puramente científicos.

La neuroética busca cuestionar, reflexionar y dirigir el uso y la aplicación de la neurotecnología en seres humanos. Es una disciplina emergente que debate sobre los aspectos éticos, legales, sociales y culturales de los avances en neurociencia y neurotecnología que tiene cada vez más relevancia en la ciencia actual. Proyectos como BRAIN y HBP le otorgan un papel central a esta disciplina [Goering *et al.*, 2016].

Esta disciplina constituye un aspecto central para dichos proyectos y así lo contempla la *Declaration of Intent to Create an International Brain Initiative* [IBI, 2017]: «Se necesita el Mundo para comprender el Cerebro», propuesta hecha por representantes de la actual y emergente investigación cerebral, en una reunión celebrada en Canberra en diciembre de 2017 (Declaración de Canberra):

> Las iniciativas reconocen que solo pueden impactar significativamente en la sociedad si los esfuerzos son integrados y en cooperación con sus partes interesadas: Gobierno, Academia, industria y los ciudadanos, en concreto también los pacientes y los empresarios. Las iniciativas también entienden su misión de involucrar y beneficiar al mundo en desarrollo.

Aunque con antecedentes, fue en el encuentro Neuroethics: Mapping the Field [Cerebrum, 2002], organizado por la Fundación Dana, cuando la neuroética emerge como una disciplina para reflexionar sobre dilemas éticos, legales y sociales que emergen como producto de los avances neurocientíficos. La neuroética aporta valiosos postulados para el análisis del vínculo entre la mente-cerebro y las repercusiones que tiene el uso de las tecnologías. Un ejemplo del aporte de la neuroética al estudio de los neuroderechos es, para Vásques, una eventual regulación de la figura del libre albedrío, uno de los aspectos que se busca regular.

En sintonía con lo anterior —continúa L. Vásques—, se puede afirmar que la neuroética tiene el potencial de brindar importantes aportes para la delimitación conceptual de los neuroderechos. Al realizar un análisis conceptual de categorías normativas como libertad, libre albedrío, privacidad mental, neurodatos y neuromejoramiento cognitivo, entre otros, permitiría conformar marcos normativos e interpretativos que brinden una neuroprotección efectiva a las personas. Además, la neuroética permite reflexionar sobre los riesgos del uso de las neurotecnologías para establecer alcances, límites y el contenido esencial de los neuroderechos.

Es necesario establecer un diálogo entre la Academia, Gobiernos, corporaciones y público en general, para delimitar lo que es poner en peligro la libertad individual y el bien social. También debe incluir los riesgos y beneficios de los objetivos transhumanistas, como la criopreservación cerebral *postmorten*, la expansión de los sentidos humano mediante interfaces cerebro-computadora, la comunicación cerebro-cerebro o los implantes cerebrales para inactivar el dolor o el sufrimiento. Farahany llama a una vigilancia prudente y a una deliberación democrática, sobre las repercusiones sociales de la neurotecnología [Muñoz, 2019].

CONCLUSIÓN

Investigadores de diversas disciplinas discuten las implicaciones éticas, legales y sociales de la neurotecnología. Debe recordarse la investigación de dos pioneros en la estimulación cerebral, entre las décadas de 1950 y 1970, José M. Rodríguez Delgado y Elliot S. Valnestein. Delgado, comenta S. Schleim [Schleim, 1969], incluso formuló la idea «hacia una civilización psicocivilizada», donde la estimulación cerebral se utiliza para controlar, en particular, ciudadanos con comportamientos violentos y agresivos. Valenstein, al contrario, cree que el cerebro no está organizado de manera que permita el control de procesos negativos sin, a la vez, disminuir otros comportamientos. Entre todos los derechos, los grupos de Yuste y Goering e Ienca y Andorno priorizan la privacidad mental. En suma [García-López *et al.*, 2021], tanto la neurolegislación como los neuroderechos son nociones centrales que no pueden ser ignoradas. Un análisis en profundidad de estos desafíos conceptuales implica tareas prácticas difíciles, pero urgentes. También debemos pensar en el futuro cercano y preparar a los abogados de las próximas décadas. Deben ser capaces de afrontar estos fenómenos con un mayor conocimiento específico. La «batalla por su cerebro» es, ante todo, un reclamo para expandir los derechos humanos; conseguir que incluyan la «libertad cognitiva», un derecho enunciado en 2004 por Wrye Sententia [Sententia, 2004] como «nuestra autonomía sobre la química de nuestro propio cerebro». Rafael Yuste propone un principio que remeda el modelo médico [AMM, 2022], introduciendo un «juramento tecnocrático». En resumen, ¿qué son los neuroderechos? ¿A quién pertenecen? ¿Al cerebro, a cada persona, a su mismidad, a las personas...? ¿No son todas estas «pertenecías» al mismo «objeto» formado por una miríada de neuronas y un cableado aún más complejo? o ¿pertenecen a la sociedad? Debemos ser conscientes —al inicio quedó plasmado— que la técnica siempre va por delante de los «temores» sociales. También, habrá que buscar nuevas aplicaciones a las viejas palabras o «inventar» conceptos y sus correspondientes voces que se adecuen a las recientes situaciones y de aquellas que se vislumbran. Habrá que aumentar y enriquecer nuestro vocabulario. ¿Estará la sociedad preparada?

REFERENCIAS BIBLIOGRÁFICAS

Amadei, G., Handford, C. E., Quiu, C. [...] Shendure, J., Glover, D. M., Zernicka-Goet, M. (2022). «Embryo model completes gastrulation to neurulation and organogénesis». *Nature* 610 (7930): 143-153.

AMM. (2022). Asociación Médica Mundial, *Declaración de Ginebra*, 15 julio. https://www.wma.net/es/policies-post/declaracion-de-ginebra/

Berg, P., Baltimore, D., Brenner, S., Roblin, R. O., Singer, M. F. (1975). «Summary statement of the Asilomar conference on recombinant DNA». *Proceedings of the National Academy of Sciences USA* 72 (6): 1981-184.

Bostrom, N. (2005). «A history of transhumanist thought». *Journal of Evolution and Technology* 14:1

Camara (2022). Camara Dos Diputados. *Projeto de Lei*. PL 522/2022. https://www.camara.leg.br/propostas-legislativas/2³17524. 2

Carta (2022). Carta de Derechos de la Persona. México. Entorno Digital. *Código de Buenas Prácticas*. https://www.infocdmx.org.mx/doctos/2022/Carta_DDigitales.pdf

Cerebrum (2002). «Neuroethics: Mapping the Field». *Conference Proceedings San Francisco, CA*, Dana Foundation.

Charpentier, E. (2018). «No debemos usar la edición genética para crear humanos mejorados». *El País* (Nuño Domínguez), 1 de octubre.

CIPD (1994). Programa de Acción. *Conferencia Internacional sobre la Población y el Desarrollo*. El Cairo, 5-13 sept.

Diputados (2022). Diputados Argentina. *Proyecto de Ley*. https://www.hcdn.gob.ar/proyectos/proyecto.jsp?exp=0339-D-2022

Farahany, N. A. (2023). *The Battle for Your Brain. Defending the Right to Think Freely in the Age of Neurotechnology*. Nueva York: St. Martin's Press.

Gafford, R. (1958). «The operational potential of subliminal perception». *Historical Document*, CIA created 4/1/1958.

Gaite, C. M. *El cuento de nunca acabar (apuntes sobre la narración, el amor y la mentira)*. Madrid: Ediciones Siruela, 1983.

García-López, E., Muñoz, J. M., Andorno, R. (2021). «Editorial: Neurorights and mental freedom: Emerging challenges to debates on human dignity and neurotechnologies». *Frontiers in Human Neuroscience* 15: 823570.

Genser, J., Herrmann, S., Yuste, R. (2022). *International Human Rights Protection Gaps in the Age of Neurotechnology*, NeuroRights Foundation, May 6.

Gilbert, F., Viaña, J. N. M., Ineichen, C. (2021). «Deflating the "DBS cuases personality changes" bubble». *Neuroethics* 14 (suppl. 1): 1-17. https://link.springer.com/article/10.1007/s12152-018-9373-8

Goering, S. & The Morningside Group. (2021). «Recommendations for responsible development and application of neurotechnologies». *Neuroethics* 14: 365-386.

Goering, S., Yuste, R. (2016). «On the necessity of ethical guidelines for novel neurotechnologies». *Cell* 167 (4): 882-885.

Guillén, B. (2019) *OpenMind-BBVA*.

HBP (2013). *Human Brain Project*. https://www.humanbrainproject.eu/en/

Hegel, G. F. (1820). Prefacio, *Fundamentos de la filosofía del Derecho*. Buenos Aires: Editorial Claridad. Biblioteca Filosófica, 1937. vol. 5, 36-37.

Hertz, N. (2023). «Neurorights – Do we need new human rights? A reconsideration of the rights to freedom of thought». *Neuroethics* 16, 5.

IBI (2017). *International Brain Initiative*. https://www.internationalbraininitiative.org/

Ienca, M., Andorno, R. (2017). «Towards new human rights in the age of neuroscience and neurotechnology». *Life Sciences, Society and Policy* 13: 5.

ISSCR (2021). *ISSCR Guidelines for Stem Cell Research and clinical Translation*. International Society for Stem Cell Research.

Karremans, J. C., Stroebe, W., Claus, J. (2006). «Beyond Vicary's fantasies: The impact of subliminal priming and brand choice». *Journal of Experimental Social Psychology* 42 (6): 792-798.

Kean, T. H. (gobernador de New Jersey) (1991). «Making the link between Science and Politics». David Jarmul (ed.), *Headline News, Science Views*, Washington, D. C.; 16-18.

Lander, S. E. (2016). «The heroes of CRISPR». *Cell* 164 (1-2): 18-28.

Leshner, A. L. (2005). «Where Science Meets Society». *Science* 307 (5711): 815.

Martín, B. (2019). «Cuatro grandes avances de la historia de la neurotecnología». *OpenMind BBVA-Ventana al conocimiento.* https://www.bbvaopenmind.com/ciencia/biociencias/cuatro-grandes-avances-de-la-historia-de-la-neurotecnologia/.

MIT (Massachusetts Institute of Technology). (2011). *The Third Revolution: The Convergence of the Life Sciences, Physical Sciences, and Engineering*. Washington, D. C.: MIT Washington Office.

Milton, J. (1634). *Comus. A Masque Presented at Ludlow Castle*. London: Humphrey Robinson, 1637.

Mostrador, El (2021). «Chile en la historia mundial: primer país que tendrá ley de neuroderechos». *El Mostrador Cultural* (23 septiembre).

Muñoz, J. M. (2019). «Chile – right to free will needs definition». *Nature* 574: 634.

Muñoz, J. M. (2023). «Achieving cognitive liberty. Neurotechnologies necessitate new thinking on human rights». *Science* 379 (6636): 989.

Nirenberg, M. W. (1967). «Editorial: Will Society Be Prepared?». *Science* 157 (3789): 633.

NYSCF (2022). *The New York Stem Cell Foundation. 2022 in Review*.

Obama, B. H. (2013). *Remarks by the President in the State of Union Address* (feb. 12). https://obamawhitehouse.archives.gov/the-press-office/2013/02/12/remarks-president-state-union-address

OMS (2018). *Recomendaciones sobre prácticas seleccionadas para el uso de anticonceptivos*, 3.ª ed. Departamento de Salud Reproductiva e Investigaciones Conexas. Organización Mundial de la Salud. Ginebra, Suiza.

Papa Pablo VI declara su oposición a su utilización como anticonceptivo —de la píldora— en la encíclica *Humanae Vitae*, 1968.

Parlamento (2023). Parlamento Latinoamericano y Caribeño. *Declaración-neuroderechos*. https://parlatino.org/comision-de-seguridad-ciudadana-combate-y-prevencion-al-narcotrafico-terrorismo-y-crimen-organizado/declaracion-neuroderechos/

Pham, U., Solbakk, A.-K., Skogseid, I.-M., Toft, M., Propp, H. A., Konglund, A. E., Andersson, S., Haraldsen, I. R., Aarsland, D., Dietrichs, E., Malt, U. F. (2015). «Personality changes after deep brain stimulation in Parkinson's disease». *Hindawi Publishing Corporation-Parkinson's Disease,* article ID 490507: 1-7.

Sakowski, S. A., Chen, K. S. (2022). «Stem cell therapy for central nervous system disorders: Metabolic interactions between transplanted cells and local microenvironmentes». *Neurobiology of Disease* 173: 105842.

Satava, R. M. (2003). «Biomedical, ethical, and moral issues being forced by advanced medical technologies». *Proceedings of the American Philosophical Society* 147 (3): 246-58.173:

Schleim, S. (2021). «Neurorights in history: A contemporary review of José M. R. Delgado's *Physical control of the mind* (1969) and Elliot S. Valenstein's *Brain control* (1973)». *Frontiers in Human Neurosciences* 15: 703308.

Sententia, W. (2004). «Neuroethical considerations: cognitive liberty and converging technologies for improving human cognition». *Annual New York Academy of Sciences* 1013: 221-228.

Sharp, P., Jacks, T., Hockfield, S., eds. (2016). *Convergence: The Future of Health*. Washington, D. C.: MIT Washington Office.

Tarazi, S., Aguilera-Castrejon, A., Joubran, C. [...] Maza, I., Novershtem, N., Hanna, J. H. (2022). «Post-gastrulation synthetic embryo generated *ex utero* from mouse naïve ESCs». *Cell* 185 (18): 3290-3306.

UN (2022). United Nations. General Assembly. *Human Rights Council*. Fifty-first session. 12 sept.-7 oct. Resolution adopted by the Human Rights Council on 6 October 2022. 51/3. *Neurotechnology and human rights*. https://documents-dds-ny.un.org/doc/UNDOC/GEN/ G22/525/01/PDF/G2252501.pdf? OpenElement.

Vásquez Leal, L. E. (2022). «Neuroderechos, Constitución y neuroética; Aportes de la neuroética al proceso de constitucionalización de los neuroderechos en Chile». *Anuario de Derechos Humanos* 18 (1): 121-136.

Watson, J. D., Crick, F. H. C. (1953). «Molecular structure of nucleic acids. A structure for deoxyribose nuclei acid». *Nature* 171 (4356): 737-738.

Weatherall, D. (1995). *Science and the Quiet Art. Medical Research & Patient Care*. Oxford, Tokyo, Melbourne: Oxford University Press: 347.

Yuste, R., Goering, S. & The Morningside Group. (2017). «Four ethical priorities for neurotechnologies and AI». *Nature* 551 (7679): 159-163.

AGRADECIMIENTOS

A José Manuel Muñoz Ortega, Tomás de la Quadra-Salcedo Fernández del Castillo y Rafael Yuste, por su lectura y comentarios.

Diversas maneras de salvar la incomunicación lingüística

JUAN GIL
Real Academia Española

Las señas. ■ Las muestras. ■ Tomar lengua. ■ Los degradados. ■ Los cautivos. ■ Vocabularios. ■ Otras enseñanzas del primer viaje colombino.

El principal escollo que encontraron los españoles en su vertiginosa expansión por el mundo fue la barrera impuesta por las lenguas, tan desconocidas como diferentes, que hablaban unos pueblos con los que era preciso entenderse, para bien o para mal. Existió, sí, el llamado «comercio mudo», que se llevaba a cabo sin que se vieran mutuamente los contratantes, pero esta modalidad extraña de compraventa quedó restringida a lugares apartados o míticos, como la Sérica (la China) de la antigüedad[1]. Por regla general, la comunicación y la visibilidad son indispensables en el trato.

En este apuro, fue de gran ayuda a los españoles la experiencia que, a lo largo de la segunda mitad del siglo XV, habían adquirido los portugueses durante el reconocimiento de la costa occidental de África, dado que también ellos se habían enfrentado con el mismo problema y habían aprendido a darle soluciones de compromiso. Fueron los portugueses precisamente quienes enseñaron a Colón a tratar con gentes de lenguas y costumbres muy diferentes a las europeas.

Hay un episodio del viaje de 1492 que, a mi juicio, solo se entiende con este trasfondo luso. El 2 de noviembre, creyendo estar ante el puerto chino de Zaitón, Colón envió a tierra a Rodrigo de Jerez y a Luis de Torres, «que avía sido judío y sabía diz que ebraico y caldeo y aún algo arávigo» (doc. II [pág. 130])[2]. ¿Qué motivo hubo para que se embarcase en aquellas armadillas un hombre sabedor de lenguas que nada tenían que ver con la china? La explicación no puede ser más simple: las armadas portuguesas acostumbraron a llevar a bordo un truchimán que hablase árabe; nada más lógico, pues sus naos iban costeando el litoral de África[3]. Allí y en la India estaba más que

---

1. Di ejemplos en mi libro *La India y el Catay. Textos de la Antigüedad clásica y del Medievo occidental*, Madrid, Alianza Editorial, 1995, pág. 246, n. 2.

2. En estos casos, lo normal en la *Odisea* es que Ulises envíe a tierra a dos hombres y a un heraldo; así, en el país de los lotófagos (9.90), en la isla de Éolo (10.59; entre ellos va el propio héroe) y en la tierra de los lestrígones (10.102); en cambio, en la isla de los cíclopes desembarcó él en persona, acompañado de doce camaradas (9.195). Mandar en descubierta a dos de sus hombres parece que fue el uso de los portugueses: en 1436 Afonso Gonçalvez Baldaia, pasado el cabo Bojador, «lançou dous cauallos fora e dous moços fidalgos, que nenhuũ passou 17 annos, que fossem buscar algũa pouoraçam» (Valentim Fernandes, pág. 40 = Gomes Eanes de Azurara, X [pág. 58]; *ibidem, De prima inuentione Guinee*, pág. 188, «misit duos nobiles iuuenes cum duobus equis»).

3. Tal fue el uso desde los primeros viajes despachados por el infante don Enrique, como atestigua Valentim Fernandes: «Disse Nuno Tristam que seria bem que huũ alarue que elle trazia, que era seruo do Jffante, que falasse com alguũ daquelles catiuos, per ver se os entendia. Falarom se, e se nom entendiam», «Mandarom ao alarue que Nuno Tristam leuaua que falasse com os mouros, e nunca ho entenderom» (Valentim Fernandes, pág. 142 = Azurara, XIII [pág. 74 y 78]). Y no solo en este continente prestó grandes servicios ese intérprete. De la marinería de Vasco de Gama formó parte un hombre, Fernão Martins, que, por haber estado cautivo entre los moros, conocía su lengua; fue una de las dos personas que el capitán portugués llevó consigo para hablar con el Samorín de Calicut, a quien entregó dos cartas, una escrita en portugués y otra en árabe (*Diário*, pág. 47).

justificada la presencia de un truchimán de árabe; resulta inexplicable, sin embargo, su participación en una flotilla enviada al emperador del Catay, si no estuviese respaldada por el peso de una larga tradición[4]. Pero pasemos ya a examinar las diversas formas que tuvieron los españoles de comunicarse con los pueblos que fueron encontrando.

LAS SEÑAS

La manera más elemental de entenderse es por señas. Curiosamente, el Ulises de la epopeya o habló o peleó con los habitantes del Mediterráneo, un mundo cerrado donde no caben medias tintas: o se es amigo o enemigo. En los poemas homéricos se hacen gestos a menudo con las cejas, que dioses y hombres alzan para decir que no, como es costumbre todavía hoy en Grecia[5]. Pero no se hacen señas a Polifemo, ni a Circe, ni a Calipso; con todos ellos se entabla de inmediato una animada y desenvuelta conversación.

No ocurrió lo mismo en el curso de las grandes navegaciones ibéricas, la mejor prueba de que se había entrado en un mundo nuevo. En el viaje de 1492 abundan las gesticulaciones; pero fueron los taínos —y no, sorprendentemente, los españoles, si hay que dar crédito a Colón, testigo no muy de fiar en este caso— quienes recurrieron por fuerza a este tosco y rudimentario procedimiento. Así sucedió en numerosas ocasiones[6].

---

4. Como una solución alternativa, pudiera suponerse que, mediante el envío de este intérprete, los Reyes Católicos intentaron entrar en relación con las diez tribus perdidas de Israel, emplazadas por los mapas medievales en el NE de Asia; pero ello sería un imposible teológico, dado que esas diez tribus solo habían de salir de su encierro para formar parte de las huestes del Anticristo allá en las postrimerías del mundo.

5. Cf. *Odisea*, 9.468 «Yo no les dejé llorar, y a cada uno de ellos alcé las cejas». Con las cejas mandó señales Ulises: a sus compañeros, para indicarles que le quitasen las ataduras, cuando oía a las sirenas amarrado al mástil (*Odisea*, 12.193-94); y a Telémaco, antes de la matanza de los pretendientes, a fin de darle seguridad en sí mismo (*Odisea*, 21.431); de la misma manera le lanzó avisos al héroe la diosa Atenea (*Odisea*, 16.164) En la *Ilíada*, 9.620, es Aquiles quien hace un guiño de esta suerte a Patroclo, para que preparase la cama a Fénix.

   Otra observación de Colón nos devuelve al mundo homérico: «La primera fabla es fazernos saber cúyos son y el nombre de su caçique» (doc. XIII [pág. 306]). Apenas hace falta recordar que en la *Odisea* se repite una y otra vez, en un verso formulario, la pregunta que se hace al hombre recién llegado: Τίς πόθεν εἰς ἀνδρῶν; πόθι τοι πόλις ἠδὲ τοκῆες; «¿Quién eres y de dónde vienes? ¿Dónde están tu ciudad y tus padres?»

6. He aquí algunos ejemplos: «Aquellos hombres que yo tenía tomado me dezían por señas» (doc. II, 14 oct. [pág. 113]); «estos hombres que yo traigo [...] hazen señas» (15 oct. (pág. 115]): «según estos dan las señas» (19 oct. [pág. 120]); «según las señas que me dan estos indios» (21 oct. [pág. 122]); «por señas que me hizieron todos los indios d'estas islas» (24 oct. [pág. 124]); «los cuales le dizen por señas» (28 oct. [pág. 126]); «así se lo dixeron por señas los indios» (29 oct. [pág. 126]); ese día «ya los entendían algo y mostraban estar contentos con los cristianos» (*ibidem*); «según dizen por señas» (12 nov. [pág. 134]); «dezían los indios [...] por señas»

Huelga decir que escenas muy semejantes tuvieron lugar en el largo periplo de Vasco de Gama, aunque en este caso el protagonismo, de manera más creíble, correspondiese a los portugueses: «Acenamos aos negros que fosem pera honde nos hiamos, e elles foram» (*Diário*, pág. 8). Este entendimiento mudo recibió el nombre de «falla por açenos» (*Diário*, pág. 9), como en español (y como también en latín, cf. Ouid. *Met.* 4.63 *nutu signisque loquuntur*, 'hablan con gestos y señas': así se comunicaban Píramo y Tisbe desde sus casas respectivas). Para adornar de alguna manera este coloquio silencioso, un grabado romántico representó a doña Marina hablando a Hernán Cortés con el lenguaje de signos empleado por los sordomudos[7]. Empero, de la inutilidad última de tales gestos indicativos advirtió varias veces Gonzalo Fernández de Oviedo[8]; con toda razón.

LAS MUESTRAS

Una manera rudimentaria de saber si el pueblo al que se ha llegado conoce las mercancías apreciadas por los europeos estriba en enseñarles muestras de las cosas más valiosas. Curiosamente, en este punto divergieron en apariencia los objetivos de los portugueses y de los españoles a causa de una notabilísima omisión de Marco Polo, que habló largo y tendido de los nestorianos que vivían en la India, pero por un extraño despiste o por simple ignorancia dejó de mencionar la existencia de cristianos (los uigures, hoy musulmanes) en China. De ahí provino una fundamental diferencia en los fines últimos de unos y otros: los portugueses, al llegar a Calicut, fueron en búsqueda de «christãos e espeçiaria» (*Diário*, pág. 36); Colón, en cambio, desconocedor

(13 nov. [pág. 136-37]); «temblava mucho, diziendo por señas que el almirante se fuese fuera del río, que los querían matar» (3 de dic. [pág. 151]); «otras cosas le contavan los indios por señas, muy maravillosas» (5 dic. [pág. 152]); «figurava por señas la hechura» (18 dic. [pág. 167]) «en fin, acabó de entender por señas su conbite» (22 dic. [pág. 173]). Como no podía ser menos, otro tanto ocurrió en las navegaciones por el Pacífico: Saavedra (fol. 2v) «díxoles el español por señas que viniesen a la isla».

7. Una reproducción del curiosísimo grabado puede verse en el admirable *Hernán Cortés* de José Luis Martínez, UNAM – FCE, 1990, pág. 840.

8. Así lo constató el gran cronista, al relatar el reconocimiento del Yucatán realizado por Juan de Grijalba en 1518: «Hacíanse señas y decíanse muchas palabras, de que ningún provecho ni inteligencia se podía comprender» (*Historia*, XVII 15 [BAE 118, pág. 138a]), o al contar el encuentro con los patagones a principios de 1526: «Cuando a la mañana se despidieron de los gigantes, fue por señas, no bien entendidas de los unos ni de los otros» (*Historia*, XX 7 [BAE 118, pág. 246a]). La misma expresión se repite en *Historia*, L 3 (BAE 120, pág. 310b): «por señas mal entendidas de los unos e de los otros». El mismo cronista refirió cómo los españoles, durante este último viaje, fueron atraídos por señas a una emboscada: «Luego vieron indios sin armas que les señalaron con el dedo dónde estaba el agua: e llegados allí, les decían e señalaban más adelante; e llegados donde la segunda vez les enseñaban [...], no la hallaron, antes dieron en una celada» (*Historia*, XVII 18 [BAE 118, pág. 146a]).

de que hubiese cristianos en su imaginario Catay, sustituyó ese primer objetivo por algo mucho más tangible y prosaico: «oro o espeçería»[9]; de ambas cosas llevó muestras, para ver si eran reconocidas allí donde llegase[10]. Igual despliegue de géneros hizo Vasco de Gama ante los asombrados nativos en la bahía de Santa Elena: «O capitam moor foy a terra e amostroulhe muytas mercadorías [...], e as mercadarias eram canella e crauo e aljofar e ouro e asy outras cousas. E elles nom entenderam naquellas mercadarias nada, como homes que nunca as viram» (*Diário*, pág. 4).

En estas muestras se enseñaron más cosas que mercancías; también se exhibieron armas, a fin de comprobar si los nativos conocían su manejo. A los lucayos de Guanahaní, refiere Colón, «les amostré espadas, y las tomavan por el filo y se cortavan con ignorancia» (doc. II, 12 oct. [pág. 111]). La misma constatación se volvió a hacer en 1495: «muchas vezes e visto, amostrando una espada a esta gente, la tomar por el filo, sin pensar que ofende» (doc. XIII [pág. 295]).

Pero ya en aquellos primeros encuentros sonaron palabras que fueron entendidas por todos. En efecto, los gestos pueden ser reforzados por onomatopeyas, sobre todo cuando el hablante se refiere a objetos que producen ruido. Así, cuando los taínos pedían a los españoles que les dieran los nunca vistos cascabeles, aludían a ellos con el expresivo nombre de *chuq chuq*: «llamavan y mostraban los pedaços de oro, diziendo *chuq chuq* por cascabeles, que están en puntos de se tornar locos por ellos» (doc. II, 26 dic. [pág. 179]). Otra onomatopeya similar sirvió a los isleños del Pacífico para designar tanto el ruido de un disparo como el arma que lo producía, el arcabuz: un indio de la isla de Santa Clara divisó un puerco, «encarole el arcabuz y con la boca hizo *pu* con gran pujanza [...]. Y viendo que no le había muerto, volvió otra vez a encararle y alzar más la voz, haciendo *puu*»[11].

---

9. La unión de los dos términos es frecuente: «oro o espeçería» (doc. II, 19 oct. [pág. 120]); 21 oct. [pág. 122]); «oro y espeçerías» (24 oct. [pág. 124]); 6 nov. [pág. 134]; «espeçería e oro» (3 dic. [pág. 151]; 4 en. [pág. 187]); cf. «Yo estava atento y trabajaba de saber si avía oro» (13 oct. [pág. 112]).

10. Muy pronto se presentó la ocasión de hacer la prueba con un resultado positivo, pues el 15 de octubre, estando en una isla cercana a Guanahaní, anotó Colón alborozado: «Es oro, porque les amostré algunos pedaços del que yo tengo» (doc. II [pág. 115]). Vino después la segunda comprobación: a los dos hombres que fueron a tierra «dioles muestras de espeçería, para ver si alguna d'ella topasen» (doc. II, 2 nov. [pág. 130]); «mostró el almirante a unos indios [...] canela y pimienta [...] Mostroles oro y perlas» (4 nov. [pág. 131]); los hombres enviados «mostraron la canela y pimienta y otras espeçias qu'el almirante les avía dado» (6 nov. [pág. 133]); en el cuarto viaje, cerca de la provincia de Ciguare «todos conoçieron la pimienta» (doc. LXXIV [pág. 487]).

11. *En demanda de la isla del rey Salomón. Navegantes olvidados por el Pacífico sur*, Biblioteca Castro, Fundación José Antonio de Castro, 2020, pág. 353. En el sureste asiático, donde el arma de fuego era conocida, tenían otro nombre: Villalobos (pág. 73), «llaman a los arcabuzes allá entre ellos *lutanes*».

Otras veces se dieron voces para indicar que no se iba en son de guerra. Tal hicieron los hombres de Loaysa al ver a los patagones: «Los cristianos, como tenían ya costumbre de hacer la paz con ellos, luego comenzaron a gritar diciendo *ooo*, alzando los brazos y echando las armas en tierra»[12]. No parece, sin embargo, que fuera tan pacífica la intención de los nativos de La Española en 1492, cuando «los otros indios de cuando en cuando alçavan las manos al çielo y daban una gran boz» (doc. II, 3 dic. [pág. 151]).

Con señas, onomatopeyas y voces cabe hacer una primera aproximación. Ahora bien, la única manera de entenderse de una manera cabal es contar con una persona que sepa las dos lenguas. Como bien puede comprenderse, el problema estribó en conseguir un truchimán.

TOMAR LENGUA

La manera más expeditiva y brutal de hacerse con un intérprete, pero también, por desgracia, la más común, fue cautivar por fuerza a algún indígena y retenerlo hasta que aprendiese la lengua del raptor. Gracias a este procedimiento los portugueses, a mediados del siglo XV, acabaron por disponer en África de intérpretes nativos, tanto esclavos como hombres libres a sueldo: «Estes trusimanes que sabem falar portuguez deles som catiuos, e delles forros; alem do seu soldo tem a uantagem de resgatar huum esprauo ou espraua e trazer no nauio» (Valentim Fernandes, pág. 72). Este apresamiento fue denominado con el eufemismo *aver lengua*[13], aunque también se utilizó con la misma construcción otro verbo, *tomar*[14].

---

12. Son palabras de Gonzalo Fernández de Oviedo, *Historia*, XX 7 (BAE 118, pág. 244b).

13. He aquí ejemplos de Colón: «Enbió dos barcas a una poblaçión por aver lengua» (29 oct. [pág. 126]); «fuera bien tomar algunas personas de las de aquel río para llevar a los reyes, por que aprendieran nuestra lengua» (12 nov. [págs. 134-35]); «determinó de se baxar a este puerto y provar si podía aver lengua o prática con ellos» (27 nov. [pág. 146]); «envió ocho hombres bien armados [...] por aver lengua» (30 nov. [pág. 149]); «por querer aver lengua con la gente de aquella isla» (6 dic. [pág. 155]); «por aver alguna lengua con aquella gente» (13 dic. [pág. 159]); «enbió la barca en tierra [...] por ver si avían lengua» (12 de enero [pág. 194]). Igual en el segundo viaje: «procuré de aver lengua» (doc. VIII [pág. 237]).

    Con el tiempo, *aver lengua* vino a significar simplemente 'tener información', 'conocer': «convidaban a los españoles que entrasen [...] en la nao por prenderlos e haber lengua del estado de la tierra» (Oviedo, *Historia*, XIX 13 [BAE 118, pág. 209a]); «fui por la ciudad tomando lengua, que ni entendía ni sabía, con deseo de conocer y ser conocido» (Mateo Alemán, *Guzmán de Alfarache*, I, 2, 10 [Clás. Cast. II, pág. 160, 2 y sigs.]). Por último, me parece que «para saber lengua» está por «por aver lengua» en Cortés, *Carta* II (pág. 46) «me fui por la costa con alguna gente para saber lengua».

14. Ginés de Mafra, 13 (pág. 62) «Esta gente fue [...] a solo ver la costa y tomar lengua de ella»; 32 (pág. 110) «fue a la costa de Mindanao [...] por tomar lengua» (dicho aquí de los españoles).

Como es natural, no fue fácil comprender al principio lo que decían aquellos intérpretes forzosos. Otra vez el diario del primer viaje colombino proporciona a este respecto detalles interesantísimos, ya que don Cristóbal confesó sin ambages el 27 de noviembre las dudas que lo embargaban sobre la exactitud y fidelidad de su mutuo entendimiento[15]. En 1493 los españoles contaron ya con la ayuda inapreciable de Diego, el taíno que había sido bautizado en el monasterio de Guadalupe. Se produjo, por consiguiente, un intercambio lingüístico más fluido con los indígenas «por lengua y por señas» (doc. VIII [pág. 239]). Durante el viaje a Cuba llegó a pensar Colón, iluso, que había mantenido una conversación teológica con un cacique: «Començó por palabras y señas afigurando en su persona cómo nos naçimos y teníamos ánima... Respondile yo con intercesión d'este indio que yo tengo conmigo» (doc. XIII [pág. 306]). En cualquier caso, este truchimán perfeccionó andando el tiempo sus conocimientos de castellano, de modo que en 1495 anotó muy satisfecho el almirante: «Diego Colón, uno de los que fueron a Castilla, [...] ya save fablar muy bien nuestra lengua» (doc. XIII [pág. 293]).

Los españoles no hicieron sino seguir el ejemplo dado por el primer almirante de las Indias, de modo que muy pronto se incorporaron a sus expediciones «lenguas» indígenas. Huelga ponderar la importancia que en la conquista de México tuvieron los intérpretes, que fueron conocidos en la Nueva España con el nombre de *naguatato*, 'el hombre que sabe nahua'[16]; y *naguatato* fue también el apelativo que se dio al truchimán en Filipinas.

Todas las armadas que atravesaron el Pacífico llevaron intérpretes nativos. En la primera se embarcó, entre otros, el famoso Enrique de Malaca, el esclavo de Magallanes; la segunda, la de García de Loaysa, contó con un chino políglota llamado Tristán de la China, que pertenecía al rico mercader Cristóbal de Haro[17].

---

15. «No sé la lengua, y la gente d'estas tierras no me entienden, ni yo ni otro que yo tenga a ellos; y estos indios que yo traigo, muchas vezes le<s> entiendo una cosa por otra al contrario» (doc. II [pág. 147]). Con el tiempo, creció la desconfianza del almirante hacia sus truchimanes: según escribió el 6 de diciembre, «ni les creía lo que le dezían ni los entendía bien, ni ellos a él» (doc. II [pág. 155]); pero, al fin y a la postre, no tuvo más remedio que conformarse con las informaciones de «los indios que [...] traía, que eran los intérpretes» (16 dic. [pág. 163]); no había otros.

16. Así ya en Bernal Díaz, *Historia verdadera*, 41 (pág. 105) «*nahuatlatos*, que son intérpretes de la lengua mexicana»; Oviedo, *Historia*, XXXIV 4 (BAE 120, pág. 273a) «al cual habló el general con sus *naguatatos* o lenguas».

17. En la flota de Ruy López de Villalobos fue un intérprete del malayo: cf. Ginés de Mafra, 14 (pág. 64) «se les habló con la lengua, aunque casi no se entendían»; 16 (pág. 69) «salió el batel con [...] la lengua, y desde la mar [...] començó a les hablar en lengua malaya»; 17 (pág. 74) «se les hablaba de noche por la lengua en parte que ellos lo oían bien»; 23 (pág. 87) «por la lengua les fue dicho en lengua malaya, que ellos entendieron bien, que entrassen en el navío».

Un intérprete del sureste asiático valió su peso en oro en los reinos de Carlos I. Un veterano de las armadas a la especiería, el vasco Iñigo Ortiz de Retes, trajo como único botín del Maluco un «indio natural de la China», con quien retornó a la Nueva España en 1548[18]. Por otra parte, en aquellas expediciones los españoles tuvieron la oportunidad de tratar con intérpretes nativos, los *jurubasas*, que, asentados en los grandes puertos comerciales, se ganaban así la vida[19]. Mas no siempre su traducción fue fiel. De las libertades que se tomaban los truchimanes chinos al traducir a su lengua cuanto decían los españoles se quejaron muy amargamente los frailes agustinos[20].

Como es natural, en los primeros contactos se produjeron muchos errores de interpretación, al entenderse una cosa por otra. Así, el *guanín*, la voz que designaba el oro bajo, se convirtió por arte de birlibirloque en un topónimo: «la isla de Goanín, adonde ay mucho *tuob*» (doc. II, 13 en. [pág. 195]). Solo más adelante se percató el almirante de su error: en el viaje a Cuba se refirió ya correctamente al «alambre [...] que se llama *guaní*» (doc. XIII [pág. 310]), y en su tercera navegación volvió a mencionar «un metal que llaman *guanín*» (doc. XXX [pág. 388]). De la misma manera, una palabra de significado muy genérico, *bohío* 'cabaña grande', fue interpretada como si fuese el nombre de toda la isla Española[21]. Ni que decir tiene que en equivocaciones parecidas incurrieron los portugueses. Por ejemplo, Vasco de Gama tomó por apelativo de un hindú el nombre de una península: «Huũ mercador muyto rrico, que se chama Guzerato» (*Diário*, pág. 49).

---

18. AGI, Indiferente 1964, Libro XI, fol. 106r.

19. Ginés de Mafra, 16 (págs. 69-70) «se halló en la isla [...] un indio que avía corrido munchas tierras y le tenían por lengua, a que ellos llaman *giribasa* en lengua malaya; los quales *giribasas* los pueblos grandes de contratación los tienen para entenderse con los que van a contratar con ellos de fuera de la tierra»; Oviedo, *Historia*, XX 19 (BAE 118, pág. 268a) «Gonzalo de Vigo [...] era *giribasa*, que quiere decir lengua».

20. Cf. mi introducción a Juan González de Mendoza, *Historia de las cosas más notables, ritos y costumbres del gran reino de la China*, Biblioteca Castro, 2022, pág. CXXXI y sigs.

21. Cf. doc. II, 4 nov. (pág. 131) «un lugar llamado Bohío»; 13 nov. (pág. 136 y 137) «se apartaba la tierra de Cuba de aquella de Bofío», «de la otra tierra de Bofío»; 23 nov. (pág. 142) «otra tierra o cabo [...] a quien los indios [...] llamavan Bohío»; 26 nov. (pág. 145) «la isla que llamavan los indios Bohío»; 5 dic. (pág. 152 y 153) «una isla muy grande [...], a que llamavan ellos Bohío», «los de aquella isla Bohío»; 26 dic. (pág. 179) «aquella isla Española, a quien llaman Bohío».

Los ejemplos podrían multiplicarse: «Este nombre Cubanacán, de *cuba* y *nacán*, tierra que está en medio [...]», escribió Las Casas (*Historia de las Indias*, I 44 [BAE 95, pág. 158a]), «entendíanlo muy al revés, y aplicábanlo que hablaban del Gran Can». Y otro caso mencionó más adelante el gran dominico: «En esto parece cómo el almirante no entendía nada de los indios, porque los lugares que le nombraban no eran islas por sí, sino provincias d'esta isla y tierras de señores» (*Historia de las Indias*, I 62 [BAE 95, pág. 201]) *Historia de las Indias*, I 62 (BAE 95, pág. 201).

LOS DEGRADADOS

Fue costumbre en Portugal conmutar la pena a los condenados a muerte por la estancia en una colonia remota (así se pobló la isla Graciosa, en el archipiélago de los Azores)[22] o por el servicio en una armada, en la que hacían de exploradores: el puesto más arriesgado. En ambos casos estos hombres recibieron el nombre de *degradados*. De ellos se sirvió Vasco de Gama al llegar a la India: «O capitam moor mandou huũ dos degradados a Calecut» (*Diário*, pág. 36).

Sobre la utilización de estos «degradados» en la América española callan a menudo las fuentes, quizá por vergüenza, aunque está atestiguada por una relación tardía, anónima, sobre los orígenes de Santa Marta. Cuenta esta crónica que, después de atentar contra Rodrigo de Bastidas, Rodrigo de Villafuerte huyó tierra adentro con sus compinches, aunque se vio obligado a volver, combatido por los indígenas; y «aportado allí [a La Ramada], halló un muchacho cristiano que avían los christianos echado allí con otro para que deprendiesen la lengua. El qual moço, desque lo vido, se holgó con él y él lo reconçilió con los indios para que no le hiziesen mal. Y de allí, tomado el muchacho, se fue a Santa Marta»[23]. La historia, en cambio, no nos dice qué delito cometió ese muchacho para que fuese abandonado entre los nativos.

LOS CAUTIVOS

Quédanos por considerar otra posibilidad: que la función de intérprete la desempeñase algún español que hubiese vivido algún tiempo entre los indígenas, bien por fuerza, bien de grado, como Juan Rodríguez la Lengua[24]. Los frecuentes naufragios dispersaron a muchos españoles por las islas caribeñas o por las regiones costeras del continente americano. Hacia 1512 se perdió en los bajos de Jamaica una carabela; de ella se escapó en una barca Jerónimo de Aguilar, el primer «lengua» español de la lengua maya, que se pasó en cuanto pudo al campo de Hernán Cortés; en cambio, otro de aquellos supervivientes, Gonzalo Guerrero, prefirió quedarse a vivir entre los indios[25]. Juan Ortiz fue «lengua e guía» de Hernando de Soto[26].

---

22. Cf. Valentim Fernandes, pág. 118 «os homens que mereciam morte çiuel mandou que fossem degradados pera esta ylla [la Graciosa]».
23. AGI, Patronato, 27, r. 9, fol. 2v.
24. Según Colón, el 27 de noviembre, llegadas ya las naves a La Española, «salieron tres cristianos diziendo que no oviesen miedo en su lengua, porque sabían algo d'ella» (pág. 146). Tal afirmación es, sin duda, una exageración del almirante.
25. Cf. Cortés, Carta I (págs. 16 y 17-18).
26. Así dijo Oviedo (*Historia*, XVII 22 [BAE 118, pág. 155b]).

Asombra asimismo el número de náufragos esparcidos por las islas del sureste asiático, una diáspora que comenzó con la navegación de Magallanes. Cuando la siguiente armada enviada a la Especiería, la de Loaysa, arribó en 1526 a las islas de los Ladrones, se llevó una agradable sorpresa. Como refirió Andrés de Urdaneta (fol. 4v)[27], «hallamos un gallego que se llama Gonzalo de Bigo, que hera del tiempo de Magallanes y abíase quedado aý con otros doss conpañeros; y los otros murieron, segúnd él nos dixo. El qual vino a la nao y nos aprovechó mucho, porque sabía la lengua».

La misma historia se repitió a principios de 1528, al llegar la flotilla de Álvaro de Saavedra a Mindanao. Un rey de la isla se acercó a las naves con un calaluz; y, según contó Vicente de Nápoles (fol. 4v), «nos dezía por señas que nos fuésemos a tierra, que nos daría agua y arroz, y esto en lengua española»[28]. A la luz de estos datos, no sorprende ya que la armada de Ruy López de Villalobos fuese recibida con un «Buenos días, matalotes»[29] al arribar a una isla (¿de las Carolinas?) que, por este inesperado saludo, se llamó de Matalotes. Lo chocante, más bien, es que, en vez de *marineros*, se oyera el término francés *matelots*, que revela la cuna de aquel navegante sin nombre perdido en el Pacífico.

VOCABULARIOS

En definitiva, de todos aquellos viajes se trajo a España un mínimo vocabulario de las lenguas indígenas. Colón trajo de su primer viaje un reducido vocabulario de la lengua taína, en el que los diversos nombres del oro ocupaban un primerísimo lugar[30]. Como resultado de la navegación de Vasco de Gama

---

27. Cf. asimismo Oviedo, *Historia*, XX 16 (BAE 118, pág. 262a).

28. Era natural: en la isla había «tres españoles que ellos tenían cabtivos, de los que se perdieron del armada del comendador Loaysa» (*ibidem*, fol. 4r). Uno de ellos huyó, «del qual supimos [...] muchas cosas de la gente y tierra, porque hera muy grand lengua. Llamávase Savastián, natural del Puerto de Portugal, casado en la Coruña». Los otros dos españoles, días más tarde, «llegáronse al navío, saluándonos [...] en nuestra lengua, y dixeron: "Nosotros somos del armada del comendador, y estamos aquí cativos çinco meses ha". Los quales rogaron al capitán por amor de Dios los resgatase» (*ibidem*, fol. 7v). Así se hizo: el rescate consistió en la entrega de setenta pesos de oro y una barra de hierro.

29. Ginés de Mafra, 10 (pág. 57) «salieron de tierra [...] cuatro paraos [...], los cuales, llegando cerca de los navíos de los nuestros, empeçaron a dezir a grandes bozes: "Buenos días, matalotes"».

30. «No buscava el almirante salvo oro, a que ellos llaman *nuçay*» (doc. II, 1.º nov. [pág. 129]); «Llamava al oro *tuob*, y no entendía por *caona*, como le llaman en la primera parte de la isla, ni por *noçay*, como lo nombraban en San Salvador» (13 en. [págs. 194-95]). En segundo lugar prestó atención el almirante a los productos de la tierra, los *ajes* (16 dic. [pág. 163]); 21 dic. [pág. 170]); 25 dic. [pág. 179]); 13 en. [pág. 194]), el *axí* (15 en. [pág. 198]) y el *caçabi* (26 dic. [pág. 179]), reseñó cómo se llamaban los jefes: *caçique* y *nitaíno* (17 dic. [pág. 164]); 18 dic. [pág. 167]; 23 nov. [pág. 175]) y consignó el nombre de sus embarcaciones, las *canoas*.

se redactó una pequeña lista de palabras hindúes. La misma tarea realizó Pigafetta con los diversos idiomas de los pueblos a los que aportó la armada de Magallanes. Mas no siempre se mostró atención a las hablas indígenas.

Estos vocabularios mínimos, sin embargo, surgieron como fruto de una iniciativa particular, no por expreso mandato de la Administración española. La Corona, interesada de inmediato en hacer un padrón general de las Indias, se despreocupó del estudio de sus múltiples lenguas, un trabajo inmenso que descargó sobre las espaldas de la Iglesia. Que yo sepa, la primera vez que se ordenó a un navegante que formase un vocabulario a partir de una lista dada de palabras fue en el Siglo de las Luces, cuando en 1772, imitando el ejemplo de Catalina la Grande, el virrey de Perú Manuel de Amat dispuso que el capitán de fragata Domingo de Boenechea elaborase, sobre un cuestionario preestablecido, un léxico elemental de la lengua de Tahiti.

OTRAS ENSEÑANZAS DEL PRIMER VIAJE COLOMBINO

El *Diario* de la primera navegación, tan paradigmático en tantos aspectos, nos ofrece una enseñanza más. En una primera aproximación, es de vital importancia averiguar si todos los pueblos reconocidos hablan una misma lengua o si se sirven de idiomas diferentes, ya que la diversidad idiomática no solo supone una gravísima traba para el comercio, sino también entorpece sobremanera un futuro asentamiento. En un principio, Colón pensó que en todas las islas del Caribe reinaba la uniformidad, al revés de lo que ocurría en Guinea, «adonde es mill maneras de lenguas» (doc. II, 12 nov. [pág. 136])[31]. Finalmente, con el segundo viaje vino la palinodia, una retractación muy poco común en el soberbio almirante: «Dixe que todos y en todas estas islas se entendían; aquí erré» ([pág. 248]).

No todos los conquistadores tuvieron un oído tan fino para apreciar las diferencias de lenguaje. Cortés, un hombre muy observador en otros aspectos, se abstuvo de hacer comentarios sobre los idiomas que hablaban los diferentes pueblos que halló a su paso: simplemente no le interesaban[32]. Solo

31. Este fue un hecho que el almirante comprobó con júbilo una y otra vez: «toda la lengua también es una» (1.º nov. [pág. 129]); «es toda una en todas estas islas de la India» (12 nov. [pág. 136]); «es toda la lengua una fasta aquí» (27 nov. [pág. 147]); «todos tenían una lengua» (12 dic. [pág. 159]). Al cabo de un mes, sin embargo, Colón confesó, más cautamente, que había «alguna diversidad de vocablos en nombres de las cosas», razón por la que «ni los indios qu'él traía los entendían bien» (22 dic. [pág. 173]). La pluralidad lingüística fue reconocida poco después: «fallava differençia de lenguas por la gran distancia de las tierras» (13 en. [pág. 195]).

32. Cortés, indiferente a los matices lingüísticos, recogió muy pocos términos nahuas en sus cartas: en la II, *cacao* (pág. 67 «cacao, que es cierto brebaje que ellos beben»; pág. 85 «cacao, que es una fruta como almendras»), y en la III, *acales* (pág. 162 «con sus canoas, que ellos llaman acalaes»), aunque él siguió utilizando la palabra taína *canoa* en *Carta* III (pág. 201)

un trágico error ocurrido durante el cerco de México le hizo advertir que «la lengua de los otomíes es diferente de esta otra de Culúa» (Carta III, pág. 231); o, en el momento de ver preso a Guatimucín, registró las palabras que este le dirigió: «Llegose a mí y díjome en su lengua que ya él había hecho todo lo que de su parte era obligado para defenderse» (Carta III, pág. 250).

OBRAS CITADAS ABREVIADAMENTE

Azurara = Gomes Eanes de Zurara, *Crónica dos feitos de Guiné. II. Texto*, Agência Geral das Colónias, Lisboa, 1949.

Cortés = Hernán Cortés. *Cartas de relación. Informes al emperador Carlos V sobre la conquista de México. Ordenanzas de gobierno de la Nueva España*, Madrid, Biblioteca Castro, 2013.

Colón = Cristobal Colón. *Textos y documentos completos*, ed. de Consuelo Varela; *Nuevas cartas*, ed. de Juan Gil, Madrid, Alianza Editorial, 1992.

Diário = *Diário da viagem de Vasco da Gama. Fac-símile do códice original, transcrição e versão em grafia actualizada*, Livraria Civilização Editora, Oporto, 1945.

Díaz del Castillo = Bernal Díaz del Castillo. *Historia verdadera de la conquista de la Nueva España*, Madrid, Biblioteca Castro, 2012.

Las Casas = Bartolomé de las Casas, *Historia de las Indias*, Texto fijado por Juan Pérez de Tudela Bueso y Emilio López Oto, BAE 95-96, Madrid, Editorial Atlas, 1957.

Oviedo = Gonzalo Fernández de Oviedo, *Historia natural de las Indias*, edición y estudio preliminar de Juan Pérez de Tudela Bueso, BAE, vols. 117-121, Madrid, Editorial Atlas, 1959.

Ginés de Mafra = *El viaje de don Ruy López de Villalobos a las islas del Poniente 1542-1548*, ed. de Consuelo Varela, Milán, Cisalpino-Goliardica, 1983.

Urdaneta = *Relación que yo, Andrés de Urdaneta, ago de la armada de Loaysa, que partió para Maluco: es la siguiente*. AGI, Patronato, 37, r. 36.

Valentim Fernandes = *O manuscrito «Valentim Fernandes»*, oferecido à Academia por Joaquim Bensaúde, Leitura e revisão das provas pelo académico titular fundador António Baião, Lisboa, 1940.

Vicente de Nápoles = Vicente de Nápoles, *Relación de todo lo que descubrió y anduvo el capitán Álvaro de Saavedra*. AGI, Patronato, 43, n. 2, r. 11.

«por que [...] hiciese algún daño en las canoas», «acogiéronse al agua en sus canoas»; Carta IV (pág. 277) «con unas canoas [...] se tomaron más»; *Carta* V (pág. 353) «vino el señor [...] en cinco o seis canoas». La influencia taína es palpable en otro pasaje: *Carta* II (pág. 95) «unas plantas que llaman en las otras islas maguey».

Y sin embargo, nos entendemos

ÁLEX GRIJELMO GARCÍA

Fundéu-RAE

Clasificación por el grado de transparencia. ■ División de sinónimos por grupos. ■ Porcentajes. ■ Propuesta. ■ Una chirigota gaditana.

Este trabajo ofrece una propuesta de clasificación de las palabras que marcan la diversidad del español dentro de su unidad. Las podemos dividir en cinco grupos, en función de su mayor o menor inteligibilidad para los hablantes ajenos a una variedad en concreto.

Son los siguientes:

1) Palabras ajenas de gran transparencia.
2) Palabras de conocimiento pasivo.
3) Palabras ajenas de transparencia culta.
4) Palabras desconocidas y opacas.
5) Palabras de significante conocido pero significado extraño.

Las diferencias léxicas que tanto gusta comentar a los hispanohablantes cuando se reúnen personas de distintos países, se pueden encuadrar en esos cinco grupos. Y solamente las palabras de dos de ellos, el 4 y el 5, ofrecen dificultades reales de comprensión para hablantes cultos de otra variedad. Los distintos estudios han cifrado el vocabulario hispano ajeno al español común en porcentajes inferiores al 2 %, pero las palabras que resultan ininteligibles para el hablante de otra comunidad hispana suman muchas menos, pues gran cantidad de los vocablos de ese porcentaje ofrecen una gran transparencia para quien pertenezca a otra variedad del idioma. Queda por acometer el empeño de cifrar la proporción de voces opacas dentro del porcentaje general de términos distintos, muchos de los cuales se entienden con facilidad entre hablantes de una modalidad ajena.

CLASIFICACIÓN POR EL GRADO DE TRANSPARENCIA

El título de esta mesa redonda o panel se refiere a la lengua y al periodismo interculturales. Y al ver esta última palabra, pensé de inmediato en las diferencias léxicas que tanto nos gusta comentar entre hispanohablantes cuando se reúnen personas de distintos países. A mi entender, se pueden encuadrar en cinco grupos. Con ellos debemos manejarnos los periodistas en el mundo digital de hoy, que es global.

Cada variedad dispone de vocablos que se usan solamente en un territorio o territorios concretos, sean regionales o nacionales. Se encuadran aquí los *-ismos* que recoge el *Diccionario* de las academias: mexicanismos, colombianismos, españolismos.... Por ejemplo, entre estos últimos figuran *patata* (papa), *bañador* (traje de baño), *mechero* (encendedor) o *cotillear* (chismorrear). Incluso los anglicismos pueden formar parte de una variedad en concreto. El término *airbag* se usa solamente en España, el único país donde también se habla de «la señal de *stop*» (en los demás se usan, respectivamente, *bolsa de aire* y «señal de pare» o «de alto»).

Las locuciones y la fraseología se pueden marcar igualmente a tenor de su ámbito. «Allá películas» (a mí qué me cuentas, allá te las compongas) es un españolismo de difícil comprensión para los demás. Lo mismo sucede con «a mí que me esculquen» (a mí que me registren, no tengo nada que ver con eso), un verbo que usó Quevedo («chusma de los bodegones que no hay bodrio que no esculque») pero que ya se ha perdido en España, aunque sí sea usual en Colombia, Costa Rica o Paraguay, por ejemplo.

Todos tenemos cierta conciencia sobre los usos peculiares de nuestra zona o de nuestro país, y tendemos a englobar en ellos los usos familiares, los vulgarismos, las palabras malsonantes y los dichos y refranes. Por eso a veces aclaramos: «Ahora, cada mochuelo a su olivo, como decimos en mi país», sin darnos cuenta de que eso también se dice en otros. El registro coloquial y la fraseología suelen despertar sospechas, porque intuimos que el verdadero español neutro es el español culto.

A mi entender, estas diferencias interculturales se dividen en cinco apartados, que desarrollaré a continuación, complementados con algunos ejemplos. Un buen redactor que se dirija a un público panhispánico debe tener en cuenta estas diferencias si desea establecer una comunicación rica y eficaz.

Pese a que señalo aquí cinco apartados, una misma palabra puede saltar de uno a otro en función de su ámbito de uso. En definitiva, estas palabras, las de la variedad propia, se entienden a la perfección dentro de la comunidad correspondiente, pero ofrecen dificultades a las demás.

Veamos qué tipo de dificultades y con qué grado.

Palabras ajenas de gran transparencia

Se trata de términos que nos resultan extraños, pero no por ello dejamos de entenderlos, porque somos capaces de mirar con facilidad dentro de ellos para apreciar sus cromosomas: sus raíces, la morfología. Su ADN.

Así sucede cuando un hispanohablante oye en México la expresión «*rastrillo* de afeitar» o «de depilar», que quizás él habría dicho «*cuchilla* de depilar» o «de afeitar». Sin embargo, la idea del rastrillo como herramienta que aparta lo indeseado de una superficie para respetar lo que ha de preservarse encaja perfectamente con la idea del instrumento concebido para el afeitado o la depilación.

En este apartado se pueden enmarcar otros términos transparentes para las variedades ajenas, como *carril bici* (España), *bicisenda* (Argentina y Uruguay) o *ciclopista* (México). Basta con mirar dentro de esas palabras y con identificar sus raíces, como sucedería entre los equivalentes *golpiza* (América) y *paliza* (España). La primera se basa en *golpes*; y la segunda, en *palos* (aunque para propinarla basten los puños).

Del mismo modo, será fácil para un español entender que un mexicano se sienta *engentado*; es decir, aturdido por hallarse entre un gentío. Y ni siquiera procesaremos ya como ajenas las palabras *ordenador* o *computadora* pese a que corresponden a variedades distintas. Porque en ambos casos los aparatos ordenan y computan. Son términos que encontramos familiares ya desde la primera vez que los oímos.

Las analogías entre vocablos de diferentes comunidades sirven también para ese común entendimiento. Un mexicano que hable de *platicar* activará en el hispanohablante de procedencia lejana la idea de «plática» como acto de hablar; y en *achicopalarse* resultará fácil hallar los cromosomas de *chico* y el prefijo *a-* que interviene precisamente en derivados como *achicarse* o *acobardarse*.

En este capítulo englobamos asimismo los casos en que el contexto ayuda a descodificar el mensaje, a partir de un significado similar en la otra variedad. Así «la rueda *se bajó*» (Ecuador y México) no ofrece dificultad a quien diría «la rueda *se desinfló*», y viceversa. Y quien use *ascensor* comprenderá perfectamente el término *elevador* (común en Cuba, El Salvador, Guatemala, México).

Y también facilita el entendimiento a veces la propia sonoridad de la palabra, por coincidencias fonéticas: *apapachar* significa en Honduras y México 'abrazar con cariño'; expresión muy cercana al *achuchar* español, a su vez perfectamente entendible por el resto de los hispanohablantes.

Asimismo, encuadramos en este apartado las palabras cuyas diferencias son simplemente morfológicas (igual raíz pero distintos afijos) como sucede entre *apartamento* y *departamento*; *aparcamiento* y *parqueadero*; o *pavonearse* y *empavonarse*; *financiero* y *financista*; *fiable* y *confiable*; *profesional* y *profesionista*; *inversor* e *inversionista*.

Eso también permite que cualquier latinoamericano comprenda un españolismo como *casoplón* ('casa grande y lujosa'), porque se pueden identificar el sufijo aumentativo y la raíz *casa* que actúa también en *casona*.

«Darse la vuelta» equivale en España a *volverse*, pero se entiende cuando alguien habla de *voltearse*, porque es lo que hacen las campanas de las iglesias, que dan vueltas también.

Sí que puede producirse, no obstante, un problema de comprensión ante el término *conversatorio*, usado en varios países de América en referencia a *coloquio, tertulia, mesa redonda, diálogo* o simplemente *conversación*.

El sufijo *-torio* adquiere un valor locativo cuando forma sustantivos (no en los adjetivos). Así, hablamos de un *consultorio* (lugar donde se pasa consulta), *dormitorio* (lugar donde se duerme), *purgatorio* (lugar donde se purga), *sanatorio* (lugar donde se cura), *escritorio* (lugar donde se escribe), *paritorio* (lugar donde se pare), *oratorio* (lugar donde se reza)... Pero *conversatorio* no señala ningún lugar.

Al oír esa palabra, nuestra mente lingüística puede entender que se menciona el espacio donde se produce una conversación: igual que *auditorio* no es la acción de oír, sino el lugar donde se oye; y del mismo modo que a la acción de oír le corresponde *audición* en analogía con *conversación*.

Sí resultaría transparente *charladera*, vocablo usado asimismo en América pero aún no registrado en los diccionarios académicos del español general y de americanismos.

El tiempo dirá si con *conversatorio* nos hallamos ante una simple ruptura de la norma (es decir, de lo que hemos hecho normal los hablantes) o bien ante una nueva vía encaminada a formar también palabras con ese sufijo que representen una acción, y no solamente lugares. (Habría que organizar un buen conversatorio para debatirlo).

La alternativa *charladera*, que acabamos de sugerir, tendría su analogía en el término *gozadera* cuando ocupa el lugar en el que otros esperarían *gozada*. Lo que es una gozadera es también una gozada.

Hemos repasado aquí, pues, las palabras más transparentes. Términos en cuyo interior podemos mirar para extraer intuiciones certeras que nos permitan entenderlos.

Palabras ajenas de transparencia culta

Este grupo de términos de una variedad ajena también se puede descifrar con facilidad, pero hace falta como paso intermedio algún grado de pericia lingüística; por ejemplo, en el caso de *nasobuco*, que se usa en Cuba para nombrar lo que en España denominamos *mascarilla* o *tapabocas*. Un hablante con cierta formación o intuición verá dentro de esa palabra los elementos *naso-* (que se halla en formas como *nasofaríngeo* o *nasodental*) y *-buco* (encontrable en *bucodental* o *buconasal*).

Nasobuco conforma así un significante fácilmente identificable para un hablante que disponga de cierta formación en lengua española. Pero difícil si se carece de ella.

Caso similar nos parece el de *aguamanil*, apenas usado en España pero fácil de comprender para personas cultas que puedan identificar su formación compuesta y su sufijo. La mayoría de los españoles diríamos *lavamanos* o *palangana*, pero no tendríamos problemas, con cierta intuición, en ver ahí los elementos *agua* y *manil*, muy relacionables con *mano* y con el sufijo *-il* (como en *febril, varonil, estudiantil*...; sustantivos o adjetivos en los que se expresa relación de pertenencia).

Un ejemplo más para este apartado: la expresión rioplantese «a foja cero» se puede interpretar con facilidad con ciertos conocimientos previos. Significa 'desde la primera hoja', 'desde el inicio' Para ello hace falta ver *foja* como un arcaísmo de *hoja*.

Palabras ajenas de conocimiento pasivo

Este grupo de palabras diferentes en las variedades del español no dan pistas por sí mismas, no nos ofrecen pistas o analogías, sino que lo hacen los recuerdos que tenemos de ellas. La mayoría forman parte, en una primera fase, del léxico pasivo. Pero después algunas pasan al léxico activo, transcurrido cierto tiempo. Y todo ello sucede gracias a los intercambios culturales y económicos entre todos nuestros países.

Ningún español pedirá una *banana* en el mercado, y sin embargo comprenderá sin inmutarse el nombre de esa fruta cuando alguien se la ofrezca en América. Lo mismo sucedería con vocablos como *plomero* (fontanero), *culebrón* (telenovela, serie)... O *farra*.

Este último término ejemplifica bien en España el paso del uso pasivo al activo, pues llegó desde América con los tangos en la primera mitad del siglo XX y hoy en día es de uso cotidiano como sinónimo de *juerga* o *parranda* (*rumba* en Colombia, *reventón* en México...). El mismo tránsito se dio con *novedoso, auspiciar* o *ningunear*. Hoy estas voces son usadas en España sin percepción de variedad ajena. Por su parte, *chévere* ha pasado también, tímidamente, al uso activo en España, pero ahí sí se mantiene una conciencia de procedencia americana. Digamos que se halla en evolución.

Este tránsito de palabras de una variedad a otra se basa en los intercambios de infinidad de canciones (boleros, tangos, mariachis, rancheras, chacareras, coplas populares...), películas, telenovelas, series, libros, periódicos... Y en el caso de España se añaden los doblajes de teleseries hechos en América (principalmente Puerto Rico) durante los años del franquismo.

A ese intercambio popular han contribuido también Cantinflas, El Chapulín Colorado o El Chavo del Ocho, Chespirito, Mafalda, Les Luthiers, María Félix, Jorge Negrete, Gardel, Serrat, Sabina, y otros grandes de la cultura y el entretenimiento que jamás necesitaron traducción. Y, por supuesto, García Márquez, Vargas Llosa, Fernando Vallejo, Carlos Fuentes... y la enorme circulación de libros en nuestro espacio común.

Esos intercambios culturales no afectan solamente a la música, la literatura o el cine, sino también a ámbitos insospechados. Por ejemplo, el del esquileo.

Desde 2013, más de 200 esquiladores uruguayos viajan cada año a España, donde pastan 16 millones de ovejas. Pelan unos 200 ejemplares al día cada uno. Habrán esquilado al final de cada estancia a más de dos millones de ovejas, para ganarse 10 000 euros por los dos meses y medio de estancia.

Los esquiladores castellanos veían salir las ovejas de la tinada y luego las aglomeraban en el guache para que sudaran bien juntas y eso facilitase la esquila; las amarraban con la legadura, las escarmenaban para extraer bien los vellones evitando la borra y la mugre, que recogían las vedijas o guedejas o mechones; y, antes de dejar el ganado listo para el empegue (o marcado con pez), extraían de las ovejas la lana, y de los corderos el añino. Además, esquiladores locales y forasteros cantaban juntos para entretener la esquila.

Los esquiladores uruguayos desconocían casi todos esos términos, pero los están aprendiendo de sus colegas españoles. Y a su vez aportaron otros, hermosos igualmente. La suciedad de la res, que allí también se denomina *cascarria*, hay que *descolarla* (porque se forma en la cola). La parte de afuera del vellón se llama *desborde*. La oveja no queda atada sino *maneada*, la temporada de esquila es la *zafra* y el *embretador* se dedica a cerrar a los animales en el brete.

Entre los españoles se gritaba cuando una oveja sufría un pellizco en la pellenca: «¡Moreno, moreno!», para que el morenero les llevase el plato con el moreno, un ungüento de carbón molido y vinagre que reparó durante siglos los rasguños. En Uruguay se vocea, en cambio: «¡Lata y remedio!», y a esta voz acude presto el arrimador. Que es mismamente el morenero.

Intentamos describir con estos ejemplos el tráfico de palabras, inaudito a veces, que se produce en todos los niveles de la lengua, y que eso nos permite asimilar progresivamente vocablos en otro tiempo desconocidos.

Palabras ajenas desconocidas y opacas

Incluimos aquí los vocablos desconocidos por completo que no se relacionan con ningún otro en la propia variedad. Por lo general, se subdividen en dos grupos.

- Términos procedentes de lenguas indígenas o prerromanas.
- Palabras que se perdieron en un lugar, pero perviven en otro.

Por ejemplo, la voz *patota*, del español rioplatense, se usa para lo que en otros ámbitos geográficos se llamaría *piquete* (grupos de trabajadores que promueven que se respete una huelga). De origen incierto, *patota* significa 'grupo de amigos' o 'pandilla' en otros países de América. Pero también 'grupo que causa desmanes y alborotos en lugares públicos'. Y a partir de ese cruce se especializó en el Río de la Plata como equivalente de *piquete*. En España asombraría a quien la escuchase por primera vez.

Lo mismo sucedería con *morondanga* (cosa de poco valor) o *ñaupa*. Este último vocablo lo hallamos en una tira de Mafalda en la que se queja Miguelito: «¡Todo el tiempo de ñaupa!». Esta voz, tomada del quechua, significa 'viejo' o 'antiguo', y el simpático personaje de Quino se queja de que en clase de historia solamente les enseñen cosas del pasado.

Ñaupa se vuelve incomprensible cuando sale de Bolivia, del español rioplatense y de Paraguay. Y lo mismo sucede con nombres de frutas, animales y plantas. Por ejemplo, *zapallo* significa en gran parte de Sudamérica 'calabaza', pero es claramente opaca por su procedencia no latina (del quechua *sapallu)*.

Igual sucede con *elote* (México, Guatemala, Honduras, El Salvador, Nicaragua, Costa Rica, Ecuador), que en España sería *maíz*. Y *choclo* en Perú; y, en Venezuela, *jojoto*.

En Nicaragua, como ha recordado en algunas ocasiones Sergio Ramírez, a la nostalgia le llaman *cabanga*, palabra de una lengua indígena de Costa Rica ya perdida y que procede de una lengua africana, el shanga. Y ahí tampoco disponemos de cromosomas comunes que nos orienten. Este hermoso término se desconoce en las restantes variedades del español.

El presente apartado ha de incluir también los vocablos procedentes del lunfardo. Es el caso de *fangote*, derivación del italiano *fangotto* ('paquete o haz'), que se relaciona con *fagot* (instrumento basado en un haz o montoncito de maderas construido en su interior) y que equivale a *montón* o 'gran cantidad de algo, especialmente de dinero'.

De ese modo, «le pagaron un *montón* de dinero» se entiende en cualquier lugar del español, incluido el rioplatense; pero no así «le pagaron un *fangote*».

En cuanto a las palabras perdidas en un lugar pero vivas en otro, tenemos (además del *esculcar* que citábamos al principio) el ejemplo de *achichincle*, que equivale a 'ayudante de poca monta' en México y que se ha perdido en España, donde esta palabra de origen náhuatl sí se aplicaba en el XVIII para designar uno de los empleos menores de la minería: el de quien recogía las aguas subterráneas y las llevaba a las piletas. (En náhuatl significaba algo así como 'chupaaguas').

Del mismo modo, son mutuamente incomprensibles en sus variedades los términos equivalentes *tiza* y *gis*. El primero, usado en España para denominar el yeso con el que se puede escribir en una pared o en una pizarra, procede del náhuatl *tizatl*. Y a su vez, *gis* fue llevada por los españoles a México (procede del griego *gypsos*). Una cruzó el Atlántico en una dirección, y la otra atravesó el Atlántico en la contraria. Pero *tiza* no es comprensible para un mexicano, pese a tratarse de un término náhuatl. Y tampoco *gis* lo entendería un español, a pesar de que se usó en la península.

En esos casos de vocablos desconocidos, solamente nos quedan dos opciones a los interlocutores de distinta variedad del español:

1) Deducir el significado por el contexto (algo fácil, porque el contexto se construye en nuestra misma lengua).

2) Preguntar directamente: «¿Y eso qué es?».

Palabras ajenas de significante conocido pero significado extraño

Aquí es donde viene el lío. Se trata de términos que un hablante usará de manera inocente y que corren el peligro de ser entendidos por su interlocutor de otra variedad con un sentido muy distinto, y a menudo malsonante o pícaro. Un campo minado.

No nos detendremos en el verbo *coger*, sobradamente conocido por su significado sexual en México y en el español rioplatense, principalmente.

También hallamos casos en otros campos semánticos. Por ejemplo, *plagio*. En España y otros países significa 'presentar como obra propia la que es ajena' pero en una docena de territorios nacionales de América equivale a 'secuestro de una persona'. Las dos acepciones entroncan con el significado etimológico del verbo *plagiar*: robar esclavos, o vender como esclavos a quienes en realidad eran personas libres. Es decir, hacerse con una propiedad que a uno no le corresponde.

Otra fuente de errores habituales se relaciona con el ámbito de las comidas del día. Lo que en España llamamos *cena* es *comida* en Colombia, Puerto Rico, Venezuela y Perú. Así que todos hemos de hablar con cuidado cuando nos citamos para una cena, una comida o un almuerzo.

Eso evoca la manera de invitar con la que se expresaría cortésmente un mexicano: «Nos vemos para cenar a las ocho de la noche *en su casa*». Ese «en su casa» no se refiere a la del invitado, sino a la de quien invita, que nos está mostrando así que su casa es la nuestra. De ese modo, puede ocurrir que todos los invitados sean puntuales y estén esperando a los invitados a las ocho de la noche... cada uno en su casa.

Otro tanto ocurre con *pararse*. Si un español se halla sentado en cualquier lugar de América y oye «párese», no debe entender que ha de quedarse quieto, pues seguramente ya lo estaba, sino que tendrá que ponerse de pie, levantarse: Consecuentemente, en el terreno sexual hay que entender bien cuando alguien habla de tener el miembro «parado»: no significa precisamente que esté inactivo.

En algunos países donde se llama *tránsito* a la circulación de vehículos, el vocablo *tráfico* se ha especializado en el relativo a las drogas y las armas (de donde viene *traficante*). Recuerdo que alguien le preguntó al taxista de Miami: «¿Hay mucho tráfico ahora?». Y el conductor le respondió: «Sí, cada vez se consume más droga entre los jóvenes».

Muchísimos de estos malentendidos suelen constituir motivo de regocijo, incluso aunque se entienda claramente que el significado emitido por nuestro interlocutor ha de ser por fuerza diferente del que tenemos acuñado en nuestra tierra. Así sucede con el muy renombrado ejemplo que cuentan los españoles al hablar de la variedad chilena: «Hoy se corre la polla del presidente», supuesto titular de periódico que nunca logré documentar pero que circula como verosímil. Y ciertamente lo es. Igual que sacarse la polla en público con toda normalidad.

Para un español, *polla* significa a 'pene'; y *correrse* (que también circula por nuestro idioma con las opciones *irse* o *venirse*, consecuentes con el *co-ire* y el *co-itus* latino: la 'acción de ir o llegar juntos') equivale a 'alcanzar el orgasmo'. Se entiende lo divertido del titular.

Obviamente, en Chile y otros países de América *polla* significa 'apuesta' o 'carrera de caballos' (en la que se dirimen apuestas). También 'lotería'. Por tanto, alguien puede *sacarse* ('ganarse') la lotería, y del mismo modo se disputa la carrera de caballos patrocinada por el jefe del Gobierno.

Y eso sucede porque uno de los significados antiguos de la palabra en el español de España se refiere originariamente a un envite del juego o a unas apuestas.

El *Diccionario* de 1737 hablaba de *polla* como 'porción que se pone y se apuesta entre los que juegan'. Y en el llamado «juego del renegado», ese mismo diccionario explicaba que un participante necesita hacer cinco bazas «para sacar la polla». Todo aquel mundillo propició expresiones como «meter la polla» o «meterla doblada» (hacer una apuesta; poner el doble de la cantidad que se había jugado), de donde resulta fácil deducir la relación con «tiene una suerte de la polla», «vaya polla que ha tenido» o «¡es la polla!».

Como recordaba Fernando Iwasaki (*Las palabras primas,* 2018), Cervantes usó *polla* con el sentido de 'juego de cartas' (*El licenciado Vidriera,* 1613). Y la polla —la apuesta— se metía, se corría, se sacaba. Pero la fácil analogía tardó en establecerse en el español peninsular. No he hallado en los bancos de datos lingüísticos ningún registro de *polla*, como órgano sexual, anterior a la novela *San Camilo,* de Cela (1969). Anteayer, como quien dice.

Una sátira anónima del siglo XIX (1874) está llena de palabras malsonantes, y ninguna es *polla*. Se titula *Juan Notorio: burdel en cinco actos y 2000 escándalos*. Aparece ahí 17 veces *picha* y ninguna *polla*. Y en sesudos periódicos de principios del XX se leen expresiones como «una polla castellana negra» o «comiéronse la polla» (gallina poco crecida), que, de haber tenido doble sentido, no habrían pasado el filtro de entonces (ni el de ahora) para su publicación impresa.

Y en lo referido a *polla*, conviene saber que su significado elogioso referido a algo afortunado o a una casualidad benéfica es muy anterior a que se le añadiera el sentido de 'pene', hecho que ocurrió hace relativamente poco, muy entrado el siglo XX.

Y esto hace que carezca de sentido una protesta de feministas españolas: «¿Por qué ser un coñazo es malo y ser la polla es bueno?». Bueno, en realidad esa polla... no era una polla.

Por tanto, el valor de *polla* como órgano sexual es muy reciente en España; mientras que América continuó dándole el sentido que siempre había tenido.

También se producirá confusión si unos universitarios mexicanos invitan a una conferenciante española a chupar unas pollas, como narró Marta Sanz en la obra *Lo uno y lo diverso* (Instituto Cervantes, 2021). Y en efecto, estas pollas son unas bebidas elaboradas con huevos, leche, jerez y canela. La expresión equivaldría en España a tomar algo por los bares, quizás unas cervezas.

DIVISIÓN DE SINÓNIMOS POR GRUPOS

Una vez establecidos esos criterios para distinguir los tipos de palabras ajenas a una variedad, veremos que las múltiples maneras de denominar un mismo objeto pueden encajar en distintos grupos, de los cinco aquí delimitados. Así pasa en el ámbito de lo que en España llamamos *mascarilla*.

Hemos incluido antes el cubanismo *nasobuco* en el grupo de palabras de transparencia culta. Su equivalente *mascarilla* se integraría, sin embargo, en el paquete de palabras ajenas de gran transparencia.

Es el mismo caso del vocablo rioplatense *barbijo*, que se relaciona con *barba*; es decir, parte de la cara que tienen tanto los varones como las mujeres, según la primera acepción del *Diccionario* de las academias (cuando decimos en España «son 20 euros por barba», eso engloba a unos y otras).

Sin embargo, serían perfectamente transparentes *cubrebocas* o *tapabocas*, extendidas por América. Pero el sinónimo *cambuj* encajaría en el paquete de las palabras opacas, porque aquí ya nos haría falta la mano sabia de los lexicógrafos a fin de entender su rastro desde un lejano *caputium* ('capucho' en latín) hasta un más próximo *gambux*, que figuraba en diccionarios del siglo XIX y designaba el antifaz.

En cuanto a las maneras de referirse al mecanismo que se coloca en la boca de las cañerías para regular el paso del agua, tampoco hallaremos problemas los españoles para entender las alternativas americanas, a poco que se nos dé un mínimo contexto. Porque nos evocan unas imágenes reconocibles. Nuestro término *grifo* (pieza que o bien deja pasar el líquido o bien lo impide) no se asocia con ninguna etimología compartida ni con ninguna analogía metafórica. Por tanto, no es transparente para un mexicano, por ejemplo; mientras que sí lo sería para un español una locución como «el agua de la *llave*» (conocida en México, Colombia, Honduras, El Salvador, Nicaragua, Costa Rica, Panamá, Cuba, República Dominicana, Puerto Rico, Venezuela, Ecuador, Bolivia y Chile).

También nos parecen transparentes *canilla* (usada México, República Dominicana, Bolivia, Paraguay, Argentina, Uruguay) o *caño* (Perú). Y seguramente también *chorro* (Guatemala, El Salvador, Nicaragua y Venezuela).

Más dificultad ofrecerá la expresión «el agua de la *pluma*» (Puerto Rico, Panamá y República Dominicana), pero sí podemos asociar ese objeto, esa llave, ese grifo, con la pluma de una grúa como elemento largo y delgado que se mueve a izquierda y derecha para accionar el mecanismo.

Por tanto, puede ocurrir que el término principal de una variedad sea opaco para otra, y que sin embargo su correspondiente en la ajena sí se descodifique con facilidad en la propia.

Eso mismo ocurre con *embolador* (Colombia), que no se comprenderá a la primera en España salvo para quien conozca que el embolador usa una bola de betún para limpiar los zapatos; pero sí en México (*boleros*, igual que la música de Los Panchos); y también en Bolivia, porque allí usan *boleador*.

Sin embargo, el término español *limpiabotas* resultará fácilmente comprensible para todos los demás. Igual que el *lustrabotas* argentino.

Un fenómeno similar se da con los equivalentes de *tapas*, españolismo que designa una 'pequeña porción de algún alimento que se sirve como acompañamiento de una bebida', y que se denominan así porque desde un principio se servían mediante un plato que tapaba el vaso. El colombianismo *abreboca*, parcialmente sinónimo, es ya más transparente; pero el vocablo *ingredientes* (Argentina) ofrece ya un significado diferente para un vocablo conocido en la propia variedad con otro sentido. Por su parte, el *pasapalo* venezolano se encuadraría en los vocablos opacos; lo mismo que las *botanas* de México, Guatemala, Panamá, Honduras y Nicaragua (una botana es el parche en las botas y el tapón en las cubas, donde también acompañan al líquido).

La idea del dinero, término de uso general, encaja asimismo en esas circunstancias. El vocablo *plata*, usado en América, es muy transparente en el resto de las variedades; sin embargo, es opaca la palabra *parné*, vocablo caló (idioma de los gitanos) de uso jergal que sí se conoce en España, equivalente a *guita* en Argentina y Uruguay (si bien el diccionario general no la marca como americanismo) y a *güita* en El Salvador, ambos términos procedentes del germánico *witta*.

Esto del dinero da mucho juego. En un solo país, como Colombia, se le puede llamar *billuyo*, *ficho*, *azules*, *lucas*, *guaca* o *marmaja*, entre otros vocablos.

En restaurantes y bares hallaremos igualmente dificultades. En España se pide un *cortado* (café con un poco de leche), pero en Colombia hay que decir *perico*; y en Venezuela y Nicaragua, *marroncito*.

Pero cómo nos vamos a extrañar de todo eso en unos países que pueden distar miles de kilómetros entre sí, cuando pedir una *manzanilla* en Burgos no es lo mismo que solicitarla en Sevilla. En mi tierra traerán una infusión, y en la capital andaluza servirán un vino blanco.

PORCENTAJES

Y a pesar de esta diversidad léxica, nos entendemos. El léxico compartido por todos supera el 98 %; y las pequeñas diferencias se superan con buena voluntad y con arreglo al contexto.

Las divergencias, en efecto, no superan nunca el 2 %, según los estudios elaborados, con distintos métodos, por el mexicano Raúl Ávila en 1994, el hispanomexicano Juan Miguel Lope Blanch en 2000 y la norteamericana de origen dominicano Luana Ferreira en 2015.

Por eso fue un despropósito que Netflix decidiera en 2018 añadir subtítulos en el español de España a la maravillosa película mexicana *Roma*, de Alfonso Cuarón, en sus proyecciones en las salas de cine.

Nunca *Cien años de soledad* necesitó traducción al español de cualquier otro lugar. Ni siquiera los enrevesados monólogos de Cantinflas.

Tenemos diversidad cultural y también identidad intercultural. Y además nos entendemos muy bien, si queremos.

Culto-vulgar

Ahora bien, el lenguaje coloquial o familiar ofrece más diferencias. El culto, muy pocas.

Esto ya lo señaló Andrés Bello el siglo pasado:

> Se prefiere el buen uso porque es el más uniforme en las varias provincias y pueblos que hablan una misma lengua, y por tanto el que hace que más fácil y generalmente se entienda lo que se dice; al paso que las palabras y frases propias de la gente ignorante varían mucho de unos pueblos y provincias a otros, y no son fácilmente entendidas fuera de aquel estrecho recinto en que las usa el vulgo. (*Gramática de la lengua castellana,* 1984. Madrid, Edaf).

Pero no se trata tanto de «gente ignorante» como de distintos registros del habla, generalmente elegidos por los interlocutores en función de las situaciones.

A qué variedad hay que traducir

Estas variedades léxicas plantean problemas a los traductores; tanto a los literarios como a los que intentan desentrañar manuales de instrucciones o prospectos farmacéuticos.

Como se preguntaba Raúl Ávila (*El País Semanal,* 14 de mayo de 2015), ¿un personaje de Paul Auster debe encender una *cerilla* (España) o un *cerillo* (México, Honduras, Bolivia)? Si el traductor elige *cerilla*, un lector mexicano imaginará que se trata de un personaje español.

Lo ideal consiste en buscar primero una palabra-denominador común (en la disputa entre *cerilla* y *cerillo*, tendríamos *fósforo*); y, si no disponemos de esa opción neutral, se puede acudir a la más extendida geográficamente (no solamente considerando el número de hablantes, pues en eso siempre ganaría México).

Así, entre las variantes *acera, vereda, andén, sendero* o *banqueta* (todas las cuales nombran lo mismo), la vencedora sería *acera*, como se dice en España y otros países.

Sin embargo, con ese criterio ponderado, tanto España como México perderían entre las opciones *cacahuete* (España) y *cacachuate* (México): en la mayoría de Hispanoamérica se dice *maní*.

Habría que aceptar de buen grado esas decisiones si así las acordaran los traductores o las editoriales que publican textos escritos originariamente en otros idiomas.

Tales elecciones serían muy útiles para los prospectos médicos, los manuales de instrucciones y, en general, los documentos en español que son de carácter internacional.

No obstante, podemos quedarnos con estas palabras del lexicógrafo español Rafael Lapesa:

> Es preciso que los hispanohablantes de unos y otros países nos oigamos mutuamente hasta que el uso normal de cada país sea familiar para los otros. Acomodando a nuestra situación lingüística el dicho terenciano, debemos adoptar todos este lema: «Hablo español, y no considero ajena a mí ninguna modalidad de habla hispánica».

Además, eso despierta sobremanera nuestra curiosidad. En cuanto nos reunimos sentados a una mesa cinco o seis hablantes de distintas variedades, usamos el 98% del léxico que nos une para comentar divertidos el 2% que nos separa.

PROPUESTA

Diccionario de sinónimos

En mi opinión, uno de los trabajos más interesantes que pueden acometer las academias en el futuro consiste en elaborar un diccionario de los sinónimos que cada palabra encuentre asentados en las demás variedades del español, con la marca correspondiente de país o países, así como su registro coloquial o culto; y no solamente los sinónimos de uso general como suele ocurrir en este tipo de obras. No sé si tal diccionario deberá formar parte del *Diccionario del español internacional* que proyectó Raúl Ávila junto con diversas universidades hispanas; o si deberá constituirse en publicación aparte y con camino propio.

Se trataría, en definitiva, de que en la entrada del término más general (pongamos por caso *computadora*, en el caso de que así fuera) se especifiquen sus equivalentes (*computador* y *ordenador*), con las respectivas referencias de países o de amplias regiones; y con el necesario cruce de remisiones entre las entradas de cada uno de esos términos.

Todos sabemos que es una pendejada andar traduciendo del español al español. Y los españoles sabemos que en esta frase no hay que traducir la palabra *pendejada*: Forma parte del grupo 2: «Palabras de conocimiento pasivo». Es decir, los términos ajenos que se comprenden aunque no se relacionen con otros propios.

Y además, salvo error o desconocimiento por mi parte, queda otro trabajo por hacer: hallar los porcentajes dentro de los porcentajes. Es decir, averiguar cuántos términos fácilmente entendibles se incluyen en ese gran capítulo de las palabras específicas de una variedad; y cuántos de transparencia culta, y cuántos opacos, y cuántos de sentido peligroso para el entendimiento mutuo. Y la presencia estadística de todos ellos en una comunicación culta o en una coloquial. Ese estudio reduciría aún más sin duda el cálculo de los vocablos que nos ofrecen dificultades de comprensión.

Proponemos para ello algún tipo de clasificación semejante a la aquí apuntada, con las mejoras y correcciones que procedan, tanto en el esquema como en los criterios; pero tomando siempre como base la mayor o menor transparencia de los términos. Se trata sin duda de un trabajo ingente, que requeriría de la colaboración intensa entre instituciones y expertos.

UNA CHIRIGOTA GADITANA

Finalmente, y puesto que nos hallamos en esta ciudad andaluza, tomaré como ejemplo una chirigota de *Los curas de pueblo,* cantada en el carnaval de Cádiz. La letra dice:

> Surgió una noche cenando.
> A Isabel la Católica
> de repente un bastinazo se le escapa.
> «Estoy hasta el coño, Fernando,
> de comer huevos sin papas.
> Corre, ve y dile a Cristóbal
> que coja tres carabelas
> y hombres y mapas,
> y que vaya a donde quiera,
> ¡pero que no vuelva sin papas!
> Y, si hace falta, yo empeño las joyas,
> pero tenéis que zarpar de inmediato,
> porque yo estoy ya jartita...
> de comerlo todo con boniato.

Ahí vemos la palabra *papa*, que muchos tienen por solamente americana, pero que es común en Cádiz y también en buena parte del sur de la Península, además de Canarias. Con razón el *Diccionario* de las academias no le pone marca alguna, pues la considera parte del español general. *Papa* se encuadra, pues, para algunos españoles en el apartado de los vocablos ajenos que comprenden, aunque no los usen.

Sin embargo, la voz *bastinazo,* del tercer verso, es propia casi exclusivamente de Cádiz capital y se usa para nombrar algo que produce sorpresa o que es exagerado. Para los no gaditanos, *bastinazo* se integra en los vocablos desconocidos por completo en una variedad distinta y que no se relacionan con ningún otro que resulte familiar.

Ha valido la pena venir a Cádiz para conocer su significado de primera mano.

BIBLIOGRAFÍA

Ávila, Raúl. «Españolismos y mexicanismos: hacia un diccionario internacional de la lengua española», en *Nueva Revista de Filología Hispánica*. Vol. 46 (2). México. El Colegio de México (1998), pp. 404-405. https://nrfh.colmex.mx/index.php/nrfh/article/view/2060/2051

—. «Españolismos y mexicanismos: un análisis cuantitativo». *Nueva Revista de Filología Hispánica*. Vol. 53 (2). México. El Colegio de México (2005).

—. *El lenguaje de la radio y la televisión: primeras noticias*. II Encuentro de lingüistas y filólogos de España y México. Universidad de Salamanca (1994).

Asociación de Academias de la Lengua Española (ASALE). *Diccionario de americanismos*. Santillana. Madrid (2010).

Bello, Andrés. *Gramática de la lengua castellana*. Edaf, Madrid (1984).

Ferreira, Luana Y. *Densidad léxica: estudio comparativo entre la prensa hispana de Estados Unidos e Hispanoamérica*. Tesis doctoral. Universidad de Nueva York (2015). https://academicworks.cuny.edu/cgi/viewcontent.cgi?article=1934&context=gc_etds

Iwasaki, Fernando. *Las palabras primas*. Páginas de Espuma. Madrid (2018).

Lope Blanch, Juan Manuel. «Diversidad léxica y uniformidad gramatical. En torno al porvenir de la lengua española». *Revista de Filología Española*, n.º 80. CSIC. Madrid (2000), pp. 201-214. http://xn--revistadefilologiaespaola-uoc.revistas.csic.es/index.php/rfe/article/viewFile/282/292

Merino, José María; Grijelmo, Álex (coords.). *Más de 555 millones podemos leer este libro sin traducción*. Taurus, Barcelona (2019).

Moreno de Alba, José. *Nuevas minucias del lenguaje*. Fondo de Cultura Económica. México (1996).

Ramírez, Sergio. «La cabanga». En *Lo uno y lo diverso*. Instituto Cervantes. Planeta. Barcelona (2021).

Rosenblat, Ángel. *El español de América*. Biblioteca Ayacucho. Caracas (2002).

Sanz, Marta. «Bebidas mexicanas». En *Lo uno y lo diverso*. Instituto Cervantes. Planeta. Barcelona (2021).

Universalidad del español. Encuentros y contactos

GUILLERMINA HERRERA PEÑA

Academia Guatemalteca de la Lengua

Alcances de la universalidad de la lengua española. ■ El primer encuentro del español con las lenguas amerindias: política lingüística y sus consecuencias. ■ La lengua española en las repúblicas americanas: política lingüística y sus consecuencias.

El ensayo reflexiona sobre el papel de la lengua española como medio para incidir desde una óptica particular, y con un peso específico significativo, en desarrollos cognitivos, sociales y estéticos de alcance universal. Repasa las políticas lingüísticas de dos momentos clave de la historia del idioma y sus consecuencias.

ALCANCES DE LA UNIVERSALIDAD DE LA LENGUA ESPAÑOLA

El hermoso medallón en la fachada plateresca de la Universidad de Salamanca, donde podemos leer la dedicatoria que el maestro Nebrija hace de su gramática «a la muy esclarecida doña Isabel, reina y señora natural de España», no deja de recordarnos su conclusión de que «siempre fue la lengua compañera del imperio», aunque, por supuesto, don Antonio no podía prever que, más que a un aparato político, en el siglo XXI la lengua española acompañaría otro tipo de imperio potencialmente más poderoso: un espacio metafórico de hermandad cultural y espiritual, capaz de incidir desde una óptica particular, y con un peso específico significativo, en desarrollos cognitivos, sociales y estéticos de alcance universal.

Afincados en este espacio, los hispanohablantes echamos mano de todas las funciones de la lengua, desde la interpretación y el particular ordenamiento que hacemos del universo exterior, hasta la percepción y expresión de la realidad psíquica o emocional, la vertebración del pensamiento, el cumplimiento de los fines comunicativos para informar, para relacionarnos con el mundo, con los demás y con nosotros mismos, para dar forma a nuestras particulares perspectivas de la vida y para muchos otros cometidos. Es decir, echamos mano, como comunidad lingüística, de todas aquellas funciones que la ciencia exploró, maravillada, a principios del siglo XX, según aprendimos de los aportes de Karl Bühler[1] y Roman Jakobson[2], entre otros intelectuales ineludibles.

Además de todas las ventajas obvias para el hispanohablante, la universalidad de nuestra lengua es una condición que nos permite compartir con la humanidad nuestro universo de representaciones, percepciones, interpretaciones y creaciones culturales comunes; confraternizar con los demás en torno a la realidad que hacemos inteligible y creamos por medio de aparatos discursivos; proyectar nuestro universo ético y estético y el ángulo particular desde el cual nos situamos como hispanohablantes frente al mundo.

Desde luego, la lengua española ha llegado a acumular e interiorizar vivencias de sus encuentros con otras lenguas y culturas, en dinámicas en las

---

1. Bühler, K. (1934). *Teoría del lenguaje*. Madrid: Alianza Editorial, 1985.
2. Jakobson, R. (1963). *Essais de linguistique genérale*. París: Minuit, 1963.

que ha aportado y ha aprendido, ha dado y se ha servido de perspectivas e interpretaciones diferentes con las que, inevitable y venturosamente, ha entrado en contacto a lo largo de siglos de andadura.

Voy a traer a cuenta dos momentos clave de esta larga historia, que ilustran el camino de nuestra lengua hacia la universalización que hoy experimenta, y que se sitúan en el ámbito de sus relaciones con lo americano. Ambos son momentos de expansión, pero tienen características muy diferentes.

EL PRIMER ENCUENTRO CON LAS LENGUAS AMERINDIAS: POLÍTICA LINGÜÍSTICA Y SUS CONSECUENCIAS

El primero de estos momentos se sitúa en el siglo XVI, cuya intensidad y logros no terminan de sorprendernos. Es el momento del contacto inicial del español con las lenguas amerindias; de su arribo al continente en las carabelas del Almirante, desde un contexto en el que no predominaba, precisamente, el ideal de hermandad universal, aunque —de modo paradójico, a pesar de la reciente experiencia de la Reconquista—, la Corona española hubiera alcanzado, en este sentido, estándares más altos que sus pares europeos, como lo demuestran, por ejemplo, la prohibición de Isabel la Católica a la esclavitud de los indios, e, incluso, su testamento, en el que pidió a su hija y heredera, Juana I, que cuidara de los derechos de sus nuevos súbditos.

Como es sobradamente conocido, la Corona cristianizó su proyecto histórico e hizo de la Iglesia su aliada y su más poderoso brazo en las Indias, mientras que esta respaldaba su posición, y la profundizaba, gracias al desarrollo de movimientos como el renacimiento teológico-jurídico de la llamada Escuela de Salamanca, con Francisco de Vitoria a la cabeza. El influjo de esta corriente marcó el proceso evangelizador y, en muchos sentidos, la fase inicial de la aventura indiana de la Corona, pues en la Universidad de Salamanca, al tiempo que de Vitoria dictaba cátedra (entre 1526 y 1546) y desarrollaba sus *Relectio de indis*[3], se formaba la mayor parte de los grandes teólogos y de los misioneros que llegaron a América a lo largo de aquel siglo.

Las necesidades urgentes de comunicación en la primera etapa del contacto se encontraron con muchísimas dificultades. Se trataba de una situación bastante peculiar y complicada, porque los españoles eran una abrumadora minoría frente a poblaciones muy extendidas y dispares de indígenas que presentaban una gran heterogeneidad lingüística y diferentes grados de

3. Vitoria, F. de. *Relectio de indis*. Biblioteca Virtual Miguel de Cervantes. [Consulta: 10 de enero de 2023]. Disponible en https://www.cervantesvirtual.com/obra/relectio-de-indis-a-victoria-anno-1538/

desarrollo sociocultural y científico. No eran comparables, por ejemplo, las antillanas con las mesoamericanas, que habían desarrollado escritura y saberes astronómicos y matemáticos considerables, establecido calendarios de notable exactitud y tenían la experiencia de una larga historia urbana.

Ante tan inabarcable heterogeneidad se plantearon muy pronto algunas estrategias, como, por ejemplo, el mismo don Cristóbal propuso llevar indios a España para que aprendieran castellano y sirvieran de intérpretes o «lenguas», como acabó por llamárselos. Este proyecto no prosperó, pero la figura del indio intérprete —o «lengua»—, se institucionalizó y funcionó a lo largo de todo el tiempo virreinal.

Como en tantísimos aspectos, la Corona se apoyó también en la Iglesia para la hispanización y, de paso, para el tratamiento de las lenguas amerindias. A pesar de que sostuvo una política lingüística ambigua y poco sistemática, contamos con información que nos instruye sobre algunas de las líneas generales que siguió, como podemos observar en el importante corpus de documentos referentes, justamente, a la promoción del español publicado por De Solano[4]. Hay, también, información sobre experiencias llevadas a cabo por religiosos para enseñar español a los hijos de caciques y gentes principales, como los del colegio San Francisco de Borja para indios nobles, fundado inmediatamente después de la conquista de Cusco, y el colegio Santa Cruz de Tlatelolco, también para indios notables, fundado en 1536, en la Nueva España.

Pero los religiosos optaban a menudo por el uso de las lenguas indígenas para la evangelización, a lo cual no se oponía, ni mucho menos, la Corona, pues consideraba la hispanización como una medida que se iría concretando en el largo plazo. La Iglesia pedía a sus doctrineros y al clero de las Indias, en general, que, mientras se lograba el aprendizaje del español, se aplicaran en aprender las lenguas de los indígenas y a usarlas como vehículos para su trabajo misionero y les recomendaban especialmente escribir gramáticas, vocabularios y métodos para el aprendizaje de estas lenguas[5].

El cuerpo excepcional de documentos que se produjo (a los que hay que añadir libros de notas, confesionarios, doctrinas y catecismos, metodologías de enseñanza de lenguas, notas al margen y recursos, como poemas y obras de teatro, etcétera) resulta de gran interés para el conocimiento de las lenguas

---

4. Solano, Fco. de. *Documentos sobre política lingüística en Hispanoamérica. 1492-1800*. Madrid: Consejo Superior de Investigaciones Científicas. Centro de Estudios Históricos. 1992.

5. Los misioneros trabajaron el material con enfoque didáctico para apoyar a quienes los sucedieran, pero los trabajos realizados no carecen de fundamentos y calidades científicas: muchos contienen descripciones novedosas de características de lenguas desconocidas y tipológicamente distantes de aquellos idiomas que se estudiaban en Europa.

indígenas americanas y la interpretación que de ellas hicieron los misioneros. En realidad, es resultado de una primera y poderosa etapa de estudios lingüísticos que da pie a la riquísima tradición de estudios de las lenguas americanas, los cuales, obviamente, son también estudios culturales.

En algunos casos, estos documentos son el único testimonio con el que se cuenta para conocer lenguas hoy desaparecidas. Contienen datos valiosos para los pueblos indígenas, para el conocimiento del español americano y sus variedades matizadas por el contacto lingüístico, y, también, para la ciencia lingüística, en general, pues proporcionan claves para comprender mejor la evolución de algunos de los conceptos más importantes de la tradición gramatical y lexicográfica occidental.

Ante la enorme heterogeneidad lingüística, la solución de la Iglesia fue inclinarse por el empleo de las lenguas más extendidas, que llegaron a definirse como «lenguas generales»: el náhuatl, el quechua, el chibcha y el guaraní. Estas comenzaron a expandirse más allá de sus ámbitos histórico-geográficos originales y a redoblar su influencia en el español, sobre todo en materia de vocabulario. El uso de estas «lenguas generales» era considerado como acción transitoria, aunque los religiosos posponían indefinidamente la enseñanza del español. Por otro lado, muchas veces usaban las lenguas locales de sus feligreses para llegar a ellos de manera inmediata, en intercambios más personales e íntimos, en vez de recurrir a las generales.

Como nos recuerda López Morales[6], el cambio de política se dio mucho más tarde, en el siglo XVIII, con Carlos III, quien ordenó, en su conocida cédula de Aranjuez, que se hablara solamente castellano en los territorios americanos. La medida, que respondía a los ideales de la Ilustración, era, como observa el mismo autor, completamente inviable pues, en aquellos tiempos finales de la época virreinal, tres siglos después de haber llegado el español a América, se dice que había solamente unos pocos millones de hispanohablantes en el inmenso continente. El proceso de hispanización no había tenido mayores alcances, todo lo contrario, había triunfado la visión evangélica que, con el propósito de cristianizar, fomentaba la supervivencia de las lenguas amerindias e incluso su expansión, como en el caso de las «lenguas generales», además de su documentación, codificación y, de alguna manera, estandarización, por medio de las obras publicadas.

Ahora bien, independientemente de lo dicho sobre los vaivenes de la política lingüística, el español siguió, a lo largo de aquel extraordinario siglo XVI, por los cauces naturales que se dan en situaciones de contacto lingüístico, y con inusual intensidad, podemos decir, dadas las circunstancias.

---

6. López Morales, H. *Andadura del español por el mundo*. España: Santillana. 2010, p. 85.

Como señala Rivarola[7], la difusión del español en el Nuevo Mundo creó para nuestro idioma no solamente un nuevo espacio geográfico-cultural, sino, también, un nuevo espacio mental dentro del cual «se fueron labrando lenta, difícil y a veces contradictoriamente los signos de una nueva identidad idiomática».

En innumerables documentos han quedado descritas las características de los intercambios lingüísticos a los que llevaba el contacto cotidiano. Encontramos muestras del espléndido acervo que enriqueció al español ya en el diario colombino de navegación y en las cartas del Almirante a los monarcas, donde aparecen las primeras voces provenientes del taíno y otras lenguas arahuacas. De ahí en adelante se multiplicaron exponencialmente los indigenismos léxicos que pasaron a engrosar las nóminas del español. Además, las realidades americanas comenzaron a representarse también por medio de palabras, giros y expresiones de la lengua española que se habían ido ajustando a las nuevas realidades. El idioma siguió desarrollando sus procesos naturales de evolución, nivelándose y desnivelándose al ritmo de la llegada de oleadas de colonizadores provenientes de diferentes partes de la Península y de las comunicaciones con la corte, más o menos intensas o frecuentes.

LA LENGUA ESPAÑOLA EN LAS REPÚBLICAS AMERICANAS: POLÍTICA LINGÜÍSTICA Y SUS CONSECUENCIAS

El segundo momento de hispanización al que voy a referirme se sitúa en el siglo XIX y coincide con la creación de las repúblicas hispanoamericanas. Como se recordó repetidamente en la reciente conmemoración del bicentenario de aquellos acontecimientos, la lengua española fue protagonista visible y constante en la conformación de lo que sería la Hispanoamérica moderna (cf. Herrera Peña[8]).

Hay algunos hechos que es preciso mencionar en la reflexión sobre este segundo proceso de hispanización que traigo a cuenta, en especial los que tienen que ver con el «patriotismo criollo», es decir, con la ideología de los españoles americanos que fue desarrollándose, sobre todo, a partir de la mitad del siglo XVIII y que incluía, entre sus rasgos, el más entrañable y agudo sentido de pertenencia al idioma español, considerado ideal de lengua y

---

7. Rivarola, J. L. *La formación lingüística de Hispanoamérica*. Lima: Pontificia Universidad Católica del Perú. 1990, p. 799.

8. Herrera Peña, G. «Prólogo», en Academia Guatemalteca de la Lengua *Publicación conmemorativa. Bicentenario de la Independencia 1821-2021. La lengua española en Guatemala*. Guatemala: Impresiones Gráficas. 2021a, pp. VIII-XXV.

esencial componente identitario, que admitía las particularidades americanas y servía cómodamente para su expresión, muy de acuerdo con las observaciones de Rivarola que citamos antes. De modo que los ilustrados americanos del siglo XIX, criollos como eran, consideraban la lengua española como un elemento cultural propio e irrenunciable.

El «patriotismo criollo» acompañó la revolución independentista. Fue, en realidad, uno de sus más enérgicos detonantes, y, a la vez, una poderosa corriente que alentó en sus inicios la utopía republicana. De ahí que no sorprenda que el único referente en la construcción lingüística de la nueva identidad hispanoamericana haya sido el idioma español. Por la mente de los creadores de las repúblicas no pasó, ni por un momento, la posibilidad de un cambio de idioma para las nuevas entidades políticas, ni siquiera la promoción de alguna lengua amerindia al estatus de cooficial.

Podemos afirmar que la lengua española tuvo un papel esencial en la construcción de la noción misma de «hispanoamericanidad». Fue considerada y promovida como instrumento para la unidad continental, vehículo insustituible de unión, de cohesión y de comunicación al interior de las nuevas repúblicas y entre ellas. Los creadores de estas imaginaron y entendieron la Hispanoamérica independiente como una comunidad lingüística uniforme, llamada a constituir un bloque fraterno frente al resto del mundo, un grupo de repúblicas que compartían, además, cultura, historia y sentido de pertenencia, y que poseían un proyecto común para su futuro.

En aquel camino, conseguir la uniformidad idiomática se entendía como prerrequisito del progreso y de la modernidad, de modo que los nuevos Estados se propusieron llevar a cabo una renovada hispanización dirigida a los pueblos indígenas.

Ciertamente, aunque durante las dinámicas independentistas había habido entre los indígenas grupos leales a la Corona, otros habían participado en revueltas y formado parte de los ejércitos emancipadores, pero, la ilusión, que quizá abrigaban, de participar efectivamente en la constitución de las nuevas entidades políticas y en su desenvolvimiento, acabó muy pronto. Las repúblicas los afectaron con muchas medidas, entre las que cabe resaltar las dirigidas a sus lenguas, que, en esta etapa de la historia, perdieron, aún, los medios con los que habían contado durante la época virreinal para su supervivencia y estudio.

En este punto tiene que recordarse que las ideas positivistas marcaron fuertemente el renovado proceso de hispanización de las poblaciones amerindias. En general, el dominio de la lengua española se convirtió en nuestros países en un requisito *sine qua non* para gozar, de hecho, del ejercicio de la ciudadanía plena; para, en palabras de los positivistas, sacar a los indígenas del retraso, mejorar sus condiciones de vida y, en última instancia, «civilizarlos», según las concepciones del momento.

Estas ideas llegaron a concretarse de modo especialmente intenso en el marco del «movimiento indigenista interamericano», que surgió como proyecto continental a principios del siglo pasado en el seno de los Estados americanos. Se planteaba como fin integrar al indígena a la «cultura nacional» por medio de políticas públicas asimilistas, concebidas desde la óptica de la homogeneidad como condición para el desarrollo económico. Los pueblos indígenas no han acabado aún de liberarse de los efectos de aquellos experimentos sociales, aunque, actualmente se haya dado cabida, por lo menos en ciertos círculos, a las ideas de la multiculturalidad y el multilingüismo como intrínsecamente beneficiosos para las sociedades.

Evaluada hoy aquella experiencia, resulta obvio que, en muchos casos, las políticas no llegaron a concretarse tal como se concibieron, pero, que, de cualquier modo, se logró extender significativamente la hispanización al plantearla como condición para que el indígena pudiera acceder a los servicios que prestan los Estados, desde la educación, hasta la impartición de la justicia, los servicios de salud, etcétera.

En el proceso, la escuela desempeñó un pobre papel. Los indígenas que aprendieron a hablar español en aquellos tiempos lo hicieron, abrumadoramente, sin seguir una metodología de segunda lengua, atemorizados, padeciendo discriminación por no dominarlo suficientemente. Los efectos fueron, en muchísimos casos, aprendizajes superficiales y perpetuación de errores en relación con los cánones del idioma, además de la aplicación de elementos y usos de sus lenguas maternas al español.

Es posible afirmar, desde luego, que el monolingüismo en las lenguas amerindias se redujo sustancialmente, y que, en todo el continente, el español inundó las comunidades. Donde había mayor presencia de lenguas amerindias se dio una situación de diglosia, que se ha mantenido más o menos estable, en la que la lengua indígena se utiliza en ámbitos ceñidos a las relaciones familiares y comunitarias mientras que el español permite las comunicaciones hacia el exterior del espacio local, desde el acceso a muchos servicios estatales hasta relaciones laborales, comerciales, políticas y de otra índole.

Además, frecuentemente el español ejerce el papel de vehículo de intercomunicación entre los distintos colectivos lingüísticos al interior de los países, porque muchas lenguas amerindias no son inteligibles entre sí, aunque pertenezcan a una misma familia lingüística.

Entre otras consecuencias de este proceso de hispanización se encuentra el hecho, desde luego natural, de que algunas variantes de español americano hayan acabado absorbiendo rasgos en principio propios de los bilingües. Estos rasgos han llegado a marcar usos dialectales de regiones enteras y promovido el surgimiento de variedades mestizas de español. Son variedades que han ido cobrando carácter de norma no solamente en los bilingües, sino en el habla de hispanohablantes monolingües que habitan en aquellos lugares. Sociolingüísticamente carecen de prestigio y se perciben como español incorrecto, pero gozan de vigor.

En la promoción de estas variedades y rasgos es notable el papel de muchos maestros, algunos de ellos bilingües de primera o segunda generación, que en la práctica docente los transmiten a sus estudiantes bilingües, pero, también, a quienes son hispanohablantes monolingües. Asimismo, el papel de los medios de comunicación locales, particularmente la radio, que acaban siendo, en muchos casos, la fuente de aprendizaje del español en las comunidades indígenas y se han constituido como modelo lingüístico en contextos populares (Herrera Peña[9]).

No obstante, la tendencia general de nuestra lengua en estos días es hacia la nivelación, es decir, hacia una cada vez mayor estandarización, situación muy notable en el caso del español americano. La globalización refuerza intensa y ampliamente esta tendencia —y la promueve—, de manera que hay que ser cautelosos en relación con hipótesis sobre el afincamiento del tipo de fenómenos descrito.

En suma, es cierto que este segundo proceso de hispanización que he traído a cuenta ha dejado agendas abiertas en materia social en muchos de nuestros países y ha afectado al español de diversas maneras, pero, también es cierto que muestra, de manera evidente, el considerable peso específico de la política lingüística que diseñaron y promovieron los ilustrados americanos del siglo XIX. Efectivamente, no es difícil comprender cómo su agudo sentido de pertenencia a la lengua, sus decisiones y su determinación al promoverla como elemento esencial de la identidad hispanoamericana y vehículo de cohesión y comunicación entre los pueblos del continente, contribuyeron en definitiva a la exponencial expansión del idioma que observamos en la actualidad.

En este punto, es natural que nos planteemos interrogantes sobre si se mantendrán las actuales tendencias de expansión y por cuánto tiempo; sobre cuánto más puede esperarse de su carácter universal, que, además, le permite multiplicar sus encuentros y contactos con otras culturas y lenguas. En realidad, no tenemos respuestas definitivas a estas preguntas, pero quisiera finalizar estas reflexiones citando lo que afirmo en otro trabajo (Herrera Peña[10]) y que creo viene a propósito:

---

9. Herrera Peña, G. «Uso de *lo, la, le* y sus plurales en textos periodísticos guatemaltecos de la época de la Independencia», en Academia Guatemalteca de la Lengua, *Publicación conmemorativa. Bicentenario de la Independencia 1821-2021. La lengua española en Guatemala.* Guatemala: Impresiones Gráficas. 2021b, p. 177.

10. Herrera Peña, G. «Prólogo», en Academia Guatemalteca de la Lengua, *Publicación conmemorativa. Bicentenario de la Independencia 1821-2021. La lengua española en Guatemala.* Guatemala: Impresiones Gráficas. 2021a, p. XXV.

> La lingüística histórica enseña cómo las lenguas evolucionan, se mantienen, crecen y se expanden —o decaen—, de acuerdo con la determinación de sus hablantes. Patentiza, también, cómo siguen el mismo destino que los pueblos que las hablan. Estos principios ineludibles acabarán marcando el futuro de la lengua española según las intenciones y audacia de sus hablantes y de acuerdo con el desarrollo y la posición que las sociedades hispanohablantes logren alcanzar.

Al fin de cuentas, como sabemos, la lengua es de sus hablantes y sigue su mismo destino.

El romancero viaja a América

ALEJANDRO HIGASHI
Academia Mexicana de la Lengua

Encuentro con el romancero americano. ▪ Un romancero como ningún otro. ▪ *El romancero en América* de Aurelio González.

ENCUENTRO CON EL ROMANCERO AMERICANO

El romancero americano existe y, de tiempo en tiempo, asoma por aquí y por allá. Quien dio una primera noticia de su presencia fue don Ramón Menéndez Pidal cuando viajó a América como comisario real con el encargo de dictaminar los límites entre el Ecuador y el Perú. Este cargo parecía muy lejano de sus habituales ocupaciones académicas, pero reflejaba una imagen de hombre sabio y cabal; tanto como para que su prestigio llegara a oídos de la Corona española y fuera considerado como una figura pública con reconocimiento internacional (suficiente, al menos, para convencer a los países en conflicto de acatar su dictamen). Sin dejar de cumplir con una agenda muy apretada de actos protocolarios de los gobiernos ecuatoriano y peruano, muchos de ellos opulentos banquetes, nuestro filólogo supo encontrar el tiempo para subir al Rucu Pichincha a 4500 metros de altura y apreciar su doble cráter en compañía de una treintena de personas, en febrero de 1905, lo que manifiesta una de las muchas incursiones que lo llevó a emprender su imparable curiosidad intelectual. Las notas de ese viaje se conservan inéditas y el informe que redactó para la Corona española no tuvo ninguna consecuencia, porque las partes en conflicto mostraron incomodidad con un fallo que no representaba sus respectivos intereses. Antonio Lago Carballo tiene una minuciosa crónica sobre esta estancia, realizada a partir de las notas en su archivo. Lo que sí debe haberse publicado fue toda la información recogida alrededor de esos curiosos cantarcillos que muchos y muchas conocían y cuyas notas alimentaron el artículo titulado «Los romances tradicionales en América». Publicado en la revista *Cultura Española* en febrero de 1906, este trabajo inauguró los estudios sobre el romancero americano con una afirmación tajante: «Hasta ahora no se conocía ningún romance tradicional de la América española».

Menéndez Pidal tenía treinta y cinco años y no era la primera vez que el romancero llamaba a su puerta. En mayo de 1900, durante su luna de miel, doña María Goyri de Menéndez Pidal entonó el romance de la boda estorbada y una lavandera con la que conversaban compartió con la pareja de recién casados el amplio repertorio que ella y sus compañeras solían entonar durante sus sesiones de lavado en las márgenes del río, para acompasar una actividad física repetitiva y algo mecánica y, de paso, distraerse. Con una diferencia de cinco años, el romancero despertaba de su latencia de siglos frente a la persona correcta, pero ahora en América. Estos descubrimientos no eran hallazgos arqueofilológicos como el códice de Vivar que contenía el *Cantar de mio Cid* o los folios del *Cantar de Roncesvalles* que se habían utilizado como guardas de otro libro por siglos. Ramón Menéndez Pidal y María Goyri se encontraron con una forma literaria que, si bien se parecía a los textos conservados por la imprenta de los siglos XVI y XVII, se distinguía por el poderoso impulso vital que la animaba.

UN ROMANCERO COMO NINGÚN OTRO

¿Un romancero americano? Sí, tanto o más relevante que uno sefardí de Oriente y Marruecos, pero menos conocido y familiar para el público peninsular. Más importante por extensión geográfica y número de testimonios y variantes, pero un poco desdibujado y fantasmal visto desde los linderos del Viejo Continente. Diferente por muchas razones al romancero folclórico conservado en España, a veces una continuación, a veces una desviación tan radical que, en México, condujo a una nueva forma bien estudiada por Aurelio González en *El corrido: construcción poética* [2015]. Un romancero formado de teselas que al ensamblarse creaban el mosaico continental más grande del planeta después de Asia.

Mientras que en España se dio prioridad a la recolección de estas piezas únicas y perecederas, pero muy pronto también a los estudios panorámicos y particulares, en América prevaleció el acopio de romances. Hoy puede hablarse de un romancero tradicional de México, del romancero tradicional argentino, del romancero chileno, del romancero de Costa Rica, del romancero de Cuba y así, hasta completar los 20 países hispanohablantes y cubrir los pocos más de 42 millones de km^2.

Nuestra condición periférica hizo que predominara en América el estudio del romancero tradicional español y, paradójicamente, la recolección de piezas americanas por afinidad cultural y cercanía geográfica. Quizá no sea una casualidad que los primeros estudios panorámicos se hayan empezado en centros que tenían una larga tradición en el análisis del romancero peninsular. En México, por ejemplo, los grandes nombres asociados a su estudio estuvieron indefectiblemente ligados a El Colegio de México (antes La Casa de España): Antonio Alatorre, Margit Frenk, Mercedes Díaz Roig, Beatriz Mariscal y Aurelio González. Los primeros estudios panorámicos de largo aliento sobre el romancero americano nacieron precisamente de este grupo: de 1990 es el *Romancero tradicional de América* de Mercedes Díaz Roig y de 2003 *El romancero en América* de Aurelio González.

Ambos trabajos se llevaron a cabo con enormes penurias y quienes fueron pioneros en este campo tuvieron que hacer que las necesidades se convirtieran en oportunidades; transformaron la carencia en herramienta. Ante la falta de un corpus organizado de referencia, por ejemplo, Mercedes Díaz Roig dedicó tres años de su investigación a la revisión de los romanceros locales a su alcance, hasta recoger poco más de 1700 textos completos y numerosas versiones fragmentarias. Si bien los recolectores habían hecho lo suyo al buscar y atesorar los romanceros de su localidad, faltaba una mirada de conjunto que diera cuenta de la dispersión del género desde su llegada a tierras americanas, a través de la memoria de la población española que se asentó en el Nuevo Mundo (el primer testimonio data de 1519) y de sus impresos, para esparcirse después en sus numerosas versiones, transformaciones y adaptaciones folclóricas. Los corpus locales mostraban el arraigo del género en una zona geográfica y su enorme capacidad de adaptación a las nuevas circunstancias en las que se interpretaba, pero un corpus que rebasara estas fronteras daría cuenta de la difusión que tuvo cada uno de ellos a través de las extensas cadenas de transmisión que se tejieron con independencia de las fronteras políticas. El fracaso del dictamen que preparó Ramón Menéndez Pidal para definir los límites entre el Ecuador y el Perú pronosticó la tremenda permeabilidad cultural que había entre las fronteras. El romancero nada más vino a confirmar la inutilidad de los linderos impuestos para una forma poética tan significativa para las sociedades americanas... Y de eso trató la última magna obra que preparara en vida Aurelio González, académico de número de la Academia Mexicana de la Lengua y presidente de la Asociación Internacional de Hispanistas (2016-2019).

EL ROMANCERO EN AMÉRICA DE AURELIO GONZÁLEZ

Desde el título, muy meditado por su autor, no se alude a la constitución de un romancero anclado en sus raíces españolas, si se ve con una perspectiva colonialista, o a uno espontáneamente nacido en América, con una perspectiva nacionalista, sino a su dispersión por el continente. La locución adverbial *en América* subraya esa voluntad de libre tránsito entre fronteras. Aurelio González se propuso tener un corpus de referencia que ponderara la irrefrenable capacidad del romancero para allanar muros divisorios. Después de varios años de trabajo y distintos vaivenes institucionales, está previsto que este libro aparezca en una de las colecciones más importantes de la Academia Mexicana de la Lengua, la colección Clásicos de la Lengua Española, en coedición con la Real Academia Española, bajo el amparo de su director, don Santiago Muñoz Machado, y la Fundación Duques de Soria, por intermediación de Ruth Fine, Patrizia Botta y de sus autoridades, Rafael Benjumea (hijo) (presidente) y Jaime Olmedo (vicepresidente).

El romancero en América de Aurelio González ofrece una radiografía razonada que revela la ductilidad con la que el género arraigó en nuestro continente, gracias al equilibrio entre conservación y variación de distintos tipos: historias, tópicos, frases, etc. Sobre la base del Índice General del Romancero (IGR) de Diego Catalán y de una nomenclatura técnica muy amigable para el neófito y precisa para el especialista, Aurelio González nos invita a transitar por un riquísimo catálogo de obras que siempre resultan familiares porque las hemos leído en algún libro escolar, las hemos escuchado recitar en alguna celebración o han acompañado las sesiones de juego propias o de nuestros hijos como rondas infantiles, pero al mismo tiempo es novedosísima porque se recogió en un punto muy lejano de nuestra geografía cultural y responde a los referentes locales de un grupo en particular. Muchos de los romances hincan sus raíces en otras obras análogas registradas por la imprenta de la época en el siglo XVI, aunque de algunos de ellos no sabemos nada hasta muy avanzado el siglo XVII o solo tenemos noticia de ellos a través de alusiones en ensaladas o en obras burlescas. En países con muy poca evidencia baladística, como Ecuador, el sentido común sugiere más un desinterés por parte de los investigadores que por quienes los cantaban, los repetían o los actualizaban (aunque eso solo el tiempo y las investigaciones futuras lo dirán); no hay que descartar, por supuesto, que este *Romancero en América* sea precisamente el reclamo que invite a los interesados a tomar cartas en el asunto.

Con la determinación de ofrecer un panorama amplio, Aurelio González recopiló romances tradicionales igual que *corridos* o *galerones*, fragmentos lexicalizados de romances históricos sin apenas variación por la imposibilidad de entender cabalmente su contenido, romances religiosos, infantiles o vulgares; algunos romances que tenían un tema histórico, pero acabaron acompañando una ronda infantil porque los asuntos de su momento (campañas militares asociadas a las Cruzadas, por ejemplo) terminaron por sugerir un mundo fantástico en colindancia con la capacidad imaginativa de las infancias. Este ánimo de exhaustividad no estuvo reñido con la capacidad de síntesis: Aurelio González logró acotar su selección a 110 temas baladísticos que, multiplicados en sus respectivas versiones por país, alcanzaron un total de 562 versiones. La vida de estas obras folclóricas es muy diversa y esta selección lo refleja: de algunos romances no conocemos más que una versión en algún país de América Latina y de otros encontramos versiones en casi todas partes («Hilitos de oro» se recoge en 18 países de los 21 contemplados en el proyecto inicial). El índice quizá no lo refleja, organizado por países primero y luego por temas, pero una sesión de lectura saltando entre secciones lo deja muy claro de inmediato.

Aurelio González entregó este libro a la Academia Mexicana de la Lengua para su publicación porque pensaba que con él contribuía a una institución que estimaba mucho (escribió los prólogos de varios títulos), pero también porque consideró que se trataba de un libro necesario en este momento para unir lo que estaba separado por fronteras políticas, pero no folclóricas. También quería que fuera una herramienta para el estudio de una tradición baladística que siempre percibió insuficientemente estudiada. Este libro fue su legado, pero también el testamento académico con el que repartirá a sus futuros lectores esa experiencia acumulada a lo largo de tantas décadas, como el hombre docto y generoso que fue.

El cacao de la quínua

FERNANDO IWASAKI CAUTI
Academia Puertorriqueña de la Lengua Española

La presente ponencia explora las paradojas entre centros y periferias, minorías y mayorías, a través de la diversa fortuna de palabras periféricas del español del siglo XVI o de voces empleadas por una mayoría de hispanohablantes americanos contemporáneos. Así, los márgenes en contacto con el español que se han tenido en cuenta no coinciden con las fronteras geográficas o lingüísticas, sino con los espacios abiertos por el comercio, la industria o las modas, y su impacto en las palabras que abrigan, acarician y alimentan, como *poncho, tayta* y *quínua.*

El Perú es una de las periferias más crepitantes del español, porque ahí el castellano ha convivido durante siglos con el quechua y otras lenguas originarias, por no hablar de las voces chinas y japonesas que han arraigado en el acervo peruano, con resultados tan gustosos en el habla como en la gastronomía. Por lo tanto, puestos a reflexionar sobre «Márgenes en contacto con el español: lenguas de minorías y periferias», a mí me interesaría empezar poniendo en entredicho lo que entendemos por minorías y periferias, pues en los Andes el castellano fue hablado por una minoría hasta muy entrado el siglo XIX y las periferias andinas de Lima conservaron un español tan castizo que en la propia España habría sido considerado marginal.

El primero de los márgenes que deseo explorar tuvo lugar durante el encuentro de las lenguas andinas con el español peninsular de los siglos XVI y XVII. El habla de los Andes siempre fue menospreciada desde Lima por la presencia de voces quechuas que nunca fueron del gusto de la racista burguesía limeña. Sin embargo, algunas de esas palabras que pasaban por quechuismos no eran más que términos supérstites del castellano antiguo, ignorados en Lima y olvidados en España, como los casos de *tayta* y *poncho.*

La voz *tayta* —escrita con *y* griega— permanece en el imaginario peruano como el sustantivo quechua que designa al padre, aunque ni el Inca Garcilaso en sus *Comentarios Reales* (1609), ni el cronista Guamán Poma de Ayala en su *Nueva Corónica* (circa 1617) ni el anónimo autor del manuscrito quechua de Huarochirí (circa 1598) utilizaron jamás la palabra *tayta* como traducción quechua de 'padre'[1]. Con todo, el novelista José María Arguedas entronizó el uso de *tayta* como 'padre' desde su primer libro —*Agua* (1935)— hasta su novela la póstuma *El zorro de arriba y el zorro de abajo* (1971). De hecho, para dejar claro que el pequeño Ernesto era quechuahablante, nada

1. Tanto Guamán Poma como el autor del manuscrito quechua de Huarochirí emplearon la palabra quechua *yaya* como traducción de 'padre'. Ver Guamán Poma, F., *Nueva corónica y buen gobierno.* Lima, Fondo de Cultura Económica, 2008, III, p. 149, y Taylor, G., *Ritos y tradiciones de Huarochirí del siglo XVII.* Lima, Instituto de Estudios Peruanos e Instituto Francés de Estudios, 1987, p. 33.

más empezar *Los ríos profundos* (1958) Arguedas lo hizo hablar así: «*Tayta* —le dije en quechua al indio—. ¿Tú eres cuzqueño?»[2].

Sin embargo, *taita* —del latín *tata*— ya aparecía en el *Vocabulario* (1495) de Nebrija como «padre de los niños»[3], en el *Tesoro* (1611) de Covarrubias como «el nombre con que el niño llama a su padre»[4], y en el *Diccionario de autoridades* (1739) como «nombre, con que el niño hace cariños, llamando à su padre»[5]. Llegados a este punto, podemos preguntarnos, ¿qué decía el *Lexicón o vocabulario de la lengua general de los indios del Perú llamada Quichua* del dominico fray Domingo de Santo Tomás, impreso en Valladolid en 1650?: «Taita, padre de niños: tata, o yayanc»[6]. Por lo tanto, *taita* —con i latina— es voz castellana y, como tal, no ha dejado de figurar en el *DLE*.

En cuanto al *poncho*, solemos pensar que el sustantivo que lo designa proviene de una voz indígena —del mapuche según los chilenos, y del quechua según los peruanos—, pero el origen castellano de la palabra *poncho* ha sido demostrado por Marcos A. Morínigo, quien, a través de un documento publicado por Toribio Medina en *El veneciano Sebastián Caboto al servicio de España* (1908), confirmó que en 1530 el sevillano Alonso de Santa Cruz declaró que los indios del Paraná «traían ponchos e orejeras»[7]. En consecuencia, es imposible que *poncho* sea una voz indígena originaria, pues los andaluces del siglo XVI ya la empleaban, como lo corrobora la entrada correspondiente del *Diccionario etimológico* (2008) de Joan Corominas: «Poncho: "especie de capote sin mangas", 1530»[8]. ¿De dónde tomó la cita entrecomillada Corominas? Ignoramos la referencia, aunque fue en el *Nuevo diccionario de la lengua castellana* (1846) de Vicente Salvá donde apareció por primera vez la palabra *poncho*:

> **Poncho** [...] Sayo sin mangas que se pone por la cabeza á modo de casulla. [Esta especie de manta cuadrilonga, es muy usada en la América meridional, particularmente en el Perú y Chile, para andar á caballo. Los hay de gran precio y también suelen usarlos las señoras][9].

---

2. Arguedas, J. M., *Los ríos profundos*. Buenos Aires, Losada, 1958, p. 18.
3. *Nuevo tesoro lexicográfico de la lengua española*: https://apps.rae.es/ntlle/SrvltGUISalirNtlle [en adelante NTLLE].
4. NTLLE.
5. NTLLE.
6. Santo Tomás, D., *Lexicón o Vocabulario de la lengua general de los indios del Perú llamada Quichua*. Valladolid, Francisco Fernández de Córdoba impresor, 1560, p. 98v.
7. Morínigo, M., «Para la etimología de poncho», *Nueva Revista de Filología Hispánica*, año 9, n.º 1. El Colegio de México (en.-mar. 1955), pp. 33-35.
8. Corominas, J., *Breve diccionario etimológico de la lengua castellana*. Madrid, Gredos, 2008, p. 441.
9. NTLLE.

La definición de «Sayo sin mangas que se pone por la cabeza á modo de casulla» se repitió tal cual en las ediciones del *DRAE* de 1862 y 1869, pero la edición de 1884 rescató la semejanza entre el poncho y el capote:

> **poncho** [...] Especie de sayo ó capote sin mangas y con una abertura por donde se saca la cabeza. ‖ Capote militar con mangas y esclavina y el cual se plegaba ajustándolo á la cintura[10].

Más adelante, las ediciones del *DRAE* de 1884, 1899, 1914, 1925, 1927, 1936, 1939 y 1947 incluyeron una etimología: «Del arauc. *pontho*, ruana» y otra acepción más:

> *Amér.* Especie de capote para montar a caballo sin mangas, pero sujeto a los hombros, que ciñe y que cae a lo largo del cuerpo[11].

Por lo tanto, si queremos confirmar que en España se usaban ponchos como los andinos, deberíamos revisar las entradas de *capote* y *casulla*.

Para Antonio de Nebrija (1495) un *capote* era un «vestido rústico»[12] y en la edición del *DRAE* de 1791 encontramos la acepción de *Capote de monte*: «Especie de capa cerrada que llega sólo á medio muslo»[13]. Es decir, un poncho. ¿Y las casullas? Según leemos la definición del *Diccionario de autoridades* (1729), otro poncho. Sacerdotal, pero poncho:

> CASULLA. La última vestidura que se pone el Sacerdote sobre todas las otras, con que se adorna y se viste para celebrar el Santo Sacrificio de la Missa. Antiguamente eran cerradas hasta abaxo con una abertura para sacar la cabeza; pero por ser mui embarazosas, se fueron acomodando al usso que oy tienen, que es en forma de un capotillo, partido en dos mitades y abierto por los lados hacia abaxo, con una abertura redonda en medio, para entrar por ella la cabeza[14].

Como se puede apreciar, lo que en los Andes llamamos *poncho* en España era un *capotillo*. Covarrubias en su *Tesoro* anotó que había «muchos de diversas formas» y entre ellas citó los «capotillos de dos faldas»[15], cuya entrada en el *Diccionario de autoridades* (1729) no solo describe al *poncho* con exactitud, sino que lo adjudicaba al campo andaluz:

---

10. NTLLE.
11. NTLLE.
12. NTLLE.
13. NTLLE.
14. NTLLE.
15. NTLLE.

> CAPOTILLO DE DOS HALDAS Ó FALDAS. Casaquilla hueca abierta por los costados hasta abaxo, de forma que viene a quedar como en dos mitades, por estar cerrada por delante, con su abertura para meterla por la cabeza. Tiene mangas bobas, que se dexan caer á la espalda quando se quiere, por estar abiertas por debaxo del sobaco. Es trage mui común en la Mancha y Andalucía para los hombres del campo[16].

En su *Diccionario de peruanismos* (1883), Juan de Arona registró la voz *poncho* como «Manta o casulla usada para montar a caballo en casi toda la América española»[17], pero enterado de una presunta etimología araucana sugerida por el padre Andrés Febres en su *Diccionario araucano – español* (1882), el lexicógrafo peruano barruntó que *poncho* podría ser un sustantivo castellano trasladado a los Andes y asumido como propio por sus hablantes:

> El traductor habla de *ponchos* como de cosa anteriormente existente, como si sobre ese provincialismo se hubiera formado la araucanización *pontho*, cosa que nada tendría de extraño, porque los Vocabularios indígenas de América están llenos de palabras españolas desfiguradas, que se hallan en el quichua, en el aymará, en el guaraní y hasta en las lenguas o dialectos del Chaco argentino y de la *Pampa*, llamadas *Lule* la una y *Lengua Pampa* la otra[18].

¿Qué significa que *poncho* fuera el *capotillo de dos faldas* en el habla andaluza del siglo XVI? Que sin duda se trataba de una voz del postergado español rural andaluz y —en consecuencia— formaba parte de la periferia del castellano, al igual que las hablas de los Andes, el Caribe o el Río de la Plata; esos márgenes donde arraigaron las palabras marginales del cariño, del comer y del vestir.

Y como el frío supone diversas prendas que cumplen la finalidad de abrigar, me ocuparé de otro margen donde los arrecidos hispanohablantes tuvimos que arrebujarnos con palabras inglesas, porque, aunque en Ushuaia, Lonquimay, Durango, Puno y Teruel siempre ha hecho mucho frío, el poncho no fue suficiente. Así, los sustantivos que designan a esas prendas de punto con mangas que nos arropan el torso serrano, provienen todos del inglés. Me refiero al *pulóver* argentino, la *chomba* chilena, el *suéter* mexicano, la *chompa* peruana y el *jersey* español, voces que acreditan la influencia de los márgenes abiertos por el comercio y la industria textil anglosajona, porque ya hemos desterrado del vocabulario *sayo*, *jubón*, *justillo*, *capotillo* y sobre todo *casaquilla*, definida desde 1729 como «la casaca que se hace ancha

---

16. NTLLE.
17. Arona, J., *Diccionario de peruanismos*. París, Biblioteca de Cultura Peruana, 1938, p. 327.
18. *Op. cit.*, pp. 327-328.

y hueca con sus mangas, que llega más debajo de la cintura»[19]. Todas esas voces fueron desplazadas del habla cotidiana porque las nuevas prendas eran más ceñidas y venían aureoladas por el prestigio del deporte, las marcas y la moda extranjera. Así, en el benemérito *Diccionario enciclopédico ilustrado de la lengua española* (1917) de José Alemany y Bolufer —vulgo Sopena— entró por primera vez la voz *jersey* como «camiseta, jubón o elástica de lana o de seda»[20], adelantándose en diez años a la definición de la RAE, que en 1927 la dejó en: «**jersey.** Especie de jubón de tejido elástico»[21]. A partir de entonces fueron entrando *suéter* (1970), *chomba* (1970), *chompa* (1983), *rebeca* (1984), *cárdigan* (1992) y *pulóver* (2014).

Como se puede apreciar, existen márgenes donde el comercio, la industria, la publicidad y las exportaciones propician la entronización de ciertas voces en perjuicio de otras, que, sin ser ni periféricas ni minoritarias, resultan desplazadas por ignorancia, novelería o racismo. Es el caso flagrante de los alimentos autóctonos andinos, cuyos nombres quechuas originarios no hemos sabido ni asimilar ni defender desde el español, entregándonos con entusiasmo a fomentar el uso de su nomenclatura en inglés. Qué diferencia con la buena fortuna de la voz *cacao* —proveniente del náhuatl *cacáhuatl*—, porque se dice *cacao* en todas las lenguas del planeta. Y si en el VI Congreso Internacional de la Lengua de Panamá metí el dedo en la olla para explicar por qué en España se impuso *patata* en lugar de *papa*[22] [Iwasaki, 2013], diez años más tarde —y en Cádiz— me propongo explicar el cacao de la *quínua*, porque en España se han empeñado en escribir y pronunciar *quinoa*.

La *quínua* fue mencionada por Pedro Cieza de León en la primera parte de la *Crónica del Perú*, publicada en Sevilla en 1553, cuando se ocupó de los recursos agrícolas de los indios de Quito:

> Ay otro bastimento muy bueno, a quien llaman Quínua: la qual tiene la hoja ni más ni menos que bledo morisco: y cresce la planta dél casi vn estado de hombre: y echa vna semilla muy menuda: della es blanca y della es colorada. De la qual hazen breuajes: y también la comen guisada, como nosotros el arroz[23].

---

19. NTLLE.

20. Alemany y Bolufer, J., *Diccionario enciclopédico ilustrado de la lengua española*. Buenos Aires, Editorial Ramón Sopena, 1950, t. II, p. 170.

21. NTLLE.

22. Iwasaki, F., «Brevísima relación de la construcción de las Indias en 140 caracteres» (Panamá, 2013) en *Congresos Internacionales de la Lengua Española*, https://congresosdelalengua.es/panama/mesas-redondas/iwasaki-fernando.htm [revisado el 26.07.2023].

23. Cieza de León, P., *Crónica del Perú. Primera parte*. Lima, Pontificia Universidad Católica del Perú, 1984, p. 130.

El jesuita José de Acosta también dio cuenta de la presencia de la *quínua* durante el *Inti Raymi* o Fiesta del Sol, celebrada en los meses de junio —«En este mes se hacían gran suma de estatuas de leña labrada de quínua»[24]—, aunque el Inca Garcilaso fue mucho más prolijo, pues en sus *Comentarios reales* (1609) se refirió a la *quínua* hasta en ocho ocasiones. A saber, para especificar que existía una *quínua* de oro en el jardín dorado del Coricancha[25], para precisar que los indios sembraban la *quínua* junto al maíz[26], para afirmar que la *quínua* era el alimento más importante de los collas[27], para destacar que la *quínua* era esencial en el intercambio de alimentos de diversos pisos ecológicos[28], para señalar que con *quínua* y maíz se preparaba una bebida[29] [Garcilaso, 2015: 443] y para recrearse en su descripción y en su propia nostalgia, pues el Inca encargó semillas de *quínua* mientras vivió en Montilla:

> El segundo lugar de las mieses que se crían sobre la haz de la tierra dan a la que llaman quínua —y en español mijo o «arroz pequeño»—, porque en el grano y en el color se le asemeja algo. La planta en que se cría se asemeja mucho al bledo, así en el tallo como en la hoja y en la flor, que es donde se cría la quínua. Las hojas tiernas comen los indios y los españoles en sus guisados porque son sabrosas y muy sanas. También comen el grano en sus potajes, hechos de muchas maneras. De la quínua hacen los indios brevaje para beber como del maíz, pero es en tierras donde hay falta de maíz. Los indios herbolarios usan de la harina de la quínua para algunas enfermedades. El año de 1590 me enviaron del Perú esta semilla, pero llegó muerta: que, aunque se sembró en diversos tiempos, no nació[30].

Muchos cronistas se ocuparon de la *quínua*, pero solo he querido citar a quienes publicaron sus obras en los mismos siglos XVI o XVII, documentando así el conocimiento de la *quínua* entre sus contemporáneos. Por otro lado, el conquistador Vasco de Guevara fundó el pueblo de Quínua el 3 de marzo de 1539, «y tuvo nombre Quínua, por una semilla que allí se daba de comer»[31]. Casi trescientos años más tarde, a las afueras de aquel pueblo —en la Pampa

---

24. Acosta, J. de, *Historia natural y moral de las Indias*. México, Fondo de Cultura Económica, 1979, p. 269.
25. Garcilaso, I., *Comentarios reales de los incas*, Lima, Centro Cultural Inca Garcilaso, 2015, p. 177.
26. *Op. cit.*, p. 221.
27. *Op. cit.*, p. 228.
28. *Op. cit.*, pp. 352-353.
29. *Op. cit.*, p. 443.
30. *Op. cit.*, p. 437.
31. Jiménez de la Espada, M., «Relación de la ciudad de Guamanga y sus términos», *Relaciones Geográficas de Indias - Perú*. Madrid, Biblioteca de Autores Españoles, 1965, I, pp. 181-204.

de la Quínua—, el ejército de Bolívar derrotó al último virrey del Perú en 1824, consolidando así la independencia americana.

Finalmente, la voz *quínua* ha sido la única admitida en los diccionarios académicos de la RAE, desde la edición de 1925 hasta la de 1992. Así, la primera entrada de *quínua* en el *DRAE* decía literal:

> QUÍNUA. (voz quichua). f. *Amér. Merid.* Planta anual, de hojas triangulares y racimos paniculares compuestos. Las hojas tiernas se comen como espinaca, y la semilla muy abundante y menuda como arroz, se usa en la sopa y sirve para hacer una bebida[32].

La edición de 1992 apenas varió con respecto a las entradas anteriores, aunque se ahorró el recetario:

> **quínua**. (de or. quechua). f. *N.O. Argent., Bol. y Perú.* Planta anual, de la familia de las quenopodiáceas, de hojas triangulares y racimos paniculares compuestos[33].

Sin embargo, tanto en la edición de 2014 como en el *DLE* en línea, se ha producido una mutación que se me antoja inexplicable, pues la definición de *quinua* ha quedado reducida a una línea: «f. Arg., Bol., Chile, Col., Ec., Méx. y Perú. quinoa»[34]. ¿Por qué *quinoa*? En el colmo del contradiós, ahora *quinoa* tiene su propia entrada:

> **quinoa**. Tb. quínoa. Del quechua *kinúwa* o *kínua*. **1.** f. Planta anual de la familia de las quenopodiáceas, de la que hay varias especies, que tiene flores pequeñas dispuestas en racimos, hojas rómbicas, comestibles cuando están tiernas, y semillas muy abundantes y menudas, también comestibles. ‖**2.** f. Semilla de la quinoa.

Como creo que he podido demostrar, desde 1553 Cieza de León, José de Acosta y el Inca Garcilaso de la Vega recogieron la voz *quínua* y así la trasladaron a sus crónicas, que fueron las más leídas hasta el siglo XVIII. Ellos jamás escribieron *quinoa*. Por otro lado, aquel pueblo ayacuchano se sigue llamando Quínua y en ningún libro de historia del Perú se menciona la Pampa de la *Quinoa* como escenario de una batalla memorable. Entonces, ¿de dónde sale *quinoa*? Del mismo sitio que *chompa, suéter, pulóver* y *jersey*: del inglés; pues para poder pronunciar *quínua*, los anglohablantes tienen que escribir *quinoa*. Y así, por culpa de este cacao, *quinoa* se ha colado en la norma.

---

32. NTLLE.
33. NTLLE.
34. NTLLE.

El hablante es soberano, pero como tengo la oportunidad de cavilar sobre los márgenes en contacto con el español y acerca de minorías y periferias, al menos deseo compartir mi estupor, pues la mayoría de hispanohablantes decimos *quínua* y España es una periferia en el consumo de *quínua*. Sin embargo, los márgenes del comercio, las exportaciones y la ciencia —gracias al descubrimiento de la secuencia del genoma de la *quínua* en 1917[35]— han entronizado la grafía inglesa *quinoa* y su equívoca pronunciación: en España por ignorancia y en ciertos sectores de Lima por racismo, alienación y huachafería.

Lo de Lima no tiene remedio, porque allá dicen *quinoa* para ningunear al quechua; pero en España todo se arreglaría si se descubriera que la pronunciación inglesa de *quinoa* es *quínua*, porque el hablante peninsular perspicaz podría aplicar una regla de tres directa:

Video es a *vídeo* como *quinoa* es a *quínua*.

Y si a pesar de las matemáticas el hablante peninsular siguiera diciendo *quinoa*, siempre nos quedará Gibraltar; ese margen en contacto con el español que permanece a salvo del cacao de la *quínua*, porque aquella periférica minoría que habla llanito con todo el aire de Cádiz pronuncia *quínua* con británico acento quechua, tal como se puede apreciar en el impagable programa de *Pepe's pot*, donde el genial cocinero llanito nos enseña «*How to make* quínua croquetas pa los niños».

---

35. Científicos de la King Abdullah University of Science and Technology descifraron en 2017 la secuencia completa del genoma de la quínua. Ver https://www.kaust.edu.sa/en/news/quinoa-quest-to-feed-the-world [revisado el 18.03.2023], así como el artículo correspondiente publicado por la revista científica *Nature*: https://www.nature.com/articles/nature21370 [revisado el 26.07.2023].

Ecos y encuentros. Reflexiones sobre la riqueza cultural de la lengua española

ROLANDO KATTAN
Academia Hondureña de la Lengua

Ignoro si entre los amantes de los datos inútiles, mis semejantes, hay uno que guarde en el oscuro reposo de una gaveta un compendio de ligeras frustraciones de la historia. Pero si tal manuscrito existe, debe incluir la anécdota de Luis de Torres, un judío que se convirtió al catolicismo poco antes del primer viaje a las Indias. Ahí, imborrable entre las amarillas páginas que escribió Colón, consta que había vivido con el adelantado de Murcia y había sido judío, y sabía hebraico y caldeo y aun algo de arábigo (sic) y el almirante confiaba que los conocimientos plurilingües de Torres le servirían para comunicarse con los lugareños mercaderes judaicos. Pero llegó a las islas de los taínos, en donde no valían de nada las históricas lenguas occidentales. El políglota debió deshojar, como una margarita, el español, portugués, italiano, caldeo, hebreo, griego y hasta el tártaro para reducirse, finalmente, al primigenio lenguaje de las señas y vestir el imaginario bombín de un mimo improvisado.

Alrededor de 1495, el gramático sevillano Elio Antonio de Nebrija publicó el *Dictionarium ex hispaniensi in latinum sermonem*. Ahí el humanista acuña la primera palabra oriunda del Caribe en el español: *canoa*, nave de un madero. Monoxilum (sic). Ello a raíz de las bitácoras del viaje de Colón:

> Era todo baxo cinco o seis leguas, surgió por allí. Dixeron los indios que llevava que avía de ellas a Cuba andadura de día y medio con sus almadías, que son navetas de un madero adonde no llevan vela. Estas son las canoas (*sic.*).

El simbolismo es sublime: en la primera voz americana en ingresar a nuestra lengua figura un encuentro, invoca el momento cuando los nativos se acercaron a las carabelas y es que al final nuestra lengua es precisamente un cúmulo de encuentros. De la misma forma en que ningún hombre es una isla, cada lengua es también parte de todo. El español deriva de muchas otras lenguas y culturas y, por tanto, nuestra lengua es una especie de cofre atemporal, en donde se han puesto a salvo formas de ver el mundo.

Después de leer, por ejemplo, *Presencias reales* de George Steiner, me asocié en un movimiento imaginario a favor de las salidas y las puestas de sol. Porque hablamos de ello, dice Steiner, como si el modelo de Ptolomeo del sistema solar no hubiese sido sustituido irreversiblemente por el modelo heliocéntrico de Copérnico. Nadie frente a un crepúsculo en la playa enaltece el celaje como una hermosa vuelta del planeta.

Hay una cosmovisión heredada que afecta directamente la forma en la que vemos la realidad; yo quiero seguir apreciando la salida y la puesta del sol desde el centro del universo, aunque la ciencia diga lo contrario, dejar de creer en ello me deshumanizaría, es decir, dejaría de ser polvo. Humus. Y no entendería el polvo enamorado, ni la inspiración.

Es del latín *spirare*, 'soplar', de donde asciende la palabra *inspiración*. Su relación con la creación es fantástica, evoca el soplo original y divino que nos transfiguró ese polvo en carne. La inspiración da vida a algo nuevo que, una vez escrito, parece haber existido desde siempre y lo aceptamos como razón de un imaginario o un pilar de nuestra tradición.

Yo quiero creer, contrario a las acepciones de nuestro diccionario, que la inspiración es algo que el creador ofrece, en lugar de algo que el creador recibe.

Estas primeras visiones de que somos polvo inspirado por Dios en el centro del universo pueden hacer sospechar que quien habla es un monoteísta judeocristiano. Pero nada más equivocado porque, desde el amor que le tengo a mi lengua, soy absolutamente politeísta, porque si me someto al quirófano, pienso en Quirón, el centauro sabio de buen corazón conocido por su habilidad para la medicina y así de la misma en el pánico del dios Pan o los cronómetros de Cronos, o lo eólico de Eolo, o la música de las musas, aquellas hijas de Mnemosine, la deidad de la memoria.

Todas estas tradiciones monoteístas o politeístas son parte de la tradición o el conocimiento del pueblo, es decir, y permítanme el anglicismo del *folk* ('gente'), y la *lore* ('tradición' o 'conocimiento'). Es decir, de nuestro *folklore*.

Hago míos los versos con los que Jacobo Cárcamo comienza su «Elogio a la palabra»:

> Como espada golpeando en otra espada...
> como árbol de rodillas frente a un árbol
> como estatua quebrada contra estatua...
> como río cayendo en otro río
> o como fuego que besara llamas,
> con mis propias palabras cantaré a la palabra.

Los hago míos porque quiero que celebremos la lengua española y con ellas su mestizaje.

Me gustan las palabras que, por sonoridad, se sienten como nublos en el cielo de la boca: *sonámbulo*, *aurora*, *libélula*. O las otras, aquellas que podemos imaginar con camisa sudada y blanca, manchada de sangre, como *libertad*, *soberanía* e *igualdad*: ¿Quién de niño no amó estas palabras en la escuela?

Luego están las palabras oscuras, aquellas que caminan en lo oscuro y se filtran por la cerradura, como *cadejo* o pesadilla, y a propósito de ellas: tengo un sueño recurrente: caminar en un frígido país que al preguntar a su gente cuál es su palabra preferida, todos te quedan viendo con pupila de estatua, aturdidos, como si jamás hubiesen pensado una.

La revista alemana *Kulturaustausch* convocó en una ocasión a 58 países para elegir la palabra más bella del mundo; eligieron por su sonoridad y su significado la voz turca *yakamoz*, 'el reflejo de luna sobre el agua', un endecasílabo adentro de un solo vocablo. Nosotros ya hemos perdido nuestras raíces latinas y griegas, los extensos poemas de tres sílabas. Y con ello vamos perdiendo nuestra cultura.

Puede confundirse con la melancolía o la nostalgia, pero ello sería un error. Aunque es sintomático en el corazón, la melancolía y la nostalgia son padecimientos muy diferentes. Vea este poema de Eduardo Chirinos:

> Si alguien dice que tu poema es nostálgico,
> acéptalo. No hay mejor elogio. En griego
> *nostos* significa retorno, *algia* significa dolor.
> ¿Qué es el poema sino el retorno de un dolor?
> Si dicen que tu poema es melancólico, acéptalo.
> No hay mejor elogio. En griego melan significa
> negro, *khole* significa bilis. ¿Qué es el poema
> sino el desorden más nefasto del cuerpo y del
> espíritu? Dolor y enfermedad. Si tu poema es
> nostálgico y melancólico, debes ir al médico.

Por eso es oportuno seguir los consejos del buen Nicanor Parra, ese poeta que jugó con la lengua como un niño juega con las hormigas:

> A los amantes de las bellas letras
> Hago llegar mis mejores deseos
> Voy a cambiar de nombre a algunas cosas.
> Mi posición es esta:
> El poeta no cumple su palabra
> Si no cambia los nombres de las cosas.
> ¿Con qué razón el sol
> ha de seguir llamándose sol?

Hay una impresión en las traducciones del principio. Según las versiones derivadas de la Vulgata, se ha cambiado por *Verbum* lo que debió ser *Logos:* Ἐν ἀρχῇ ἦν ὁ λόγος, καὶ ὁ λόγος ἦν πρὸς τὸν θεόν, καὶ θεός ἦν ὁ λόγος y leamos lo que nos dice Pedro Olalla en su maravilloso libro *Palabras del ego* sobre la palabra *logos*: «En la palabra *logos* esta encerrada la idea de pensar. Fuertemente fundida con la de contar [...] Lo mismo expresa, de forma primigenia, la antigua raíz *leg*. Es la raíz que habita, por ejemplo, en nuestra palabra *colegir* [...] Y es la raíz que subyace en la palabra *leer* (*legere*). Y en la palabra *inteligencia*, que es, literalmente, la capacidad de "leer lo que se esconde dentro" (*inter* + *legere*), de "elegir entre opciones"».

El *Logos* como un inicio, como un dios. Es para mí la fuerza imantada que junta, que guarda y que desenlaza. Y en los tiempos que corren, después del *big bang*, *logos* es también la fuerza de la esperanza como un destino, es decir del mestizaje.

En el Festival de Changzhou, al cual tuve el honor de ser invitado junto con un grupo de poetas hispanohablantes y sus contrapartes chinas, la propuesta giraba en torno a la defensa de la poesía como un lenguaje intrínsecamente universal. Bajo la instigación del poeta anfitrión, Yang Lian, cuya obra se sumerge en los orígenes simbólicos de su lengua, se orquestó un ejercicio singular que se erige como una de las experiencias lingüísticas más memorables de mi vida.

La dinámica consistía en emparejar a un poeta chino con un poeta hispanohablante, intermediados por un traductor del inglés, con la tarea común de traducir poemas chinos al español. Fue en este contexto que me enfrenté a la palabra *caballero*, y al intentar esclarecer si aludía a un miembro de la corte o a la caballerosidad, descubrí que, para los poetas chinos, las palabras no eran entes discretos; más bien, los ideogramas encarnaban conjuntos de ideas entrelazadas, donde emergían la honestidad, la valentía y el valor como componentes del concepto de *caballero*.

Este ejercicio revelador evidenció cómo los caracteres chinos, a través de su entrelazamiento, generan significados sutiles y multifacéticos. La envidia que experimenté no derivó de una carencia de riqueza metafórica en el español, sino de la conciencia de haber relegado la capacidad de conectar con la esencia de las palabras. En el inglés, la expresión *by heart* sugiere una conexión intrínseca con el corazón al recordar, contrapuesta a la simple acción de *recordar* en español, donde la conexión con el corazón se diluye a pesar de la etimología de la palabra (*re* + *cordis*).

Este encuentro intercultural instigó una reflexión sobre la pérdida de metáforas intrínsecas en el español y la necesidad de revitalizar nuestra conexión con la riqueza etimológica de la lengua. La poesía, como lenguaje universal, se erige como el medio para trascender barreras lingüísticas y culturales, recordándonos la importancia de redescubrir la esencia de nuestras palabras y, con ello, nuestra conexión primordial con el lenguaje universal de la humanidad.

Movido por este afán, decidí que mi hijo menor, un joven de quince años, debería aprender latín. La intención era propiciar el descubrimiento de los poemas que anidan en nuestro idioma a través de las intrincadas sendas de la etimología. No obstante, me vi enfrentado a la cruda realidad de la escasez de docentes de latín en Honduras. Fue una odisea localizar al único que está activo: Carlos Chavarría.

Hay consenso en afirmar que las lenguas no son meros instrumentos comunicativos, sino auténticas cosmovisiones. En cada expresión lingüística, las palabras se erigen como arquetipos que revelan la esencia de los pueblos: sus creencias, sus melodías, su perspectiva de la vida y su destino. La negligencia hacia lenguajes como el griego, el náhuatl y el latín, así como el menosprecio hacia las etimologías, constituyen una tragedia que se perpetúa en el silencioso desvanecimiento de la riqueza cultural intrínseca en el español. Creo que, en los diccionarios, ahora que son digitales, más allá de consignar las acepciones y el origen etimológico, deberíamos incorporar las dimensiones mitológicas, culturales y folklóricas que subyacen en cada palabra. La cosmovisión de una lengua se revela en el auténtico logos de su etimología, y el descuido de este aspecto constituye, a mi parecer, un desastre de proporciones considerables. Resulta irónico que la palabra *desastre* en español, derivada de *des* ('sin') y *astre* ('fortuna'), nos revele la ausencia de buena fortuna en este contexto y no puedo evitar notar la ironía intrínseca al buscar la palabra *benastre*, la buena estrella, en el diccionario y que hemos dejado olvidada en el tiempo de los trovadores occitanos.

Concluyo estas reflexiones con la convicción de que, si pudiéramos alterar una idea arraigada, desenterrarla como la piedra que se camufla en el sendero, podríamos desmantelar los obstáculos que encontramos en nuestro camino. En mi convicción más profunda, sostengo que provenimos de las palabras, y que las frases hechas son, de alguna manera, antecesoras en la misma línea de ascendencia que un poema de Caballero Bonald:

> Vengo de una palabra y voy a otra
> errática palabra y soy esas palabras
> que mutuamente se desunen y soy
> el tramo en que se juntan
> como los bordes negros del relámpago
> y soy también esas beligerancias de la vida
> que proponen a veces una simulación de la verdad.

En este universo lingüístico, cada palabra encierra un caleidoscopio de significados y un eco de las complejidades de la existencia humana.

Los primeros clásicos mestizos novohispanos[1]

RODRIGO MARTÍNEZ BARACS
Academia Mexicana de la Lengua

1. Inicio de la ponencia presentada el martes 28 de marzo de 2023 en el Congreso Internacional de la Lengua Española, celebrado en Cádiz, en la mesa «Lenguas y circulación de libros durante los virreinatos. Los clásicos mestizos», presidida por Ruth Fine (Argentina/Israel) y coordinada por Pedro Álvarez de Miranda (España), con la participación de Rolena Adorno (Estados Unidos), Pedro M. Guibovich (Perú), Marta Ortiz Canseco (España) y yo mismo. 16:30-17:45 h., ECCO (sala 5).

Uno de los efectos en México del encuentro de dos mundos fue el florecimiento, dos décadas después de la Conquista, a mediados del siglo XVI, de una amplia producción de textos mestizos, en los que se mezclaron los géneros, las culturas y las lenguas (español, latín, taíno, náhuatl, purépecha, quiché, mixteco, entre otras). Por su alto valor informativo y por su fuerza, belleza y significado humano, y carácter fundacional, bien pueden ser considerados clásicos, «clásicos mestizos», como si los primeros intentos de realizar algo nuevo fueran muchas veces también los más acertados o inspirados.

Por cierto, podría ser un magnífico «clásico mestizo» el supuesto primer libro impreso en México en 1539, la *Breve y más compendiosa doctrina christiana en lengua mexicana y castellana*, que Joaquín García Icazbalceta (1825-1894) incluyó a regañadientes en su *Bibliografía mexicana del siglo XVI* de 1886, rompiendo su propia regla de solamente incluir libros examinados *de visu* por él mismo o por colegas confiables. Esta temprana *Doctrina christiana* fue mencionada por Marcos Jiménez de la Espada (1831-1898) y Francisco González de Vera (1811-1896) en la compilación de *Cartas de Indias* publicada en Madrid en 1877, y por mucho que García Icazbalceta les escribió a ellos y a Manuel Remón Zarco del Valle (1833-1922) y José Sancho Rayón (1830-1900), jamás le informaron dónde se encontraba el libro ni le dieron un solo dato adicional, lo cual, además, retrasó la impresión de su *Bibliografía mexicana del siglo XVI*.

Acaso fue esta una de las «burlas bibliográficas» que se estilaban entre los bibliógrafos españoles de la época, favorecidas por la nueva tecnología fotolitográfica. Y acaso también fue una burla que el mismo Jiménez de la Espada le mandara a García Icazbalceta en 1887, publicada ya su *Bibliografía*, documentos inéditos sobre los planes de publicación en 1539 de una *Doctrina christiana en lengua de Mechuacan* del franciscano fray Jerónimo de Alcalá (ca. 1508-ca. 1545), que no ha aparecido y que, de existir, sería el primer libro impreso en México, clásico mestizo virtual.

Por el historiador J. Benedict Warren (1930-2021) sabemos que fray Jerónimo de Alcalá es autor también de un *Arte de la lengua de Mechuacan*, que tampoco se ha conservado, y de la hasta 1971 anónima *Relación de Mechuacan*, de 1541, dedicada al virrey don Antonio de Mendoza (1490-1552), y que se conserva en El Escorial, con su texto en español y sus pinturas, salvo la primera parte perdida sobre religión y fiestas, basada en los relatos de los antiguos sacerdotes, *petámutiecha*, parcialmente subsanada con otro texto por el padre Francisco Miranda Godínez. La segunda parte trata de los chichimecas *uacúsecha*, águilas, su ocupación y conquista del territorio, tal como la narraba al pueblo el sacerdote mayor, el *Petámuti*, al pueblo reunido en sus fiestas. Y la tercera parte trata de la organización política, social y económica del reino y de la conquista española, hasta la ejecución del *Cazonci*

Tangáxoan Tzintzicha en 1530, en la versión intencionada del nuevo gobernador de Mechuacan, don Pedro Cuínierangari, que era de diferente linaje que el *Cazonci*. El autor franciscano de la *Relación de Mechuacan* se presenta como mero intérprete de lo que le contaban, y aunque está escrito en español, procura rescatar palabras, giros y expresiones de la lengua michoacana. Por el carácter dramático de su narrativa, la *Relación de Mechuacan* ha sido reconocida como un clásico de la humanidad por Jean-Marie Gustave Le Clézio, premio nobel de Literatura. Desde el punto de vista historiográfico tiene el defecto de ser una fuente demasiado rica y única sobre el pasado prehispánico y la conquista de Mechuacan. Ha sido aprovechada desde múltiples puntos de vista, historiográficos e identitarios, y ha sido objeto de un cuestionamiento crítico, necesario para su debido aprovechamiento como fuente.

Aunque la primera gramática de una lengua indígena de la que tenemos noticia es el mencionado *Arte de la lengua de Mechuacan* de fray Jerónimo de Alcalá, de 1539, perdido o no impreso, la primera que se conserva manuscrita es el *Arte de la lengua mexicana* del también franciscano fray Andrés de Olmos (1485/1491-1571), de 1547. Por alguna razón no se imprimió, aunque se le hicieron varias copias, aprovechadas en su tiempo y base de las ediciones que se le hicieron desde el siglo XIX. Merece el título de clásico mestizo, junto con las relaciones históricas del propio padre Olmos, por la inteligencia, riqueza y buen oído de su aproximación primeriza a la lengua náhuatl, que capta en su especificidad, sin restringirse al esquema de la gramática latina de Antonio de Nebrija (1441-1522), como lo advirtieron sus editores Miguel León-Portilla (1926-2019) y Ascensión Hernández Triviño, quienes señalaron que el padre Olmos captó que en la lengua mexicana más que la sintaxis prevalecía la composición, una manera de referirse al carácter aglutinante de la lengua, y, agregaría, omnipredicativo (los sustantivos son frases verbales: *nimomacehual* significa 'soy tu súbdito'). Los autores de artes o gramáticas de otras lenguas indígenas, igualmente aglutinantes, reconocerán este aporte fundamental del *Arte* de Olmos.

De ese mismo año de 1547 es la primera versión conocida, impresa por Juan Pablos (ca. 1510-1561), de la *Doctrina christiana en lengua mexicana* de fray Pedro de Gante (1478/1480-1572), uno de los primeros tres franciscanos flamencos llegados en 1523 a México, que iniciaron el estudio del náhuatl para cristianizar a los indios en su idioma. Es de difícil acceso esta edición, pues hay escasísimos ejemplares y solo uno, incompleto, encontré en línea. Pero existe una edición facsimilar de la edición de 1553, más extensa, con una portada no idéntica, pero semejante, con el *Per signus crucis* en náhuatl, y con un grabado en el que un fraile les señala un libro a dos discípulos y les dice: *Ichuca dióseueri uandacua*, que significa 'Esta es la palabra de Dios', pero no en lengua mexicana sino en la michoacana (tarasca o purépecha): *ichuca*, 'este/a'; dios + *-eueri*, genitivo; *uandacua*, 'palabra'; sin necesidad, como en náhuatl, del verbo *es*. Lo cual hace pensar que tal vez se hizo este grabado michoacano en 1539 para la planeada *Doctrina christiana en lengua de Mechuacan* de fray Jerónimo de Alcalá. Después, el grabado michoacano fue utilizado en otros impresos.

La *Doctrina christiana en lengua mexicana* de fray Pedro de Gante no se ha traducido, me parece, en ninguna de sus dos versiones, pero su lectura en náhuatl permite apreciar el uso arriesgado de *téotl*, para referirse a Dios o a dios, y de *tonantzin*, 'nuestra madre', para referirse tanto a *in tonantzin sancta Iglesia*, como a *Tonantzin sancta María*. Y esto en un contexto en el que había que contestar a los nahuas que preguntaban si «la siempre virgen Sancta María es dios (o Dios)» (*Aquin tonantzin sancta maria in mochipa ychpochtli cuix teotl*), a lo que el maestro contesta: «No es Dios (dios), es creatura de Dios, sólo es una reina muy pura» (*ca niman amo teotl ma ytechca teotl çan cihuatlatocapilli cenca chipahuac*).

La *Doctrina* de Gante tiene varios grabados, dos de ellos con la Virgen María, una de ellas, con parecido a varias versiones europeas de la Virgen, con corona, media luna y rayos, semejante a la mexicana de Guadalupe que estaba pintando el mexica Marcos Cípac de Aquino, alumno de Gante, en su Colegio de San José de los Naturales en la ciudad de México.

El año siguiente, 1554, el impresor Juan Pablos imprimió el libro del toledano Francisco Cervantes de Salazar (1514-1575), *Commentaria in Ludovici Vivis Exercitationes in Linguae Latinae*, impreso por Juan Pablos, enteramente escrito en latín, que incluye siete diálogos para el estudio de la lengua por los estudiantes de la recién fundada Real Universidad de México. Tres de ellos están dedicados a describir la ciudad y son de alto valor literario e informativo. Los tradujo en 1870 Joaquín García Icazbalceta. Están dedicados a la universidad, a la ciudad y a sus alrededores, vistos desde el cerro de Chapultepec. Dos vecinos de la ciudad, Zamora y Zuazus (que personifican a los ya fallecidos obispo Zumárraga [1468-1548] y licenciado Alonso de Zuazo [1466-1539]) se la muestran a un recién llegado, Alfarus (que personifica al arzobispo fray Alonso de Montúfar [1489-1572]), que acababa de llegar, y a quien Cervantes de Salazar dedicó el libro. Entre otros pueblos y sus iglesias (Escapozalcus, Cujacanus, Tlacuba) le enseñan la de Tepeaquilla. Esta es la primera mención conocida, e impresa, de la iglesia del Tepeyac, aunque no menciona el culto allí rendido, guadalupano, mariano u otro. Los diálogos también se refieren de manera encomiástica a don Antonio Valeriano (1524?-1605), estudiante del Colegio de Tlatelolco, posible autor del *Nican mopohua* original, primer relato en náhuatl de las apariciones guadalupanas, y al franciscano fray Francisco de Bustamante (1485-1562), gran orador, quien en 1556 se opondría vivamente al culto a la Virgen de Guadalupe impulsado por el arzobispo Montúfar. Esta presencia en los *Diálogos* de Cervantes de Salazar de varios personajes y elementos vinculados a los inicios del culto guadalupano en México, junto con las menciones al Tepeyac (Tepeaquilla) en varios episodios de la toma de la ciudad en su *Crónica de la Nueva España*, lo involucran junto al arzobispo Montúfar y a los mexicas Valeriano y Cípac, en la fundación del culto guadalupano.

La iglesia del Tepeyac aparece pintada por primera vez en el amplio mapa de la ciudad de México que originalmente realizaron los pintores del Colegio de Santa Cruz de Tlatelolco para planear las obras de reconstrucción de la ciudad, destruida por las inundaciones de octubre de 1555. (Llamado *Mapa de Uppsala*, por la universidad donde se conserva, es otro clásico mestizo). Y los *Anales de Juan Baptista* y los del chalca don Domingo Francisco de San Antón Muñón Chimalpahin Cuauhtlehuanitzin (1579-1660), ambos en náhuatl, registran «la aparición de la Virgen de Guadalupe en el Tepeyac» en 1555 (*in ihcuac monextitzino yn totlaçonantzin Sancta María Guadalope in Tepeyac*), refiriéndose a la aparición de la imagen de la Virgen pintada por Marcos Cípac o a la aparición de la Virgen misma. Esta pudo suceder en un auto sacramental, escrito por Valeriano, con efectos especiales, que se pudo representar en diciembre de 1555 en presencia de los seis mil indios y sus familias de México, Tetzcoco, Tlacopan y Chalco que trabajaron en la reconstrucción de la ciudad inundada, que difundieron oralmente el relato de las apariciones y crearon el mito.

Este conjunto de indicios lleva hacia 1555 a la redacción del relato original de las apariciones guadalupanas. Como se sabe, la versión más antigua que se conserva del *Nican mopohua* es la que incluye el libro que publicó casi un siglo después, en 1649, el bachiller Luis Lasso de la Vega, escrito en lengua náhuatl, titulado por su inicio *Huei tlamahuiçoltica*, 'Muy maravillosamente'. Pero si bien hay indicios que apuntan a que Valeriano escribió la versión original del *Nican mopohua* en 1555, no es algo que pueda afirmarse con seguridad, y sigue siendo posible que su redacción haya quedado a cargo de Lasso de la Vega, con el apoyo del jesuita Horacio Carochi (ca. 1579-1662), autor del *Arte de la lengua mexicana*, de 1645, o de alguno de sus discípulos, sin olvidar que Carochi aprovechó muchos materiales en náhuatl recopilados por fray Bernardino de Sahagún (1499-1590) y sus colaboradores nahuas.

Esta racha de creatividad de mediados del siglo XVI no se circunscribió al centro de México, puesto que de ese momento es la versión original del *Popol Vuh*, 'libro del pueblo', relato de la creación, en lengua quiché, redactado en el extremo oriental de la Nueva España, en Guatemala. Entre 1701 y 1703 el fraile dominico fray Francisco Ximénez (1666-1722) descubrió en el pueblo de Chichicastenango una copia antigua del *Popol Vuh*, en lengua quiché, y la transcribió y tradujo, entre otras obras que le servirían para la elaboración del vocabulario y de la gramática de las tres lenguas principales de Guatemala (quiché, cakchiquel y zutuhil), que se conservan en la Biblioteca Newberry de Chicago. Hay una excelente edición en internet de esta primera traducción del *Popol Vuh*. Años después, el padre Ximénez realizó una segunda traducción del texto quiché y la incluyó en los primeros capítulos de su *Historia de la provincia de San Vicente de Chiapa y Guatemala*, compuesta entre 1715 y 1722, publicada entre 1929 y 1931. La primera traducción, de 1701-1703, hecha en el acto por Ximénez, recién realizada la transcripción, es la más elemental, intensa y poética, mientras que la segunda, de 1715, es más fluida, legible y cautivadora. El *Popol Vuh* ha sido objeto de muchas traducciones académicas al español, inglés, francés y otras lenguas, y las que más me hablan y entiendo —tal vez debido a mi formación como historiador— son las de Ximénez, particularmente la segunda. El padre Ximénez vivió varios años entre los quichés, los confesaba, platicaba con ellos, los conocía mejor que los antropólogos con sus inclinaciones ideológicas y académicas.

El guatemalteco Adrián Recinos (1886-1962) estudió la cuestión de la elaboración de la versión original del *Popol Vuh*, la que descubrió fray Francisco Ximénez en 1701-1703, y encontró que debió escribirse, al igual que los *Anales de Totonicapan*, en un equipo en el que participó el culto y politizado don Diego Reynoso, del pueblo de Utatlán, con el apoyo de fray Domingo de Vico y otros dominicos, entre 1554 y 1558. Los papeles de Ximénez acabaron llamando la atención de investigadores como el abad Charles Étienne Brasseur de Bourbourg (1814-1874), quien se llevó el original del *Popol Vuh* a Francia y lo comentó en su *Histoire des nations civilisées du Mexique et de l'Amérique Centrale*, de 1857-1859, y en 1861 publicó su traducción al francés del *Popol Vuh*, al que llama por primera vez con este nombre.

Ojalá se descubra el manuscrito original del *Popol Vuh* de 1554-1558 y se encuentre el texto más amplio del que forma parte, porque su narrativa mitológica se ha visto confirmada por los descubrimientos arqueológicos de pinturas y textos en cerámica y murales de la región maya, que, además, dan cuenta de una narrativa más amplia de la que forma parte el *Popol Vuh* que nos llegó. Es propio del misterio que entre más se investiga, más se agranda.

De mestizajes raciales y arquitectónicos

JOSÉ MARÍA MERINO
Real Academia Española

Es poco conocido en el mundo, incluidas España e Hispanoamérica, que, pese a la insistente leyenda negra, la española fue la primera cultura, y acaso la única, que implantó la mezcla de razas mediante disposición legal.

Ya Alonso de Ojeda, que sería gobernador de la Nueva Andalucía, contrajo matrimonio en 1499 con la indígena Guaricha, tras bautizarla con el nombre de Isabel, y tuvo con ella tres hijos; y de los amores de Hernán Cortés con su intérprete nativa —doña Marina, *la Malinche*— nació un hijo al que se le dio el nombre de Martín, que no pudo heredar a su padre por su condición familiar de ilegítimo, pero que fue educado como cualquier español de alto linaje y nombrado caballero de la Orden de Santiago...

Y hay que señalar que ya la Real Cédula de 20 junio de 1500 prohibió llevar indios a España y someterlos a esclavitud, e hizo devolver a su origen a quienes habían sufrido tal proceso, como los cuatro que trajo Colón.

Pero en la legalización del mestizaje fueron pioneros los Reyes Católicos. Ya la reina Isabel lo había propiciado, diciendo que los matrimonios entre españoles y nativas «... son legítimos y recomendables porque los indios son vasallos libres de la corona española». Pero, sobre todo, algo inédito e insólito en un mundo de *apartheids* y segregaciones raciales —piénsese en lo que han durado en la Unión Sudafricana y en los Estados Unidos—: la Real Cédula de 14 de enero de 1514, que autorizó los *matrimonios mixtos*.

Y así como los signos de la presencia española se encuentran todavía presentes en muchísimos símbolos de lugares de los Estados Unidos —por ejemplo, en las banderas de los estados de Alabama, Arizona, Arkansas, Florida, Montana y Nuevo México, o los escudos de Los Ángeles, Santa Fe, San Diego, Pensacola, Cupertino y muchos otros lugares—, y que incluso el emblema del dólar —$— proviene de las columnas con el «plus ultra» del escudo español, en lo que toca al mestizaje hispanoamericano, la prueba de su naturalidad está en las llamadas «pinturas de castas», que realizaron autores como Miguel Cabrera, Andrés de Islas, José Joaquín Magón o Cristóbal Lozano, que se conservan en museos mexicanos, peruanos y españoles, y que han dado origen a denominaciones etnográficas, procedentes de *mulato* y *mestizo*, como *albino, zamba, zambaigo, morisco, albarazado, cambujo, cuarterón, coyote, tornatrás...*, tal como fueron denominándose las sucesivas progenies, según sus orígenes.

Y así fue como comenzaron a surgir palabras insospechadas. Si *mestizo* proviene de la mezcla de lo español y de lo indio, y mulato de la mezcla española y negra, resulta que la mixtura de lo mestizo y de lo español produce el *cuarterón*, y la de lo mulato y de lo español produce lo *morisco*, y que de lo morisco y de lo español proviene lo *albino*, como de lo mestizo y de lo indio surge el *cholo*... y así muchas combinaciones y resultados.

Al aspecto plástico —el padre, la madre, cada uno de una «casta», y el vástago resultante, retratados con esmero, raramente en caricatura— una peculiar *hispanofobia* ha intentado quitarle su evidente sentido integrador, aludiendo a supuestos «encasillamientos» discriminatorios. Naturalmente que los personajes reflejados en tales pinturas presentan también los signos de su clase social —vestuario, espacio de residencia…, unos más ricos que otros— pero siempre mostrando la naturalidad de la mezcla.

La feroz hispanofobia ha llegado a disparatar diciendo que las deliciosas «pinturas de castas» manifiestan un método de control y una herencia racista… Nada de «racismo», como han afirmado esos hispanófobos desde una estúpida e infame aversión, sino todo lo contrario. ¿Qué cultura con dimensión colonial ha dejado testimonios semejantes, resultado de una legislación racial incluyente? El tema de los mestizajes raciales tendrá lugar destacado.

Los españoles conocemos poco esa faceta de nuestra historia, que está llena, como dije, de peculiares palabras que dan nombre a los sucesivos productos del mestizaje, y que ninguna otra cultura ha mostrado, porque ninguna ha asumido el cruzamiento étnico con tal desprejuiciada naturalidad. Pienso, por ejemplo, en otros países europeos que han ejercido la colonización y el imperio: ¿dónde están los ejemplos verbales o gráficos de sus herencias genéticas legalmente establecidas?

De la reflexión sobre la representación pictórica de las mezclas raciales, que a pesar de muchas críticas y miradas insidiosas son imagen clara de esa mixtura étnica defendida institucionalmente y estructurada en lo colectivo que ha sido única en el mundo, se pasa a una concreta mezcla dentro de un panorama arquitectónico también inclusivo, y que tampoco tiene parangón en el mundo: la arquitectura mudéjar.

Del mundo biológico nos instalamos en otro muy diferente, pero no debemos olvidar que la pintura y la arquitectura, dos muestras incomparables del pensamiento simbólico, son decisivas en nuestra historia artística y social.

Y ahí están las palabras, las palabras y su urdimbre, para mostrar la verdad de la historia.

Mestizaje lingüístico: aproximación a la escritura *tecnogamer*

OLYMPO MORALES BENÍTEZ
Academia Colombiana de la Lengua

Del mestizaje racial al mestizaje espiritual en la cimentación de la lengua. ■ Una mirada al pasado, el lenguaje es mestizo. ■ Los neologismos, enriquecedores de la lengua. ■ Lenguaje en modalidades virtuales. ■ *Tecnogamer*, mestizaje entre el lenguaje artificial y la lengua natural.

Inigualable oportunidad la que se me brinda para compartir con las veintitrés instituciones que forman parte de la Asociación de Academias Latinoamericanas (ASALE) las palabras con las que di inicio a mi ensayo, presentado ante los académicos cuando asumí el cargo de individuo correspondiente en la Academia Colombiana de la Lengua, primera fundada en el Nuevo Mundo (1871)[1]:

Este esfuerzo de síntesis solo pretende rendir un homenaje a la lengua que nos hermana, a ese maravilloso español que nos convocó al IX Congreso Internacional de la Lengua Española cuyo escenario fue la insondable y cálida Cádiz, donde por siglos han confluido tesis y culturas. ¿Por qué? Porque la lengua española ha sido el factor de unidad de Iberoamérica y en particular en Indoamérica (del Río Grande hasta la Patagonia), donde hemos ido afirmando una identidad, en la que la lengua ha tenido un papel trascendental derivado de ese legado de los conquistadores; que fue y sigue siendo factor de unidad entre los pueblos latinoamericanos y las posteriores migraciones. El español nos une con nuestro pasado, ese lenguaje nos permite entendernos con nuestro presente y nos invita a soñar con el futuro.

Y es precisamente porque amamos esa lengua que debemos estar atentos a los desafíos que la misma enfrenta en este cambiante mundo; en el cual, para algunos esta se está viendo amenazada por su utilización e inmersión en el universo de las nuevas plataformas tecnológicas donde hoy habita.

Algunos afirman que el 60 % de la población mundial se expresa a través de sus dispositivos móviles, tabletas y computadores. En la historia de la humanidad nunca se había visto una comunicación escrita tan masiva y permanente. Prueba de ello: en un solo día, al principio de esta década (2020) se enviaban cien mil millones (100 000 000 000) de mensajes por WhatsApp.

Desde la tribuna que se me brinda hoy intentaré hacer una defensa del español de manera «amplia, inteligente y comprensiva» [Flórez, 1958: pág. 45] como nos lo enseñó el geógrafo lingüista y especialista en dialectología Luis Flórez.

Propongo abordar en reflexiones futuras tres asuntos: el mestizaje como insumo determinante en la lengua neológica, la desafiante nueva ortografía y la evolución del lenguaje en el fértil ambiente tecnológico con la comunicación *gamer* que agrupa las comunidades contemporáneas que destinan sustancial parte de su tiempo frente a las pantallas. A raíz de ese cambio de conducta, se observa que se ha desarrollado una nueva jerga, palabra que me

1. «Las academias frente a la lengua y sus desafíos ante las nuevas plataformas tecnológicas», pronunciado en la Academia Colombiana de la Lengua, primera fundada en el Nuevo Mundo (1871), en sesión solemne el 13 de marzo de 2015.

atrevo a utilizar ya que fue incluida en nuestro Diccionario de la Real Academia Española en su XXIII edición, definiéndola como «lenguaje especial utilizado originalmente con propósitos crípticos por determinados grupos, que a veces se extiende al uso general» [RAE, 2014: def 2].

Me identifico plenamente con lo expresado por don Luis Flórez en la obra de 1958 cuando afirma que «el lenguaje por sí mismo no es correcto ni incorrecto. Lo es solamente el uso, el empleo o manejo que de él hacen las personas» [pág. 25]. Tal vez eso se explique porque parte fundamental de mis reflexiones sobre la lengua me han aproximado a la palabra mestiza, a la nueva ortografía y a los surgentes neologismos tecnológicos que a lo largo de este artículo se utilizarán como sinónimo de los neologismos *gamer*. Estos últimos son resultado de la necesidad de desarrollar vocablos nuevos para la comunicación escrita y así intentar encontrar la forma de expresar un sinnúmero de hechos, emociones y deseos que inicialmente acontecen en el universo digital y se irrigan al cotidiano vivencial.

El lenguaje, por definición, es dinámico, por lo que experimenta constantes cambios con el fin de continuar en su labor de comunicar. Esto sucede al tener distintas generaciones, entornos, conceptos y comunidades, abriendo ventanas a la creación de nuevas palabras y formas de expresarlas por escrito.

El desafío, que ya ha sido asumido por organizaciones como la red NEOROC, que desde el 2004 viene trabajando «con el fin de recoger y contrastar la neología de las distintas variedades del español peninsular» [Universidad Pompeu Fabra (UPF), s. f.: definición], nos demuestra que, para lograr identificar, definir y vulgarizar los neologismos tecnológicos en otras latitudes, se precisará de metodologías disruptivas e innovadoras, de las cuales la mencionada red ha sido pionera.

Estos nuevos dialectos no son negativos para la lengua española. Son un maridaje de la proveniente lengua actual con las nuevas tecnologías, generaciones y culturas, logrando cumplir su función de comunicar de manera efectiva a otros *gamers* y a la comunidad en general logrando construir la historia del lenguaje.

DEL MESTIZAJE RACIAL AL MESTIZAJE ESPIRITUAL EN LA CIMENTACIÓN DE LA LENGUA

El concepto de mestizaje por mucho tiempo se ha relacionado con el cruce entre una y otra raza. Nos apoyaremos en la visión del pensador humanista Otto Morales Benítez que considera el mestizaje como una característica de nuestra región. El mestizaje comienza a operar cuando un hombre al nacer en estas tierras siente y toma conciencia del suelo que pisa y que tiene unos derechos y unos deberes por su pertenencia.

«El hecho de que un hombre nazca en una tierra y que él deba manejarla política, cultural (y) religiosamente (para) usufructuarla en lo económico, ya crea una visión mestiza del mundo...» [Escobar, 2006: pág. 167]. De acuerdo a esto se puede decir que el mestizaje es una forma de integración que indudablemente se irriga a la lengua española, sin que esto implique que esta pierda su elegancia y belleza.

En relación con la formación de la lengua, tiene cabida hablar del denominado *mestizaje espiritual*, pues este ha estado presente en la construcción del lenguaje español; que, según algunos estimativos utilizamos para comunicarnos cerca de seiscientos millones de personas [Casa Real, 2021].

La cimentación de la lengua está estrechamente vinculada al *mestizaje espiritual*, que trasciende las barreras raciales y permite la conformación de una identidad única. El término «mestiza» aplicado a la lengua, se convierte en una herramienta que facilita la interacción y la afirmación de identidad. Los neologismos y el mestizaje racial y espiritual se relacionan, ya que son el resultado del intercambio entre la nueva cultura digital y la cultura juvenil. En esencia, el proceso de aparición, adaptación y asimilación de los neologismos es similar a un proceso de mestizaje.

Presentado este concepto de neologismo que tienen amplia relación con el mestizaje, pasaremos a estudiar el siguiente tema del trabajo, la historia de la construcción del lenguaje.

UNA MIRADA AL PASADO, EL LENGUAJE ES MESTIZO

Persistentemente, la humanidad ha buscado formas de comunicarse y lo ha podido lograr a través del lenguaje; el cual, como se ha observado a través de la historia, inicialmente ha sido de carácter selectivo. Es importante que se tenga en cuenta el concepto de ideograma, nombre que la comunidad académica ha dado a los símbolos que pretenden transmitir conceptos sin que necesariamente se representen los sonidos con los cuales se verbaliza dicha representación [Ruiz *et al.*, 1985].

Egipto hizo un aporte colosal a la escritura contribuyendo en la evolución hacia el fonograma intentando que sus dibujos representasen objetos que podían ser identificados con el sonido que producían [Calvet, 2001: pág. 73].

La escritura egipcia inicialmente utilizaba jeroglíficos exclusivamente para glorificar al faraón, pero con el tiempo evolucionó hacia una forma más simplificada llamada *escritura demótica*, que fue adoptada por el pueblo debido a su facilidad de uso.

Por otro lado, el pueblo semita que habitaba en la región cercana del Sinaí, Jordania e Israel, por su contacto constante con los egipcios, adoptaron algunas de las transcripciones de ese lenguaje, lo que influyó en la formación de representaciones de letras, como la letra A que inicialmente era una cabeza de buey.

Los fenicios, famosos comerciantes de la antigüedad, desarrollaron una noción de alfabeto para llevar un registro de sus relaciones comerciales. Adoptaron signos egipcios y semitas, y crearon un alfabeto compuesto por veintidós signos, siendo la cabeza de buey uno de los primeros en sus listados, posiblemente debido a la importancia del buey como bien de subsistencia para los pueblos semitas y fenicios. Así, el alfabeto fenicio se convirtió en el primero basado principalmente en sonidos, en lugar de ideogramas, y así posteriormente llegaría a la antigua Grecia.

Hacia el siglo VII a. C., el pueblo etrusco, en la actual Italia, debió adoptar las letras de los griegos, muy probablemente traídas por los habitantes helenos de Cummas a la bahía napolitana. Este alfabeto etrusco se mezclaría con el dialecto latino, trayendo a nosotros los actuales signos que usamos como por ejemplo nuestra actual letra *A*, de modo que la lengua latina es producto del proceso de mestizaje y la sonora vocal se representó gráficamente.

LOS NEOLOGISMOS, ENRIQUECEDORES DE LA LENGUA

El lenguaje evoluciona constantemente debido a las variaciones que la sociedad manifiesta a través de las redes sociales y de los chats utilizados por videojugadores. Los neologismos son innovaciones en el lenguaje, palabras o vocablos que emergen para designar novedosas realidades y nuevos conceptos. La aparición constante de nuevos términos hace que sea importante para los lingüistas y los profesionales del lenguaje seguir de cerca el proceso de neología haciendo que se determinen «tres criterios de delimitación para los neologismos: temporal, psicolingüístico y lexicográfico» [Lavale, 2016: pág. 167], haciendo que se puedan caracterizar socioculturalmente las nuevas palabras cuando el sentimiento de novedad en ese término es colectivo y compartido por la mayoría de los hablantes.

Los neologismos pueden ser definidos de varias formas así [Vega & Llopart, 2017]:

- Unidades léxicas de creación reciente en su significante y significado. Por ejemplo: *tuitero* (persona dedicada a usar Twitter).
- Unidades léxicas de creación reciente solo en su significante, por ejemplo: *infoxicación* (saturación informativa).
- Unidades léxicas tomadas recientemente de otra lengua, por ejemplo, *spam*.
- Significados o acepciones nuevas para un significante ya existente. Por ejemplo: *ir a un zapateo* es 'ir a una fiesta tecno'.

Platón, en *Fedro*, pone en boca de Sócrates el viejo mito de las invenciones: la geometría, la aritmética, la astronomía y la escritura presentadas al rey Tamus por Teut (Tot). Este último dijo al rey que la escritura haría más sabios a los hombres. El rey sin embargo no lo pensó así. Pensó que su pueblo perdería la capacidad de memorizar y el hábito de reflexionar, por lo que no tendrían un mayor grado de cultura. Es decir que tendrían información, pero no instrucción. ¿Qué habría manifestado el soberano de haberle sido presentado dentro de internet un programa de Generative Pre-training Transformer como motor de búsqueda irrigable a todos los ambientes de comunicación escrita? Probablemente estaría en el mismo dilema que afrontamos nosotros hoy, ya que internet hace que tengamos todos acceso a la información; pero no nos garantiza la reflexión y mucho menos la comunicación.

El uso del lenguaje ha evolucionado a las atmósferas digitales, pues ahora cualquier aplicación que permita comunicación entre usuarios puede descargarse y generar un intercambio de información y contenidos; por ende, los usos de las nuevas plataformas han generado una evolución en las modalidades de uso del idioma. Los jóvenes «utilizan estos nuevos métodos de comunicación encriptada con el fin de establecer una distinción social, procurando una identidad y a la vez constituyendo un grupo» [Arévalo, como se citó en Prego, 2022]. A través de esa nueva modalidad de expresión empieza a aparecer un lenguaje que busca funcionalidad, precisión y celeridad en la comunicación.

Sostengo en contravía a influyentes y respetables autores que el neologismo *tecnogamer* no se produce por diferencias generacionales o creación de códigos encriptados excluyentes; de modo contrario, busca abrir ventanas de comunicación a todos los individuos que comparten un medio de comunicación digital, de manera que el nuevo lenguaje *gamer* no es excluyente pero sí selectivo.

Debemos tomar en cuenta que estos nuevos desarrollos de la lengua han implicado la irrupción de una nueva ortografía, manifestada en la aparición de abreviaciones y redefiniciones de las palabras. Por ejemplo: *también* es remplazada por *tmb*. *Fin de semana*, por la abreviatura *finde* y/o *fds*. Las abreviaciones están soportadas en el argumento de la escasa probabilidad de encontrar un sinónimo con ese patrón de caracteres.

Esta nueva forma de escribir en conjunto con los emoticones prueba nuestra hipótesis de que hay un nuevo lenguaje en la red que no podemos desconocer como lo prueban las estadísticas recogidas por diferentes portales, universidades, revistas especializadas, etc.

Nos enfocamos esencialmente en un fenómeno que ha llevado a una gran aparición de neologismos: el auge de los *gamers* o jugadores de videojuegos. En esta era en que las comunicaciones se han expandido gracias a las tecnologías de la información, las personas que juegan videojuegos tanto ocasional como profesionalmente logran comunicarse sin importar las barreras idiomáticas. Ya no se encuentran restringidos por la presencialidad ni capacidad de las consolas, sino que pueden de forma virtual establecer comunicación e interactuar y competir de forma casi ilimitada.

TECNOGAMER, MESTIZAJE ENTRE EL LENGUAJE ARTIFICIAL Y LA LENGUA NATURAL

La búsqueda de la lengua ideal ha sido siempre una tarea loable que requiere un gran esfuerzo. La creación del lenguaje artificial tiene como objetivo resolver el problema de la falta de entendimiento causada por la diversidad de idiomas, facilitando la comunicación internacional y fomentando la comprensión y la cooperación entre personas de diferentes culturas y naciones.

A lo largo de la historia se evidenciaron diferentes creaciones de lenguajes artificiales, campo de estudio que surgió y se expandió a partir del siglo XVII. Dichas formas de expresión semióticas varían dependiendo de los intereses individuales de cada autor y del contexto histórico en el que fueron creadas. Entre las lenguas artificiales más conocidas se encuentran el esperanto, el ido, el interlingua y el volapuk, lenguas que debían cumplir una serie de características para ser consideradas como tales.

Los diferentes tipos de lenguas artificiales son:

- Lenguajes auxiliares: «Una lengua auxiliar es como se denomina a aquellos idiomas, ya sean artificiales o no, que se utilizan o pretenden utilizar para la comunicación entre individuos con lenguas maternas diferentes» [Carvajal, 2021]. El esperanto, por ejemplo, es un lenguaje creado con el propósito de facilitar la comunicación entre personas de diferentes idiomas nativos, actuando como una lengua franca.
- Lenguaje de programación: Es considerado una modalidad de lenguaje artificial debido a su diseño peculiar en la conformación del lenguaje para ser llevado a la computadora.

El objetivo fundamental de la creación de lenguajes artificiales es promover la igualdad lingüística para que todos los hablantes tengan la oportunidad de participar y comunicarse a un nivel justo y sin barreras.

Los avances significativos en sistemas de lenguaje artificial y procesamiento del lenguaje natural se relacionan con el lenguaje *tecnogamer*, puesto que se desarrolla naturalmente y cumple las características de la lengua artificial, especialmente con el advenimiento de la era computacional con el aumento de la capacidad en las inteligencias artificiales.

Tanto en el lenguaje científico como en el de los *gamers*, se utiliza y desarrolla un lenguaje donde encuentran su comunidad y hacen uso de tales formas de comunicación, lo que tiene impacto no solamente en la vida coloquial de estos grupos, sino que permea la vida cotidiana de todo su entorno.

Queramos o no, el lenguaje *tecnogamer* nos acompaña en el día a día, pues de manera imperceptible va generando un mestizaje con el lenguaje natural de un grupo humano dado.

BIBLIOGRAFÍA

Calvet, L. (2001). *Historia de la escritura. De Mesopotamia hasta nuestros días.* Ediciones Paidós.

Carvajal, Guillermo (2021). «4 lenguas auxiliares internacionales que puedes leer y entender sin haberlas estudiado», Magazine *La Brújula Verde.*

Casa Real (2021, diciembre). «Palabras de S. M. en el rey el acto conmemorativo del 70.º aniversario de ASALE». https://www.casareal.es/ES/Actividades/Paginas/actividades_discursos_detalle.aspx?data=6381

Escobar, A. (2006). *Interrogantes sobre la identidad cultural colombiana.* (Vol. IV). Editora Guadalupe.

Flórez, L. (1958). *Temas de castellano. Notas de Divulgación.* (Vol. V). Sello editorial Instituto Caro y Cuervo.

Lavale, R. (2016, 1 de junio). «Hacia una revisión del concepto de neologismo aplicado a los verbos denomínales aparecidos en la prensa española», *Revista Española de Lingüística Aplicada,* 29(1), 165-190.

Prego, C. (2022, 28 de julio). «Las jergas juveniles ya no son cosa de cada barrio o ciudad: cómo Internet está haciendo que chavales de Cuenca a Buenos Aires hablen igual». Obtenido de Xataka: https://www.xataka.com/xataka/jergas-juveniles-no-cosa-tu-pueblo-internet-esta-cambiando-lenguaje-esta-carita-mejor-ejemplo-lol-1

Real Academia Española: *Diccionario de la lengua española*, 23.ª ed., [versión 23.6 en línea]. https://dle.rae.es/jerga?m=form [28 de febrero 2023].

Ruiz, J., Baño, M., & Secada, F. (1985). *Evolución histórica de la escritura* (4.ª ed.) Historia de la Educación. Págs. 193-215.

Universidad Pompeu Fabra (s. f.). *Antenas Neológicas.* Obtenido de Objetivos: https://www.upf.edu/web/antenas

Universidad Pompeu Fabra. (s. f.). *NEOROC.* Obtenido de NEOROC: https://www.upf.edu/web/neoroc

Vega, E., & Llopart , E. (2017). «Delimitación de los conceptos de novedad y neologicidad». *Rilce. Revista de Filología Hispánica,* 33(3), 1416-1451.

La vida social del anglicismo

FRANCISCO MORENO FERNÁNDEZ
Academia Norteamericana de la Lengua Española

La universalidad del español tiene por consecuencia una diversidad de vías para el contacto con el inglés y, por lo tanto, para la transferencia de anglicismos, que aquí interpretamos desde un enfoque social. El extranjerismo es un campo de estudio amplio y complejo que ofrece al menos una dimensión lingüística, una dimensión referencial, una dimensión perceptiva y una dimensión social. Este planteamiento valdría para demostrar que el anglicismo no puede tratarse simplemente como algo tolerable o intolerable, necesario o innecesario, correcto o incorrecto. Está comprobada la relevancia de los entornos sociolingüísticos sobre el uso y la difusión de los préstamos, íntimamente ligados a la realidad y a los perfiles de los hablantes. La realidad extralingüística y los modos de vida condicionan la mayoría de los factores verdaderamente discriminatorios en cuanto al uso del anglicismo.

* * *

La concepción popular más extendida por el panorama idiomático internacional considera, de forma irreflexiva, simplista y consecuentemente errónea, que cada nación ha de disponer de forma natural de una sola lengua y que lo esperado y deseable en todo tipo de comunidades humanas, desde las etnias a los países, es el monolingüismo. Los datos de la demografía lingüística, no obstante, demuestran de forma rotunda que no es así y que lo realmente esperable es el multilingüismo casi en cada rincón del mundo. La ficción del ideal monolingüe se ha ido construyendo a lo largo de la Edad Moderna, sin que la llegada del siglo XXI parezca haber frenado o al menos debilitado su consolidación. Ángel López García lo explicó muy claramente hace pocos meses: «La ficción monolingüe fue alimentada por los imperios coloniales europeos que contribuyeron a esparcir los idiomas europeos por amplias zonas del mundo: el español y el portugués por América, el francés por África, el ruso por Asia y el inglés un poco por todas partes» (López García, 2022).

La lengua española ha sido protagonista en procesos de colonización y descolonización, pero esto no ha servido para que sus comunidades de hablantes se desprendan de una ideología del monolingüismo. A pesar de todo, las consecuencias de la expansión de cualquier lengua, por la vía colonial, por la vía de la invasión o por la vía del intercambio cultural o comercial, siempre están relacionadas con el multilingüismo. Una de esas consecuencias es el bilingüismo en los nuevos dominios de la lengua expandida; otra consecuencia puede ser el desplazamiento de las lenguas de las comunidades menos poderosas; finalmente, otra posible consecuencia es el contacto entre lenguas, con todos sus efectos lingüísticos, entre los que ahora nos interesa el préstamo. Efectivamente, una de las consecuencias más notables de la expansión del español en África, Asia, América y Europa ha sido la incorporación de préstamos procedentes de las lenguas con las que ha establecido contactos: el francés, el neerlandés, el italiano, el árabe, el beréber, el náhuatl, el quechua, el guaraní, el tagalo... Y, por supuesto, el inglés. Los préstamos de todas esas lenguas siguen hoy vivos en el español, bien de forma general, bien localizados regionalmente, pero ahora me interesan de forma específica los del inglés; esto es, los anglicismos (García Morales, 2009).

El anglicismo, como el extranjerismo en general, es un campo de estudio amplio y complejo que ofrece múltiples dimensiones, entre las que hay tres que resultan especialmente interesantes:

1) Una dimensión propiamente *lingüística*, que afecta a la semántica, la fonética y la gramática del préstamo.
2) Una dimensión *referencial*, relativa a los ámbitos de la realidad en los que el anglicismo se hace más presente y frecuente.
3) Una dimensión *perceptiva*, relativa a los factores que favorecen o desfavorecen el anglicismo y que en último término determinan su aceptación o rechazo por parte de los hablantes.

Pero detrás de todas ellas —o, mejor dicho, conectándolas— se reconoce e identifica una dimensión social o sociolingüística; una dimensión que acepta con naturalidad las contribuciones de la dialectología, la etnografía, la sociología, la psicología social y hasta de la comunicación social en el análisis del anglicismo.

Para entender en qué consiste un enfoque social aplicado al préstamo, podríamos remontarnos a Juan de Valdés (1535), que se refirió a la toma de palabras favorecidas por la comunicación y el contacto entre naciones y provincias, pero será suficiente con remontarse a Hugo Schuchardt y recordar que fue iniciador principal de la escuela llamada precisamente «Palabras y cosas», que tuvo como órgano de difusión la revista *Wörter und Sachen*, publicada en Heidelberg entre 1909 y 1944 (Perna, 2007). El mismo Leonard Bloomfield (1933), del que no puede decirse que fuera precisamente sociolingüista, distinguió entre préstamos culturales, íntimos y dialectales. Los préstamos culturales se ligaban a los procesos de difusión cultural; los íntimos, al contacto de lenguas y culturas dentro de un territorio delimitado; los dialectales, al contacto entre modalidades diferentes. Y muy cercanas a esa visión «cultural» del préstamo se hallan las aportaciones hechas desde la etnografía de la comunicación, la dialectología y más recientemente de la lingüística cultural (Palmer, 1996; Bernárdez, 2008). En definitiva, los fenómenos de difusión cultural siempre han estado estrechamente vinculados a los préstamos léxicos (Castillo, 2002).

Dentro de una sociolingüística más propiamente dicha, el préstamo también ha sido objeto de reflexiones teóricas. Uriel Weinreich (1953), maestro de

William Labov, introdujo unas diferencias terminológicas y conceptuales que resultan esenciales para la comprensión del fenómeno desde una perspectiva psicológica y sociocultural: la distinción entre *transferir, alternar* y *copiar* (Otheguy, García y Fernández, 2009). La sociolingüística ha contribuido definitivamente a la fundamental distinción entre *interferencia* y *transferencia*, así como entre estas y la *alternancia* o la *mezcla de lenguas*.

Junto a estas explicaciones sociales del anglicismo, existen otras que podríamos calificar de tradicionales, constantes y condescendientes, que han tenido y tienen una gran proyección pública; a menudo, mayor que las aportaciones de los sociolingüistas propiamente dichos. Se trata de las actitudes y opiniones ostentosamente desplegadas por expertos, profesores, académicos y polígrafos de toda procedencia. Javier Medina (1996) identificó tres posturas entre los expertos del siglo XX: una postura *purista*, que suele distinguir entre anglicismos «necesarios» e «innecesarios»; una postura *moderada*, que acepta el anglicismo con cautela; y una postura *permisiva*, apreciable normalmente cuando el anglicismo se localiza en situaciones de lenguas en contacto.

La postura de los moderados podría quedar representada por la opinión de Manuel Seco (2000), quien trata el préstamo, no como «invasor», sino como «invitado» de otra lengua, ya que los préstamos realmente no entran solos por la puerta de la casa, sino que requieren que alguien los deje entrar desde dentro. En cuanto a la postura purista, esta suele adornar sus aportaciones con expresiones o valoraciones grandilocuentes y despectivas. Así, Carlos Joaquín Córdova Malo (1976) no tuvo recato en hablar de «disparates», «barbarismos imperdonables» o «tonterías inocentes», a propósito de los préstamos recibidos desde otras lenguas, con aserciones apodícticas como esta:

> Estos procedimientos no enriquecen el léxico del español. Estamos frente al uso estragado y a la práctica del uso imperfecto que fácilmente conducen al barbarismo.

En cuanto a la necesidad o no necesidad del anglicismo, la primera se reconoce cuando el préstamo se ha adaptado a su nueva realidad y ha venido a llenar una laguna lingüística preexistente (López Guix y Minett Wilkinson, 1997: 237), mientras que en el segundo caso no es así. El asunto, sin embargo, no está exento de polémica porque las adaptaciones de los préstamos no son procesos discretos, sino continuos y porque, cuando se habla de lagunas lingüísticas, suele aludirse a lagunas semánticas, sin pensar en posibles lagunas pragmáticas, estilísticas o sociales. Además, podría discutirse quién determina de forma absoluta tal necesidad: si los próceres académicos o el propio uso comunitario.

Estos planteamientos nos sirven para mostrar que el anglicismo no puede tratarse simplemente como algo tolerable o intolerable, como algo necesario o no necesario, ya que incluso esta argumentación estaría condicionada por factores sociales. Si establecemos un paralelismo entre el contacto de lenguas y las condiciones biológicas del contacto entre seres vivos, podríamos ver que en la biología se distingue entre parasitismo, mutualismo y simbiosis. El parasitismo implica que el ser anfitrión se ve perjudicado por el huésped, mientras que el huésped solo puede mantenerse vivo a costa del anfitrión. El mutualismo supone una interacción entre dos seres vivos con beneficio y mejora funcional para ambos. La simbiosis supone una interacción entre dos seres vivos tan estrecha y duradera que puede llevar a una coevolución. En el caso de los anglicismos del español, una buena parte del mundo académico y periodístico valora los anglicismos como parásitos, cuando en realidad establecen entre las lenguas una relación de comunalismo incluso de simbiosis evolutiva, cuando la integración o adaptación es máxima.

La propuesta que aquí se ofrece insiste en el lado social del anglicismo, a la hora de analizarlo e interpretarlo. Y es que está comprobada la relevancia de los entornos sociolingüísticos sobre el uso y la difusión de los anglicismos, íntimamente ligados a la realidad. De hecho, uno de los conceptos más reiterados en el análisis de las causas y las frecuencias de los anglicismos es el de «realidad». Y es que la realidad extralingüística condiciona la mayoría de los aspectos esenciales y realmente discriminatorios en cuanto al uso del anglicismo. Entre los objetos de la realidad, los hay cambiantes o estables y los hay no cambiantes, por eso es lógico que esferas semánticas, como la de los juegos y diversiones o la de los medios de transporte, sean las más afectadas por una realidad cambiante y variable, frente a las partes del cuerpo, por ejemplo, referidas a una realidad más estable. Asimismo, existen realidades en parte cambiantes y en parte estables, como la ropa o las comidas y bebidas, por lo que no es de extrañar que la frecuencia y la disponibilidad de los anglicismos sea variable, según el perfil de los hablantes y sus comunidades.

Junto a la naturaleza misma de las realidades que rodean a los hablantes, hay otros factores que influyen sobre el uso y la difusión del anglicismo en particular: el sistema educativo, las generaciones de inmigrantes, la región de origen de los hablantes... Estos factores en su conjunto también explican la mayor o menor familiaridad con marcas novedosas, a menudo denominadas en inglés, ya que la realidad condiciona la entrada y la difusión de anglicismos, especialmente en la distribución y comercialización de productos relacionados con cada tipo de actividad: *beberse un bourbon, implantar un stent, hablar por Zoom, practicar windsurf* son usos condicionados por una realidad y que, en la práctica social, no aceptan alternativas. Asimismo, los perfiles sociales condicionan decididamente la familiarización con objetos y productos de origen o fabricación extranjera con los que se tiene un contacto cotidiano.

Las voces reunidas en los estudios de disponibilidad léxica, como los de Orlando Alba (2014), reflejan los aspectos con mayor impacto en la vida diaria de los hablantes y permiten, no solo conocer la dinámica sociolingüística de cada comunidad y de cada perfil de hablantes, sino también su evolución sociohistórica. En la República Dominicana, la disponibilidad que en 1995 ofrecían vocablos como *leche*, *queso* o *naranja*, fue desplazada en 2008 por vocablos como *refrescos*, *pizza* o *hamburguer*. En 2008 ya no aparecían como disponibles voces como *coconete*, *jagua*, *jalea* o *mortadela*, pero sí aparecen *enchilada* o *quesadilla*.

De esta forma, se muestra que los préstamos de uso en la vida cotidiana no son productos, sino procesos en evolución y correspondencia con la realidad. Otra cosa son los anglicismos en lenguajes específicos (informática, economía, publicidad...), donde los cambios no se producen desde abajo, sino desde arriba, siguiendo una distinción establecida también por la sociolingüística.

Para terminar, creo necesario hacer un comentario sobre el anglicismo en el español de los Estados Unidos. Al profundizar en la lengua de los hablantes de herencia de ese país, puede verse que el anglicismo es un fenómeno ineludible, que, desde la perspectiva del parasitismo, estaría menoscabando la naturaleza misma del español. De hecho, no son pocos los que se echan las manos a la cabeza al escuchar expresiones como *sal y pepper*, *azul bay*, *short falda*, *carne de mix*, *forka*, *troca*, *traylero*, *mojar plantas*, *verde dark* o *daysis planta* (todas ellas recogidas por mí en un estudio sobre el léxico disponible en hablantes de herencia de Chicago), pero es un error que el español de los hispanos en general es así. Siendo reales estos usos, los estudios realizados sobre el anglicismo en hablantes de herencia demuestran que el léxico español tiene una fuerza estable y permanente en entornos fuertemente angloha-blantes, hasta el punto de que, en una gran mayoría de casos, los informantes no recurren al inglés para nombrar la realidad circundante, sino a voces patrimoniales del español. Cuando no es así, es la naturaleza del entorno, la situación o la especificidad de los temas tratados lo que deja más espacio al anglicismo.

En conclusión, el estudio sociolingüístico de los anglicismos revela que las diferencias en su uso y frecuencia están supeditadas a los perfiles sociales y a los entornos comunicativos de los hablantes. Esos perfiles y entornos pueden ser de hablantes de comunidades hispanohablantes, de hablantes de comunidades próximas a dominios anglohablantes o de hablantes de herencia en entornos anglohablantes. Más allá de estos perfiles, la adaptación de los préstamos, gráfica o morfológica, las expresiones híbridas o los dobletes, responden más a motivaciones extralingüísticas que lingüísticas, por muy lingüísticos que sean los rasgos que las reflejan. En definitiva, un adecuado estudio del anglicismo requiere conferir una especial atención a la naturaleza social del anglicismo. De otro modo, nuestra manera de entenderlo será inicua e incompleta.

REFERENCIAS BIBLIOGRÁFICAS

Alba, O., *Observación del cambio lingüístico en tiempo real. El nuevo léxico disponible de los dominicanos*, Santo Domingo, Banco de Reservas de la República Dominicana, 2012.

Bernárdez, E., *El lenguaje como cultura*, Madrid, Alianza, 2008.

Bloomfield, L., *Language*, New York, Holt, Rinehart & Winston, 1933.

Castillo Fadic, N., «El préstamo léxico y su adaptación: un problema lingüístico y cultural», *Onomázein*, 7 (2002), pp. 469-496.

Córdova Malo, C. J., *Un millar de anglicismos* (1976), Cuenca, Universidad de Azuay, 1991.

García Morales, G., «Medio siglo de interés por el anglicismo léxico hispánico», en María Josefa Reyes Díaz (coord.), *Léxico y cultura*, Badajoz, Abecedario, 2009, pp. 17-65.

López García, Á., *Conmutación de lenguas en la península ibérica*, Valencia, Universitat de València, 2022.

López Guix, J. M. y J. Minett Wilkinson, *Manual de traducción inglés-español: teoría y práctica*. Barcelona, Gedisa, 1997.

Medina, J., *El anglicismo en el español actual*, Madrid, ArcoLibros, 1996.

Moreno Fernández, F., «Anglicismos en el léxico disponible de los adolescentes hispanos de Chicago», en Kim Potowski and Richard Cameron (eds.), *Spanish in Contact: Policy, Social and Linguistic Inquiries*, Amsterdam, John Benjamins, 2007, pp. 41–58.

Otheguy, R., O. García y M. Fernández, «Transferring, switching, and modeling in West New York Spanish: an intergenerational study», *International Journal of Sociology of Language* (1989), 79, pp. 41-52.

Palmer, G., *Toward a Theory* of Cultural Linguistics, Austin, University of Texas Press, 1996.

Schuchardt, H., «Sachen und Wörter», *Anthropos* (1912), 7- 4, pp. 827-839.

Seco, M., «La importación léxica y la unidad del idioma: anglicismos en Chile y en España», *Boletín de Filología. Universidad de Chile*, XXXVIII (2000-2001), pp. 253-280.

Valdés, J. de, *Diálogo de la lengua* (1535). Ed. de Lola Pons. Madrid: Real Academia Española, 2022.

Weinreich, U., *Languages in Contact*, New York, Linguistic Circle of New York, 1953.

Tradiciones literarias, folclóricas y musicales en México; variedad de mestizajes culturales y lingüísticos

ENRIQUE FERNANDO NAVA LÓPEZ
Academia Mexicana de la Lengua

PARA PROBLEMATIZAR

En un lugar como México, el tema —o temas— de las lenguas y las culturas mestizas conviene abordarlo teniendo a la vista determinados aspectos de orden sociocultural. Así, en primer lugar, la premisa en torno a la cual aquí me conduzco es aquella que establece que hoy en día, en el mundo entero, no existen culturas puras, sino que todas son culturas de carácter mestizo. El contacto cultural ha ocurrido en todas direcciones; lejos de disminuir, las dinámicas en este orden se intensifican, así que cualquier conglomerado humano, además de ostentar elementos presumible o demostrablemente originarios, resuelve sus necesidades mediante recursos culturales propios y/o ajenos.

En nuestro país, se llega a hablar de las culturas indígenas —maya, otomí, totonaca, etc.—, en contraste con la cultura mestiza. Y, entre líneas, se transmite la idea de que las primeras, si bien no conservan el 100 % de su originalidad, sí se mantienen lo suficientemente *puras* como para oponerlas en bloque ante la cultura no indígena, la única que es adecuado calificar como *mestiza* porque es la única de la que se piensa que ha atravesado (padecido) ese proceso. Con la finalidad de alejarme de ese espejismo bajo el cual se diferencia acríticamente un conjunto de *culturas puras* de una *cultura mestiza* (impura), en este documento empleo la noción de *población*; y considero entonces que es coherente hablar de la cultura o de los componentes culturales, respectivamente, de la *población maya*, por ejemplo, así como de la *población hispanohablante*. Está por demás subrayar que todas y cada una de las culturas de esos conglomerados humanos son mestizas, aunque, claro está, derivadas de su respectiva matriz histórico-cultural, como son la mesoamericana, la mediterránea, la ibérica, etcétera.

Hechas tales acotaciones, se ofrece aquí primero una alusión a la diversidad de las lenguas indígenas, entre las que vive la lengua española en México en la actualidad; tal panorama corresponde a una de las urdimbres nucleares sobre la que se van entretejiendo día tras día los respectivos mestizajes culturales. Luego, se consignan referencias generales de tradiciones (término que considero más adecuado que *costumbres*), pertenecientes a estos tres ámbitos: el literario, el folclórico y el musical. Por último, vienen pocas palabras, no para cerrar los temas, en absoluto, sino para continuar hablando del o los mestizajes, imaginando en particular una postura ideológica que llegue a hacer realizables, el día de mañana, paisajes lingüísticos firmemente exuberantes.

ESCENARIO MULTILINGÜÍSTICO

La diversidad de lenguas indígenas la conforman 11 familias lingüísticas, 68 agrupaciones lingüísticas (lenguas) y 364 variantes. Con el propósito de tener un parámetro de comparación que permita visualizar y justipreciar el grado de diversidad lingüística mexicana, véase el siguiente cuadro comparativo con Europa, donde se observa que México tiene más del doble de familias lingüísticas que el continente europeo; mientras que, en su extensión geográfica, dicho país ocupa poco menos de una quinta parte del territorio correspondiente a Europa (véase cuadro 1).

	México	Europa
Familias lingüísticas originarias[1]	11	5
Extensión (en km^2)	1 964 375	10 359 358

Cuadro 1. Comparación entre el número de familias lingüísticas originarias y el área geográfica de México y Europa. Fuente: elaboración propia.

TRADICIONES LITERARIAS

Se atienden aquí tradiciones literarias de carácter popular, cuya producción y reproducción se finca esencialmente en la oralidad. Una clara instancia del mestizaje cultural corresponde al binomio *xōchipitsāwak-indita*. Son muy plausibles las hipótesis que proponen que el género de cantos en lengua náhuatl llamado *xōchipitsāwak* (mayormente graficado como *xochipitzáhuac* y traducido como 'flor menudita') es de origen prehispánico; a su vez, es probable que el género de cantos en español llamado *indita* se derive de aquel. Los componentes que denotan el mestizaje cultural del género *xōchipitsāwak* son, por la parte indígena, las versiones con el texto en lengua náhuatl; y, por la parte no indígena, la música, particularmente por lo que corresponde a las versiones con acompañamiento de instrumentos de cuerda. Ejemplo, estrofas iniciales para una ocasión nupcial[2]:

Xochipitsawak ka noyoltlaso kwalani monantsin akmo nikyolpacho.	Xochipitsauak corazón amado, se enoja tu madre y yo no la calmo.
In nejwatl nikan nixpanti ken se kwajli tiachkatsintli ka no sentetl tlanekilis nikwalkawa inin ichpokatsintli.	Yo aquí estoy y me presento como todo un mayoral, con toda mi voluntad la joven voy a entregar.

1. El euskera, habitualmente referido como una lengua aislada, es sumado aquí como una familia lingüística unimembre; a su vez, México tiene cuatro familias lingüísticas de este tipo, a saber: seri, tarasca, chontal de Oaxaca y huave.
2. Hellmer, J. R. (grabaciones), *In xóchitl in cuícatl. Cantos de la tradición náhuatl de Morelos y Guerrero*, México, Instituto Nacional de Antropología e Historia, 1980, pieza B6 (1 fonograma + folleto con notas; Serie: Testimonio musical de México, 23).

Por su parte, el vínculo más estrecho entre los géneros *xōchipitsāwak* e *indita* parece ser de orden musical, dado que ellos difieren en el contenido literario; el carácter de las *inditas* es predominantemente lírico, si acaso de desamor, e incluso histórico o narrativo; pero no parece ser pues de tipo nupcial, como en los *xōchipitsāwak*. Ejemplos, versión de Puebla, Pue., y de San Pedro Piedra Gorda, Zac.[3]:

Una indita en su chinampa
cortaba diversas flores,
y un indito cuatro orejas
gozaba de sus favores.

Soy indita, soy indiana,
indita zacatecana,
dicen que soy desertora
de las tropas de Santa Anna.

TRADICIONES FOLCLÓRICAS

En el presente rubro, son referidas a continuación, en algo poco más que una nómina, unas cuantas tradiciones, todas de carácter mestizo, aunque primordialmente gestadas o recreadas por la población hablante de lengua indígena. Las tradiciones son: la adivinación por ingesta de hongos psilocibios o alucinógenos, de la población mazateca; los altares y las ofrendas dispuestos en ocasión de la celebración de los fieles difuntos, de la población hablante de lengua indígena; el culto al tecuán (felino mayor en Mesoamérica), manifiesto en diversas danzas, de la población mixteca, nahua y otras; la curación de males como el *susto*, o la *pérdida de la sombra*, mediante cantos, de la población zapoteca; las danzas realizadas como plegarias corporales, de la población hablante de lengua indígena en general; el *jets' mek'*, de la población maya, u otras formas de atender, tratar y cuidar a los infantes; los *maromeros*, acróbatas rituales y la parafernalia para sus realizaciones, de la población mixteca, zapoteca y otras; el parto en posición vertical y con la ayuda de la hamaca, entre la población maya; la pintura facial y el papel de los moluscos en dicha práctica, de la población seri; los rituales para concertar el matrimonio, con la participación de especialistas rituales, oradores, de la población amuzga, purépecha y otras; los rituales propiciatorios de la lluvia, ante pozos, cuevas, sobre cerros, de la población hablante de lengua indígena; los rituales propiciatorios y de agradecimiento relativos al cultivo y cosecha del maíz, de la población huaxteca, nahua, otomí y otras; las técnicas relativas a la elaboración del pulque y de las bebidas alcohólicas destiladas, de la población hablante de lengua indígena, etcétera.

---

3. Respectivamente: Mendoza, V. T. & V. R. R. de Mendoza, *Folklore de la región central de Puebla*, México, Centro Nacional de Investigación, Documentación e Información Musical «Carlos Chávez», del Instituto Nacional de Bellas Artes, 1991, p. 135; y Mendoza, V. T. & V. R. R. de Mendoza, *Folklore de San Pedro Piedra Gorda, Zacatecas*, México, Instituto Nacional de Bellas Artes & Secretaría de Educación Pública, 1952, p. 90.

TRADICIONES MUSICALES

En relación con las tradiciones musicales, es importante atender la siguiente diferenciación general: la población hispanohablante tiende a interpretar la música con un sentido más apegado a la recreación, mientras que la población hablante de lengua indígena lo hace en contextos rituales/ceremoniales, con propósitos menos recreativos.

Si, bien hasta este punto, los ejemplos y las referencias poblacionales han correspondido a los hispanohablantes en general y a los hablantes de lengua indígena, con algunas particularidades, para ilustrar el mestizaje en las tradiciones musicales recurro a un sector de la población hispanohablante: los afrodescendientes. En México, dicha población puede ser caracterizada, en términos generales, de la siguiente manera: no es depositaria ya de ninguna lengua africana; en lo que respecta a la literatura, todo parece indicar que los géneros de tradición oral manejados por los afrodescendientes, así como los temas expresados en ellos, se han fusionado a las formas y temáticas de origen español. Sin embargo, es en el folclore y en la música en donde sí se propone que continúan en uso algunos elementos provenientes de las culturas africanas. Es el caso de la tradición de la *Danza de diablos*, y de las variantes particulares del género *son*, interpretadas por dicha población, respecto de las cuales se ha propuesto la existencia de ciertas fórmulas rítmicas de origen africano; estas variantes del son también son practicadas por los hispanohablantes y algunos hablantes de lengua indígena de las respectivas regiones. Por su parte, entre los instrumentos musicales, destaca el uso de la quijada de burro, mula o caballo como idiófono de percusión y, a la vez, de sacudimiento. Igualmente, está presente un membranófono de fricción, llamado *bote del diablo* u *oticonte*. Ambos instrumentos, quijada y bote, son empleados para acompañar la *Danza de diablos*, principalmente.

COMENTARIO (SEMI)FINAL

> «Cuatro siglos de mexicanidad hacen que ni haya adoración del hispanismo, ni idolatría de lo indígena. Una unidad vital hay en mi sangre, y una unidad vital hay en mi desmedrada cultura».
>
> (Ángel María Garibay, 1955)

Toda corporación con vocación lingüística, que se encuentre en plenas funciones en este siglo XXI, sea que desarrolle sus actividades mediante algún tipo de subsidio gubernamental o que camine hacia el cumplimiento de su misión gracias a la necesidad de su tarea, a favor del multilingüismo de todas las regiones de los cinco continentes, comenzando por el fortalecimiento, desarrollo y promoción sociocultural y política de los idiomas de su propio país.

De ahí que para augurar un paisaje lingüístico más equilibrado que el que puede verse hoy en día, sustentado en una sociedad más justa, el lema «Limpia, fija y da esplendor», asociado con la ideología con que nació hace más de trescientos años la Real Academia Española, bien puede glosarse como atinadamente lo propuso Mario Chávez Peón, a saber: «Siempre necesitamos una institución que LIMPIA los prejuicios, FIJA la equidad y los derechos lingüísticos Y DA ESPLENDOR a nuestra diversidad».

Lenguas y culturas mestizas: música, folclore, literatura y costumbres

RAFAEL FELIPE OTERIÑO
Academia Argentina de Letras

INTRODUCCIÓN

Las lenguas son cosmovisiones que echan luz sobre la cultura de los pueblos. En América, alimentada por los desplazamientos físicos —desde Europa y África, dentro del propio continente y también de Asia—, dichas cosmovisiones están en permanente construcción. Esto pone de relieve el hecho insoslayable de la diversidad y su principal efecto: la interculturalidad. Una suma que da lugar al mentado crisol del mestizaje. Acontecimiento de larga connotación semántica que va, desde el simple fundido de diversidades, a la mezquina noción de quiebra de un hipotético orden natural representado por lo puro y lo noble. Pero que guarda una verdad antropológica incontrastable: reconocernos en la alteridad. Es en las artes, las fiestas, las costumbres y creencias, y, por cierto, en primerísimo lugar, en el habla y la literatura, donde se toma conocimiento de sus orígenes, evolución, transformaciones y estado actual. En Latinoamérica se dan repetidos ejemplos de mestizaje, casi tantos como los países que, con sus particularidades, la integran. Lo cual produce la creación de múltiples realidades culturales que conforman, a su vez, variadas identidades nacionales de rasgos propios, pero vinculadas siempre, de un modo u otro, con el idioma español. Un sincretismo que es una riqueza.

LA POESÍA DE JOSÉ WATANABE

A los testimonios de las lenguas y culturas expuestas por los panelistas con referencia a lugares tan distantes del continente latinoamericano como los de México, Perú, Honduras, Puerto Rico y Argentina, quiero sumar el caso de claro mestizaje cultural y, por su especificidad, literario, del poeta peruano José Watanabe (Laredo, 1946 - Lima, 2007). Como ocurriera con Vallejo, Neruda y Gonzalo Rojas, la poesía vuelve con él a convertirse en la voz comprometida de un hombre con su entorno natural y cultural. Clara, directa, expositiva, se advierte en ella el eco de una tradición simbolista bien asimilada y, en lo testimonial, la perplejidad ante el hecho de vivir sin amarras. Tiene la modalidad de un hablar a solas con la naturaleza, con la conciencia y con el pasado, sobre los que desliza una mirada solidaria. De esta manera, viene a señalar que el hombre se mueve en un ámbito natural que no ha llegado a hacer suyo, pero que puede ser alumbrado por la potencia mediadora de la palabra. Es la obra de alguien que no reniega de la tradición literaria que forma su entorno —constituida por algo de crítica social, un cierto prosaísmo, asomos del lado mágico de un continente de contrastes, la endecha anónima que vaga entre ríos, llanuras y laderas—, pero que tampoco hace de ella la fuente exclusiva de su inspiración. Es diferente: tan lejos está del pintoresquismo como de la elucubración intelectual.

Así formado, el poeta se enfrenta a la simple cosa que está allí: árbol, pez, piedra, ciénaga, abismo. Tal es la raíz solitaria de su hablar: como juntando presencias. De este modo, su poesía configura el rostro, la aldea, el pueblo, con los que se permite abrazar el horizonte humano tantas veces alcanzado como perdido. Próximo a la manera morosa de narrar de un Rulfo, muestra en la síntesis más ceñida del verso su capacidad para resaltar situaciones humanas episódicas, llamadas a perdurar por eficacia del lenguaje. La austeridad prosódica lo convierte en un artesano de la palabra justa, solo desbordada por la brillantez de imágenes que abren un espacio testimonial en donde lo invisible, lo tácito y lo callado tienen su protagonismo. Con esta escritura exploratoria, define el desencanto de quien sabe que el devenir es más ancho que el apetito humano y que, por más que se batalle, los sitios del hombre estarán siempre amenazados por la fatalidad que planea sobre las cabezas.

Como si se valiera de la voz de sus antepasados, Watanabe escribe la crónica de un mundo natural que comienza a tejer alianzas con el hombre, todavía huésped imprevisto del planeta. Con esa garganta atravesada por lejanías, da lugar a un conjunto poético elaborado a partir de sucesivos cuadros que conforman la fábula rústica del espacio natural en el que el poeta es autor e intérprete. Tal es su modo de conocimiento: lineal, progresivo, mediante acotaciones costumbristas de las que afloran destellos de una realidad revelada a cuentagotas: «Algún día, Dios mío, alcanzaremos a decirte de qué materia estamos hechos», escribe. Esta contención interior, atravesada por el recato como telón de fondo, sella el marco del que parten y al que regresan las palabras. Nada parece turbar su oración nacida del *refrenamiento*, práctica zen con la que transparenta su ética personal hecha tanto de pudor como del control de las emociones.

PRIMORES DE UNA LENGUA MESTIZA

Porque el suyo es un caso de mestizaje, pero de mixtura rara: madre criolla y padre japonés, campesinos de una hacienda donde el poeta fue criado en contacto con el paisaje y las costumbres del Perú pobre. Su cultura familiar, de ritos domésticos y presencia cristiana, se vio atravesada por la lectura del oriental *haiku*, esa gema que tiene tanto de poesía como de juego de ajedrez. De allí toma su parquedad en el decir y su velado y no tan velado apetito de trascendencia. Un viaje por el título de sus libros —*Álbum de familia* (1971), *El uso de la palabra* (1989), *Historia natural* (1994), *Cosas del cuerpo* (1999), *Habitó entre nosotros* (2002), *La piedra alada* (2005), *Banderas detrás de la niebla* (2006)— deja entrever el recorrido que lo lleva a unir la proyección de la palabra familiar —nutrida de secretos y entredichos— con la naturaleza y el cuerpo, lo sobrenatural y lo divino, que son los hilos conductores de su terrenal extrañamiento.

El cuerpo representa en Watanabe todo el espectro de la ecuación humana. Con el cuerpo expresa tanto lo que le pasa al alma como la intensidad de su pensar. El cuerpo es el ápice de toda posible trascendencia, diferenciándolo de la óptica menos creyente de una generación que, como la de su tiempo, hizo del vivir sin Dios una militancia. La suya, por el contrario, es una fe no exenta de interrogantes, pero viva, real. Una fe de campesino. Una religiosidad de pesebre con olor a paja y a humo de brasero, a bosta y a orín de animales, sin otra liturgia que la nacida del esfuerzo diario por sobrevivir. Son derivas de su estirpe, que —según cuenta en una página autobiográfica— tenía en su padre —Harumi Watanabe Kawano— a un budista apegado a las imágenes católicas, a las que gustaba restaurar sin huellas de dramatismo —nada de sangre, nada de heridas—, ya que, conforme a su continencia, cuanto mayor es el control del drama, más conmovedor será el efecto alcanzado. De su madre —Paula Varas Soto— confiesa haber aprendido otros valores de secular inteligencia, que luego pasaron a ser parte de sus poemas. No era indio, pues, pero lo parecía; no era oriental, pero mostraba comportamientos de probada espiritualidad. Una de sus conquistas literarias es, sin duda, el protagonismo dado al silencio —lo mismo que al agua y a la piedra—, entidades dotadas para él de una significación arquetípica.

CONTAR MEDIANTE IMÁGENES

La lectura de su poesía deja la impresión de un hablar confidente, con mucho de soliloquio, llevado a un grado de excelencia por la asimilación del contar mediante parábolas y alegorías. Su dominio de la imagen le permite llevar el verso desde el espejo de las figuras hasta la transparencia del sentido. Le oí contar sobre sus procedimientos a la hora de escribir: primero, dejarse captar por un hecho preferentemente visual, prestarle atención, estudiarlo en sus detalles (con ayuda de enciclopedias, si fuera necesario), y recién luego comenzar a escribir, hasta dar forma a la composición del poema definitivo. Versos libres, sueltos, líneas abiertas que durante el trabajo —y en la lectura— se emparentan, formando un hecho plástico con aura de verdad.

Los préstamos de origen africano en español

MARIO PORTILLA
Academia Costarricense de la Lengua

Exotismo en la investigación etimológica. ■ Clasificadores nominales en las etimologías bantúes.

Frente a la tendencia a invisibilizar la influencia de las lenguas del África subsahariana en el español, otra corriente propende a querer ver palabras de este origen donde no las hay. Esta orientación se caracteriza por una falta de rigurosidad a la hora de establecer sus etimologías. Sin duda, una aplicación más rigurosa de los principios de la ciencia etimológica y un mejor conocimiento de la fonología y la morfosintaxis de ciertas lenguas de la familia níger-congo ayudarán a ponderar mejor la contribución léxica de estos idiomas al español.

EXOTISMO EN LA INVESTIGACIÓN ETIMOLÓGICA

Llama la atención la exigüidad de préstamos de las lenguas africanas en el español comparado con la magnitud de la población afrodescendiente presente especialmente en Hispanoamérica (Portilla, 2021: 887-888).

Tradicionalmente, ha existido una tendencia a invisibilizar la influencia de las lenguas del África subsahariana en el español americano a pesar de la importante presencia de población cuyos ancestros africanos fueron llevados a América durante la Colonia.

Sin embargo, muchas veces, también se mitifica el verdadero aporte de estas lenguas, en los planos fonológico y morfosintáctico, no solo en el español sino también en las lenguas criollas de diversas bases léxicas que se hablan en el continente americano.

El caso de los aportes léxicos de origen africano no escapa a estas mismas tendencias: el reconocimiento de los mal llamados africanismos en el español, especialmente de América, es casi siempre inseguro y muy especulativo.

Lamentablemente, una cierta propensión al exotismo ha llevado a querer ver palabras de origen africano donde no las hay, aunada a un desconocimiento casi total de las lenguas que hablaban los esclavos que fueron llevados a América desde inicios del siglo XVI hasta finales del siglo XIX.

Además, la falta de rigurosidad a la hora de establecer las supuestas etimologías distorsiona el panorama del aporte léxico tan importante de las lenguas africanas, principalmente de aquellas que pertenecen a la familia níger-congo. Un ejemplo paradigmático es el caso de la palabra *mondongo* 'intestinos y panza de las reses', que ha querido ser derivado por Megenney (1992) del kikongo *mbondongolo* 'quelque chose de fabuleusement grand' (Laman, 1891) ('algo enormemente grande'). No hay manera de que este vocablo kikongo pudiera ser el étimo que dio origen a la palabra *mondongo* por las inconsistencias fonológicas y semánticas, que son muy evidentes. Y ni qué decir que esta voz se encuentra atestiguada en español ya en 1581 en el *Guzmán de Alfarache* de Mateo Alemán, lo que hace muy difícil que se trate de una aportación africana.

El mismo Megenney (1979) pretende derivar de la palabra *merengue* (y su variante *berengue* en Venezuela) 'dulce de huevos y azúcar' del fulani *mererek·e* 'resplandeciente, trémulo', sin explicar los supuestos cambios fonológicos ni la evidente discordancia semántica y sin reparar en que se trata simplemente de la adaptación española del reconocido galicismo *meringue*.

Este tipo de arbitrariedades en la indagación etimológica abunda y parece que es más bien la regla que la excepción (cf. Portilla, 2021, para otros ejemplos).

Esta tendencia al exotismo lleva a los extremos de considerar una palabra de origen africano solo por llevar combinaciones consonánticas del tipo *-mb-*, *-nd-* y *-ng-*, las cuales, como es sabido, existen en los sistemas fonológicos de muchas de las lenguas bantúes de la familia níger-congo, las cuales corresponden a una serie de fonemas coarticualados conocidos como *consonantes prenasalizadas*.

Esto menciona Ortiz (1924) en su *Glosario de afronegrismos* en relación con la palabra *bitongo* 'mimado; tonto, bobo; infeliz':

> Por la terminación *ngo*, parece voz africana. Este sufijo *ng-a* o *ng-o* es muy frecuente en Cuba, en voces que, aun siendo algunas castellanas, o cuando menos como andalucismos, parecen proceder de las africanas por esa terminación, cuando no por sus raíces. Acaso se pueda observar un acoplamiento filológico afro-hispano; una raíz hispana y una desinencia probablemente africana, que da cierto sentido despectivo a la palabra.

Por supuesto, es muy improbable que el marcador *-ong-o/a* (como en *curr-o* > *corr-o* > *corr-ong-o* 'bonito, simpático', *bail-e* > *bail-ong-o* 'baile [en sentido despectivo]', en el español de Costa Rica) pueda provenir de alguna lengua africana, pues, en primer lugar, la morfología derivativa solo es susceptible de ser incorporada en una lengua como préstamo cuando esta se halla en un contacto muy intenso con otra y en una relación de subordinación a esta. Es evidente que este no es el caso del español respecto de ninguna de las lenguas de la familia níger-congo.

Por otro lado, aún más importante, es que no podemos atribuir a una lengua africana ni a ninguna otra un «sufijo» (ni ningún otro elemento lingüístico) que no nos conste que exista realmente en el supuesto idioma prestatario. En otras palabras, *-ong-o/a* es un sufijo en español, que funciona como formativo de nombres adjetivos y sustantivos, pero no existe en ninguna lengua de sustrato de la población afrodescendiente, al parecer.

Por último, es muy posible, más bien, que el formativo *-ong-o/a* sea simplemente una variante de los sufijos *-ang-o/a* —«U. con valor despectivo en sustantivos y adjetivos» (*DEL*)— como en *fritanga* (< *frito*), *-eng-o/o* —«forma adjetivos que expresan cualidad» (*DEL*)— como en *monengo* 'persona rústica, encogida, vergonzosa' (< *mono*), e *-ing-o/a* —«U., pospuesto a sustantivos y adjetivos, con valor diminutivo o afectivo» (*DEL*)— como en *platinga* (< *plata*), más extendidos en el español. Todos los formativos presentan una forma semejante y, en general, un sentido festivo y apreciativo idéntico.

CLASIFICADORES NOMINALES EN LAS ETIMOLOGÍAS BANTÚES

Para conseguir una ponderación más atinada del aporte léxico de las lenguas del África subsahariana es necesario ser más rigurosos en la aplicación de los principios de la ciencia etimológica y disponer de un conocimiento al menos suficiente de la fonología y morfosintaxis de estos idiomas.

En este sentido, en mis indagaciones sobre dichas etimologías, ha sido muy fructífero el conocimiento de los sistemas de clasificadores nominales propios de las lenguas bantúes. Estos se expresan por una serie de operadores morfológicos que como prefijos se añaden a las raíces nominales. Por ejemplo, el nombre del idioma del pueblo congo se denomina en su lengua *ki-kongo* y la etnia *ba-kongo*. Tanto *ki-* como *ba-* son los prefijos de clases nominales: *ki-* corresponde a la clase 7 'idiomas, instrumentos musicales, diminutivos' y *ba-* a la clase 2 'plural de la clase 1, personas' (Laman, 1891: LIII).

De esta manera, hemos podido dilucidar algunos vocablos de etimología oscura y discutida del español centroamericano. Como ejemplo, ilustramos los casos de las palabras *quijongo* 'instrumento musical de cuerda' y *zambumbia* 'revoltijo, especialmente de comida', con sus entradas en el *Diccionario del español de Costa Rica* (por publicar).

Quijongo

quijongo (ZNO) 'instrumento musical compuesto por una vara de madera con una cuerda de alambre, a la cual se adhiere una jícara a manera de caja de resonancia y que se toca golpeando la cuerda con un palo pequeño': del kimbundu *ki-hungu*, de *ki-* 'marcador nominal de la clase 3' + *hungu* 'instrumento musical compuesto de un palo arqueado y retesado por una sola cuerda de alambre de cobre que se toca con una varilla'.

* La clase nominal 3 comprende los sustantivos que designan instrumentos musicales, lenguas, cualidades, entre otros.

El vocablo *quijongo* es conocido en Honduras, Nicaragua y Costa Rica (*Diccionario de americanismos* de ASALE). Es un préstamo del kimbundu o quimbundo, que es una lengua de la rama bantú de la familia níger-congo, hablado principalmente en Angola.

Es importante mencionar que los diccionarios disponibles en esta lengua no siempre incluyen los marcadores de clasificador nominal, por lo cual el investigador debe conocer su existencia para realizar o bien la segmentación en el préstamo (*qui- jongo*) o bien suponerla en la raíz nominal correspondiente (*hungu* > **ki- hungu*) para obtener la etimología correcta. En nuestro caso, encontramos solamente el término *húngu* sin el clasificador en Assis Junior (s. f.). Al conocer el sistema de clases nominales de esta lengua, fue posible establecer la etimología completa de la palabra. Los cambios vocálicos y consonánticos de *ki-hungu* a *qui-jongo* son los esperables en la adaptación de los extranjerismos al sistema fonológico (y ortográfico) del español.

Zambumbia

zambumbia 'revoltijo, especialmente de comida': originalmente 'comida o bebida mal preparada o de aspecto desagradable', 'bebida desagradable o insípida, por estar aguada', propiamente 'bebida fermentada hecha de miel de caña, agua y ají', probablemente del kikongo *z'-ambúmbi* 'podrido, oxidado', de *z'*-, contracción de *zi*- 'marcador nominal plural de la clase 10' + *a*- 'formativo adjetival' + *mbúmbi* 'pudrición, oxidación', nominalización de *búmba* 'podrir, oxidar', probablemente de *bú-mbi* 'mal', de *mbi* 'malo'.

* La clase nominal 10 comprende los sustantivos que comienzan con las consonantes prenasalizadas *mb*, *nd*, *ng*. Se trata especialmente de nombres colectivos y derivados verbales. La vocal *-a* final del vocablo correspondería al marcador de género femenino del español a partir del modelo que ofrece la palabra *bebida*.

La palabra *zambumbia* se encuentra más extendida geográficamente, pues es usada en México, Honduras, Nicaragua, Costa Rica, Panamá, Cuba, Puerto Rico y Venezuela (*Diccionario de americanismos* de ASALE). Proviene del kikongo, que es también un idioma de la rama bantú de la familia níger-congo. Se habla principalmente en la República Democrática del Congo, la República del Congo y Angola.

En este caso, en el *Dictionnaire kikongo - français* de Karl Lahman, que es, sin duda, el más completo que existe en esta lengua, tampoco aparece la forma *z'ambumbi*, la cual es la base léxica a la cual se le añade el marcador de género femenino *-a* (**z'ambumbi* + *-a* > *zambumbia*). Sin embargo, esta puede ser reconstruida si se conocen algunos de los procesos morfofonológicos que operan en el kikongo y se dispone de la información léxica y morfológica pertinente.

Dado que el marcador de la clase nominal 10 *zi*- pierde la vocal cuando va seguido de un lexema que comience por vocal (*zi* > *z'* + V), podemos suponer que efectivamente la primera vocal de la palabra *zambumbia* correspondería al formativo morfológico de adjetivos que existe en dicho idioma: *a*- (*zi* + *a-mbumbi* > *z'ambumbi*), ya que *mbumbi* 'pudrición, oxidación' sería un sustantivo abstracto, la nominalización correspondiente del verbo *búmba* 'podrir, oxidar'. El orden de derivación morfofonológica del vocablo en kikongo sería el siguiente: *búmb-a* 'podrir, oxidar' > *m-búmb-i* 'pudrición oxidación' > [cl.10] *-a-mbúmbi* 'podrido, oxidado' > *zi+a-mbúmbi* > *z'-ambúmbi* 'ídem'.

Finalmente, las atestaciones más antiguas de esta palabra corroboran el sentido original del término bantú, pues 'fermentado' es afín a 'podrido, oxidado': 'podrido, oxidado' > 'fermentado' > 'desagradable, insípido' > 'de aspecto desagradable' > 'revoltijo'.

REFERENCIAS BIBLIOGRÁFICAS

Assis Junior, A. de, *Dicionário kimbundu - português*, Luanda, Argente, Santos & C.ª, s. f.

Lahman, K., *Dictionnaire kikongo - français*, Bruselas, The Gregg Press Inc., 1891.

Megenny, W., «El elemento subsahárico en el léxico venezolano», *Revista de Filología Española*, IX (1979), pp. 89-132.

—, «Some lexical linkages between Africa and Venezuela», *Neophilologus* LXXVI, n.º III (1992), pp. 383-391.

Ortiz, F., *Glosario de afronegrismos*, La Habana, Imprenta El Siglo XX, 1924.

Portilla, M., «La indagación etimológica de los préstamos de lenguas africanas en el español americano», en *Estudios en homenaje a Alfredo Matus Olivier, Boletín de Filología,* anejo n.º 3, vol. II, 2021, pp. 887-903.

Derechos y libertades y neurotecnologías convergentes aplicadas a la actividad cerebral

TOMÁS DE LA QUADRA-SALCEDO
Universidad Carlos III

Introducción. ■ Riesgos y peligros derivados de la aplicación de las neurotecnologías, sin perjuicio de sus beneficios. ■ El lenguaje sobre los derechos eventualmente afectados por la aplicación de las neurotecnologías y algunas precisiones sobre los riesgos. ■ La respuesta multidisciplinar a los retos que suscita la aplicación de las neurotecnologías: el papel del derecho. ■ El debate sobre la novedad y el carácter original y fundamental de los derechos que se proclamen en relación con el empleo de las neurotecnologías. ■ Carácter global y transnacional de la ordenación del empleo de las neurotecnologías y los instrumentos de garantía de tales derechos. ■ Algunas precisiones y conclusiones.

INTRODUCCIÓN

Los enormes avances producidos en los últimos diez años en el conocimiento del funcionamiento del cerebro gracias a la ciencia con sus tecnologías convergentes (medicina, biología, nanotecnología, inteligencia artificial, ciencias cognitivas, genómica, etc.) abren esperanzas antes inimaginables de curación de enfermedades (Alzheimer, depresión, esquizofrenia, Parkinson, etc.) merced al conocimiento de la dinámica de tal funcionamiento.

Esos avances abren también nuevas y eventuales posibilidades de conflictos en los novísimos espacios, ámbitos o escenarios que surgen con la aplicación a la actividad cerebral de dichas nuevas tecnologías. Conflictos entre derechos y libertades entre sí y con otros bienes y valores de relevancia constitucional.

Se trata de conflictos por lesiones o afecciones a derechos y libertades de las personas provocados directamente por las nuevas tecnologías cerebrales o por el empleo que terceros hagan de la aplicación a otros de tales tecnologías o dispositivos, aparatos y sistemas con los que operan.

Estos conflictos, sintéticamente denotados con el término «neuro-derechos», son muy diferentes de los que hasta ahora se han venido produciendo en relación con los derechos personales, puesto que al acceder a la actividad cerebral —procediendo a su registro, descifrado e interpretación y, eventualmente, provocando o induciendo sensaciones, reacciones, conductas o ideas (o alterándolas o condicionándolas)— se está afectando al ser de cada uno en su yo más íntimo, en su mismidad e identidad o en la conciencia de sí mismo[1].

---

1. Así lo recogen Yuste, Rafael, Goering, Sara, *et al.*, en «Four ethical priorities for neurotechnologies and AI», *Nature*, 8 noviembre 2017, accesible en https://www.nature.com/news/four-ethical-priorities-for-neurotechnologies-and-ai-1.22960. En página 162 explica cómo personas que han recibido estimulación cerebral profunda a través de electrodos relatan después sensación de pérdida de voluntad e identidad. Al margen de si esa estimulación se produce por razones terapéuticas, el dato debe retenerse, aun notando la distinta consideración que merece que las razones sean terapéuticas u otras diferentes.

En un trabajo anterior en que participaban dos de los firmantes de *Nature* —Goering, Sara, y Yuste, Rafael—, «On the Necessity of Ethical Guidelines for Novel Neurotechnologies», en revista *Cell*, Volume 167, Issue 4, pp. 882-885, 3 November 2016, afirman: «Una de las más importantes cuestiones éticas y filosóficas a afrontar es la posibilidad de cambios sustanciales en el concepto del "yo". Mientras en la actualidad tendemos a identificarnos a nosotros mismos como relativamente separados y entidades privadas limitadas por nuestros propios cuerpos, el uso de las novedades de las neurotecnologías puede dirigirnos hacia una parcial disolución de las ideas tradicionales sobre el yo». En otro orden de cosas, pero situándonos en el mundo digital y de internet, Nicholas Carr detecta también cambios de comportamiento en *Superficiales. ¿Qué está haciendo internet con nuestras mentes?*, Taurus, 4.ª ed., 2016, y sostiene que al confiar en los ordenadores para comprender el mundo nuestra inteligencia se aplana y convierte en inteligencia artificial; pp. 269 y 270.

Cuando las neurotecnologías se emplean para curar enfermedades o defectos de las personas, las preocupaciones que se suscitan son relevantes, pero las más importantes se acabarán suscitando cuando se empleen para finalidades distintas de las terapéuticas (mejorar o potenciar a las personas), cuya posibilidad misma y sus condiciones reclamarían una decisión legislativa o convencional en el orden internacional. En todo caso es necesario garantizar que el empleo de las neurotecnología se contraiga exclusivamente a su función, sin que nadie pueda llegar a emplear esas técnicas para finalidades espurias: alterar el comportamiento del paciente para finalidades distintas o para fines comerciales o de influir en su conducta o pensamientos por razones ajenas a las terapéuticas que motivaron inicialmente su empleo. Exigencia mayor todavía cuando la finalidad principal ni siquiera sea ya terapéutica, sino de mejora o potenciación de las personas, atendidos los evidentes riesgos de influencia que sobre el comportamiento y conducta de los «mejorados» y «potenciados» adquirirían los operadores encargados de desarrollar y mantener tal función; riesgos que no solo afectan a las personas mismas, sino que pueden acabar afectando a la democracia, al mercado y la competencia[2].

En efecto, cuando las neurotecnologías se emplean para mejorar o aumentar a la persona o dotarla de capacidades o poderes extraordinarios[3],

---

2. El conocimiento por los operadores de la actividad cerebral de sus «clientes» potenciados o mejorados, de sus preferencias e inclinaciones y su posibilidad de influir en ellos puede llevar a adquirir posiciones de dominio en los distintos mercados a partir de tales conocimientos.

3. De «hombre aumentado» se viene hablando desde hace tiempo por parte de muchos autores, entre otros los que podríamos situar en la órbita del posthumanismo o transhumanismo. *Vid.* sobre el transhumanismo el *Manifiesto del Transhumanismo* de la asocicación Humanity+ en la dirección https://humanityplus.org y el manifiesto en https://humanityplus.org) / Philosophy (https:// humanityplus.org/philosophy/) / Transhumanist Declaration; *vid.* tambien la posicion de Peter Sloterdijk con su polémico libro primero sobre *Normas sobre el parque humano: una respuesta a la «Carta sobre el Humanismo» de Heidegger*, ed. Siruela, 4.ª ed., 2006 (criticado por Habermas en *El futuro de la naturaleza humana. ¿Hacia una eugenesia liberal?*, de 2001) y con el siguiente *En el mismo barco: Ensayo sobre la hiperpolítica*, Siruela, 2006, se ha erigido en el referente del posthumanismo y de la crítica a una idea de humanismo entendido por él como domesticación que vaciando de sentido la idea de humanismo (o criticando su sentido y función) abre un vacío que pueden rellenar las tecnologías; es un discurso de crítica al humanismo y a su supuesto fracaso —entendido como crianza, domesticación y sometimiento— frente a un mundo en que los medios actuales de uso y acceso masivo a la información (redes sociales, diarios digitales, buscadores, YouTube, etc.) dejan a la persona capacidad para, supuestamente, pensar por sí mismo y prescindir de los intermediarios y también para crear un ejército de solitarios. Si en un primer momento el discurso posthumanista se centra en las biotecnologías, acaba promoviendo, después, una nueva relación con las máquinas o «seres sin alma» que acaban ocupando posiciones predominantes. En el ámbito del transhumanismo —término acuñado por Julian Huxley, profesor de zoología— muy relacionado con el posthumanismo, la preocupación es la mejora de la condición humana mediante un uso intenso de todas las tecnologías.

como se propugna desde posiciones transhumanistas o posthumanistas[4], la cuestión es ya distinta y suscita otras reflexiones que llevan a considerar si la oportunidad de permitir tales mejoras —y su grado y condiciones— es algo que corresponde a la libre decisión de cada uno o si la sociedad tiene algo que decir al respecto, tanto en razón de la alteración de las condiciones de igualdad de las personas como de la afección a las condiciones sobre las que se sustenta una sociedad democrática o de las condiciones de libre competencia[5]. Todo ello teniendo en cuenta, además, que entre las neurotecnologías que se emplean en relación con el cerebro hay algunas, como la inteligencia artificial, que tienden a ser detentadas por pocas empresas que pueden llegar así a tener a mano una capacidad de influencia que podría alterar las condiciones sobre las que se basa una sociedad democrática y el funcionamiento de un mercado en competencia.

Baste esta exposición introductoria para destacar una serie de cuestiones que se suscitan en la actualidad a partir del conocimiento de los prometedores avances de la ciencia y de los proyectos científicos de investigación sobre la actividad cerebral. Para empezar, se hará una enumeración de riesgos y peligros derivados de la aplicación de las neurotecnologías en un futuro más o menos inmediato, pero ya inevitable. En segundo lugar, una reflexión sobre el lenguaje que parece apropiada en un Congreso como este y tiene que ver con el término que parece acuñado —neuroderechos— y que merece alguna aclaración, así como el de los límites mismos del lenguaje para describir los nuevos problemas. En tercer lugar, algunas aclaraciones sobre el papel de los juristas y de las leyes en unas tecnologías todavía en construcción y la dimensión transversal y multidisciplinar en el modo de enfrentar los retos que suscita el empleo y aplicación de las neurotecnologías. En cuarto lugar, la cuestión de si estamos ante nuevos derechos o ante una concreción

---

4. *Vid.* De Asís Roig, Rafael, y Laukytehottois, Migle, en «Sobre el transhumanismo: Transhumanismo inclusivo», en *Soluciones tecnológicas para los problemas ligados al envejecimiento: cuestiones éticas y jurídicas*, ed. coord. por Elena Atienza Macías, Itziar Alkorta Idiakez (dir.), Dykinson, 2020; también la obra colectiva *El transhumanisme sota la lupa*, Frances Torralba (coord.) ed. The Club de Roma; importante el trabajo de Gilbert: *Le transhumanisme est-il un humanisme?*, Academie Royal de Bélgica, 2014, con un acercamiento muy interesante a la cuestión sentando las bases del debate. Tambien, el manifiesto de una de las asociaciones estadounidense sobre el hombre potenciado (Humanity+) que puede consultarse en en https://humanityplus.org/philosophy/transhumanist-declaration/; como uno de los exponentes del transhumanismo, puede verse Kurzwei, Ray, *La singularidad está cerca. Cuando los humanos transcendamos la biología*, Lola Books, 2012. Para una posicion crítica ver Fukuyama, Francis, en «El transhumanismo» en *Foreign Policy*, edición española, n.º 5 (octubre-noviembre), 2004.

5. *Vid.* sobre el debate las posiciones de Habermas, Jürgen, *El futuro de la naturaleza humana, ¿hacia una eugenesia liberal?*, Ed. Básica, 6.ª imp., 2016; Sandel, Michel, *Contra la perfección. La ética en la era de la ingeniería genética*, Ed. Marbot, Barcelona, 2007; Fukuyama, Francis, *El fin del hombre: consecuencias de la revolución biotecnológica*, Ediciones B, Barcelona, 2002.

de los derechos clásicos y sobre su carácter fundamental o no. En último lugar el carácter global de la ordenación del empleo de las neurotecnologías y los instrumentos de garantía de tales derechos antes de algunas precisiones y conclusiones finales sobre las formas como el derecho está abordando el tema.

RIESGOS Y PELIGROS DERIVADOS DE LA APLICACIÓN DE LAS NEUROTECNOLOGÍAS, SIN PERJUICIO DE SUS BENEFICIOS

En el número de noviembre de la revista *Nature*, el Dr. Rafael Yuste, Sara Goering *et al.* publicaron el artículo citado en la primera nota a pie en que planteaban las cuatro prioridades éticas que sus investigaciones sobre el cerebro y los interfaces cerebro-ordenador les suscitaban a medida que avanzaban en sus investigaciones. Esas prioridades reflejaban sus inquietudes acerca de las consecuencias que las futuras, aunque ya inminentes, aplicaciones de sus investigaciones podían tener sobre las personas. Las cuatro inquietudes —o prioridades éticas a afrontar— tenían que ver con las afecciones a cuatro aspectos concretos de la persona derivados del progresivo empleo de los interfaces cerebro-ordenador[6] en la aplicación de neurotecnologías: 1) la privacidad y el consentimiento; 2) el libre albedrío y la identidad o conciencia de sí mismo; 3) la potenciación o aumentación de las capacidades[7] de las personas y 4) los sesgos que la IA puede introducir en esa interacción del ordenador con el cerebro.

Se trata de las afecciones que más preocupaban a los investigadores que, por primera vez, han hecho públicas sus inquietudes. No son desde luego las únicas. Son muchos los que han añadido otras que guardan relación con ellas, pero que extienden el ámbito de sus consecuencias más allá de tales

6. *Vid.* Da Silva Sauer, Leandro, *et al.*, «Variables psicológicas en el control de interfaces cerebro-computadora», en *Psicothema*, vol. 23, n.º 4, 2011; también Da Silva Sauer, Leandro, en *Factores psicológicos en la implementación de sistemas de interfaces cerebro-ordenador (BCI)*, tesis doctoral leída en la Universidad de Málaga en 2014; también Nijboer, Femke, *et al.*, «A P300–based brain-computer interface for people with amyotrophic lateral sclerosis», *Clinical Neurophysiology*, 119(8):1909-16, September, 2008. El Brain Computer Interface (BCI) es uno de los instrumentos utilizados en el programa Brain Research through Advancing Innovative Neurotechnologies (BRAIN), también conocido como Brain Activity Map Project (proyecto de mapeo de la actividad cerebral), que se impulsó por la Administracion Obama en abril de 2013 y prevé inversiones de más de tres mil millones de dólares durante los diez años del proyecto. El mismo prevé investigar en el cerebro humano su forma de funcionamiento y ayudar a prevenir y curar algunas de las enfermedades que en él se localizan (alzhéimer, párkinson, entre otras).

7. En el artículo, sus autores lo vinculan con la potenciación o combatividad de los soldados en el ejército y en escenarios de guerra, pero obviamente se trata solo de una de las posibilidades de esa potenciación o aumentación.

inquietudes y de las partes inicialmente implicadas en esa relación cerebro-ordenador.

Particularmente relevantes son las que se refieren a la potenciación o aumentación de las personas[8], en cuanto describen un supuesto que va más allá de las finalidades terapéuticas o de curación de enfermedades, que pudo ser el *primum movens* de las investigaciones. Pero incluso dentro de las finalidades terapéuticas se plantean supuestos adicionales como el de los eventuales *hackers* que, al margen de la finalidad terapéutica, puedan interceptar o interferir la comunicación cerebro-ordenador ya sea para incitar o modificar la voluntad del usuario-paciente, ya sea para quedarse con los datos de su actividad cerebral para influir luego en él para fines de ventas u otros peores; en todo caso para perfilar el carácter de la persona y vender los perfiles a empresas de comercialización de bienes y servicios.

Lo mismo podría ocurrir con las propias empresas que prestan servicios terapéuticos y de conexión con la IA para ofrecer tales servicios, pero para comercializar después los datos a puros efectos comerciales. No se trata ya de que puedan llegar a hacerlo con datos especialmente sensibles —que reflejen los pensamientos conscientes o incluso el subconsciente de las personas o sus problemas neurológicos o mentales— sino incluso que aprovechen otros datos no tan sensibles que tengan, sin embargo, valor comercial para las empresas de propaganda y venta de productos o servicios. Peor sería, desde luego, que esos datos cerebrales se emplearan para determinar las preferencias o creencias políticas o religiosas de las personas.

Todos esos supuestos obligan a una reflexión sobre cómo asegurar la privacidad y la imagen de las personas. Muchos consideran que la legislación de protección de datos puede asegurar de forma suficiente ese tipo de datos. Y en parte es así, desde luego, aunque sin duda no baste.

La cuestión es más profunda en realidad, pues no se trata de los datos de una persona en el sentido con el que hasta ahora veníamos debatiendo; es decir de los datos externos a una persona, respecto de lo que compra o a dónde viaja, o los espectáculos a los que asiste o los libros que lee, etc. En el fondo datos externos que pueden acabar dando —con ayuda de la IA— una imagen o perfil de la persona. Tampoco se trata de sus escritos, conferencias, conver-

8. En el ámbito del Parlamento Europeo puede verse un informe oficial emitido a su instancia por varios autores bajo el título «Human Enhancement Study Policy», Bruselas, 2009, encargado por Department A: Economic and Scientific Policy, DG Internal Policies. European Parliament (accesible en http://www.europarl.europa.eu/stoa/default_en.htm). Por otra parte, en el ámbito de la Unión Europea son muchos los informes que se han ido produciendo, así el de Rossi, Francesca, «Artificial Intelligence: Potential Benefits and Ethical Considerations», Policy Department C: Citizens' Rights and Constitutional Affairs, European Parliament, 2016.

saciones o mensajes en redes sociales que, aunque revelen mucho de la persona a efectos de perfilarla y trazar una imagen de ella, siguen siendo datos externos a la misma (aunque revelen lo que exteriormente ha dicho sobre distintos asuntos).

Se trata de algo más; se trata de la esencia misma de la persona y su conciencia; de su mente y sus sentimientos en acción en el cerebro. No se trata, en definitiva, de una reconstrucción de la persona desde su conducta externa o los pensamientos que ha exteriorizado y que se recogen en datos. Se trata de que se entra en el «yo» de otro: de invadirlo. De penetrar y en cierto modo compartir (sin saberlo tal vez el sujeto invadido o sin ser plenamente consciente de ello) el propio yo (el consciente y el subconsciente) del otro. Aquí los datos de la actividad cerebral no son datos relativos a conductas o pensamientos que la persona ha exteriorizado o comunicado, sino que los datos son un mero instrumento de entrada en el santuario del yo; en su cerebro como expresión misma del ser de cada uno, que se comparte con el ordenador y eventualmente con quien lo controle.

Se trata del desvelamiento del «yo» en acción y su compartición con otros; ello exige reflexionar sobre si, para ese desvelamiento y compartición del yo, basta solo el consentimiento consciente del afectado o si ni siquiera tal consentimiento es suficiente; del mismo modo que en la cesión de órganos o en un eventual e ilegal contrato de esclavitud ni basta ni es lícito firmarlo, por más que una persona consienta en ser esclava de otra. Tal consentimiento es indiferente para el derecho.

La reflexión es pertinente si se tiene en cuenta no solo la dimensión individual de los derechos personales afectados y los límites que el ordenamiento pone a la voluntad y al consentimiento[9] en atención a la ley, a la moral o al orden público, sino también en atención a la dimensión colectiva o institucional susceptible de ser afectada y que obliga a considerar las consecuencias sociales y políticas de un empleo abusivo por parte de empresas o Estados[10].

Consecuencias que tienen que ver con las condiciones para la existencia de una democracia de ciudadanos libres y no condicionados por dependencias o sesgos inducidos desde interfaces cerebro-computadoras. Tiene que

---

9. Art. 1255 del Código Civil: «Los contratantes pueden establecer los pactos, cláusulas y condiciones que tengan por conveniente, siempre que no sean contrarios a las leyes, a la moral, ni al orden público».

10. *Vid.* del autor «Los derechos en la sociedad digital: visión subjetiva y visión institucional», en la obra colectiva *Las TIC y la sociedad digital. Doce años después de la ley. Ecosistema digital en sus distintos desarrollos y las tecnologías disruptivas*, tomo II, Ed. Universidad del Externado de Colombia, 2021.

ver también con una sociedad en un entorno de economía de mercado que puede quedar distorsionada por la disponibilidad por algunos (o incluso apropiación) de los datos de la actividad cerebral de ciudadanos que les procure una posición de peso significativo en el mercado, cuando no una posición de dominio del mismo.

Desde esa perspectiva, además de desde la de los derechos individuales, las exigencias de la democracia y del mercado hacen necesaria la regulación del empleo de las neurotecnologías.

EL LENGUAJE SOBRE LOS DERECHOS EVENTUALMENTE AFECTADOS POR LA APLICACIÓN DE LAS NEUROTECNOLOGÍAS Y ALGUNAS PRECISIONES SOBRE LOS RIESGOS

El término neuroderechos ha sido utilizado desde el ámbito científico y singularmente desde uno de los investigadores más relevantes, el Dr. Yuste, impulsor del proyecto BRAIN del presidente Obama, y ha acabado siendo objeto de una notable aceptación[11]. La Neurorights Foundation promovida por el Dr. Yuste concreta en cinco tales neuroderechos que son bien expresivos de los riesgos que, desde los propios científicos que investigan el cerebro, se quieren conjurar: 1) identidad personal, 2) libre voluntad, 3) privacidad mental, 4) acceso equitativo a la aumentación personal y 5) protección frente a los sesgos algorítmicos[12].

No se trata aquí de entrar en si solo son esos cinco o hay más o menos, sino en constatar cómo el concepto de neuroderechos viene siendo aceptado en buena medida por la comunidad científica y empleándose en la literatura científica sin dificultad, aunque no sea evidente, sin más, cuál es la realidad que se quiere denotar.

El término tiene la virtud de expresar de forma sintética el conjunto de problemas que afectan a los derechos y libertades de las personas y en ese sentido parece oportuno y funcional. La única reflexión que suscita es que los derechos son siempre de las personas y no de las neuronas ni del cerebro, como a primera vista su nombre —neuroderechos (¿derecho de las neuronas?)— pudiera dar la impresión que sugiere. Sin embargo, el hecho de que el sistema nervioso y el cerebro se configuren —con las neuronas como ele-

---

11. Impulsor, también, de la denominada Neurorights Iniciative (NRI) que se concretó en la creación de la Neurorights Foundation. La citada fundación propugna cinco neuroderechos.

12. La Fundacion ha ampliado a cinco neuroderechos las cuatro preocupaciones iniciales que destacan Yuste, Goering *et al.* en su artículo de 2017 antes citado.

mento básico— como la unidad estructural básica permite, echando mano de un tropo de lenguaje y mediante una sinécdoque compuesta, tomar la parte por el todo y referir los derechos de las personas a esa unidad básica del sistema nervioso y del cerebro que es la neurona, que a su vez denota al cerebro mismo y, a través de él, el reducto esencial o santuario de la persona. La neurona sirve para denotar el cerebro y el cerebro denotaría a la persona misma.

Desde luego los derechos son de las personas, de cada persona, y no de las partes (miembros u órganos) que la integran, pero se da la circunstancia de que es en el cerebro donde reside la conciencia de sí de cada uno; la identidad de la persona o de su mismidad. La expresión neuroderechos no pretende declarar derechos de las neuronas, ni del cerebro; pero en la medida en que el cerebro y las neuronas que lo integran son el reducto más profundo de la conciencia y de la identidad, la expresión sinecdocal —neuroderechos— parece afortunada y sintetizadora.

El empleo de las neurotecnologías suscita cuestiones nuevas al dejar, en ocasiones, una sensación de insuficiencia de algunas de las palabras que hasta ahora veníamos empleando en relación con los derechos de la personalidad, cuyo alcance quedaba determinado por las afecciones a los mismos que conocíamos: la identidad personal, la integridad o la intimidad tenían un sentido tradicional que no cubre las afecciones que ahora pueden sufrir cuando lo que ocurre es que, desde fuera del «ser» —de la persona—, se inducen o introducen por otro (o por un sistema de IA) sensaciones, percepciones o conductas. Inducción o introducción que puede acabar alterando la conciencia de sí mismo o mismidad de cada uno; en definitiva, afectar a la identidad. La palabra *identidad* ha de ser ampliada, así, en lo que quiere denotar y cobra un alcance nuevo.

Algo parecido ocurre con la palabra *privacidad*, que se entendía referida a conductas desarrolladas en ámbitos físicos reservados (el propio domicilio o, fuera del mismo, sitios no abiertos a los demás) o a ideas o pensamientos expresados en cartas, diarios o en conversaciones cerradas o reservadas a un ámbito reducido y ajena al resto, pero que se extendía a las consecuencias de la acumulación y permanencia misma de los datos, básicamente por la informática, y sus consecuencias para las personas. Extensión que ahora penetra y alcanza los propios pensamientos no expresados siquiera —incluso subconscientes— de la persona objeto de neurotecnologías, pero accesibles y transparentes para los operadores de sistemas y aplicaciones neurotecnológicas.

El nuevo uso de los viejos términos o el surgimiento de nuevas denominaciones descriptivas del nuevo alcance comportarán, tal vez, una ampliación de términos en los diccionarios.

El concepto mismo del *yo* —el *Dasein* de Heidegger ('el ser ahí') o el «yo y mi circunstancia» orteguiano— puede quedar conformado en el futuro por una «circunstancia» que es la de un yo traspasado por neurotecnologías que dejan de ser ya meros instrumentos técnicos a disposición de la persona, para hacer de la persona alguien (¿o algo?) sometido o dependiente de la tecnología, lo que suscita el recuerdo del mito del aprendiz de brujo de Goethe que pone en marcha fuerzas que ya no es capaz de dominar —mito permanente con antecedentes en Luciano de Samosata[13]—, sino que le dominan y de las que se puede acabar haciendo siervo.

LA RESPUESTA MULTIDISCIPLINAR A LOS RETOS QUE SUSCITA LA APLICACIÓN DE LAS NEUROTECNOLOGÍAS: EL PAPEL DEL DERECHO

Los riesgos que para los derechos de las personas derivan del empleo de neurotecnologías obligan a tomar postura anticipada acerca de las condiciones de empleo de las mismas para finalidades terapéuticas, pero también, y muy especialmente, acerca de la posibilidad misma de su empleo para finalidades no terapéuticas de aumentación o potenciación de las personas. Se trata de saber si el derecho a la libertad personal conlleva el derecho a optar libremente por ser aumentado o potenciado o puede quedar limitado por las consecuencias que de ello puedan derivarse para el derecho a la igualdad, dando lugar a dos especies de personas: las aumentadas y las naturales, hasta ahora existentes o no aumentadas.

Estaríamos ante una posibilidad que pudiera ser disruptiva —disruptiva incluso de la especie humana— pero, en el fondo, ante el mismo conflicto entre derechos fundamentales al que estamos acostumbrados. El conflicto entre la libertad y la igualdad[14].

Lo llamativo es que estos conflictos que se presentan como disruptivos pueden analizarse desde dos perspectivas contradictorias: lo insólito de los conflictos mismos, por una parte, pero frente a ello y por otra parte, lo reiterativo de la permanente presencia de la necesidad de ponderación de los derechos en presencia atendiendo a las circunstancias que concurren para

---

13. *Vid.* del citado autor del siglo II después de Cristo *El aficionado a la mentira*. El autor del presente trabajo lo cita en «¿Por qué una carta de derechos digitales?», en *Revista Registradores de España*, n.º 92; también en «Derechos fundamentales, democracia y mercado en la edad digital», en *Derecho Digital e Innovación*, número 1, enero-marzo 2019, n.º 1, 1 de enero de 2019, editorial Wolters Kluwer.

14. *Vid.* Borbón Rodríguez, Diego Alejandro; Borbón Rodríguez, Luisa Fernanda, y Laverde Pinzón, Jeniffer, «Análisis crítico de los NeuroDerechos Humanos al libre albedrío y al acceso equitativo a tecnologías de mejora», en *Ius et Scentia*, vol. 6, n.º 2, 2020, págs. 136 y ss.

ponderarlos y atender a la vez al contenido esencial de los derechos y libertades como criterios de solución de tales conflictos. Solución que se efectúa a través de una reconstrucción de los derechos, pero profundizando en su esencia a la vista del contexto y resituándolos en los nuevos escenarios que abran las neurotecnologías.

Un adelanto de esos rasgos contradictorios lo tuvimos en las ciencias biomédicas con los trasplantes de órganos. El conflicto surge cuando las reales posibilidades técnicas y científicas de los trasplantes obligan a plantearse la cuestión de si las personas pueden, con plena libertad, vender sus órganos. En definitiva, si la libertad fundamental de la persona nos obliga a los demás a proteger y defender su libre opción para vender sus órganos a cambio de un precio, si es lo que libremente desean; precio con el que el vendedor quiera, tal vez, dar una vida mejor a sus hijos, pero sin que la bondad del objetivo haya de determinar su licitud.

El mismo debate se dio en el ámbito de las ciencias biomédicas con la maternidad subrogada o con las investigaciones sobre el genoma.

En el caso de los trasplantes no se reconoce la libertad personal de una persona viva a disponer libremente de sus propios órganos a cambio de un precio a favor de un tercero; solo cabe el altruismo en la donación y siempre para fines terapéuticos[15] que no incluyen fines de investigación.

En el caso de la aumentación o potenciación de la persona, el conflicto que hemos señalado es entre la libertad personal para ser mejorado y el derecho a la igualdad de los demás que, por razones económicas, no puedan acceder a esa aumentación. No es, por cierto, el único conflicto; pero, centrándonos en ese, las ayudas públicas a la aumentación o potenciación que se ofrece como solución se prestan a discusión; en especial en relación con aquellos que —con ayudas o sin ellas— no quieren ser «mejorados» o «aumentados», pero tampoco quieren quedar discriminados por su menor, aunque normal, capacidad.

Lo mismo ocurre con la objeción que, frente a la libertad personal para ser mejorado, esgrime que esa mejora o aumentación puede crear una permanente dependencia de un sistema convergente de neurotecnologías e inteligencia artificial cuyo gestor adquiere potencialmente unos poderes de orientación de las conductas y de conocimientos de las personas «clientes» que puede afectar a la democracia misma. Afectar también eventualmente a las condiciones de competencia y mercado al poder condicionar lo que la persona aumentada quiere o desea[16]; afectar igualmente a la seguridad y a la De-

15. Ley 30/1979, de 27 de octubre, sobre extracción y trasplante de órganos.

16. Sobre esta dimensión colectiva o institucional de los conflictos que pueden acabar afectando a la democracia o al mercado puede verse del autor y en relación en general con la socie-

fensa. Todo ello al margen de los sesgos que la IA pueda tener, ya sean deliberados o no.

No estamos aquí solo ante un conflicto entre dos derechos fundamentales que haya que resolver ponderando cuál debe prevalecer o en qué condiciones, atendido el contexto y las circunstancias que concurren. Estamos también en un conflicto entre un eventual derecho de libertad a ser mejorado y otros bienes de relevancia constitucional, como son la democracia o el mercado y la competencia. También en un conflicto entre un eventual derecho y un bien como es la preservación de la especie humana en su estado natural.

La índole del conflicto exige respuestas que han de venir del derecho, pero el derecho mismo no puede prescindir de los presupuestos éticos y filosóficos sobre los que se ha ido construyendo la humanidad en su dimensión social y política. La respuesta ha de provenir de una reflexión colectiva e interdisciplinar sobre el futuro de la persona y de la sociedad.

Los científicos han de participar en ese debate, pero también otras ciencias, saberes y conocimientos han de participar en él. La visión ética y filosófica es necesaria[17], pero una ética y una filosofía que ha de partir de unos valores compartidos, que no son otros que los derechos fundamentales, tal y como los conocemos en sus distintas Declaraciones; ya sea la Universal de Derechos Humanos de 1948, ya sean las regionales (Convenio de Roma de 1950 o la Convención de Costa Rica de 1969), ya sean las que se contienen en documentos constitucionales o de rango constitucional de los distintos Estados.

EL DEBATE SOBRE LA NOVEDAD Y EL CARÁCTER ORIGINAL Y FUNDAMENTAL DE LOS DERECHOS QUE SE PROCLAMEN EN RELACIÓN CON EL EMPLEO DE LAS NEUROTECNOLOGÍAS

Tiene interés el debate acerca de si se trata de declarar derechos nuevos o de si en realidad no es necesario declarar nuevos derechos, sino que los actualmente declarados bastan para resolver los nuevos problemas que se crean. El

---

dad digital «Retos, riesgos y oportunidades de la sociedad digital» en la obra colectiva dirigida por él mismo y por Piñar Mañas *Sociedad digital y Derecho*, BOE 2019.

17. Vid. Ruiz Martínez Cañavate, Manuel, en *Neurociencia etica y derechos humanos*, tesis doctoral de la Universidad Nacional de Educación a Distancia (España), Escuela Internacional de Doctorado, Programa de Doctorado en Derecho y Ciencias Sociales, dirigida por Rafael Junquera de Estéfani; también Valenzuela Corales, María de los Andes, en «Neuroderechos: hacia una fundamentación filosófica», *Revista de Ciencias Humanas, Teoría Social y Pensamiento Crítico*, n.º 16, Universidad Nacional Experimental Rafael María Baralt, Maracaibo, Venezuela.

interés académico del debate no impide sostener que se trata de un debate que, posiblemente, no esté bien planteado.

Los derechos que en relación con las neurotecnologías hayan de reconocerse no lo serán por concesión gratuita del legislador que generosamente los reconozca, sino que en realidad los reconoce —debe reconocerlos o es conveniente que los reconozca— porque, en el fondo, son derechos de la persona que de forma genérica están comprendidos en el concepto de dignidad de la persona y los derechos que le son inherentes como criterio de completitud y reintegración de los singulares derechos y libertades ya expresamente reconocidos (libertad, vida e integridad, intimidad, honor, etc.). Dignidad de la persona que, junto al libre desarrollo de la personalidad, se constituye así en el venero reintegrador de todos los derechos. Incluso en el supuesto de que, a diferencia de Alemania, la dignidad de la persona o el libre desarrollo de la personalidad no estén específicamente reconocidos ellos mismos como derechos fundamentales, aportarán siempre una fuerza y un criterio interpretativo y reintegrador de todos los demás derechos sí expresamente reconocidos.

Que el legislador no concrete u otorgue denominación específica a derechos que no son sino derivación o emanación de otros a través del venero sintético de todo derecho de la persona —la dignidad de la persona (el *homo homini sacra res* de Séneca) con sus derechos inherentes y el libre desarrollo de la personalidad— no significa que tales derechos no puedan reconocerse a partir de esa fuente originaria adicional y sintética que es la dignidad de la persona sobre la base de los reconocimientos específicos de cada uno que ya existan, siquiera de forma sucinta e imprecisa, en las Declaraciones de derechos. Tampoco significa que los Tribunales no puedan llegar a declararlos caso por caso con arreglo a esos criterios de reintegración —y a lo dispuesto en tratados y convenios internacionales— en los supuestos en que tengan que resolver controversias al respecto; tampoco que los tribunales constitucionales no puedan llegar a declarar que determinadas leyes o actuaciones públicas son contrarias a derechos fundamentales, cuando se refieran a la afección que los tradicionales derechos de la persona sufran con ocasión de la aplicación de neurotecnologías de modo que lesionen derechos como la identidad, voluntad o capacidad de decisión, conciencia de sí, información, etcétera, de la persona; derechos interpretados o reintegrados con arreglo a las exigencias de la dignidad de la persona y del libre desarrollo de la personalidad.

Con esas declaraciones de los tribunales se estaría afirmando que determinados derechos cuya positivación con denominaciones específicas en las leyes no se ha producido todavía reciben protección anticipada frente al empleo de las neurotecnologías en la medida en que no sean sino concreción o derivación de derechos sí reconocidos.

Ello no significa que no sea necesario y muy conveniente que el legislador mismo o, en último caso, la propia Constitución reconozcan y declaren los nuevos derechos —los neuro-derechos— en la medida en que con ello favorece enormemente su respeto y efectividad, a la vez que se dota de seguridad jurídica su tratamiento[18] aunque el enunciado constitucional sea tan conciso que precise después también de desarrollo legal que lo concrete.

En España se ha optado por una Carta de Derechos digitales no vinculantes, pero que llama al legislador a regular no solo los neuroderechos, sino todas las realidades afectadas por las tecnologías digitales en general. Una Carta que en su Preámbulo empieza por reconocer que no trata de declarar nuevos derechos, aunque luego invite al legislador a concretarlos, afirmando desde el principio la filosofía de la que parte:

> En este contexto, no se trata necesariamente de descubrir derechos digitales pretendiendo que sean algo distinto de los derechos fundamentales ya reconocidos o de que las nuevas tecnologías y el ecosistema digital se erijan por definición en fuente de nuevos derechos. La persona y su dignidad son la fuente permanente y única de los mismos y la clave de bóveda tanto para proyectar el Ordenamiento vigente sobre la realidad tecnológica, como para que los poderes públicos definan normas y políticas públicas ordenadas a su garantía y promoción.

Las leyes en todo caso permitirán establecer las condiciones, restricciones y medidas que aseguren su efectividad y que se abra un debate parlamentario y social en trance de aprobarlas. Un debate relevante sobre la delimitación de los derechos personales y su relación con otros derechos o con otros bienes en los nuevos espacios o escenarios que abren las neurotecnologías y sus aplicaciones.

Desde luego las afecciones de las neurotecnologías sobre las personas se producirán siempre sobre sus derechos personales —o de la personalidad— reconocidos en Declaraciones de derechos, pero la radical novedad disruptiva de las nuevas afecciones hace muy conveniente su expreso reconocimiento con nuevas denominaciones que reflejen la novedad de tales afecciones.

La conveniencia y a veces necesidad del reconocimiento de específicos derechos relacionados con el empleo de las neurotecnologías no quiere decir que sin ese reconocimiento legal queden completamente desprotegidos, pues los tribunales pueden acabar protegiéndolos y declarándolos; pero se

---

18. Es lo que se ha hecho recientemente en Chile al incorporarlos a su Constitución modificando su artículo 19.1: «El desarrollo científico y tecnológico estará al servicio de las personas y se llevará a cabo con respeto a la vida y a la integridad física y psíquica. La ley regulará los requisitos, condiciones y restricciones para su utilización en las personas, debiendo resguardar especialmente la actividad cerebral, así como la información proveniente de ella».

crean espacios de incertidumbre e inseguridad para las personas que hace desaconsejable entregar sin más la solución a los Tribunales, al margen de que estos con sus sentencias puntuales no pueden establecer una regulación general que establezca condiciones, requisitos y restricciones que solo el legislador puede realizar de forma efectiva.

Esa conveniencia de regulación legislativa no es contradictoria con la experiencia comprobada en otros ámbitos tecnológicos (el de la protección de datos) de que muchos de los nuevos derechos proclamados en textos normativos y vinculantes en tales ámbitos han sido precedidos de pronunciamientos de los tribunales reconociendo derechos, sin que existiera esa previa declaración formal, en situaciones conectadas con los derechos ya declarados de forma más limitada o imprecisa. Ello probaría que no es indispensable, aunque desde luego sea muy conveniente, el previo reconocimiento legal para que los nuevos derechos encuentren plena e inmediata protección sin la azarosa exigencia de un indispensable procedimiento judicial.

Es el caso, en el ámbito de la protección de datos, del llamado «derecho al olvido» o del «derecho a la desconexión digital» que han sido objeto de protección jurisdiccional antes de su proclamación legal. En el caso del derecho al olvido (art. 93 de la Ley de Protección de Datos española[19]) la jurisprudencia española y la europea ya lo había reconocido como formando parte de derechos clásicos antes de que el Reglamento Europeo de Protección de Datos lo reconociera[20] en su artículo 17. Recogerlo en un texto legal o en una declaración hubiera permitido adelantar su protección, lo cual supone una ventaja, pues no hubiera sido necesario esperar a que fuera declarado por los jueces. El hecho de que la ley española haya reconocido también el derecho al olvido en las redes sociales y los servicios equivalentes pone sobre aviso, sin embargo, respecto de uno de los inconvenientes: el de que se piense que todo lo que no esté listado de modo expreso y concreto como derecho en una ley no es, en principio, derecho alegable. Si el legislador no incluyó algo como derecho, podría decirse, erróneamente, será porque no era propiamente un derecho. Para evitar las consecuencias de tal idea, la tentación podría consistir en hacer una interminable lista de derechos con objeto de no olvidarse de alguno. Sin embargo, la no inclusión en una lista no tiene que impedir su futuro reconocimiento jurisdiccional cuando exista un fuerte punto de conexión evidente con un derecho ya reconocido, reinterpretado o reintegrado a la vista de la invocación de la dignidad de la persona y el libre desarrollo de la personalidad.

---

19. Ley Orgánica 3/2018, de 5 de diciembre, de Protección de Datos Personales y garantía de los derechos digitales.

20. Reglamento (UE) 2016/679 del Parlamento Europeo y del Consejo, de 27 de abril de 2016.

En cuanto al carácter fundamental de los nuevos derechos o a la consideración como derechos sin más, se trata de otra cuestión de interés académico, pero sin que tenga que entrarse en esa cuestión con detalle, en este foro, señalando únicamente que dependerá, aparte de su declaración o no como derechos fundamentales, de su conexión más o menos íntima —en el caso de que no haya recibido tal categorización— con un derecho sí declarado como fundamental.

CARÁCTER GLOBAL Y TRANSNACIONAL DE LA ORDENACIÓN DEL EMPLEO DE LAS NEUROTECNOLOGÍAS Y LOS INSTRUMENTOS DE GARANTÍA DE TALES DERECHOS

Una peculiaridad que presentan las neurotecnologías en relación con los derechos y libertades de las personas radica en que la solución que se dé a su regulación es cada vez más difícil que sea estatal o regional, sino que ha de ser global y mundial.

La dificultad para lograr una solución tal no puede escapársenos, pero tampoco que es necesario ponerse a la tarea de conseguirlo. Y por lejana que parezca la solución global lo que el momento actual reclamaría es comenzar por dar los primeros pasos sin desanimarse por la distancia del camino a recorrer, pues todo recorrido empieza por los primeros pasos. El horizonte de llegada está condicionado por dos modelos de solución que parece que predeterminan la solución correcta.

Un modelo puede ser el autoritario que ve en la aplicación de las neurotecnologías un sistema de aseguramiento del control de la voluntad de las personas en beneficio de un control estatal de todos que garantice la tranquilidad a cambio de la pérdida de libertad. Otro sería neoliberal con libertad de empresa y de un mercado de las neurotecnologías en que las más competitivas puedan acabar dominándolo.

Tales dos modelos extremos tienen evidentes riesgos para la libertad personal y la democracia, aunque podrían ofrecerse matizaciones y restricciones que eviten parte de esos riesgos y traten de asegurar que ni el Estado se haga con el control de todo —en el modelo autoritario— ni las empresas más potentes y competitivas puedan llegar a adquirir tal posición de dominio que desplacen a casi todas las demás —en el modelo neoliberal—. La capacidad de tales matizaciones para resolver los riesgos puede resultar, sin embargo, azarosa.

Un tercer modelo que parece superior trataría de evitar desde el principio cualquier riesgo de estatalización o de privatización del dominio de las neurotecnologías estableciendo una regulación con límites y controles en que, sin prescindir de la iniciativa privada ni de la supervisión pública, se establezcan las limitaciones y restricciones indispensables y se regulen las condiciones de utilización de las neurotecnologías, tanto de las que presentan finalidad terapéutica como de los supuestos y condiciones en que el legislador determine que pueden utilizarse para fines de aumentación o mejora. Que las regulen y establezcan autoridades de supervisión.

En ese sentido un foro como este de las Academias de la lengua, que pudiera considerarse regional, puede ser uno de los instrumentos de toma de conciencia de la necesidad de buscar soluciones globales sobre la base de un modelo compartido para las mismas.

ALGUNAS PRECISIONES Y CONCLUSIONES

La aplicación de las neurotecnologías para la curación de enfermedades tiene que ser saludada con esperanza por sus indudables beneficios. Ello no impide que podamos percibir también riesgos sobre los que deberían establecerse mecanismos y condiciones para conjurarlos, evitando daños a los derechos y libertades de las personas, así como al propio modelo de organización social.

El reto que el momento actual tiene por delante radica en cómo asegurar al máximo el aprovechamiento de las neurotecnologías y sus aplicaciones y, a la vez, evitar los riesgos que puedan derivarse de un mal uso de las mismas. La dificultad radica, entre otras cosas, en que estamos en un momento incipiente del uso de tales tecnologías; tan incipiente que en algunos casos todavía se circunscriben al campo experimental o de laboratorio, aunque empiezan a conocerse supuestos de empleo en la población.

El problema en estas actividades emergentes consiste en que una regulación temprana de las neurotecnologías, como de cualquier tecnología nueva por otra parte, si solo atiende a los riesgos y peligros que puedan derivarse de su empleo y posterga sus beneficios, puede impedir el pleno despliegue de las enormes oportunidades que puedan llegar a obtenerse en beneficio de las personas y de la sociedad y afectar a la libertad científica e investigadora.

En esas condiciones, el legislador debe ser muy prudente sin pretender desde el principio acotar con una regulación rígida de posibilidades de investigación y aplicación que conviene dejar que se desplieguen. El legislador, que no conoce siempre los aspectos técnicos complejos de las nuevas tecnologías, debe señalar aquello que no debe permitirse cuando tiene la seguridad de que no hay otra alternativa, pero en defecto de tal seguridad su regulación debe ser más abierta. Debe señalar claramente los riesgos a evitar e imponer el deber de evitarlos en cuanto se concreten, pero sin señalar siempre todos los medios de hacerlo; medios que podrán imponerse de forma sucesiva en cuanto la investigación y la experiencia den certidumbre al respecto. Puede señalar los principios con arreglo a los cuales hayan de establecerse medidas que protejan los bienes y valores que deben ser preservados.

Simultáneamente y hasta que se obtengan mayores certezas sobre las medidas a tomar pueden establecerse sucesivas recomendaciones y guías de conducta. También elaborar y solicitar informes o realizar consultas públicas con arreglo a las cuales se aprueben comunicaciones donde se analicen los riesgos y medidas a adoptar y se señalen líneas futuras de actuación.

Eso explica por qué, en la mayor parte de nuevos campos de regulación relacionados con nuevas tecnologías, junto a las normas vinculantes (el *hard law*), empiezan a cobrar mayor importancia instrumentos no directamente vinculantes[21], pero que acaban sentando criterios de interpretación con arreglo a los cuales los tribunales pueden llegar a apreciar si se han producido excesos o daños de los que hacer responsables a sus autores; con ello esos instrumentos no vinculantes acaban teniendo valor y relevancia jurídica. Sobre todo, generan una dinámica de tensión en la búsqueda de avances que no posterguen la máxima atención a los derechos y libertades de las personas.

Junto a ello surgen también las autoridades independientes, las agencias, los comités de ética, etc., que tratan de complementar una actividad legislativa que no está siempre en condiciones de determinar de forma vinculante y de antemano lo que hay que hacer o no en campos que el legislador no conoce con precisión y en los que los propios científicos e investigadores están siempre en evolución. Eso dota al derecho en estos ámbitos de ese carácter dúctil o maleable del que hablara Zagrebelsky[22], que debe su carácter a esta sensación de permanente adaptación.

Es también la característica del derecho de la regulación que, más allá del ámbito económico, inspira buena parte de la ordenación de sectores muy vinculados con las tecnologías o las ciencias en general.

21. La Directiva (UE) 2018/1972 de 11 de diciembre de 2018 por la que se establece el Código Europeo de las Comunicaciones Electrónicas remite, ella misma, a instrumentos no vinculantes como recomendaciones, directrices, dictámenes, posiciones comunes o mejores prácticas de los que dice que los Estados miembros velarán por que las autoridades nacionales de reglamentación las «tengan muy en cuenta». Igualmente en los últimos reglamentos de la UE sobre Servicios digitales [Reglamento (UE) 2022/2065 de 19 de octubre de 2022] y sobre Mercados digitales [Reglamento (UE) 2022/1925 de 14 de septiembre de 2022 sobre mercados disputables y equitativos] es notable cómo el propio articulado, formalmente vinculante, se expresa en ocasiones con apelaciones a la «diligencia debida» (art. 11 y ss. del Reglamento de servicios) que eluden imponer reglas de fondo claras o con apelaciones, en el caso del Reglamento (UE) 2022/1925, a obligaciones de los guardianes de acceso que pueden ser especificadas con mayor detalle posteriormente, lo que pone de relieve la imprecisión de la norma y su concreción posterior en un debate con el guardián de acceso.

22. Zagrebelsky, Gustavo, en *Il diritto mite*, traducción española *El derecho dúctil. Ley, derechos, justicia*, 5.ª ed., trad. de Marina Gascón, Trotta, Madrid, 2003.

No se trata de un defecto del derecho, sino de una constatación de que el legislador no conoce siempre con precisión en determinados sectores cuáles son las reglas que debe imponer, aunque sí conoce los riesgos y peligros que quiere evitar por afectar a derechos, bienes o valores que está obligado a proteger. Ello le lleva a establecer no solo reglas, sino también principios y objetivos a conseguir, entre ellos el de protección de datos desde el diseño, y por defecto, que se aplica en la protección de datos. Con ello se traspasa a los operadores y empresas la obligación de interiorizar la protección y garantía de los derechos, libertades, bienes y valores como tarea propia que se les impone.

Ese es el camino elegido por España con la aprobación de una Carta de Derechos Digitales presentada públicamente por el presidente del Gobierno el 14 de julio de 2021. No se trata de un instrumento vinculante desde luego, como dice su preámbulo, pero sí trata de inspirar la acción del Gobierno y de los poderes públicos. La Carta llama e invita al legislador a regular los distintos derechos y libertades afectados por las tecnologías digitales y dedica un apartado específico a los neuroderechos, estableciendo los principios a que debe ajustarse su tratamiento y consideración; llamando al legislador para desarrollarlos y muy específicamente en el supuesto de la aplicación de las neurotecnologías fuera de las finalidades exclusivamente terapéuticas. Se es consciente así de que en el momento actual sería prematuro que el legislador aborde con detalle una cuestión que precisa del conocimiento de la evolución y alcance de las propias tecnologías que, en ocasiones, pueden ofrecer ellas mismas soluciones a los problemas que hoy parecen insolubles. Pero la propia Carta es ya un compromiso firme con las inmediatas y sucesivas regulaciones en cuanto el conocimiento más preciso de los avances en las neurotecnologías y sus aplicaciones lo permitan.

El español, lengua común. Mestizaje e interculturalidad en la comunidad hispanohablante[1]

CARMEN RIERA

Real Academia Española

1. Intervención en el IX Congreso Internacional de la Lengua Española (Cádiz).

Don Víctor García de la Concha, director honorario de la RAE, exdirector del Instituto Cervantes, me pide que les salude en su nombre. Él tenía que presidir esta mesa y presentar a sus integrantes, lo haré yo, sustituyéndole, antes de darles la palabra.

Siento muchísimo que don Víctor, que organizó seis Congresos Internacionales, no esté hoy aquí, puesto que no conozco a nadie con mayores merecimientos, en el intento de aunar España y América a través de la lengua común, que nuestro director honorario. Carmen Balcells tenía en su despacho un cartel con estas palabras: «Mi destino es América», quién sabe si se lo tomó prestado a García de la Concha. Gracias, querido Víctor, por el esfuerzo de tantos años.

Dicho esto, quiero manifestarles mi alegría por estar en la «salada claridad de Cádiz», una ciudad maravillosa, cuyo nombre nos retrotrae siempre a las primeras Cortes constituyentes, que pusieron el cimiento de nuestras libertades, a las que acaba de referirse en su discurso don Santiago Muñoz Machado, director de la RAE.

Nuestra mesa se centra en el tema con el que se ha bautizado este congreso: «El español, lengua común. Mestizaje e interculturalidad en la comunidad hispanohablante».

Un tema o, más precisamente, unos temas interesantes y complejos, a menudo controvertidos, que hay que abordar con conocimiento de causa, «delicadeza y sensibilidad». Tomo prestadas estas dos últimas palabras al profesor Ángel López, experto en tales materias.

Tal vez valdría la pena, puestos a ser estrictos y puntillosos, comenzar por decir que, en nuestro caso, en el caso de la conquista americana, primero fueron el mestizaje y la interculturalidad —doña Marina, la Malinche y la tortilla de patatas, sirven de referente sucinto— y más tarde la adopción del castellano como lengua común.

Quizá está de más repetir algo que todos saben, pero en lo que yo no me cansaré nunca de insistir y que resumiré de manera breve:

1. Los territorios americanos conquistados y sus pobladores no fueron considerados nunca como colonia. Tuvieron el mismo reconocimiento por parte de la Corona que los territorios y los habitantes de este lado del mar. Así lo demuestran diversos escritos de la reina Isabel y luego las llamadas Leyes de Indias, a partir las Ordenanzas de Burgos de 1512. Muchos juristas están de acuerdo en advertir que son precursoras de la declaración de los Derechos Humanos y del Derecho Internacional, aunque otros —como el profesor Sánchez Arcilla— no lo crean así. Claro está que pese a los desmanes que, indignamente, los conquistadores y más aún los encomenderos pudieron cometer.

2. España no impuso la lengua de Castilla en América hasta el siglo XVIII y fue a petición del obispo de México Francisco Antonio de Lorenzana y Butrón, quien expuso a Carlos III en 1769 la necesidad de que se enseñe castellano a los indígenas y de que estos abandonen el uso de sus lenguas. Las dos Reales Cédulas, la de 16 de abril de 1770 y la de 28 de febrero de 1778, promulgadas por Carlos III, demuestran hasta qué punto el monarca le hizo caso. Aunque va a ser a partir de la independencia de las distintas naciones americanas, cuando el castellano se convierta en hegemónico. Los líderes de las jóvenes repúblicas se independizaron de la metrópoli hablando en castellano y en castellano se dictaron las leyes que hicieron soberanas las nuevas naciones de América y, en cada una de estas, el castellano, con su fonética particular, se impuso como lengua de la enseñanza.

Hoy sabemos que fueron sobre todo los frailes los más interesados en aprender las lenguas autóctonas y los primeros en elaborar diccionarios y gramáticas. Para los franciscanos y los dominicos era mucho más importante poder hablar a los indígenas en sus idiomas, por otra parte, tan diversos, que el hecho de que aquellos pudieran aprender el castellano. Incluso, los jesuitas, en América, tenían prohibido hacer profesión pública y definitiva de sus votos si no sabían alguna de las lenguas de indios. A pesar de que esa no imposición podría estar motivada por algunos intereses no precisamente bien intencionados, como nos va a contar uno de nuestros ponentes.

Pero ya, sin más preámbulos, paso a presentárselos, por orden de intervención.

El primero en tomar la palabra es el escritor argentino Martín Caparrós (Buenos Aires, 1957). Militó desde muy joven en grupos de izquierda. Entró a las FAR (Fuerzas Armadas Revolucionarias) y tuvo su primer trabajo en el diario *Noticias* a las órdenes de Rodolfo Walsh. Antes del golpe militar, se fue a París y estudió Historia en la Sorbona.

Ha sido periodista gráfico, de radio y televisión, y ha dirigido revistas de libros y revistas de cocina. Obtuvo la beca Guggenheim, los premios Planeta de América y Herralde de novela, los premios Tiziano Terzani y Caballero Bonald de ensayo, los premios Rey de España, Moors Cabot y Ortega y Gasset de periodismo. Ha publicado más de treinta libros en más de treinta países. Los últimos son las novelas *Sinfín* y *Sarmiento* y el ensayo *Ñamérica,* en el que nos propone un nombre nuevo para Hispanoamérica. Este año Random House ha iniciado, con unos quince títulos, la publicación de la «Biblioteca Martín Caparrós».

Tras Caparrós hablará el peruano Alonso Cueto (Lima, 1954) Miembro de la Academia Peruana de la Lengua, profesor principal de la Universidad Católica del Perú y escritor. Es asimismo autor de diecinueve libros, entre novelas, relatos y ensayos. Su obra ha sido traducida a veinte lenguas. Con su novela *La hora azul* ganó el premio Herralde en 2005, tal vez la obra que le ha supuesto un reconocimiento mayor. En febrero del 2022, el portal Librotea de Mexico consideró *La Hora Azul* como uno de los diez libros latinoamericanos que deben formar parte de una biblioteca. Otros títulos son: *El susurro de la mujer ballena* y *Palabras de otro lado.* Ha obtenido el premio alemán Anna Seghers por el conjunto de su obra, la beca de la Fundación Guggenheim, la medalla del Inca Garcilaso. En el 2017 fue reconocido por el Estado peruano como Personalidad Meritoria de la Cultura.

Como supongo que han podido observar, Caparrós y Cueto tienen en común, además de la beca Guggenheim, haber obtenido el premio Herralde de novela y publicar en la editorial Anagrama. También Juan Villoro, que intervendrá en último lugar, fue premio Herralde de novela.

Ángel López, nuestro tercer ponente no es novelista, sino ensayista, y por tanto no ha podido ganar el premio Herralde, pero sí el Anagrama de ensayo, una coincidencia que estoy segura que enorgullece a Jorge Herralde porque va a favor del prestigio de su editorial.

Ángel López García-Molins (Zaragoza, 1949) es lingüista, catedrático emérito de la Universitat de València. Profesor visitante en varias universidades (Mainz, Aarhus, Minnesota, Virginia, Salamanca, Carlos III, Shanghai International, Verona). Ha tratado el tema de la lengua y el mestizaje en *El rumor de los desarraigados* (XIII premio Anagrama) y en *El sueño hispano ante la encrucijada del racismo contemporáneo* (VIII Premio Constitución). Director de IVALCA (Instituto Valenciano de Lenguas y Culturas Amerindias). Promotor del ILPI (Instituto de Lenguas de la Península Ibérica). Doctor *honoris causa* por la UNED y por la Universidad de Sofía. Académico correspondiente de la ANLE. La Académie des Belles Lettres de l'Institut de France le ha otorgado el premio Honorée Chavée por el conjunto de su obra científica. Me alegro mucho de tener aquí a uno de los mayores expertos científicos en la materia que nos ocupa.

Finalmente le tocará el turno, ya que hemos seguido el orden alfabético, al mexicano Juan Villoro (Ciudad de México, 1956). Estudió Sociología y asistió al taller de cuento de Augusto Monterroso. Entre 1977 y 1981, escribió los guiones del programa radiofónico «El lado oscuro de la luna», en Radio Educación. Ha sido profesor de literatura en la UNAM y profesor invitado en las universidades de Yale, Boston, Stanford, Princeton y Pompeu Fabra de Barcelona. Ha colaborado en los periódicos *Reforma* (México), *El Mercurio* (Chile) y *El Periódico de Catalunya* (España). Fue director de *La Jornada Semanal*, suplemento cultural del diario *La Jornada*, de 1995 a 1998.

En 1991 publicó su primera novela, *El disparo de argón*, a la que siguieron *Materia dispuesta* (1997); *El testigo* (2004), premio Herralde; *Arrecife* (2012), premio José María Arguedas de Cuba, y *La tierra de la gran promesa* (2021). En sus múltiples facetas de narrador, dramaturgo, ensayista y autor de libros infantiles, Juan Villoro es reconocido como uno de los principales escritores hispanoamericanos contemporáneos, multipremiado (Premio Internacional de Periodismo «Manuel Vázquez Montalbán»; premio «Antonin Artaud», en México; premio ACE, en Argentina; premio Iberoamericano de Letras «José Donoso»; el Homenaje Nacional de Periodismo Cultural «Fernando Benítez» de la vigesimoséptima Feria Internacional del Libro (FIL) de Guadalajara (2013); y el Premio Liber (2019).

Mestizaje, ciencia, tecnología y lengua

JOSÉ MANUEL SÁNCHEZ RON

Real Academia Española

Ciencia y tecnología. ■ ¿Dos culturas?: ciencia y humanidades.

Ciencia y tecnología, disciplinas apartadas con mayor frecuencia de la deseada de lo que conviene a cualquier sociedad de lo que muchos consideran, torpemente, «cultura», sirven bien para hablar de mestizajes. Entiendo aquí por «mestizaje» la tercera acepción que recoge el *Diccionario de la lengua española* (*DLE*): «Mezcla de culturas distintas, que da origen a una nueva». No, desde luego, la primera, «Cruce de razas diferentes», pues el concepto de «raza» no tiene razón de ser científica para los humanos, como ha señalado la Comisión de Vocabulario Científico y Tecnológico de la Real Academia Española, proponiendo en su lugar: «Conjunto de poblaciones humanas que, según clasificaciones tradicionales y sin fundamento científico, comparten rasgos físicos o fisiológicos».

Una de las más nobles funciones de un diccionario es contribuir a desechar ideas que, carentes de base científica, se pueden utilizar para marginar o perseguir. Que «se pueden utilizar» y que, de hecho, se han utilizado a lo largo de la historia. No tengo que recordar lo que ha sido el «racismo», que desafortunadamente aún no ha desaparecido. No ha existido nunca mayor mestizaje, combinación más extensa, frecuente y variada de genes que el que ha practicado *Homo sapiens* a lo largo de su historia. Cuando se estudia en humanos cualquier genoma, siempre se encuentra un alto grado de polimorfismo, esto es, de variedad genética. De hecho, las diferencias entre individuos son más importantes que las que se aprecian entre los supuestos grupos «raciales».

Por cierto, este hecho científico debería obligar a introducir un pequeño cambio en la Constitución española de 1978. En ella, el Artículo 14, el primero del Capítulo II («Derechos y libertades»), dice: «Los españoles son iguales ante la ley, sin que pueda prevalecer discriminación alguna por razón de nacimiento, raza, sexo, religión, opinión o cualquier otra condición o circunstancia personal o social». Sobra «raza».

Yo mismo soy —y todos lo somos en una medida u otra— fruto de muy diversos mestizajes. Una de mis patrias, intelectual esta, es el país del Toledo de las tres culturas, la musulmana, la judía y la cristiana. El Toledo de las tres lenguas, árabe, hebreo y latín. La ciudad que más hizo por llevar a Europa los contenidos de la vieja, mítica, biblioteca de Alejandría, el mejor ejemplo temprano de mestizaje: ¿no había sido construida precisamente para llevar a Alejandría los libros de todos los pueblos del mundo? El Toledo al que llegaban eruditos de todas partes de Europa para acometer la hermosa y gigantesca tarea de verter la ciencia, técnica y filosofía del idioma árabe a una lengua, la latina, que había estado durante siglos al margen de esos temas. Gentes cuyos nombres revelan el carácter internacional y multicultural de aquella empresa: Platón de Tivoli, Gerald de Cremona, Robert de Chester, Hermann el Dálmata, el judío converso hispano Mosé Sefardí de Huesca, Rodolfo de Brujas o Juan de Sevilla.

Y del latín a las lenguas romances, como nuestra lengua castellana, o español. Un idioma este que contiene todo tipo de ejemplos de mestizajes, voces que denotan su origen griego, latino, árabe, francés o inglés. El término, por ejemplo, *álcali* da fe del papel que desempeñó el mundo árabe en el desarrollo y transmisión del conocimiento científico y médico durante siglos. Procede, en efecto, de la palabra árabe *al-quali* ('ceniza de plantas alcalinas'); y sin el artículo, *quali* condujo al símbolo químico del potasio, *K* (de *kalium*). De forma parecida, *alcohol* procede de *alkuh'i* ('sutil'), *azúcar* de *assukkar* y *jarabe* de *sarab* ('bebida').

No está de más tampoco recordar que una de las consecuencias más importantes, para España y para el conjunto de Europa, del descubrimiento de América fue el hallazgo en tierras americanas de productos naturales como la patata, el tomate, el maíz, la coca, el aguacate, el cacahuete, el cacao, la guayaba, el tabaco o la yuca, que llegaron a España y de ahí pasaron al resto de Europa. Estos alimentos se instalaron en nuestras huertas y cocinas —y subsidiariamente en nuestros estómagos—, en los catálogos botánicos y también en el idioma castellano. Bastan unos cuantos ejemplos para mostrar el origen americano de términos tan familiares para los hispanohablantes como *cacahuete*, que procede del náhuatl *cacáhuatl*, *maíz* (del taíno *mahís*) o *tomate* (del náhuatl *tomatl*). Evidentemente, no solo fueron plantas (o árboles, como el de caucho o el de la quina) las únicas entidades vivas descubiertas en América, también lo fueron animales: caimanes, cóndores, guacamayos, llamas, iguanas, pumas, tucanes o vicuñas, cuyos nombres castellanos delatan sus orígenes: *tucán*, del tupí-guaraní *tuká*, *tukana*; *vicuña*, del quechua *vicunna*... Tenía razón el maestro Miguel León-Portilla cuando en su discurso de ingreso (*Los maestros prehispánicos de la palabra*) en la Academia Mexicana de la Lengua señalaba:

> Nuestra habla castellana, que ya en la misma península había enriquecido su herencia latina con incontables elementos de origen hebraico, germánico y arábigo, para solo mencionar los principales, al difundirse por el Nuevo Mundo se mestizó una vez más. Hizo aquí suyas centenares de voces indígenas, para expresar con matices propios el pensamiento y las vivencias de la gente de estas tierras.

Ahora bien, si hablamos de la ciencia y el lenguaje, tenemos que recordar que la ciencia es conocimiento establecido, pero es también búsqueda de conocimiento nuevo. Sin esa búsqueda, y sin que ella produzca nuevos resultados, difícilmente existiría la ciencia tal y como la entendemos en la actualidad. Y cuando se produce nuevo conocimiento, hay que nombrarlo; hay, en definitiva, que introducir «neologismos».

Hasta las primeras décadas del siglo XX persistió con fuerza en la ciencia la tradición de construir neologismos sobre raíces griegas, raíces que entre otros atractivos incluían cierta facilidad para recoger esos neologismos en las lenguas occidentales, así como la neutralidad que transmitían con respecto al significado de los fenómenos expresados en tales términos. Al igual que en el tercer tomo de sus *Principles of Geology*, publicado en 1833, Charles Lyell propuso dividir el Terciario en tres Series: el Eoceno (del griego *eos*, 'aurora, comienzo', y *kainós*, 'reciente'), Mioceno (de *meios*, 'menos reciente') y Plioceno (de *pleios*, 'más reciente'), nomenclaturas que aún persisten, los nombres que se asignaron a las primeras partículas elementales descubiertas fueron: *electrón*, significando 'unidad de electricidad'; *protón*, de la raíz griega que significa 'primero' (el hidrógeno, el primero —esto es, el más ligero— de los elementos está formado por un protón en su núcleo); *neutrón*, partícula neutra, y *neutrino*, pequeño neutrón (como este, no lleva carga).

Desgraciadamente, semejante tradición se ha debilitado tanto que casi se puede decir que ha desaparecido bajo el espíritu postmodernista que anima a dejar la huella personal en las actividades y actuaciones humanas.

Otra de las características de la terminología científica de las últimas décadas es la abundancia de acrónimos, como, en la física, *máser* (de *microwave amplification by stimulated emisión of radiation*), *láser* (*light amplification by stimulated emisión of radiation*), *bit* (*binary digit*), *pcr* (*polymerase chain reaction*, esto es, reacción en cadena de la polimerasa) y, por supuesto, *ADN* por ácido desoxirribonucleico, la molécula de la herencia.

Se aprecian inmediatamente algunos de los problemas que surgen de la existencia y abundancia de estos acrónimos, siendo el principal el que sus versiones al español no pueden ajustarse, en la mayoría de los casos, al orden de las siglas, ni siquiera para la correspondiente letra inicial. Ante el caos que resultaría de la inversión y del cambio de las siglas, no hay otro remedio que aceptar y adoptar la terminología que siglas y acrónimos suponen en la versión original, por otro lado, internacionalmente admitida. Solo en algunos casos se impone la adecuación de las siglas al español; los ejemplos más notables son los de *ADN* y *ARN*, que se usan extensivamente en lugar de *DNA* (*DeoxyriboNucleic Acid*; ácido desoxirribonucleico), o *RNA* (*RiboNucleic Acid*; ácido ribonucleico). Un caso especial es el del *HIV* (*Human Immunodeficiency Virus*) o *AIDS* (*Acquired ImmunoDeficiency Sindrome*), que quizá por su dificultad de pronunciación se popularizó con su adaptación castellana *SIDA* (*Síndrome de InmunoDeficiencia Adquirida*), que con el tiempo se ha lexicalizado, entrando con la forma *sida* en el *DLE* de 1992.

Podría referirme también a la actual invasión de anglicismos, en la que la ciencia, la medicina y la tecnología —y a la cabeza de esta ahora, la informática— desempeñan un papel importante (*cuásar*, *estrés*, *bypass*, que remite a *baipás*, *software* y *hardware*, *espín*, *Big Bang*...), pero prefiero mencionar brevemente otro tipo de mestizaje, uno que evidencia trasmisiones culturales. Ejemplos en este sentido son las voces *galvanizar*, heredera de *galvanis-*

mo —por el fisiólogo italiano del siglo XVIII, Galvani—, que significa 'electricidad producida por una reacción química', y uno de cuyos significados es 'reactivar súbitamente cualquier actividad o sentimiento humanos'; *giro copernicano* o *agujero negro* y *ADN* son otras de esas voces que han recorrido el trashumante camino de la ciencia a disciplinas como la política, la economía o los ámbitos sociales más diversos.

Y ahora quiero hablar de lo mucho que la ciencia ha recibido y puede recibir del mestizaje, de la mezcla de culturas, de los cruces de caminos. No ignoro que la ciencia es un hogar con muchos escondrijos, que dentro de eso que llamamos ciencia se encuentran múltiples tradiciones, orientaciones, estilos, métodos, personalidades, pretensiones o problemáticas. Charles Darwin proporciona un magnífico ejemplo de lo que es este mestizaje.

Como es bien sabido, el nombre de Darwin está y estará siempre asociado a un libro inmortal, *The Origin of Species* (1859). La cuestión que quiero señalar es que, para llegar a escribir ese libro ejemplar, Darwin tuvo que hacerse ciudadano de muchas patrias científicas y culturales. Para la formación de su teoría evolutiva de las especies, necesitaba de más elementos, de piezas tomadas de otras «culturas». Uno de esos elementos lo encontró en las ideas del economista Thomas Robert Malthus. «En octubre de 1838 —escribió en las notas autobiográficas que preparó para sus hijos sin intención de que se publicasen jamás y que sin embargo se editarían, censuradas por su familia, a su muerte— se me ocurrió leer por entretenimiento el ensayo de Malthus sobre la población y, como estaba bien preparado para apreciar la lucha por la existencia que por doquier se deduce de una observación larga y constante de los hábitos de animales y plantas, descubrí enseguida que, bajo estas condiciones, las variaciones favorables tenderían a preservarse, y las desfavorables a ser destruidas. El resultado sería la formación de especies nuevas».

La naturaleza es una y única. No establece fronteras o etiquetas llamadas física, química, geología, biología, matemática, etc., disciplinas que, a su vez, incluyen un amplísimo conjunto de subdivisiones, de especialidades del tipo del cálculo diferencial e integral, geometría, física cuántica, relatividad, astrofísica, química inorgánica y orgánica, bioquímica, biología molecular, genética, geofísica o tectónica de placas, por poner algunos ejemplos. Y nos fue muy bien adoptando semejante táctica, pero aunque aún quedan sin resolver numerosos e importantes problemas puramente disciplinares, esto es, para los que no hace falta abandonar los límites de una especialidad, hace tiempo que las tornas han ido cambiando y para avanzar en el conocimiento de la naturaleza cada vez es más necesario ampliar la perspectiva o, expresado de otra forma, practicar la interdisciplinariedad, el mestizaje, la cooperación entre disciplinas diversas, la reunión de grupos de especialistas en disciplinas científicas (y tecnológicas) diferentes, que, provistos de los suficientes conocimientos como para poder entenderse entre sí, colaboren en la resolución de nuevos problemas, problemas que, por su propia naturaleza, necesitan de esa asociación.

Un ejemplo particularmente significativo es el denominado «Proyecto del Mapa de la Actividad Cerebral», que el entonces presidente de Estados Unidos, Barak Obama, presentó públicamente el 2 de abril de 2013. Se trata de un proyecto de investigación destinado a estudiar las señales enviadas por las neuronas y a determinar cómo los flujos producidos por esas señales a través de las redes neuronales se convierten en pensamientos, sentimientos y acciones. Basta con echar un vistazo al artículo en el que un grupo de científicos presentaron y defendieron este proyecto para darse cuenta de la naturaleza interdisciplinar del mismo. Publicado en 2012 en la revista *Neuron*, el artículo se titula «Proyecto de mapa de actividad cerebral y el reto de la conectómica funcional» y está firmado por seis científicos. Los propios lugares de trabajo de estos autores revelan la naturaleza plural del proyecto: División de Ciencia de Materiales y Departamento de Química de Berkeley, Departamento de Genética de Harvard, Instituto Kavli del Cerebro y de la Mente, Instituto Kevin de Nanociencia y Departamento de Física del California Institute of Technology y Departamento de Ciencias Biológicas de Columbia, este de Rafael Yuste, un español nacionalizado estadounidense.

Estas tendencias de reunificación, hibridación, interdisciplinaridad o, como yo lo estoy denominando aquí, mestizaje se intensificarán a lo largo del presente siglo. La ciencia de este siglo XXI, y más aún la de los que le sigan, será ciencia interdisciplinar, mestiza.

CIENCIA Y TECNOLOGÍA

Y ahora el mestizaje entre ciencia y tecnología. Vivimos en un mundo en el que ciencia y tecnología se encuentran estrechamente relacionadas. Es cierto que podemos hablar de ámbitos científicos en desarrollo, o muy recientes, en los que dominan los universos conceptuales más abstractos; formulaciones como el modelo estándar en la física de altas energías o la controvertida (sobre todo por lo lejos que está todavía de poder ser sometida a comprobaciones experimentales) teoría de las supercuerdas. Todo esto, la vigencia y vigor de la ciencia que muchos llaman «pura», es indudable, pero no lo es menos que las fronteras entre ciencia y tecnología son hoy cada vez más, y en más lugares, difusas. Pensemos, por ejemplo, en ese dominio científico que nos trae, prácticamente cada día, novedades antes insospechadas, el de la biología molecular: ¿es posible distinguir siempre entre avances llevados a cabo en ingeniería genética, biotecnología o biología molecular? Distinguir, en el sentido de poder manifestar: «este hallazgo vale solo para ingeniería genética, pero no nos dice nada realmente fundamental para la biología». La respuesta es que no, que no es factible establecer semejantes distinciones.

Y no olvidemos el papel de la tecnología en el avance de la ciencia. Si como muestra sirve un botón, aquí va uno: ¿qué fue antes, la máquina de vapor, el motor de la Revolución Industrial, o la termodinámica, la rama de la física que estudia los intercambios de energía? La respuesta no ofrece dudas: la máquina de vapor. Solo tratando de mejorar la eficiencia de esas máquinas, surgió la termodinámica.

Desde estos puntos de vista, no es sorprendente que se haya acuñado un nuevo término, *tecnociencia* —voz aprobada hace tiempo por la Comisión de Vocabulario Científico y Técnico de la RAE y que próximamente, pero con demasiada lentitud, será presentada como un nuevo añadido al *DLE*—, para denotar precisamente esa relación íntima, esa cercanía, entre ciencia y tecnología.

Vislumbro, asimismo, que los avances tecnológicos que se llevarán a cabo durante el presente siglo en el campo de la inteligencia artificial profundizarán en la relación «ciencia-tecnología». Piénsese, por ejemplo, en la matemática: muy probablemente máquinas «inteligentes», esto es, basadas en la inteligencia artificial, podrán demostrar teoremas antes ni siquiera imaginados por los matemáticos; al fin y al cabo, lo que esas máquinas hacen es reconocer patrones en conjuntos extremadamente amplios de datos, y en más de un sentido un teorema, una proposición matemática no es sino la expresión de un patrón que se cumple con absoluta regularidad.

¿DOS CULTURAS?: CIENCIA Y HUMANIDADES

Podría continuar intentando desvelar más escenarios mestizos, refiriéndome al papel de la ciencia en el derecho, en la economía, en la filosofía, en la historia o en la lingüística, pero prefiero comentar una cuestión que considero particularmente importante: que se entienda que la ciencia forma parte de la cultura. Es necesario que la ciencia se integre en la cultura general, la cultura de la gente de la calle, de la gente común. De no ser así, continuará siendo una cultura extraña para la mayor parte de la sociedad.

No son muchos, es cierto, los científicos que han sido capaces de educar y conmover al mismo tiempo tanto a científicos como a legos en ciencia. Hay que penetrar en los ricos y alambicados dominios en los que se funden el ensayo, la divulgación y la literatura. Y ahora quiero recordar, como ejemplos a imitar, a tres grandes maestros en ese difícil y humanitario arte: el astrofísico Carl Sagan, el paleontólogo y biólogo evolutivo Stephen Jay Gould y el neurocientífico Oliver Sacks.

Los tres fueron, sin duda, magníficos científicos, pero no del calibre de aquellos cuyos nombres recordarán generaciones y generaciones futuras. Sin embargo, alcanzaron la fama y recibieron nuestra admiración, y ello porque supieron utilizar sus conocimientos profesionales para escribir libros maravillosos que no solo nos educaron en la ciencia, sino que también conmovieron nuestras almas. En sus libros supieron engranar de mil maneras la ciencia con todo aquello más primitivo y sinceramente humano, con eso que hace que a veces hablemos de «la condición humana». Fueron maestros en el arte de tratarnos en sus escritos como iguales, sin establecer fronteras entre el científico y el lego. Ofreceré un único ejemplo, unas frases memorables que Carl Sagan escribió en uno de sus libros, *Un punto azul pálido* (1994). Ese «punto» era nuestro planeta, la Tierra, cuando se observa desde las profundidades del espacio:

> Echemos otro vistazo a ese puntito. Ahí está. Es nuestro hogar. Somos nosotros. Sobre él ha transcurrido y transcurre la vida de todas las personas a las que queremos, la gente que conocemos o de la que hemos oído hablar y, en definitiva, de todo aquel que ha existido. En ella conviven nuestra alegría y nuestro sufrimiento, miles de religiones, ideologías y doctrinas económicas, cazadores y forrajeadores, héroes y cobardes, creadores y destructores de civilización, reyes y campesinos, jóvenes parejas de enamorados, madres y padres, esperanzadores infantes, inventores y exploradores, profesores de ética, políticos corruptos, santos y pecadores de toda la historia de nuestra especie han vivido ahí... sobre una mota de polvo suspendida en un haz de luz solar.

¿Cómo no querer saber algo más de ciencia al leer estas emocionantes palabras, que animan también a querer conservar mejor este punto azul pálido nuestro?

Necesitamos más científicos-escritores como estos. Y los necesitamos muy especialmente en los países que forman la comunidad de la ASALE. Además de la historia y el idioma, a los países que hablan la lengua de Cervantes nos unen contribuciones a la ciencia que no se corresponden con una comunidad formada por algo más de 500 millones de personas con una larga historia. Y la ciencia es importante, muy importante. Lo es ahora, en este mundo globalizado y tecnificado, pero lo era también en el pasado. Como manifestó en octubre de 1954 uno de los grandes científicos hispanoamericanos, el médico y fisiólogo argentino, Premio Nobel de Medicina en 1947, Bernardo Houssay:

> El desarrollo científico es condición de libertad, sin él se cae en el colonialismo político, económico y cultural; además se vive en la pobreza, ignorancia, enfermedad y atraso. Estamos en una era científica y la ciencia es cada vez más importante en la sociedad y rinde más y mejores frutos. Es indispensable su cultivo para que un país tenga bienestar, riqueza, poder y aun independencia.

Un repaso a la lista de los Premios Nobel de Ciencias (Física, Química, Medicina o Fisiología) muestra que los *nobeles* que tuvieron como lengua materna el español son: nuestro Santiago Ramón y Cajal (Medicina, español; 1906), el citado Bernardo Houssay, Severo Ochoa (Medicina, 1959; español), Luis Federico Leloir (Química, 1970; argentino), Baruj Benecerraf (Medicina, 1980; venezolano), César Milstein (Medicina, 1984, argentino) y Mario Molina (Química, 1995; mexicano). Siete en total; no muchos, pero en realidad la cifra es engañosa y exagerada: Ochoa, Leloir, Benecerraf y Molina obtuvieron el galardón por trabajos realizados en Estados Unidos, país cuya nacionalidad, salvo Leloir, adoptaron; y las investigaciones de Milstein se llevaron a cabo en Inglaterra, nación de la que terminó siendo súbdito. Dos son las conclusiones posibles: los hispanohablantes son capaces de logros originales y notables en ciencia, pero suelen conseguirlos como exiliados científicos de sus patrias de origen, razón esta que acaso explique por qué no han sido, en cualquier caso, muy numerosos esos grandes científicos. Frente a esos siete *nobeles* de Ciencias, once obtuvieron el Nobel de Literatura escribiendo en nuestra lengua, y cinco el de la Paz. De la Paz, para ciudadanos de naciones que tantas asonadas y regímenes dictatoriales padecieron (acaso por eso mismo valoremos —algunos al menos— tanto la paz).

Refiriéndose a los pueblos de Iberoamérica, en el discurso que pronunció el 29 de noviembre de 1985 durante la inauguración del II Encuentro de Intelectuales por la Soberanía de los Pueblos de Nuestra América, celebrado en La Habana, Gabriel García Márquez clamó contra la falta de una educación en la ciencia que lastraba el futuro de Iberoamérica. Y lo hizo en el espíritu que estoy reclamando ahora, en su caso el de un excelso escritor que entendía bien la necesidad de que los sentimientos, nuestras inteligencias «sintientes», no estuviesen al margen de la ciencia:

> En algún momento del próximo milenio la genética vislumbrará la eternidad de la vida humana como una realidad posible, la inteligencia electrónica soñará con la aventura quimérica de escribir una nueva *Iliada*, y en su casa de la Luna habrá una pareja de enamorados de Ohio o de Ucrania, abrumados por la nostalgia, que se amarán en jardines de vidrio a la luz de la Tierra. La América Latina y el Caribe, en cambio, perecen condenados a la servidumbre del presente: los desmanes telúricos, los cataclismos políticos y sociales, las urgencias inmediatas de la vida diaria, de las dependencias de toda índole, de la pobreza y la injusticia, no nos han dejado mucho tiempo para asimilar las lecciones del pasado ni pensar en el futuro.

Salvo honrosas y no demasiadas excepciones, y aunque hemos mejorado mucho desde que García Márquez pronunció estas palabras, los pueblos agraciados por la hermosa y transparente lengua castellana hemos vivido demasiado tiempo en soledad científica. Y ojalá no tengamos que terminar como lo hace una maravillosa novela que seguirá, espero, siendo amada y leída por los nietos de los nietos de nuestros nietos, en la que se cuenta la historia de un hombre al que un día su padre llevó a conocer el hielo, detalle que recordó frente al pelotón de fusilamiento. Ojalá, digo, la solitaria ciencia producida en los países bendecidos por nuestra lengua no tenga que hacer suyo ese final: «Las estirpes condenadas a cien años de soledad no tenían una segunda oportunidad sobre la tierra».

Gastronomía panhispánica: la construcción de un diccionario

FERNANDO SERRANO MIGALLÓN
Academia Mexicana de la Lengua

Una de las funciones vitales del ser humano es la alimentación. Lo que comenzó como una mera cuestión de supervivencia cuando las tribus se reunían alrededor del fuego y organizaban su vida de manera elemental, teniendo como base la recolección de frutos, caza y pesca, terminó desarrollándose de manera paralela a la humanidad, pasó de la utilización de condimentos como la sal y algunas hierbas, hasta la configuración del auténtico arte que representa la gastronomía en la actualidad.

La gastronomía es hoy en día uno de los placeres a los que se les pone mayor atención; desde la definición de la cantidad y calidad de productos requeridos para una preparación, la forma de procesarlos, el diseño en su presentación y todas las florituras que acompañan aquel elemento primario de comer, han hecho del arte gastronómico una manifestación de cultura y de alto refinamiento.

La comida caracteriza a quienes la comen y a quienes la guisan. Se dice popularmente que «tú eres lo que comes», frase qué quizás tenga razón; de todas las manifestaciones culturales: las artes plásticas, la literatura o la música, no existe una sola que implique la incorporación del producto final como parte del ser humano.

A su vez, hay pretensiones con relación a los beneficios que se obtienen con la preparación y el consumo de ciertos productos. Es conocida la frase: «lo que se come se cría», dando a entender que el cuidado en el jamar tiene un resultado evidente en el desarrollo físico de quien lo consume.

Dos de los elementos fundamentales en el espíritu del ser humano son el idioma y la comida; dice certeramente Fernando Savater que, en el caso de los emigrados, es mucho más fácil que cambien de dioses que de comida. Es notable la proliferación de restaurantes y de tiendas de comestibles que ponen al alcance de los consumidores productos que están lejos de su lugar de origen, pero cerca, muy cerca, de su paladar y de su corazón.

Testimonios de lo anterior existen muchos. Por ejemplo, es innegable la labor unificadora que realizó Roma; su trascendencia cultural fue excepcional. Prácticamente toda Europa fue dominada por sus legiones y con ello cambiaron la manera de percibir el mundo; las formas de hablar que, si bien cada región conservó características propias, todas ellas sucumbieron o se dejaron influir en gran medida por el predominio latino; e incluso con el desenvolvimiento de la vida cotidiana misma, pues los usos y la cosmovisión de la sociedad sometida por la fuerza asimilaba tradiciones y rutinas propias del Imperio romano. Sin embargo, en lo referente a la comida, los romanos no llevaron la suya a los territorios conquistados.

Ellos, en sus banquetes, hacían gala de la cantidad de alimentos disponibles, pero no de una gran delicadeza, ni en cuanto a la preparación ni en lo relativo a la presentación de la comida preferida por estos. Solo tenemos presente el *garum*, que al escuchar la descripción de su preparación nos levanta el estómago, lo que, evidentemente, no producía ningún atractivo en las sociedades conquistadas.

Fue así como las prácticas romanas en la forma de cocinar y de comer no arraigaron en las tierras bajo su dominio; claro que existió algún nivel de influencia, pero solo eso. Esto fue lo que permitió el desarrollo de la gran riqueza culinaria del mapa europeo, pues todas las regiones sometidas mantuvieron su personalidad propia.

Tenemos ejemplos históricos y actuales que pueden dar una idea de la forma en la que se nutrió la cocina europea y de cómo era percibida la comida local de cada región por sus vecinos.

La forma de comer muestra a todos los demás cómo somos, el mundo de habla española es, en ese sentido, profundamente rico y tiene dos vertientes esenciales que le dan contenido y peso a esa riqueza.

Los antiguos pobladores originales del territorio que hoy es América estaban incomunicados entre sí, e incluso así, sin saberlo, consumían los mismos productos, aunque estos los cocinaban y preparaban de manera completamente distinta. En Europa, debido a las guerras de la Edad Media y del Renacimiento, se dio una apertura entre los productos que se consumían en una y otra región. El gran colapso gastronómico se produjo cuando dos mundos distintos, aislados y desconocidos entre sí, entraron en contacto.

Las culturas originarias de América aportarán a Europa una cantidad inmensa de productos que se generalizarán y compartirán entre los europeos, muchas veces sin saber cuál es su origen; tenemos idea solamente de unos de ellos: chocolate, cacahuate, papa, tomate, pimiento, aguacate, maíz, pero la lista es mucho más larga y mucho más rica.

Al mismo tiempo, Europa aportará a la gastronomía americana productos no conocidos como: arroz, caña de azúcar, vid y su derivado, el vino, café, carne de res, de cerdo, aceite de oliva, y especias que se complementarán unas a otras.

En la actualidad, la globalización y la facilidad de comunicaciones físicas y culturales hacen que el intercambio sea más fácil y expedito, pero curiosamente muchos alimentos, siendo los mismos productos o ingredientes, conservan nombres diversos dependiendo de la región, situación que causa desconcierto; el *aguacate* puede ser *palta*; el *maíz*, *choclo*; el *tomate*, *jitomate* o con un nombre sinsentido, a no ser que los primeros italianos fueran daltónicos, *pomodoro*. Y así podríamos seguir indefinidamente.

La manera de cocinar también es muy peculiar. Varía de lugar a lugar; la forma como se hace un asado en Argentina es completamente distinta a como se hace en México, lo que es comprensible por la gran distancia que existe entre ambos países, pero lo más sorprendente es que también sea diferente a como se hace en Uruguay o Brasil, países con los cuales colinda.

La variedad y la complejidad de la gastronomía panhispánica es un trabajo que difícilmente tendrá algún día un punto final; analizar desde todos los puntos de vista ese conjunto de productos, técnicas, recetas, entre muchos otros elementos, hace que este mundo sea apasionante y sumamente prolijo.

Un diccionario es esa obra pensada originalmente para consultar palabras, aclarar significados, conocer etimologías, ortografía y sinónimos; esto, a su vez, se complica y se enriquece cuando tienen una finalidad específica.

La gastronomía panhispánica es rica, sabrosa, estimulante y es una muestra de nuestra identidad, tanto en lo colectivo como en lo individual; cada uno de los países que formamos esta comunidad debemos contar con un diccionario que tienda a establecer los parámetros gastronómicos del mundo panhispánico. Debe ser una obra de referencia amplia con términos relacionados con la gastronomía como ciencia y como práctica, que establezca y defina los nombres de los ingredientes, platos, técnicas culinarias, herramientas y conceptos relacionados con la alimentación.

Un diccionario con estas características debe ayudarnos a todos a conocernos y a comprendernos mejor, pero su utilidad práctica será primordial para los interesados en la cocina y en la gastronomía, para los profesionales, dueños de restaurantes y en general de la industria alimentaria, periodistas gastronómicos, escritores y expertos en el sector.

Un diccionario gastronómico debe incluir información sobre la historia y el origen de los platos, de las recetas y recomendaciones sobre maridajes de alimentos y bebidas, las costumbres venidas de Europa; alimentos consumidos con vino y cerveza, que también puedan verse enriquecidos por las bebidas y los alcoholes propios de América; aguamiel, pulque, pisco, aguardiente o aguardientico, tequila, mezcal, y así lograr ampliar el panorama del acompañamiento de la comida.

Uno de los motivos por los cuales podemos estar orgullosos es por la resistencia, la heroica resistencia culinaria que han tenido las comidas tradicionales y los platillos que las integran; su fortaleza y tesón frente al embate de la globalización y de las grandes empresas de productos alimentarios con prácticas económicas que pretenden, como siempre, quedarse con el mercado sin importarles la conservación de las almas.

Un diccionario panhispánico presupone adentrarnos en un mundo de raíces similares, pero con ramificaciones diversas; nos servirá para conocernos a nosotros mismos y a quienes, como nosotros, vivimos en este mundo apasionante por ser único y diverso; pero, además, y lo que es más importante, nos permitirá asumir y asimilar recetas, preparaciones, comportamientos frente a la mesa y gusto por ampliar nuestra participación culinaria.

Ojalá este proyecto prospere y logremos, todos juntos, adentrarnos en este mundo infinito, alentador, creativo y fundamentalmente sabroso que es la gastronomía panhispánica y podamos, muy pronto, tener en las manos un diccionario gastronómico panhispánico.

Lo merece nuestra historia, lo merecen nuestros ancestros y sobre todo lo merece el futuro.

Márgenes en contacto con el español: lenguas de minorías y periferias

DARÍO VILLANUEVA [1]

Real Academia Española

1. Intervención en el IX Congreso Internacional de la Lengua Española (Cádiz).

El rubro general del IX Congreso Internacional de la Lengua Española en Cádiz fue desde su primera convocatoria «Lengua española, mestizaje e interculturalidad. Historia y futuro».

En consecuencia, de las seis líneas temáticas que articularon nuestro programa, la primera se enunciaba como «La universalidad del español. Encuentros y contactos lingüísticos».

Fueron diez los paneles que se atribuyen a esta capital línea temática. Lógicamente varios de ellos atendían a la relación entre las lenguas originarias de Mesoamérica, el Caribe, el espacio andino y el Cono Sur, sin olvidar la afrodescendencia en relación con la lengua y la cultura hispánica. Capítulo aparte merecieron los contactos e hibridaciones del español con el portugués y con el inglés. Pero dentro de la propia península ibérica y sus archipiélagos existe un amplio abanico de relaciones entre las otras lenguas españolas además del castellano, así como todo lo referente al sustrato de la lengua bereber que hablaban los guanches en las Canarias. Y al igual que son muy relevantes los indigenismos presentes en el español y sus diccionarios, también se atendió, y más transcurriendo este congreso finalmente en Cádiz, a la influencia de las hablas andaluzas en el español de América.

Contamos aquel 28 de marzo de 2023 con tres ponentes de diversas procedencias geográficas que resultaban idóneos para abordar no todos, pero sí tres destacados vectores de nuestra línea temática centrada en los márgenes de contacto con el español.

Ora R. Schwarzwald procede de la Universidad de Bar-Ilan y preside la Academia Nacional del Ladino (judeoespañol) de Israel, la última incluida entre las correspondientes de la RAE en 2020 y que pronto deseamos que sea incorporada como la vigesimocuarta institución de ASALE. Sería prolijo reseñar sus múltiples aportaciones bibliográficas al estudio de ese prodigio lingüístico que hasta nosotros llega del castellano del siglo XIV que los judíos expulsos de Sefarad se llevaron consigo en la diáspora, y que entró en contacto con numerosas lenguas románicas, germánicas, eslavas y tuvo una especial convivencia secular con el turco.

Hossain Bouzineb, correspondiente de la RAE en Marruecos, trabajó codo con codo con nuestro último arabista no ha mucho fallecido, Federico Corriente, y entre otros múltiples saberes se ha ocupado de la aljamía, ese apasionante complejo de textos moriscos en romance transcritos con caracteres árabes y de textos judeoespañoles transcritos con caracteres hebreos.

Finalmente, Fernando Iwasaki, probablemente el más sevillano de los peruanos, o el más peruano de los sevillanos, ensayista, novelista historiador y profesor universitario, exploró las paradojas entre centros y periferias, minorías y mayorías, buceando entre palabras «excéntricas» del español del XVI que en algunos casos los lexicógrafos identificaron como de origen quechua o mapuche cuando en realidad eran propiamente castellanas.

El moderador había sugerido, dado el perfil de los tres panelistas, que abordasen, pues, aspectos de los márgenes de contacto entre el español y otras lenguas como las amerindias, así como con el árabe. En cuanto al sefardí, la perspectiva es necesariamente histórica, por la relación que esta variante del castellano medieval traído de España por la diáspora judía mantuvo con múltiples idiomas, en los distintos países de Europa, Asia y África en los que arraigaron nuestros judíos españoles a partir de 1492.

Todas aquellas líneas temáticas del CILE gaditano, incluida la nuestra, que versó sobre «Márgenes en contacto con el español: lenguas de minorías y periferias», encerraban suma enjundia desde el punto de vista lingüístico y filológico. Pero sugieren también serios enfoques y perspectivas históricas, sociológicas y políticas.

Un caso de especial interés a estos efectos es el de la situación del contacto lingüístico que se produce en el noroccidente extremeño, en la frontera española con Portugal. El valle se distingue de los municipios extremeños, leoneses y portugueses de sus alrededores por la lengua de sus habitantes, la conocida como *A fala*. Y es que en estas tres poblaciones se utilizan *falaris* (dialectos) galaicoportugueses: o *manhegu*, en San Martín de Trevejo, o *lagarteiru*, en Eljas, o *valverdeiru*, en Valverde del Fresno. *Falaris* que, aunque presentan pequeñas diferencias entre ellos, tienen la misma base lingüística: el portugués del antiguo dialecto de Beira Alta, de Riba-Coa, impregnado de arcaísmos y leonesismos y también más modernamente, de castellanismos, que avanzan con fuerza entre las generaciones de mediana edad y son norma entre los más jóvenes. Pero igualmente se puede afirmar que esa lengua procede directamente del gallego.

Podemos preguntarnos cómo el gallego llegó a Extremadura y se conservó en los tres enclaves citados evolucionando desde la Edad Media de forma muy similar a la lengua de Galicia diferenciada del portugués. La explicación que los romanistas ofrecen es que, tras la invasión musulmana de Extremadura y su posterior reconquista, buena parte de esas tierras fueron entregadas a señores gallegos y repobladas por gallegos. En Extremadura son muy comunes apellidos de origen gallego, uno de ellos el Saavedra, de los más antiguos de Galicia (el segundo apellido de Cervantes) o el Ulloa, una de las familias más potentes de la Extremadura medieval. Hay muchos otros como Mexía, Moya, Pardo, Paredes, Moscoso, Otero o Monroy, segundo apellido, por cierto, de Hernán Cortés, que era medio gallego.

Aquel complejo de instancias lingüísticas, históricas y políticas ya aludido nos acompañó el año pasado en la conmemoración del quinto centenario luctuoso de Elio Antonio de Nebrija, que se continúa en 2023 con eventos tan destacados como la exposición *Nebrija en América* que los congresistas de este noveno CILE pudimos contemplar durante los días del congreso gracias al empeño de la Junta de Andalucía, el Ministerio de Cultura a través del

Archivo de Indias y la Universidad de Sevilla, y gracias también al excelente trabajo de Lola Pons y Leyre Martín.

El sabio Nebrija fue un sabio polímata, pero no, sin embargo, un profeta. En 1492 publica su *Gramática sobre la lengua castellana* que es la primera de todas las que se elaborarían para las llamadas «lenguas vulgares», las que se hablaban en Europa mientras que el idioma de cultura, de los saberes y de las universidades seguía siendo el latín. En el primer párrafo de su prólogo, dirigido a la «princesa doña Isabel, reina i señora natural de España», figura una frase que, tergiversada, alcanzaría gran resonancia: «que siempre la lengua fue compañera del imperio». Estábamos en un año decisivo para la historia universal, pero el maestro Antonio data su prólogo en agosto de 1492, y Cristóbal Colón se encuentra con el Nuevo Mundo el 12 de octubre por efecto de lo que en realidad fue una serendipia.

El *imperio* mencionado no era, pues, el que a partir de entonces España empezaría a erigir, sino el que Roma creó extendiendo el latín por el medio mundo entonces conocido. Y también, la misma palabra significa en el contexto de este prólogo *gobernanza*, para la que la lengua es imprescindible, así como para la efectividad de las leyes. Y así, el gramático concluye su proemio consagrando su trabajo «a aquella en cuia mano i poder no menos está el momento dela lengua que el arbitrio de todas nuestras cosas».

No: la lengua castellana no fue sustento del Imperio español. Muy al contrario, Carlos V promueve desde 1522 el estudio y reconocimiento oficial de las lenguas amerindias; en 1573 Felipe II promulgó una disposición para sus nuevos súbditos en la que se afirma que «no parece conveniente apremiarlos a que dejen su lengua natural, más bien se pondrán maestros para los que voluntariamente quisieren aprender la castellana», y en 1583 dispuso la creación de cátedras universitarias en Lima y México de «lenguas generales» como el quechua, el náhuatl y el muisca. Cierto que en fecha tan tardía como 1782 Carlos III quiso aupar el castellano, pero ya era demasiado tarde. Los lingüistas acreditan que a principios del siglo XIX solo hablaban español menos de un 20 % de los nativos hispanoamericanos, de modo que está cumplidamente demostrado que quien hizo a nuestra lengua un idioma global, con más de quinientos millones de hablantes, no fue la Colonia, sino la independencia de las repúblicas.

El hecho es que desde los primeros años de la colonización española en América numerosos misioneros humanistas comenzaron a elaborar gramáticas —o *Artes*, como también Nebrija denominaba a las suyas (la latina y la castellana)— de las lenguas nativas.

No muchos años después de la muerte del maestro Antonio el franciscano Andrés de Olmos escribe en 1547 la primera gramática de la lengua náhualt, en la que afirma: «no seré reprensible si en todo no siguiere el Arte de Antonio». Y aparecen enseguida, *en cascada* como se ha llegado a decir, gramáticas semejantes del tarasco o purépecha, del otomí o hñahñú, de la lengua mixteca, de la zapoteca y de la maya yucateca, de la lengua pocomchí, de la chibcha, del quiché, cachiquel y zutuil, del tzedal, del vilela, del achagua, de las lenguas tarasca, guaraní, lule y toconate, del aimara, del tonocoté, del mapuche, mapundungun o araucano... Y así, sin interrupción, a lo largo de los siglos XVI, XVII y XVIII.

En 1752 fray José Zambrano publica el *Arte de la lengua totonaca. Conforme a el arte de Antonio de Nebrija.* Habrá también artes de la lengua huasteca, de la lengua de los tarahumaras y guazapares, de la «lengua tegüima vulgarmente llamada ópata», que Natal Lombardo termina en 1702, de la lengua cahita, de la tepeguana y de la caribe, del idioma wayuu o guajiro, hablado por los costeños colombianos y venezolanos, característico porque su género inclusivo no es el masculino sino el femenino. Y por la misma época el dominico fray Francisco Ximénez, primer traductor de la considerada biblia de la civilización maya-quiché, el *Popol Vuh*, daba a la imprenta el *Arte y Tesoro de las tres lenguas, cakchiquel, quiche y zutuhil*, y en 1753 Ildefonso José Flores publicaba *in situ* el *Arte de la lengua metropolitana del Reyno Cakchiquel o Guatemalico: con un parallelo de las lenguas metropolitanas de los Reynos de Kiche, Cakchiquel y Zutuhil que hoy integran el Reyno de Guatemala.*

El mismo designio opera también en las Filipinas, con los idiomas tagalo e ilocano. En 1742 fray Melchor Oyanguren de Santa Ynés imprime en México *Tagalismo elucidado y reducido (en lo posible) a la latinidad de Nebrija*, porque lo que el maestro Antonio había hecho había sido aplicar al romance castellano el molde de la gramática latina de la que fue estudioso y gran difusor con sus popularísimas *Introductiones latinae*. Su herencia en América y Filipinas llevó la impronta de la latinidad al otro lado de los océanos, contribuyendo así a la regularización y conservación hasta hoy de idiomas ágrafos, que no disponían en ningún caso de escritura fonética, pero mediando en todo caso el salto trascendental del arte clásico al arte vulgar. Del latín al castellano. Luis de Valdivia, además de su gramática del mapuche, elaboró las de dos idiomas hoy extinguidos: la lengua allentiac de los indios huarpes y la lengua milcayac.

La atención de Nebrija a lo que representaba lingüísticamente el Nuevo Mundo, con el que convivió como una referencia inexcusable durante treinta años de su vida, desde 1492 hasta 1522, y su interés por todo ello da fe asimismo su labor nada desdeñable como lexicógrafo. Él fue, por cierto, quien, en su vocabulario español-latino, el *Dictionarium ex Hispaniensi in Latinum Sermonen*, de hacia 1495, que con sus veinte mil lemas viene a complementar los treinta mil de su *Lexicon ex Sermone Latino in Hispaniensem* de 1492, recogió el primer término que la lengua taína prestó al castellano: *canoa*, definida por Nebrija como «nave de un madero». Y en su *Lexicon juris civilis*, ya de 1506, aparece también un novedoso antillanismo, *guanín*, cuya definición traducida del latín original es «no cualquier oro, sino el que se trae de las Islas hace poco descubiertas». Por su parte, mi compañero de la RAE, el latinista Juan Gil, recuerda que en la segunda edición de las *Décades* de Pedro Mártir de Anglería, que es de 1511, cuando ya era todo un asunto de Estado en España la gobernanza y evangelización del Nuevo Mundo, el maestro Antonio puso como colofón un índice alfabético de las palabras indígenas que aparecían en la obra. Se trataba, pues, de un primer ensayo de diccionario de las lenguas vernáculas de los americanos.

No quisiera desaprovechar este resumen de lo que fue aquella sesión gaditana, que tuve el honor de coordinar bajo la presidencia del director honorario perpetuo de la Academia Filipina de la Lengua Española, don José Rodríguez Rodríguez, sin completar mi intervención de entonces aportando algunas consideraciones más acerca del contacto entre el español y el portugués al que ya me he referido. Y de la convivencia de ambas con el inglés y el chino.

The Ethnologue: Languages of the World es una publicación elaborada por un instituto dedicado a documentar estadísticamente la realidad de unos 6900 idiomas de todo el mundo. Según esta referencia, el español es la segunda lengua del mundo por número de hablantes nativos, 477 millones, solo por detrás del chino mandarín, lo que representa un 7,8 % de la población mundial. El portugués, por su parte, es la cuarta en el mismo rango, con más de 260 millones. A estas cifras hay que añadir el contingente de hablantes no nativos que, sin embargo, disfrutan de un dominio pleno del idioma.

A esta cifra actual, de unos 740 millones de personas encuadrables en lo que Roberto Moreno, de la Fundação Geolingua, y Frigidiano Álvaro Durántez Prados denominan «iberofonía», hay que sumar las previsiones de crecimiento de ambos idiomas. Así, por ejemplo, para el portugués se esperan 390 millones de hablantes a mediados de esta centuria, y cerca de 487 millones en 2100. En 2050 se le calculan al español 750 millones. Para ese entonces, que está a la vuelta de la esquina, la iberofonía superará la cifra de 1100 millones.

No es, por lo tanto, hiperbólico ni chovinista calificar al español y al portugués como lenguas ecuménicas o *lenguas globales*, junto con el inglés, que disfruta de un estatuto privilegiado como *lingua franca* porque la lengua de Shakespeare y Henry Ford ganó la segunda guerra mundial. Los dos idiomas originados en la península ibérica gozan hoy de una amplísima presencia en América y África, pero disponen también de enclaves asiáticos, en las Filipinas o en Goa, Timor Oriental y Macao.

El ya citado Álvarez Durántez identifica como correlativos el término geopolítico del *paniberismo* y el lingüístico de la iberofonía, que en términos cuantitativos constituye el primer bloque idiomático del mundo, comprehensivo hoy por hoy de unos 800 millones de hablantes pertenecientes a una treintena de países, un 10 % de la población mundial que ocupa una quinta parte de la superficie del globo.

En el año 2019 se conmemoró el quinto centenario del comienzo de la expedición capitaneada por Fernando de Magallanes y concluida tres años más tarde con la llegada a Sanlúcar de Barrameda de la nao Victoria al mando de Juan Sebastián Elcano. Se completaba así la primera circunnavegación del globo terráqueo, el atisbo inicial de lo que hoy se ha dado en llamar, precisamente, globalización. Se trata de la característica más determinante de nuestra época, y de una civilización decisivamente marcada por los avances tecnológicos de la sociedad de la comunicación.

A partir de los datos estadísticos antes apuntados, yo destacaría la fortaleza de nuestros idiomas como lenguas nativas, como la lengua materna que se aprende en el ámbito familiar. El crecimiento vegetativo de muchos de los países de la Iberofonía asegura una continuidad expansiva que, sin duda, podrá refrenarse a medida que los cambios sociales vayan modificando nuestras tasas de natalidad que hoy en día aún son muy altas, pero junto a esto me parece fundamental reparar en su crecimiento potencial en dos grandes potencias no hispanas, de características muy diferentes la una y la otra.

Por ejemplo, en lo que se refiere al español, además de la robustez demográfica de México, con sus 124 millones de habitantes, superada por los 207 millones de brasileños, los académicos y sociolingüistas estamos fascinados, y a la vez expectantes, acerca de la situación actual del español en los Estados Unidos, y su previsible evolución.

Allí más de 40 millones de personas hablan español con pleno dominio, y otros 15 poseen una competencia más o menos amplia. Otros datos encierran no menor interés. La Oficina del Censo certificaba en 2016 que la edad media de nuestra comunidad era la más joven, en torno a los 28 años, muy por debajo de la siguiente, la afroamericana, con 34. Y el *Observatorio de la lengua española y las culturas hispánicas en los Estados Unidos* del Instituto Cervantes y la Universidad de Harvard afirma que el 76 % de los hispanos domina el español o es bilingüe. La propia Oficina del Censo espera que el crecimiento de nuestra comunidad continúe a un ritmo estable. En el último año, uno de cada dos nacimientos ha sido hispano. En 2050 se calcula que la población de los Estados Unidos será de 398 millones de personas, de las cuales 106 serían hispanas.

Y no menor importancia tiene el peso político que esta comunidad va cobrando sin parar. En las últimas elecciones de 2016 hubo 27,3 millones de hispanos con derecho a voto, un aumento de un 70 % si se compara con los datos de 2000. Ello quiere decir que el 11 % del voto nacional fue hispano, mientras que, por ejemplo, en 2004 había sido solo un 4 %.

Bien es cierto que en algún momento parecieron soplar vientos gubernativos poco favorables, pero la solidez de las cifras electorales y el creciente empoderamiento de la comunidad hispana inspiran confianza, así como la consideración muy generalizada de que el español es una lengua universal, que transmite además valores firmes y crecientes en los planos económico, social, periodístico y comunicativo, político, cultural, deportivo o científico. Canales de televisión como Univisión, Estrella TV o Telemundo ya compiten en audiencia con las grandes cadenas del país, y se publican periódicos en español en California, Florida, Illinois, Nueva York o Texas.

Los lingüistas diferencian entre dos situaciones distintas en lo que al contacto entre lenguas se refiere: el bilingüismo y la diglosia. Detrás del distingo están las relaciones de poder. Una cosa es la convivencia de dos lenguas en un plano de razonable equidad y otra cuando la lengua A, así denominada por los expertos, representa la riqueza, el poder y el prestigio social, mientras que la lengua B aparece subordinada como perteneciente a quienes también lo están en una determinada sociedad.

Tengo para mí que, aparte de los datos estadísticos, y al margen incluso de un cierto enrarecimiento del clima político por la presidencia de Donald Trump, el español está afianzando su posición como un idioma en condiciones de servir sin limitación alguna a la sociedad norteamericana en convivencia bilingüe con el inglés.

Por otra parte, a principios de 2018 el gobierno chino aprobó un nuevo diseño de la enseñanza secundaria y del bachillerato en el que se contempla la inclusión del español en la oferta del currículo educativo además de las tres lenguas extranjeras existentes, el inglés, el japonés y el ruso.

Según informaciones posteriores, nos consta que las autoridades competentes manifestaban la necesidad de contar con apoyo para afrontar los dos grandes retos que su decisión plantea: por una parte, disponer de suficiente profesorado, bien nacional, bien de nativos hispanohablantes, y por otra, contar con instrumentos docentes *ad hoc*: materiales didácticos, unidades y ejercicios prácticos, documentación y bibliografía sobre la lengua española. Estos problemas han limitado desde un principio las magníficas expectativas que se abrieron a principio de este siglo cuando se promulgó en Brasil otra ley para hacer obligatoria, gradualmente, la oferta del español en enseñanza media, y opcional en los tres últimos cursos de primaria.

Pero a los valores ya apuntados hay que añadir la globalidad de una lengua ecuménica, que satisface las necesidades de los países que la hablan como materna, pero que crece también en los demás porque como lengua extranjera proporciona beneficios que así son estimados por la población que se decide a estudiarla. Y añado ahora otro valor doblemente apreciable en el contexto de la globalización: el de la unidad.

El proceso de la independencia y constitución de las Repúblicas americanas a lo largo del siglo XIX, y de las africanas en el XX, representó sin duda un momento crítico en el que ciertos augures vaticinaban un desarrollo semejante a lo que con la caída del Imperio romano representó la fragmentación lingüística de la Romania. Y no fue así porque las nuevas Repúblicas soberanas, al tiempo que consolidaban el Estado, la nacionalidad, fijaban sus respectivos territorios y fronteras, organizaban la administración y abordaban el reto de la enseñanza de su ciudadanía, creyeron útiles nuestras lenguas como instrumento de cohesión, de integración nacional. De unidad. El español y el portugués son las lenguas que hoy son no por la Colonia, sino por la independencia. Los sociolingüistas certifican que en 1820 hablaban español solo un veinte por ciento de los habitantes en la América hispana.

En la unidad de nuestras dos lenguas que son universales, bien perceptible hoy gracias a la fluida comunicación que la movilidad de las personas y la transmisión a través de los medios de nuestras respectivas hablas facilita, tuvo mucho que ver, en este trascendental siglo XIX, la labor académica. La Real Academia Española se fundó en 1713, y la primera americana fue la de Colombia, nacida en 1871. Por su parte, la Academia Brasileira de Letras es ya centenaria, pues su primer presidente, Machado de Assis, declaró su fundación el 15 de diciembre de 1896. La Academia Brasileira de Letras es, según sus estatutos, la autoridad máxima en cuanto al «lenguaje nacional» de Brasil, esto es, el portugués. Unidad incomparable a la de cualquiera de las otras grandes lenguas. Unidad que no significa uniformidad, pues se enriquece con los distintos acentos, modismos y particularismos. Porque el español y el portugués se consideran a sí mismas lenguas pluricéntricas, no sometidas a un centro metropolitano hacia el que reportarían comunidades lingüísticas periféricas.

A este respecto, permítanme ilustrar mi última aseveración con una anécdota personal que nunca se irá de mi memoria. Hace unos meses fallecía en Bogotá Belisario Bentancur, que fue presidente de Colombia entre 1982 y 1986, y desde entonces activo promotor cultural y embajador de nuestro idioma. En nuestro último encuentro, a finales del año pasado, a propósito del policentrismo lingüístico me platicó acerca de una experiencia que había tenido cuando invitó a conocer su país a un nutrido grupo de destacados poetas españoles. Cuando hicieron alto en una excursión por la sierra, don Belisario reparó en el interés con que el mesero que les atendía en una cantina al pie de la carretera estaba siguiendo la conversación de los escritores. Y cuando le preguntó el porqué de tanto interés, el mozo le respondió: «Es que me complace mucho escuchar el dialecto en el que hablan esos señores que vienen con usted».

Lejos de mi ánimo el vicio del triunfalismo, enturbiador de la objetividad con que un intelectual y académico debe ver las cosas e intentar comprender los fenómenos complejos, y sin duda el paniberismo y la iberofonia lo son. A pesar de mi vocación y formación humanista, pues no soy otra cosa que un modesto filólogo, los ocho años en que me desempeñé como rector de una de las universidades históricas de la península ibérica y los nueve que me dediqué en cuerpo y alma a la gestión de la Real Academia Española como director y como secretario, que es allí el segundo de abordo, me han proporcionado algunos recursos útiles para la gobernanza y la planificación estratégica como el llamado análisis DAFO, acrónimo que en inglés es SWOT, y que se refiere, como es bien sabido, al estudio de las Debilidades, las Amenazas y las Fortalezas y las Oportunidades de una empresa, institución, organismo o proyecto.

La *fortaleza* de la iberofonía está en la solidez del crecimiento demográfico; en la dimensión económica que ello representa en cuanto a la producción y el consumo de bienes; en nuestra común potencia cultural, histórica y presente, que se expresa en la literatura, la música, el arte, la arquitectura, la producción audivisual, la actividad deportiva, tanto en el plano de lo que llamamos cultura popular como en la llamada alta cultura; y en la unidad básica de cada una de nuestras dos lenguas que se ha hecho compatible con el mantenimiento de la diversidad. Precisamente por ser la unidad lingüística una de nuestras fortalezas, no debemos escatimar esfuerzos en reforzar la ortografía común del español y del portugués a uno y otro lado de los océanos que nos unen.

Se cierne, sin embargo, sobre nosotros una considerable *amenaza*. Me refiero a la globalización arrasadora, identificada en gran medida con la hegemonía del inglés, con todo lo que representa de desculturización. Un inglés, por otra parte, generalizado como una *lingua franca* banalizada y corrompida en detrimento de la belleza y el rigor de la lengua de Shakespeare y Walt Whitman. Amenaza que yo también veo, probablemente por mi condición de maestro, en la degradación de la educación, que es el instrumento más poderoso que los Estados tienen para enseñar la lengua a su ciudadanía como el gran aporte que le permitirá a cada persona integrarse plenamente en la sociedad como sujeto de derechos y de obligaciones.

Precisamente por lo dicho, una *debilidad* que me preocupa especialmente es la del entreguismo indiscriminado e irreflexivo al inglés que, al menos en España, percibo en la televisión, en la publicidad, y en muchas expresiones de la comunicación pública. A veces parece como si decir algo con palabras inglesas otorgase un plus de calidad, de prestigio, de respetabilidad. Y de precio. Subyace a tal conducta lingüística un cierto complejo de inferioridad, absurdo cuando se da en individuos que poseen como materna una lengua global y culturalmente poderosa. Si escucho decir *on line* en vez de *en línea*, o referirse a un o una *tablet*, cuando se trata simplemente de una *tableta*, siempre se me viene a las mientes una palabra castellana muy expresiva, *papanatismo*, que es la actitud consistente en admirar algo o a alguien de manera excesiva, simple y poco crítica.

Pero no nos faltan *oportunidades*. Me he referido ya, a propósito del español, a las expectativas para su crecimiento en los Estados Unidos y China. Nuestros dos idiomas suscitan creciente interés como lenguas de estudio, por causa del atractivo cultural, económico, incluso turístico de los países en que se hablan. Y pensemos en el beneficio indirecto que el Brexit pueda aportar para hacer valer en la Unión Europea la entidad del portugués y del español, no solo como idiomas oficiales de sendos países fundamentales de la Europa unida, sino también por su condición de lenguas globales, abiertas desde el Viejo Continente hacia los horizontes de África, América y Asia.

Un gran intelectual italiano, Umberto Eco, escribió a principios de los años noventa del pasado siglo un libro sobre la búsqueda de la lengua perfecta en la cultura europea. Frente a la maldición bíblica que se encarna en el mito de la torre de Babel, Eco propone otro mito apócrifo, que denomina el del «don a Adán», consistente en que para los europeos la lengua madre no fuese una sola lengua artificial similar al esperanto o al volapuk, o una lengua única como pudo haber sido el latín, sino el conjunto de todas las que hablamos en nuestro continente. Pero no propone ni la adopción de un solo idioma vehicular ni el triunfo de un poliglotismo exacerbado. Genera otro mito, esta vez rigurosamente contemporáneo: una Europa de ciudadanos que, hablando en su propia lengua, fuesen sin embargo capaces de entender suficientemente la del otro.

No soy de la opinión, sin embargo, de que todo está hecho a este respecto, y que esa afinidad lingüística nos exima de cualquier acción programática para potenciar el bilingüismo panibérico. Como ciudadano europeo y como filólogo apoyo sin reservas el Programa Iberoamericano de Difusión de la Lengua Portuguesa, y en especial una de cuyas acciones, el proyecto de escuelas de frontera en clave intercultural que va a desarrollar el bilingüismo portugués/español en regiones vecinas.

Mito hermoso, ciertamente, el propuesto por Eco; pero a la vez, utópico. Las familias lingüísticas románica, eslava y germánica son suficientemente impenetrables entre sí como para hacerlo posible, contando además con otras extraordinarias lenguas nuestras que no pertenecen a la familia indoeuropea como el eusquera, el estonio, el finés, el maltés o el húngaro.

Pero esa quimera de la interinteligibilidad se da de forma natural entre el portugués y el español, si sus respectivos hablantes contribuyen con un esfuerzo razonable de comprensión mutua. Gracias, por supuesto, a su común origen en el latín y a una evolución distinta, pero en cierto modo homologable por mor de la convivencia histórica y la proximidad geográfica. Los jefes de Estado de Portugal y España no han dudado en reforzar en sus discursos la evidencia de este hecho, que el uruguayo Enrique Iglesias, titular de la Secretaría General Iberoamericana, resumió con estas palabras: «Además de los sustratos culturales que nos unen, es un hecho reconocido que el español y el portugués son las únicas dos grandes lenguas internacionales en términos cuantitativos (...) que son al mismo tiempo, y en líneas generales, recíprocamente comprensibles». Me vienen a la memoria unos versos hermosos de la polaca Wisława Azymborska:

> Medio abrazados, sonrientes,
> buscaremos la cordura,
> aun siendo tan diferentes
> cual dos gotas de agua pura.

Hace ahora 149 años, cinco decenios después de las independencias, la Real Academia Española elaboró un Reglamento para la fundación de Academias Americanas correspondientes. Viene precedido de una exposición de motivos que parece escrita desde un profundo sentimiento de fraternidad y exigencia de unidad, como bien se percibe en esta frase:

> Los lazos políticos se han roto para siempre; de la tradición histórica misma puede en rigor prescindirse; ha cabido, por desdicha, la hostilidad, hasta el odio entre España y la América que fue española; pero una misma lengua hablamos, de la cual, si en tiempos aciagos que ya pasaron usamos hasta para maldecirnos, hoy hemos de emplearla para nuestra común inteligencia, aprovechamiento y recreo.

«Nuestra común inteligencia, aprovechamiento y recreo»: esta frase feliz nos lleva inevitablemente a otra de las dimensiones de la primera acepción de *valor* además de la económica: la de 'proporcionar bienestar o deleite'. Y esto es lo que la lengua aporta cuando se convierte en expresión artística, a través, fundamentalmente, de la literatura, pero también de la música y de las artes o expresiones escénicas.

Pocas literaturas como las que se expresan en portugués y español pueden ofrecer un sistema tan integrado y estable de relaciones entre factores como tradición y renovación, escritores y público, centros y periferias, modelos y excepciones, creadores y mediadores, censura y libertad, críticos y lectores. Hablar, pues, de una literatura en dos continentes, o mejor, en cuatro continentes, tiene pleno sentido, más allá de lo meramente geográfico.

Que la literatura en lengua portuguesa y española fue, desde muy pronto, un factor de comunicación integradora entre los pueblos ribereños de los grandes océanos es un hecho evidente, como también lo es que siga constituyendo, junto a la propia lengua, el vínculo patrimonial más firme que nos une más allá de los avatares de la historia, incluidas las exigencias afirmadoras de las nacionalidades: como recuerda Carlos Fuentes, sin la lengua de la colonia no hubiese habido lengua de la independencia. Los escritores cubanos, argentinos, uruguayos, mexicanos, españoles, peruanos, colombianos, nicaragüenses y paraguayos que hasta el momento han merecido el premio

Cervantes, así como, por caso, Clarice Lispector, Jorge Amado, Nélida Piñón, José Saramago, Erico Verissimo, João Cabral de Melo Neto, António Lobo Antunes, João Guimarães Rosa, David Mourão Ferreira o Sophia de Mello Breyner, comparten un mismo idioma, que adquiere en sus plumas diferentes acentos literarios sumamente enriquecedores del acervo de la iberofonía, pero participan a la vez, y desde diferentes perspectivas, de un sistema común en cuyo marco se institucionaliza una literatura.

Este valor es objeto de reconocimiento generalizado, que en mi opinión encontró una formulación eminente en palabras de Sergio Ramírez. El nicaragüense plantea la angustia de «sentirse escritor de una lengua con el país por cárcel, oprimida dentro de las rejas de la comunicación y la expresión local». Menciona, así, a dos literatos, checo el uno y húngaro el otro, y recuerda también que

> Nicaragua es un país más pequeño que la Hungría de Sandor Marai, o de lo que fue la antigua Checoslovaquia de Milán Kundera, y por eso me intriga, y me aterra, esa posibilidad de que nadie pudiera oírme más allá de mis fronteras, o la de quedarme alguna vez sin lengua.

Y concluye con un párrafo insuperable con el que yo también quisiera, tomando de prestado su voz, quintaesenciar uno de los valores inmarcesibles del español y del portugués, las lenguas que satisfacen las necesidades espirituales y proporcionan bienestar y deleite a todos los muchos que las hablamos y que proyectan nuestra cultura, nuestras inquietudes y nuestros valores por el mundo entero gracias a las traducciones:

> Soy escritor en una lengua vasta, cambiante y múltiple, sin fronteras ni compartimientos [...]. Puedo volar toda una noche, de Managua a Buenos Aires, y siempre me estarán oyendo, estaré oyendo el español porteño desde mi español centroamericano [...]. Me oirán en la Patagonia, y en Ciudad Juárez, un continente de por medio, y en el Caribe de las Antillas Mayores, y en el arco del Golfo de México, y del otro lado del dilatado Atlántico también me oirán, y oiré, en tierras de Castilla, y en las de Extremadura, y en las de León, en las de Aragón.

REFERENCIAS BIBLIOGRÁFICAS

Duránte Prados, Frigdiano Álvaro, (2018). *Iberofonía y paniberismo. Definición y articulación del Mundo Ibérico*, Málaga: Última Línea.

Merino, J. M., y Grijelmo, A. [compiladores], (2019). *Más de 555 millones podemos leer este libro sin traducción*, Madrid: Taurus.